经济法论坛

（第9卷）

主　编　李昌麒
　　　　岳彩申
副主编　江　帆
　　　　李　树

群 众 出 版 社
·北 京·

图书在版编目（CIP）数据

经济法论坛．第9卷/李昌麒，岳彩申主编．—北京：群众出版社，2012.1
ISBN 978-7-5014-4964-4
Ⅰ.①经…　Ⅱ.①李…　②岳…　Ⅲ.①经济法—文集　Ⅳ.①D912.29-53

中国版本图书馆CIP数据核字（2011）第257372号

经济法论坛（第9卷）
李昌麒　岳彩申　主编

出版发行：群众出版社
地　　址：北京市西城区木樨地南里
邮政编码：100038
经　　销：新华书店
印　　刷：**北京蓝空印刷厂**

版　　次：2012年1月第1版
印　　次：2012年1月第1次
印　　张：26.75
开　　本：787毫米×1092毫米　1/16
字　　数：651千字
印　　数：0001~2000册

书　　号：ISBN 978-7-5014-4964-4
定　　价：60.00元

网　　址：www.qzcbs.com
电子邮箱：qzcbs@163.com

营销中心电话：010-83903254
读者服务部电话（门市）：010-83903257
警官读者俱乐部电话（网购、邮购）：010-83903253
教材分社电话：010-83903259

目 录

基本理论

制度研究

农村法制

人才培养

Contents

基本理论

实质自由的经济法解读[*]

李永成[**]　肖明明[***]

目　次

享有“经济学的良心”之誉的印度经济伦理学家阿马蒂亚·森，在其《伦理学与经济学》、《理性与自由》、《后果评价与实践理性》、《以自由看待发展》等著作中，构建了一套以可行能力为核心概念的、迥异于传统自由理论的实质自由思想体系。这套体系对经济学的理论和实践产生了巨大的影响。而实质自由的实现显然离不开法律的保障，所以，法学尤其是经济法学也应该关注实质自由。① 在笔者看来，这种关注应主要着眼于：一是在理论上，重视实质自由观对传统自由观（消极自由观与积极自由观）不足的弥补和超越，以及由此给法学研究提出的新的课题；二是在实践上，重视实质自由（可行能力）对人的幸福和发展的评判性作用，以及如何通过这种评判视角和方法来决定政府干预的路向与相应的制度安排。鉴于目前法学研究对实质自由仍缺乏关注，本文拟在经济法视野下对实质自由作一分析。

一、实质自由的意蕴——森的实质自由思想解析

（一）森对实质自由的解析

在思想渊源上，森承继亚里士多德关于能力与生活质量的论辩②和亚当·斯密对“必

---

* 基金项目：西南政法大学2010年度研究生科研创新计划项目“经济法上的社会受益权研究”。
** 西南政法大学副教授，硕士生导师，法学博士。
*** 西南政法大学经济法专业硕士研究生。
① 当然，森所谓的实质自由是全面的，它涵括法治意义上的自由，但并不限于权利。但是，法治尤其是经济法在促进人的实质自由实现方面则发挥着重要的作用。
② 参见［印］阿马蒂亚·森等著，龚群译：《生活质量》，53～54页，社会科学文献出版社，2008。

需品”和生活条件的分析[①]，认为自由是在“实质的”（substantive）意义上定义的，指享受人们有理由珍视的有价值生活的可行能力（capability）。“实质自由包括免受困苦——诸如饥饿、营养不良、可避免的疾病、过早死亡之类——基本的可行能力，以及能够识字算术、享受政治参与等的自由。”[②] 实质自由的核心内涵是“可行能力”。所谓能力，就是在各种功能组合中所能选择的组合，也就是能使功能得到发挥的力量。它不但标志着个人能做什么或不能做什么，而且还体现着个人过自己所要的生活或实现合理目标的自由，即个人有实质自由去选择他认为有价值的生活，能力越大，过某种生活的自由也就越大。[③] 而“一个人的‘可行能力’指的是此人有可能实现的、各种可能的功能性活动组合。因此，可行能力是一种自由，是实现各种可能的功能性活动组合的实质自由。”[④] 由此，森引出三个与实质自由和可行能力密切相关的概念：功能性活动、功能性活动向量和可行能力集。

功能性活动（functionings），“反映了一个人认为值得去做或达到的多种多样的事情或状态”。人的实际生活正由一系列相互关联的有价值的功能性活动所构成，即“一个人处于什么样的状态和能够做什么（beings and doings）”的集合[⑤]，包括从初级的足够营养和疾病避免之要求到复杂的参与社区生活和拥有自尊等活动或状态。功能性活动向量是功能性活动的数量或水平的实数表示，一个人可以选择的可相互替代的功能性活动向量便构成此人的可行能力集。[⑥] 功能性活动（组合）是一个人所实际达到的成就的外在表现，而可行能力集反映个人可供选择的（未实现的）真实机会（即反映其实现某种成就的自由）。由此可知，可行能力的外延既包括可实现的功能性活动，又包括可选择的真实机会，且后者（即做选择）本身便可看做是一种可贵的功能性活动。

实际上，功能性活动反映了个体生存状态中所能有的全部选择方案和已享有的选择。一个可行能力代表了一个选择方案，可行能力集表示可供个人选择的机会。故而，在本质上，实质自由是实现个人福利或成就的选择或机会。因此，森的实质自由思想是一种肯定性的“能力自由观”：实质自由的本质即可行能力，而不自由就是对可行能力的剥夺或限制。

人类作为有灵智和思维的主体性存在，其行为和活动是意义化和目的性的。理性支配人为了有价值的东西（goods）——成就和幸福等——而不断追求，这一过程外化为各种功能性活动的实现——便是森所说的可行能力的获得。换言之，成就和幸福仰赖并可分解为各种可行能力（集）。而可行能力即实质自由。这样，生活的价值——成就和幸福——便同实质自由发生联系，甚至等值。所以，不自由就是对每个人平等的、预期享有的幸福和成就的障碍或剥夺。由此，实质自由也便在各种个人的或社会的价值排序中占据优先地位，成为发展的目的。而发展就是消除不自由、扩展人的实质自由的过程。

---

① 参见［印］阿马蒂亚·森著，任赜、于真译：《以自由看待发展》，18页，中国人民大学出版社，2002。

② ［印］阿马蒂亚·森著，任赜、于真译：《以自由看待发展》，30页，中国人民大学出版社，2002。

③ 参见陆彬：《论可行能力视野中的发展——阿马蒂亚·森的发展思想探析》，载《云南行政学院学报》2006年第5期。

④ ［印］阿马蒂亚·森著，任赜、于真译：《以自由看待发展》，62页，中国人民大学出版社，2002。

⑤ ［印］阿马蒂亚·森著，王利文、于占杰译：《论经济不平等·不平等之再考察》，257页，社会科学文献出版社，2006。

⑥ 参见［印］阿马蒂亚·森著，任赜、于真译：《以自由看待发展》，63页，中国人民大学出版社，2002。

（二）森的实质自由发展观

总的来看，现代社会的发展观正经历着由“物本主义”向“人本主义”的转变。而森的实质自由发展观着眼于通过可行能力的提升来扩展人的真实自由，某种意义上正是一种“以人为本”的发展观。

传统的发展哲学和发展观念，生发于工业革命前后的西方意识形态，受自由至上主义和科学理性主义思想的影响，主张拥有绝对财产权利的理性自利的“经济人”应平等地享有追逐最大化财富的自由和机会。在工业技术生产方式变革的大背景下，这种价值观念伴随汹涌的物质财富增长狂潮，异化了个人的人生目标和社会发展理念：福利被狭限于收入、商品和财富等工具性目标范围，经济增长被视为首要甚或唯一的发展目的。然而，对物质的狂热迷信和绝对的私有财产权利，却成为社会实质不平等的根源。自由放任经济学的“无意造成的结果”理论和“无为政府”理念，漠视甚至加剧了这种不平等。“在财产多少决定一切的社会中，如果没有法律和道德上有力的限制和约束，利益的驱动、自保的动机以及权力的欲望无疑将把绝对的财产权利使用导向剥夺无产者。”“机会均等原则在条件和能力的自然差异和机会的偶然差异的作用下，仅剩下形式上的程序正义。”① 经济行动失却伦理约束后，“丛林法则”便会成为社会不平等的合理辩解依据，而不平等则会“批量生产”弱势群体以及失业、动荡等不稳定因素，使人类难以实现真正的幸福。

面对这种“物本主义”的发展观，森首先反驳了主流经济学关于人的完全自利理性假设。他认为“真实的人”不只具有符合经济理性的自我福利目标，在冷静的理性支配下“非自利目标也很有可能成为有价值的或愿意追求的目标”。② 自利之外，人也会利他。其次，森指出人具有不可约减的二元性：既追求个人福利成就，也追求主观能动成就。③ 个人福利成就主要包括收入、财富等方面的成就，而主观能动成就主要指目标实现带给个人的感觉（如幸福、自豪、快乐等）。因此，对人的成就的评价，就不能仅局限于个人福利方面的判断，而应综合考虑作为“经济人”、“社会人”和“政治人”的人的全面发展。

在上述主张的基础上，森将发展看做是扩展人们享有的真实自由的一个涉及经济、政治、文化和社会变革等广阔领域的过程，而不是狭隘地以经济增长为中心的发展。即应“以自由看待发展”。由此，自由既是发展的目的，也是发展的评价尺度。自由是发展的目的，表明发展只是手段，作为手段的发展应着眼于人们各种实质自由的获得和扩展。自由作为发展的评价尺度，意味着“对进步的评判必须以人们拥有的自由是否得到增进为首要标准”④。此外，自由与发展的辩证关系还体现在自由对发展的促进作用。森认为，自由除了具有目的性价值外，还具有极强的实效性作用——“发展的实现全面地取决于人们的自由的主体地位。”⑤ 而可行能力（即实质自由）的获得与扩展正是主体地位增进的前提要件。发展致力于扩展人的可行能力范围，而可行能力提升后又可使主体具备促进发展的条件。以上这些观点的综合，便形成了森“以人为本”的实质自由发展观。

---

① 章莉：《财产权利、自由和平等》，载《经济经纬》2006年第5期。

② 杨瑞等：《阿马蒂亚·森的自由发展观：多元视角下的复杂性思考》，载《南京政治学院学报》2008年第6期。

③ 参见［印］阿马蒂亚·森著，王宇、王文玉译：《伦理学与经济学》，44页，商务印书馆，2000。

④ ［印］阿马蒂亚·森著，任赜、于真译：《以自由看待发展》，2页，中国人民大学出版社，2002。

⑤ ［印］阿马蒂亚·森著，任赜、于真译：《以自由看待发展》，2页，中国人民大学出版社，2002。

（三）实质自由的价值与作用

森将实质自由视为有理由珍视的生活的可行能力。有理由珍视的生活，可以理解为“好（或善：good）生活”，即拥有较高的生活质量。而生活由功能性活动构成。一个人能够实现的各种功能性活动组合——可行能力——越多，则其生活质量相对越高。因此，可行能力（实质自由）对生活质量或个人福利具有评判性价值。它既是评价个人生存状态的合理标准，也是人际间福利比较的评价指标。此外，对于个人福利的实现，社会（制度）安排起着决定性作用，故实质自由也成为社会进步与否的评价标准。

实质自由的享有意味着主体可行能力的提升。主体可行能力的提升，既可改善个人的生活，促进个体福利水平的增进，又能促使社会安排更为恰当和富有成效，扩展社会的福利。因此，享有的自由越多，人们自助、自立的能力以及他们影响外界的能力也就越强。也就是说，自由还具有工具性作用，它可以促进具有自我实现能力的能动性主体的培育和塑造。而只有自由、自立的主体才能成为发展的主要动力。

由此，个人生存状态的好坏在很大程度上就可以依据“自由—能力”的评价方法进行判断：自身能力的缺失（即不自由），意味着相对于能力水平较高的他人而言，处于弱势地位；相反，则意味着生活水平的占优。因此，要改善社会成员的生活状况，就要分析其能力缺失的原因。这样，才能有针对性地采取公共行动来提升其可行能力。而公共行动又依赖于经济的、社会的、政治的等制度安排，这便凸显了法律制度安排对扩展实质自由（可行能力）的意义。

二、法学视野下的实质自由——现代经济法的重要关注

自由天然与法律相联系：法律确认、保护与实现自由，并限制“越界”的自由。而实质自由作为一种自由形态，也须置于法学视野下加以考察和解析。

（一）实质自由观对传统法学自由观的超越

1. 传统自由观及其批判

自由是自人类文明之始便激辩于先哲思想之中的词汇。绵延数千年的思想史上，关于自由的阐释层出不穷且难分优劣。现代以来，居主流地位的自由学说，当属1958年由伯林提出的消极自由与积极自由的二分法。以自由为核心概念的西方政治哲学过去三十余年的发展基本上是在这种二分法理论框架中展开的。① 作为政治学之近亲的法学，对自由的研究也主要沿用的是这种二分法。需要指出的是，尽管消极自由与积极自由的二分法为伯林首创，但其实两种自由思想各自均有绵长的历史渊源，而伯林也只是在归纳总结的基础上对其加以抽象和发展。

消极自由，根据经典论述，主要指“免于遭受强制或干涉的自由”，如密尔认为，保留一个任何权威都无权进入的私人领域对最低限度的自由之保障是必要的。② 哈耶克将自由定义为一种状态，“在这种状态中，一些人对另一些人所施以的强制，在社会中被减至

① 参见应奇等编：《第三种自由》，1页，东方出版社，2006。

② 参见［英］约翰·密尔著，于庆生译：《论自由》，17页，中国法制出版社，2009。

最小可能之限度"[①]。伯林提出消极自由旨在回答，"在什么样的限度之内，一个主体（一个人或一群人），可以或应当被容许做他所能做的事，或成为他所能成为的角色，而不受到别人的干涉"[②]。"自由在这个意义上就是'免于……'的自由，就是在虽变动不居但永远清晰可见的那个疆域内不受干涉。"[③] 不受强制或干涉，并不意味着消极自由没有边界，相反，法律在尽可能尊重自由的前提下，可以基于更高的价值目标对自由进行限制。

积极自由关涉主体内在的意志自由，表征的是主体自我控制的状态或能力。如伯林所言，"'自由'这个词的'积极'意义源于个体成为他自己的主人的愿望，我希望我自己的生活与决定取决于我自己，而不是取决于随便哪种外在的强制力"[④]。积极自由回答的是"什么东西或什么人，是决定某人做这个、成为这样而不是做那个、成为那样的那种控制或干涉的根源"[⑤]。经其他学者发展，积极自由现多被理解为"能……的自由"，在政治哲学和法律领域，积极自由多被引申为主体能动地以某种方式生活或行为的权利。法律对积极自由的确认表现为：在约束政府权力的同时，使公民享有广泛的参与性权利，并创造环境和条件促进这种权利的实现与扩展。

消极自由与积极自由的划分，对自由内涵的厘清确有重要的意义。但这种划分也产生了一定的不利影响。主要表现在：二分法人为地分解了自由的内涵，这不利于自由的整体实现。因为，当二分法在研究和实践中形成定式后，便会导致对两种自由在理解和应用上的"藩篱化"，而且，对单纯消极自由或积极自由的过分强调，都会走向对自身的背反。具体来说，就消极自由观而言，它重视的是没有外在力量干涉或阻碍的一种自洽的状态。反映在社会伦理正义原则上，它主张的是一种形式化的机会平等（或自由权利平等）的平等主义：保障每个人享有平等追求财富或幸福的自由或机会，而不考虑人们是否具备平等地实现此种（消极）自由的条件。[⑥] 而现实中的人则存在巨大的差异，人与人之间会因资源占有、能力禀赋、体质、性别、区域或环境等因素而具有迥异的福利/幸福追求能力或机会。消极自由和法律权利观念的过分受推崇，极易导向因秉持形式平等而致实质不平等的后果，其表现主要包括贫富（强弱）两极分化和强者剥夺弱者等现象。这与反对国家的干预恰恰形成了悖论。就积极自由观而言，它实为一种基于理性主义的自我控制。按照伯林的解释，自我做主的核心在于遵从具有内在规定性的普遍理性，并控制自己的欲望和"低级本性"。依照这种理性"做……的自由"便是真正的自由。然而，人不可能具有完全的理性。在理性有限的情况下，自我就会依赖阶级、国家、种族等集体为其做主，于是，服从法律或其他集体规则（不管其良恶）便被认为是在服从必然的理性。这样，"集体"便获得了限制自由和制裁个人的权力，外在强制或政治独裁就可能因此得到正当性论证，（积极）自由因此就会异化为不自由。

2. 实质自由观的超越性

相较于消极自由观与积极自由观，实质自由观的超越性主要表现在以下两个方面：

---

① ［英］哈耶克著，邓正来译：《自由秩序原理》，35页，生活·读书·新知三联书店，1997。

② ［英］以赛亚·伯林著，胡传胜译：《自由论》，192页，译林出版社，2002。

③ ［英］以赛亚·伯林著，胡传胜译：《自由论》，195页，译林出版社，2002。

④ ［英］以赛亚·伯林著，胡传胜译：《自由论》，200页，译林出版社，2002。

⑤ ［英］以赛亚·伯林著，胡传胜译：《自由论》，169页，译林出版社，2002。

⑥ 参见张文显著：《二十世纪西方法哲学思潮研究》，436页，法律出版社，2006。

（1）“三位一体”的自由观——融消极自由观和积极自由观于一身。杰拉尔德·麦卡勒姆不同意消极自由与积极自由的二分法，认为其不可行且易生混淆，并在批判的基础上提出自由是一种三位一体的关系：自由始终是某人（一个或多个行动者）的（of）摆脱（from）什么，去（to）做或不做什么、成为或不成为什么的自由，用公式表示就是“X在摆脱Y去做（或不做、成为或不成为）Z上是（或不是）自由的”[①]。其中涉及三个构成要素：行动者（X）、约束性条件（Y，指强迫、限制、干涉和妨碍等“阻止因素”）和行动（Z，指人的行为）。这种“一体化”的自由，同时吸纳了消极自由和积极自由（即免于什么和能做什么），从而有助于避免区分二者时所可能带来的混乱，也为分析自由问题提供了一个新的视角。就实质自由而言，其核心是可行能力，强调享有者的主体性和能动性，在含义上更接近积极自由，同时，实质自由也包含着消极自由的一面（即免于“阻碍因素”之限制的能力），因而是一种整体的或一元的自由概念与形态。例如，免受饥饿之困苦的实质自由（能力），在完整意义上的表述为：在这个世界里，人们摆脱由各种特定的农业的、经济的和政治的条件造成的障碍，去获得足够的食物以防止饥饿。[②] 由此，可以说，实质自由观是内涵范围更广的“三位一体”的自由观。

（2）彰显实质平等的正义观——超越消极自由观或积极自由观的个体视角。历史地来看，几乎所有关于平等或正义的理论，均会落脚于集中关注某一（些）方面是否平等之考量上。如森所言，“为了促进社会安排的合理性，社会事物的伦理论证都应包括某个被视为极为重要的层面上对所有人的平等考虑。”[③] 这里，某个或某些重要层面是指理论家为其平等理论所设定的评价变量或评价域，即森所谓的“什么要平等”，如罗尔斯关注对“自由权和基本善”的平等分配、德沃金主张“资源持有”上的平等以及诺齐克坚持“自由权利”的平等保护。要判断一种平等理论的合理性，关键是要审查其评价标准（或称评价变量、评价域）是否能最大限度地涵盖待评价的信息基础。据此，前述几种平等或正义理论均未能达致某种彻底的实质平等结果。[④] 而以实质自由（即可行能力）为评价标准，相较于其他评价标准，更具合理性和全面性。其表现有二：一是实质自由是通向个体福利和成就的主要手段，直接与生活质量相关联，并关涉人的全面自由发展；二是以可行能力为视角，可以充分考虑现实存在的并对福利评价结果至关重要的普遍的人际差异性。“在实践层面上，‘什么要平等’这一问题的重要性源于人际相异性（human diversity）的经验事实。”[⑤] 人人生而有异，不仅表现在内部特征（生理特征）上（如性别、年龄、一般能力、特殊才能、易于染病等），而且也反映在外部特征（社会特征）上（如财产数量、社

① 应奇等编：《第三种自由》，43页，东方出版社，2006。

② 参见应奇等编：《第三种自由》，45页，东方出版社，2006。

③ ［印］阿马蒂亚·森著，王利文、于占杰译：《论经济不平等·不平等之再考察》，237页，社会科学文献出版社，2006。

④ 森在其多部著作中，批评了功利主义、罗尔斯的正义理论以及以诺齐克为代表的自由至上主义者的理论学说，指出它们因采用的评价之信息基础的相对狭窄性，而不能取得完全令人满意的评价结果。参见［印］阿马蒂亚·森著，王利文、于占杰译：《论经济不平等·不平等之再考察》，3~21、287~298页，社会科学文献出版社，2006；［印］阿马蒂亚·森著，任赜、于真译：《以自由看待发展》，48~56页，中国人民大学出版社，2002。

⑤ ［印］阿马蒂亚·森著，王利文、于占杰译：《论经济不平等·不平等之再考察》，218页，社会科学文献出版社，2006。

会背景、外部境遇、流行病发生概率等）。[①] 由于这些“历史差别”或“客观差异”，同样的资源或“基本善”对不同的人会产生不均等的效用。例如，同样的收入给一个健康的人与给一个残疾的人所带来的福利结果是不同的，因为残疾的人需要更多的资源才能转化出与健康的人一样多的实现目标的能力，而健康的人利用同样多的资源可实现较残疾的人更多的功能性活动（即福利和成就）。因此，在平等问题上，以实质自由或可行能力为评价标准，能为公共政策和公共行动集中帮助“弱势者”提供论证和指引，从而实现相对彻底的实质平等。由此，从某种意义上说，实质自由观就是着眼于群体差异、彰显实质平等的正义观，它超越了消极自由观或积极自由观的个体视角。

（二）经济法关注实质自由的必要性

前已述及，实质自由作为人的幸福和发展的评价尺度，既重视结果，也兼顾过程与机会。而且，实质自由观在自由的范畴内关注人际差异性，还彰显了实质正义的价值取向。基于此，可以把实现实质自由的过程描述为，在促进总量增加且平等受益的同时，通过保障与扶持，消弭强弱势群体间的能力失衡，从而实现他们之间的利益均衡。

实质自由作为争取有质量的生活的能力，包括各种选择以及选择的机会。这些选择和选择的机会实质上是实现自由所需的资源或条件。进行选择的能力对应的是资源与条件的可获得性，而选择的机会则可理解为资源与条件本身。由此，实质自由的实现很大程度上就取决于资源与条件的分配和再分配。从某种意义上说，人际差异的原因亦可归结为资源的占有与分配问题：生理特征（如性别、年龄、体质、禀赋等）的差异，使弱势群体更趋向于需要（分配）相对多的资源以避免贫困或生活质量下降；社会特征（如社会地位、出身、外部境遇、财产数量等）则涉及资源与条件的历史积聚和原始占有以及重新分配问题。由此，实质自由的实现就需要一种整体的社会安排。这种社会安排的中心任务是调控社会资源的分配与再分配，其最终目的是在保证平等受益的前提下提高生活福利总量，并实现差异性群体间利益的均衡分配（即要更多关注社会弱势群体的生存状况及其改善）。而要实现这个目的，就离不开相应的制度（尤其是法律制度）安排。具体来说，首先，将以扩展自由为根本目的的发展理念以及系统安排资源在强弱势群体间公平分配的原则与方法制度化，是实现实质自由的基础性措施。其次，实质自由的实现，尤其离不开政府的行动。由于政府负有提供公共产品和服务的职责，因此，政府对资源的配置很大程度上就成为扩展实质自由（尤其是社会弱势群体的实质自由）的一个重要途径。而从法学角度看，政府的行动不能脱离法治的轨道，由此，就需要对政府为扩展实质自由而实施的行动进行法律规制。

经济法作为现代法，因其产生背景和法律功能上的特殊性，天然具有实现实质自由的优势。因为，可行能力背后的资源分配，仅仅通过个体行动或市场是无法实现公平配置的，它离不开政府的干预。这就需要经济法提供相应的分配制度安排。此外，实质自由观所内含的实质正义追求，恰与经济法的正义观相契合。从某种意义上可以说，经济法的正义观就是实质自由观。[②] 总的来说，实质自由作为一种自由形态，从其实现途径和相应的

① 参见［印］阿马蒂亚·森著，王利文、于占杰译：《论经济不平等·不平等之再考察》，219～247页，社会科学文献出版社，2006。

② 关于这个问题，可参考下文相关部分的阐述，这里不再展开。

法律规制上看，与经济法的联系最为密切，经济法也因而具有关注实质自由的必要性。

三、社会受益权——经济法视野下实质自由的权利表达

从某种意义上说，自由的法律化表达就是权利。没有法律对自由的权利化确认和保障，自由根本难以实现。就实质自由而言，笔者认为，其在经济法上的表达就是社会受益权。

（一）经济法将实质自由权利化的必要性

1. 权利是法律确认、保障自由的主要手段

一般来说，权利为可享受特定利益的法律上之力。① 而自由在很多情形下都表现为或可转化为利益或代表利益的资源，其实现更离不开利益和资源的支撑。由此，将自由权利化，通过权利配置来调节利益的分配与再分配，就成为法律确认、保障自由的主要手段。实质自由表现为有理由珍视的生活的可行能力。而可行能力的提升与扩展则极大地依赖资源占有的数量及其可获得性。因此，将主体追求资源（利益或机会）的正当诉求确认为法律权利，通过法律手段来提升与扩展其可行能力，就可以更好地实现其实质自由。

2. 能力失衡的本质是权利失衡

“能够做……的能力”不仅包括有从事某事的机会，还包括具备参与或完成该事项的资源或追求该资源（或利益）的资格。某个主体在自由的实现上之所以处于弱势，主要是由于缺乏平等获得扩展能力的资源或利益，即能力失衡源自于利益失衡。在法学视阈，利益失衡的根本原因又在于权利的失衡，即主体之间追求利益的资格或条件不均衡。由此，可以说，造成社会弱势群体弱势境况的根源就在于其缺乏某些基本权利的保障。贫富悬殊是典型的强弱势对比，其背后是不同群体在表达和追求自己利益能力上的失衡，而不同群体在表达和追求自己利益能力上的失衡又源自于他们之间的权利失衡。其实，所谓强势或弱势，首先指的就是社会影响力或是为自己争取利益的能力。② 这就是说，贫困和不平等现象已并非单纯的经济问题，而是更多地与社会成员在权利拥有上的差异紧密联系。例如，农村居民与城市居民在享受教育和医疗资源的配置与分配上的体制和政策性差异，既剥夺了农村居民获得良好教育和医疗的能力与自由，同时又进一步拉大了城乡居民之间改善生活境遇的能力和机会的差距。因此，自由的丧失，或者说不自由的存在，与权利的缺失或无效存在密切的因果联系。由此，法律对自由进行识别与确认，将自由明确权利化，是自由实现的最有效保障。

综上，自由的实现有赖于充分的法律权利供给，因而，经济法在调整利益分配关系、规制政府行为的过程中，应将实质自由明确确认为相应的权利，作为实现实质自由的基本途径。

（二）社会受益权的蕴涵

如前所述，实质自由是内容繁多的自由的集合。因而，与实质自由相对应的具体法律权利也应是一个集合，或表现为一个权利束。基于此，为了研究的便利，也为了与实质自

---

① 梁慧星著：《民法总论》，37页，法律出版社，2007。

② 参见孙立平：《权利失衡、两极社会与合作主义宪政体制》，载《书屋》2007年第1期。

由“普遍受益”和“差异受益”的属性相契合，本文将这些具体权利抽象为一个总括性的权利——社会受益权，以与实质自由这一总括性的自由相对应。由此，社会受益权在很大程度上就成为实质自由在经济法视野下的权利表达。

1. 社会受益权的基本内涵

无论是从建构主义还是从进化主义的角度看待发展及其过程，社会发展（或称之为进步）都将会以某些成果的形式惠及社会成员，不论这些成果是物质的还是精神的。对于这些发展成果的利用和分配，便涉及社会成员能否从中受益、如何受益以及受益程度怎样等问题。如果将这些问题纳入法治视野，便形成社会受益权的基本框架。实质自由是与人的全面发展相关的自由，而发展的过程应该是全面扩展实质自由的过程，因而，判断发展及其成果分配是否具有正当性的标准主要就是看社会成员是否能从发展中分享到相对均衡的利益，即能否使与改善自身境况或提高生活质量相关的实质自由或能力得到扩展。由此，社会受益权的基本内涵可表述为：通过政府和社会的扶持与帮助，所有社会成员都有从社会发展中获得据以提升自身生活质量的实质自由的权利。具体来说，社会受益权就是社会成员的发展成果（资源、利益、机会等）分享权，就是发展成果为什么要公平分享的重要法律依据。①

2. 社会受益权的主体

社会受益权的享有者显然为所有的社会成员。但是，鉴于广泛的人际差异性的存在，在界定社会受益权主体时，我们并不坚持完全的形式平等主义，而是在考虑人际差异性的基础上从实质平等主义出发集中关注社会弱势群体的生存境况。所以，对社会受益权主体应从两个层面加以考量。在第一个层面上，强调所有的社会成员都能从发展中平等受益，即不论主体是富是贫、是强是弱都有权在公平原则的基础上获益，实现在与生活质量相关的资源总量增长基础上的所有社会成员生活水平的提升；在第二个层面上，应对社会弱势群体给予特殊的关注，赋予其与强势群体平等的社会受益权，并在资源和利益的分配上加以适当的公共政策倾斜，从而改善社会弱势群体的生存境况。因此，社会受益权的主体一般是全体社会成员，但还需对社会弱势群体②给予特别考虑。

3. 社会受益权的具体权利内容

根据社会受益权的内涵及其与发展和实质自由的关系，社会受益权的具体权利涉及经济、社会、环境、生态等诸多领域内与社会成员平等分享利益相关的广泛内容。③ 在经济法视野下，社会受益权大致包括：消费者权，公平的市场准入权，公平竞争权，劳动者权，社会保障权，保障性住房、医疗资源等公共产品和服务的分享权，公共资源利益的分享权，在市场竞争中处于劣势的企业、行业、产业、地区的获得支助权，同等的公共决策

---

① 关于这个问题，还可参考肖顺武：《改革成果分享依据研究——社会受益权视角的解析》，载《现代法学》2009 年第 5 期。

② 一般来说，社会弱势群体主要有两种：一种是由于自然或生理原因形成的弱势群体，如老人、妇女、儿童、残疾人等；另一种是基于制度原因形成的弱势群体。笔者认为，经济法视野下的弱势群体主要是后者，即主要由于经济、政治、社会地位的不平等所形成的相对处于弱势的群体。此外，这种弱势群体也不限于通常意义上所理解的“人”，在群体借以生存的各种样态，如地区、行业、产业、企业等之间的对比中，处于弱势地位的，也可称为“弱势群体”。

③ 由于实质自由的范围很广，具有开放性，因而，社会受益权的范围也相当广泛，并具有开放性。但哪些实质自由能上升为法律上的社会受益权，还要根据这种自由的属性和社会发展的情势而定。

参与权和表达权，等等。值得指出的是，社会受益权所对应的权利内容，在我国当前的法律环境下，有不少仍仅表现为利益的形态，尚未被相关法律确认为权利，这种状况不利于社会受益权的实现。所以，经济法在确认社会受益权时，有必要将某些具体的利益上升为权利。

四、弱势群体基本人权的保护——经济法视野下实质自由的实现

社会整体福利的增长在很大程度上取决于社会弱势群体的境况的改善，而且，在一定程度上，基本人权是否实现往往是检验某个群体是否成为弱势群体的一个标志。由此，只有弱势群体的基本人权得到保护，我们才能说社会成员这时是处于“普遍受益”、实质自由都在扩展的一种状态。

（一）以弱势群体基本人权保护作为实质自由是否实现的判断基准

1. 扩展实质自由的关键在于弱势群体基本人权的保护

人类社会生活的实践证明，社会整体内部从来都不是均质和平等的。由于人际间广泛差异性的存在，社会成员因此在获取资源的机会和能力上迥异，从而在社会地位上呈现出不同的等级或不同的层次，即出现社会分化和社会分层。社会成员在资源占有及获取能力上的不同，必然会形成经济上的两极分化。而经济地位的不平等又必然会导致政治和社会地位的不平等。各种不平等所形成的强弱势对比关系，在社会分层角度上，会形成社会强势群体与弱势群体的分化。① 而实质自由是过有价值生活的可行能力，包括选择的自由和可供选择的机会两层含义。因此，从某种意义上说，社会强弱势群体分化的原因亦可归结为社会成员在享有实质自由的范围和扩展实质自由的能力上存在差异。换言之，社会弱势群体之所以处于弱势的根源正在于其本应享有的实质自由被不合理地限制或剥夺了，因而他们缺乏必要的资源和获取资源的能力去改善自身境遇。

社会强弱势群体的分化意味着强弱势对比关系的存在，加之社会资源的有限性及获取的竞争性，使得利益冲突成为社会生活的常态。但当利益冲突突破应有的合理界限而演变为强烈的失衡关系时，则必须对之进行适当的社会整合。为此，就需要“抑强扶弱”，即通过抑制或分割社会强势群体的利益去扶持或弥补社会弱势群体的利益，来实现强弱势群体间在利益及利益博弈能力上的均衡。在此过程中，增强弱势群体利益博弈能力的途径就是扩展其实质自由，即通过法律来赋予和保障其各项社会受益权。在经济法视野下，社会受益权在很大程度上就是基本人权②，而弱势群体对基本人权则有着天然的诉求，因此，保护弱势群体的基本人权就是对其实质自由的扩展。

2. 弱势群体基本人权保护是实质自由（社会受益权）整体实现过程中的“短板”

与强势群体相比，弱势群体在实现基本人权上缺乏一定的机会和资源条件，即缺少一定的实质自由。而强势群体在利益获取和博弈能力上的优势，使其拥有更多的实质自由。正因如此，就更应该强调“差别受益”，更多地关注社会弱势群体生存境况的改善，关注

---

① 参见李永成著：《经济法人本主义论》，54页，法律出版社，2006。

② 一般来说，可以从生存权和发展权的角度来认识基本人权。生存权关涉人在社会中生存的基本条件问题，发展权则关涉发展中的机会均等和利益共享问题。就实质自由或可行能力的扩展而言，应当说，它直接关系着主体的生存和发展。从这个意义上说，可以把经济法视野下的社会受益权理解为基本人权。

其基本人权的保护和实现。如同“木桶效应”一样，实质自由的整体实现水平其实取决于社会弱势群体的实质自由享有状况。也就是说，社会弱势群体基本人权保护是实质自由整体实现过程中的那块“短板”。如果弱势群体的基本人权已得到较全面的保护，则很大程度上可以得出实质自由已基本整体实现的结论。就此而言，对弱势群体的特殊关注也可以实现社会结构的总体合理。所以，社会资源分配的法则应有意识地向弱势群体倾斜，将弱势群体基本人权的保护作为重点内容。

（三）实现弱势群体社会受益权的经济法制度变革

社会贫富分化以及其他不平等问题的主要根源在于不同群体在表达和追求自己利益的能力上存在巨大差异。在法治社会中，这种能力差异很大程度上需要通过法律制度来矫正。就弱势群体社会受益权的实现而言，经济法需要在两个层面作出制度变革：一是以资源（利益）公平分配为中心的社会分配法律制度安排；二是以民主程序为核心的利益表达与参与机制构建。前者主要着眼于对资源（利益）分配不公结果的矫正，后者则主要着眼于争取资源（利益）公平分享机会的过程。

1. 社会分配法律制度的完善

权利的实现需要利益和资源的支撑。由此，弱势群体社会受益权的实现就需要一套体现实质公平的社会分配法律制度来保障。系统的社会分配法律制度包括初次分配、再分配和第三次分配三个层面的制度安排。

（1）初次分配层面的制度安排。国民收入及其相关利益的初次分配一定程度上是社会资源向强势群体聚合的过程。其间，如果拥有资源占有优势的社会强势群体采用不公正、不合理的手段进一步抢占资源和机会，则社会不平等的差距就会持续扩大，强弱势群体间的矛盾和冲突由此也会不断激化。因此，在初次分配过程中，经济法应重在通过抑制强势群体滥用经济强权，来实现强弱势群体间的利益均衡，如股东与劳动者、大股东与中小股东之间的利益均衡。此外，经济法还要在初次分配公平环境的营造上作出制度安排（如反垄断制度、市场准入制度、不正当价格行为的规制制度等），以创造“普遍受益”和“平等受益”的机会。

（2）再分配层面的制度安排。初次分配完成后，社会强弱利益结构已趋于形成和固化，通过市场机制已很难实现资源和机会向弱势群体倾斜。因此，就需要政府通过再分配手段来进一步矫正强弱势群体间不均衡的利益格局。在此过程中，保障弱势群体社会受益权的手段更多的是“扶弱”，具体包括对弱势群体的财政转移支付制度、政策性扶持制度、社会保障制度以及医疗、保障性住房等资源的分配制度等。

（3）第三次分配层面的制度安排。第三次分配是以慈善和捐赠为主要表现形式的非市场化分配。随着社会的发展，慈善和捐赠等公益行动在解决社会分配不平等问题上的作用越来越凸显。西方慈善事业的实践已经证明，第三次分配如若引起社会的充分关注与参与，其力量和效果也是不容小觑的。在经济法视野下，第三次分配层面的制度安排主要涉及慈善业的准入、税收扶持等方面的法律规制。

除了以上三个层面的制度安排外，在很多具体的领域也存在社会资源（利益）的分配问题，如土地、自然资源、产业、公共投资等领域，因此，在这些领域也应建立相应的社会分配制度。

2. 弱势群体利益表达与参与机制的构建

（1）弱势群体利益代表机制的构建。现代社会中，无论在何种政治体制的国家内，社会资源（利益）的分配和再分配大都需要通过立法或公共决策来进行。由此，通过民主机制参与立法和公共决策，就成为公民维护自身利益的重要途径。现实中，强势群体往往会凭借其经济和政治优势，影响甚至绑架公共决策，使社会资源（利益）分配朝着有利于自己的方向发展；弱势群体则因其弱势往往远离社会权力中心，在利益博弈中处于劣势，而难以对立法和决策施加影响。所以，完善民主参与程序，建立弱势群体的利益代表机制，使其能通过自己的利益代言人表达利益诉求，并参与立法或公共决策的利益博弈，就成为扩展弱势群体实质自由的一个重要途径。

（2）弱势群体参与社会整体利益决策机制的构建。在某些情况下，社会整体利益具有很强的模糊性。正是这种模糊性的存在使得欲谋取不正当利益的人能通过对话语权的垄断，来不恰当地界定社会整体利益，并从中渔利。为避免少数人控制社会整体利益现象的出现，就需要通过一定的程序民主机制来保障公众对社会整体利益决策的参与。而且，在决策的过程中，还要赋予社会各阶层（群体）平等的表达权，让各方进行充分的利益博弈，以形成对社会整体利益及其分享的共识。此外，公共决策的公众参与也会对公权力形成有效的监督，从而可以防止政府越权、滥权。鉴于弱势群体参与公共决策的难度较大，经济法应特别设计弱势群体参与社会整体利益决策的机制，并在此过程中保障弱势群体的社会受益权。

试论公共利益实现中的公平补偿原则*

肖顺武** 秦 波***

目 次

一、公平补偿原则的价值

公平补偿原则又称为“正当补偿原则”（principle of due compensation）、“公正补偿原则”。由于公共利益的实现往往牵涉到对私权的限制甚至剥夺等，因此，在一个以公平正义为旨归的法治社会，对这种限制或者剥夺进行补偿显然是非常必要的。社会是一个有机整体，如果借公共利益之名就可以无任何代价地侵犯和限制私权，那么其最终的结果也会损害到每一个人——因为谁能保证下一个不是你呢？此外，公共利益的实现过程往往涉及公共选择的问题，这在宏观调控中特别突出。在此种情形下，由于相关的利害关系人往往缺乏讨价还价的机会，也不能像在市场中那样“用脚投票”，因此，给其以公平的补偿也是减少公共利益实现阻力的一个关键环节。正如有学者所深刻指出的，“事实和逻辑都告诉我们，损害一部分人就会损害全体的人。损害的基本形式，就是把别人不同意的方案加于人。在市场规则下，这种情况不会发生，因为人们可以运用‘不同意’的手段退出市场以避免损害。在公共选择过程中，这种情况就有可能发生，因为人们已经不能运用‘不同意’来避免损失了。”① 因此，在公共利益的实现中，公平补偿原则具有十分重要的地位和价值。

事实上，对于因国家的公共利益行为而造成损失的主体进行补偿已经是当今社会的一

---

* 基金项目：西南政法大学校级重点项目“公共利益实现的限度研究”（项目编号：09XZ－ZD－20）。

** 西南政法大学经济法学院副教授，硕士生导师，法学博士。

*** 四川省成都市中级人民法院，法学硕士。

① 盛洪著：《治大国若烹小鲜》，126页，上海三联书店，2003。

个基本共识，并且在法律上已有明确的规定。但是，就补偿到什么程度而言，学术界的看法存在分歧。总之，形态各异的补偿原则的内在精神气质与其所产生和发展的时代是一致的，即它们须符合当时社会公正的基本要求。在建设法治社会的中国，结合我国改革开放的实践及我国是发展中大国的现实国情，笔者认为，我们推行公平补偿原则是比较切合实际的。

二、公共利益实现中推行公平补偿原则的必要性

（一）保护财产权的需要

在实现公共利益时，我们之所以要遵循公平补偿原则，一个重要的理由就是要保护对社会发展至关重要的财产权。或者说，之所以要实行公平补偿原则，主要是考虑到财产权本身的重要性，也即推行公平补偿原则的意义和价值是通过其与财产权的重要性密切勾连而体现出来的。财产权（或称产权、财产所有权），是指存在于任何客体之中或之上的完全权利，它包括占有权、使用权、出借权、转让权、用尽权、消费权和其他与财产有关的权利。① 但很多经济学家不赞同把产权归结为人对物的一切权利，而是把产权归结为由于物而发生的人与人的社会关系。例如，菲吕博腾就指出："对于产权概念要注意的中心点是产权不是指人与物之间的关系，而是指由于物的存在及关于它们的使用所引起的人们之间相互认可的行为关系。它是一系列用来确定每个人对于稀缺资源使用时的地位的经济和社会关系。"② 笔者认为，这种从人与人之间的关系的角度对财产权的理解是十分深刻的，它实际上点明了财产权的社会意义和价值。具体而言，在公共利益的实现中坚持公平补偿原则对于财产权的保护性价值主要体现在以下几个方面：

首先，公平补偿体现了对资源稀缺性的正视。财产权从来是最完美的个人权利，是绝对权的典范。③ 因为财产权作为一种权利，其总是与资源的稀缺性联系在一起的。问题是，"我们大家都需要地球，我们大家都有我们谋求满足的许多愿望和要求。我们有那么多人，可是地球却只有一个。"④ 因此，如果不对因为公共利益实现而产生的对私人财产权的限制或者剥夺进行补偿，实际上就是无视资源稀缺性的本质属性。

其次，公平补偿原则契合了财产权的社会性功能。财产的功能是为每个人划定一块消极自由意义上的"私人领域"。⑤ 可以说，没有财产权就没有私人领域存在的物质基础。因此，在公共利益的实现中，如果非得对私人财产进行限制或者剥夺，为了保障财产的构建"私人领域"的持续可能性，就必须对其进行公平的补偿。

最后，公平补偿原则体现了对财产权在保障自由方面的重要作用的深刻洞悉。如果人们想要自由、共存和相互帮助，不妨碍彼此的发展，那么唯一的方式就是承认人与人之间看不见的边界，在边界以内每个人得到有保障的一块自由空间，这就是财产权利，哈耶克

① 参见［美］沃克著，北京社会与科技发展研究所译：《牛津法律大辞典》，729页，光明日报出版社，1988。

② ［美］R·科斯等著，刘守英等译：《财产权利与制度变迁》，上海三联书店、上海人民出版社，1991。

③ ［法］路易·若斯兰著，王伯琦译：《权利相对论》，4页，中国法制出版社，2006。

④ ［美］罗斯科·庞德著，沈宗灵译：《通过法律的社会控制》，35页，商务印书馆，1984。

⑤ 参见刘军宁等编：《经济民主与经济自由》，12页，上海三联书店，1997。

称之为“权利的分立”。[①] 而布坎南亦认为“财产所有权”是自由的保证。[②] Michael Okeshott 甚至认为：“一旦生产资料归于单一的占有者之手，奴役就近在眼前。”[③] 总之，财产权成为自由、个人自治赖以植根和获取养料的土壤，它对人类的一切精神和物质文明的巨大进步产生了深远的影响。[④] 因此，在公共利益的实现中倡导公平补偿原则是十分必要的。

（二）体现社会负担的公平性

所谓社会负担，是指“为造就公共利益，不可将极不平等的负担加诸个人之上”。社会负担意味着“为政府目的而征用财产时，应公道地补偿财产所有人的被征财产的价值。”[⑤] 由于公共利益的受益主体是不特定的多数人甚至是整个社会，因此，如果不对因为公共利益而牺牲了个人权益的个体进行公平的补偿，事实上就会造成社会损失（负担）由个人承担的情况，这显然是极不公平的。德国学者奥托·迈耶虽然认为，任何财产权的行使都要受到一定的内在的社会限制，但当财产的征用或限制超出这些内在限制时即产生补偿问题。也就是说，对财产权的内在社会限制是所有公民都平等承受的一定负担，不需要赔偿。然而，当这种负担落到某个个别公民头上，它就成为一种特别的牺牲，就必须进行赔偿。[⑥] 不仅如此，如果不对受到损害的个人进行公平的补偿，还会造成利害关系人的“双重牺牲”——为公共利益需要牺牲自己的权益同时又因为得不到补偿而再次牺牲自己的权益。正如陈新民教授所言，补偿是对人民基于公共利益的需要而牺牲其权利的一种补救，因而不可以在补偿方面再令人民牺牲（这是第二度牺牲），因而应全额补偿人民因此所受的损害，包括人民在“重置”同样或类似财产权过程中所必须负担的费用。[⑦]

（三）展示公益征收的严肃性

从经济学的角度看，公平补偿意味着对政府的成本约束，这使得政府进行公益征收时就会更加慎重。这里的逻辑结构就是：政府可以征收，但是必须付出代价；由于必须付出代价，政府将不得不慎用公益名义的“征收”行为。通过此种成本约束机制，使政府的公益征收行为成为严肃考虑的结果而不是心血来潮的产物。即使政府宣称因某种紧急状态的公共利益需要而不得不发生“错误”，那也不能拒绝公平补偿的存在。正如康德所言：“在紧急状态下没有法律，但是不能由于紧急避难而把错误的事情变为合法。”[⑧] 因此，在公共利益的实现过程中，“若有不公平的牺牲，片面加重人民负担，则非由国库予以补偿不可。在公法领域，‘赋予’与‘剥夺’全系于单一之国家，故国家给予特定人的利益时，应征收费用；使特定人的财产非遭受损害不可时，以负担的形式，有组织地予以平均化，经由公法上的损失补偿而转嫁给国民全体。”[⑨]

① 前揭，刘军宁书，125 页。
② 参见［美］詹姆斯·布坎南著，韩旭译：《财产与自由·代译序》，4 页，中国社会科学出版社，2002。
③ Michael Okeshott. Rationalism in Politics. London: Metheun, 1962. 4.
④ ［奥］米瑟斯著，韩光明等译：《自由与繁荣的国度》，104～105 页，中国社会科学出版社，1994。
⑤ ［美］迈克尔·D. 贝勒斯著，张文显等译：《法律的原则》，94 页，中国大百科全书出版社，1996。
⑥ 周佑勇、张向东：《论公益征收的补偿原则》，载《淮阴师范学院学报》2006 年第 4 期。
⑦ 参见王太高著：《行政补偿制度研究》，134 页，北京大学出版社，2004。
⑧ ［德］康德著，沈叔平、林荣远译：《法的形而上学原理》，47 页，商务印书馆，1991。
⑨ 城仲模：《行政法之国家责任之理论与公法研究》，载《行政之基础理论》2004 年第 2 期。

（四）消解政府和民众对立情绪的需要

在一个文明社会里，财产的取得应该是永久性的。除非经过交易或者补偿，否则财产就永续在所有权人中存在。贝卡里亚指出："没有一个人为了公共利益将自己的那份自由毫无代价地捐赠出来，这只是浪漫的幻想。"① 因此，即使为了公共利益的需要，我们也只能提倡"大公无私"，而不能规定必须"大公无私"。当然，国家可以借助政权的力量压制它的民众服从，但这样就会如约翰·密尔所言："不可能有什么好结果。"因此，一个政府如果不想因为公共利益对私权的损害而导致民众产生对立情绪，政府就必须对其进行补偿，而且必须是公平的补偿。当然，要指出的是，并不是只要有了补偿就可以任意地征收财产，因为这样会与强制买卖无异。因此，公平补偿的前提必须是出于实现公共利益的需要，否则，即使是进行了公平补偿，民众和政府依然是对立情绪高涨。正是基于此种考虑，美国最高法院就曾多次在已补偿的情形下仍禁止为了某一私人利益而征收另一私人的财产。②

（五）政府对民生问题的重视

之所以在实现公共利益的过程中要对受损的私人权益进行补偿，还体现了政府对民生问题的重视。关注民生问题是"执政为民"的重要表现，这其中关键的一环就是政府应提升人民群众的"幸福感"。根据休谟的"幸福理论"，"人的幸福有三个来源：其一，个人对幸福的感觉。如果我感觉我是幸福的，那么不论在别人看来我是多么不幸，我仍然是幸福的。这种感觉别人无法从我这里剥夺。其二，个人品质上和气质上的优点。这往往成为一个人骄傲的根据，而骄傲是幸福的来源之一。其三，个人占有的财产。这是一个人创造幸福的主要手段。"③ 笔者认为，对受损的私人主体进行公平的补偿能够提升该主体的幸福感：因为财产既然可以带来幸福，那它也可以带走幸福。作为一种逻辑结果，公平的补偿就往往意味着个体幸福的增加。鉴于这种幸福的增加是政府补偿行为的结果，我们也就可以将其理解为政府对民生问题的重视。

三、公共利益实现中贯彻公平补偿原则的路径

公共利益的实现过程中如何在操作的层面上保证公平补偿原则的实现，主要有以下几个"技术性"的措施：

（一）公共利益的实现与补偿方案的确定同步

坚持公共利益的实现过程与补偿方案的确定过程的"同步原则"，也就是说，一旦政府准备以公共利益的名义行事，就应当考虑好如何补偿利害关系人。但这里有一个问题，就是如何确定所要涉及的个人财产的价值问题，笔者认为，可以考虑公平市场价值的方法。例如，以土地征收为例，所谓公平市场价值可以被定义为双方在无任何强迫下，经验丰富、信息灵通的买方愿意付给自愿出售其不动产（包括土地和建筑物等被认为是不动产一部分的其他附属物）的卖方的价格，一般以不动产在近期内最有可能的、最充分的和最

① ［意］贝卡里亚著，黄风译：《论犯罪与刑罚》，8页，中国大百科全书出版社，1993。

② Thompson v. Consolidated Gas Utilities Corp, 300 U. S. 55, 80 (1937).

③ 前揭，迈克尔·D. 贝勒斯书，137页。

优的用途为条件。根据国外的经验，被审查的因素可以包括以下六个方面：（1）市场需求；（2）该地的经济发展；（3）商家或个人开发土地的某种用途的详细计划；（4）被市区划分法令（zoning ordinance）许可的用途；（5）邻近已开发此用途的地区的情况；（6）征用时不动产的实际用途。[①] 笔者认为，如果在实现公共利益的过程中果真能够坚持此种方法，那补偿一般是会令利害关系人比较满意的。

（二）确定实际损失必须补偿的最低标准

对利害关系人进行实际损失的补偿可以说是推行公平补偿原则的最低标准或要求。根据贝勒斯的观点，在损害赔偿中，损失常被分为三个部分：期待利益的损失、返还利益的损失及信赖利益的损失。期待利益包括所有当事人从契约中期待的收益；返还利益则指已转移于对方当事人而仍需追还的利益；信赖利益则指对任何损失的补偿。[②] 事实上，对实际损失进行补偿只是相当于对“返还利益”的补偿，这种补偿显然必须是最基本的补偿，否则，公平补偿就是一个神话。确定实际损失必须补偿的重要意义，有学者将其总结为以下三个方面：（1）有助于公平、及时地填补被征收人的实际财产损失。被拆迁人不必再为拆迁补偿问题而烦恼，更无须成为拆迁过程中的“钉子户”。（2）有助于大幅减轻政府的拆迁阻力。被拆迁人即使对公共利益的实现存疑，但由于自己遭受的拆迁损失能够获得全额补偿，也会满腔热忱地支持拆迁工作。（3）有助于有效地预防政府滥用“公共利益”而大兴土木的现象。[③] 笔者认为，其意义还可以补充一个方面：实际损失补偿有助于社会基本公平与正义的实现。

（三）补偿应使当事人生活水平不降低

这是一个“后果标准”。要在公共利益实现中推行公平补偿原则，坚持补偿不得使当事人生活水平降低之标准也是非常重要的一环。事实上，有比较才有区别，也才能更加直观地看到区别。因为公共利益的实现而发生对私人权益的限制或者剥夺后，对利害关系人的补偿如果使其生活水平较之征收前下降了，则此种补偿显然不是公平的补偿。笔者认为，这里可以借鉴日本的“生活补偿”观点。这种观点认为：如果作为征收对象的财产具有财产权人生活基础的意义，那么对其损失的补偿就不能仅限于对其财产的市场价格予以评估，还应考虑其附带性的损失补偿。例如，因公共建设需要，一般市民的土地或房屋被征收，在此情形下，仅仅给予市价补偿，有可能不足以恢复与原来同等的生活状况，为此必须给予其他的生活补偿。[④] 笔者认为，这种做法很人性化，也能够在全社会产生比较好的社会效应。

（四）选择对相对人最有利的补偿方式

有学者在考察《美国宪法第五修正案》中公正补偿原则的规定时指出：“公正补偿作为公权力行使征收权力的构成要件在二百年前和现在并没有太大的区别，但是对于公正补

① Theodore J. Novak, BrianW. Blaesser, ThomasF. Geselbracht, Condemnationof Property: Practice and Strategies for Winning Just Compensation. Wiley Law Publications, John Wiley &Sons, Inc. 1993. 124.

② 前揭，迈克尔·D. 贝勒斯书，236 页。

③ 参见徐海燕：《公共利益与拆迁补偿：从重庆最牛“钉子户”案看物权法第 42 条的解释》，载《法学评论》2007 年第 4 期。

④ 参见张庆福主编：《宪政论丛》（第 2 卷），54 页，法律出版社，1999。

偿的计算却总是有所争执。”① 笔者认为，补偿的计算很重要，但补偿的方式更加重要：利害关系人能够通过什么样的方式得到补偿比如何计算自己的补偿相对而言是更直接的事情，也将对利害关系人的利益产生最直接的影响。因此，选择对相对人最有利的补偿方式，也是贯彻公平补偿原则的题中应有之义。以征地补偿为例，有论者提出可以参考以下四种方式：② （1）征地补偿费入股安置。在农民个人和土地所有者愿意的前提下，将部分或全部征地补偿费入股，集体经济组织和农民个人作为股东参与用地单位的生产经营，享受经营利润并承担风险，其收益按照股份合作制企业分配办法分配。（2）社会保险安置。经农民本人申请，土地管理部门可将农民个人应得征地补偿费部分或全部交付社会保险部门，由社会保险部门按有关规定办理医疗、养老等保险。对被征地农民的安置，要做到给予一次性征地补偿和纳入社会保障体系相结合。（3）留地安置。在经济发达地区或城乡接合部，根据城镇建设规划，在规定区域按照规定用途划出一块土地给被征地的农村集体经济组织，从事开发经营，发展生产。（4）债券安置。在农村金融或基金信用较好的地区，在农民个人和集体同意的前提下，可采用发行土地债券的办法进行安置。

笔者认为，由于社会保险是一种强制性的保险，而且，随着我国从“吃饭财政”向“公共财政”的过渡，以后如养老、医疗等保险很可能主要是靠国家财政支撑，因此，采用办社会保险的方式进行补偿从长远来看欠缺必要性。至于其他几种补偿方式，笔者认为可以根据具体情况进行有针对性的借用，这对于实现补偿的公平性是大有助益的。

四、结论与思考

总之，公平补偿原则在实现公共利益的过程中具有基石性的价值：它一方面表达的是一个社会对公共利益优先性的考量；另一方面表达的是一个社会对限制私权以实现公共利益的“谨慎”。公共利益实现的进程中注重公平补偿原则的推行，既是对权利、公平正义的推崇，也是彰显一个社会公益征收严肃性的需要，并且反映着一个民主政府对“民生”问题的重视程度。要在公共利益的实现过程中贯彻公平补偿原则，既要有内容夯实的补偿方案，也要建构一套达到“公平程度”的有关补偿的具体标准，并且要在具体的补偿方法上取得突破。

人类不是纯粹经济性的动物，这是一个真理。但是，在市场经济深入发展的今天，人类又不得不承认这样一个现实：金钱虽然不是万能的，但是没有钱确实是不行的，这也是一个真理！正是这种人类的“经济性”的真理，成为公共利益实现中公平补偿原则存在的最深刻理据。事实上，回顾2007年著名的“重庆钉子户事件”和2009年发生在成都的“唐福珍自焚事件”，我们虽然可以将杨武夫妇“钉子化”或者发生唐福珍自焚这样的社会悲剧归咎于种种其他的原因，但我们完全可以说：没有公平的补偿才是这两个事件成为“公共事件”最关键的原因。试想，如果有公平的补偿存在，杨武夫妇要变成“钉子户”吗？唐福珍要自焚吗？而湖南嘉禾县政府还会打出“谁影响嘉禾一阵子，我要影响他一辈子”这样的严重损害政府形象的标语吗？由此看来，公平补偿原则的切实实现，对于公共

① 参见谢哲胜著：《财产法专题研究》（二），159页，中国人民大学出版社，2004。

② 参见王振海等著：《城市化与市民公共利益保护》，143页，中国海洋大学出版社，2005。

利益的正确实现，对于私人权益的合理保护，都是十分必要的，甚至可以说是一个最为首要的问题。

当前，我国正处于社会的转型关键时期：一方面，我们需要一个以公共利益为本位的强力的政府，去打破旧有的利益格局，型构一种新的利益格局以促成社会的进一步发展；另一方面，由于体制、制度甚至历史和文化等方面的原因，分配不公在我国已经成为一个严峻的社会问题（我国基尼系数早已亮起红灯）。在这种现实情况下，政府的公共利益行动稍有不慎，要么造成政府公信力下降从而危及政府的合法性问题，要么很可能就是面临私权的强烈反弹。因此，强调政府公共利益行动的公平补偿原则就获得了一种特殊的意义和价值。但是认识到问题的重要性是一回事，如何去做又是另一回事，因此，如何从“技术”或者说操作的角度来保障公平补偿原则之贯彻，也是一个颇有价值的议题，对此，本文提出了一些具体的见解以求教于方家。值得注意的是：鉴于公共利益自身界定的困难性、社会转型中公共利益与其他利益甚至是商业利益之间错综复杂的关系等，这注定了在公共利益的实现过程中贯彻公平补偿原则虽然是一个世人皆知的真理，但其不会一帆风顺也将是众所周知的。

经济法责任理论及其思维转向

张继恒*

目　次

一、“地位—责任”思路：经济法责任理论的研究基础

受大陆法系传统和苏联社会主义经济法思想的影响，中国经济法从产生之初就在我国法学界引发了关于经济法地位问题的激烈讨论。在法学论者们看来，只有确立了经济法的地位问题，其他诸如经济法的主体、经济法的基本原则、经济法的理念、本质、价值和法域属性等若干基础理论问题的研究才具有意义。否则，在经济法不能成为一个独立的法律部门，甚至连作为一个独立的法学学科进行研究也将存在疑问的前提下探讨其他经济法基础理论问题无异于建造“空中楼阁”。

一般认为，经济法的地位主要是指经济法到底是不是一个独立的法律部门，是不是一个与民法、刑法、行政法等法律部门相并列的部门法。众所周知，民法、刑法、行政法是学界公认的独立法律部门，之所以独立是因为其具有独特的调整对象和调整方法。很显然，我们已经普遍将是否具有独特的调整对象和调整方法作为划分法律部门的标准。① 同理，要确立经济法的地位，就必须论证经济法具有独特的调整对象和调整方法。那么，这个划分理论从何而来？研究的误区便由此产生。

传统法律部门划分理论的形成大致经历了两个阶段。第一个阶段是以法律调整的对象作为划分法律部门的标准，这是 1939 年 M. A. 阿尔扎诺夫首先提出的，第二个阶段则是

---

* 江西科技师范学院法学院讲师，法学硕士。

① 传统法律部门划分的标准主要是从调整对象和调整方法的不同来界定的。但在理论上也有分歧：一种观点是“单一标准说”，即主张法律部门的划分只能以是否具有独特的调整对象这个标准来划分；另一种观点是“双重标准说”，即主张法律部门的划分要以既要看其是否具有独特的调整对象，又要看其是否具有独特的调整方法这两个标准来划分。

将法律的调整对象和调整方法结合起来作为划分法律部门的标准，这是由苏联法学家勃拉图西提出的。1954年至1955年苏联因拟制全苏民法典而进行关于民法对象的讨论，接着于1956年开展关于法体系的第二次大讨论，得出几乎一致公认的观点，即必须将法律调整的社会关系的内容（即法律调整的对象）和法律调整的方法相结合或者统一起来，作为法律部门划分的标准或依据。[①] 至此，传统法律部门划分理论“大功告成”，其深深地影响着我国经济法学基础理论的研究，这种理论在我国诸多的法学著作、教材和学术论文中都可以看出其“痕迹”，即要么认为以法律的调整对象为唯一标准划分法律部门，要么认为以法律的调整对象和调整方法相结合为标准划分法律部门。把这种理论应用到论证经济法的地位问题上，便成为既要寻求独特的经济法调整对象，更要寻求独特的经济法调整方法。

以往的经济法理论研究侧重于对独特的经济法调整对象的抽象和归纳，并取得了一定共识，即普遍认为经济法的调整对象至少应当包含两类社会关系：市场竞争关系（又称市场监管关系、市场管理关系等）和宏观调控关系。但关于经济法的独特调整方法还缺乏系统的、科学的论证和研究，至今仍未取得较为广泛的共识，这也成为坚决捍卫传统法律部门划分理论的学者们论证经济法独立地位问题时的一个不可逾越的理论障碍。应当说明的是，学界一般都将法律调整方法等同于法律责任方式，并将其作为划分法律部门的重要依据，即以该部门法是否具有独特的法律责任方式来论证其是否是一个独立的法律部门。因此，近年来关于经济法地位的理论研究纷纷将焦点集中在了如何构建经济法独特的法律责任方式上，因而寻求独特的“经济法责任”[②] 便成为论证经济法独立地位的关键问题。由此也可看出，传统法律部门划分理论遵循的是“责任—地位”思路，即经济法责任的独特决定着经济法地位的独立。很明显，按照这种传统的研究思路，只有论证了经济法责任的独特性，经济法才能成为一个独立的法律部门。

本文无意对传统法律部门划分理论的科学性作出评判，但对这种把是否具有独特的经济法责任作为论证经济法地位问题之先决条件的研究思路（即本文所称的“责任—地位”思路）却是坚决反对的。“时至今日，以经济法缺乏独特的法律责任形式来否定经济法，或者相反，以经济法有不同于传统法律部门的责任形式来证明经济法是一个法律部门的风气仍盛，不免对经济法构成贬损。”[③] 可以说，传统法律部门划分理论遵循的“责任—地位”思路是导致目前我国经济法学界对经济法责任理论的研究未取得突破性进展的关键原因。这是因为法律责任方式的种类是有限的，它们已被业已存在的民法、刑法、行政法等法律部门“瓜分完毕”，经济法作为一个新兴的法律现象自然不可能参与到这种法律责任方式的“瓜分”活动中来，也只能采用这些种类有限的责任方式。正如当代著名法哲学家

① 参见《苏联法的体系及其发展前景》（一），载《法学译丛》1983年第1期。

② 关于“经济法责任”的表述的称谓有多种表述。例如，“经济法律责任”、“经济责任”甚至“经济责任制”。为了强化经济法观念和意识，遵循依部门法性质对法律责任进行分类的标准，本文不使用“经济法律责任”、“经济责任”和“经济责任制”的提法，而使用“经济法责任”的表述。具体理由可参见颜运秋：《经济法责任基本问题研究》，载《山东警察学院学报》2010年第2期。另也有学者主张遵循“法律部门名称+责任”的确定部门法责任的称谓模式，作为独立法律部门的经济法的法律责任其称谓应确定为“经济法责任”。其具体理由可参见徐孟洲、伍涛：《论经济法责任的内涵与基本权义关系》，载《理论月刊》2011年第4期。

③ 史际春、姚海放：《再识“责任”与经济法》，载史际春、邓峰主编：《经济法学评论》第四卷，226~227页，中国法制出版社，2003。

凯尔森所说："当制裁已在社会上组织起来时，对破坏秩序所适用的灾祸就在于剥夺所有物——生命、健康、自由和财产。"① "因社会关系领域的不同，及对社会关系领域违法行为的遏制、矫正，即任何部门法调整目的的实现，都不可能由某一种具体的责任形式完成，而是由不同的责任形式构成的责任体系来完成。囿于时代和制度约束，传统的责任理论不可避免地会存在褊狭和缺失，其局限性已日益突出。"② 对此，我们还注意到，西方国家的学者并不抱残守缺，他们根据形势的变化，适当地认可公、私法的渗透和融合，在理论上把经济法的出现解释为是资本主义社会趋于成熟和国家与市民社会趋于一致的结果。③ 事实上，在英美法系占据主流的西方资本主义国家那里，从经济法产生之初就没有关于经济法地位问题的争辩，自然也就没有通过论证经济法责任的独特性去解释经济法是一个独立的法律部门的问题了。

可以肯定的是，时下的中国经济法论者在参考和借鉴西方资本主义国家学说的基础上，从实践出发去认可经济法部门的出现，已成为一种社会思潮。在这种社会思潮的推动下，诸如劳动法、婚姻法、环境与资源保护法等不具有"独特"法律责任形式的部门法，却也成为法学界所公认的独立法律部门。④ 同样地，经济法作为一个独立的法律部门也已经得到了法学界和立法界的普遍认可。⑤ 因此，现在应是我国经济法学界对传统法律部门划分理论所遵循的"责任—地位"思路进行反思的时候了。从实践出发去认可经济法的独立法律部门地位的形势变化迫使我们需要跳出传统法律部门划分理论界定的"责任—地位"思路的"陷阱"，适时转化法律思维及其方法。

有学者指出，论证经济法责任独立的基础与条件之一就是对经济法作为独立部门法地位的认同。⑥ 按照这种观点，只有认可了经济法是一个独立的法律部门，才能去进一步论证经济法责任的独特性，而不是相反。也就是说，这是一种与传统"责任—地位"研究思路相左的"地位—责任"研究思路。我们认为，在经济法的独立法律部门地位已取得我国法学界和立法界普遍认可的情况下，明确这一研究思路，对我们进一步构建包括经济法责任理论在内的科学的经济法理论体系具有非同寻常的理论意义。可以预见，在经济法责任理论研究中，坚持从"责任—地位"走向"地位—责任"的思维转换，或将成为传统法理学研究方法的一场革命，同时也将为我国经济法学界构建独立、系统、科学的经济法责

---

① ［奥］凯尔森著，沈宗灵译：《法与国家的一般理论》，18 页，中国大百科全书出版社，1996。

② 王辉：《论法律责任的困境与经济法责任的超越》，载《甘肃政法学院学报》2011 年第 2 期。

③ 参见［日］金泽良雄著，满达人译：《经济法概论》，31 页，甘肃人民出版社，1985。

④ 这主要是那些否认经济法责任独特性的学者所普遍持有的观点，即认为从法律责任的性质上看只有民事责任、行政责任和刑事责任三种，而不可能存在其他责任形式。由于劳动法、婚姻法、环境与资源保护法等法律部门的责任承担方式只是民事责任、行政责任和刑事责任的综合适用而已，所以它们不具有"独特"的法律责任方式。

⑤ 2011 年 3 月 10 日，全国人大常委会委员长吴邦国在十一届全国人大四次会议第二次全体会议所作的全国人大常委会工作报告中宣布，以宪法为核心，以法律为主干，包括行政法规、地方性法规等规范性文件在内，由宪法及宪法相关法、民商法、行政法、经济法、社会法、刑法、诉讼与非诉讼程序法七个法律部门构成的中国特色社会主义法律体系已经形成。全国人大常委会委员、全国人大法律委员会委员、山东大学校长徐显明在回答中外记者的提问时指出：第四类是国家调控经济的法律，叫做经济法部门，最主要的有反不正当竞争法、反垄断法、消费者权益保护法等，国家对土地、货币、税收等进行管理的法律，这些领域的法律都归于经济法。

⑥ 参见翟继光：《论经济法责任的独立性》，载《当代法学》2004 年第 4 期。

任体系提供一种新的研究思路。

二、"主体—责任"范式：经济法责任理论的基本分析框架

经济法现象在中国发展的时间并不长，系统的经济法理论研究出现在1992年我国倡导建立社会主义市场经济体制以后，另外，我国法制现实的滞后性也给经济法理论的完善带来了一定阻碍，其中的经济法主体理论与经济法责任理论仍然是经济法基础理论中的难点。这是因为法律责任毕竟是由特定主体承担的，责任主体结构的不同决定着责任性质、构成要件、承担方式等方面的不同。因此，经济法责任自然只能是经济法主体所应承担的责任形式，而不可能是民事主体、行政主体、刑事主体所承担的责任形式，尽管这些部门法在法律责任的具体形式上可能是相似甚至是相同的，但这并不能否认包括经济法责任在内的部门法责任的独特性。

需要说明的是，经济法责任理论的不成熟与经济法主体理论的不完善密切相关，正是由于经济法主体的独特地位尚未得以完全确立，才导致对其所应适用的责任承担方式在是否具有独特性上受到反复讨论与质疑。因此，需要把经济法主体与经济法责任的关联性分析（即本文所称的"主体—责任"范式）作为经济法责任理论的基本分析框架。从理论上讲，独立经济法主体的存在必然要求在程序上保证其责任的实现，而这种程序绝不会与民事程序相同，这一点在目前的立法、执法和司法现实中尚难以实现。尽管经济法主体的独立存在还要受到一系列现实与理论问题的制约，但在经济法基础理论研究中设计经济法主体的独特地位则是完全可以实现的。

基于以国家干预为宗旨的现代经济法学的基本假设，经济法主体体系在结构上包含二元主体，即主要行使公权力的国家干预主体和主要行使私权利的国家干预受体。由于两类主体所享有的权利或权力不同，其相应的义务也就不同，因违法而应承担的法律责任也就不同。

这些不同与"角色理论"是相一致的。邱本教授就曾指出，经济法责任作为一种角色责任，一是特指享有竞争维护权和宏观调控权的竞争维护者与宏观调控者的责任；二是指竞争维护者和宏观调控者的责任是一种岗位责任，要求有权有责，权责相当，有职有责，尽职尽责。而且，经济法责任还是一种差别责任，也就是说，因有责主体的不同而具有差异性。① 可以看出，经济法责任不仅是法定责任，还是角色责任、岗位责任和差别责任。由于经济法的调整对象是市场竞争关系和宏观调控关系，经济法调整这种社会关系的根本宗旨是维护市场竞争和进行宏观调控。因此，经济法主体结构中的国家干预主体就是竞争维护者和宏观调控者，其享有的权利或权力就是由竞争维护权和宏观调控权所构成的"经济干预权"；经济法主体结构中的国家干预受体就是非竞争维护者和非宏观调控者，其享有的权利或权力就是由平等的市场主体之间的对策权和市场主体对国家干预主体的对策权所构成的"经济对策权"，具体表现为有效竞争权、消费者权利、纳税人权利等。这两类主体在权利（力）义务方面存在不同，这就决定了它们承担的经济法责任在责任性质、构成要件、具体承担方式等方面的重大差异。

---

① 参见邱本：《经济法总论》，271～272页，法律出版社，2007。

既然我们已从理论上把经济法主体结构界定为二元主体，即国家干预主体和国家干预受体，那么，经济法责任也就由国家干预主体因违反经济法而承担的经济法责任和国家干预受体因违反经济法而承担的经济法责任所构成。问题是如何在现行法律框架内追究这两类主体的经济法责任，其中尤其对国家干预主体的责任追究最为困难，这是因为国家干预主体中的竞争维护者和宏观调控者主要是国家机构（不仅包括行政机构，还包括权力机构），这就表明了经济法主体结构中的国家干预主体还有可能是行政主体或立法主体。国家干预主体角色的“多面性”使得追究其经济法责任的问题变得十分困难，由于国家干预主体承担着重要的社会公共职责，作用十分明显，因此我们很难通过责令停业整顿、取消经营资格、强制解散等方式来对其进行制裁；同时，像对其施以罚款或罚金、责令其赔偿经济损失等方式也难以取得实际效果，这是因为其经济来源具有财政补偿性，若令其承担不利的经济后果，最终还是要由纳税人承担，一般只好规定让违法行为的直接责任主体来承担经济法责任，如对有关主管人员给予警告、记过、降级、撤职、开除等处罚，情节严重的还可追究刑事责任，而对国家干预主体则可能导致政治性责任，如我国的公务员引咎辞职制、西方国家的内阁辞职或阁员辞职等。

相比之下，国家干预受体的经济法责任的追究在其可以特定化的情况下是可以顺利实现的。经济法主体人格的界定与传统民法、刑法和行政法的关键区别就在于他注重主体的“差异性”、注重“具体人格”。因此，国家干预受体在经济法中又可以具体表现为竞争者、消费者、投资者、纳税人、银行等。在国家干预受体可以特定化的情况下，干预受体受到的损害或侵害还是可以衡量的，在此基础上追究其经济法责任自然便是可以实现的。但如果在国家干预受体难以特定化的情况下，追究其经济法责任便变得比较困难，这也是我们今后经济法责任理论研究尚需进一步探讨的重点问题。

此外，“主体—责任”理论范式还要求独立经济法主体的存在必须在程序上保证其责任的实现，这也就是我们所说的经济法“可诉性”问题，即“经济法诉讼”。以往的经济法责任理论研究往往将经济法责任承担与“经济法诉讼”问题挂钩，并由此关注国家干预主体的经济法责任实现问题。司法实践中，国家干预主体的经济法责任难以通过诉讼途径进行追究，目前学界普遍认可的能够彰显“经济法诉讼”特色的“公益诉讼”在实施中也是困难重重，无法达到对权利的全面救济和对责任的全面追究。另外，即使是国家干预受体，因其可以享有接受或拒绝国家干预主体的非强制性干预的权利，也可以对非法干预行为享有拒绝的权利，这些“拒绝权”也是经济对策权的具体体现。[①] 因而对其行为也难以通过诉讼途径予以解决。必须承认的是，“经济法诉讼”的有无势必影响到人们对经济法责任理论独特性的客观认识。但也应当看到，“经济法诉讼”并没有完全丧失，“公益诉讼”大量出现的趋势已经表明，随着我国经济立法的不断完善和未来责任追究制度的发展，科学的、独立的“经济法诉讼”制度的出现或许只是一个时间问题。

总之，由于经济法主体的“差异性”，会导致经济法的角色责任、岗位责任、差别责任的特点更为突出。因此，要界定经济法责任的具体形式，就必须依据“主体—责任”理论范式，针对经济法主体的“差异性”分别进行提炼和归纳，尤其要注意对具体的经济法

---

① 例如，我国企业的摊派拒绝权，就是市场主体的拒绝权的一种具体表现。随着市场经济的发展和法治思想的日益深入人心，拒绝权的具体形态还会更为多样化。

责任形式进行系统化分析和类型化研究。

三、"传统+独特"内涵：经济法责任的具体形态

由于学界所提出的"三大责任"、"四大责任"和"六大责任"① 等责任形式已无法适应现代法律责任制度的发展需求，或者可理解为传统的法律责任形式已不是"普遍适用的唯一真理"。所以，部门法的法律责任的区别，重要的不在于具体责任形式的差异，而在于因目的不同所致责任形式组合的不同，即责任体系的结构。② 所以，经济法责任应该具有迥异于传统法律责任的形式，体现自身特殊性的法律责任体系。"经济法责任链是由若干不可分割的法律责任元素组成的链条。所谓法律责任元素，即最小的不可再分的法律责任形式，如罚款、损害赔偿、有期徒刑等。法律责任元素根据不同的逻辑结构形成部门法责任。经济法责任与其他部门法责任一样，也是由法律责任元素构成，但经济法责任并不是基本法律责任元素之简单相加或综合，正如同经济法所追求的社会整体利益不等同于各个体利益之和之道理一样。"③ 经济法责任理论的研究成果业已表明，经济法责任的具体形态既有民事、刑事和行政的传统法律责任形式的综合适用，又有经济法领域特有的责任形式，这使得经济法责任体系呈现出一种以"传统+独特"内涵为主要特色的法律责任体系。④

（一）传统法律责任形式的综合适用

传统法律责任形式的综合适用并不只是在经济法部门存在，像劳动法、环境资源保护法等法律部门也有传统法律责任形式的综合适用，可以说，法律责任形式的综合适用已成为现代法律部门法律责任体系发展的一种趋势。

实际情况是，法律责任形式之间的交叉和重合，不仅仅发生在经济法领域中，在传统的部门法中也有这种现象，只是未能引起学界的重视而已。例如，有学者认为，行政责任的具体形式中就包含赔礼道歉、恢复名誉、消除影响等属于传统民法范畴的民事责任形式。⑤ 在刑法部门中，刑事责任的具体形式中除刑罚以外，还有训诫、责令具结悔过、赔礼道歉、赔偿损失等非刑罚方法，从本质上讲，这些责任形式与民事责任是一致的。尽管

---

① 学界指出"三大责任"包括民事责任、行政责任和刑事责任；"四大责任"包括民事责任、行政责任、刑事责任和违宪责任；"六大责任"包括民事责任、行政责任、刑事责任、违宪责任、诉讼责任和国家赔偿责任。

② 参见刘水林：《经济法责任体系的二元结构及二重性》，载《政法论坛》2005年第2期。

③ 郑鹏程：《经济法责任特征新论》，载李昌麒、岳彩申主编：《经济法论坛》第7卷，52页，群众出版社，2010。郑鹏程教授将经济法部门中的责任安排称为经济法责任链，关于经济法责任链含义之具体解释请参见此文。

④ "法律责任形态"、"法律责任方式"和"法律责任形式"属不同法律概念。一般地讲，"法律责任形态"是对法律责任问题的一种笼统称谓。可以说，任何一个法的门类都有自己的"法律责任形态"。不仅民法、刑法和行政法有，经济法、劳动法、环境资源保护法、卫生法、土地法等新兴法的门类也有。"法律责任形态"包括法律责任方式、法律责任形式、法律责任对象等一系列内容。"法律责任方式"包括法律责任对象和责任形式两方面。法律责任对象有生命、身体、自由、财产、名誉等；责任形式，是指对责任对象所采取的制裁方法，如赔偿、恢复原状、赔礼道歉、警告、开除、拘役、有期徒刑、无期徒刑等。关于"法律责任形式"的具体解释可参见史际春、姚海放：《再识"责任"与经济法》，载史际春、邓峰主编：《经济法学评论》第四卷，229～230页，中国法制出版社，2003。

⑤ 参见胡建森著：《行政法学》，518～520页，法律出版社，1998。

如此，但我们也不能说行政法和刑法中规定的这些责任就是民事责任。凯尔森就认为："虽然民事制裁总是对某些经济所有物的剥夺，但作为一种刑事制裁的罚金，也是这种性质"。[①] 因此，我们不能仅以责任形式本身来判断责任的部门法性质，而必须根据规定这一法律责任的法律规范所属的部门法来判断其部门法性质。[②] 由此可以看出，民事责任与某些刑事责任、行政责任，如罚金和罚款在性质上就是相同的。

实际上，法律责任形式的综合适用与部门法责任的独特性并无必然联系。传统法律责任形式在经济法领域的综合适用只能表明经济法责任的具体形态中存在一些与其他部门法责任相同或相似的责任形式，但这种现象却不能否认经济法主体承担的经济法责任与其他部门法主体所承担的部门法责任之间的本质区别。这是因为从部门法性质上讲，除了在具体责任形式上经济法责任与其他部门法责任可能相同以外，其他方面均有实质区别，经济法责任是违反经济法的规定而承担的法律后果，其他部门法责任是违反其他部门法的规定而承担的法律后果；经济法责任是经济法主体承担的责任形式，其他部门法责任是其他部门法主体承担的责任形式；经济法责任的归责原则、责任构成要件由经济法规定，其他部门法责任的归责原则、责任构成要件由其他部门法规定等，这些本质上的区别表明经济法责任虽有传统法律责任形式的适用，但在性质上与其他部门法责任却是不同的。如果承认本文的论述是有道理的，那么经济法责任的独特性问题自可迎刃而解，无论经济法责任的具体形式与其他部门法责任的具体形式是完全相同还是如何相似，都不能否认独立的经济法责任体系的存在。况且，"经济法责任并不是各种责任形式的随意的胡乱的堆砌，它们基本上遵循行政责任在先、民事责任居中、刑事责任在后，市场主体责任在先、主管机关责任在后的规律性。它体现着经济法先规制市场失灵，再控制政府失灵这一事实逻辑和经济法产生与发展的轨迹。"[③]

（二）经济法特有的法律责任形式

作为新兴的法律现象，经济法部门发掘出了若干富有特色的责任形式，像国家赔偿、超额赔偿、实际履行、资格减免、信用减等、颁发禁止令等，都已被经济法论者相当一致地认为属于经济法部门所特有的责任形式。但也要看到，这些责任形式中，有些是传统法律责任形式不能包含的，如信用减等、资格减免和颁发禁止令等，而有些则是在传统法律责任形式基础上的"变种"或赋予其新的内涵而已，如国家赔偿、超额赔偿和实际履行等。但经济法责任独特性的体现并不是依赖于这些特有的责任形式的。正如前文所述，我们不能仅以责任形式本身来判断责任的部门法性质，而必须根据规定这一法律责任的法律规范所属的部门法来判断其部门法性质，这是我们研究经济法责任理论必须走出的一个误区。以下对这些经济法特有的责任形式略作说明：

首先，关于经济法的赔偿性责任形式主要有两类：一是国家赔偿；二是超额赔偿。此

---

① ［奥］凯尔森著，沈宗灵译：《法与国家的一般理论》，54、118页，中国大百科全书出版社，1996。

② 对于某些新兴的法律责任承担方式的部门法性质就更需要遵循这一判断标准了。例如，美国国会1984年通过一项法案，规定各州必须在1986年以前将合法饮酒的年龄限制提高到21岁，否则就会降低他们的联邦公路经费。像这种法律责任承担方式恐怕就很难归入传统法律责任方式中了，只能根据该法案所属的部门法来判断其性质。参见［美］加里·贝克·吉蒂著，薛迪安译：《生活中的经济学》，170页，华夏出版社，2003。

③ 郑鹏程：《经济法责任特征新论》，载李昌麒、岳彩申主编：《经济法论坛》第7卷，52页，群众出版社，2010。

处的国家赔偿在行政责任中一直就存在这种责任形式，主要通过行政赔偿和司法赔偿来实现。经济法学者之所以认为其是经济法部门有特色的责任形式，是因为这里的国家赔偿实际上是国家或政府经济失误赔偿，是因国家或政府经济决策失误而应承担的赔偿责任，主要还是“立法赔偿”，它不同于传统的民事责任和行政责任，因为国家或政府承担赔偿责任的原因不是违反民法和行政法的规定，因而它是一种新型的法律责任形式。但从本质上讲，这里的国家或政府经济失误赔偿实际上只是国家赔偿的一种形式而已。与国家赔偿相关联的“实际履行”也是这种情况，在民法的合同违约责任中就有实际履行这种责任形式，所不同的是，此处的实际履行的结果不像合同违约责任中只对特定人有利，而且主要是国家或政府履行。国家或政府的主要责任就是提供公共物品，而对于公共物品的需要一般是私人物品所不能替代的，它一般只能由政府来提供。如果政府不作为，有时可能就会对调制受体产生不良影响，如外部竞争环境的营造、市场秩序的维持、必要的宏观调控等，都是应当实际履行的，在这方面不能或不可能完全用承担国家赔偿的责任方式来代替，也不能都用纳税人的钱（全面的赔偿）来为自己开脱。[①] 因而只能由国家或政府以“实际履行”的责任形式来完成。

这里的超额赔偿实际上就是惩罚性赔偿，和经济法的国家赔偿主要由国家干预主体（国家和政府）来承担不同，经济法中的超额赔偿则主要由国家干预受体（市场主体）来承担。经济法中最典型的采用惩罚性赔偿的例证有《中华人民共和国消费者权益保护法》第49条的“双倍赔偿”规定，美国《谢尔曼法》关于三倍赔偿的规定等，都是为了追求惩罚的目的。其实，这里的惩罚性赔偿并非什么新鲜事物，民事责任中早就有补偿性赔偿和惩罚性赔偿之分。以合同违约责任中的支付违约金为例，民法学者普遍认同，从促使债务人积极履行的角度考虑，在立法上确定违约金为补偿性的同时，要明确违约金的数额应当包括可得利益的损失，纠正司法实践中不保护可得利益的倾向。这样，补偿性违约金可以得到类似于惩罚性违约金的效力；另外，在确定违约金的基本性质为补偿性的同时，也不排除当事人在公平、诚实信用原则的指导下，约定使用惩罚性的违约金。传统私法使用惩罚性赔偿的情形还是比较少见的，主要还是以补偿性赔偿为主，而经济法中的惩罚性赔偿则有扩大适用的趋势，如2009年6月1日起施行的《中华人民共和国食品安全法》第96条中就有“十倍赔偿”的新规定。由此可见，经济法中的国家赔偿、超额赔偿和实际履行与传统民事责任、行政责任在具体承担方式上有相同或相似之处，但也有其特殊性。之所以说其是经济法特有的责任形式，主要还是从部门法性质上看，它们之间存在实质区别，即前文已经提到的观点：经济法责任与其他部门法责任在承担主体、归责原则、构成要件等方面均有本质区别。

其次，经济法中的资格减免和信用减等从本质上讲属于“惩罚性责任”。现代经济法现象自产生以来，一直致力于维护社会整体经济利益，以实现实质公平为宗旨。违反经济法的行为不仅会给社会个体造成损害，更重要的是它有可能会在更大范围内给社会中的不特定群体造成损害，严重危害社会整体经济利益。任何一个违反经济法的行为都有可能“同时对经济整体及处于整体中的个体造成损害，又同时损害了社会整体利益与某一个体

---

① 参见张守文：《经济法责任理论之拓补》，载《中国法学》2003年第4期。

的经济利益"。[1] 因此，在要求违法行为人弥补社会个体损失的同时，再对其施以"惩罚性责任"，以尽可能补偿社会整体利益的损失。除了罚款、罚金和自由罚等传统的"惩罚性责任"形式以外，如资格罚、能力罚和声誉罚等更会让违法者付出惨重代价，使其震慑于法律的惩罚。这里的资格减免和信用减等就是关于资格、能力、声誉等方面的惩罚，这些惩罚性措施均与传统法律责任形式有所不同。在这方面，有一些现象或制度很值得关注和研究，如信誉评估制度、纳税信息公告制度、上市公司的 PT 制度、黑名单制度等，其中就可能涉及信用减等问题。[2] 理论上有一种可称为"专业不名誉责任或制裁"[3] 的责任形式已初见端倪。这种责任或制裁具有经国家认可的行业责任或社会性制裁的性质，其实质是国家或者行业协会对企业的市场主体资格的取消或限制。此种责任形式在专业性较强的行业中已较为普遍地采用，如银行同业协会发布公告，对长期欠债不还的客户予以制裁，限制其贷款资格与信用能力等。[4] 同时，立法上也有一定体现，像这些制裁措施就涉及资格减免问题。[5]

最后，颁发禁止令是司法当局依职权或依被害人申请而采取的制止违法行为发生和防止损害扩大的一项救济措施。禁止令一方面可以对已经发生的违法行为起到制止的作用，还可以对没有实施但即将实施的违法行为起到预防作用。例如，美国《谢尔曼法》规定，违反本法，司法部或者受违反本法的行为所损害的私人或企业可以要求禁令救济。在经济法中适用禁止令责任形式时，原则上并不以存在损害事实为必要条件。例如，产品的生产者、销售者没有按照国家强制性标准生产产品或销售产品的，在未投放市场前，国家就可以颁发禁止令，禁止生产或销售违反国家强制性标准的产品。

如果说经济法中的国家赔偿、超额赔偿和实际履行等责任形式是在传统民事责任、行政责任具体形式基础上的"变种"的话，那么信用减等、资格减免和颁发禁止令等责任形式则是传统民事责任、行政责任所无法包含的。由于经济法责任是角色责任、岗位责任、差别责任，因而以上提到的六种责任形式的承担主体也是有差异的，如国家赔偿只能由国家干预主体来承担，而实际履行则主要由国家或政府履行，但也不排除国家干预受体承担的可能性，如超额赔偿、信用减等、资格减免和颁发禁止令则一般只能由国家干预受体来承担。

此外，理论与实践中还有引咎辞职、经济宪政责任、产品召回、拆分垄断企业、"问责制"等制裁措施也被视为经济法特有的责任形式并被规定于有关经济法律规范之中。[6]

---

① 参见刘水林著：《经济法基本范畴的整体主义解释》，4 页，厦门大学出版社，2006。

② 参见张守文：《经济法责任理论之拓补》，载《中国法学》2003 年第 4 期。

③ 参见史际春、邓峰著：《经济法总论》，65 页，法律出版社，1998。

④ 参见王全兴著：《经济法基础理论专题研究》，641 页，中国检察出版社，2002。

⑤ 例如，《中国人民银行助学贷款管理办法》（2000 年）第 5 条规定，申请助学贷款者贷款逾期 1 年不还，又未提出展期，贷款人可在其曾就学的高等学校或相关媒体上公布其姓名、身份证号码。此外，对有特定违法行为的企业取消其优惠待遇、扣减其留利、停止其能源供应等，也被有关立法规定为制裁措施。

⑥ 这里的引咎辞职制已被《中华人民共和国公务员法》正式纳入政府责任承担方式的范畴，这里的经济宪政责任主要是改变或者撤销政府经济违法规定和行为，如《国务院关于禁止在市场经济活动中实行地区封锁的规定》的第 6 条、第 10 ~ 17 条的规定就体现了这种责任承担方式。关于产品召回、拆分垄断企业、"问责制"等责任承担方式的具体解释可参见梁慧星著：《民法学说判例与立法研究》，40 页，中国政法大学出版社，1993；陶丽琴：《论缺陷产品召回制度的法律属性——以〈食品安全法〉为视角》，载《行政与法》2009 年第 8 期；史际春、冯辉：《"问责制"研究——兼论问责制在中国经济法中的地位》，载《政治与法律》2009 年第 1 期；谭志哲：《试论经济法责任之独立》，载《行政与法》2010 年第 7 期。

当然，这些责任形式还有进行系统化分析和类型化研究的空间。因而，我们应当根据形势的变化，适当认可理论与实践中出现的规定于经济法部门中的新型法律责任形式，对这些新型责任形式不仅有从法理上进行探讨的必要性，同时也为揭示经济法的客观存在及其发展空间注入了新的活力。

以“地位—责任”思路为视角，以“主体—责任”范式为基本分析框架，这是一种法律思维的转变。然而，迄今为止经济法学对于这种以“地位—责任”思路为基础的“主体—责任”理论范式仍未给予高度重视；当然，这其中有诸多问题尚需进一步探讨，如“经济法主体人格的界定”、“经济法责任的实现”，等等。不过，现阶段强调经济法责任的独特性，除了注重对传统法律责任形式的继受和借鉴外，还要关注经济法具体责任形式的抽象、提炼及归纳，尤其要明确在“主体—责任”理论范式指导下，研究不同经济法主体具有的独特“角色责任”，进一步开展系统化分析和类型化研究，在司法实践中则需要加强经济法与其他部门法在法律责任层面上的协调与合作，以共同规范现代日益复杂的社会经济关系。

论发起国家干预的价值判断主体

任 玉*

目 次

经济法作为国家适度干预经济之法，准确厘定发起国家干预的价值判断主体对经济法的适用具有重要的实践意义。随着我国市场化进程的逐步深入，干预之“度”成为国家干预经济生活的关键。欲准确拿捏干预之“度”，首先需要解决的问题便是何时何地、缘何发起国家干预，这自然意味着在逻辑上有一个当然的价值判断主体。就经济法主体理论研究而言，从法理论移植到法制度创新，经济法主体研究已逐步形成了具有独立品性的主体理论和体系建构。国内对于经济法主体理论已有较为完备的论述①，但对发起国家干预的价值判断主体相关的研究尚付阙如。需要国家干预理论作为经济法的主流理论一直以其精妙的言辞构造以及极富张力的意义涵纳著称于世。该学说视角下的经济法概念揭示了发起国家干预需要进行价值判断这一逻辑理路，循此对发起国家干预的价值判断主体作进一步的深入思考则是应有之义。

一、对需要国家干预论视野中的经济法定义的语言学解析

每一种理论总是建构于文字表达的基础上，适用普遍固定的语言系统及意义识读规则，这也构成了该理论意义涵指的边界。对理论的理解正是一个语词识读的过程。识读，同时也被演绎成阐释、翻译以及转换，这无异于是对自我视阈和理论境域的双重扩张。我们试图借此探求到理论中隐匿的意义，从人本主义的立场出发，我们更偏向于这样的表述，即这个话语识读的过程正是我们与理论接近、同步的基本形态。

---

* 西南政法大学法律硕士。

① 其中包括博士毕业论文1篇、硕士毕业论文5篇及期刊论文约90篇。

（一）主干抽离：提取该定义中的动词中心

在需要国家干预论的视野中，经济法被定义为“是国家为了克服市场失灵而制定的调整需要由国家干预的具有全局性和社会公共性的经济关系的法律规范的总称”。[①]

在这样一个具有主语、谓语、宾语、定语等诸语法成分并兼含时态的法学文本表述中，其行文脉络可以被视为一种以动词为中心[②]的空间构体，通过动词中心搭建起的文本框架，以“形”役“意”。围绕着这些动词中心而形成的语言板块通过承载内在事实主体的充盈和法理逻辑的延承来完成内容表达的要求。我们可以从需要国家干预论的经济法定义表述中顺次抽取出这三个动词中心：“克服”、“需要”、“干预”。

1. 逻辑起点对应之动词中心：克服

规制始于失序，克服社会变迁中秩序的失范使得法律介入成为必要，“法律是一个社会变迁最明显的标志，它既是各种社会力量相互斗争推动的结果，又体现和规制着各种社会力量的斗争状态”。因而西方法理学界“关注和审视一种体现国家社会力量对比关系变化的新的法律现象”，并将之表述为“回应型法”、“后自由主义社会法”或“福利国家的法治”，“这种新的法律现象便是经济法”。[③]

有学者将经济法的逻辑起点归为“集体有限理性”[④]，进行经济活动的人的有限理性使得其“无法完全把握复杂的环境与经济活动的不确定性，因而产生了信息不全、契约不全等市场自身的缺陷。这些缺陷现在被我们称之为市场失灵的主要原因。由于这些缺陷源自市场的复杂性与人认知能力的有限性间的矛盾，所以仅仅依靠市场自身是无法克服的”。[⑤]“经济法对于市场的干预，完全缘于市场失灵的存在，所以，经济法的干预范围应该严格限定在市场失灵的范围之内。”因而经济法的作用原点便是对集体有限理性及其肇生的市场失灵的克服。

集体有限理性意味着一种合成谬误的可能，其彰显出个体理性与集体理性的冲突。克服该冲突的思路大抵有这样几种：思路一，以个体自身之力为主导化解冲突。这显然是非常困难的。冲突本就肇端于个体理性，在理性经济人的基本预设下，个体理性已经在追逐利益的过程中达至峰值，因此很难寄望其再有能力客观理性地认清冲突解决的道路。思路二，以国家之力为主导化解纠纷。然而国家并非万能，国家理性亦须面对“有限与否”的追问。事实雄辩地证明，受公共选择、国家机构的“自利”倾向以及当代非理性或非科学的观念与思潮的影响，国家也可能是非理性的。[⑥] 这种解决思路无异于是“以毒攻毒”，虽然具有一定的现实可能性，但终非万全之策。思路三，以他人之力为主导化解纠纷。“个体的人是社会结构中的原子。原子不可能独立存在。在自上而下的本能的召唤下，它

---

① 李昌麒主编：《经济法学》，57页，法律出版社，2007。

② 事实上，早在人类语言文明的初始阶段，动词就被视为表意结构中最基本的中心结构。例如，在希伯来语中，几乎所有单词的词根都是某种动词形式，而副词、形容词和名词则是用前缀、后缀和其他形式加以修饰而获得的。参见［美］戴维·波姆著，洪定国等译：《整体性与隐缠序》，33～35页，上海科技教育出版社，2004。

③ 单飞跃著：《经济法理论与范畴的解析》，135页，中国检察出版社，2002。

④ 岳彩申著：《论经济法的形式理性》，77～98页，法律出版社，2004。

⑤ 前揭，岳彩申书，87～88页。

⑥ 前揭，岳彩申书，92～93页。

与其他原子结合到一起。”[①] 按照卡多佐的说法，在个体能力所不能及时，依靠他者突围困境是一种本能的选择，对此诉求他者也应当力所能及地积极应对。这不仅是人之为社群动物所前定的应有之义，也是国家公权所要求的公民义务。这种由个体诉求、他人行为、国家权威构成的动因、动力、保障的“三位一体”无疑是纠纷解决的最优策略。

2. 价值判断对应之动词中心：需要

需要国家干预论作为经济法的一种基本认知模式，在学界影响深远并成为诠释经济法的代表性理论。该理论尤其值得称道之处便是“通过‘需要’两字，将市场与国家巧妙地结合在一起，强调市场需要国家干预时国家才干预，从而一方面尊重了市场所尊崇的自由主义，另一方面又充分重视国家的作用。将经济学中的自由经济与福利国家这两种长期对垒的思想在经济法的语境中有机融合……只强调‘国家干预’就会片面地倚重国家力量，而加上‘需要’两字则把市场的决定性因素引入到了这一概念中，因此‘需要国家干预’充分反映了市场自治与国家干预的辩证统一。”[②] 笔者认为，“需要”一词传递了这样一种信息——此种国家干预实际上是建立在与市场对话的基础上所达成的一种干预合意。显然，合意已然有了契约的色彩，其申扬的是平等主体之间的意思自治。我们虽尚不能将国家与市场主体视为完全平等的主体，但其至少彰显出一种态度——国家对市场的充分尊重以及对经济民主的不懈追求。须知，经济民主正是用以对抗经济专制与经济独裁的法律和政治公器。

经济法作为一门新兴且新型的法律学科，其产生于传统法律面对日新月异、纷繁复杂的社会利益冲突力不从心之时，这注定了经济法的生成、运作不同以往。传统法律着力于语词的固定明确以及逻辑的衔合周延，可是由于人类理性的有限，看似严谨的表达及其表现的精确实际上让充满张力的法律走向凝滞。这样的法治背景必然要求新型法律需要在规则相对固定的前提下复活立法司法的灵活性。经济法正顺应了这一趋势——有无相间的经济法，一方面拥有一个透明固定的规范架构，另一方面又预留了回旋婉转的空隙，这一点我们从其中的“需要”一词便可深切体会。正是如此，经济法达到了传统法律所没有的辩证高度。关于经济法的此种“不确定性”特质，学界已然有所体察[③]，尽管尚存争议，但对此问题的正视以及理论探索的不断推进势必有助于经济法理论的自身丰富与完善。

3. 调整方式对应之动词中心：干预

“干预是一种意志的渗透状态和对社会的强行改变。”[④] 关于经济法的众多研究成果都对这个概念有清晰且极具洞见的阐述，本文不再对此概念本身多做赘言。我们提出来特别为之探讨的，是在民法、经济法、行政法三种部门法的语境中干预意义之不同。有学者曾指出，“社会关系的实质在于利益关系的错综与关联，利益关系是法律表象幕后的真正推动力。”[⑤] 利益在不同的主体中居间存在，其不是静态而是动态的，由其在不同主体间的分配流转产生了各种纷繁复杂的法律关系。而法律正是为利益赋予流动方向性从而保障各方关系均衡的政治公器。本着这一思路，我们从利益流动的方向性这一点来区分三种语境

① ［美］本杰明·N. 卡多佐著，董炯等译：《法律的成长 法律科学的悖论》，148 页，中国法制出版社，2001。

② 单飞跃、卢代富等著：《需要国家经济干预——经济法视域的解读》，168 页，法律出版社，2005。

③ 沈敏荣著：《法律的不确定性——反垄断法规则分析》，法律出版社，2001。

④ 前揭，单飞跃书，5 页。

⑤ 前揭，单飞跃书，231 页。

中的干预的不同之处。

民法中的干预体现出的是这样一种利益的流动方向，即在两方民事主体之间双向流动，转换成民法表达就是“享受民事法律权利时必须承担民事法律义务，承担民事法律义务时也必定享受民事法律权利”。民事法律主体所享有的民事法律权利天生就是平等的，之所以需要民法的介入干预乃是因为一方主体破坏了这种平等，因而民法介入干预从而实现形式正义。

经济法中的干预体现出的是这样一种利益的流动方向，即在两方经济法主体之间单向流动，转换成经济法表达就是“弱势主体利益衡平”。由于天资禀赋等差异，经济法主体并不是生就实力对等的主体，这种差异还有逐渐扩大的可能，与之相伴生的利益分配失衡导致经济秩序出现失灵。因此，经济法介入干预，使利益从强势主体流向弱势主体，从而实现实质正义。

行政法中的干预体现出的是这样一种利益的流动方向，即从政府向普通主体之间单向流动。需要说明的是，这里的普通主体指的是本身没有违反任何行政法律的主体，即自身行为不具备任何瑕疵。这样规定的原因在于，对行政法的违反是一个社会性事件，其必然会影响到整个社会的公共秩序，违法主体因为在先行为侵占了社会利益，因此其向社会返还所不当获得的利益是理所应当的。行政法对其的惩罚实则是督促其返还的一种途径。但这实际是行政法的例外情况，一如我们所知，行政法的本质是限权法，其立意乃是基于政府的自我约束。因此，我们应当把行政法的例外情况剔除在外。基于这一论说前提，我们可以将从政府向普通主体之间单向流动视为行政法干预体现的利益流动方向。

（二）语法结构：对该定义的公式化提炼

一如胡塞尔所言，人们凭借这样的公式化描述从而具有一种对直观世界的具体现实生活作出符合期望的预见的能力。[①] 对需要国家干预论认知模式下的经济法定义进行语法结构总结，其意义并不仅限于此。

经济法对经济社会的调整并非随机且无章法的，其自有一根精神红线贯穿其调整行为的始终，这就是经济法的语法结构。作为一种抽象化和概念化的表达，这一定义所呈现出来的经济法的语法结构是经济法形式逻辑的定在，是经济法的“逻各斯”，也是经济法诸实体法尽可通约的公式。“逻各斯”由于其极强的规律性自古被视为神圣的事物，亚里士多德实证主义更是将“逻各斯”收编为“四因”之首——形式因，形式才是本质，其涵摄了动力因与目的因。[②] 鉴于此，我们不难推知，经济法的语法结构应完整涵摄经济法的精神，再辅之以具体法律事实与法律关系的待定系数串联项从而最终成就。由是，经济法的语法结构可表述为“WHO／（when & why）需要／（who & how）干预／达至（what）均衡”。

这一语法结构由四部分构成：（1）大写的“WHO”表示发起国家干预的价值判断主体，该主体往往因为其他主体先前的行为导致利益受损。（2）“（when & why）需要”表示发起国家干预的时间和原因，“需要”一词体现出该经济法调整存在一个前在的价值判断。（3）“（who & how）干预”表示该国家干预的承担主体和调整方式，此处小写的

① 参见［德］胡塞尔著，王炳文译：《欧洲科学的危机与超越论的现象学》，58页，商务印书馆，2001。

② 汪子嵩等著：《希腊哲学史》第三卷，457页，人民出版社，1993。

"who" 同之前大写的 "WHO" 相区别，二者含义并不同一。(4) "达至 (what) 均衡" 表示经济法调整的最终目的。

二、被遮蔽的核心——发起国家干预的价值判断主体

发起国家干预的价值判断主体并没有直接出现在需要国家干预论认知模式下的经济法定义中，这并不意味着相关理论对此的疏漏或遗忘。我们可以从语言的结构分析中明确地体察到价值判断主体的存在，虽然其并未被语言所外化固定下来。但它又确实占据着结构中的这个位置，就好像披上了一层罩衣从而被遮蔽起来，看似空白却内含深意。也许正如海德格尔对"空"的理解，它是"那么动态，那么不可被现成化、对象化为任何一种可以直说的存在者，但又绝不离开这变化的过程而另觅超越的居所，所以只能以纯过渡性的而又纯发生性的'之间'表现出来。这才是活的'无'，让那些只注意它产生的结果而不注意它本身的展现与伸展的人们总是遗漏掉它"。①

(一) 经济法语法结构的主词析取：被遮蔽的价值判断主体

我们欲从此被遮蔽的"空白"中勾勒出价值判断主体的轮廓，则需首先对其进行发起国家干预的动机考量。但凡追溯行为的起点及其生成之原始动力，往往溯及至行为主体元初的利益诉求及其所处境况内生的紧张——该价值判断主体处于一种不满足的状态，这种状态生发出践行利益诉求的内在冲动，继而通过行动将此紧张予以解除。

经济法调整的起点及发起国家干预之原始动力，乃在于经济法语法结构中发起国家干预的价值判断主体处于一种不满足的状态——市场与政府的双重失灵打破了社会利益分配的平衡态从而使该主体的利益受损，该主体不满于此，产生利益诉求从而有所作为使得均衡态得以复归、自我利益得以保全。抑或言，经济法调整之缘起与归宗皆仰赖于发起国家干预的价值判断主体之欲求，经济法的整个流转过程实则是发起国家干预的价值判断主体自我拯救的过程。从该主体的视角出发，我们认为经济法之运行可以被拆分为两个部分："发现"以及"行动"。与之相对应，经济法的两大功能分布域即可被划分为"监管法律"以及"调控法律"，更有学者将此二功能板块进一步具体化表述为经济法的"矫正功能"和"利益配置、社会整合功能"，② 使其内涵更为精致和精准。事实上，经济法语法结构中发起国家干预的价值判断主体正是经济法最为核心和根本的"主词"，而"一个句子S的主词是一个表达式，它代表着S所论及的东西，而S自身则是借助于给那个表达式附加上一个谓词而形成的。"③ 该语法结构的其他部分则正是经济法的"谓词"，而"一个谓词是这样一个表达式，如果我们将其附加在另一个代表着我们正在对之作出论断的东西的表达式上，那么，他便给我们提供了一个关于某种东西的论断"。④

(二) 作为理解核心的发起国家干预的价值判断主体

我们将需要国家干预论视野中的经济法定义以动词为中心做板块分析，并从语法结构中将主词特别抽离吸取出来，并不是意图破坏概念的整全，将其推向形式上的破碎化临

① 张祥龙著：《海德格尔传》，309页，商务印书馆，2007。

② 参见陈治：《论福利供给变迁中的经济法功能》，68页，西南政法大学博士学位论文，2007。

③ [美] A. P. 马蒂尼奇主编，牟博等译：《语言哲学》，353页，商务印书馆，1998。

④ 前揭，马蒂尼奇书，353页。

界。与之相反，“就某种程度而言，在思想中分割事物并使它们彼此分离，始终是人所需要的，目的在于把问题简化为可处理的部分；因为很明显，如果在实际的技术工作中，我们想同时对付整个实在，那么我们会一筹莫展。”① 事实上，我们这样做正是为了找到一个合适的切入点从而更为准确地理解经济法发生和运行的全过程。而发起国家干预的价值判断主体正是这样的一个切入点，同时也是我们理解的核心。

亚里士多德曾就事物存在和运动变化的规律提出了著名的“四因说”。亚里士多德划分了这样四种原因：“形式因”（formal cause）、“质料因”（material cause）、“动力因”（efficient cause）、“目的因”（final cause）。这四种原因无疑对我们充分认识事物的生成及发展规律具有决定性的意义。我们同样可以依循这一理路理解经济法发生和运行的全过程。

“形式因”意味着事物的一种可以为我们所把握的普遍性。其思想源头乃是柏拉图的“理念”，意味着万物本来的原因、最源头的合理性。“在‘形式的’（formal）一词的现代含义中，它主要涉及的是不甚重要的外部形式。然而，在古希腊哲学中，形式一次首先是指一种内在的、万物成长之因的形成活性（forming activity），它是事物各种实质形成发展和分化的原因。”② 因此，“形式因”并非如其字面意思般是一个静态概念。“用更现代的语言来说，更合适的是把形式因看成是形成因（formative cause），以强调形式因所涉及的不是一种从外面强加的纯形式，而是一种事物的实质所不可或缺的有序和有结构的内部运动。”③ 对于经济法，经济法的“形式因”应该是经济法内生的气质定在以及精神流转，作为指引经济法法主体实现利益最大化的导向力量④，其为经济法的生成和演绎提供了观念范导，使经济法获得有别于其他部门法的独立性。这样的气质定在和精神流转，正是经济法的伦理学基础。伦理存乎于社会主体之间，乃是主体间关系的道德化勾勒。鉴于此，伦理的结构即由主体外加在主体间发生的关系勾连构成。我们认为，伦理学在法学视阈中的落脚点应当是责任伦理。基于此，经济法伦理的轴心可表述为经济社会关系中的某主体对经济社会关系中的某方面承担责任的伦理。有别于民法的自我责任伦理⑤以及行政法的集体责任伦理⑥，我

① 前揭，波姆书，第2页。

② 前揭，波姆书，第14页。

③ 前揭，波姆书，第14页。

④ 前文所提出的经济法的语法结构尽管是对经济法的宏观样态勾勒和形式固定，但仅仅只是提供了一个经济法的整体叙事结构的框架支撑。其中的若干待定系数使得经济法得以在变动不居的现实环境中游刃有余。但这些待定系数的确定并不随意，其正是以“形式因”作为内在参照之圭臬，从而围绕个体利益分配之轴心，由经济法主体加以选择和确定。这种固定框架结构加待定系数的模态使得经济法的运行程式实际上是一个个体利益的“格式塔”（Gestalt）型构。在“格式塔”型构的“半包围”抑或“半开放”形态中，作为主体的理性经济人总是倾向于自动补全其中的利益空隙使之完整从而实现利益的最大化。

⑤ 民法之终极指向在于个人。对个人价值予以肯认，将个人追求辅以实现是民法存在的目的。倘若将民法内蕴的广阔内涵作为以一高度浓缩的且能代表民法之精神的提粹，我们赞同西南政法大学肖顺武博士的观点，即“意思自治”。尽管民法的意思自治使得个人意志得到了近似王座的加冕，但我们应当审慎地认识到，其在申扬个人自由的同时也带来了一个必然性的逻辑后果——个人必须为其自由选择之结果承担责任。此中蕴涵的实则是自我责任的责任伦理。

⑥ 行使行政权的行政机关是公允的代为管理国家事务的主体，其亦是国家有机构成的一部分。故而行政机关的独立性是相对的，在这样的相对关系中，行政机关是归附于国家集体的一个个体——一方面行政机关独立于其他主体行使行政权，另一方面行政机关所为之一切行为的终极指向是存在于该国家共同体的所有个体的利益。此中蕴涵的实则是集体责任的责任伦理。

们认为经济法的伦理学基础应当是为他责任伦理[①]。在为他责任伦理中，我们可以清楚地看到“我”和“他者”两个相对立的主体概念。经济法的为他责任伦理正是以普通经济法法主体这一“我”的视角出发，回应发起国家干预的价值判断主体亦即“他者”所发出的利益回复的诉求。与之相对应地，从发起国家干预的价值判断主体的视角出发，我们也可以将经济法伦理表述为一种让他人（此视角下的“他人”即普通经济法法主体）向自己承担责任的道德命令。也就是说，经济法的“形式因”的“形成活性”正是来源于发起国家干预的价值判断主体。在亚里士多德的“四因说”中，“形式因”是最具前在的决定意义的，可以将其视为四因之中的最重要者，甚至可以说“形式才是本质，其涵摄了动力因与目的因”。[②] 职是之故，发起国家干预的价值判断主体的核心地位可见一斑。

“质料因”指事物的存在形式。当我们思考经济法的“质料因”时，我们不免产生这样的疑惑，经济法通过法律具文外化固定从而可被我们所感知，但我们并不能说经济法的法律具文就是经济法的“质料因”。事实上，经济法的“质料因”应当是经济法律关系，经济法正是通过对失序的经济法律关系进行矫正以及对有序的经济法律关系进行维护方得以自成。然而法律关系是一个几近缥缈的纯形而上学概念，是一个“在之中”抑或称“在之间”的意义涵指。海德格尔曾提出“存在”与“存在者”之分野，认为“‘存在’不是某种类似于存在者的东西”。[③] 一如其将此与老子《道德经》第11章[④]建立的意义映射，存在正是经由存在者框定的境域中的定在。也就是说，经济法律关系是通过参与其中的经济法律关系主体的支撑方得以成就的，而经济法律关系的主体并不是一开始就都自发性地存在于这样的一段法律关系中的，而是借由一个元初主体的利益诉求及其实现行为，主动添附或者被动应承进这一段经济法律关系中去。而这个元初主体，正是具有前在意义的发起国家干预的价值判断主体。因此，我们可以说，发起国家干预的价值判断主体让经济法的“质料因”得以显现。

较之“形式因”与“质料因”对事物基调的前在固定性，“动力因”和“目的因”更偏向于实现过程和结果的成就。动力因被亚里士多德视做是使动者动、使变者变之幕后推手，实际上其可以理解为其表达的是作为回应接受“形式因”与“质料因”所彰显之基调的力反馈，亦如亚里士多德自己所言，这样的力反馈是一系列的“合德性的实现活动”[⑤]。经济法作用之“动力因”推手，便是国家干预。

而“目的因”在亚里士多德处被视做“最善之终结”。其实“目的因”拥有双重身份——既是对事物应然状态的勾勒，代表此前三因作用结果的目标矢向，又是对事物实然状态的回复，代表此前三因作用结果的汇报展示。我们判断经济法效用形态是否已达最善，往往借助于这样的考量理路，即判断其是否已达“帕累托最优”——任何调整都不能

---

① 为他责任伦理肇源自列维纳斯他者哲学的“为他责任”，在肯认个体自我存在的基础上，亦承认独立于个体本我的且更为超拔的他者。在“我”与“他”的责任架构中，主体间并不是绝对意义上的平等关系，他者高于“我”并超越于“我”。“我”同时基于他者的道德命令而承担责任，但这种责任虽然是由“我”承担的，却不是为“我”的，而是为他的。

② 前揭，汪子嵩书，457页。

③ ［德］马丁·海德格尔著，陈嘉映等译：《存在与时间》（修订译本），5页，三联书店，2006。

④ 《道德经》第11章：三十辐共一毂，当其无，有车之用。埏埴以为器，当其无，有器之用。凿户牖以为室，当其无，有室之用。故有之以为利，无之以为用。

⑤ ［古希腊］亚里士多德著，廖申白译：《尼各马可伦理学》，305页，商务印书馆，2003。

在不使任何人的处境变坏的条件下使任何人的处境变好。此时，集合体效用已达至最优和正向峰值，处于一种相对静止的状态。这种相对静止的状态，便是被经济法视为“目的因”的均衡态。这种均衡是一种动态均衡，主要体现为经济实力分布及其运用的均衡。

（三）对发起国家干预的价值判断主体的进一步认识

在勾勒出发起国家干预的价值判断主体的轮廓后，我们进一步解蔽该价值判断主体的内涵填充。由于该价值判断主体立足于整个经济法的宏观话语体系，因此其难免与经济法主体有千丝万缕的联系。在准确定位该价值判断主体的具体涵摄之前，我们有必要参照经济法法主体的具体内容。

延承上文所载述的从利益切入的分析进路，我们可“以经济权利、社会自治权力、经济权力为标准归纳出三大法主体群，即市场、社会、国家”。① 经济法正体现了这样一种利益关系走向，即“国家、社会、个人三位一体纳入自身的法主体体系”。② 毫无疑问，此三者均具备充当发起国家干预的价值判断主体的资格。但我们仍需审慎地意识到，发起国家干预的价值判断主体并不能简单地等同于经济法法主体。经济法的法主体涵括了经济法所有调整对象，是一个总括性的概念，偏向于概念的全面性。而发起国家干预的价值判断主体作为经济法语法结构之构成，其偏向于在所有经济法领域具有普适性，而国家、社会、个人的利益诉求并不当然地同时集成发生于同一个经济法律关系中，也就是说，在不同的经济法律关系中，导致发起国家干预的价值判断主体的利益诉求得不到满足的情形具有个案性，需要具体分析。例如，在消费者保护法律关系中，经济法的运行理据源于消费者的不满足，而与国家并无直接关联；在税收法律关系中，经济法的运行理据源于国家的不满足，而与个人并无直接关联。因此，这种看似精确的三元细分实际上并不适用于宏观定位经济法样态的发起国家干预的价值判断主体。

如此看来，用看似具有不确定性的法律概念对发起国家干预的价值判断主体进行归纳似乎更合衬经济法语法结构的语境——抛却前三者的存在形态，直接依其共性予以通论——发起国家干预的价值判断主体是在经济法律关系中利益已然和或将受到损害的主体。利益受损，是它们内生不满足的直接动因。而经济法的整个运行过程，则是它们出于自利性本能而为的利益回复的自我救济。诚然，这一说法将发起国家干预的价值判断主体置于一个极大的外延之中。这只是一个“类型化思考”，旨在点明发起国家干预的“反馈性”意涵。国家干预并不是发起主体一时兴起或率性而为的，而是一种自我救济的过程。这样一种“类型式概念”以及与之相关的“类型化思考”“往往较抽象定义的概念在内容上更丰富、更人文、更有意义、更可直观性”。③ 这无疑是继上文对发起国家干预的价值判断主体轮廓勾勒之后，针对该价值判断主体具体内容的认识推进，并且从侧面折射出了经济法的现代性面相。

然而我们也当清楚且审慎地意识到，亦如考夫曼所言：“类型在它与真实接近的以及可直观性、有对象性来看，是相对的不可以被定义，而只能被‘描述’。它虽然有一个确定的核心，但却没有确定的界限，以至于对于一个类型存在的特征‘轮廓’或多或少有所

① 前揭，单飞跃书，第 237 页。

② 前揭，单飞跃书，第 234 页。

③ ［德］考夫曼著，刘幸义等译：《法律哲学》，192 页，法律出版社，2004。

缺少。"[①] 因此，在为此"类型化思考"的基础上，我们有必要继续深究，力图清晰还原发起国家干预的价值判断主体的准确内涵。

三、抗衡力量——对发起国家干预的价值判断主体的重塑

抗衡力量理论由约翰·肯尼斯·加尔布雷斯（John Kenneth Galbraith）提出。一如莱斯特·C. 瑟罗（Lest C. Thurow）对加尔布雷斯的评价——"他置身于经济思想主流之外，却驻足于经济事件主流之中"。[②] 针对当时美国社会应对垄断越来越少地诉诸法律，而越来越多地求助于其他途径这一社会现象，加尔布雷斯在其《美国资本主义：抗衡力量的概念》一书中提出并详细论证了抗衡力量理论，其将一种可以中和卖方垄断势力的买方垄断势力称为抗衡力量（Countervailing Power）。由此，学界将与之相关的理论阐释称作"抗衡势力假说"，也称"加尔布雷斯假说"。

（一）抗衡力量的理论前提：二元体制论

抗衡力量理论源自加尔布雷斯对"常规智慧"的质疑，在我们阐述这一理论之前，我们先要根据加尔布雷斯的另一个重要观点为观念奠基。这个观念就是加尔布雷斯的代表观点"二元体制论"。尽管较之抗衡力量理论，加尔布雷斯是在其较为后期的著作中阐述二元体制论的，但毫无疑问，在整个加尔布雷斯的思想体系中，二元体制论却具备逻辑起点的重要地位。"尽管这种划分含有武断的因素，但却是廓清事实的第一步。"[③] 加尔布雷斯认为，不能将经济体系作为一个统一体来看待，"假使我们把经济体系当做一个孤立的单位来看待，我们就不可能深入了解其中的蹊跷。"[④] 因此，我们可以在广义上把经济体系划分为"计划体制"和"市场体制"。这里的"计划"和"市场"与我们通常所说的"计划经济"和"市场经济"中的"计划"和"市场"意义有所不同。"计划体制"和"市场体制"主要以其中经济组织所拥有的权力大小为界分标志——"计划体制"中的经济组织主要包括一些大型的垄断集团，这些垄断集团有严密的组织形式以及相当庞大的经济力量，这些力量包括"对于价格、成本、供应商、消费者、社会和政府的控制性权力"。[⑤] 它们"不仅可以定价，可以控制生产，而且随着公司发展壮大，其中牵涉的远远不止这些。事实上，它们甚至会使经济社会的本质发生转变"。[⑥] 而"市场体制"中的经济组织主要包括为数众多的小型经济实体，尽管其数量庞大，但其经济实力远无法同"计划体制"所抗衡，它们没有"计划体制"中经济主体所拥有的控制性力量。在这样的二元体制中，双方的经济权力严重不对等。尽管"无论是市场体制还是计划体制，各方参与者都努力对价格、成本、消费者角色、社会和政府的行动施加影响"，但二者却存在显著的差异，"这种差异不是动机，而是能力。"[⑦] "由于市场体制必须与计划体制共生共存，

① 前揭，考夫曼书，第 190 ~ 191 页。

② ［美］约翰·伊特韦尔主编，陈岱孙等译：《新帕尔格雷夫经济学大辞典》第 2 卷，487 ~ 488 页，经济科学出版社，1996。

③ ［美］约翰·肯尼斯·加尔布雷斯著，于海生译：《经济学与公共目标》，12 页，华夏出版社，2010。

④ 前揭，加尔布雷斯书，11 页。

⑤ 前揭，加尔布雷斯书，12 页。

⑥ 前揭，加尔布雷斯书，46 页。

⑦ 前揭，加尔布雷斯书，55 页。

它的发展也会受到计划体制的深刻影响。"[①]"计划体制"通过其所拥有的巨大的经济权力对这个经济的运行环境施加控制并且对之加以支配，甚至其将自己融入并参与了整个经济运行环境的构成，"在很大程度上，计划体制是市场体制所属环境的一部分。它提供市场体制所使用的动力、燃料、机器、设备、原材料、运输和通讯"。[②]

在如此庞大的经济实体面前，我们很难认同一度占据主流地位的新古典主义经济学的观点，"计划体制并不符合新古典主义模式的要求"。[③]新古典主义经济学派的理论重心在于认为制约垄断企业的有效方法是维护市场同类企业与之展开的竞争。消费者通过购买来表达其需求愿望，这种需求愿望通过价格信号传递给生产者，而生产者则以此调整自己的生产规模以迎合市场需求。在这种情况下消费者处于最终的控制地位，这种情形因此也被称为"消费者主权"。然而在"计划体制"中，消费者主权是不可能成立的。"计划体制"中的资源分配完全取决于此中经济实体的庞大的经济权力，使得在这个体制中，"消费者主权"变成了"神话"[④]。尽管在"市场体制"中，新古典主义经济学所倡导的观点是大致成立的。但"从本质上说，虽然新古典主义模式只是粗略地描述了经济体系的半个组成部分，但却几乎完全失去了与经济体系的另一半的联系（尽管后者对于公共目标和公共政策甚至具有决定性的影响）。正是由于其彻底的变革能力，经济体系的非市场化的部分，已经转变成为完全不同的全新事物。"[⑤]

（二）对这种经济格局失调的解决方案：抗衡力量

加尔布雷斯认为，二元体制正是"这样的'丰裕社会'依然存在贫困、资源配置失调等各种矛盾和社会冲突的根源"。[⑥]经济发展的不平衡，是二元体制间经济权力分配和使用不平衡的结果。所以，协调"计划体制"与"市场体制"间的经济权力分配使之复归对等是解决所有经济格局失调的途径，而其具体策略就是培养对"计划体制"的"抗衡力量"。在加尔布雷斯完成其完整的关于经济学与公共目标的学术思想的20多年前，就已经通过《美国资本主义：抗衡力量的概念》这一专著来详细论证"抗衡力量"理论，在该书中，加尔布雷斯为"抗衡力量"作出了这样的定义："作为取代竞争的、新的限制个体企业的力量确实已经出现了。他们是和削弱或摧毁竞争的集中化在同一过程中产生的。但是它们不是出现在同一方市场，而是来自于市场的对立双方，不是存在于竞争者之间，而是存在于和消费者之间或者和供应商之间的关系。为了方便起见，我们为这种竞争的双方起一个名字，我将把它称做抗衡力量。"[⑦]

这一概念乍看上去，让人感觉其中涉及的多个主体间关系勾连比较复杂，使得该定义的总体结构框架让人有些难以理解。这是因为一如我们在之前所提到的，加尔布雷斯的整

① 前揭，加尔布雷斯书，52页。

② 前揭，加尔布雷斯书，59页。

③ 前揭，加尔布雷斯书，52页。

④ "消费者主权神话"是加尔布雷斯在其《丰裕社会》中提出的观点，这也是其一生所受争议最多的观点之一，曾经在正统经济学界遭到了普遍的反对。但最终时势与事实证明了加尔布雷斯观点的正确性。消费者主权作为经济体系的一个支配因素被弃之不理，不再扮演居于经济体系核心地位的传统角色。参见［美］约翰·肯尼斯·加尔布雷斯著，沈国华译：《加尔布雷斯文集》，27页，上海财经大学出版社，2006。

⑤ 前揭，加尔布雷斯书，52页。

⑥ ［美］约翰·肯尼斯·加尔布雷斯著，沈国华译：《加尔布雷斯文集》，4页，上海财经大学出版社，2006。

⑦ ［美］约翰·肯尼斯·加尔布雷斯著，王肖竹译：《美国资本主义》，120~121页，华夏出版社，2008。

体理论体系完成于《经济学与公共目标》一书，该书不仅将加尔布雷斯之前的理论集之大成，而且还详细论证了一个新的观点，也就是“二元体制论”。这一观点在加尔布雷斯的理论体系中相当重要，尽管其提出时间在后但其仍然是加尔布雷斯理论体系的逻辑起点。而上述对抗衡力量定义的论述，却是在这一逻辑起点提出的21年前①阐述的，尽管其表述的内容方向大致没有偏离，但其措辞精准度及一些理论背景奠基方面显得有所欠缺。因此，要准确理解“抗衡力量”的概念，我们必须适用“二元体制论”的观点对其内涵予以重新界定。

对“抗衡力量”定义的过程其实就是理解“抗衡力量”何为的过程。“抗衡力量”的生成具有非常明显的目的性——制衡“计划体制”强大的经济实力。因此，我们对其内涵予以界定的过程，实则就是梳理针对“失灵”的既有经济体系结构的改革过程。

首先我们面临解决的问题是，在这个“计划体制”和“市场体制”对立的格局中，扮演“抗衡力量”的主体具体是谁。“二元体制”经济体系中的主体构成情况并不是想象中那么简单，我们用一个表格使其更加明晰：

	主体构成情况
计划体制	垄断性公司决策组织②、垄断性公司普通雇员
市场体制	中小企业所有者③、中小企业普通雇员、中小企业行业协会消费者、消费者保护组织④
	政府

可以看出，“二元体制”经济体系中的主体构成分为三个板块，“政府”也单独作为一个特殊的板块独立于“计划体制”和“市场体制”之外。我们欲寻找抗衡力量，先需要厘清主体间的对立关系。主体间的对立关系不仅存在于板块之间，也存在于板块内部。板块间主体的对立关系自不待言，这种对立也是“抗衡”存在的基础。而板块内主体的对立关系则有进一步深入研究的必要，因为板块内的主体的对立究竟是作为阻碍“市场体制”抗衡“计划体制”的经济实力的内部秩序对抗，消减了“市场体制”对抗“计划体制”的实力，还是作为一种内生的张力，加强了“市场体制”对“计划体制”的抗衡中的话语权？这一问题尚不明晰。因此，我们应当先分析板块内部的对立关系，并研究这种内部的对立关系是如何对板块间的抗衡产生作用的，从而准确认识抗衡力量的理论内涵。

① 《美国资本主义：抗衡力量的概念》一书出版于1952年，而《经济学与公共目标》一书出版于1973年。

② 这里之所以使用“垄断性公司决策组织”一词，是因为在加尔布雷斯的理论体系中，在大型的、高度组织化的企业里，权力会过渡到组织自身——也就是公司的决策团体——“组织”，即“专家组合”上面。这是因为，用来描述社会经济生活“矩阵”的全部发展过程的一个重要出发点就是“技术”，而“技术”的对应物正是这样的“专家组合”。所谓“专家组合”，是指垄断企业欲行使其日益增长的对市场、社会态度以及与政府的关系的控制力，在产品规划、价格策略和市场策略、销售和广告管理、采购计划、公共关系和政府关系方面，处处都需要专业人才。这样构成大型垄断性公司发展核心的不是一个人，而是许多科学家、工程师和技术人员组成的一个复合体。参见《经济学与公共目标》第5章和第9章。这一点已为经济事实（而非理论）所确认。例如，“公司治理结构”正体现了这种经营权和所有权的分离。

③ 这里之所以使用“所有者”一词而非像针对垄断性公司那样使用“决策组织”，是因为对于规模较小、结构简单的企业来说，权力来自于它对资本以及生产资料的所有权。参见［美］约翰·肯尼斯·加尔布雷斯著，于海生译：《经济学与公共目标》，48页，华夏出版社，2010。

④ 这里的“消费者保护组织”不仅包括消费者保护协会，还包括消费者自行发起的其他保护性组织。

1.“计划体制”板块内部的对立关系

在“计划体制”板块内部，垄断性公司决策组织代表该公司与其普通雇员存在雇用关系。依我们传统的理解，雇用关系必然存在对雇用者剩余价值的剥削，因此垄断性公司决策组织代表该公司与其普通雇员似乎是存在对立关系的。“事实上，计划体制并非使用传统方式剥削它自己的工人，与市场体制的工人相比，在计划体制下，工人相当于一个特权阶层。”① 之所以作出这样的论断，乃是因为计划体制下，基于他们的雇主的垄断地位和强大的经济实力，“能够把工资增加的成本转嫁到公众的身上，因此他们自身也可以从公司的这种市场权力中受益。”② 因此，在“计划体制”板块内部，垄断性公司决策组织与其普通雇员站在同一战线，并不存在对立关系。

而在“计划体制”板块中从事相类似业务的垄断性公司之间，其彼此之间的巨大规模也获得了相互事实上的承认，对市场份额的瓜分比例和各自所针对及保有的客户群体也是相对稳定的。而且，基于其追求的利益具有共同向度，共同的市场支配地位致使其不会有本质上的分歧。更何况，“计划体制”板块内部的企业数量较少，更有相当部分的企业是从早期的大型经济实体分化发展而来，具有同源性。这意味着无论是沉淀资本投入还是经营思路拟订等方面其都具有交叉和重叠之处，历史渊源和利益纠葛使“计划体制”板块中的从事相类似业务的垄断性公司之间难以形成实质上的对立关系。

2.“市场体制”板块内部的对立关系

在“市场体制”板块内部，主体间关系较“计划体制”板块显得复杂得多。在该板块内部，基于商品的供求关系自然分为两大阵营，即中小企业阵营（包括中小企业所有者、中小企业普通雇员以及中小企业行业协会）和消费者阵营（包括消费者、消费者保护协会）。这两大阵营天生就存在对立关系，这一点无须赘言。

（1）中小企业阵营。在中小企业阵营里，中小企业所有者和中小企业普通雇员也并非一如垄断性公司决策组织和其普通雇员般绝对站在同一战线上。中小企业不像大型垄断型企业那样，能用高薪为其雇员带来发自内心的幸福感觉，因此，雇员不会对中小企业产生强烈的归属感。

中小企业的雇员实际上处于双重关系中，一是雇员和中小企业的劳动关系，在这层关系中，雇员和中小企业之间的联系，我们认为可以归结为是一种无可奈何的依附关系。这种无可奈何的依附可能是因为雇员没有更好的选择，也可能是因为雇员本着人类特有的人情世故等感情因素所作出的决定，但总的来说，这种依附是以对立为前提的。二是雇员作为中小企业的一分子与经济体系的其他部分发生的关系，在这层关系中，中小企业雇员的身份实则和中小企业的身份发生了混同，呈现出相互代表的样态，在此情况下其间并不存在对立关系。之所以对中小企业与其雇员之间的关系作如此详细的分析，乃是因为板块内部同样是经济法的调整区间，针对不同层次的关系，“抗衡力量”也会作出相应改变。

中小企业行业协会与中小企业所有者、中小企业普通雇员皆不存在对立关系。因为中小企业行业协会存在之目的本就旨在为中小企业提供有助于其提升竞争力的信息和资源，而在这一层面上中小企业与其普通雇员的身份是混同的，因此三者间不存在对立关系。

---

① 前揭，加尔布雷斯书，246页。

② 前揭，加尔布雷斯书，311页。

在中小企业之间，存在竞争关系的不同企业彼此可能也会存在对立关系。但这种对立关系并不一定导致经济法调整，因为只要因为不正当竞争等行为影响市场秩序，这种对立就仅仅属于民法范畴。并且，这种对立是可以转换的，当中小企业联合起来对抗“计划体制”时，其对立关系便暂时存而不论。

（2）消费者阵营。在消费者阵营里，消费者保护组织的主要职能在于“向消费者提供信息和咨询服务；参与有关行政部门对商品和服务进行的监督、检查活动；就消费者合法权益问题，向有关行政部门反映、查询、提出建议；受理消费者投诉，并对投诉事项进行调查、调解；对投诉事项中涉及的商品和服务质量问题提请鉴定部门鉴定；就损害消费者合法权益的行为，支持受损害的消费者提起诉讼；对损害消费者合法权益的行为，通过大众传播媒介予以揭露、批评”[①] 七项。因此，消费者和消费者保护组织并无对立关系。

3. 板块内部的主体对立关系如何作用于板块间的抗衡

从逻辑上讲，对于板块间的抗衡，板块内部的对立关系有三种作用方式，一是不产生作用；二是产生消极作用；三是产生积极作用。第一种作用方式我们可以很容易地作出否定判断，这实际上是把主体完全抽离出了整体经济秩序格局，这显然是不现实的。板块内部的主体对立关系在板块间的抗衡中发挥了巨大作用。

如前文所论，在“计划体制”板块内部并没有存在主体对立关系。在“市场体制”板块内部，主体间的对立关系体现于这样三个方面：一是在劳动关系中，中小企业雇员和中小企业所有者之间的对立；二是中小企业之间基于竞争而存在的对立；三是整个中小企业阵营和消费者阵营之间的对立。

第一种对立关系在现实的社会情势下被赋予了全新的样态，当代社会中，劳动者在经济发展体系中的话语权权重日渐提高，劳动力逐渐成为社会稀缺资源之一，各地“用工荒”不再是季节性而是一个长期存在的问题。这使得劳动者的地位较之以前得到了很大的提高，而企业为了保有现有劳动力以及吸引更多更好的劳动者，必定用更高的薪金提升劳动者对工作的认同和满意程度。这导致企业成本的增加，但由于在“市场体制”中，竞争仍然对经济格局发挥着巨大的作用，消费者的自主权较高，因此中小企业无法将增加的成本完全转移到消费者身上。这部分增加的成本，中小企业需要通过扩大生成规模，在一定的产量范围内，长期平均总成本随产量增加而减少，从而实现规模经济进而获取这部分额外利润。也就是说，中小企业雇员和中小企业所有者之间的对立关系在客观上增进了中小企业效率，同时也加强了“市场体制”的整体经济实力，使之能够更好地与“计划体制”相抗衡。第二种中小企业间的对立关系也与之类似，通过竞争汰弱留强，提升“市场体制”整体经济实力，从而更好地与“计划体制”相抗衡。第三种中小企业阵营和消费者阵营之间的对立，同样提升了“市场体制”整体经济实力。因为消费者对中小企业的促进体现在，消费者的需求是中小企业生产经营活动的源头，迎合消费者需求从而获取盈利是中小企业生产经营活动的动力，同时消费者还对中小企业生产经营活动回应性地提供反馈，主要表现为产品的口碑等，这种社会评价是中小企业扩大再生产、实现可持续发展的重要因素。消费者对产品的购买和评价是中小企业生产经营的激励机制，在双方如是反复的交互中，中小企业技术愈发纯熟，实力日臻强大。

---

① 李昌麒、许明月著：《消费者保护法》，111～115页，法律出版社，2005。

可以见得，“市场体制”板块内部主体通过其对“市场板块”整体经济实力的推动作用间接参与了针对“计划体制”板块经济实力的抗衡。因为它们给养并维系“市场体制”的运转和壮大，是“市场体制”赖以存在的根源和灵魂所在，因此我们可以说，“市场体制”板块内部的对立关系主体，正是“抗衡力量”。值得说明的是，我们不应当将“市场体制”板块整体视为抗衡力量。尽管“市场体制”板块与“计划体制”板块间的对抗是“抗衡”存在的基础，但其并不是力量本身，而是一个极具张力的背景。也就是说，此两板块间的有效对抗是市场秩序应然的秩序图景。而“市场体制”板块内部的对立关系才是市场活力与社会进步的源泉。我们应当认识到，大量的社会资源和先进生产技术掌握在“计划体制”板块中。然而，“计划体制”板块基于其先天优势和庞大的市场支配能力并没有强有力的自发的创新与发展的激励机制。“市场体制”板块内部的中小企业根本无法直接与“计划体制”板块内部的企业相提并论，其只有不断地在“市场体制”板块内部和与其实力相当的中小企业相互竞争，拼抢生存空间，在这个过程中提升自己的竞争能力并带动“市场体制”板块的整体竞争力不断加强，从而对“计划体制”板块形成压力，推动“计划体制”板块的创新与发展，进而提升社会经济发展和科学技术的整体水平。在这一动态的过程中，“市场体制”板块的中小企业也在一定程度上共享了社会发展成果。而这一动态过程的前提是，“市场体制”板块拥有一定数量的社会资源和技术实力，并且有凭借该既有社会资源和技术实力获得更多资源和利益的可能性，这也是“市场体制”板块内部经济运行的根本动力。而这必然要求“计划体制”板块和“市场体制”板块之间有一个良性的外部环境。而我们借由国家之力对“计划体制”板块的企业进行干预，目的并非是让“市场体制”板块中的某个具体的企业直接因此获利，而正是旨在尽可能地为两板块间的合理、有效竞争提供健康的外部环境。

4. 政府与“计划体制”板块和“市场体制”板块之间的关系

政府独立于两大板块之外，其地位格外特殊也尤其重要。政府本身应当保持着中立地位，但由于经济格局的失序，使之不得不参与到秩序复归均衡的过程中来。一如加尔布雷斯所说：“支持抗衡力量在当今时代可能已经变成联邦政府在和平时代主要的国内职能……寻求政府帮助建立抗衡力量的群体正是为了使用这种力量来对抗他们以前所必须服从的市场权威。”① 政府的作用正是扶持和帮助这种抗衡力量的生成和维系。但同时，政府又必须兼顾干预“市场体制”所可能导致的社会经济动荡，以及在扶持和帮助抗衡力量的同时会不会助长新的垄断力量，因此，对政府干预的方式和程度应该精准把握。对这一点下文将专门展开论述，在此先不多谈。

（三）为何应当将抗衡力量作为发起国家干预的价值判断主体

一如前文进行的“类型化思考”，发起国家干预的价值判断主体是在经济法律关系中利益已然和或将受到损害的主体。此中有一核心概念，即对“利益”的界定。只有准确地界定这里的“利益”概念，才能有效避免这个“类型化思考”失之大全。然而，作为经济法基础理论的核心问题之一，对经济法利益的探讨是一个极其宏大的命题，远为本文承载所不逮，在此对之重新进行探讨并不现实。有鉴于学界对这一问题的认识已取得丰硕成果，如甘强博士对其进行了极为系统且全面的研究，提出了一系列颇具洞见的结论。甘强

① 前揭，加尔布雷斯书，146～147页。

博士基于利益分化的背景，将经济法利益确认的主要程序归结为四个方面，即利益识别、利益选择、利益整合和利益表述。本部分拟沿用这一分析理路和成果①，从经济法利益层面回答为何应当将抗衡力量作为发起国家干预的价值判断主体。

第一，在利益识别环节中，将利益需求纳入立法者视野是利益识别阶段的关键。这意味着，利益需求表达并非个体性表达，而应具有集群性。经济法利益确认的关键在于这样的利益集团的博弈，这同时也是利益集团表达利益需求的过程。抗衡力量正体现了这种利益集团的博弈，"市场体制"板块中的企业为了凭借其既有的社会资源和技术实力获得更多资源和利益，在保持自身竞争活性的同时要求借由国家之力在"计划体制"板块和"市场体制"板块间构建健康的竞争环境与对话机制。

第二，在利益选择环节中，我们须遵循三个标准，首先必须尊重社会现实，符合基本国情；其次该利益必须能被经济法所保护；最后应当注意利益间的平衡，当发生利益冲突时不能顾此失彼，而应当是一种动态均衡。在当今中国国情中，"计划体制"板块和"市场体制"板块之间的最大矛盾是前者巨大的市场控制能力对后者生存空间的挤占。国家干预的目的不在于通过对"计划体制"板块大型垄断企业的一味打压，从而实现对"市场体制"板块中的主体为倾斜性利益输入。我们应当认识到，这种"劫富济贫"型的直接倾斜性的利益输入本身便较为极端，缺乏正当性基础，其自然也难以获得经济法的肯认。国家干预的目的应当是在"计划体制"板块和"市场体制"板块间搭建对话桥梁与竞争平台，为"市场体制"板块的主体提供分享社会资源和科技进步成果，获取更多利益的可能性。这种板块间竞争的逻辑前提自然也意味着板块内部的竞争，因此，作为抗衡力量的"市场体制"板块内部的对立关系主体发起国家干预的价值判断成为应有之义。国家对这种抗衡力量的扶持与培养正体现出了一种"动态均衡"，其秉持的正是"授人以鱼不如授人以渔"这一从根本上解决问题的朴素的实践智慧。

第三，利益整合环节实际上是利益选择环节的延展，其解决的是如何在相互冲突的利益中进行评估和整合问题。国家干预应当充分兼顾各方基本自由与权力，干预过程符合沟通正义，符合利益最大化加总。为实现这样的干预目标，自然也排除了前文提及的"劫富济贫"型的直接倾斜性的利益输入的干预方式。因此，发起国家干预的价值判断主体应当是作为抗衡力量的"市场体制"板块内部的对立关系主体，正是通过其诉求国家干预得以间接作用于"计划体制"板块，在尊重"计划体制"板块主体经济权益的同时促进其与"市场体制"板块主体的沟通，从而最大限度地兼顾不同主体的利益。

四、结语

尽管"二元体制论"和"抗衡力量理论"肇源自美国资本主义这一与我们完全不同的意识形态，但它们与我们今时的现实国情竟然有如此之多的契合。我们同样面临着"计

① 但由于甘强博士所论的利益表述是将利益通过法律化的语言表达，与本部分关联不强，故本部分所参考的仅限于前三个方面。具体参见甘强：《经济法利益理论研究》，121～139页，西南政法大学博士学位论文，2008。

划体制”强大的经济实力给我们带来的“不可承受之重”[①]，以及其背离一般经济规律营造的非理性繁荣的“价值泡沫”[②]。诚然，我们不可否认“计划体制”为经济的快速发展贡献了重要力量，但我们更应面对与之伴生的各种敏感问题以及民众对改革成果公平分享的诉求。这使得来自抗衡力量的价值判断显得格外重要。

对发起国家干预的价值判断主体的思考，并不仅仅是为了正本清源，或是企图重新描绘一道“概念的彩虹”。经济法一直在秉持情怀操守的同时又与时俱进地更新和调试属于自己的最好的定位和发展模式。与其他部门法不同，其不是适合通过利用制度刚性进行审判等典型形式化法律行为加以运作的法律。我们认为，随着经济法的日趋完善，经济法意义下的国家干预表现形式有日趋软化的趋势。尤其需要提请注意的是，这种软化是形式上的软化，而不是功能上的软化。作为对“能动司法”这一多元化的司法模式的响应，在形式软化的趋势下，经济法调整的方式不再那么固定，经济法利益的实现途径也呈现出“多方联动”[③] 的新型模式。在这一层面上，能动司法与经济法实务有机地联系在了一起。多方联动模式运行的方式主要是多元主体通过商谈博弈从而实现利益，同时政府还会以经济政策来引导商谈博弈的进行。在这样的多头格局下，准确定位一个基准价值主体显得尤为重要，并以此价值基准作为出发视角进行博弈。这一基准主体，正是发起国家干预的价值判断主体。因此，进行能动司法的前提便是准确定位发起国家干预的价值判断主体。

一如赫拉克利特残篇第一百二十三所提到的：“事物的本质喜欢隐藏起来。”[④] 尽管发起国家干预的价值判断主体并没有直接出现在需要国家干预论视野中的经济法定义中，但我们仍应当将之准确地析取出来，因为这是经济法发起国家干预的一个“先决问题”，关乎国家干预的合理性基础。

---

① 例如，在不提供成品油燃油补贴的情况下，中石油、中石化等能源垄断巨头仍将国内成品油价格近乎单向地只与国际油价上涨行为挂钩。

② 例如，部分省市的超高房价与超高房屋空置率同时存在的现象。

③ 关于多方联动的经济法利益实现模式，详细论述参见甘强：《经济法利益理论研究》，149～168 页，西南政法大学博士学位论文，2008。

④ 译自斯耐尔希德对照本德译文：Das Wesen der Dinge versteckt sich gern。中译文参考自张志扬著：《偶在论谱系》，36 页，复旦大学出版社，2010。

制度研究

税源联动与纳税服务法律体系之完善*

张　怡**　彭玉龙***

目　次

税源联动是近年来各地税务机关在税收征管实践过程中不断探索而获得的以信息技术为支撑，以信息共享平台为载体，联动整合为依托，集税收分析、税源监控、纳税评估以及税务稽查为一体的现代新型税收征管方式。税收征管的“联动”必须同步进行纳税服务“联动”的配套设计，否则，税收征管“联动”的效果仅仅体现为征税一方的“利益”，守法纳税一方不仅没有实现任何权益，反而陡生许多额外义务，甚至使自己的商业秘密、个人隐私在“联动”中缺少了规则系统的保护和“遮拦”，这样的制度设计从社会和法律层面来看是有失公允和公平的，操作执行中也很难获得纳税人的普遍认可和支持。因此，为了充分发挥税源联动的功效，必须重视并完善税源联动过程中纳税服务法律体系的制度设计。

一、税源联动对纳税服务的影响

（一）税源联动的内涵及产生

“税源联动”是以信息技术为支撑，以信息共享平台为载体，联动整合为依托，集税收分析、税源监控、纳税评估以及税务稽查为一体的现代新型税收征管方式。学理上的“税源联动”，是指为了防范信息不对称带来的税收风险而在各级部门之间、上下层级之间以及税源税基管理的主要环节之间，整合职能配置，整合数据应用，建立起职责清晰、衔

---

* 基金项目：重庆市教委科学技术研究项目“现代物流管理税收征管模式创新研究——以三峡库区交运枢纽和物资集散地为样板”（项目编号：kj100104）系列论文之一。课题组负责人：张怡、陈正灯；主研人员：陈方淑、刘洲、彭玉龙、孙小东、李流平等。

** 西南政法大学教授，博士生导师，经济学博士。

*** 西南政法大学经济法硕士。

接顺畅、重点突出、良性互动的管理制度。[①]从联动主体的角度看，税源联动可以分为横向联动和纵向联动，其中横向联动又包括税务系统内部的联动、税务机关和其他部门以及单位之间的联动；纵向联动既包括上下级税务机关之间的联动，还包括税务机关与非同级的其他部门和单位之间的联动，纵横联动的结果就是形成了“蜘蛛网”状的信息交流渠道。

“税源联动”作为一种现代化税收征收管理制度是在税收征管实践基础上经过不断的探索逐步形成的。早在20世纪90年代，在我国的某些地区就有了“税源联动”的萌芽——护税协税领导小组。但是，“税源联动”一词则形成于2005年和2006年。2005年，江苏省南通市国税局从税收分析入手积极探索两税（增值税与所得税）联动，并出台了《增值税、所得税联动评估指导意见》。2006年，山东省滨州市区国税局率先进行了“税源联动”实践，并在《滨州市区国税局2006年工作总结》中首次使用了“数据信息联动”、“上下联动”、“纳税评估联动”等概念。“税源联动管理”一词则首次出现在国家税务总局2007年的年度工作总结中并得到充分肯定，当年在国家税务总局工作要点的指导下，税源联动管理工作在我国部分地区进行推广，2008年国家税务总局进一步要求各地“完善税源联动管理制度”，为此，税源联动管理工作在全国各地继续深化。[②]随着“税源联动”逐渐深入各地税收征管系统，各职能部门之间的信息交流沟通，税收流失的防范、税务稽查力度和效果等都得到了一定程度的增强。

当然，作为一种现代化的税收征管方式，需要有一个逐步完善的过程，由于税源联动是由税务部门单方主导和管控，立足于增加税收收入，旨在更好地掌握纳税人的涉税信息，缺乏双向交流与沟通，使得税务机关和纳税人之间的信息天平明显向税务机关倾斜，从法律的角度看，税源联动缺失规范性操作规程，势必在实施过程中带来阻力以及副产品——增加纳税人权利受侵犯的风险[③]。

（二）“税源联动”过程中纳税人权利保护之缺憾

由于“税源联动”依赖税务机关单方主导，“税源联动”过程中纳税人权利保护存在先天性不足。

首先，“税源联动”难以保障纳税人的税收秘密权。“税源联动”主要是为了破除横向联动部门之间信息不对称的壁垒，以便共享纳税人的涉税信息。由于现行税收征管的管理法仅原则性地规定了部门之间的协助义务，至于哪些部门应当参与协助（如工商部门、银行及其他金融机构等）、应当怎么协助，其他部门应该在多大程度上进行信息披露、在信息披露（或者联动）过程中应当强化哪些程序规则，一旦泄密应该怎么追责等，税收征管的管理法并没有系统规定，各级税源联动管理文件也未对此进行操作上的细化。这种法律规定以及制度性保障的缺失，使得“税源联动”在矫正税收信息不对称的痼疾的同时，又因职能部门之间因信息传递不当或保密意识的欠缺，使纳税人的税收信息秘密权丧失了一道保护屏障，构成了税收征管权不当行使的天然隐患。

---

① 张爱球、周玉海、徐云翔：《以整合联动为重点　提升税源管理水平》，载《中国税务报》2007年3月26日。

② 张怡、陈芳淑：《论税源联动管理制度的法制化进路》，载《税务与经济》2009年第5期。

③ 2010年7月，西南政法大学财税法研究中心与奉节县地税局合作，以现代物流业税收征管模式创新为研究课题，侧重对税源联动进行了深入实地的专题调研，从获取的第一手资料中分析，我们认为税源联动过程中现有的纳税服务体系亟待完善。

其次，“税源联动”难以保障纳税人的税收知情权。目前我国的税源联动管理机制正处于不断的实践摸索阶段，有关税源联动管理机制的文件大多以内部通知、意见等形式出现，这些文件效力级别低，既缺乏规范性，也没有普适性，更谈不上法律的透明度。纳税人与税务机关之间的信息不对称，纳税人难以了解到税源联动管理的内容、联动方式、联动程序等信息，无法对税收征纳行为进行合理的预知、预判，其结果是：“税源联动”除了存在职能部门协调的阻力之外，还将面临另一巨大障碍——纳税人群体的不理解、不支持甚至抵触。

再次，现行“税源联动”还难以保障纳税人的税收公平权。“税源联动”作为税收执法的一种现代化方式，以信息管税作为技术手段，以信息共享平台作为联动载体，统一涉税数据的录入与分析，在一定程度上提高了税收征管水平。然而，由于人力、物力及能力的限制，加之占据交易市场很大份额的电子商务还没能纳入税收征管领域，“税源联动”还远远达不到无缝链接，即使在一个小的区域范围内也存在较大空隙，偷逃税原本就是一种“神秘而令人向往的经济生活彼岸”，一旦钻出了联动税网，其经济收益巨大，这将反过来直接伤害诚信守法的纳税人，使其纳税痛苦指数增加，纳税人之间的税收感受的不平衡，进而会大大影响纳税人的纳税遵从度。由于我国的“税源联动”主要是税务行政机关单方管控，虽然某些地区（如陕西省和山东省潍坊市、福建省厦门市）借鉴国外的企业纳税人信用等级管理制度，但就总体而言，税务部门尚未普遍建立起纳税人信誉等级制度，也未能达到平衡税收不公的效果。

最后，“税源联动”难以实现纳税人的税收救济权。由于“税源联动”还停留在税收政策层面，还未步入法制化路径，从部门本位主义出发，税务部门仅从征管权的形式和税收风险控制的角度对“税源联动”进行对策式设计，其联动的目标仅仅是收税，联动的部门局限在经济职能部门，联动的区域大多在小范围地区，参与的机构大多处在基层，因而，纳税人的税收救济权往往被忽略或内部消化掉了。然而作为一种社会隐性矛盾的存在，倘若不在疏导中排解，纳税人缺乏权利救济途径，“税源联动”管理制度必然会在纳税人群体“沉默之后的爆发”中失去其先进性和持续发展的动力。

（三）税源联动为纳税服务带来的便利

但凡一把好刀都不能因为其可能割伤人而弃之不用，税源联动管理机制亦是如此，尽管其实施会增大纳税人权利受侵犯的风险，但我们不能否认其作为一种现代税收征管手段的先进性，更不能否认其将为税收征管效率的提高和纳税服务水平的提升带来的巨大空间。

首先，税源联动能够提高税收征管效率，同时降低税务机关以及纳税人的征纳税成本。如前所述，税源联动管理制度要求各级部门之间、上下层级之间以及在税源税基管理的主要环节之间，整合职能配置，整合数据应用，进行良性互动。体现在纳税服务的提供上，各级部门之间、上下层级之间的联动（如国税局与地税局之间的联合办理税务登记、联合征税、联合进行税务稽查，税务部门与工商部门之间企业信息的共享，税务部门与银行及其他金融机构之间的税款代收代缴，税务部门与海事处等部门之间的联合办公和信息共享等）能够简化纳税人的纳税申报以及缴纳程序，同时降低税务机关以及纳税人的征纳税成本。此外，国税、地税之间还可以共同合作，为纳税人提供“一条龙”服务。除了联合进行税务登记、税款征收、税务稽查能够为纳税人带来便利外，国税、地税两部门还可以联合开通12366纳税咨询服务热线和税务网站，合并纳税宣传、纳税咨询等各种涉税事宜，并积极开展对纳税服务数据与信息的综合利用，切实加强税收征管，建立健全纳税咨询服务受理、承办、转办、反馈、督办等制度，发挥税务机关纳税服务的整体效能。最好是“两块牌子一套人马”，让国税、地税形散而神不散，避免纳税人两头跑、两手都要抓，既劳民又伤财。

其次，税源联动能够为纳税人带来更优质、更便利的服务。税源联动是以信息技术为支撑，以信息共享平台为载体，联动整合为依托，集税收分析、税源监控、纳税评估以及税务稽查为一体的现代新型税收征管方式。现代计算机信息技术既是“联”之支撑和后盾，更是“动”之前提和基础，一旦缺之，税源联动将步履维艰，税收征管成本更将大幅上升。将信息技术应用到纳税服务领域也就是使纳税服务信息化。各地国家税务局与地方税务局的分设（以下简称国、地分设）在我国是中央和地方财政分权的需要，然而除了资金的最终流向有异外，国税和地税的税务登记、税款征收、税务稽查以及其他的纳税服务工作并无本质区别，国、地分设使得税务机关重复办公，也使得纳税人重复税务登记、申报和接受检查，同时增加了税务机关和纳税人的成本。在税源联动过程中，国家税务局、地方税务局可以共同打造功能齐全的税务网站平台，开辟各种专栏为纳税人提供快捷的网上纳税申报与反馈、网上税收咨询与解答、税收政策和纳税信息的网上公布、网上纳税辅导与宣传、网上投诉与举报等纳税服务，这使得纳税服务的空间范围不再局限于纳税服务大厅，时间范围不再局限于上班时间，同时愈来愈偏于虚拟化和无形化，纳税人在任何地方、任何时刻都可以享受到纳税服务。此外，国家税务局、地方税务局还可建立统一的税收法规库和纳税咨询问题库，一方面将国税以及地税各税种的法律法规以及其他规范性文件、各种政策解读等纳入囊中，另一方面对税务网站平台以及12366纳税咨询服务热线所涉及的各种税收热点、重点和难点问题进行统一收集、整理，开展相关统计、研究、对比，尽可能了解纳税人在纳税过程中的各项需求，做好税收形势分析与判断工作，并“对症下药”地为纳税人提供优质服务。

二、完善纳税服务体系之国（境）外经验借鉴

“为纳税人服务”最早起源于美国，第二次世界大战末期直到20世纪50年代中期，美国联邦税务局开始实行第一个正式的帮助纳税人的计划，并赢得国会和联邦税务局局长的共识——税务局有责任向公众免费提供税务帮助。此后，随着经济和社会形势的不断发展变化，税收法制建设的不断完善，不少较为发达的国家和地区对纳税服务的理论和实践进行深入探索，并结合各自的国情和优势，初步形成了较高级别的纳税服务体系。

（一）美国“以服务为治税宗旨”的纳税服务体系①

美国将“为纳税人服务”作为税务机关的基本理念和崇高使命，并有详尽的发展战略、业务规划、组织构架、信息技术、绩效测算体系为支撑，以充分满足纳税人的需求。美国的纳税服务主要体现在税法的宣传咨询、税款征纳和税务代理方面。为了提高纳税服务质量，美国国内收入局提出了个性化和共性化相结合的服务要求，积极主动地为纳税人

① 参见陈捷：《纳税服务的国际比较与借鉴》，载《涉外税务》2003年第4期。

提供便易的纳税申报方式和缴款方式。其纳税服务体现在税务局内部，主要是按照税收征管功能统一设置内部机构，即征收、稽查、服务、法制。各级税务局都设有纳税服务处，配备相当数量的服务人员，设有免费税务咨询电话，提供免费纳税培训，对低收入和老弱病残者，组织志愿人员协助准备申报表，并可免费上门服务。美国税务代理相当普及，既注重代办税务，同时又注重税收援助。此外，美国国内收入局还利用计算机技术优势研发了美国国税纳税服务分析系统，使得网上报税和其他电子报税变得很容易，更好地满足了纳税人的需求。

（二）新加坡“信息推动型”的纳税服务体系

新加坡纳税服务的一大特色，就是建立信息推动型纳税服务体系，其税务机关根据纳税人的客观需要，制定了为纳税人服务的标准度服务体系，并向纳税人公开承诺其工作目标和标准。在对原有的业务流程进行整合和重组的基础上，大力推进信息化。新加坡国内税务局信息科技系统，包括国内税收综合系统（IRIS）、电子申报系统、机构服务系统（CSS）和办公自动化系统。这四个系统相对独立，可单独处理相关业务；同时其信息系统又有内在联系，一体化程度较高，数据信息高度共享。新加坡税务局所建立的信息纳税服务体系符合新加坡信息业发达、电脑普及率高的实际情况，便于纳税人申报纳税，从而使税务机关和纳税人之间建立了良好的客户关系。

（三）英、法、日、澳等国“多元化”的纳税服务体系

近年来，在英国、法国、日本、澳大利亚等许多市场经济国家，出现了建立多元化的纳税服务体系的现象。

英国十分注重纳税人权利的保护，坚持量化全国统一的服务标准，为纳税人提供高效和礼貌的服务，其最具特色的是以帮助弱势群体为目的的“税收志愿者行动”。1998年年初，英国低收入者税制改革委员会（LITRG）成立，会员们通过电话答复、登门为老年纳税人办理税务手续、定期与帮助对象联络、免费发放纳税指南等方式，为无力承担纳税咨询费的低收入者免费提供税务咨询，进而争取许多因以前不了解税法而没有享受到的税收优惠。同时，税务机关还建立了结果导向的个人绩效评估体系，以调动税务人员的工作热情，尽力做到使纳税人满意。

在法国，由于既没有专门的纳税服务管理机构，也没有专门的关于纳税服务的立法，其纳税服务特别强调税务机关与纳税人之间的对话和沟通，强调咨询的针对性。由于个人所得税报税项目多、内容复杂，税务总局除大量印制报税说明书作为参考之外，还专门设立录音电话，24小时解答问题。此外，还设立了税收咨询互联网站和电子信箱，在48小时内对来信予以回复。由于法国的电子服务系统十分发达，因而纳税资讯的交流十分便利。

日本的纳税服务主要是由政府来主导，其税收征管主要是围绕提高税收遵从度来开展的，分成公共关系、咨询、指导和检查四个部分。日本税务局重视税收宣传工作，采用多样化的税收宣传教育方式，同时重视通过税务代理为纳税人服务。

澳大利亚为了让纳税人便捷、有效地获得纳税服务，税务当局设有专门的纳税服务机构，并成立了纳税人协会，通过实施《纳税人宣言》，明确纳税人的权利和义务，更好地为纳税人服务。

（四）我国香港特别行政区“以完备的咨询为主导”的纳税服务体系

我国香港特别行政区建立了完备的纳税服务体系和服务承诺制度，为税收执法创造了

良好的外围环境，其口号是“优质服务，与时俱进”。“对纳税人待之以礼，并提供有实效的服务”，是香港税务局的税收使命之一。为了搞好服务，香港税务局设立了专门的税务咨询服务机构，向社会发放服务承诺标准，并在内部成立服务承诺关注委员会，以监督各项服务承诺的实现。同时，提供多项税务咨询服务，主要有电话查询、柜台查询与书面查询。其电话查询与柜台查询共用一个计算机信息系统，最大限度地满足查询者的需求。书面查询又可分为简单事宜和技术性事宜两类，根据所询问事项的复杂程度而定。

综上，结合我国实际，各国和地区均能在一定程度上为我国树立为纳税人服务的思想，完善纳税人权利保护法律体系，加强税收信息化建设以及完善纳税服务评价和监督体系提供相应的经验借鉴和启示。

三、税源联动过程中纳税服务法制体系的完善

税源联动作为一种新型的税收征管手段已经深入各级国税以及地税部门的实践中，如何在坚持税源联动的基础上充分保障纳税人的权利以及其他合法权益，完善我国现有的纳税服务体系则成为推动税源联动机制长效发展之助力。以下将从纳税服务理念的树立、纳税服务法律法规的完善以及纳税服务平台的搭建和利用三个层面来优化我国纳税服务体系，以使其跟上税源联动的步伐。

（一）树立“为纳税人服务”的理念

在税源联动管理机制的推行过程中，税务机关必须从根本上坚持“为纳税人服务”的理念，以“为纳税人服务”作为工作的根本出发点和归宿。“为纳税人服务”强调纳税人权利的第一性，要求税务机关以纳税人的需求为导向，在税收征纳法律关系中保护纳税人权利以及其他合法权益，为纳税人提供尽可能多的优质服务。“为纳税人服务”的理念在我国其实早有提及，“转变政府职能，构建服务型政府”已经确立为我国行政体制的改革目标，税务机关作为政府的重要职能部门自然也应当为纳税者服务。然而，受我国早些年计划经济的影响，我们的政府部门一直扮演着“掌舵”的管理者角色，税务机关在纳税人面前也一直怀着高人一等的心态，重管制、轻服务，重权力、轻平等，重税收收入、轻纳税人感受，语气多的是命令、少的是商量，脸上多的是严肃、少的是微笑。在奉节县调研的过程中，虽然这种情况并不十分突出，但显然税务机关以“管理”为中心，旨在不断增加税收收入，税务人员与纳税人之间的“官民”对立关系并未得以缓解。

而从实践的角度看，如前文所述，以美国为代表的西方国家早已将“为纳税人服务”作为税务机关的基本理念和崇高使命，政府部门被视为公共服务部门，公共服务是政府部门的天职，纳税服务是税务机关提供的一种公共服务，税务机关职责的定义就是“竭诚为纳税人服务”。美国作为为纳税人服务最早的起源国，以“确保每一个纳税人得到公平的待遇和受到尊重”作为纳税服务目标，其税务机关服务的理念首先是税务局为纳税人工作，不是纳税人为税务局工作；其次是达到私营公司为顾客提供服务的同等水平。

所以，要想在税源联动这一新的税收征管制度下完善我国的纳税服务体系，树立“为纳税人服务”的理念，我们必须转变过去的公共行政或公共管理理论，坚持新公共服务理论。所谓新公共服务理论，是由美国亚利桑那州州立大学的登哈特夫妇提出来的，与传统行政理论将政府置于中心位置而致力于改革完善政府本身不同，新公共服务理论将公民置

于整个治理体系的中心，强调政府治理角色的改变即服务而非导航，推崇公共服务精神，旨在提升公共服务的尊严与价值，重视公民社会与公民身份，重视政府与社区、公民之间的对话沟通与合作共治。在新公共服务理论的视角下，公共行政的使命是为公民服务，体现在税收征管法律关系中，就是要以纳税人为中心，围绕着怎样保护纳税人权利、更好地实现纳税人的各项具体权利而展开。总之，一切纳税服务的内容、方式均需围绕着怎样才能使纳税人的需求得到更大的满足而展开，最终更好地提高纳税服务质量。

（二）完善纳税服务相关法律法规

公共服务型政府需要以法治作为基础，强调公民权利，把政府与公民之间的关系通过法律框架来固定，为保障公民权利提供制度保证。[①] 任何一项制度要想得到公众的认同和遵守，最终要看其对公民的权利保护和救济途径是否完善。而通过奉节县调研之行，我们发现税源联动管理法律机制的缺失正是奉节县等地税源联动机制探索失败的主要原因，税源联动过程中对纳税人权利的保护更是未加以考虑。而很多发达国家通过出台各种形式的文献以专门保障纳税人权利：加拿大是世界各国中最早出台保障纳税人权利文献的，其在1985 年通过了《纳税人权利宣言》，主要内容包括获取信息资料、不受歧视、礼貌待遇、诚实推定、隐私和个人信息保密等，对保障纳税人权利作出了具体规定；美国是一个重视人权的国家，早在 1988 年就颁布了《纳税人权利法案》，从而使纳税人的权利有了明确的保障；澳大利亚通过实施《纳税人宪章》，明确纳税人的权利和义务，以更好地为纳税人服务。同样，税源联动过程中纳税服务法律体系的健全也需要有关税收法律法规的完善作为制度后盾来保障纳税人的税收秘密权、税收知情权、税收公平权以及其他合法权益。而我国《宪法》第 56 条仅仅规定纳税人必须依法纳税，明显忽视了对纳税人权利的保护，建议在这一条之后加入“国家也必须保护纳税人权利，为纳税人提供优质服务”作为纳税服务的宪法性指导，此外还必须对其他税收性文件进行如下完善：

1. 税收征管法对纳税人权利保护的完善[②]

要完善对纳税人权利的保护，具体体现在《中华人民共和国税收征收管理法》（以下简称《税收征管法》）中，可以在以下方面进行完善：

第一，《税收征管法》可以在“税款征收”一章中增加专门的条款对税源联动管理机制作出以纳税人权利保障为本位的原则性规定。

第二，《税收征管法》可以在具体的条款中对税源联动管理机制中纳税人的权利保障进行细化和完善。（1）修订和完善《税收征管法》第 5 条、第 15 条、第 17 条，厘清部门联动的边界，防止部门联动对纳税人合法权利的恣意侵犯，践行税收法律主义。部门之间的联动是横向联动的重要法律依据，但是现行《税收征管法》第 5 条仅作了原则性的规定；就具体的协助部门而言，《税收征管法》第 15 条和第 17 条对工商管理部门和银行等金融机构作了粗线条的规定，对于国税部门与地税部门之间的协助义务，税务部门与审计部门、国土房管部门、交通部门等与税收征管工作密切相关的其他部门的协助义务，《税收征管法》没有作出具体规定，更没有规定相应的法律责任。因此，税源联动管理机制的

① 杨梅春：《公共服务型政府与税收制度建设》，载《当代经济研究》2005 年第 5 期。

② 陈芳淑：《论税源联动管理机制中纳税人权利之保障——兼论〈税收征管法〉的修订和完善》，载《全国商情：经济理论研究》2009 年第 21 期。

横向联动法律依据不足，《税收征管法》在新一轮的修订工作中应当对此予以完善。(2) 修订和完善《税收征管法》第6条有关信息共享制度的规定。健全税源联动管理机制的关键在于依托信息共享制度打破信息“瓶颈”，然而现行《税收征管法》仅用一个条文进行了粗略的规定，信息共享制度应当如何构建才不至于侵犯纳税人的税收知情权和税收秘密权？税收主体是否就只能是抽象的“国家”？信息共享制度中的信息共享者应当享受何种权利？履行何种义务？遵守什么信息共享规则？信息共享制度主体在不履行义务、不遵守规则时应当承担何种法律责任？等等，《税收征管法》需要作进一步的明确规定。(3) 修订和完善《税收征管法》第23条。现行《税收征管法》第23条对税控装置的使用作出了规定，但仍有不完善之处：一是“纳税人”是“安装、使用税控装置”的义务主体是否具有法律上的正当性有待进一步探讨；二是可以将“税控装置使用”的有关制度与税源联动管理机制中“税收信息化”平台的建立和完善相结合。

2. 纳税服务的规范性文件有待完善

我国目前关于正式规范纳税服务的文件是2005年10月国家税务总局出台的《纳税服务工作规范（试行）》。

首先，从文件的位阶看，该规范最多算是一个部门规章，位阶低且权威性弱，仅仅对国税以及地税部门有约束作用，而税源联动过程中的纳税服务必然涉及各个部门的参与和配合，作为部门规章的《纳税服务工作规范（试行）》必然不能应对税源联动过程中纳税服务提高的要求。所以，从“为纳税人服务”的宗旨和理念出发，在今后的立法中，我们有必要将正式规范纳税服务的文件位阶提升为法律或至少是行政法规，这样才能更好地规范税源联动过程中的纳税服务提供行为，更好地保护纳税人的合法权益。

其次，从文件内容看，其对服务体系、办税服务厅、税务公开范围、开展纳税服务的指导思想等内容作出了比较粗略的规定，缺少对税收服务的基本原则、组织机构、服务范围，特别是服务方式、服务标准、服务时限等的具体规定，在这种情形下，为纳税人服务很难落到实处。此外，纳税服务是一个很抽象的概念，而工作的标准又是虚拟的、软化的，由于没有建立、健全纳税服务评价系统，许多事情难以量化考核；因为缺乏有效的服务监督和责任追究机制，纳税服务存在很大的随意性，也使得纳税服务流于形式。① 因此，今后结合纳税服务的实践，我们有必要对该规范的内容进行重新敲定，使得该规范在具有指导性的同时更要具有可操作性，最重要的是完善纳税服务监督和责任追究机制，让纳税服务不再停留于精神文明和职业道德建设的范畴，真正提升到法律的高度。

（三）税源联动过程中纳税服务平台的搭建和利用

税收理念的改进以及纳税服务法律法规的完善能够为税务机关在税源联动过程中提供纳税服务、提供纲领、指明方向，然而真正要贯彻“为纳税人服务”的宗旨，还有赖于纳税服务平台的搭建和利用。正所谓服务蕴涵于管理，税收征管的过程其实就是纳税服务的过程，所以税务网、税源联动过程中的信息共享网、办税服务厅、12366纳税咨询服务热线就都属于纳税服务平台，而无须专门进行搭建。结合国（境）内外各种纳税服务实践并加以借鉴，我们认为可以利用各部门之间的联动及信息化技术对这些纳税服务平台进行信息整合及统一分析，提升税源联动过程中的纳税服务水平。

---

① 韦坚、韦宁卫、蒙强：《国外纳税服务的借鉴与比较》，载《法制与经济》2006年第1期。

1. 税务机关内部各种服务平台之间的数据共享和联动

美国联邦税务局和各州、地方税务局设置了税收数据中心，作为提供网络管理的职能机构，具体负责收集、汇总、分析各种纳税服务数据，为其他有关部门提供数据支持服务，实行“内部联合”。在我国，各级税务机关所设的纳税服务中心也应当统一安排与管理征管科、稽查科、办公室、政策法规科等部门的纳税服务工作，及时总结各科室在税收征管过程中所遇到或了解到的纳税人需求，联合各科室制定各项应对措施并加以落实。此外，还必须将以实物形态存在的纳税服务厅以及以虚拟形态表现的税务网站及12366纳税咨询服务热线等各种服务平台所收集到的纳税人咨询的热点、难点加以整合、统计、研究和对比，尽可能做到纳税服务的供需平衡。此外，纳税服务中心还应当与市局相关部门积极协调、相互配合，建立信息沟通机制和工作联系制度，做到上传下达，开辟税务机关内部的信息绿色通道。

2. 国税局与地税局联合提供纳税服务

地方的国、地分设在我国是中央和地方财政分权的需要，然而除了资金的最终流向有异外，国税和地税的税务登记、税款征收、税务稽查以及其他的纳税服务工作并无本质区别，国、地分设使得税务机关重复办公，也使得纳税人重复税务登记、申报和接受检查，同时增大了税务机关和纳税人的成本。所以地方的国税和地税完全可以合并办公，联合进行税务登记、税款征收、税务检查和其他纳税服务，减少纳税人的纳税成本。具体我们可以借鉴贵阳市国税、地税联合办证的做法以及大力推广国家税务总局组织开发的12366纳税咨询服务热线系统。

贵阳市国税局和贵阳市地税局曾于2006年在贵阳市政务服务中心联合成立了“国、地税联合办证窗口”，共同受理单位及个体经营的税务登记事宜，只需交纳一次税务登记工本费，纳税人就能一次办理到一套完整的盖有国、地税公章的税务登记证。这一做法有利于国税、地税机关从源头加强税收征管，减少漏征漏管户，提高税务机关的工作效率。同时，较之之前纳税人需分别办理国税、地税两套税务登记证，联合办证简化了办证手续，提高了办证效率，减少了纳税人的办税成本。

此外，根据2011年1月12日《海南日报》报道，由国家税务总局组织开发的12366纳税服务热线系统在海南省试点成功，海南省成为全国第一家实现国税、地税合作共建总局12366纳税服务热线系统的省份。总局12366纳税服务热线系统具有功能完善、渠道多样，合作共建、互联互通，点面结合、全省覆盖，接口开放、资源共享等特点，最大限度地整合服务资源，整合服务张力。依托该系统税务机关可以随时根据工作需要和纳税人的实际需求，不断拓展服务功能，为纳税人提供更多更好的服务。①

3. 税务系统与其他部门或单位合作提供优质纳税服务

美国税务机关注重与外界有关部门的计算机联网，实行“内外联合”。例如，各州税务局可以与交通管理局、土地管理局、保险管理局、银行和电信部门联网，查询所需信息，还可以上网查询联邦税务局和州政府的相关信息，甚至可以通过全国税务系统情报交换网获得相关信息。在税源联动过程中，税务机关也应当搭建一个沟通交流的平台，注重加强纳税服务中心与当地党委、政府、行业协会（商会）和政府相关部门的协调沟通，举

① 赵冰冰：《打造12366服务热线　提升纳税服务品质》，载《海南日报》2011年1月12日。

办纳税人座谈会，实现纳税服务的社会各界联动以及纳税人广泛参与。

例如，大连市国税局以信息系统资源为依托，在与地税、工商、质检、银行、海关等部门之间数据交换、财税库银联网的基础上，加强各部门之间的协调，进一步扩大第三方数据的利用，提高了为纳税人服务的整体质量。① 安徽省含山县地税局就与含山移动公司联合拓展了“税讯通”业务，定期定量为纳税人发送税法宣传、催报催缴等信息，此外自2010年10月起，该局通过新开通的“纳税服务平台”与纳税人进行零距离沟通互动，进一步提高了纳税服务的针对性和贴近度。甘肃省武山县国税局也全面采集纳税人手机信息，准确认定未达起征点户，并全面推进该群体进行短信报税。②

上述前两种做法，税务机关充分利用现代先进信息技术与其他部门和单位合作为纳税人提供高质便捷性服务；后一种报税方式更是一方面简化了未达起征点纳税人的申报程序，为其带来极大的便利；另一方面还可以适当缓解纳税服务厅的拥挤现象，为税务机关节约办公成本，这些做法都可以在税源联动的推行过程中加以借鉴和推广。

4. 国、地税共同进行信用评级

美国完善的信用制度为美国税收实行严格管理提供了道德行为规范上的重要保障，这一制度能够增加偷逃税成本，减少纳税人的税收违法行为，同时也是实现税收公平的一种激励手段。我国《纳税服务工作规范（试行）》第5条规定了国家税务局与地方税务局应当共同评定纳税信用等级，但如前所述，实践中只有少数几个地区（如厦门市、潍坊市等）推行了企业纳税信用等级管理，一方面，只针对企业，另一方面，这些地区的纳税信用等级管理仅仅停留在为信用等级高的企业提供更个性化的服务，而不会给信用等级低的企业带来不利后果，难以发挥信用等级评定的约束作用，更难改变现有的税收不公状态。所以，借鉴美国的做法，完善我国的纳税人信用制度也是完善我国纳税服务体系的进程中必不可少的一项举措。

5. 纳税服务评价体系的完善

关于纳税服务评价体系，国内外的做法也是层出不穷，如美国建立了一整套行之有效的包括组织绩效评价、员工绩效评价、纳税人满意度评价、员工满意度评价、部门成果衡量等方面的绩效评价体系；加拿大海关税务署（CCRA）建立了包括客户服务时限、网络服务工作标准、网络信息安全标准和纳税人评议制度等一系列工作评价机制；澳大利亚也非常重视社会满意度指标的测评，且测评考核结果将直接影响到税务局局长的业绩。国内很多地方也形成了各项服务评价指标，如北京地税建立了内外结合的考评机制，除了进行内部考核外，还委托民间专业机构进行纳税人满意度的调查，并聘请社会义务监督员、纳税人代表成立独立于税务机关的纳税人权利保护组织，监督税务机关履行职责，反馈纳税人意见，评价纳税服务工作；广州地税也引入多元评价方式，建立由上级主管部门、新闻舆论媒体和专业调查机构组成的纳税服务“第三方”评价主体，提高纳税服务评价的公正性和客观性，形成内外结合、以外为主的纳税服务评价新机制。

在税源联动过程中，纳税人权利受侵犯的风险增大，要想实现税源联动的可持续发展，纳税人的权利保障机制是关键。所以，有必要在全国范围内推广使用内外结合的纳税

---

① 程莉、齐鹏：《构建强大纳税服务体系》，载《大连日报》2011年1月6日。

② 朱满龙、梅杰：《为了纳税人的满意——含山地税高效服务制度化》，载《巢湖日报》2011年1月7日。

服务评价机制对纳税服务工作实施量化考核，建立完善纳税服务工作评价指标体系和评价考核办法，形成完善的纳税服务激励机制；此外，还必须畅通纳税人信息反馈渠道，完善纳税人对纳税服务质量的评价制度，形成以纳税人意见需求为依据的纳税服务改进机制。例如，在办税服务厅或12366纳税咨询服务热线系统中引入中国移动、中国联通以及某些金融机构所实行的顾客满意度打分机制，只有这样，纳税服务评价的结果才能具体落实到个人，让直接同纳税者打交道的税务工作人员时刻不忘“为纳税人服务”的宗旨，最终使我国的纳税服务达到美国所提出的“私营公司为顾客提供服务的同等水准”。

四、结语

税源联动管理机制在我国目前还属于实践探索阶段，本身的发展还不够成熟，需要在税收实践中反复调试并加以法制化，联动平台的搭建及利用更是依赖于先进软件和系统的开发与优化。所以，税源联动过程中纳税服务法律体系的完善并非一蹴而就的事情，其需要税源联动法律机制的成熟，期待纳税人权利保护及救济途径的完善，依赖税收信息化建设的加强，最根本的还需要“为纳税人服务”的理念深入“官”心和“民”心。一言以蔽之，路漫漫其修远兮！

社会保障税法律制度研究*

——基于我国社会保障基金“费改税”模式的视角

孟庆瑜** 种朝晖***

目 次

一个文明的现代社会应当有一个基本的理念：人人都有维持基本生存与生活的权利。社会中的每个人都应当参加社会工作，根据自己的劳动参与社会分配，达到维持自己生活的目的。然而在现代社会，每个社会成员并不能完全避免来自各个方面的风险与困境，其中主要包括机制内与机制外两方面的原因：一方面，现代社会实行市场经济机制以配置各种资源，社会成员亦参与到市场经济之中生产、生活，较之旧有的生产方式，社会生产力得到了巨大的发展，人们的生活水平亦得到极大的提升。然而“强调市场机制能够有效地进行资源配置的重要性，往往会使人们洋洋自得而忽视了自由市场机制的局限性。正是这些局限性有能力把市场机制从作为人类进步的最有力的引擎变为对人类福利和公众利益的威胁”。① 正是由于市场机制中存在自然竞争，出现宏观经济不稳定、微观经济低效能以及社会分配不公平等问题，使得社会公平为市场竞争带来的效率弱化，亦使得在市场竞争中失败的社会成员的生活条件不能得到保障。因此，国家需要针对市场机制的缺陷予以适当的干预，最有效的方式就是建立符合国情的社会保障法律制度。另一方面，在市场经济中每个社会个体可能会因为某些原因，如疾病、自然灾难等市场机制外的原因，暂时或长期无法劳动，因而不能依靠自己的劳动获得维持基本生活和未来发展的条件。在这种每个社会成员都有可能遇到的不可抗的风险下，如果国家不能加以适当的干预，对发生困难的

* 基金项目：教育部2009年度人文社会科学研究规划基金项目“和谐社会建设中的分配制度改革与发展研究”（项目编号：09YJA820016）。

** 河北大学政法学院教授，博士生导师，法学博士。

*** 河北省保定市南市区地方税务局副局长，法学硕士。

① ［美］理查德·布隆克著，林季红译：《质疑自由市场经济》，116页，江苏人民出版社，1999。

社会成员予以一定的物质帮助，会使得每个社会成员担忧未来可能发生的风险，造成社会的不稳定。为了社会整体的稳定并相信遇到困难的社会成员有能力为社会发展贡献自己的力量，由此社会应当给予陷入困难的社会成员必要的帮助，使得其能够维持基本的生活水平，为以后获得更好的发展打下一定的基础，从而有助于社会的稳定，促进社会经济的良性发展，提升社会成员的福利水平。

一、社会保障税之一般问题

（一）社会保障税的概念和特性

社会保障税是随着社会保障体制的发展而发展起来的，虽然其产生和发展的历史较短，但它已经成为当今世界各国所得税课税体系中的一个重要组成部分。据国际货币基金组织（IMF）统计，目前，全球172个国家征收社会保障税或类似税收，建立了规范的社会保障基金征集制度，其中140多个国家开征了社会保障税。我国自20世纪80年代中期开始城镇社会保险制度改革后，1998年起一部分地区改革了养老保险费的征缴体制，由税务机关为社会保险机构代征保费，学者们便开始围绕社会保障基金的征缴模式进行了一系列相关课题的研究，关于社会保障税的概念亦有不同的见解，但是少有学者对社会保障税的概念作出明确的定义，其内涵和外延均十分模糊。笔者认为，社会保障税在不同的时期，其内涵和外延是不尽相同的。这是因为，就社会保障税在世界主要发达国家的发展历程来看，社会保障税并非单一税种，而是一个由多个与社会保障相关的税种组成的较为完整的税收体系，如瑞典、法国、德国、比利时等国家分别设置了养老保险税、疾病保险税、工伤保险税、工资税等若干个税目。① 我国开征社会保障税后，也应当参照这些国家的先进经验，根据经济发展和社会安定的需要，成熟一个，开征一个，分期分批实行，最终形成我国的社会保障税体系。此外，随着社会的进步、经济的发展，社会保障税的涵盖范围除了社会保险税之外，还可能包括社会保障的其他内容，如社会救济、社会福利等。例如，在社会救济方面，可以通过对收入较高的人群征税，用于保障贫困人群的基本生活水平；在社会福利方面，可以通过对不同收入水平的人群采用累进税率征集社会保障基金，促进全体社会成员的生活福利水平普遍提高。

因此，笔者认为社会保障税的概念应当有广义和狭义之分。狭义的社会保障税仅包括社会保险税；广义的社会保障税除了社会保险税外，还应该包括未来可能征收的社会救济税、社会福利税等。本文均是以狭义社会保障税的概念为出发点作出的论述。狭义的社会保障税，是指税务机关依照法定程序向社会成员征收，以其收入所得为计税依据，作为社会保障基金交由政府专门机构管理、运营，并专项用于为缴税的社会成员提供社会保障金的税种。从社会保障税的概念分析，我们可以看到社会保障税除了一般税种普遍具有的强制性、固定性等②特性外，还有以下特性：

第一，有偿性。社会保障税是社会保障基金的主要来源，由政府组织专门的管理机构、投资运营机构和分配机构分别负责社会保障基金运行各个环节的管理，做到专款专

① 参见黄菡：《社会保障税的国际比较及对我国实践的借鉴》，载《财经问题研究》2005年第6期。

② 参见张怡主编：《税法》，3～4页，清华大学出版社，2007。

用，因此与一般税种相比具有明显的有偿性。但是这与税收的无偿性之间并没有矛盾：首先，税收的无偿性是指对单个纳税主体不进行等价、直接的偿还，税收对纳税人整体是有偿的，“取之于民，用之于民”就体现了这种整体有偿性；其次，社会保障税的“有偿”也不是即刻、直接的偿还，而是有条件的，即具有受益资格的人在遭遇风险或年老时方可从社会保障基金中受益，而受益额又不与其缴纳的税款相同。因此，社会保障税的有偿性是相对的。一般税收入库后要统一计入政府预算，用于执行政府职能所需的各项经费开支。而社会保障税的资金来源和用途直接挂钩，专款专用，入库后按不同的社会保障类别纳入各专项基金，只能用于社会保障事业，不能挪做其他预算项目的开支。社会成员按期缴纳社会保障税，对个人而言，等于为自己储蓄了未来使用的一笔基金，供遭遇风险或年老时使用；对整个社会，也形成了一种储备基金。

第二，互助性。政府通过向社会成员征集社会保障税形成社会保障基金，能够将社会全体成员共同的力量集中起来，并使每一个社会成员的生活获得可靠的安全保障。“社会保障基金被支付给受保障者与有需要者，这种分配机制其实是一种风险分散或共担机制，风险共担本身即以互助为基石并在互助中使风险得到化解。”[①] 社会成员定期缴纳社会保障税，建立社会保障基金，当个别社会成员遭遇风险而受到经济损失时，或是年老、疾病而无法满足生活需求时，能够依法获得社会保障金，实行风险分担、互助共济。

第三，灵活性。社会保障税的分配支出与一定时期的国民经济发展形势密切相关，当经济繁荣时，失业率下降，社会保障基金分配尤其是社会救济支出减少，有利于抑制社会总需求；反之，当经济衰退时，失业率上升，社会保障基金分配尤其是社会救济支出增加，有利于刺激社会总需求，因此社会保障税可以与国家经济政策相适应，具有灵活性。

（二）社会保障税的价值目标

1. 稳定

首先，社会保障税是实现社会经济稳定的必然选择。现代社会中，市场机制作为最有效的资源配置方式在促进生产力极大发展的同时，也带来了市场不完全、信息失灵、外部性、公共物品供给不足等缺陷。现代法治理念以保证公民基本人权为核心，保证自由经济市场配置资源的高效率固然是国家的职责，但现代社会更重要的是国家应对个人或家庭在进入自由竞争前的不平等地位加以改善，努力解决因自由竞争造成的分配不均，并且保障社会成员在遭遇如自然灾害、疾病、失业等特殊事件时能够得到一定的帮助，如果国家不能妥善解决这些问题，部分面临或可能面临这些危机的社会成员将成为社会的不稳定因素，社会秩序就可能会被破坏，社会的稳定和发展亦无从谈起。“社会保障法律制度具有预防性，即不是在人们因生活贫困和贫富之间的两极分化而引发社会动乱时才发挥作用，而是预先防止人们生活的阶梯及反社会情绪，从而使社会秩序免遭威胁。”[②] 社会保障在作为社会稳定机制的同时，也是一种资源配置市场，它是为了矫正市场缺陷，保障公民基本社会生活而对社会资源的一种再分配，能够缓解贫富两极分化，稳定社会秩序。

其次，社会保障税是实现制度稳定的必要保证。现代意义的法制，就是指在一个政治国家中，把国家各项管理工作制度化、法律化。现代社会各国均在宪法中对公民基本权利

① 郑功成著：《社会保障学——理念、制度、实践与思辨》，255～256页，商务印书馆，2000。

② 种明钊主编：《社会保障法律制度研究》，44～45页，法律出版社，2000。

保障作出纲领性的规定，使得公民的社会保障权作为一种政治宣示性的社会基本权利得以纳入法制的轨道。然而，仅仅停留在这种纲领性的规定之上而没有一系列具体法律制度的落实，社会成员的保障体系仍然会是形同虚设。社会保障税作为国家对社会资源再分配的方式以具体法律制度的形式确定下来，并通过对社会保障基金的征缴、管理、使用等环节作出明确的规定，以法律上权利的形式赋予公民社会保障权，以法律上义务的形式规定国家和社会对于公民保障的职责和义务，公民就享有了在国家不作为或不适当作为时对国家的一种请求权，这种请求权的根据来源于社会保障法的规定。透过这些稳定的、不会轻易被变更和取消的社会保障法律制度，社会保障主体对于自身的权利义务就有了一个明确的预期。这种明确的预期会有效地减少社会保障各项制度在实施过程中的纠纷和摩擦，使制度在社会中的运转更加自如，保证社会的稳定和发展，并且只有通过法律的形式赋予公民社会保障权利与义务，才可以防止国家权力的滥用，防止国家权力对公民权利、义务的任意变更和侵害。

2. 公平

所谓公平，所描绘的主要是一种社会利益的均衡状态，以此对社会基本结构产生影响并促进社会发展。[①] 社会物质财富在人民之间公平地分配，这是人类社会无时无刻不在追求的理想。现代社会更是注重消除由于市场竞争导致的贫富两极分化，保障社会成员公平地分享社会发展带来的成果。但是由于人与人之间存在体力、智力、交际能力、努力程度等自然因素和社会因素的差异，人们的收入分配差距是存在的。可以说，收入差距是人们自然属性和社会属性差异造成的必然结果。“公平作为法律追求的基本价值，意味着各个经济主体在寻求各自的利益时，能够有平等的竞争起点、依据同样的法律程序，最终达到相对合理的利益分配结果。”[②] 社会保障以分配的正义为基础，通过对形式平等的矫正，将社会中的利益或者负担分配通过各种社会制度达成，并要求针对各种特殊情况予以权衡考量，使社会资源分配达到实质的公平。社会保障的推行，将社会资源与财富作适当再分配，以满足社会成员的需求，特别是满足在社会分配中居于劣势地位者的需求。社会保障税要实现以下两方面的公平目标：

第一，社会保障基金负担公平。国家征税要使各个纳税人承受的负担与其经济状况相适应，并使各个纳税人之间的负担水平保持均衡。就社会保障税的负担与分配而论，高收入者的负担应该比低收入者重，而社会保障基金的给付是对低收入者加以倾斜，这样社会保障基金的再分配就能够使得高收入者对低收入者的所得转移，使低收入者获得社会的照顾，实现纵向公平效果。

第二，社会保障基金分配公平。由于在社会生活中，每个社会成员要面临失业、疾病等潜在的风险，而社会保障基金能够通过社会保险的方式将全体社会成员缴纳的税额筹集起来，运用保险的机制对处于失业、疾病中的社会成员，形成有效的风险分散和风险共担机制，如医疗保险给付是健康者对伤病者的所得转移；失业保险给付是就业者对失业者的所得转移，使得遭受特殊事件的社会成员能够从危机中得以解脱，也能够解除未遭遇风险的社会成员的后顾之忧，实现社会保障基金分配的横向公平。

---

① 参见单飞跃著：《经济法理念与范畴的解析》，9页，中国检察出版社，2002。

② 刘水林著：《经济法基本范畴的整体主义解释》，76～78页，厦门大学出版社，2006。

同时，由于各地自然资源的天然差别，经济发展水平差异，征税能力不同，其财政地位自然强弱不一，能够提供的地方公共物品的能力就形成了差异；由于缺乏财力的支持，资金的相对短缺，各种社会资源如教育、医疗、养老等方面的匮乏，乡村的社会保障事业发展缓慢；垄断行业与其他行业间社会保障待遇差距悬殊。由于社会保障税的征缴、管理、分配等运行方式打破了社会保障缴费制度中的统筹层次低、管理混乱等问题，打破了城乡、区域、行业之间社会保障基金分配的不公平，实现了城乡、区域、行业之间社会保障基金分配的横向公平。

3. 效率

“税收效率原则，是指税法的制定与执行必须有利于提高经济运行的效率和税收行政的效率，税法的调整必须有利于减少纳税主体的奉行成本和额外负担，降低社会成本。”① 社会保障税的效率目标包括经济效率和制度效率。经济效率，是指社会保障基金的有效利用。税收的经济效率体现为三个方面：首先，尽量使税收保持中立性，让市场经济机制发挥有效配置资源的调节作用。社会保障税的征缴不应伤害市场经济的这种资源配置作用，以避免影响或干扰纳税人的生产和投资决策、储蓄倾向以及消费选择，防止社会保障税阻碍市场机制的有效运行，影响市场机制的效率。其次，国家税收除了使纳税人因纳税而损失或牺牲这笔资金外，最好不要再导致其他经济损失或额外负担。由于社会保障基金是从社会成员的收入中筹集而来，如果政府为了社会保障而过多地汲取社会成员的个人财产，影响社会成员的个体发展，无疑会对市场主体的财产权产生较大的侵犯，使得社会成员背负巨大的负担，因此政府在筹集社会保障基金的同时，要注意保护社会成员的个体效率。最后，社会保障事业是一项长期的民生工程，社会保障基金通过税收的形式筹集起来之后，政府必须实现社会保障基金的保值增值，使得基金的增值率不能低于通货膨胀率。为了实现社会保障税的效率目标，不少国家通过运用税收对市场经济活动进行积极的干预，诱导资源合理配置，调节供给与需要，促进市场经济机制发挥其最大效率。政府可以根据本国的实际情况，对需要调控的经济领域予以倾斜或抑制，提高社会经济发展的整体效率。

制度效率，是指政府征缴、管理、分配社会保障基金的各项法律制度所付出的社会成本降到最低。社会保障基金的征缴、管理、分配需要政府付出一定的运行成本，政府应当建立稳定、高效的征缴机制、管理机制、分配机制，使得社会保障基金具有程序效率。社会保障税相比较社会保障费，在征缴、管理、分配等程序中具有明显的制度效率优势。例如，在征缴环节，社会保障税统筹层次高、征缴程序统一、简明；在管理环节，社会保障基金由税务机关征缴后统一由国库管理，并由相关部门投资增值；在分配环节，便于纳税人异地转续社会保障关系，享受社会保障的收益。

（三）社会保障税的课征要素

现代各国的社会保障税制度是多种多样的，根据承保对象和承保项目设置方式的不同，大体上可以将社会保障税的征管模式分为三类：项目型社会保障税模式、对象型社会保障税模式及混合型社会保障税模式。② 其中，项目型社会保障税模式按照承保项目分项

① 刘剑文著：《税收征管法》，53页，武汉大学出版社，2003。

② 参见陈汪茫：《社会保障税的国际比较及对我国实践的可行性思考》，载《劳动保障世界》2010年第7期。

设置，代表有瑞典、德国、法国，分项型模式按照养老保险税、疾病保险税、工伤保险税、工资税等方式征收，具有专款专用，返还性强，可以根据不同项目支出数额的变化调整税率等优点，其缺点是征收项目繁多，运营成本较高，没有考虑到各收入阶层的承受能力和特殊需求；对象型社会保障税模式按照参保对象分别设置，其代表国家为英国，分别针对一般雇员、个体经营者、失业者、营业利润达到一定水平的自营业者征收，其优点是能够针对不同收入水平的人群分别采用不同的税率，针对性较强，便于执行，其缺点是返还性不强；混合型社会保障税模式是既按照承保项目又按照承保对象征收的模式，其代表是美国，能够结合项目型社会保障税模式和对象型社会保障税模式的长处，但是缺点亦很明显，征管执行不够便利，返还性不强，且累退性较强。我国社会保障税的课征要素设计应当与我国处于市场经济转型期的国情相符合，具体来说应当包括以下几方面：

1. 社会保障税的纳税主体

纳税主体，又称纳税人或纳税义务人，是直接负有纳税义务的自然人、法人或其他组织。就社会保障税的性质而言，应当对社会全体成员全部覆盖，以全体社会成员作为纳税人，以体现公平性。但是，由于我国的生产力水平和管理水平还比较低，因此社会保障税的纳税主体只能逐步扩大。目前在城镇的各类企业、行政、事业单位中工作的社会成员的收入稳定，对其开征社会保障税基本有保证。而在农村，由于我国农业人口居住分散，又缺乏统一的代扣代缴机制，征收将较困难。现阶段将农业人口全部纳入社会保障税的范围显然不切实际。因此，现阶段应当以我国各类企事业单位和在我国境内有工薪收入的劳动者（包括在各类企事业单位、国家机关工作的工薪劳动者）为主要纳税主体，其中，企事业单位（包括城镇各类内资企业和外商投资企业及事业单位）承担主要的税收负担，个人负担一部分，国家也通过抵扣计税所得等形式承担一部分费用，以此体现国家、集体、个人三者共同负担原则。没有雇用关系的自营者可通过自行向社会保障机构申请建立个人社保账户方式成为纳税人；有条件的地区可将农村劳动者列为养老、医疗保障税目的纳税人。

2. 社会保障税的课征对象

社会保障税应以社会成员的实际收入数额为征税对象。以美国社会保障税的组成部分——联邦薪工税为例，课征对象分别为雇主全年对每个雇员支付的和雇员全年领取的现金、福利或其他形式的薪金工资，薪金工资包括工资、薪金、奖金、津贴、假日薪金、小费、退职费、加班费、雇员的股票分红、佣金等。① 随着我国改革开放的不断深入，社会成员的工作性质发生了很大的改变，多种多样的工作形式使得社会保障税的课征对象在实际中不尽相同。工薪劳动者的征税对象是纳税人的工资、薪金收入。就企事业单位、国家机关而言，工资、薪金收入，是指一定期限内企事业单位、国家机关的职工工资总额；就职工个人而言，是指一定期限内个人的工资、薪金收入。自营者以其一定期限内扣除成本后的净所得为征税对象。农村劳动者可以农民年总收益为征税对象。自由职业者由于全部劳动报酬难以确定，根据专税专用和纳税人受益原则，以其获得的毛收入为征税对象。此外，由于目前社会中的收入分配差别主要体现在各种基数外补贴而非基本工资上，应将发给职工的各项补贴列入工资基数，以此作为征收社会保障税的税基。

---

① 参见刘明勋：《美国社会保障税探析》，载《涉外税务》2009 年第 9 期。

3. 社会保障税的税目

按照与现行社会保障制度相衔接的原则和大多数国家的通行做法，税目的设计应适合我国社会保障制度改革的现状，与社会保障项目的宽窄相匹配。根据国际劳工组织《社会保障（最低标准）公约》（第102号）的规定，社会保障基金应当包括医疗照顾、疾病补助、失业救济、养老补助、受雇工伤补助、家属补助、生育补助、伤残补助及遗属补助九个主要方面的基金。就我国的情况而言，当前建立失业保险制度最迫切，而从长远来看，则首推养老保险。另外，原有的医疗保险制度的改革和医疗费用的水涨船高，使医疗保险的重要性日益凸显。从世界范围来看，重点发展养老、医疗、失业保障税也是主要发达国家的选择。以法国为例，“2005年法国社会保障账户数据显示，养老保险金占全部社会保障资金的44.1%，医疗保险资金占35.3%，家庭津贴占9.0%，失业保险占7.4%；住房保障所占比例较小，仅为2.7%。”① 由于职工基本养老、医疗和失业保险费的征收已有国务院下发的统一性文件规定，考虑到这三项保险对社会经济影响最大，其改革在各地进行得也最为广泛和深入，所以我国社会保障税暂时包含基本养老保险、基本医疗保险和失业保险三个税目，其他如工伤、生育、住房等社会保障项目，待条件成熟后，再逐步扩大税目范围开征。

4. 社会保障税的计税依据

国际上通行的社会保障税的计税依据，一般是在职职工的工薪收入和自营者的劳动报酬，即事业纯收益额。但在工薪收入的具体内容上各国规定有所不同：有的国家对工薪收入有最高应税限额的规定，有的国家有最低免税限额的规定，还有的国家不允许有费用扣除，不包括资本利得、股息、利息所得等；对自营者的计税依据的核定方法则一般较为灵活。以英国为例，“英国1992年颁布实施的《社会保障缴费与福利法》（social security contributions and benefits act 1992）对雇员的国民保险缴费标准规定了低收入线和高收入线。如果雇员的总收入低于低收入线，则无须缴费；如果雇员的总收入高于低收入线，那么其收入中低于低收入线以下的部分缴费率为2%，介于低收入线和高收入线之间的部分缴费率为10%。”② 我国社会保障税计税依据的确定既要参照国际上通行的做法，又要体现自身的特点。由于目前我国内外资企业及事业单位的工资、薪金内涵极不一致，在确定计税依据时，原则上应以一定时期内支付给职工的各项具有工资、薪金性质的实际收入为准，包括工资、奖金、津贴和补贴、加班工资、特殊情况下支付的工资，具体到各类用人单位，哪类收入应纳入计税依据范围，哪些作为费用扣除，应根据各个用人单位的不同情况合理确定，以力求做到各类企事业单位和国家机关的计税依据基本合理；有多处工薪收入的劳动者应以所有收入为计税依据。自营者应以个人经营收入额扣除规定的成本、费用、税金、损失后的净所得为计税依据。对于收入、成本难以核定的自营者和农村劳动者则可按各地区收入差异采用定额征收。为避免社会保障税的累退性，在确定计税依据时有必要研究对高收入者征税是否规定上限，上限应达到什么水平，同时对低收入者也应考虑是否设立起征点，以体现照顾和公平。

---

① 李姿姿：《法国社会保障制度改革及启示》，载《经济社会体制比较》2010年第2期。

② 李芳：《对社会保障税和社会保障缴费的分析》，载《中国青年政治学院学报》2005年第4期。

5. 社会保障税的税率

税率是应纳税额与课税对象之间的数量关系或比例，是计算税额的尺度。税率的高低直接关系到纳税人的负担和国家税收收入的多少，是国家在一定时期内的税收政策的主要表现形式，是税收制度的核心要素。确定合理的税率水平是建立社会保障税的核心问题。从社会保障税的设计原理上说，应综合考虑社会保障支出的需要与纳税人的负担能力两方面的因素，税率水平应尽量与当前各地的缴费水平相衔接，以减少制度转换带来的震荡。按照国家的有关规定，社会保障费的用人单位缴费总额已达到职工工资总额的29.6%，其中养老占20%、医疗占6%、失业占2%、工伤占1%、生育占0.6%，个人缴费比例已占职工工资总额的11%，其中养老占8%、医疗占2%、失业占1%。显然，除却所得税外，这已成为用人单位和劳动者的一项极大支出。社会保障税税率的确定应在测算社保基金支出需要和纳税人的承受能力的基础上进行。考虑到与现行制度的平稳过渡问题，笔者认为，目前可根据社会保障制度的覆盖面和个人的收益大小，采取按照保障项目和按缴税单位和缴税个人分别确定税率的办法进行，总体税率水平拟参考当前社保基金征收率，将用人单位的税率总水平限定在工资总额的30%以内，个人承担的税率控制在10%以内。另外，考虑到纳税人对于“费改税”的心理排斥，在加大宣传的同时，可以考虑将税率定得略低于当前的缴费率，然后随着社会保障项目的拓宽，逐步提高税率。同时，为了平衡税率降低而带来的资金缺口，可以适当扩大社会保障的覆盖面。在税率形式的选择上，从国际经验看，目前已开征社会保障税的国家，有的采用分类税率制，即对不同的保障项目确定不同的税率，有的采用综合税率制，即不分社会保障项目，确定一个综合税率。大部分国家按不同的保险项目，分别规定不同的差别税率，然后分项目划分雇主和雇员各自承担的税率。例如，“德国的社会保障税由五个独立的部分组成，即养老金保险、健康保险、失业保险、工伤保险，以及1995年开始的对老年人的关怀保险。且按不同的保障项目分别制定差别税率。税率的高低视本国的社会保障事业的发展水平及纳税人的承受能力而定。”① 分类税率的优点是既能使征税用途划分清楚，便于不同时期根据不同需要进行单项灵活的调整，也便于进行总量上的控制，使政府能更精确地把握社会保障基金的收支，进而管理好、营运好社会保障基金。而综合税率则能够简化征管。各税目设计上应考虑实行分类比例税率，具体税率的高低可以根据社会保障项目的支出需要而定，在全国税率大体一致的前提下，基于各地区的实际情况，应当授权各省级人民政府在国家统一规定的税率幅度内享有调整各项税目的税率的权限，允许各省市有一定的浮动幅度。

6. 社会保障税的税种归属选择

我国是典型的中央集权型国家，建立单独的社会保障预算对基本社会保险的收、支和结余进行统一管理应该作为中央政府的基本职责之一。但是，目前我国的养老、失业、医疗等社会保险计划是由省、地或县市一级政府来搞，中央并没有统筹起来。所以，如果要将社会保障税作为中央税，财政体制必须进行相应的大调整，但这项工作十分复杂，因而近期内将社会保障税作为中央收入难度很大，短期内社会保障税只能作为地方税。只有当养老、失业、医疗保险及基金的统筹层次提高到全国统筹，社会保障税才有条件成为中央的收入。

---

① 曹玲燕：《德国的社会保障税及对我国的借鉴作用》，载《税收与企业》2000年第8期。

7. 社会保障税的宽免规定

由于社会保障税税款是劳动者的"活命钱"，故为保障劳动者应有权益，用人单位必须及时足额缴纳而没有减免税规定，即使用人单位破产，在进行资产清算时仍应补缴所欠税款。当然，对因不可抗拒的特殊困难而暂时无法缴纳的，应在税法中明确规定缓缴的条件和期限；对社会保障税覆盖范围内的自营者，其收入确实低于最低生活标准的，或工薪劳动者因用人单位停工停产而取得的基本生活费，应在税法中规定不予征收。此外，为避免重复计征，用人单位缴纳的税金可作为成本在企业所得税前扣除，个人缴纳的部分可在个人所得税前扣除。

8. 社会保障税的纳税期限和纳税地点

纳税期限是税法规定的纳税主体向税务机关缴纳税款的具体时间，是衡量征纳双方是否按时行使征税权力和履行纳税义务的尺度。纳税期限一般分为按次征收和按期征收两种。在现代税制中，一般还将纳税期限分为缴税期限和申报期限两段，但也可以将申报期限内含于缴税期限之中。社会保障税的纳税期限和纳税地点的设计应当考虑到社会成员缴纳的便利与效率。社会保障税在单位发放工资时实行按月扣缴，考虑到我国原来一些单位的社会保险费是按年缴纳，为了与社会保障费衔接，也可以按年缴纳，纳税人可选择缴纳期限。社会保障税应当实行自行申报纳税与税务部门核定征收相结合的方式，对计税账簿、凭证齐备的企业、单位，由企业、单位按年度自行申报纳税。对财务不健全、难以准确提供工资发放情况的企业和个人及自由职业者，由税务部门核定其应纳税额，并按照一定的期限征缴社会保障税，一般是按年度征缴。

纳税地点，是指缴纳税款的场所。纳税地点一般为纳税人的住所地，也有规定在营业地、财产所在地或特定行为发生地的。对于企业、单位来说，社会保障税应不分企业、单位的性质和隶属关系，一律采取属地征收原则，由各级地方税务机关负责征收。对于社会成员个人来说，社会保障税应当根据居所地缴纳。

二、我国社会保障基金"费改税"的比较优势及可行性分析

从目前世界各国的情况看，社会保障筹资的方式最主要有两种：一是征收社会保障税，即通过立法形式，以政府为主体筹集社会保障资金。这种形式的资金缴纳与支付均需要依据统一的规则，并直接构成政府的财政收入。同时，通过专门的社会保障预算进行管理。二是缴纳社会保险费，即由雇主和雇员以缴费形式来筹集社会保障资金，并由政府专门的部门对此进行管理和运作，但并不直接构成政府的财政收入。

（一）我国现行社会保障基金收费模式的不足

1. 我国社会保障基金不足以满足社会保障体系良性运行

一个完善的社会保障制度需要庞大的社会保障基金给予保证，然而我国人口众多，贫富差距不断扩大，社会保障基金难以维持在一个合理的水平，导致我国的社会保障金不能按时发放。当前社会保障基金征收缴纳过程中拖欠、偷逃问题比较严重。巨大的资金缺口压力，降低了社会保障的再分配功能，扭曲了劳动市场的运作规律，增加了社会保障基金的运行和管理成本。一些企业和职工为逃避缴费向地下经济和非正规部门转移，进而阻碍经济增长，助长逃费行为进一步发生。另外，根据国家有关部门的统计，"2009 年五项社

会保险（不含农村社会保险）基金收入合计16116亿元，比上年增长2420亿元，增长率为17.7%，基金支出合计12303亿元，比上年增长2378亿元，增长率为24.0%。”① 数额如此巨大的资金由于社会保障基金的筹集方式没有纳入国家税收，社会保障基金的管理未单独纳入国家预算，给有关部门提供了非法使用基金的机会，使基金被非法挪用成为一个突出的问题。同时，我国社会已经开始进入老龄化，每个处于劳动阶段的社会成员需要供养更多的老年人以及无法劳动的社会成员，使得社会保障基金的周转更加困难。

2. 我国社会保障筹资和管理中存在的统筹范围小、层次低，城乡、地区、行业间差异大以及社会保障基金保值、增值难等问题

首先，我国的社会保障统筹范围小，我国真正能享受到社会保障的人群只有国家机关工作人员、国有企业职工和大型城镇集体企业职工等，只占社会成员的一小部分。集体企业、乡镇企业、私有企业和外商投资企业的社会保险不健全且参保率低，个体劳动者和广大农民基本上没有被纳入社会保障体系。此外，我国的社会保障统筹层次低，在我国除了养老保险、医疗保险和失业保险外，其他社会保险项目仍然停留在试点阶段，没有全面实行社会统筹。即使是养老保险、医疗保险和失业保险统筹，除少数省市以外，大部分地区仍停留在市县级统筹阶段。社会保险的社会化管理和服务也进展较慢，还有许多事务性的工作基本上仍由企业承担，社会化管理和服务程度低。

其次，社会保障基金缴费水平、待遇标准和范围差异大。在目前实行的部分积累制的社会保险基金筹资模式下，我国社会保障基金主要由社会保险部门的经办机构以收缴社会保险费的形式筹集，并且基金的筹集办法和比率由各地区、各部门、各行业自行制定。这种分散的多元筹资方式必然导致制度间的不协调，无法形成全国规范、统一的制度。社会保障基金的收缴形式政出多门，筹资方式不规范，缺乏法律保障，未形成全国统一的制度。以基本养老保险为例，2001年企业承担的基本养老保险缴费率在新兴工业城市的深圳仅为6%，在持续发展中的北京为19%，而在老工业基地的武汉却高达24%，高低之间相差18个百分点。仅此一项即对当地的经济成本结构产生巨大的影响，不仅不利于公平竞争环境的形成，而且阻碍了社会劳动力在各个行业之间的合理流动，客观上不利于人力资源的有效配置。从地区间的差异上来看，社会保障基金的统筹范围仍普遍较小，更高层次的统筹协调及转移支付能力很弱，致使经济越困难的地区社会保障事业也越难发展。此外，在已享受社会保障的人群中，由于保障资金来源不一，其享受的待遇还存在很大差异，如国家机关工作人员和大型国企员工享受的社会保障待遇明显优于其他参与社会保障的社会成员。同时，社会保障基金刚性不足、收缴困难。社会保障基金征缴和管理以缴费的形式运行，税务机关在征收管理过程中缺乏必要的法律保障，仅仅依靠相关的行政法规和地方政府规章进行管理，其法律依据层次较低，缺乏全国统一的制度体系。社会保障基金征缴不适用全国人大颁布的《中华人民共和国税收征收管理法》（以下简称《税收征管法》），税务机关不能使用《税收征管法》这一强大的法律武器，《社会保险费征缴暂行条例》属于行政法规，其法律效力自然低于法律，其规定难免失之宽泛。

最后，社会保障基金的保值、增值体系并没有规范建立起来，作为长期民生工程的社会保障基金如果不能长期、稳定地保值、增值必将不利于我国社会保障事业的发展。当

① 参见《2009年度人力资源和社会保障事业发展统计公报》。

前，筹集的社会保障基金只能存入银行或购买国债，并按银行现行利率和国债利率获得利息收入，基金的投资手段和工具单一，由于利息下调及通货膨胀等因素的影响，不仅不能实现保值、增值，反而有贬值的危险。

3. 社会保障管理部门设置不合理，社会保障基金管理权限分散，社会保障基金运行过程中存在诸多缺陷

社会保障基金由各部门分别管理，导致资金管理效率低下，管理成本高昂。具体来讲，劳动部门负责城镇国有企业单位职工的养老保险和失业保险；民政部门负责农村社会救济；人事部门负责行政事业单位干部职工的养老保险；卫生部门负责医疗保险；保险公司负责城镇集体职工养老保险；各级工会特别是基层工会，承担了相当一部分职工福利的事务性管理和服务工作。这种各自为政、分散管理的体制导致机构重叠，执行成本高昂。多元化的管理体制形成了部门分割、地区分割、城乡分割、不同所有制分割的局面，严重影响了资金统筹能力，极大地增加了管理成本。虽然目前我国社会保障基金已经纳入财政专户，实行“收支两条线”管理，但是，在社会保障基金的收支管理上仍存在不少问题。社会保障费的征收由税务部门负责，而缴费登记和缴费基数的核定却分别由劳动、人事、卫生等相关部门进行管理。由于各管理部门之间管理权限分散，职能相互交叉，给社会保障费征缴、管理带来了不少困难。例如，在收入方面，目前即使是一些实行了由税务机构统一征收的省份，社会保险经办机构仍然还保留着收入过渡账户，使社会保障基金不能足额及时缴入财政。在支出方面，分级拨付的支出方式造成拨款环节增多，增加了社会保障基金的截留和挪用现象。同时，社会保障基金运营未引入市场机制，存在挪用、挤占甚至浪费现象，制约社会保障制度提升社会效率作用的发挥。最后，由于税务机关征收社会保障基金的职责不明确、征收经费无保障，征收职能、编制没有正式确定，其重视程度也不够，在操作中也有一定的随意性。

（二）实行社会保障基金征税模式的比较优势

综观世界各国的社会保障制度安排，税的形式采用得更为普遍。这不仅是由各国具体国情所决定的，同时也是由社会保障税的自身特点所决定的。社会保障税除了具备税收的强制性等特点外还具有自身特点：首先，它是一种目的税，用于国家社会保障事业支出，专款专用，透明度高，易于接受；其次，它是一种对人税，以雇主、雇员双方为纳税人，雇主负担部分自行申报纳税，雇员负担部分由雇主支付工资时代扣代缴，课税对象为工资薪金所得，更好地实现了依法征税所具有的确定性；最后，它还是一种累退税，一般采用比例税率，对应税所得采取封顶的办法，更好地体现了效率和公平。具体来说，社会保障基金征税模式具有以下优势：

1. 以税收方式筹集社会保障基金更能体现社会保障的本质和价值目标

从本质上说，社会保障是社会稳定、国民经济正常运行和高速发展的必要成本，是以社会公平为原则，以国民收入分配为手段，以全体社会成员为对象的一项社会公共服务，而从其本质属性上来说，社会保障属于为全体国民所共享的公共物品或公共服务。因此，社会保障理应由政府出面代表国家强制承办，即依靠国家的权威进行筹资活动，以保证社会保障基金的及时到位，此时以税收的形式征缴社会保障基金必然是我国现阶段的最佳选择。

2. 社会保障税的开征，可以使社会保障基金及运行成本在社会主体间合理负担的原则得以实现

合理确定社会保障基金的支付水平，使社会保障水平同社会经济的发展水平相适应。开征社会保障税可以用税法规范国家、单位与社会成员个人之间的征纳关系，确保社会保障基金的征集纳入正常、有序、有度的轨道。我国是一个发展中国家，根据我国人口众多、即将迎来人口老龄化、人均国内生产总值较低、未来社会保障基金支出负担沉重等现实情况，再考虑到国家层面上的社会保障资源严重不足，社会保障具有刚性、经济不景气时社会保障支出反而会急剧增长，因此，在扩大社会保障覆盖范围的时候，社会保障基金的征缴起点应相对低一些，针对社会成员个人的收入所得征缴应当考虑到低收入水平的群体的负担压力，使得社会保障制度的受益者从整体上能享受低层次的社会保障水平。低保障、广覆盖应成为我国社会保障制度的一项长期民生工程的必然抉择。要使国家、单位、个人合理负担费用的原则得以落实，一要规定合理计算负担费用的比例，二要有严格的法律规定作保障。因此，通过国家税法将支付水平与费用负担相结合，确定合理的负担比例，就有了坚强的法律后盾，使社会保障基金的征纳有法可依。

3. 社会保障税的开征，有利于社会效率的实现

首先，有利于税收的规模效率，扩大社会保障的统筹层次和覆盖范围。从经济角度上看，社会保障税是符合规模效率原则的。截至2008年，社会保障基金收入总额为13696亿元，比上年增长26.7%；支出总额为9925亿元，比上年增长25.8%。其中，2008年参加城镇基本养老保险人数达到21891万人，基本养老保险收入9470亿元；参加失业保险人数12399万人，失业保险金额585亿元；参加城镇职工医疗保险人数为19995万人，城镇职工医疗保险金额2885亿元；工伤保险参保人数13787万人，工伤保险收入216亿元。这样庞大的社会保障基金对于我国开展各项大规模的社会保障工作提供了资金保障，并且保证了社会保障基金的运营可以实现规模化经营。

其次，有利于税收的经济效率，减少个人、企业的压力。开征社会保障税，将原来由个人和企业负责的社会保障基金征缴环节的成本，交由政府主导，社会来处理，对企业无疑是一种减负，会对企业的发展壮大带来巨大的效益。

最后，有利于税收的管理效率，规范政府行为和提高机构运转效率。当前，我国税务机构遍布全国，分布面广，渗透性强，拥有一大批经验丰富的税务人员。据国家税务总局的最新统计，截至2008年，全国已有29个省、自治区、直辖市地税机关根据国务院《社会保险费征缴暂行条例》和当地政府的规定，负责征收各项、单项或部分企业社保费。社会保障税的征收一方面可以将筹资的具体工作赋予全国各地的税务机关统一进行，保证社会保障基金征集的科学、规范和统一，减少机构之间的相互掣肘，使得政府发展社会保障事业的筹资行为和职责进一步规范化和明晰化；另一方面有利于完善税收体系，使社会保障税能够深入到社会经济生活的各个方面，广泛地发挥其经济杠杆作用，同时可以更充分地调动、利用已有的税务机关力量，精简不必要的政府机构及人员，从而提高社会保障、税务乃至整个政府机构的运转效率。因此，在我国开征社会保障税既是现行社会保障制度的健全，也是税收制度的必要完善。

4. 社会保障税的开征，可以发挥税收的本质作用，保证社会保障基金的如数、足额筹集

开征社会保障税筹集社会保障基金与其他筹集社会保障基金的形式相比，具有明显的优势。其一，社会保障税比社会保险缴费具有更强的统一性。税收均需要以国家法律形式加以规定，社会保障税不分企业的经济性质和行业归属，实行普遍征收制，具有对各种经济成分均普遍适用的性质，任何纳税人都要依法纳税，这就有效地弥补了我国目前社会保险费实施范围覆盖面小、征缴标准不统一的缺陷。此外，社会保障税在全国范围内要统一筹资比例，这样就可以实现多收入者多交、少收入者少交的“纵向”公平和收入相同者负担相同的“横向”公平，能够有效地促进人力资源在全国范围内的合理流动。其二，税收具有强制性。有利于增强保障基金的刚性，克服社会统筹中出现的收缴困难、筹集不及时、负担不公平等问题。其三，税收具有固定性。使用同一税率，克服不同企业之间、不同个人之间负担不均的弊端，促进社会安定和经济发展。同时税率是公开的，征收的透明度较高，便于广大社会成员在社会保障基金的征缴、管理、使用过程中进行管理和监督，增强社会成员的参与意识，扩大社会保障的覆盖面。其四，税收具有稳定性。可以向社会及时、足额地提供社会保障基金，使社会保障基金数额保持相对的稳定性、连续性和长期性，实现社会保障作为长期民生工程的社会再分配的功能与价值目标。

5. 以税收方式筹集社会保障基金更有利于规范社会保障基金的监管，在社会保障基金各环节的管理主体之间形成有力的约束、监督机制

开征社会保障税后，税务部门负责征收，财政部门强化预算管理，国有投资部门负责运营增值，社会保障部门负责分配支出，从而形成各部门分工负责、相互制约的工作机制，从根本上解决了监控不力的问题；既能保证税款及时、足额缴入国库，又便于加强资金运用中的管理，防止发生滥用、挪用、差额拨付等不规范行为；也将社会保障各相关管理部门从繁重的征缴、管理等工作中解放出来，以强化各自的管理职能，切实解决服务不到位的问题。此外，以税收方式筹集社会保障基金能够从根本上将征收和支出划分为两个独立的体系，即由税务机关从纳税人处征税，经财政部门专项预算，再交由社会保障部门负责落实到社会保障的享受者，这样就形成了社保基金“税务部门征收、财政部门管理、投资部门运营、劳动保障部门分配”的这种既四位一体又相互监督、制衡的权力架构，形成了社会保障各参与主体之间既相互依存又彼此监督的运作机制。同时，这种“收支两条线”的监管模式，可以更加有效地防范社会保障基金在征缴、管理、适用过程中的不规范行为和非法行为，保证社会保障基金针对不同的社会保障项目做到专款专用。

（三）我国开征社会保障税的可行性分析

1. 开征社会保障税的经济基础分析

经过30多年的改革开放，我国国民经济迅速发展，城乡居民收入不断提高，社会成员的生活水平有了很大改善，经济负担能力增强，私人收入积累也有了一定规模，一般劳动者阶层已具备了一定的纳税能力。同时，经过一系列市场经济体制改革，国有大中型企业摆脱了计划经济时期的制度桎梏，激发了社会生产力，实现了盈利和纳税。此外，三资企业、私营企业、个体工商户等非公有制经济主体获得了发展机遇，为我国GDP的增长作出了巨大的贡献，为我国开征社会保障税提供了丰富的税源基础。据统计，我国城镇人口实际收入水平已超过世界中下等收入国家水平，具备征收社会保障税的经济条件，并且

随着个人收入占GDP比例的提高，社会保障税的税源还会逐渐扩大。

2. 开征社会保障税的社会基础分析

随着我国市场经济体制的确立，市场竞争已经深入到我国社会的方方面面，社会成员的风险意识亦普遍增强，越来越多的人在参加商业保险的同时，迫切希望国家为其提供基本的社会保障，由政府主导承担此事，在税收制度上对此加以明确和固定，群众自然大力拥护，世界上许多发达国家的先例早已证明了这一点。因为只有现在缴纳了社会保障金，将来才能享受到社会保障福利，从自身长远利益考虑，大多数公民都希望被纳入社会保障体系，解除将来的养老、医疗、失业等后顾之忧。

随着社会保障制度的不断完善，政府对社会保障宣传力度的加大，社会保障改革措施的推进，人们对社会保障的认同感逐步增强。据国家劳动和社会保障部2002年的一项调查显示，93.8%的被调查人关心社会保障问题，88.5%的被调查人希望国家加大社会保障力度。同时，社会保障基金的运行方式由“社会保障费”改为“社会保障税”后，征收具有强制性，管理具有规范性，税款具有专项返还性。人口老龄化趋势带来的家庭及社会养老压力在不断加大，现实以及未来的严峻形势，使得人们的社会保障意识明显增强，越来越多的人认识到，只有现在缴纳了社会保障金，将来才能享受到社会保障的福利。同时，社会保障税的征缴、管理和使用的运行模式最有可能保证每个公民获得未来预期收入和社会保障预期，是能够为广大的社会成员所普遍接受的基金收缴方式。因此，从一定程度上讲，开征社会保障税是体制改革压力最小，个人激励较大，易于征缴、管理、使用的税种。

3. 开征社会保障税的制度基础分析

党的十一届三中全会以后，我们对计划经济体制下形成的由国家和企业单位“统包统揽”的保障方式进行了改革和探索，并取得了一系列成果，尤其是2004年《中华人民共和国宪法修正案》中增加了“国家建立健全同经济发展水平相适应的社会保障制度”这一新规定，确立了社会保障作为国家基本制度的法律地位，为建立健全社会保障制度提供了宪法依据。上述这些都说明了我国社会保障事业已经进入了一个新的发展阶段，法治环境日趋发展，为社会保障税的开征奠定了必要的制度基础。

随着改革开放的不断深入，我国已经建立起严密而有效的税收征收系统和征收管理机构，1994年《中华人民共和国预算法》的颁布实施，标志着我国已经有了编制社会保障预算的基础。针对社会保障税的征缴、管理、使用等运行过程作出的分工协作的统一体系已初具轮廓。我国税务机构遍布全国各地，拥有一大批经验丰富的税务人员，长期在税务征管一线工作，积累了丰富的税收征管经验。税源监控、申报纳税、税务稽查与税务代理相结合的征管新格局逐渐形成。开征社会保障税，可以充分利用现有税务机关的组织机构、征管装备和人力资源，充分发挥税务机关在人员素质、征管经验等方面的优势，大大提高社会保障资金的征缴、管理效率，降低征收成本，并且当前全国已有多个省份的社会保险费由地税机关负责征收，为开征社会保障税提供了较好的组织基础和征收经验。

三、社会保障税的运行制度设计

目前，我国的社会保障基金大多由社会保障机构兼任数职进行管理，而从世界范围来看，社会保障基金的管理机构、征管机构、运营机构、分配机构应当分别设置。“权力的多元化是政治民主化的必然要求，权力社会化则是权力人民性的进步和人类社会发展的必然归宿。”① 为避免社会保障资金使用中的随意性、隐蔽性，社会保障税开征后，我国社会保障税税款应当纳入复式管理，实行收支分离，即建立税务机关统一征收，财政部门统一管理运作，社会保障基金投资运营机构负责基金的投资运营以及社会保障部门统一分配支付的社会保障运行体系，各社会保障相关部门之间分工明确、相互配合、相互制衡监督，以此从整体上加强对社会保障基金宏观管理监督，提高社会保障基金的运行效率，防止基金被滥用、挪用。

（一）社会保障税的征缴制度

社会保障税的征缴制度，是税务机关按照法定程序将纳税人、扣缴义务人依法应缴纳或解缴的社会保障税款，依照一定的征收方式征集，并纳入国库的一系列法律制度的总称，是社会保障税运行制度的一个重要环节，是社会保障基金管理、投资、分配等运行制度的首要保障，关系到国家的社会保障基金能否及时足额入库，社会成员能否依法缴纳社会保障税。社会保障税的征缴制度主要包括以下几方面：

1. 查定征收、查验征收和定期定额征收

查定征收，是指税务机关对纳税人的生产经营情况进行查实，进而核定其应纳税额的征收方式。查验征收，是指税务机关到纳税人的生产经营场所进行实地查验，进而确定其社会保障税应纳税额的一种征收方式。定期定额征收，是指税务机关根据纳税人的生产经营情况，按期核定应纳税额，分期征收社会保障税款的一种方式。这几种社会保障税的征收方式适用于个体经营者、自由职业者、难以准确提供工资发放情况的企业员工等社会成员。由于个体经营者、自由职业者、难以准确提供工资发放情况的企业往往生产规模较小，财务会计制度不健全，比较难以核定其社会保障税的应纳税额，为了保障这部分社会成员的社会保障权益而采用此种征收方式。

2. 自报核缴

自报核缴，是社会保障税的纳税人向税务机关报送纳税申报表，经过税务机关审核，核定其应纳税额并填发缴税书，纳税人凭其到银行缴纳社会保障税款的一种征收方式。随着社会生产方式的不断发展，我国已经出现了越来越多的自由职业者，由于他们的收入难以由税务机关核定，因此为了提高社会保障税款的征收效率，方便自由职业者缴纳社会保障税款，保证这部分社会成员的社会保障权益，自报核缴是一种比较可行的征收方式。

3. 代扣代缴、代收代缴

代扣代缴、代收代缴，是指依照税法规定负有代扣代缴、代收代缴社会保障税款义务的扣缴义务人，按照税法的相关规定对纳税人应纳税额进行扣缴或收缴的征收方式。这种征收方式适合政府机关、事业单位工作人员、收入稳定的企业工作人员等，其社会保障税由政府机关、事业单位、企业代缴代扣，方便社会保障税款的征收。

4. 完税凭证制度

完税凭证，是税务机关征收社会保障税款和扣缴义务人代扣、代缴社会保障税款时，依法给纳税人开具的专用凭证，是纳税人依法缴纳社会保障税，享受社会保障权益的证

---

① 郭道晖：《权力的多元化与社会化》，载《法学研究》2001年第1期。

明，同时也是将税款缴送国库的依据。我国已经在一定范围实行了社会保障卡制度，开征社会保障税后，社会保障税的完税凭证应当与现行的社会保障卡制度相统一，社会成员的完税凭证信息应当记录到社会保障卡信息系统中，并向纳税人开具统一、专用的社会保障税凭证，纳税人通过银行或其他机构缴纳税款的，税务机关应当委托银行或其他机构开具完税凭证。

5. 税款入库制度

税款入库，是指征税机关依法将社会保障税款缴入国库的制度，是社会保障税征缴的最终环节，也是社会保障基金预算的重要制度保证。

（二）社会保障税的管理制度

当社会保障税税款收归国库后，应确定由专门机构负责社会保障税税款的管理、支付、运作和增值，以实现社会保障长期动态财务平衡。虽然目前我国各项社会保障资金都纳入了国家预算，但其安排的社会保障支出分散在行政费和各项事业费的有关科目中，并未实行专门的预算管理，如社会救济、社会福利和优抚安置等方面的预算资金以及行政事业单位离、退休经费仍与政府经常性支出混在一起，养老保险基金、失业保险基金仅仅是列收列支而已，致使社会保障基金收支总量不清，难以进行严格的预算管理和监督，特别是难以使公民了解政府在社会保障事业发展上作出的努力。随着社会保障制度的深化和社会保险基金规模的日益扩大，将数额巨大的基金留在政府预算之外，由其他部门掌握和投资，实质是形成第二财政，大大分散了国家财政能够集中统一使用的财力。社会保障事业的持续和均衡发展，需要长期保持社会保障资金的收支平衡。为此，应当建立统一和完备的社会保障预算制度。

党的十四届三中全会《关于建立社会主义市场经济体制若干问题的决定》指出，要“改进和规范复式预算制度。建立政府公共预算和国有资产经营预算，并可以根据需要建立社会保障预算和其他预算”。1995 年国务院发布的《中华人民共和国预算法实施条例》进一步规定，各级政府预算分为政府公共预算、国有资产经营预算、社会保障预算和其他预算。国务院国发〔1996〕29 号文件《关于加强预算外资金管理的决定》明确规定，“社会保障基金在国家财政建立社会保障预算制度以前，先按预算外资金管理制度进行管理，专款专用，加强财政、审计监督。”社会保障预算作为独立和并列于政府公共预算、国有资产经营预算的一种预算，应当将以往分散和混合在众多财政收支科目中具有社会保障性质的各种收支项目集中起来，构成一套独立的收支体系，使其涵盖各种社会保障项目，将社会保障的各种基本形式和补充形式，将社会保障基金的各种来源和用途、各种统筹社会账户以及个人账户，都纳入预算范围，无论何种社会保障项目的预算，其运行规则和管理规则都应当统一。以美国为例，“美国社会保障预算纳入联邦预算体系，分为预算内和预算外两个部分。社会保障支出项目，只有养老、遗属和残联保险信托基金，又称‘社会保障信托基金’列为预算外，而社会医疗保险基金、联邦/州失业保险基金、社会救助和社会福利项目等则列入预算内。预算内项目由总统预算与管理办公室负责编制，预算外项目由挂靠在财政部的基金管理委员会负责编制，同时该委员会每年向国会报告社会保障信托基金的收支状况，提出短期（10 年内）和长期（75 年内）基金的状况预测，并根据短长期预测就联邦社保基金的投资和征缴提出相应的方案。”① 因此，在社会保障基金的管理方面，财政部门应建立社会保障预算机制，将社会保障基金纳入统一的预算管理，并实现社保基金真正的“收支两条线”管理，同时，税务部门、社会保障部门、银行部门应分别设置相应的社会保障基金经办管理机构，负责对社会保障基金的筹集、支付、发放进行管理。

此外，我国应当在时机成熟时制定“社会保障预算条例”，就社会保障预算的原则、范围、要素构成、编制和执行等基本制度作出统一的规定。为了确保社会保障达到一定水平，就应当根据预定的社会保障水平确定预算期内的社会保障支出总量，再根据预定的社会保障支出总量，确定预算期内的社会保障收入总量，使其能够满足社会保障支出并略有结余。为了将社会保障水平控制在不超过经济承受能力的限度内，就应当根据预算期内的经济发展水平确定预算期内能够承受的社会保障收入总量；再根据预定的社会保障收入总量，在做到略有结余的前提下安排社会保障支出。就我国现阶段的情况来说，一方面，由于国有企业改革中积累了太多的欠账，社会保障水平较低且入不敷出，在预算中就应当适度提高社会保障水平，并为此而增加社会保障收入总量；另一方面，由于经济发展的总体水平不高，为保持和增加经济发展的后劲，特别是要吸取西方国家社会保障水平过高而影响经济发展的教训，应当将社会保障水平限定在经济承受能力的幅度内，尽可能减少社会保障的预算赤字，量力而行地安排社会保障的分配支出。

（三）社会保障税的投资运营制度

社会保障基金是一种长期性的后备基金，它不仅具有积累性，更在支出上具有刚性增长的特点，因此，最起码的要求是必须实现社会保障基金的保值；同时考虑到人口老龄化进程的加快和通货膨胀等因素，则必须使之增值。社会保障基金在通货膨胀和物价上涨的情况下会发生贬值，基金的支付力下降，甚至会危及政府信誉。为了保证社会成员的社会保障权益，社会保障基金的保值、增值成为社会保障基金运营的核心问题，基金的保值、增值归根到底依赖于投资的收益，没有收益，就不能保值，更谈不上增值。确保社会保障基金保值、增值，必须完善社会保障基金投资制度。具体来说：

1. 社会保障基金投资运营的原则

社会保障基金的公益性决定其投资运营应当坚持以下原则：安全性原则，即选择低风险的投资方式，以保证社会保障基金的足额收回，保证社会保障受益人的保障支付需求；流动性原则，即流动性投资，追求投资的及时收回和融通、变现及周转，以保证基金可以流动支付；收益性原则，即追求一定的回报率投资，取得预期收益，以保证社会保障基金可以良性循环，实现社会保障的公益目标。

2. 社会保障基金的投资机构

按照“事资分开”的原则，将社会保障基金投资职能从社会保障经办机构中分离出来，转移给专门的社会保障基金投资机构，并逐步过渡到设立专门的社会保障银行，同时实行相应的社会保障基金投资责任制。长期稳定的基金，可以考虑成立省、自治区、直辖市规模的投资机构；流动性较大的基金，则以区、县规模成立投资机构。成立营利性事业法人机构的好处在于：可以避免行政干预基金运作；杜绝侵占挪用借支基金等的犯罪行为

① 崔晓冬：《美国和日本的社会保障预算及启示》，载《中国财政》2010年第11期。

发生；规范投资行为，保证基金的保值、增值。社会保障银行的主要职责是：代理国家的社会保障金库；管理社会保障基金的滚存积累和短期（1年以内）投资运营；代理社会保障管理机构发放各种给付。根据国外投资基金的成功经验，该事业法人的组织机构，应当由决策层、操作层和监督层组成，决策层依据国家的产业政策、经济和金融形势，进行各种投资收益、风险的分析，最终作出投资决策；操作层依据决策进行投资运作；监督层的主要职责在于风险防范，对决策和投资过程进行监督。

3. 社会保障基金的投资范围

资金的生命在于其流动性，由于社会保障基金属于公益性基金，社会保障基金经营机构应当以保值、增值为目标，按照法定方式投入运营。各国立法允许的社会保障基金投资渠道不尽相同，主要有：购买公债；发放住房贷款；发放工商业和个人贷款；购买公司证券；投资不动产；银行存款；委托贷款等。我国目前投资范围太小，限制过死，保值、增值手段单一。但考虑到我国金融业和金融市场的现状，投资范围一下子放开是不足取的。在当前的情况下，可以首先在国家产业政策指导下，投资有稳定利润的产业，如水、电、交通等基础产业；投资已具规模，进入高速发展期的高新技术产业，如信息、生物工程等；可以委托稳健的投资基金进入证券市场；可以通过稳健的银行进行抵押贷款，等等。

4. 社会保障基金的投资方式

从社会保障基金增值的要求看，结余基金投资应兼顾营利性和公益性，而盈利较高的项目往往伴随高风险，因此理想的途径是在禁止社会保障基金进入高风险的投资领域的基础上组合投资。基于“鸡蛋不能放在一个篮子里”，组合投资具体包括投资期限的合理搭配和各项投资比重的合理选择。投资期限的合理搭配，是指在预测社会保障基金可能使用的基础上确定其期限，在投资期限上做到长、中、短期投资合理搭配，在保证专款专用的条件下使社会保障基金尽可能取得较大的增值。各项投资比重的合理选择，是指社会保障基金不应投资于一个或极少数几个项目上，应在不同项目中进行合理分布；投资于债券、股票、不动产的基金比重应有所制约；设置应急储备金，以便在现金流动过程中，对付突然出现的现金支付情况。同时，国家财政还应特别注重加强对社会保障结余资金的管理，规定结余资金一般只能购买政府公债，以保证结余资金的安全和保值、增值。例如，美国将社会保障资金转入财政信托基金账户，90%以上购买国债由政府用于公共投资；新加坡1990年公积金余额达390亿新元，其中320亿新元购买了政府公债，用于经济建设，还有一部分与解决人民住房需要结合起来使用。

（四）社会保障税的分配制度

社会保障税的分配制度即社会保障基金的分配制度，是指社会保障部门依照法定程序，按照国家预算将社会保障基金从国库分配给社会成员，是社会保障基金运行制度的最后环节。当前我国已经建立了覆盖面较广的社会保障卡支付体系，社会保障基金的分配制度应当建立在现行的社会保障卡支付体系的基础上，并使其与社会保障基金运行制度相匹配。社会保障卡是由劳动和社会保障部统一规划、由各地劳动保障部门面向社会发行，应用于劳动和社会保障各项业务领域的信息卡，可以记录持卡人社会保障缴税情况、社会保障个人账户信息，并具有一定的支付功能。笔者建议，在社会保障基金的分配环节中，根据编制的本年度社会保障预算，财政部门负责按预先计算好的分配标准将需支出的社会保障基金从国库划入指定的银行。同时，在此过程中社会保障部门应负责审查享受社会保障权益的社会成员的资格，以及计算具体发放社会保障金的数额。最后由银行按社会保障部门审定的社会保障收益额度以社会保障卡的分配方式向指定的社会保障权益人分配社会保障金。这样的分配制度设计可以使得社会保障各相关部门分工合作、相互监督，最大限度地便利社会成员及时、足额地享受社会保障权益，充分保障社会成员的社会保障权益，减少社会保障税的运行制度改革压力，提高社会保障运行制度的效率。

四、社会保障税的保障制度安排

（一）社会保障税的监督制度

“监督”的基本词义为观察和督导，以防止和纠正偏差或失误。广义上的法律监督，是指一切国家机关、政治或社会组织和公民对法的全部运作过程的合法性所进行的监察、控制和督导。[①] 社会保障税的监督制度是由国家行政机关、专门监督部门以及社会公众对社会保障税的征缴、管理、分配等运行过程和结果进行评价、鉴定，使得社会保障税的各项相关机制符合国家规定，尽可能地满足社会成员的社会保障权益。权力有自我膨胀和专制腐败的趋势，并不断超越、背离和异化[②]。政府在社会保障基金的管理过程中可能会出现权力滥用的情况，社会保障税的监督制度对于社会保障基金筹集、保障社会成员的社会保障权益和维护社会稳定都具有重要意义。

1. 社会保障税的行政监督

社会保障税的行政监督，是指按照行政管理权限和行政隶属关系，由行政机关对社会保障基金管理的监督。社会保障基金的行政监督包括劳动保障行政主管部门的监督以及财政部门的财务监督。由于社会保障是一项政府行为，是政府主导的社会公益事业，因此社会保障主管机构自然有监督权。就我国而言，人力资源和社会保障部是负责全国社会保障基金监督工作的最高职能机构，其主要职责是：拟定社会保障经办机构管理规则，以规范社会保障经办机构管理社会保障事务的行为；综合协调各项社会保障基金管理政策；拟定社会保障基金监督制度，建立健全社会保障基金监督网络，组织监督各项社会保障基金管理情况；建立社会保障基金监督举报系统，受理投诉举报，查处基金管理中的重大违纪案件；制定社会保障基金运营机构的资格标准，认定投资机构运营社会保障基金的资格，并对其运营基金状况实施监督等。此外，社会保障部门应对社会保障基金的充足性进行监督，财政部门则负责对基金资金财务状况进行监督。

2. 社会保障税的审计监督

社会保障税的审计监督，是指由专门从事审计业务的部门对社会保障基金的征缴、管理、运营、分配和违反财经法纪的行为所进行的监督。审计监督同社会保障主管机构的内部行政监督相比，由于审计机关与社会保障主管机构没有隶属关系，因此审计监督具有独立超脱、监督内容全面深刻、审计方式科学客观、监督结果公开公正的特点。审计监督在社会保障税的监督体系中具有核心地位。国家审计机关对社会保障各相关机关的财务收支进行审计。具体来说包括以下内容：对社会保障基金财务核算和会计资料的真实性进行审

---

① 参见张文显主编：《法理学》，285页，高等教育出版社，2003。
② 参见漆多俊：《论权力》，载《法学研究》2001年第1期。

计；各科目会计账和会计决算是否真实准确地反映了社会保障基金的真实运行情况；会计核算是否符合国家有关法律制度和会计制度。

3. 社会保障税的社会监督

社会保障税的社会监督，是指社会保障直接受益的社会成员对社会保障一系列运行过程进行监督的总称。与行政监督和审计监督不同，社会保障税的社会监督是一种群众性的、以维护自身相关权益为目的的监督。尽管社会监督没有行政监督的权威性，也不具有审计监督的专业性，但是社会监督具有广泛性、群众性的特点，也对社会保障税相关各部门的征缴、管理、运营、分配等行为产生很大的约束力，防止政府在社会保障税监督中的越位、缺位。因此，社会监督在社会保障税的监督体系中具有重要地位。社会监督应当具有以下内容：查询社会保障基金预算、决算情况；社会保障基金各相关部门的管理成本情况；社会保障基金的投资、运营以及收益情况；社会保障基金的分配情况。

笔者建议设置由税务部门、财政部门、社会保障行政部门、社会保障利害关系各方和有关社会各界的代表所组成的社会保障基金监督机构，即社会保障基金监管委员会，对社会保障基金运行的全过程进行专门监督，形成新的外部监督力量，在加强社会保障立法、实现社会保障基金管理法治化的基础上，负责对整个社会保障基金包括社会保障税的征缴、统筹账户的投资运营、社会保障预算绩效评估、提供信息服务等各个方面的监督，并强化会计、审计等部门及社会舆论的监督，达到对整个社会保障基金管理过程进行有效监督的目的。

（二）社会保障税的法律责任制度

税收法律责任是税收法律关系的主体因违反税法所应承担的法律后果。社会保障税作为独立的税种，为保障社会保障税收收入及时、足额入库，其征缴、管理、运营、分配等运行过程必须与其他税种一样，通过对违反规定的行为设定严厉的法律责任，明文规定违反者应当承担的法律后果，通过法律的威慑力防止纳税人拖欠应缴纳的社会保障税，以此维护法律的严肃性，将对社会保障税的保护落到实处。

社会保障税的法律责任形式主要有三种：一是经济责任，包括补缴税款、加收滞纳金等；二是行政责任，包括对拖欠社会保障税的社会成员罚款、税收保全、强制执行以及对社会保障税运行过程中各相关管理部门的行政违法行为进行行政责任的追究；三是刑事责任，对违反税法情节严重构成犯罪的行为，要依法承担刑事责任。对社会成员不缴、少缴税款的拖欠行为，税务机关要予以严厉打击，明确行为人应承担的法律责任，主要体现为行政责任和刑事责任两类，可具体表述为强制限期纳税、加收滞纳金、罚款、强制执行，情节严重的可处以刑事处罚等。总之，可以借鉴或利用我国现有的法律责任制度，对社会保障税的相关法律责任作出明确的规定，以充分利用和发挥税收的强制作用，保证社会保障税的税源充足，解决社会保障基金的短缺困境。

（三）社会保障税的争议解决制度

社会保障争议，是指社会保障当事人之间围绕社会保障权利义务发生的纠纷。社会保障法赋予社会成员社会保障权，还应当建立司法机制保证社会成员能够实现这些权利，这是现代法治国家的内在要求。我国现行的法律救济体系由民事救济、行政救济和刑事救济所构成，这是社会保障财政必须充分利用的法律救济资源。然而，社会保障法律关系的特殊地位和功能说明社会保障基金是全体受保障者共同利益的载体，社会保障财政具有公共财政属性。在此领域，虽然有的违法行为只是以某个社会成员为直接侵害对象，但与社会公益密切相关，如果对这种违法行为利用具有自诉、不告不理和调解等特点的民事诉讼、行政诉讼来追究相关法律责任，不足以对侵犯社会保障基金的行为追究法律责任，不能给社会保障基金的受益人以充分的权益救济，因此需要重组法律救济资源，构建新型的社会保障争议救济制度。

社会保障争议主要有两类：一类是在用人单位与职工之间基于劳动关系而发生的社会保障税缴纳争议；另一类是社会保障税缴费人与社会保障相关管理部门之间因社会保障税征缴、管理、运营、分配发生的争议。由于社会保障争议具有不同于一般民事争议、行政争议的特殊性，有必要建立相对独立的社会保障争议处理体制和制度。在20世纪很多西方国家根据各自的情况建立专门法庭处理社会保障争议，或者授权普通法院适用特殊程序处理社会保障争议。处理社会保障争议的机制可以分为司法和非司法两大类，非司法方式包括调解和仲裁。

笔者建议，在人民法院设立劳动和社会保障法庭，专门从事审理劳动和社会保障争议案件，使当事人在其社会保障权益受不法侵害时获得有力的司法保护。在条件成熟后，可借鉴国外普遍实行的专门法院审判方式，建立我国专门的劳动和社会保障法院，对社会保障领域里发生的违法、犯罪案件，应当依法及时审理；对拒不缴纳社会保障税的社会成员，不正当使用保障基金、贪污、挪用、侵占保障基金的政府部门，依法分别追究其民事责任、行政责任和刑事责任。此外，设置由政府、企业、社会成员等社会保障有关方面代表所组成的处理社会保障争议的专门机构，即社会保障争议仲裁机构，并制定相应的仲裁程序法，对社会保障争议进行调解和仲裁。

同时，应当参考公司法中的股东代表诉讼制度，创设社会保障代位诉讼制度，授权社会成员和其他社会团体对侵犯社会保障基金的行为，作为代表社会公益的第三人可以依法提起社会保障诉讼。例如，20世纪初的法国已作出了承认职业性社团诉讼资格的司法判例，并由随后的一项法令加以确认，许可某些组织，诸如工会或在公共福利领域进行工作的社团保护其成员的共同利益，法国行政法院“广泛受理了工会对损害其全体成员或部分成员精神或物质利益，具有条例性或集体性的措施提起的诉讼”。[①] 这将比仅赋予社会公众一般的监督权能更加有效地保证社会保障基金的良性、有序运行。

---

① 胡建淼主编：《外国行政法规与案例评述》，657页，中国法制出版社，1997。

风险的不确定与我国食品安全法律制度的完善*

邓 纲** 曾 静***

目 次

一、引言：风险不确定的食品安全事故

2009 年 2 月 28 日，全国人大常委会通过了《中华人民共和国食品安全法》（以下简称《食品安全法》)，并于同年 6 月 1 日开始施行。该法对规范食品生产经营者的行为，增强食品安全监管工作的规范性、科学性和有效性，提高我国食品安全整体水平，保障公众身体健康和生命安全具有重要意义。然而，从食品安全风险不确定的视阈考察，该法的一些规则仍然存在需要完善之处。

在食品安全事件中，风险主要取决于危害人体健康的程度和发生危害的概率两个因素。理论上，风险的大小等于危害程度与发生危害的概率的乘积。实践中，后者不容易计算，即便能够得出一个大概的数字，往往也无法回答危害是否会真的发生。准确的发生概率难以获知，这使得管理者和消费者大多把注意力集中于危害的严重性。

上述倾向一定程度上反映在《食品安全法》相关规则之中。《食品安全法》多用“可能”一词描述风险难以确定的状态，共有八条使用了“可能”一词，① 与该法配套的《中华人民共和国食品安全法实施条例》（以下简称《食品安全法实施条例》）有七条使用了“可能”一词。② 这些条款中与风险不确定联系最紧密，同时也最具基础性的是界定食品

---

* 基金项目：2010 年度教育部人文社会科学研究规划基金项目“风险不确定下的食品安全法律规制研究”（项目编号：10YJA820008）。

** 西南政法大学经济法学院教授，博士生导师，法学博士。

*** 重庆市政府法制办。

① 分别是该法第 14、17、28、46、64、72、85 和 99 条。

② 分别是该条例的第 10、38、43、49、50、52 和 62 条。

安全事故的《食品安全法》第99条。该条将食品安全事故定义为：食物中毒、食源性疾病、食品污染等源于食品，对人体健康有危害或者可能有危害的事故。由此可见，可以把食品安全事故按照发生危害的可能性分为风险确定和风险不确定两大类型。相比而言，我国《食品安全法》及其配套法规和规章对风险确定的食品安全问题给予了较为充分的考虑，但对风险不确定的食品安全问题规定得还不够完备。

二、食品安全风险不确定的原因

食品安全风险的不确定反映出现实中由于主观能力、客观环境和不可测因素所导致的无法避免的困境。要从制度上尽可能摆脱该困境，必然要对食品安全风险不确定的产生原因有所了解，这是完善相关法律规则的认识起点。概括起来，食品安全风险不确定的原因主要有以下四个方面：

（一）知识的特性使食品安全的不确定从宏观上不可避免

当今社会判断食品安全与否需要依靠知识，然而知识不是全能的。人类食品安全观念的形成是一个对客观世界的认识不断变化发展的过程，在丰富多彩、变动不居的客观世界面前，无论自然科学还是社会科学知识，受特定的时空和社会条件约束，都是非常有限的。在宏观意义上，人类对食品安全性的认识和把握都是相对的、可变的，因而食品安全的不确定在一定程度上是一种普遍的、无法回避的现象。知识的不确定性在其工具理性的引导下，必然会带来应用知识后果的不确定，从而产生社会风险。

知识的有限和不确定表明食品安全不可避免地存在不确定的风险，但这并不代表科学知识在不确定性面前无能为力。与浩瀚无垠的世界相比，人类认知世界的潜能同样也是无限的。因此从微观上讲，食品安全的不确定不过是在达到充分认识阶段之前的暂时现象。随着知识的不断积累，科学的实证和证伪功能可以逐步帮助人类找到正确的食品安全性判断方法。例如，食品中的某些物质超过一定比例会危害人类健康的相关知识总量达到一定程度后，人们开始通过制定统一的技术标准来判断食品是否安全。由此可见，科学依然是人类认识和消除食品安全不确定风险最可靠的工具，这也注定了食品安全法律制度离不开对这一工具的依托。

（二）信息不充分是难以确定食品安全风险的关键

信息不充分，是指缺乏足够的信息以作出有效决策的情况。在食品安全事件中，造成信息不充分的原因一是信息沟通不畅，二是收集和处理信息的成本过高。

信息沟通不畅容易加大不同主体在食品安全风险判断上的分歧，使整个社会对食品安全的认识处于不确定的状态。这种情况在食品安全监管部门、专家、被监管方和消费者之间都可能出现。例如，在“地沟油”上餐桌问题上，信息沟通的不畅加深了社会各方的争议和疑虑。一些监管部门和专家就曾经认为“地沟油”有很强烈的异味，仅用简单的方法处理，其味道很容易察觉，要消除异味，就会使造假成本高于正常生产的食用油成本。消费者难以辨别信息的真伪和观点的正误。① 监管部门、专家和消费者之间沟通机制的缺失使真相更加扑朔迷离，直到各地公安部门纷纷抓获利用“地沟油”造假者，该问题才有了明确的答案。

收集和处理食品安全信息的成本过高会导致消费者无法获取充分的信息。由于食品具有信用品的特征，② 作为食品安全问题最重要的利益相关方，消费者购买食品消费后有时仍无法确定是否安全，需要进一步获取食品安全的信息，这在涉及食品中的化学毒素和微生物等物质时尤其明显。对最终消费者而言，食品的一次性支出不大，而确认和处理食品安全信息相对其他商品需要花费更多的时间、精力和金钱，消费者想要获取充分的食品安全信息存在经济障碍。③ 食品安全信息具有公共产品的属性，消费者容易产生“搭便车”行为；另外，食品生产经营者出于自身利益的考虑，会想方设法隐瞒真实情况，加大获取充分、真实信息的难度。

信息不充分往往会导致市场中的逆向选择和道德风险。在食品市场上，消费者往往因信息不足而疏于防范，不法商贩则铤而走险，如果政府监管机构怠于履行监管责任，会导致优质食品被假冒伪劣食品淘汰出市场。因此，食品安全法律制度的一个重要的目标就是要降低一般民众获取和处理食品安全信息的成本。

（三）检测食品安全风险的方法、手段存在难以克服的现实障碍

食品的安全性需要科学的方法和手段来甄别，如通过科学实验、使用科学仪器或化学试剂等，但科学方法和手段并不能保证得出明确的结论，因为科学存在一定的时代局限性，人类对食品安全的认知并不总是充分和完备的，这种不足使得食品安全的检测结论可能是不确定的。

影响食品安全检测结论确定性的具体因素较多，其中外部环境是一项重要原因。例如，免疫学分析法常用于检测有害微生物、农药残留、兽药残留及转基因食品，优点是特异性和灵敏度都比较高，适合现场初步筛查，但如果食品在加工过程中抗原被破坏，检测结果的准确性将受到影响。④

不法分子作假手段的不断改进也会给检测带来巨大的困难。以社会关注的“地沟油”为例，据央视9月18日《每周质量报告》报道，国内外都没有检测“地沟油”的统一标准，“地沟油”生产者通过添加火碱、改变工艺等方式，使按照现行《食用卫生植物油标准》进行的多项指标检测失去效果。卫生部现正组织科技部、国家工商行政管理总局、国

① 武汉工业学院食品科学与工程学院何东平教授估计我国每年返回餐桌的“地沟油”有200～300万吨，约占国民食用油消费总量的1/10，治理“地沟油”的难点在于，经过洗涤、蒸馏、脱色、脱臭等精炼过程后，单从外观和感官上，很难区分“地沟油”和普通油。这和另外一些专家的意见恰恰形成对照。参见《教授称我国每年300万吨地沟油返回餐桌》，载《重庆晚报》2010年3月18日。

② 根据消费者对商品质量信息的掌握时间和程度可将商品分为三类：搜寻品、经验品和信用品。搜寻品，是指购买前消费者已掌握充分信息。经验品，是指只有购买后消费者才能判断其质量的商品。信用品，是指购买后消费者也不能判断其品质的商品。食品既是经验品（如食品的口味、鲜嫩程度）又是信用品（如食品中是否有农药残留、抗生素、激素等）。参见张涛主编：《食品安全法律规制研究》，6页，厦门大学出版社，2006。

③ 例如，重庆媒体曾经报道，为了了解自己花9元钱买的辣椒中是否含有苏丹红，需要缴纳800元的检验费，这是一般消费者难以接受的。参见《9元钱买海椒，要交800元检验》，载《重庆晚报》2011年4月28日。

④ 唐晓纯：《食品安全预警机制研究》，载《食品药品安全监管与政策研究报告（2008）》，156页，社会科学文献出版社，2008。

家质量监督检验检疫总局、食品药品监督管理局、粮食局以及中国疾病预防控制中心等有关方面共同研究制定“地沟油”检验方法论证方案，对相关技术机构研发的检验方法进行科学论证。可以想见，“道高一尺，魔高一丈”的博弈还将在这一领域延续。

食品安全检测的快捷性和准确性之间的矛盾是风险不确定的另一现实原因。在食品安全执法实践中，为了应对一些特殊场合或紧急情况，管理部门必须更加注重检测的快捷，导致一定程度降低了检测的准确性。典型的例子是现场执法中常常使用的快速检测方法，这种方法缩短了检测时间，降低了对检测人员的要求，简化了测试前的准备工作，方便了现场执法，但检测失误的可能性也相应增大。鉴于快速检测方法在确定食品安全风险方面的缺陷，《食品安全法实施条例》规定，快速检测方法只能用于初步筛查，不得作为执法依据。[①]

科学意见的分歧是造成食品安全风险难以确定的又一重要因素。不同的科学家、不同的社会群体及其利益关系，都会影响对同一食品安全风险的科学判断。欧盟和美国曾在荷尔蒙牛肉是否安全的问题上各执己见，不惜在关贸总协定和世贸组织对簿公堂，甚至在相关裁定作出后依然需通过双方的临时协议才能得以协调。[②] 在我国，面粉增白剂存废之争也持续了10年，主禁方以国家粮食局、国内面粉龙头企业、中国粮食行业协会为代表，反禁方以食品添加剂标准化委员会和食品添加剂企业为代表，双方各执己见，相持不下。尽管目前国家已颁布了禁用决定，但面粉增白剂是否有害的争论并未平息。[③] 对食品安全的科学意见分歧不能用民主投票的方式来解决，只能通过充分确实的科学依据求证。在澄清正误的科学结果产生之前，食品安全必然表现为风险不确定的状态。

（四）消费者的心理因素对食品安全风险及其危机处理有着不可忽视的影响

食品安全与生命健康存在直接的关联，因此当食品安全出现问题时，消费者一般倾向于“宁可信其有，不可信其无”的态度。这种态度源自天然的自我保护需要，本无可厚非，但经过网络、口碑等方式广泛传播后，极易使公众产生心理恐慌[④]，进而产生非理性的行为。

消费者的心理恐慌有时来自于认识上的误区，这些误区会进一步放大社会对食品安全的不满和担忧。常见的误区包括追求绝对安全的食品、重视化学性污染而忽视食源性疾病、把假冒伪劣的问题当做食品本身的问题等。《小康》杂志和清华大学媒介调查实验室发布的《2010—2011 消费者食品安全信心报告》显示，我国近七成的人对食品安全状况不满意，超过六成的被调查者对转基因食品没有安全感，[⑤] 该调查结果反映出消费者对当前我国食品安全较为普遍的心理忧虑。在普遍性的疑虑面前，如果权威部门、专家学者不及时评判和释疑，消费者对食品安全的不信任感就可能发展为大众的心理恐慌。

---

① 参见《食品安全法实施条例》第50条。《面粉增白剂存废十年之争》，载《半岛晨报》2011年3月10日。

② Matthew Dalton, “EU, U.S. reach deal on beef with hormones”, <Wall Street Journal>, May 7, 2009.

③ 《面粉增白剂存废十年之争》，载《半岛晨报》2011年3月10日。

④ 几乎每一次重大的食品安全事件都会给消费者带来严重的心理恐慌。例如，“三聚氰胺奶粉事件”引发了拒购国产奶粉、抢购进口奶粉，以致在事件发生三年后，我国港、澳地区需要对奶粉采取限购政策。日本震后核危机引发我国部分地区抢购碘盐同样反映出心理因素对消费者行为的巨大影响。“今天我们还能吃什么”是此类心理恐慌的典型表述。

⑤ 欧阳春燕：《2010—2011 消费者食品安全信心报告》，载《小康》2011年第1期。

消费者的心理恐慌会给政府的食品安全监管形成压力，影响政府决策的走向。1976年，纳德健康组织曾迫使美国食品和药品监督局（FDA）下令禁止在食品中使用此前用途广泛的红色素2号，这一事件当时被视为保护消费者健康组织在食品维权领域中的一大胜利。未曾意料到的是，另一种食品添加剂——红色素40号的产量随后急剧增加。同年12月，另一消费者组织通过老鼠实验指出红色素40号可能导致恶性淋巴瘤，但美国食品药品监督局考虑到整个食品行业的利益和消费者对食品安全的信心，权衡利弊后决定不禁止使用该色素。[①] 两种红色素完全相反的命运表明，在食品安全不确定的情况下，政府决策往往需要对来自社会公众的政治压力和食品生产经营者的经济利益进行权衡。

三、风险不确定下《食品安全法》规则的完善思路和建议

食品安全风险的不确定并不能免除为政者保护公众健康的职责，食品安全的保障却因之而变得更具挑战性，我国《食品安全法》在防范食品安全风险和处理食品安全事故方面的规则仍可借鉴以下思路进一步修订和完善。

（一）对食品安全事故的处理方法应当考虑风险不确定的程度差异

规范食品安全风险明确的情况相对比较简单和容易，而在食品安全风险不确定时，由于不确定的程度有一定的差异，法律规定的食品安全事故处理办法和措施应当与这种差异程度相适应。在《食品安全法》中用“可能”一词反映的食品安全风险程度差异大致可分成以下三种情况：

第一种情况是对食品安全风险程度的较低要求。例如，《食品安全法》第28条规定，禁止生产经营用非食品原料生产的食品或者添加食品添加剂以外的化学物质和其他可能危害人体健康物质的食品。该条款涉及必须严格禁止生产经营的食品，因而对此类食品安全风险的容忍度很低。类似的还有第46条关于不得在食品生产中使用食品添加剂以外的化学物质和其他可能危害人体健康的物质的规定。

第二种情况是对食品安全风险的一般要求。例如，《食品安全法》第14条规定，国务院卫生行政部门通过食品安全风险监测或者接到举报发现食品可能存在安全隐患的，应当立即组织进行检验和食品安全风险评估。从该规定看，只要国务院卫生行政部门通过初步监测或举报，认定存在发生食品安全风险的可能性，即便只是不确切的初步判断，就应立即开展对食品的检验和风险评估。

第三种情况是对食品安全风险程度的较高要求。例如，《食品安全法》第17条规定，国务院卫生行政部门应当会同国务院有关部门，根据食品安全风险评估结果、食品安全监督管理信息，对食品安全状况进行综合分析后，针对可能具有较高程度安全风险的食品，应当及时提出食品安全风险警示，并予以公布。由于是在经过食品安全风险评估和食品安全状况综合分析后采取的措施，所以发布食品安全风险警示对风险程度的要求显然比第二种情况更高。

区分三种风险确定性程度差异有助于在立法和执法中把握好相应的行动尺度。对食品安全风险程度的较低要求适用于完全不可接受的某些食品安全事故，如在速食食品中混入

① ［英］比·威尔逊著，周继岚：《美味欺诈——食品造假与打假的历史》，212～213页，三联书店，2010。

了金属污染物，这属于严格禁止的行为，只需达到较低的食品安全风险程度要求，就应采取断然措施，如责令召回、停止经营并销毁等。然而，我国《食品安全法》规定的召回条件与此不相适应。该法第53条规定的食品召回条件是不符合食品安全标准，这显然是一项相对软性的要求，在没有食品安全标准或者食品安全标准不合理的情况下，[①] 召回食品就会缺乏法律依据。2007年国家质量监督检验检疫总局在其发布的《食品召回管理规定》中，把召回条件改为有证据证明对人体健康已经或可能造成危害的四类“不安全食品”，这一修改符合我国实际，同时也借鉴了国际相关立法的发展趋势。[②] 然而，《食品安全法》迄今并未对此作相应的修订，而质检总局的规定仅属于部委规章，立法层级较低。因此，需要尽快修订《食品安全法》第53条，把实施召回的条件从不符合食品安全标准改为食品生产者或经营者发现其生产的食品已经或可能对人体健康造成危害作为实施召回的条件，以保持食品安全法律体系内部的协调一致，改变规章优于和大于法律的尴尬现实。

（二）食品安全监管体制应当有利于食品安全风险不确定时的事故预防

在屡屡经历重大食品安全事故后，从应急处理转向预先防范已成为食品安全监管的一项共识。要预防食品安全事故，尤其是重大食品安全事故，需要监管部门分工明确、相互协调，以便对可能产生的危害作出准确的判断和及时的处理。

在食品安全风险程度较高的情形下，应当发布食品安全风险警示以防止食品安全风险的扩大。《食品安全法》第82条确立了包括风险警示在内的食品安全信息发布的分类分级管理模式，食品安全信息分为卫生行政部门统一发布的信息和县级各监管部门日常食品安全监督管理信息两大类，规定国务院卫生行政部门有权发布食品安全风险警示，省一级的卫生行政部门可以公布影响限于本辖区的食品安全风险警示，县级以上各监管部门负责公布日常食品安全监督管理信息。这种分类分级发布的信息管理模式在2010年11月3日“三部三局”联合发布的《食品安全信息公布管理办法》中得到了进一步的明确和细化。[③] 分类分级信息发布管理模式让各级管理部门都获得了一定的信息发布权，虽然可能带来协调上的困难，但还是基本符合管理实际的。实践中一些地方执法部门并未严格遵守分级管理规定，如某市工商局就曾自行发布国内两个品牌的9款饮料因成分超标不能食用的风险警示，招致食品生产企业的强烈不满。[④]

对比《食品安全法》和《食品安全信息公布管理办法》的相关规定，在日常食品安全监督管理部门方面还存在不一致之处。《食品安全法》第82条只列出了县级以上农业行政、质量监督、工商行政管理、食品药品监督管理部门五个监管部门有公布食品安全日常监督管理信息的职责，而《食品安全信息公布管理办法》则在上述五个部门之外，增加了商务行政以及出入境检验检疫部门。虽然《食品安全法》是上位法，但《食品安全信息公布管理办法》颁布在后，其规定更符合管理实际，因此《食品安全法》需要做相应的修订以保持

① 例如，“三鹿奶粉事件”之前乳制品标准中没有三聚氰胺限量的要求，所以添加三聚氰胺的奶粉符合食品安全标准，却并不安全。

② 该规定借鉴了美国、加拿大食品召回分级管理的立法经验，这些经验参见张利国、徐翔：《美国食品召回制度及对中国的启示》，载《农村经济》2006年第6期。

Les Kumor：《加拿大食品召回系统》，载《中国家禽》2009年第8期。

③ “三部三局”，是指卫生部、农业部、商务部、国家工商行政管理总局、国家质量监督检验检疫总局和国家食品药品监督管理局。

④ 按照两品牌双方当事人的观点，该事件疑为政府部门参与的不正当竞争。

一致。

卫生行政部门负有统一发布食品安全风险警示信息和重大食品安全事故及其处理信息的职责，这就要求食品安全信息向该职能部门集中。卫生行政部门是《食品安全法》明确规定的综合协调部门，事故发生单位、接收病人单位、发现食品安全事故或接到举报的农业行政、质量监督、工商行政管理、食品药品监督管理部门均应向卫生行政部门报告或通报，同样表明在食品安全事故中相关信息应向卫生行政部门汇集。[①] 然而，现行处理食品安全事故的规则可能导致实际处理过程中出现混乱。例如，在国务院颁布的《国家重大食品安全事故应急预案》中，重大食品安全事故的日常监管部门和应急指挥部均设在食品药品监管部门，事故发生单位应当向食品药品监管部门报告。这种矛盾交错的监管体制和相互冲突的报告制度，使得职能部门权力配置重叠，信息和指令流向不一致，容易引发事故处理指挥程序上的混乱，让当事人不知所措，监管者忙中出错。鉴于国务院上述应急预案制定的依据是已经废止的《食品卫生法》，其法律层级也低于《食品安全法》，因此把重大食品安全事故的指挥协调职责归属卫生行政部门而不是食品药品监管部门似乎更合理一些。

当发生可能危害人体健康的食品安全事故时，相关信息的报告和通报是处理程序中的关键一环。《食品安全法》第 83 条规定："县级以上地方卫生行政、农业行政、质量监督、工商行政管理、食品药品监督管理部门获知本法第八十二条第一款规定的需要统一公布的信息，应当向上级主管部门报告，由上级主管部门立即报告国务院卫生行政部门；必要时，可以直接向国务院卫生行政部门报告。县级以上卫生行政、农业行政、质量监督、工商行政管理、食品药品监督管理部门应当相互通报获知的食品安全信息。"然而，综观该法以及配套的法规规章，没有发现确定食品安全事故等级的决策机构。《国家重大食品安全事故应急预案》把重大食品安全事故依据事故的性质、危害程度和涉及范围分为特别重大、重大、较大和一般四级，但没有明确这四级事故的认定标准以及认定主体，在食品安全事故处理中有可能导致延误、推诿甚至不作为，必须尽快根据实际情况加以明确。

（三）处置风险不确定的食品安全事故需要充分发挥行政强制措施的作用

行政强制措施具有暂时性的特征，适合处理风险不确定下的食品安全事故，应在食品安全立法中给予充分的重视。《食品安全法》"食品安全事故处置"一章第 72 条规定，县级以上卫生行政部门接到食品安全事故报告后，为防止或减轻社会危害，可以封存可能导致食品安全事故的食品及其原料，并立即进行检验。对确认属于被污染的食品及其原料，责令食品生产经营者予以召回、停止经营并销毁。该条授权食品安全监管部门必要时可以采取封存措施，防止或减轻食品安全事故造成的社会危害。

封存后，食品安全监管部门应当立即检验，以尽快确定食品安全状况，这说明封存可能导致食品安全事故的食品及其原料是一项风险尚未确定情况下的强制措施。上述条款的不足之处在于，尽管规定了对封存后经检验证明确已被污染的食品，应采取召回、停止经营并销毁等处理办法，却没有规定对检验后确认食品并未被污染的情况如何处理，《食品安全法》"法律责任"一章中也没有相关的规定。这是《食品安全法》在食品安全事故处理规则方面的一个漏洞，后续颁布的《食品安全法实施条例》也未能弥补该法律漏洞。

① 参见《食品安全法》第 4 条、第 71 条。一个例外是第 53 条要求食品生产者将食品召回和处理情况向县级以上质量监督部门报告。

封存是一项具有临时性的行政强制措施。《食品安全法》的"监督管理"一章对食品安全监管部门的行政强制措施进行了列举，其中包括现场检查、抽样检验、查阅复制资料、查封扣押等，"封存"并不在其中。有观点认为，查封和封存没有区别。[①] 另一种观点认为，与查封、扣押相比，封存更强调将具有嫌疑违法的标的物固定在案发当场，无须将嫌疑违法标的物移至另外的场所加以保管，必要时可以通过恒温、恒湿等技术使之保持被查获时的原貌，具有现场证据保全和固定的功能，因而被广泛应用于食品监管领域。[②] 在2011年6月30日颁布的《中华人民共和国行政强制法》中明确规定了查封和扣押，同时也允许法律规定其他行政强制措施，因此是否在《食品安全法》中保留"封存"还可以深入讨论。如果继续保留"封存"措施，按照协调一致的原则，在监督管理一章中就应将其作为正式的行政强制措施类型。

《食品安全法实施条例》第50条规定，采用经认定的食品快速检测方法进行初步筛查后，发现食品可能不符合食品安全标准的，应当依法进行检验，但初步筛查结果不得作为执法依据。该条仅仅指出监管部门在初步筛查结果基础上进行检验，没有规定监管部门对筛查结果表明可能存在安全风险的食品应当采取封存（或查封、扣押）等后续的、暂时的控制措施，这无疑是该法的一项缺陷。尽管《食品安全法实施条例》第43条对此进行了补充，但对检验的法定期间、实施或解除封存等控制措施的程序、因强制封存给合法生产经营者造成的损失赔偿等问题依然缺乏明确和完善的规定。因此，应当在《食品安全法》、《食品安全法实施条例》或即将出台的《食品安全事故调查处理办法》中进一步细化相关的规则。

四、结语

由于科技、信息、心理等主、客观原因，在食品安全事件中风险有时是不确定的。我国的《食品安全法》并未针对此种情况充分发挥预防社会性损害的法律意识，[③] 如在食品召回的条件中仅仅规定了不符合食品安全标准的情况，忽视了对可能危害人体健康的缺陷食品实施召回的现实要求。

在发生重大食品安全事故时，多头监管体制中权力配置的冲突、信息流向的分歧都极易造成处置的无序和责任的推诿。因此，食品安全法律体系内部需要保持组织体制的一致性，不宜一方面规定由卫生行政部门承担食品安全的综合协调责任，另一方面又把重大食品安全事故的综合监管职能交给食品药品监管部门。尤其是当食品安全风险不确定时，权力配置的重叠错位是政府监管失灵的重要原因。

当初步证据表明食品有安全隐患时，封存等行政强制措施能有效地防范风险的扩大。

① 国家工商行政管理总局在《关于行政强制文书使用有关事项问题的答复（工商法字〔2001〕第158号）》中认为，封存与查封都是行政执法机关依照有关法律、行政法规的规定，对违法行为嫌疑人的财物所采取的一种行政强制措施，并无区别。

② 杨寅、陈晋华、于是：《食品、药品监管行政强制措施研究》，载《食品药品安全与监管政策研究报告(2010)》，社会科学文献出版社，2010。

③ 刘水林：《个人权利到社会责任——对我国〈食品安全法〉的整体主义解释》，载《现代法学》2010年第3期。

然而,《食品安全法》在此方面的规则存在明显的漏洞。缺少检验期间、实施程序、解封条件和适当赔偿等必要的规定,使其存在监管无法可依或滥用权力的双重危险。所以,未来我国食品安全法律制度的修订应当寻求国家权力和公民权利之间的适度平衡,在授予执法者相应监管权力的同时,也要重视防范权力失去必要的制约。

论碳排放权交易法律制度的构建

——兼评湖北省碳排放权交易的相关规定

管　斌[*]　张东昌[**]

目　次

一、导言

目前，全球能源、环境和金融三重危机对包括中国在内的世界各国的经济发展和法制建设带来严重影响。① 美国参议院2007年7月提出了《低碳经济法案》，表明低碳经济的发展道路将成为美国未来的重要战略选择。受此影响，大多数发达国家不约而同地将发展低碳经济作为新的经济增长引擎。在此之前，2005年10月8日召开的中国共产党第十六届五中全会首次把建设资源节约型和环境友好型社会确定为国民经济与社会发展中长期规划的一项战略任务。作为碳排放大国，我国也是2005年《〈联合国气候变化框架公约〉京都议定书》（The Kyoto Protocol，以下简称《京都议定书》）的积极参加者和倡导者。碳排放权交易是发展低碳经济、建设资源节约型和环境友好型社会的必然选择。完整的碳排放权交易市场应当包括国际交易市场和国内交易市场，限于篇幅，本文仅就国内碳排放权交易予以探讨。由于碳排放权的权利、商品和货币属性与碳排放权交易存在互动关联，笔者试图通过对碳排放权和碳排放权交易的考察，发掘其中市场与政府间的互动和博弈，由此基于横向和纵向两组法律关系构建碳排放权交易的法律制度；进而由面到点，以湖北省为

* 华中科技大学法学院副教授，硕士生导师，法学博士。
** 华中科技大学法学院经济法专业研究生。

① 常健、管斌、饶常林著：《金融法学专论》，242～243页，对外经济贸易大学出版社，2010。

个案，对全省碳排放权交易的实践加以评述，以期完善碳排放权交易的实践。

二、碳排放权和碳排放权交易的界定

(一) 碳排放权：权利、商品和货币

1. 碳排放权的权利属性

碳排放权是排污权的一个重要部分。排污权是建立在环境资源对其自我调节和自净能力基础上的，这种自我调节和自净能力就构成了环境在特定时间和空间范围内承载污染的能力，即环境容量。而环境在特定时间和空间范围内的自净能力又是有限度的，这种有限性和稀缺性使得环境容量成为一种资源，即环境容量资源。排污权正是在一定的限度内对环境容量资源的占有、使用和收益的权利。排污权据此被环境经济学界定为一种环境容量资源产权①。

碳排放权作为排污权的一种，是权利人根据环境行政主管部门分配的碳排放份额享有的向大气中排放温室气体的权利，其实质是依法对环境容量资源占有、使用和收益的权利。关于碳排放权的权利属性，学界在探讨该问题时主流的观点是将其界定为特殊的用益物权或准物权②。首先，碳排放权是用益物权，是对他人所有的物依法享有的占有、使用、收益的权利。碳排放权的客体是环境容量资源，环境容量资源是由国家所有的，是国家为了防止对环境容量资源的滥用而动用国家权力对环境容量资源的所有权加以控制，进而采用行政管制、税收、收费、补贴或其他市场化手段对环境容量资源进行优化配置和利用。权利人享有的碳排放权是国家通过行政许可、公开拍卖或定价出售等方式分配的。其次，由于排污权作为物权在客体上的特殊性以及在行使过程中要受到公权力的干预和限制，因而并不是一个完满的用益物权，而应归于特殊的用益物权或准物权。

2. 碳排放权的商品属性

碳排放权交易的前提条件是碳排放权的商品属性，只有具备了商品属性的碳排放权才可以在市场中进行交易。碳排放权的商品属性首先源于其物权性，将碳排放权界定为用益物权并赋予其财产价值是其能够进行交易的前提；而环境容量资源的有限性和碳排放权的行政分配性使得碳排放权摆脱了公共物品的特性，由此导致的碳排放权的稀缺性使其具备了交易价值，能够作为商品进入流通领域。Wilder 等人指出，现存于各种国内法和国际法中对削减温室气体排放的法律共识显示，排放权是一种新的商品。这种商品及对其产生的需求，是法律制定者试图用市场化的手段降低温室气体减排成本，并采纳某种监管结构的结果。不论排放权的法令和契约基础是什么，它们终归都是商品。③ Jillion Button 也指出，碳排放权单位确实表现出一些我们常常在金属、石化产品等商品中看到的特征，在同质市场上，碳排放权可以像有机商品一样进行交易。同其他商品一样，碳排放权单位既可以出

① 吴健著：《排污权交易——环境容量管理制度创新》，119 页，中国人民大学出版社，2005。

② 关于排污权的特殊用益物权或准物权属性，参见吕忠梅：《论环境使用权交易制度》，载《政法论坛》2000 年第 4 期；朱家贤著：《环境金融法研究》，44 页，法律出版社，2009；邓海峰著：《排污权：一种基于私语境下的解读》，84 页，北京大学出版社，2008。

③ 王颖、管清友：《碳货币本位设想：基于全新的体系建构》，载《世界经济与政治》2009 年第 12 期。

于即时的需要而进行现货交易，也可以进行期货合约交易。①

3. 碳排放权的货币属性

碳排放权的商品属性已经得到了普遍的共识，但碳排放权的货币属性尚未得到广泛的认识和讨论，对“碳货币”② 的探讨正在成为一个理论热点。碳排放权交易市场的建立和发展壮大是碳货币产生的前提。《京都议定书》确立了联合履行（Joint Implementation，JI）、排放权交易（Emissions Trading，ET）和清洁发展机制（Clean Development Mechanism，CDM）三种减排手段，这使得碳排放权交易这种市场化的减排手段得到确认，赋予了碳排放权以潜在的金融价值，也为碳货币的诞生提供了可能。因此，周洛华认为，《京都议定书》是用国际条约的形式赋予碳排放权价值的一套完整的新货币发行制度。③另外，碳排放权的自身特性也使得碳货币的发行成为可能。碳排放权的政府信用基础、稀缺性、普遍接受性、可计量性、易于分割性和可储存性等特性使其具备了充当一般等价物的商品属性，能够作为构建性的国际货币的基础。甚至有学者指出，碳排放权有一般等价物商品的先天属性，并且碳排放权的一般等价物商品属性是基于国内法和国际规则的信用秩序而建立，使得碳货币本身不同于传统的纯粹的商品本位或信用本位，而是近似于一种全新的“商品信用本位”，由此显现其特殊性和优越性，可以有效避免金本位制下的刚性供给和信用本位制下无约束的货币滥觞。④ 如此看来，未来的国际货币体系可能会在“碳本位”的基础上重建，即让碳排放权成为继黄金、白银、美元之后的另一个国际货币基础，“碳点”货币有可能发展成为一种新的超主权货币。⑤

当前学界对“碳货币”的研究主要集中在两个层面：一是在国际货币体系的层面，探讨碳货币本位的抉择，即碳货币能否成为继黄金、美元后全新的超主权国际储备货币。一部分学者认为由于碳货币的信用基础及由此决定的价值基础的脆弱性和不稳定性，使得碳货币不具备成为本位货币的条件，碳货币本位势必将给国际货币体系带来更大的不确定性和脆弱性。⑥ 并从现实的角度出发将问题研究的重点转向碳交易的计价结算货币，通过探寻“煤炭—英镑”、“石油—美元”能源绑定的国际主导货币崛起路径，探讨各国货币对碳交易计价结算货币绑定权的争夺，进而延伸至国际货币多元化尤其是人民币国际化问

---

① See Jillian Button，Carbon：Commodity or Currency? The Case for an International Carbon Market Based on the Currency Model，Harvard Environmental Law Review，Vol. 32，2008，p. 576.

② 关于“碳货币”为数不多的代表性文献参见宋鸿兵：《货币战争2——金权天下》，300～302页，中华工商联合出版社，2009；王颖、管清友：《碳货币本位设想：基于全新的体系建构》，载《世界经济与政治》2009年第12期；蔡博峰、刘兰翠：《碳货币——低碳经济时代的全新国际货币》，载《中外能源》2010年第15期；等等。

③ 周洛华：《从〈京都议定书〉看全球货币新体系》，载《上海证券报》2008年1月2日。

④ 王颖、管清友：《碳货币本位设想：基于全新的体系建构》，载《世界经济与政治》2009年第12期。

⑤ 谢臻、祝乃嘉：《未来或有一种钱叫“碳货币”》，载《南京日报》2009年11月24日。

⑥ 刘颖等指出，碳货币不同于黄金和国家信用，它是以国家间制定的国际规则形成的“交易信用关系”为基础，这种关系本身就比国家信用有着更多的不确定性和不平等性。参见刘颖、郭江涛、王鹏：《低碳经济与碳币论研究》，载《国际经济合作》2010年第1期。管清友也指出，碳排放权作为一般等价物的商品属性是基于国际规则的信用秩序而建立，不像粮食、原油等商品不需要政府背书就具有天然的价值基础。参见管清友：《碳货币猜想》，载《中国外汇》2009年第10期。

题。另一部分学者则将视野放在更长远的时间轴上探讨“碳货币本位”,① 即碳货币成为低碳经济时代全新的超主权国际储备货币，认为在低碳经济发展和各国共识增强的前提下，碳货币有可能成为“超主权货币”的必然选择，碳货币将成为继黄金、美元等之后全新的本位货币。二是在制度层面，研究碳货币的发行权、汇率制度、管理机构、流通域等问题。碳货币的发行取决于节约的剩余碳排放权，因而各国碳货币的发行权不仅取决于碳减排能力的大小，还在于受减排约束的程度和承诺减排数量的多少，碳减排指标成为国家间博弈的焦点。碳货币的汇率制度则是由于各个国家实施了不同环境标准的碳减排项目，由此带来了各国可交易碳指标在品质上的差异。因此，在对其进行货币化建构后，不同国家发行的碳货币需要通过汇率的确定和变动反映其相对价值。② 对于碳货币的管理机构，目前比较现实且能够普遍接受的选择是由国际货币基金组织担当。至于碳货币的完整流通域，关键是将碳货币由国家和企业层面拓展至个人，而这又取决于将碳排放权交易从国家和企业层面延伸至个人，即引入个人碳交易计划（Personal Carbon Trading，PCT）③。这可使碳货币不仅是政府部门和企业部门的流通支付手段和储备资产，也可满足个人持有和使用的需要。正如2006年7月，时任英国环境大臣的David Miliband对个人碳交易计划的设想：“想象一个在碳成为货币的国家，我们的银行卡里既存有英镑也存有碳点。当我们购买电、天然气和燃料时，我们既可以使用碳点，也可以使用英镑。”④

（二）碳排放权交易

1. 理论基础：基于环境经济学分析

自20世纪60年代末以来，环境问题日益严重，“环境已经由免费品的天堂变成短缺的王国”⑤。日本学者宫本宪一指出，“从广义上说，整个世界正由经济决定环境的时代向环境决定经济的时代迈进。”⑥ 笔者认为，这与其说是一种迈进，更似一种回归。在此背景下，经济学开始将环境问题作为经济活动中的内部现象进行研究，关于如何有效分配和利用稀缺环境资源的环境经济学应运而生。环境经济学对于环境资源的优化配置代表性的手段有两种：一是自然资源和环境干预主义学派的庇古手段，如政府税收和补贴等；二是

① 王颖、管清友：《碳货币本位设想：基于全新的体系建构》，载《世界经济与政治》2009年第12期；木荨：《崛起中的“碳货币”》，载《中国金融家》2010年第7期。此外，宋鸿兵则从另一个视角认为碳货币将作为黄金的一个补充货币，碳货币的“弹性”可以弥补黄金的刚性供给，“黄金+碳货币”组合将构建世界单一货币制度。参见宋鸿兵编著：《货币战争2——金权天下》，300~302页，中华工商联合出版社，2009。

② 对于汇率制度的选择，王颖、管清友指出，如果采纳固定汇率制，则类似于金本位下的铸币平价机制，各国碳货币将与一个标准品质的碳货币（如“黄金标准”碳信用）挂钩，按照各自品质规定含碳量，并由此确立两国碳货币的汇率比值，同时市场实际汇率还随着碳货币供求关系围绕含碳比价上下波动；如果采纳浮动汇率制，则根据市场供求关系自由决定碳货币间的汇率，同时各国政府也将允许他国碳货币盯住本国碳货币的汇率浮动。参见王颖、管清友：《碳货币本位设想：基于全新的体系建构》，载《世界经济与政治》2009年第12期。

③ Gill Seyfang指出，个人碳交易计划（PCT）是在家庭层面通过碳排放指标分配和使用可交易的“碳货币”以减少碳排放，是“总量控制和交易”的碳排放权交易计划向个人层面的延伸。在个人碳交易计划中，碳排放权配额可以同普通的货币一样参与交易，为适应低碳消费和生活方式提供了市场信号和激励机制。

④ 王颖、管清友：《碳货币本位设想：基于全新的体系建构》，载《世界经济与政治》2009年第12期。

⑤ ［德］霍斯特·西伯特著，蒋敏元译：《环境经济学》，3页，中国林业出版社，2002。

⑥ ［日］宫本宪一著，朴玉译：《环境经济学》，31页，生活·读书·新知三联书店，2004。

基于产权的市场环境主义学派的科斯手段，如排污权交易等。①

庇古手段重视政府干预的作用，认为政府干预可以弥补市场失灵，实现外部效应的内部化，缩小私人边际成本和社会边际成本间的差距，从而解决环境资源使用中的“公地悲剧”，增加经济福利。庇古认为，作为现在和未出生一代公民受托人的政府应在某种程度上对未来利益加以保护，政府有责任看护自然资源，必要时可制定法律、采用税收或补贴等手段保护国家可耗尽的自然资源被轻率鲁莽和毫无顾忌地破坏。② 科斯手段则坚持个体是其利益最好的“法官”，认为外部性问题是由于产权不清晰导致的，主张通过界定产权，发挥市场机制的作用，由当事人谈判协商和交易来达成各自利益的最大化安排，实现资源的最优配置。根据科斯定理，当交易成本为零时，无论产权的初始安排如何，市场机制都会实现资源的最优配置；当存在交易成本时，不同的产权初始安排，会导致不同的资源配置效率。③ 由于现实社会中交易成本是确定存在的，因此选择何种产权结构对于资源的配置效率至关重要，而产权结构的效率又取决于在该结构下支配产权的主体是否有将外部性内在化的激励。阿尔钦指出，“经典的‘共有产权’的含义利用在公共苹果树上的苹果从没有能长成熟的极端例子来表述的观点是，除私有产权以外的其他产权都降低了资源的使用与市场所反映的价值的一致性。”④ 在此理论的基础上，美国经济学家 J. H. Dales 在 1968 年出版的《污染，财产和价格》一书中首先提出了排污权交易思想，建议通过政府对排污权的初始分配界定私人产权，进而由权利人在市场上对排污权进行交易。

2. 碳排放权交易的法律属性

美国是最早将排污权概念应用于实践的国家：1970 年《清洁空气法案》实施了总量原则；1975 年提出了最初的气泡概念；1979 年制定了泡泡政策；1982 年形成了排污交易政策雏形；1986 年 11 月 18 日里根政府正式签发了国家环保局的排污交易政策最终报告书，该报告书于同年 12 月 4 日颁布，并于 1988 年 12 月 4 日正式生效实施；1990 年《清洁空气法案》修正案为了达到有效防止酸性雨的目的，通过鼓励企业参与市场买卖污染物的排放权，首先将二氧化硫排污权交易制度在法律上制度化，建立起以气泡（bubble）、抵消（offset）、净得（netting）、储蓄（banking）为核心内容的整套排污权交易体系。⑤ 2009 年《美国清洁能源与安全法案》（The American Clean Energy and Security Act 2009，简称 ACES 法案）则构建了一种全新的排污权交易体系，将二氧化碳等温室气体纳入政府的总量控制和交易体系中，进行了制度化和法律化，并对排污权交易的监管作了系统的安排。

碳排放权交易指的是在环境保护行政主管部门总量控制的前提下，权利人从行政主管部门处获得碳排放权配额，并进而在行政主管部门监管和指导下依法对富余碳排放权进行

① 关于自然资源和环境干预主义学派与市场环境主义学派、庇古手段与科斯手段的比较分析，具体参见［英］E. 库拉，谢扬举译：《环境经济学思想史》，93 ~ 129 页，上海人民出版社，2007。

② ［英］A. C. 庇古，朱泱、张胜纪、吴良健译：《福利经济学》（上卷），36 ~ 37 页，商务印书馆，2006。

③ 科斯的这一思想在《社会成本问题》一文中得到体现，参见［美］R. H. 科斯：《社会成本问题》，载［美］R. 科斯、A. 阿尔钦、D. 诺斯等著，刘守英等译：《财产权利与制度变迁——产权学派与新制度学派译文集》，3 ~ 58 页，上海人民出版社，1994。

④ ［美］A. 阿尔钦：《产权：一个经典注释》，载［美］R. 科斯、A. 阿尔钦、D. 诺斯等著，刘守英等译：《财产权利与制度变迁——产权学派与新制度学派译文集》，166 ~ 178 页，上海人民出版社，1994。

⑤ ［美］巴里·康芒纳著，王喜六译：《与地球和平共处》，192 页，上海翻译出版社，2002。

交易的活动。碳排放权交易是通过市场化的手段对碳排放权进行交易，其实质是对富余环境容量资源使用权的再分配。

碳排放权交易在事实上赋予了碳排放权以潜在的金融价值。碳排放权交易市场的繁荣为市场参与者提供了一个广阔的资金融通的平台，拥有富余碳排放权的转让方可以通过交易进行融资，而拥有富余资金的受让方则可以在市场上投资。以碳排放权交易为核心构建的以绿色信贷、碳基金、碳期货、碳期权等为内容的碳金融体系，在国际金融危机的背景下，不失为一条新的金融发展路径。另外，碳排放权交易的兴起也衍生出碳排放权的货币属性。碳货币的产生，对于重构国别货币主导的国际货币体系、推进国际货币多元化直至建立碳货币本位具有重要战略意义。这为我国人民币国际化进程提供了机遇，也契合了我国对超主权储备货币的呼吁。

碳排放权交易根本上是一种私法调整层面的市场化手段，但在碳排放权交易的全过程都体现出浓厚的公权力介入的色彩，存在政府与市场间的博弈和沟通。一方面，政府要对环境容量资源使用权进行初始分配，这是碳排放权交易得以实施的前提，无论是采用行政许可的手段或是市场化的手段，都要体现政府意志的主导性；另一方面，政府也要对二级市场的碳排放权交易进行严格的监管。碳排放权交易如果监管不力，不仅对排放权交易市场本身的发展，而且对环境和社会公共利益都会带来巨大的风险。

总之，碳排放权属于“受规制的所有权利”（regulatory property），它在本质上是公权力和私权利的混合体，具有行政给予（administrative grant）和私人财产权（private property）的双层特性①：一方面，配额和信用的所有者通常具有占有、转让、使用的权利，政府不得任意没收，配额和信用所代表的权利相对于其他私人实体能够强制实施；另一方面，这些权利的行使受到规制者一定的限制，因为政府必须保持对他所创制的配额的整体控制。笔者认为，可以扩大解释宪法中财产权的概念，使之包含碳排放权②；或者打破传统以来生命、自由与财产的框框，随着类似环境行政这些新兴规制领域的出现，重新构建正当法律程序的标的，使其能够纳入环境价值③。从法律实践看，英国上诉法院在 Celtic Extraction Ltd. And Bluestone Chemicals v. Environment Agency［2001］Ch. 475 一案中的观点有助于我们对碳排放权的法律性质进行深入的分析。在该案中，上诉法院被要求对一个排污许可证是否构成英国《1986 年破产法》S. 436 下的财产作出决定。上诉法院认为，如果一个排污权许可证能被认为是财产，必须满足三个条件：第一，必须存在一个向满足某些条件的人授予权利的法律框架，即使在这个框架内有一些可实行的判断因素（element of discretion exercisable）；第二，许可证必须是可转让的；第三，许可证具有价值。因此，依据先例，至少在英国，碳排放权被法院作为一种财产权对待。④ 德国 2004 年

① See International Workshop on The Legal Nature of Emissions Reductions: Background Paper. 25 - 26. May, 2004 London, p. 15.

② 管斌著：《混沌与秩序：市场化政府经济行为的中国式建构》，46 ~ 50 页，北京大学出版社，2010。

③ 台湾学者叶俊荣著：《环境行政的正当法律程序》，70 ~ 71 页，台北翰芦图书出版有限公司，2001。

④ See Richard Macrory, Climate Change and Emissions Trading, UK Report. Avosetta Meeting Madrid April 2005, www - user. Uni - breman. De/ - avosetta/uk05. pdf, p. 16. 美国学者伦纳德 · 奥托兰诺所列举的 9 项 “排污许可交易系统设计实际应用的考虑事项” 中，其中有 3 项涉及对政府行为的规范问题，包括：“排污许可的数量不应当随意改变、排污许可持有者的权利应当是明确和稳定的、政府应该很少没收排污许可证。” 参见［美］伦纳德 · 奥托兰诺著，郭怀成等译：《环境管理与影响评价》，216 页，化学工业出版社，2004。

《温室气体交易法案》（the Green Gas Emission Trading Act , GETA）将碳排放权交易界定为构成《德国民法典》第453部分下的法律权利买卖。[①]

三、碳排放权交易中的法律关系

根据前文对碳排放权交易的界定可以发现，作为市场化碳减排手段的碳排放权交易根本上体现私法属性，但又不排斥政府干预，因此基于法律关系视角构建碳排放权交易的法律制度也必须体现公、私法律关系的双重属性。具体而言，碳排放权交易中的法律关系包括两组：一是交易主体之间及其与中介机构之间建立的横向法律关系；二是政府对碳排放权初始分配、市场规制和市场调控而形成的纵向法律关系。

（一）横向法律关系

1. 交易主体间的民事合同关系

碳排放权交易二级市场上的转让方和受让方之间对富余碳排放权交易达成的是民事合同关系。转让方通过一定方式从环境行政主管部门处获得碳排放权配额，并基于自身的减排技术改进或是停产等原因产生富余的碳排放权指标。受让方通常是由于实施项目新建、改建、扩建等原因而产生新增碳排放量的需求，或者也可以是出于投资和环保等目的产生的需求。但是，与普通的买卖合同关系相比，碳排放权交易的过程中存在较为广泛的公权力介入。[②] 无论是作为交易前提的碳排放权初始分配，抑或是交易过程中的审核、监督和交易后的追踪监督，都体现了政府部门的广泛参与，增添了碳排放权交易的公法化属性。因此，碳排放权交易合同应为要式合同和附条件合同，其交易双方的权利义务除当事人约定以外，还有行政部门为实施监管而附加的条件。

关于碳排放权交易的主体资格问题，一些学者认为应是特殊主体，即企业。转让方应为依法获得碳排放权配额并有富余排放权的企业，受让方则是因为某种原因需要进入一定控制区域或增加环境容量资源使用份额的企业。[③] 从我国目前一些地方政府对碳排放权交易的规定来看也都将交易主体限定为企业主体，如2008年《湖北省主要污染物排污权交易试行办法》第7条就将转让方和受让方限定为“单位”。但是，也有很多学者主张应当将碳排放权交易的主体范围进行扩展，不仅限于企业，也不仅限于实际增加碳排放量的目的，而是可以扩展至个人和其他组织（如环保组织、投资基金等），其目的可以是投资和环保公益性。[④] 笔者认为，碳排放权交易的主体应予以扩展，不仅包括有实际排放需要的

---

① See David Freeston & Charlottr Streck, Legal Aspects of Implementing the Kyoto Protocol Mechanisms: Making Kyoto Work, Oxford University Press, 2005, p. 440.

② 我国有学者论证了环境容量可以作为民事法律关系的客体，并指出“国家确定了总的环境容量后，就可以通过合同等形式将其转让给私人，实现在国家控制之下的私人的环境使用权；私人对其依法取得的环境容量也可在国家监督下进行转让，实现环境容量交易”。参见吕忠梅、刘长兴：《试论环境合同制度》，载《现代法学》2003年第3期。环境合同最初起源于20世纪日本国内，与法律、条例并列，成为第三种公害防止行政控制手段的公害防止协定。参见［日］原田尚彦著，于敏译：《环境法》，114页，法律出版社，1999。

③ 吕忠梅：《论环境使用权交易制度》，载《政法论坛》2000年第4期；林云华著：《国际气候合作与排放权交易制度研究》，254页，中国经济出版社，2007；等等。

④ 朱家贤著：《环境金融法研究》，93页，法律出版社，2009；邓海峰著：《排污权：一种基于私法语境下的解读》，211页，北京大学出版社，2008；等等。

企业，还应包括那些出于投资目的和环境保护公益目的的个人和其他组织，这能够壮大和活跃碳排放权交易市场，专业的投资机构的加入也会促进市场更加成熟，环保主义者的参与则能够更有效地实现碳减排的目标。

碳排放权交易的客体是富余的碳排放权，是转让方基于减排技术革新或其他正当原因节约的指标。交易的对象气体不仅包括常见的二氧化碳、二氧化硫，还涉及《京都议定书》附件中所列的甲烷、氧化亚氮、氢氟碳化物、全氟化碳和六氟化硫等。

碳排放权交易的内容涉及双方当事人间的权利义务关系。转让方有权通过转让富余排放权指标获得对价，有义务转让该指标并保证标的物的数量、质量和权利的完整性；受让方有权获得所购买排放权的排他性使用权，有义务支付对价和依法处置所购买的碳排放权。

2. 交易主体与中介机构间的合同关系

碳排放权交易的中介服务机构主要有排放权交易所、经纪公司、律师事务所、商业银行等。其中最重要的是排放权交易所，目前我国已有的排放权交易所有湖北环境资源交易所、天津排放权交易所、北京环境交易所、上海环境能源交易所等，交易所为碳排放权交易提供了交易平台，并为交易主体提供信息和结算等服务，有利于降低交易成本和控制风险。此外，由于碳排放权交易的标的额往往比较大，因此需要商业银行提供融资服务，这种“绿色信贷”也是商业银行社会责任的体现。总之，这些中介服务机构的存在为交易双方提供信息和沟通平台、提供融资渠道、提供法律和会计服务等，可以提高市场效率，降低交易成本。交易双方当事人与中介服务机构之间建立的是民事合同关系，相互间尊重彼此的权利，履行各自所应承担的义务。

（二）纵向法律关系

1. 碳排放权初始分配中的法律关系

碳排放权交易的前提是对碳排放权的初始分配。碳排放权的初始分配是在行政主管部门对环境容量资源总量控制的前提下进行的碳排放权配额的初始配置。碳排放权的不同分配方式决定了初始分配形成的法律关系的性质，如果采取行政许可的方式无偿分配，则形成的是纯粹的行政法律关系；如果是采取公开拍卖、固定价格出售、租赁等市场化的手段有偿分配，则涉及的就不是“市场—政府”、“私法—公法”、“民事法律关系—行政法律关系”简单的二元结构划分了，而是进入了“市场化政府经济行为”① 的范畴。它的产生，体现了环境政策由“以命令与控制（command and control）为基础②”向“以市场为基础”转变。在碳排放权交易中，交易的标的为减排信用（credit）或排放配额（allowance）。配额和信用作为排放权的载体，可以如同证券和商品一样在市场上自由交

① “市场化政府经济行为”是政府主体运用市场行为的形式以实现其经济社会职能的行为。它是以实现政府经济社会职能为目的和内容、以市场行为为形式的政府经济行为，其目的具有公共政策性、功能具有财产供给性、手段具有市场性、主体结构具有特定性、意思表示具有政府主导性、适用范围具有限定性、法律适用具有综合性。参见管斌：《混沌与秩序：市场化政府经济行为的中国式建构》，298 页，北京大学出版社，2010。

② 环境规制手段一般分为命令与控制型的直接规制和使用经济诱因的市场手段两大类。See Philippe Sands, Principles of International Environmental Law, Cambridge, 2003, p. 154. 关于命令与控制型环境规制模式的学术批判，参见［美］斯图尔特著，曹明德、王慧译：《环境法的改革》，载《京师法律评论》，北京师范大学出版社，2009。

易，因而被称为“市场环境工具”（Market – traded Environmental Instruments）[①]。

目前对于碳排放权初始分配方式的探讨主要是美国1990年《清洁空气法案》修正案中设计的三种分配方式：无偿分配、公开拍卖、固定价格出售。从我国《大气污染防治法》和一些地方性规定（如《湖北省实施排污许可证暂行办法》、《杭州市污染物排放许可管理办法》）的规定来看，我国现阶段采取的主要是以行政许可的方式无偿分配，即由排污单位向环境保护行政主管部门提出申请，再经过环境保护行政主管部门审核并颁发排污许可证，这实质上就形成了对碳排放权的初始分配。

笔者认为，无偿分配在碳排放权交易实施的初期能够调动企业参与的积极性，促进碳排放权交易市场的发展。但从长期来看，这种行政许可的分配方式效率低下，容易导致行政权力滥用、诱发“寻租”行为，也不利于碳排放权交易的市场化运作，并且也违背了“污染者付费原则”（Polluter Pay Principle，PPP）。因此，应当引入市场化的手段（如拍卖[②]），这正是为了弥补政府缺陷、克服政府失灵而将市场化的机制引入到政府行为中，用私法化的手段实现公共行政的职能。

2. 政府对碳排放权交易监管的法律关系

碳排放权交易由于涉及环境保护这一基本国策，因而存在政府部门的广泛参与，具有一定的公法化属性。而在这一监督管理过程中，行政主管部门与行政相对人（即交易双方当事人）间就形成了纵向的监管关系。

依美国清法能源与安全法案（ACES）的规定，碳排放权交易的监管体系主要由商品期货贸易委员会（Commodity Futures Trading Commission，简称CFTC）、联邦能源监管委员会（Federal Energy Regulatory Commission，简称FERC）和联邦贸易委员会（Federal Trade Commission，简称FTC）三个机构构成。其中，CFTC防止市场操纵行为，同时还负责监管金融衍生品；FERC负责对排污权初始配额的分配进行监管，即对排污权进入市场交易之前的各种配额确定与分配作出监管；FTC则在其原本的权限范围内对排污权市场交易中的垄断与不正当竞争的问题进行监管与规范。[③]

从我国当前实践看，碳排放权交易的监管主体主要是环境保护行政主管部门。监管的内容一般包括以下几个方面：（1）对碳排放权交易当事人的主体资格进行审核，确保转让方出售的富余排放权合法有效，受让方也符合获得额外碳排放权的资质；（2）规范碳排放

---

① 以市场为基础的环境工具，指的是为了解决大气及水污染的问题，通过限制或经济刺激排放实体减少排放而创设的可自由交易的排放配额或信用的市场工具。它与环境融资工具（environmental financing instruments）相对。环境融资工具，指的是为减轻污染或筹集环境保护项目资金，或为了管理恶劣天气、自然灾害以及其他消极环境变化所带来的风险而创设的市场工具，如天气衍生品（weather derivatives）、自然连接证券（nature – linked securities，如巨灾债券）、环境投资基金（environmental investmental funds，如世界银行碳基金单位）等。See Paul A. U. Ali & Kannako Yano. Eco – Finance：The Legal Design and Regulation of Market – Based Environmental Instruments. The Hague：Kluwer Law International，2004，p. 3.

② 我国首次采用拍卖的方式进行排污权交易的案例是2008年10月19日浙江嘉兴南湖区举行的首届排污权指标拍卖会。实践虽然证明拍卖是排放权交易的最佳定价机制，但是拍卖机制本身还需要根据具体情况来做进一步的设计，因为拍卖的效果要受到许多不确定因素的影响，同样的拍卖模式并不一定产生同样的效果，如在无线电频率拍卖的例子中，英国政府的拍卖就非常成功，而荷兰政府就遭到了失败。参见［荷］马顿时·詹森，王兴中等译：《公共资产拍卖——分析和选用》，前言，上海财经大学出版社，2007。

③ 国家电监会研究室课题组：《美国清洁能源与安全法案简介》，载《中国水能及电气化》2009年第8期。

权交易合同形式，提供统一的标准化合同样本①；（3）对碳排放权交易进行确认并出具确认文件，受理碳排放权交易完成后对碳排放权的变更登记和备案；（4）监督交易双方的合同履行，促使双方按照合同的约定履行各自的义务，尤其是保证受让方超额排放的污染物量不超出其所购买的排放量，并对交易主体间的纠纷进行调解；（5）对权利人持有碳排放权的闲置期限进行监督，超出闲置期的无偿收回或根据一定的基准价格回购，并用以重新分配。

3. 政府对碳排放权交易调控的法律关系

碳排放权交易表现出很强的外部性特征，其目的上具有社会公共利益性。为了防止市场机制的失灵，需要政府部门对碳排放权交易市场加以调控。政府的调控主要是针对碳排放权配额的总量、交易规模和价格水平等方面。而调控的手段则具有多样性，既可采用行政指令性计划的方式进行直接强制性的调控，又可采用税收、金融等手段实施间接的调控，还可采用碳排放权储备和销售的市场化手段实现调控目标。在这一过程中，政府部门应当根据具体情况选择适当的方式对碳排放权交易予以调控，其中市场化手段尤其应得到重视和广泛应用。

我国政府对碳排放权交易调控尤具紧迫性，其原因主要在于：（1）地方保护主义仍然存在，一些跨市、跨省的排污权交易中，计划卖出方的行政部门常常介入交易过程，禁止将排污权指标转让给其他地区。（2）环保的“总量控制”和追求经济增长之间的矛盾难以平衡。实施排污权交易必须首先科学核定区域内排污总量，而且一旦核定，一个时期（通常为1年）内不宜调整，否则将失去总量控制的目标。排污总量的确定成为排污权交易的难点，个别地区总量控制的底线不断被突破，使得整个排污权交易体系非常脆弱。②

四、对湖北省碳排放权交易有关规定的评述

2009年3月27日，湖北环境资源交易所成立，标志着湖北省碳排放权交易市场的正式建立。截至目前，湖北省已在全国范围内率先构建了一整套比较完善的碳排放权交易的规范体系，成交了4项累计3413.52吨二氧化硫排放权交易。对湖北省碳排放权交易实践的个案分析，有利于对湖北乃至全国其他地区的碳排放权交易形成借鉴和启示。

2008年10月27日，湖北省人民政府出台了《湖北省主要污染物排污权交易试行办法》，这是全国首个以省级政府名义发布的有关排污权交易的地方性规章，标志着湖北省率先在全国启动了省级排污权交易试点工作。③ 2008年11月19日，湖北省环保局发布了《湖北省实施排污许可证暂行办法》，随后又发布了《湖北省主要污染物排污权电子竞价交易规则（试行）》、《湖北省主要污染物排污权交易规则（试行）》等。上述规章和相关规范性文件对于规范和发展湖北省碳排放权交易市场具有重要作用。但是，它们中诸多的缺陷和不足，也是导致湖北省碳排放权交易相较于其他产权交易明显活力不足的重要原因

① 环境合同最初起源于20世纪日本国内，与法律、条例并列，成为第三种公害防止行政控制手段的公害防止协定。参见［日］原田尚彦著，于敏译：《环境法》，114页，法律出版社，1999。

② 朱志刚：《积极推进排污权交易　努力构建环境保护新机制》，载《经济日报》2006年3月13日。

③ 在此之后的2008年11月20日，江苏推出《江苏省太湖流域主要水污染物排污权有偿使用和交易试点方案细则》。2009年2月25日，江苏发布《江苏省太湖流域主要水污染物排污权有偿使用和交易试点排污单位排放指标申购管理办法》。

之一。笔者根据武汉光谷联合产权交易所网站公告数据整理所得（见下表），在武汉光谷联合产权交易所开展的几种产权交易中，碳排放权交易的活跃性明显不足，自 2009 年 12 月以来竟再无一项挂牌公告项目；但从另一个角度也可看出，已经挂牌的排放权交易项目很快都成交了，表明排放权交易存在市场需求。因此，需要从制度设计本身出发探寻问题的症结并予以改进。下文中，笔者将针对湖北省碳排放权交易相关规定的疏漏和缺陷就其要点予以评述。

项目类型	考察时间	挂牌公告项目（项）	成交项目（项）
国有产权转让	2007 年 8 月 22 日—2011 年 8 月 29 日	344	282
科技成果交易	2007 年 11 月 21 日—2011 年 6 月 7 日	510	——
资本市场融资	2009 年 5 月 5 日—2011 年 3 月 15 日	16	——
SO_2 排放权交易	2009 年 3 月 18 日—2009 年 12 月 10 日	4	4
涉讼资产交易	2010 年 9 月 9 日—2011 年 8 月 29 日	28	9

（注：考察时间表明该项目类型初次公告至最新公告的时间段；成交项目中“——”表明尚未有成交公告）

（一）交易主体的界定过于严格

《湖北省主要污染物排污权交易试行办法》（2008）第 7 条规定：“主要污染物排污权交易主体为转让方和受让方。转让方是指合法拥有可供交易的主要污染物排污权的单位。受让方是指因实施建设项目（国家或者省环境保护行政主管部门负责审批环境影响评价文件的新建、改建、扩建项目），需要新增主要污染物年度排放许可量的排污单位。”据此，湖北省规定的碳排放权交易的主体主要限于企业主体。这实际上就否定了自然人和其他组织（如环保组织、投资机构等）作为碳排放权交易主体的资格，同时也否定了出于实际新增排放量需要以外的目的（如投资、环保）购买碳排放权的可能。正如前文所述，这种将交易主体严格限制的做法对碳排放权交易市场的发展是不利的，使得大量潜在的参与者被排除在外，将影响市场交易的活跃性，阻碍碳排放权交易市场的发展。从国外发达国家的碳排放权交易市场的实践经验看，美国 1990 年《空气清洁法》修正案、欧盟排放贸易体系（EUETS）和澳大利亚 2002 年《电力供应法案》修正案都允许自然人和其他环保、投资等组织作为排放权交易的主体参与其中。2010 年 1 月 28 日，北京环境交易所在国内率先开展了个人碳交易，个人可以在该所以 35 元/吨的价格购买碳减排指标。北京环境交易所还建立了“个人绿色档案”系统，并且与兴业银行联合推出了国内首张“碳信用卡”用以个人购买碳排放指标。① 因此，笔者认为，湖北省对碳排放权交易参与主体的范围应放宽规定，允许自然人和其他环保、投资等组织作为受让方参与到排放权交易市场中，同样也允许参与主体出于投资和环保等目的购买出让方的富余碳排放权。当然，这样一来也就需要行政主管部门加强对交易主体资质的审查，需要对自然人和投资、环保等组织参与

① 张艳：《北京环境交易所国内率先开展个人碳交易，个人碳减排交易价 35 元/吨》，《京华时报》2010 年 1 月 29 日。

碳排放权交易市场设置更为严苛的资格要求，以防范市场风险。

（二）碳排放权交易的对象气体限定过于狭隘

依据《湖北省主要污染物排污权交易试行办法》（2008）第3条的规定，湖北省将排污权交易的主要污染物界定为化学需氧量和二氧化硫。其中，化学需氧量是针对水污染而言的，因而碳排放权交易的对象气体就被严格限定为二氧化硫。考察我国目前一些地方的碳排放权交易的实践，包括嘉兴市和杭州市都将碳排放权交易的对象气体限定为二氧化硫。虽然当前对大气污染最为严重的气体主要是二氧化硫，但是对大气能够产生污染以及能够制造出温室效应的气体绝不仅仅只是二氧化硫，《京都议定书》附件中列明的二氧化碳、甲烷、氧化亚氮、氢氟碳化物、全氟化碳等气体都会对大气产生危害。仅将二氧化硫作为碳排放权交易的对象气体，实际上是对交易对象气体的狭隘理解和实践。减少了交易产品的供求，缩小了碳排放权交易市场的规模，也不利于实现低碳经济和环境保护的目的。因此，碳排放权交易不应“顾此失彼”，应当在技术等条件成熟的情况下将可交易的对象气体进行扩展。短期内应将二氧化碳等排放量大且对温室效应有重大影响的气体引入到碳排放权交易市场中，长期要将更多的危害大气环境的气体作为交易的对象气体。这可以增加排放权交易市场的产品数量，对于壮大和活跃市场具有重要意义，同时也可更有效地实现低碳经济的发展目标。

（三）碳排放权初始分配方式单一

碳排放权的初始分配是保证碳排放权交易正常开展的前置条件，如何选择更有效率、更加公平的分配方式是问题的核心。湖北省碳排放权的初始分配是在环境保护行政主管部门主导下，采用行政许可的无偿分配方式，具体由《湖北省实施排污许可证暂行办法》予以规范。关于这种行政许可的分配方式的弊端已在前文中论述，即采用行政许可的方式难以保证初始分配的公平和效率。对碳排放权这种稀缺性资源的争夺不是通过市场化的机制，而是异化为对行政部门的“寻租”行为，将从根本上造成碳排放权交易市场的扭曲。诚然，碳排放权作为稀缺的公共资源如果完全放任由市场决定其分配，极易产生市场失灵，导致“公地悲剧”。因而需要由政府加以控制并对其进行分配，但分配的方式却是可以多元化、灵活化的，是可以引入市场机制的。笔者主张，随着碳排放权交易的逐渐发展和成熟，有必要在碳排放权的初始分配中引入公开拍卖、固定价格出售、租赁等市场化政府经济行为，实现市场和政府间的互通与平衡。当然，采用公开拍卖、出售和租赁等市场化政府经济行为的分配方式，在尊重基本契约精神的基础上，仍然需要体现政府意志的主导性。

（四）对碳排放权配额闲置期限的规定欠缺

为了防止市场参与者囤积碳排放权配额削弱市场竞争、降低交易活力，需要对碳排放权配额的持有者限定最长的闲置期，以避免市场陷入困境，这也是政府监管的职责之一。《湖北省主要污染物排污权交易办法实施细则（试行）》第11条规定了依法关闭、取缔的企业有偿获得的排放权和自行关闭、破产的企业拥有的排放权保留期最长2年。但是并没有规定市场参与者持有的碳排放权正常情况下的闲置期，也没有规定2年到期后排放权如何处置。相比较而言，嘉兴市规定了转让方拥有的富余碳排放权闲置期为2年，经转让获得的碳排放权闲置期为5年，超过期限的，经环保部门确认后由储备交易中心无偿收回；杭州市则规定了储备剩余排放权配额暂定不超过2年，超过2年的由政府按基准价强制回购。笔者认为，为了规范市场竞争秩序，鼓励碳排放权交易，应当对富余碳排放权配额的闲置期限加以限定。至于超过闲置期后碳排放权的处置，笔者认为应当视碳排放权的取得方式而定，如果是行政许可的无偿分配所得，则应由环境行政主管部门无偿收回，这体现的是纯粹的行政法律关系；如果是经过公开拍卖或固定价格出售等方式获得，或者在碳排放权交易市场受让所得的碳排放权，则不宜采用无偿收回的方式，否则会打击企业节能减排的积极性，也不利于碳排放权交易的市场化建设。就湖北省而言，超过闲置期限的碳排放权配额可由省环保部门组织成立的湖北省排污权储备管理中心按照基准价格强制回购。

五、结语

“我们的信念是一致的：安全、福利和地球的生存取决于现在就开始的这种变革。”① 面对我们共同的未来，碳排放权交易已经成为这场变革中的重要部分。它发挥了市场这只“看不见的手”在优化配置和利用环境容量资源中的作用，保证了经济发展和碳减排之间的利益平衡，其衍生出的碳货币对于未来重建国际货币体系意义深远。当然，“污染与财产权之间的关联，最终取决于在某个特定的时间和地点起支配作用的经济、制度、技术以及生态条件。因此，在一个依赖于多种（经常是混合）财产权体制的社会，环境保护很可能会更加有效。”② 我国有着广阔的碳减排空间，面对低碳经济时代的机遇和挑战，应积极探讨碳排放权交易的法律制度构建，为以后构建包括绿色信贷、碳基金、碳期货、碳期权和碳货币在内的碳金融体系的法律制度奠基。

当前中国有关碳排放权交易的政策和法律相当滞后，缺乏一个实施排污权交易的法律依据，没有法律来规范排放权交易计划；缺乏全国范围内酸雨影响的科学研究结果；缺乏对全国范围内引进排污权交易的成本优势的科学的经济测算。这些都是关系现实中排污权交易能否被认可的重要因素。值得期待的是，由我国碳排放权交易的专家和学者起草的《污染物排放许可证条例》已经提交到国务院法制办审议，《燃煤电厂二氧化硫排放权交易的管理办法》也基本完成制定。在此背景下，本文基于碳排放权交易过程中市场和政府的互动及体现出的公私法双重属性，从经济法视野下横向和纵向两组法律关系的角度提供了建设性的思路。通过对湖北省的个案评析可知，当前的碳排放权交易应对交易主体和对象气体加以扩展，引入公开拍卖和定价出售等市场化初始分配手段，并且应完善碳排放权闲置期限和处置方式的规定。如此，我们才能抢占低碳经济的制高点，并在探索中前进。

① 世界环境与发展委员会，王之佳、柯金良等译：《我们共同的未来》，28页，吉林人民出版社，1997。

② ［美］丹尼尔·H. 科尔著，严厚福等译：《污染与财产权：环境保护的所有权制度比较研究》，北京大学出版社，2009。

电池消费负外部性的法律规制研究*

胡元聪**

目　次

一、电池消费的负外部性及其产生的原因

(一) 电池消费的负外部性

电池的消费已经普及人类生活的方方面面。据统计，目前全世界每年生产各类电池约250亿只，而我国就占了总量的1/2左右，并正在以每年20%的速度递增。① 我国作为世界上最大的电池生产国和消费国，实际年市场消费量约为70亿只，其中含汞电池约为40亿只。② 除了消费会带来资源的减少外，更重要的是，作为消费后的产物，废旧电池如果不进行回收和再利用，其含有的汞、铅、镉、镍等重金属及酸、碱等电解质溶液，对生态环境及人体会有不同程度的危害，这就是典型的消费外部性的表现。消费外部性是消费者基于消费而给消费者本人以外的对象造成的权利的侵害、利益的减损的现象。③

电池消费的外部性主要表现为负外部性。负外部性是一个经济主体在行使其权利时将本应该由自己承担的义务施加给其他经济主体。④ 电池消费负外部性就是人类基于电池的

---

* 基金项目：教育部人文社会科学研究一般项目“外部性问题解决的经济法对策研究”（项目编号：09XJC820013），中国法学会部级法学研究项目“城乡统筹背景下我国扩大农村消费需求的法律制度支持机制研究”（项目编号：CLS－D1053）。

** 西南政法大学经济法学院副教授，硕士生导师，法学博士。

① 戴志群、黄思良：《化学废旧电池的环境污染和利用》，载《化学教育》2005年第1期。

② 彭德富：《调整产品结构是解决我国干电池污染的主要途径》，载《环境保护》2001年第5期。

③ 胡元聪：《论消费外部性的经济法解决——基于公民环境权的法制保障》，载《现代经济探讨》2009年第9期。

④ 胡元聪：《法与经济学视野中的外部性及其解决方法分析》，载《现代法学》2006年第5期。另可参见胡元聪著：《外部性问题解决的经济法进路研究》，法律出版社，2010。

消费对人类环境权、健康权以及后代人资源使用权等侵害的过程或状态。具体体现在三个方面：其一是对人类环境权的侵害。废旧电池混入生活垃圾一起填埋或者随手丢弃，渗出的汞等重金属及酸碱性物质将渗透于土壤及污染地下水，从而进入农作物、鱼类中，破坏人的生存环境，间接威胁人类的健康。据资料显示，1 节 1 号电池在土壤中腐烂后可使 $1m^2$ 范围内的土地寸草不生，完全失去耕种能力；一粒纽扣电池中的有毒金属则可污染 600 吨水，相当于一个人一生的饮水量。① 其二是对人类健康权的侵害。汞、镉、铅等金属焚烧成为气态扩散后，被人体吸入后危害性很大；重金属镉在人体内易引起慢性中毒，主要病症是肺气肿、骨质软化、贫血、瘫痪；而铅进入人体后最难排泄，严重影响肾功能及生殖功能；汞则对人体中枢神经破坏力最大，亦为毒性最强者。其三是对后代人资源使用权的侵害。相关资料显示，1980 年我国干电池生产量就已超过美国而跃居世界第一；1998 年我国干电池生产量达到 140 亿只，占世界干电池总产量的 47%。扔掉这些废旧电池，等于浪费掉 15.6 万吨锌，22.6 万吨二氧化锰，2080 吨铜，2.7 万吨氯化锌，7.9 万吨氯化铵，4.3 万吨碳棒。② 通常，废弃锂离子电池中，钴质量分数为 5% ~15%，锂质量分数为 2% ~7%，镍质量分数为 0.5% ~2%。③ 因此，废旧电池及生产电池产生的废料如果不进行回收，将造成资源的严重浪费。

（二）电池消费负外部性产生的原因

虽然电池消费的负外部性直接表现在过度消费，消费后的随意丢弃，回收处理不到位等方面，实际上，在电池消费前的生产过程、消费后的处理过程中都存在巨大的负外部性。

1. 从电池生产层面分析。电池生产技术不到位会带来负外部性。基于电池对环境的特殊影响，其生产应当有严格的市场准入制度。然而，我国生产电池的小企业在沿海地区尤为常见，家庭作坊式的生产，落后的生产技术，导致电池质量差，环境污染方面尤其严重。同时，由于这些小企业具有分散、灵活的特点，政府监管有心无力的现象非常普遍，因此小企业的生产成本非常低，有其生存空间。在义乌的小商品市场，5 元钱可以买到 60 节 5 号电池。这部分小企业将其生产的巨大环境成本转移到社会身上，存在巨大的负外部性，加剧了电池消费的环境问题。④

2. 从电池消费层面分析。电池的不正确消费和过度消费均会增加其负外部性。由于存在小企业以极低的成本生产其质量较差的产品。因此，一方面，消费者从自己利益最大化出发往往会购买这些电池。以大学生为例，据统计，大学生一个学期平均消费 6 节一次性电池、4 节可充电电池，目前我国在校大学生 2960 万人，一年消耗电池的数量惊人。这些大学生极有可能出于经济目的购买摊贩兜售的电池。当然，普通市民也可能如此。另一方面，因为小企业生产成本比较低，价格相对低廉，反而会使消费者增加消费，从而造成过度消费，导致劣质电池消费的泛滥，从而加剧负外部性的产生。

3. 从废旧电池回收困境层面分析。废旧电池的充分回收可以预防和减少其负外部性的产生。但是，目前我国的废旧电池回收却面临如下问题：一是回收承担主体缺失。目前

① 肖红、张培峰：《废旧电池回收处理存在的问题及对策》，载《中国资源综合利用》2005 年第 8 期。
② 常昊男、李光明：《东台地区废干电池处理情况的调查研究》，载《中学地理教学参考》2005 年第 11 期。
③ 曾桂生、郭琴、胡长安：《从废弃锂离子电池中回收有价金属的技术》，载《湿法冶金》2008 年第 4 期。
④ 刘平养：《不完全市场中废电池管理方法初探》，载《环境保护》2004 年第 9 期。

我国法律法规均未规定承担废旧电池回收的主体是谁，实践中多由单位、企业等组织或个人自发进行。二是回收网络尚未形成。近年来，许多城市的废旧电池回收网点陆续设立，但是数量少，覆盖地区有限，广大的农村地区基本处于空白状态；有些城市的回收网点虽然多，但大部分由某些单位、企业或个人自发倡导，未形成一个稳定长久的回收网络。三是民众回收意识参差不齐。虽然我国民众的整体环保意识正在提高，其中也不乏很多市民积极主动发起回收废旧电池的活动，但是相比13亿的人口，仍占少数。大多数民众的环保意识仍相当不足，需要进一步提高。因此，目前我国废旧电池回收比例太低，全国回收率不足2%。[①] 北京回收率仅有1.7%，上海仅有3.3%。

4. 从废旧电池再利用困境层面分析。废旧电池的充分再利用不仅可以节约资源，同样可以减少其外部性的产生。但是，目前我国的废旧电池再利用同样面临如下问题：一是再利用承担主体缺失。我国现有法律法规同样未对承担废旧电池再利用的主体进行规定，造成了整个再利用处于一个停滞被动的局面。二是再利用技术落后。与发达国家相比，目前我国的再利用研究技术仍然落后，整体科研水平不高。三是再利用资金缺乏。不仅科研资金缺乏，进行再利用处理本身也是一个花费巨大的工程。要建立一个“回收—处理—再利用”的高标准废电池处理厂，大约需要1亿元。[②] 普通企业无力承担，有能力承担的企业因利润太低而止步。同时，国家也未进行相关补贴和一定的金融、税收优惠，因此，废旧电池再利用的困境也导致了更多的负外部性。

二、我国电池消费负外部性法律规制的现状及其缺陷分析

（一）我国电池消费负外部性法律规制的现状

1. 从原则性规定层面分析。《中华人民共和国环境保护法》（以下简称《环境保护法》）、《中华人民共和国固体废物污染环境防治法》（以下简称《固体废物污染环境防治法》）、《中华人民共和国清洁生产促进法》（以下简称《清洁生产促进法》）和《再生资源回收管理办法》等对废旧电池的生产、消费、回收及再利用有重要的指导意义。1989年通过的《环境保护法》规定了国家鼓励环保事业发展、监督管理主体、奖励行为等一系列带有总括性的指导思想；1995年通过的《固体废物污染环境防治法》在《环境保护法》的基础上进行了细化，规定了城市生活垃圾的分类、处理和无害化以及合理的回收利用等；2002年通过的《清洁生产促进法》规定了废旧消费品的强制回收制度；2006年通过并于2007年5月1日起施行的《再生资源回收管理办法》以部门联合规章的形式对再生资源回收经营者作出了较为细致的规定。总之，这些规定为解决电池消费负外部性提供了原则性的指导思想。

2. 从专门性规定层面分析。首先，从法规层面来看。我国的《关于限制电池产品汞含量的规定》、《进出口电池产品汞含量检验监管办法》、《废电池污染防治技术政策》对电池的生产、消费、回收及再利用处理等具体问题进行了较为详尽的规制。1997年由轻工

---

① 在中国电池工业协会秘书长王敬中与新华社记者阎平的对话中提到此数据，来自阎平2002年7月7日新华社大连的新闻稿《我国废电池潜在危害不容忽视》。

② 张伟：《废电池难觅“下家”》，载《人民日报》2001年3月26日。

总会牵头制定的《关于限制电池产品汞含量的规定》以部门联合规章的形式，对实现我国电池生产低汞化、无汞化和相关国家政策作出了规定；2001年由国家出入境检验检疫局制定的《进出口电池产品汞含量检验监管办法》详细规定了对于进出口电池汞检验的具体操作规程；2003年由国家环境保护总局牵头制定的《废电池污染防治技术政策》以部门联合规章的形式，从电池的生产、使用，废电池的收集、运输、贮存以及资源再生和处理处置等方面详细作出了规定，可操作性比较强。2006年，国家发改委第87号文发布了《电池行业清洁生产评价体系（试行）》，其实施目的在于在处理废弃电池过程中最大可能地降低危险性和减少电池及蓄电池、废弃电池及蓄电池对环境的负面影响等方面。其次，从行业自律规定层面来看。2001年，上海市自行车行业协会向所有电动自行车工商企业发出了行业自律公约。该公约要求：一是所有生产企业必须与废旧电池回收单位签署相关协议；二是在产品说明和销售指南等资料上必须设立废旧电池回收的具体条款；三是所有生产销售企业必须杜绝买卖漏液、漏电、性能低劣的铅酸电池等。2011年5月，由11家铅蓄电池重点企业发起，众多行业企业参与成立了“铅蓄电池清洁生产行业自律联盟”，并率先向全社会发出“清洁生产行业自律条约”。总之，这些专门规定及行业自律规定为解决电池消费的负外部性提供了具有可操作性的具体思路。

（二）我国解决电池消费负外部性相关法规存在的缺陷

1. 规范比较零散，缺乏系统性。首先，从宏观层面来看，我国缺少一个系统的与电池生产、消费、回收和再利用相关的循环经济法律体系。目前，我国已经出台了包括《环境保护法》、《固体废物污染环境防治法》、《清洁生产促进法》和《再生资源回收管理办法》等十余部与环境有关的法律，其总的原则是“谁生产谁负责，谁污染谁治理”。然而这项原则也只是适用于生产领域产生的环境污染，对消费及其消费后的环境污染却未能涉及。同时，诸多法规还存在重复交叉的现象，缺乏系统协调性。其次，从微观层面来看，即从解决电池消费外部性的相关立法本身来看，《关于限制电池产品汞含量的规定》和《进出口电池产品汞含量检验监管办法》均是以“汞”为客体来进行规制，而对同样具有危害性的镉、铅、镍等重金属却未予规定，尚未纳入规制范围，实属遗憾。同时，我国的《废电池污染防治技术政策》也并没有对废旧电池的回收和再利用制定详尽的细则，回收与不回收没有奖励、处罚措施，缺乏可操作性。这些都显示了我国相关立法的局限性和缺乏系统性，不利于电池消费负外部性的解决。

2. 规范原则性过强，缺乏可操作性。我国许多相关法律条款仍然不够详细，且仅仅是一些概括性的规定，缺乏可操作性，不利于电池消费负外部性的解决。例如，《环境保护法》第5条规定，国家鼓励环境保护科学教育事业的发展，加强环境保护科学技术的研究和开发，提高环境保护科学技术水平，普及环境保护的科学知识。《固体废物污染环境防治法》第6条规定，国家鼓励、支持有利于保护环境的集中处置固体废物的措施。而这些仅仅是原则性的规定，国家如何鼓励、如何提高，鼓励的评判标准、鼓励的方式和支持的方式方法等内容均未予以详细规定。再如，《清洁生产促进法》第5条第1款规定，国务院经济贸易行政主管部门负责组织、协调全国的清洁生产促进工作。国务院环境保护、计划、科学技术、农业、建设、水利和质量技术监督等行政主管部门，按照各自的职责，负责有关的清洁生产促进工作。而对于如何统一组织、如何协调、如何与其他部门分工合作等，都缺乏具体规定。

3. 部分措辞含糊，缺乏确定性。许多条款的表述并不明确，不利于电池消费负外部性的解决。例如，《环境保护法》第11条第2款规定，国务院和省、自治区、直辖市人民政府的环境保护行政主管部门，应当定期发布环境状况公报。《固体废物污染环境防治法》第12条第2款规定，大、中城市人民政府环境保护行政主管部门应当定期发布固体废物的种类、产生量、处置状况等信息。这里的“定期”没有一个量化的标准；发布的形式、发布面向的群体没有一个明确的规定；“应当”发布，若未发布或未能定期发布，有什么后果等都没有予以规定。由于法律措辞含糊，缺乏明确清晰的表述，直接造成了具体的操作和执行的难度加大。

4. 规范层级较低，法律责任缺位。我国目前关于直接规制电池生产、消费的法规，如《进出口电池产品汞含量检验监管办法》、《关于限制电池产品汞含量的规定》仅是由多个部门制定的行业规定，法律效力较低，更不用说一些行业自律规定了；同时由于其行业规定的性质，缺少法律责任的规定，更使得该规定的执行效果不容乐观；虽然《废电池污染防治技术政策》作出了更为细致的规定，可操作性较强，但是由于缺少法律责任的规定，没有规定惩处措施也易使规定的执行大打折扣，难以有效解决电池消费的负外部性。

三、国外电池消费负外部性法律规制的考察

在发达国家中，尤其是日本、德国和美国在用法律解决电池消费负外部性方面成效显著，相关立法非常具有特色，尤其是体现在电池的循环使用方面。因此，对我国相关法规的完善具有重要的借鉴意义。

（一）日本电池消费负外部性的法律规制

1. 系统的循环经济法律体系有利于电池消费负外部性的解决。解决电池消费负外部性很重要的一个方面是实现电池的循环使用。日本是世界上循环经济立法最为完善的国家之一，其由上至下从“基本法—综合法—专门法”三个层次构筑了完整的“生产—消费—再利用”法律法规体系。其一，在基本法方面，制定有《推进循环社会形成基本法》[①]；其二，在综合法方面，制定有《废弃物处理法》和《资源有效利用促进法》；其三，六部专门法按照个别物品特性进行分开立法。[②] 日本完整系统的循环经济法律体系为电池的生产、消费、回收和再利用从而解决其负外部性提供了具体明确的操作指导和法律依据。

2. 专门化的立法有利于电池消费负外部性的解决。其一，在电池生产、消费方面，日本从1986年起要求降低含汞电池产量和一次性电池中的汞含量。目前已禁止在一次性电池中使用汞，其锌锰干电池已全部实现了无汞化。其二，在废旧电池资源化利用方面，日本主要集中在铅蓄电池和充电电池上。但是，日本却不仅限于铅蓄电池和充电电池的回收利用，而是同时坚持对一次性电池的回收和再生利用，对一次性电池的再生利用率达到50%左右。[③] 北海道野村兴产公司每年从全国收购的废电池达1.3万吨，占全国废弃电池的20%，收集的方式是93%通过民间环保组织收集，7%通过各厂家收集。以往，主要是

---

① 该法由日本政府于2000年12月6日制定，其制定标志着日本已经成为世界循环经济法制化的先进国家之一。

② 于杨曜：《日本建设循环型社会的立法启示》，载《法治论丛》2006年第4期。

③ 参见陈晓凤：《电池回收的尴尬局面，何时才能打破?》，载《绿色家园》2003年第11期。

回收其中的水银，但目前日本国内电池已不含汞了，就主要回收电池的铁壳和其中的“黑”原料，并进行二次产品的开发制造，如其中一个产品可用于电视机的显像管。地窄人多、资源匮乏的日本能取得这样的成果与其优秀的立法紧密相关，不仅实现了资源的充分利用，还很好地解决了电池消费的负外部性。

（二）德国电池消费负外部性的法律规制

1. 多层次的循环经济法律体系有利于电池消费负外部性的解决。德国是世界上最早进行循环经济立法的国家，其循环经济立法非常有助于电池消费负外部性的解决。德国的循环立法体系分为法律、条例和指南三个层次。从解决电池消费负外部性的视角来看：其一，宏观上的立法主要有：1972 年制定实施了《废弃物处理法》，1986 年将该法修改为《废弃物限制处理法》；1991 年制定了《包装废弃物处理法》；1994 年颁布了《循环经济和废物处置法》。[①] 其二，从废旧电池的专门立法来看，1998 年颁布了《废干电池及蓄电池回收处理法令》、《废旧电池条例》，这些法规对于解决电池的生产、消费、回收和再利用问题提供了法律保障。

2. 详尽的具体措施有利于电池消费负外部性的解决。德国电池生产、消费、回收和再利用方面的规定十分详细：其一，电池设计生产和销售方面。1998 年颁布的《废干电池及蓄电池回收处理法令》规定：“降低碱性锰电池的汞含量；电池生产商必须建立对电池中所含危险物质的再生利用处理设施；生产商和销售商负有回收所有废干电池和对民众进行回收利用宣传教育的责任，同时要求生产商必须向销售商和回收商支付因回收和转运旧电池所发生的费用。”其中明确规定了生产商和销售商的责任以及政府对电池生产商征收环境税。其二，电池押金制度方面。1998 年 10 月 1 日生效的《废旧电池条例》规定：“使用者没有归还废旧电池，销售者可以在售给其新电池时加收 15 马克的费用。”[②] 消费者购买电池时，押金是包含在价格里面的，把废旧电池送到废品站时，押金就能得到返还，从而保证了回收率。其三，电池收集和分类方面。德国实行“撒网式”收集系统，充分利用居民小区的生活垃圾收集系统、废旧家电收集系统、包装收集系统，以及在学校、综合办公楼等人口集中地区进行收集。不仅避免了额外的交通运输和人工投入，也提高了收集效率；采用自动分类技术，即在电池上印有带荧光墨水的标签，以便分离碱性电池和碳锌电池。其四，电池再利用方面。德国企业积极性很高，他们有的将旧电池磨碎，送往炉内加热，可提取挥发出的汞、锌等，锰和铁可熔合为炼钢所需的锰铁合金；有的从电池中提取铁元素，并将氧化锰、氧化锌、氧化铜等金属混合物作为金属废料直接出售。详尽完善的立法系统使得德国在 1998 年就回收了 1 万吨废电池，2005 年的回收率从 2000 年的 25% 提高到了 70% 以上。[③]

（三）美国电池消费负外部性的法律规制

1. 完善的循环经济法律体系有利于电池消费负外部性的解决。与日本相对，美国是

---

① 邱晨、陈利根：《国外循环经济立法的主要特点及对我国的启示》，载《资源与产业》2006 年第 3 期。

② 陈晓凤：《电池回收的尴尬局面，何时才能打破?》，载《绿色家园》2003 年第 11 期。

③ 青木：《德国广泛设立收集点撒网回收废电池》，载《生命时报》2006 年 4 月 18 日。

由下而上的企业推动型立法，由企业率先实行的“3R”① 原则一样有利于电池消费负外部性的解决。从循环经济立法层面来看，美国早在1976年制定了《固体废弃物处置法》、《资源保护回收法》，1990年通过了《污染预防法》。20世纪80年代中期开始有半数以上的州先后制定了不同形式促进资源再生循环法规，如1989年加利福尼亚州通过《综合废弃物管理法令》。② 这些法规为电池的生产、消费、回收和再利用从而解决其负外部性提供了宏观上的法律依据。

2. 细致的具体规定有利于电池消费负外部性的解决。其一，从电池消费的专门立法来看，1996年颁布了《含汞电池和可充电电池管理法令》。该法令明确规定，禁止销售含汞锌锰电池；要求分阶段禁止含汞电池的使用；并建立有效的方法来回收利用和处理镍镉电池、铅酸蓄电池和其他规定的电池；教育公众关心对各类废电池的收集、回收利用和合理处置；可充电电池的外表上须贴上统一规定的标签，标签上须印有“电池不得任意丢弃，须妥善处置”字样，等等。此法令使美国电池消费的管理相当有效。其二，在电池回收方面，上述法令规定用户如不把废旧电池交回给制造商、零售商或者批发商，每买一节新的蓄电池要多付3～5美元。所以美国的蓄电池回收率几乎达100%。③ 美国密歇根州在1990年通过法律，规定对在该州境内销售的镉镍电池征收2美元/节的处理费用，如果将旧电池交给电池销售商，则可退还部分费用。这些措施使美国的镉镍电池回收率达到50%，④ 并且比例不断上升。这些为电池消费负外部性的解决提供了法律保障。

四、我国电池消费负外部性法律规制的完善

电池的不当消费会对公众造成权利的侵害、利益的减损，因此必须通过法律进行规制，如可以通过法律施加公民环境义务来实现。我国应当借鉴国外经验，贯彻循环经济理念，完善电池生产、消费、回收和再利用方面的法律规制。

（一）宏观层面上，实现循环经济法律的系统化，从而利于电池消费负外部性的解决

我国们可以参照国外构建完善系统的循环经济法律体系。其一，以我国《循环经济促进法》作为促进电池消费负外部性解决的基本法，加快电池消费法律规制的系统化；其二，把《清洁生产促进法》、《再生资源回收管理办法》、《环境影响评价法》等带有综合指导意义的法律整合成利于解决电池消费负外部性的综合法体系；其三，在电池消费的专门立法方面，鉴于我国目前的分类过粗，由《固体废物污染环境防治法》、《水污染防治法》、《大气污染防治法》、《可再生能源法》等组成，没有按照具体事物的特点进行专门立法，这样执行起来可操作性就大大降低。而有些针对具体事物特点的立法层级又太低，往往是部门规章、行业规定，执行起来效果差。由于废旧电池立法在专门法的范畴内，因此可将电池消费和具有类似特点的电子产品进行专门立法，提高现有关于电池消费规章规

① “3R”为Reduce、Reuse、Recycle的英文缩写，即“减量化、再利用、再循环”。其分别代表了输入端、过程性和输出端方法。3R是发达国家普遍遵守的循环经济立法原则，也同样是为我国循环经济立法和体系构建所遵循的原则。

② 张庆卫、张式军：《循环经济立法比较研究》，载《经济师》2006年第6期。

③ 陈晓凤：《电池回收的尴尬局面，何时才能打破?》，载《绿色家园》2003年第11期。

④ 曾毅红、何深思：《发达国家的废旧电池处理及其对我们的启示》，载《环境保护》2002年第7期。

定的层级，切实落实法律责任和惩处规定。总之，必须构建一个完善的循环经济立法体系，可在基本法的基础上，对综合法进行整合，对专门法进行细化，使整个循环经济法律体系成为一个原则性和具体性、综合性和针对性、指导性和可操作性相结合的法律体系，从而有利于电池消费负外部性的解决。

（二）微观层面上，实现电池负外部性法律规制的专门化，从而利于电池消费负外部性的解决

电池消费负外部性的解决需要完善系列法律法规。下面结合日本、德国、美国的经验，建议主要从以下几个方面完善：

1. 电池生产方面法律规制的完善。电池作为负外部性非常大的消耗品，最有效的解决办法还是进行源头控制。生产者责任制是发达国家尤其是欧盟都非常强调的一种管理废电池的政策，其意图在于将电池生产者的外部性内部化。

（1）严格生产企业的市场准入。目前，我国对于生产电池的企业资质和实力没有严格的限制，特别是企业的生产水平、设备状况没有限定标准，至于废旧电池的回收再利用技术则更不在要求的范围内。《关于限制电池产品汞含量的规定》提出了电池生产在2002年达到低汞化，2006年达到无汞化。不过，目前国内许多大型的电池生产商已经达到无汞化，可是众多中小生产商仍然难以达到无汞化甚至是低汞化标准。因此，建议对生产电池的企业设定严格的准入标准，淘汰不合格的企业，限定生产电池企业的资质，从源头上控制污染环境的电池的生产。

（2）控制生产企业的生产标准。符合生产电池准入条件的企业必须严格遵循电池生产标准，需要严格控制电池中有害金属等物质的含量并进行相关标示。必须在相关立法中推行产品“环境标志”制度，鼓励电池生产企业积极开发无害化绿色环保电池，并按照“谁污染，谁治理”的原则，考虑对电池生产企业征收环境税用于废旧电池回收处理和综合利用。同时，在生产环节杜绝违法工艺的出现，鼓励清洁生产。生产者在设计过程中，要力求延长电池的使用寿命，有义务不断改进产品，逐步采取有效材料替代电池中的有害成分，力求减少使用或不使用有毒重金属。①

（3）强化生产企业的法定责任。我国当前由于对电池生产企业缺少法律责任的规定，而且执行起来难以真正落实，因此，必须明确对违规生产者的处罚措施。同时，相关环境保护部门和工商部门应定期予以检查和抽查，以确保相关规定得到落实。还有，与德国的《废干电池及蓄电池回收处理法令》相比，我国的生产商责任太轻，甚至有些生产商认为其责任仅为负责生产，至于回收和再利用根本与其无关。因此，建议学习德国，对生产商征收环境税，或者仿效韩国，实行“废弃物再利用责任制”，对规定的材料必须由生产单位负责回收和循环利用②；还可以将销售商与生产商或进口商的责任联系起来，对回收电池和宣传教育尽责。

2. 电池消费方面法律规制的完善。通过消费者义务的延伸，培养公众良好消费习惯已成为欧盟各国普遍接受的共识。我国可以通过制定法规鼓励人们的生态消费行为，以减少电池消费对环境产生的负外部性。主要包括：

---

① 周娟、张硕新：《我国废旧电池回收利用立法措施探析》，载《新西部》2011年第9期。

② 陈谨、张树兴：《论我国的循环经济立法》，载《2005年中国法学会环境资源法学研究会年会论文》，2005。

（1）规定消费者的社会责任和社会义务。① 例如，德国要求消费者将使用完的各种类型的电池送交商店或废品回收站，商店和废品回收站必须无条件回收，并转送生产厂家进行回收处理。因此，为了解决电池消费的负外部性，我国可以规定消费者有参与废旧电池回收以进行循环利用的社会义务，以达到促进电池的循环利用，保证废旧电池的妥善处理和资源的有效利用的目的，从而解决电池消费的负外部性。

（2）通过法规引导消费者适度消费，减少资源的耗费。1996 年开始，美国环保局要求蓄电池产品必须用统一的标记注明电池的类型。② 我国可以借鉴其经验，对各种类型电池的生产原料以及其污染程度、影响大小进行说明，从而引导人们适度消费，减少资源的耗费。同时，可以通过法规鼓励消费者购买环保型的“绿色”电池，减少小企业生产的高污染电池的使用，从而减少对环境的污染。

3. 废旧电池回收方面法律规制的完善。我国电池消费数量大得惊人，因此对废旧电池回收进行法律规制就显得非常重要，具体可以建立以下两个方面的法律机制。

（1）建立回收网络机制。我国目前还没有系统和完善的废旧电池回收系统。可以借鉴德国的做法，充分利用居民小区的生活垃圾收集系统、废旧家电收集系统、包装收集系统，以及学校、综合办公楼等人口集中地区进行回收。目前，我国许多城市都建立了较好的垃圾收集系统，但是在垃圾分类方面做得很差，民众嫌麻烦，常常所有垃圾混合一处，废旧电池和生活垃圾混合在一起便具有巨大危害性。因此，规定一种合理的垃圾分类方法是回收废旧电池的第一步，这一步不能依靠民众的环保意识自我觉醒，需要政府的引导和法律的强制规定。有了良好的垃圾分类系统，再结合强大的回收网络，废旧电池的回收才能真正落到实处。

（2）建立回收激励机制。发达国家的“押金制”是防止消费者随意丢弃废旧耐用消费品的有效措施。消费者在购买耐用消费品时，同时要预付随意丢弃报废的该消费品的押金，实际上是环境容量使用费，如果消费者届时将报废的耐用消费品送到指定的回收站，则可收回预付的押金。消费者受到物质利益驱动，一般会主动按照要求处置废旧耐用消费品，既避免了对环境的破坏，又有利于物资回收利用。在建立回收网络的基础上，不妨学习发达国家的先进做法，用押金换电池。德国和美国均有类似规定，在提高废旧电池回收率上作用巨大。

4. 废旧电池再利用方面法律规制的完善。通过法律强制对废旧电池进行回收后的下一步就是必须进行再利用的法律规制，具体包括：

（1）建立废旧电池再利用的激励机制。我国的废旧电池再利用技术的实际应用仍然落后。资料显示，目前废旧电池再利用技术有人工分选法、湿法回收利用、干法回收利用、干湿法回收利用、冶炼工艺法、电解溶液锌壳法等。③ 如何鼓励进一步的技术开发、如何鼓励企业运用技术实施再利用等都离不开国家的适度干预。目前，法律所规定的鼓励性条文，只是一个空洞的鼓励性条款而已。因此，在今后的立法中对于如何鼓励、鼓励方式和内容等应该予以明确和细化，以此真正激励废旧电池再利用的技术提高和技术应用。

---

① 参见胡元聪著：《外部性问题解决的经济法进路研究》，法律出版社，2010。

② 参见李剑：《美国环境政策发展趋向》，载《中国环境报》2005 年 10 月 21 日。

③ 赵东江、马松艳、田喜强、白晓波：《废旧锌锰电池回收利用的研究现状》，载《有色金属再生与利用》2006 年第 5 期。

（2）建立废旧电池再利用的资助机制。再利用的技术开发和企业实际运作离不开强大的资金支持。由于环境的“公共物品”性质，国家更应以法律保障、经济刺激等多种方式保证社会对环保建设的重视。我国2006年的《政府工作报告》中就提出：“完善资源综合利用和再生资源回收的税收优惠政策，推进废物综合利用和废旧资源回收利用。”因此，税收优惠政策还应在法律中体现以保证其得到落实，国家可以政策补贴、税收优惠、金融优惠、技术支持等方式实实在在地给予资助并制定相关细则。

5. 电池消费管制方面法律规制的完善。“徒法不足以自行”，除在实体方面进行全面、详尽的规范外，还必须从程序方面进行完善，具体包括：

（1）明确电池消费管制执法主体和职能。我国的《环境保护法》规定，各级政府（县级以上）的环境保护行政主管部门，对各地区的环境保护工作实施统一监督管理；相关监督管理部门有：国家海洋行政主管部门，港务监督、渔政渔港监督、军队环境保护部门，各级公安、交通、铁道、民航管理部门，县级以上人民政府的土地、矿产、林业、农业、水利行政主管部门。部门繁多，其中的职能分配、事务如何操作等缺乏明确指导意义；回收和再利用任何一个环节上具体的管理监督主体是谁，各部门应该如何配合，均无规定，因此，这些均应该制定细则予以明确。

（2）坚决查处电池消费违法行为。目前对于违反有关电池消费规章制度的行为，没有一个明确的法律惩处规定，参照《环境保护法》有些方面又不能予以规制。因此，可以借鉴国外法规的成功经验，政府有关部门对长期生产和销售不符合要求的电池企业进行处罚和勒令停业，对被检举制造、销售高汞和伪劣电池的单位或个人，技术监督、工商管理、环保部门要对其进行规范管理，形成制度。构筑从生产、消费、回收到再利用全过程的执法体系，最大限度地阻止高汞电池流向社会，减少环境压力，减少垃圾分拣的难度，从而真正解决电池消费的负外部性。

行业协会限制竞争行为的刑事责任研究

叶　明*

目　次

一、行业协会限制竞争行为概述

所谓行业协会限制竞争行为，是指由行业协会机构在其权限范围内，依照协会章程规定的程序或者法定程序，作出限制竞争的意思表示，并且将此种意思表示付诸实践的活动。① 行业协会限制竞争行为通常以限制竞争决议的形式表现出来。与经营者单独实施的限制竞争行为相比，行业协会限制竞争行为具有以下特征：

（一）行为主体复杂

与经营者限制竞争行为的行为主体只是经营者不同，行业协会限制竞争行为的行为主体呈现多元化的态势，包括限制竞争决议的作出主体和实施主体两大类。行业协会限制竞争决议的作出主体通常是行业协会，但在现实生活中，行业协会又具体通过章程或者会员大会，或者章程、会员大会授权的理事会、监事会等行业协会机关作出限制竞争决议，因此，代表行业协会作出限制竞争决议的主体比较广泛。就行业协会限制竞争决议的实施主体而言，有狭义和广义两种理解。狭义的实施主体只能是行业协会的会员，而会员可能是全体会员，也可能只是部分会员，这取决于具体的案例。广义的实施主体除会员外，还包括行业协会本身，后者除偶尔会直接实施限制竞争决议外，经常会为决议的顺利实施提供条件，对违反决议的行为进行监督和惩罚，以保证决议的有效实施。

---

* 西南政法大学经济法学院副教授，硕士生导师，法学博士。

① 参见叶明著：《行业协会限制竞争行为的反垄断法规制》，51页，法律出版社，2010。

（二）行为方式特殊

“行业协会限制竞争之特色在于其系以决议之方式进行，然后透过决议所具有之法律效力，而拘束所有之会员。”[①] 行业协会以决议方式作出的限制竞争行为，“既非有明确拘束意思的契约，也非单纯达到共同了解的协定，其意思表示根本不是彼此互相为之，而是向主持会议者为之。更重要的是，甚至不以全体同意为必要，只要达到普通多数即可通过而生一般的拘束力。”[②] 因此，这种行业协会限制竞争的团体决议虽然是“合成行为”，但它已脱离会员的个体意思表示而成为一种单一意思，它并不一定代表所有会员的意志，在行业协会被大（强势）会员操纵的情况下，它可能只代表某些会员的利益。即便如此，该限制竞争决议一旦作出，其效力仍及于未参加者及反对者。[③] 换言之，经营者限制竞争行为只有在所有参与的经营者意思一致的情况下，才能成立并创设经营者之间的权利义务，而行业协会限制竞争行为不以全体合意为必要，可以通过多数决之方式，对所有会员产生法律效力。

（三）实施效率高

一方面，行业协会拥有的“社会资本”[④] 降低了行业协会限制竞争行为的实施成本，提高了效率。一般而言，经营者总是希望享用垄断产生的收益这个“公共产品，却并非都愿意参与集体行动来创造它，存在搭便车的问题。”[⑤] 特别是当经营者人数较多时，由于生产出的垄断利润这个公共产品为许多经营者共享，个别经营者可能存在“作出贡献又不易为人觉察”，故“搭便车坐享其他经营者集体行动的成果遂成为普遍策略。”[⑥] 其作为经营者参与的网络性的社团，拥有促进限制竞争决议形成和执行的“社会资本”。它通过“重复博弈”在经营者之间建立起“互信，甚至群体意识”，[⑦] 不仅有利于形成行业协会限制竞争行为，而且减少了因“背叛”而导致行业协会限制竞争行为失败的危险。同时，行业协会通过“提供信息披露的媒介”，特别披露个别会员是否遵守行业协会限制竞争决议的信息，也有利于会员之间的合作得到遵守而不是背叛。另外，行业协会将以往形成和执行限制竞争行为的“成功经验累计传递下来”，有利于改进行业协会“集体行动的策略”，[⑧] 提高了行业协会限制竞争行为的效率。另一方面，行业协会拥有的组织优势给行业协会限制竞争行为的形成和执行提供了组织保障，减少了成本，提高了效率。其具体体现在以下两个方面：其一，行业协会组织的会议制度不仅给会员提供了见面机会，而且减少了博弈成本，从而减少了达成限制竞争决议的成本；其二，行业协会存在固定的实施组织，而且从会员大会的决议、理事会的负责执行到监事会的监督，其组织架构非常完整，这些完整的组织机构的存在不仅有利于限制竞争行为的实施，而且使限制竞争行为的执行

---

① 台湾学者吴秀明著：《竞争法制之发轫与展开》，27 页，台北元照出版公司，2004。

② 苏永钦著：《经济法的挑战》，151 页，清华大学出版社，2005。

③ 参见史尚宽著：《民法总论》，278 ~ 279 页，中国政法大学出版社，2000。

④ 社会资本是和物质资本、人力资本相对的一个概念，它是指一种由社会所带来的资源，最终成为促进生产之要素。社团往往拥有该种社会资本。参见 Coleman J. , Foundations of Social Theory, Cambridge: Harvard University Press, 1990, pp. 300 ~ 324。

⑤ 陈建民、邱海雄：《社团、社会资本和政经发展》，载《社会学研究》1999 年第 4 期。

⑥ Olson M. , The Logic of Collective Action, Cambridge: Harvard University Press, 1971, p. 156.

⑦ 陈建民、邱海雄：《社团、社会资本和政经发展》，载《社会学研究》1999 年第 4 期。

⑧ Putnam R. D. , Making Democracy Work, Princeton: Princeton University Press, 1993, pp. 150 ~ 177.

更富有效率。

二、追究行业协会限制竞争行为刑事责任的缘由

虽然《中华人民共和国反垄断法》（以下简称《反垄断法》）未规定具体的垄断犯罪及刑事责任，而且一反我国的立法惯例，连“构成犯罪的，依法追究刑事责任”这类原则性规定也未写入。由于《中华人民共和国刑法》（以下简称《刑法》）只有第223条关于串通招投标犯罪的规定涉及垄断行为。因此，在《反垄断法》所列举的各种垄断行为中，只有串通招投标行为可能被追究刑事责任。[①] 具体到行业协会限制竞争行为而言，只有行业协会串通招投标行为才能追究刑事责任，对于其他社会危害性更加严重的行业协会限制竞争行为，如价格联盟行为，按照目前《刑法》和《反垄断法》的规定，却不能追究刑事责任。这极不利于对行业协会限制竞争行为的规制。笔者认为，除了行业协会串通招投标行为可以追究刑事责任外，其他严重损害竞争的行业协会限制竞争行为也应该追究刑事责任，其缘由如下：

（一）行业协会限制竞争行为往往具有严重的社会危害性

具体而言，行业协会限制竞争行为的社会危害性表现如下：

1. 侵害自由竞争机制。市场竞争机制的一个重要功能就是准确地反映市场供求关系，优化资源配置，引导经营者正确决策。但是，行业协会限制竞争行为以决议、决定、建议等方式对市场上不同经营者商品价格、产量、销量等进行人为的限制，使其无法准确反映市场供求关系。行业协会限制竞争行为对竞争机制的危害表现在：首先，扭曲了价格机制，使价格不能客观真实地反映商品或资源的稀缺程度和市场供求状况。这会向商品生产者、经营者传递虚假的市场信息，对生产和消费均会产生误导作用，从而造成社会资源分配不合理和浪费。其次，通过行业协会的联合行为阻碍非会员自由进入某些市场领域，或者人为地提高非会员进入某些市场领域的成本，从而使市场主体进出市场的自由受到限制。

2. 损害经济民主。行业协会利用自己的组织优势和表决机制等优势，易于组织会员达成各种限制竞争决议，并且推动会员实施限制竞争决议。亚当·斯密认为，行业协会的独享特权“限制了某种行业的竞争，使从业人数比不加限制时愿意进入这种行业的人数少”，[②] 减少了市场的竞争主体，有违经济民主对竞争主体多元化的诉求。例如，行业协会通过集体抵制行为，可以将市场中的其他竞争者排挤出市场；通过标准化行为提高市场准入门槛，使潜在的竞争者无法进入本市场参与竞争；通过划分市场的行为人为地限制了本行业、本地域内竞争者的数量；通过不当的会员资格管理行为剥夺了市场主体公平参加市场竞争的机会等。上述行业协会限制竞争行为都使某行业内的竞争主体减少，从而损害了经济民主的内在要求。

3. 降低经济效率。由于竞争是经济效率的“催生婆”和“永动机”，[③] 那么行业协会限制竞争行为的“限制竞争性”决定了其必然会对经济效率有一定的负面影响：首先，行

---

① 参见时建中著：《反垄断法——法典释评与学理探源》，8页，中国人民大学出版社，2008。

② ［英］亚当·斯密著，杨敬年译：《国富论》，177页，陕西人民出版社，1999。

③ 阮方民著：《欧盟竞争法》，47页，中国政法大学出版社，1998。

业协会限制竞争不利于会员和行业整体竞争力的提高。从短期来看，行业协会实施的固定价格、划分市场等行为，将为会员提供一定程度的竞争保护，使会员的经济效益能够得以维持甚至提高。但是，从长期来看，由于有行业协会的这种保护，会员能够享受行业协会这个“保护伞”带来的固定利润，其便缺乏开发新技术、提高管理水平、改善服务质量的足够动力。长此以往，其导致的结果必然是产品品种单调、服务质量停滞不前、价格居高不下，最终导致生产效率下降，会员企业的竞争力下降。而会员企业竞争力的整体性下降必然导致整个行业的竞争力下降，不利于行业的长远发展。正如美国学者 Schaede 指出的那样：“如果协会限制市场准入和固定价格，长久以来将使该行业因缺乏竞争而导致无效率。”[①] 其次，行业协会限制竞争行为也不利于非会员企业经济效率的提高。行业协会经常从事针对非会员企业的限制竞争行为，如针对非会员实施集体抵制，拒绝非会员企业入会、对非会员的产品进行不公正的认证和评级等。这种针对非会员实施的限制竞争行为不仅可能导致非会员减少交易机会、降低其效率，严重的还可能直接把非会员排挤出市场。而上述会员和行业竞争力的下降，以及非会员经济效率的下降必然导致整个行业经济效率的下降。

4. 危害社会公共利益。一方面，行业协会限制竞争行为可以使会员企业避免或者减弱市场竞争，从而导致其因缺乏竞争的压力而不思进取，客观上起到了保护落后的作用，不利于行业综合素质的提高和产业的整体发展，阻碍了社会生产力的顺利发展。而这种社会生产力受到的阻碍，也会直接传导到社会公共利益上面，使其很难得到有效的维护。另一方面，由于行业协会是一种互益性组织，其维护的是本行业会员的共同利益，并非社会的公共利益。因此，当限制竞争行为符合行业协会会员的共同利益时，在会员利益的推动下，行业协会便有了实施限制竞争行为的动因。例如，当某个行业的市场竞争较为激烈时，行业协会就可能铤而走险，使用各种限制竞争行为毫无顾忌地牺牲社会公共利益以维护会员的共同利益。例如，行业协会拒绝给一些质量更好、竞争力更强的产品进行认证，以削弱生产这类产品的企业的竞争能力，这种行为由于削弱了产品质量竞争，使本行业甚至全社会的产品质量得不到改善，危害了社会公共利益。

5. 损害消费者的利益。竞争使消费者成为“上帝”，竞争给消费者带来福利，因此，美国的反垄断法专家博克（Bork）认为，美国反垄断法的唯一合法目标，是消费者福利的最大化。[②] 而行业协会限制竞争行为大多会对消费者权益造成直接或者间接的损害。消费者受到的直接损害表现为：行业协会固定价格行为和划分数量行为，限制或剥夺了消费者的公平交易权，使消费者不得不接受垄断高价，遭受盘剥；划分市场的行为也限制或剥夺了消费者对产品和服务的自由选择权；利用标准的集体抵制新产品的行为也在事实上限制或剥夺了消费者获取新产品的权利等。消费者受到的间接损害表现为：其他受到行业协会限制竞争行为排斥的经营者，被迫支付更高的竞争成本。但是，基于“羊毛出在羊身上”的道理，这部分经营者最终会将被迫支付的竞争成本转嫁到消费者身上，由消费者来为限制竞争行为的后果买单。因此，某些行业协会限制竞争行为，从表面上看只损害了部分经

① Ulrike Schaede, Cooperative Capitalism: Self – Regulation, Trade Associations, and the Antimonopoly Law in Japan, Oxford University Press, 2000, p. 24.

② Robert H. Bork, The Antitrust Paradox: A Policy at War with Itself, Basic Books, Inc. Publishers, 1978, p. 51.

营者的利益，但是最终的受害者却是消费者。

当上述行业协会限制竞争行为所具有的社会危害性达到相当严重的程度时，有必要追究其刑事责任。

（二）行业协会限制竞争行为具有刑罚之不可避免性

行业协会限制竞争行为不仅损害了私人利益，更多的是损害了社会公共利益。对于没有明确受害人的行业协会限制竞争行为，因受“个体不能对与本人无直接利害关系的违法行为提起诉讼”这一古老原则的限制，自然人、法人或者其他组织不能提起民事诉讼，所以无法通过民事制裁的方式予以补救。即使援用公益诉讼的法理，赋予与行业协会限制竞争行为无直接利害关系的公司、法人和其他社会组织对行业协会限制竞争行为提起诉讼的权利，仍将受举证困难方面的限制。① 因此，民事制裁对于规制行业协会限制竞争行为而言，作用并不理想。虽然行政制裁对于规制行业协会限制竞争行为具有程序灵活性和制裁方式多样性等优越性，但是在我国的政企关系中，政府对本土企业有着“父爱”式的情感，加之一些执法部门从自身利益出发或出于其他原因，只重视经济效益，不重视社会效果，② 因此对经营者的垄断行为往往比较宽容，对于行业协会组织实施的限制竞争行为，态度则更加和缓，往往打击力度不够。因此，仅仅追究行业协会限制竞争行为的民事责任和行政责任，并不能够有效遏制此类行为的发生，还需要通过司法机关施加公法上的刑事责任，③ 才能够对行业协会限制竞争行为予以有效的威慑与规制。

（三）预防行业协会限制竞争行为的需要

美国著名新制度主义经济学家道格拉斯·诺思在他与罗杰乐·米勒合著的一本名为《公共问题经济学》的小册子里指出：“人们可以像分析经济活动一样分析犯罪行为。潜在的罪犯……对犯罪行为及其法律后果所作的成本——利益分析中作出经济决策……为了减少包括谋杀在内的犯罪活动，经济学家就会争论道：由罪犯所支付的代价必须加以提高。”④ 诺思与米勒的分析对于行业协会限制竞争行为同样适用。因为从经济学的角度看，犯罪活动与合法活动的区别实际上意味着成本的差别。一个理性的个人在决定要不要从事犯罪行为时，影响他的是惩罚的概率及将受到的惩罚轻重。⑤ 如果追究行业协会限制竞争行为的刑事责任，提高其行为成本，使其限制竞争行为所付出的成本大大超过行为的预期收益，则对于阻止行业协会继续实施限制竞争行为将有突出成效，也可以预防其他行业协会实施限制竞争行为。

（四）追究行业协会限制竞争行为的刑事责任符合国际惯例

譬如，在日本，行业协会因限制竞争行为而受到的处罚是按照刑事责任中的罚金刑处理的，而且相关的责任人根据《禁止垄断法》第 95 条之规定，也应承担刑事责任。⑥ 美国《谢尔曼法》第 1 条规定：“任何契约，以托拉斯形式或其他形式的联合、共谋，用来限制州际间或与外国之间的贸易或商业是非法的。任何人签订上述契约或从事上述联合或

① 参见郑鹏程著：《反垄断法专题研究》，238 页，法律出版社，2008。

② 参见崔平：《关于法人犯罪的调查分析》，载《人民检察》1995 年第 6 期。

③ 参见邵建东：《我国反垄断法应当设置刑事制裁制度》，载《南京大学学报》2004 年第 4 期。

④ ［美］道格拉斯·诺思、罗杰乐·米勒著，张军、夏业良译：《我们身边的经济学》，46 页，学林出版社，1998。

⑤ 参见［美］理查德·A. 波斯纳著，孙秋宁译：《反托拉斯法》，318 页，中国政法大学出版社，2003。

⑥ 参见鲁篱：《行业协会限制竞争行为的责任制度研究》，载《中国法学》2009 年第 2 期。

共谋，是严重犯罪。如果参与人是公司，将处以不超过100万美元的罚款。如果参与人是个人，将处以10万美元以下罚款，或三年以下监禁，或由法院酌情并用两种处罚。”第2条规定：“任何垄断或企图垄断，或与他人联合、共谋垄断州际间或与外国之间的贸易或商业，是严重犯罪。如果参与人是公司，将处以不超过100万美元的罚款。如果参与人是个人，将处以10万美元以下罚款，或三年以下监禁，或由法院酌情并用两种处罚。”此外，加拿大、韩国、英国的反垄断法针对限制竞争行为也规定了刑事责任，而在这些国家和地区要追究刑事责任的限制竞争行为中，多数涉及行业协会限制竞争行为。

综上，不论从理论分析来看，还是从借鉴海外的实践经验来看，我国《反垄断法》皆有追究行业协会限制竞争行为刑事责任的必要性。

三、追究行业协会限制竞争行为刑事责任的路径

目前《反垄断法》中虽然暂无追究行业协会限制竞争行为的刑事责任的规定，《刑法》中有关垄断犯罪的罪名也缺失，但这并不意味着追究行业协会限制竞争行为的刑事责任永远没有法律依据。随着社会各界对垄断危害性的认识越来越深入，我国立法机关必会借鉴海外发达国家和地区的经验，将一些危害性较大的垄断行为（包括行业协会限制竞争行为）犯罪化，纳入刑法的规制范围。

在行业协会限制竞争行为犯罪化后，可以比照单位犯罪的原理对之追究刑事责任。根据《刑法》第30条的规定，单位犯罪，是指由公司、企业、事业单位、机关、团体实施的，依法应当承担刑事责任的危害社会的行为。最高人民法院《关于审理单位犯罪案件具体应用法律有关问题的解释》中对单位犯罪中的“单位”作出界定，单位即“公司、企业、事业单位，既包括国有、集体所有的公司、企业、事业单位，也包括依法设立的合资经营、合作经营企业和具有法人资格的独资、私营等公司、企业、事业单位”。该“解释”虽然界定了“单位”的范围，即“公司、企业、事业单位”，但因其过于笼统而缺乏可操作性，对于哪些主体能够成为单位犯罪主体，在理论上和实践上还存在争议。由于单位是利益竞争和满足的社会组织，同时又是国家正式体制中的一个环节。一方面，它被要求对整个的社会秩序负有责任，另一方面，它又是利益竞争的组织，[①] 具有自己的利益需求。同样，行业协会由于被要求对社会秩序承担责任，也是利益竞争的组织，因此行业协会也可以视为一个单位。虽然并不是所有的行业协会都具有法人资格，但是由于《刑法》并未限定单位犯罪为法人犯罪，而且国外的刑事立法和理论虽然多将单位犯罪称为“法人犯罪”，但其主体并不限于“法人”。因此，对于达到犯罪程度的行业协会限制竞争行为，不论其是否具有法人资格，都可以按照单位犯罪的原理来处罚。

现行《刑法》第31条规定：“单位犯罪的，对单位判处罚金，并对其直接负责的主管人员和其他直接责任人员判处刑罚。”一般认为，根据该条规定，刑法对单位犯罪实行以双罚制为主、以单罚制为辅的处罚原则。单罚制，是指对单位犯罪，只处罚单位成员或者只处罚单位本身。其中，只处罚单位成员的，又称为代罚制；只处罚单位的，又称为转嫁

① 参见张静：《个体与权威：如何建立二者的联系?》，载张静主编：《国家与社会》，184页，浙江人民出版社，1998。

制。现行《刑法》只有代罚制的规定，而无转嫁制的规定。[①] 笔者认为，现行《刑法》规定的代罚制中只处罚对单位犯罪直接负责的主管人员和其他直接责任人员极不合理，因为：（1）代罚制有违罪责自负原则。代罚制既然认为单位是犯罪主体，但又不处罚单位自身，而只处罚单位成员，导致犯罪主体与受刑主体的分离，这是违反基本法理的。即使是为了防止犯罪的目的，人在不是犯罪主体的情况下也不应该成为遏制其他人犯罪的手段。康德早就明确反对以人作为实现某种目的的手段。刑罚只能针对犯罪人实施而不应该针对不是犯罪人的人实施。[②]（2）代罚制有违刑罚的公平性。代罚制只看到单位成员在犯罪中的作用，无视单位在犯罪中的整体机能，只处罚为单位谋取利益的单位成员，而放纵作为犯罪真正主体的单位，让单位成员承担单位犯罪的全部责任，有悖刑法的公正性。（3）代罚制有损刑罚的预防功能。代罚制不处罚已经实施犯罪行为的单位，既不利于特殊预防，也不利于一般预防。更严重的是，代罚制没有削减犯罪单位的经济能力，使其可能暗中对受到处罚的单位成员予以补偿，从而使刑罚对单位成员的处罚效果大打折扣。可见，代罚制与严密法网的政策也是相悖的。[③] 由于单位犯罪的犯意形成具有集合性，虽然单位中的自然人负责贯彻和实施单位犯罪意志，但该犯罪意志并不一定就是该自然人的个人意志。[④] 因此，从遵循罪责自负原则和预防单位犯罪出发，对单位犯罪，必须要追究单位本身的责任。如果单位成员对单位犯罪起到重要作用的，也要惩罚。利用单位之名而行为个人牟利之实的犯罪，则要“刺破单位犯罪的面纱”，不能视为单位犯罪。因为，单位成员的行为兼具个体行为与单位行为的双重属性，并非单位成员所实施的任何行为都是单位行为。与之相应，单位成员所实施的犯罪行为也不能都归责于单位而成立单位犯罪。只有单位成员实施的能够代表单位并为单位谋取利益的行为才能被认定为单位行为，该行为若构成犯罪，才能被认定为单位犯罪。所以，如果单位成员盗用单位名义实施犯罪，且犯罪所得归自己所有的，就不应再作为单位犯罪来对待，而应直接追究行为人——单位成员的刑事责任。

参照单位犯罪理论，对于行业协会限制竞争行为，如果达到犯罪程度的，也可以实行双罚制，既处罚行业协会，又处罚投赞成票的会员和积极实施行业协会限制竞争决议的会员。由于此处的双罚制虽然是借用单位犯罪的理论，但是与通常意义的单位犯罪的“双罚制”有一些区别。此处的双罚并不指既处罚单位，又处罚对单位犯罪直接负责的主管人员和其他直接责任人员，而是指既处罚行业协会，又处罚对行业协会限制决议的表决通过和实施具有重要作用的会员。由于行业协会和绝大多数会员是以单位形式存在，在处罚行业协会和会员时，又要借用单位犯罪的理论再次适用“双罚制”。因此，在追究行业协会限制竞争行为的刑事责任时，就有可能两次适用“双罚制”。

四、行业协会限制竞争行为的具体刑事责任形式

（一）行业协会承担的刑事责任

行业协会作为一个单位，是否可以适用单位犯罪的“双罚制”，既处罚行业协会本身，

① 参见叶良芳：《单位犯罪责任构造的反思与检讨》，载《现代法学》2008 年第 1 期。

② 参见朱建华：《单位犯罪主体之质疑》，载《现代法学》2008 年第 1 期。

③ 参见叶良芳：《单位犯罪责任构造的反思与检讨》，载《现代法学》2008 年第 1 期。

④ 参见童颖颖：《单位犯罪主体认定的实质化及其法理探讨》，载《社会科学家》2007 年第 7 期。

又处罚行业协会的代表人或者理事长，这在学术界存在一些争议。例如，吴秀明教授认为，虽然代表人或理事长等领导对外是行业协会的代表，但是其在行业协会的决议过程中亦仅为形成决议之一票，与其他会员并无二致，其主持会议只是依章程行使职权而已，并不因此就当然成为应连带负责之行为人。① 但是笔者认为，虽然行业协会的代表人在行业协会决议时和普通会员一样只有一票，但是既然投赞成票的会员因此要受处罚，为何投赞成票的行业协会的代表人不受处罚？并且，代表人在行业协会中的实际作用并非如吴秀明教授所说的那么小。在我国，存在多数行业协会的会员大会、理事会和监事会的权利与义务及章程规定的民主管理措施流于形式，有些协会基本上是会长或秘书一人说了算的情况。② 而且，行业协会限制竞争决议只有生效、实施，才能对竞争秩序产生影响。一般而言，有权使行业协会之意思表示对外生效者，应属行业协会的代表人或者代理人，换句话说，虽然行业协会已通过有权机关达成决议，但该决议必须通过行业协会的代表人或代理人以行业协会名义对外公告或向全体会员通知后才能生效。此时，行业协会之代表人或代理人负有义务去审查有权机关之决议是否有违反反垄断法之情形，若其不审查或者审查后发现该项决议可能有违法的情形，或审查时因过失而没有发现该项决议可能违法，而仍然对外公告或通知时，行业协会代表人对决议的生效负有不可推卸的责任。由此可见，行业协会代表人对于行业协会限制竞争决议的通过和实施，其作用远远大于行业协会普通会员的作用。为此，我国台湾地区1999年修正的“公平交易法施行细则”第5条第3项规定：“同业公会藉章程或会员大会、理监事会议决议或其他方法所为的约束事业活动之行为，亦为第一项之水平联合；同业公会代表人得为行为人。”此项规定除了对联合行为之公会活动提出说明外，亦配合实务之做法，规定同业公会之代表人得为行为人。③ 综上，笔者认为行业协会限制竞争行为构成犯罪时，在处罚行业协会时，除了处罚行业协会本身，行业协会的代表人或者其他对行业协会限制竞争行为直接负责的领导也应受罚。

行业协会作为一个社会组织，不可能承担自由刑（指管制、拘役和徒刑）和生命刑，只可能承担财产刑，而财产刑包括罚金和没收财产。通常适用于行业协会的刑罚是罚金。对行业协会的代表人可以适用管制、拘役、徒刑，并处罚金等。不管是罚金，还是管制、拘役、徒刑，都是由司法机关根据法律的规定，综合考虑行业协会限制竞争行为的社会危害性、持续时间长短、参与会员的多少、社会影响的大小等情形后决定。

（二）行业协会会员承担的刑事责任

当行业协会限制竞争行为已经确认为犯罪行为后，赞成决议的会员和积极参与实施行业协会限制竞争决议的会员也要承担刑事责任。由于行业协会会员绝大多数是单位，故此处又要参照单位犯罪的双罚制来追究责任，即对具有单位形态的会员处以罚金或者没收财产，并对该会员的领导和其他直接责任人员处以管制、拘役或徒刑，并处罚金。笔者虽然反对单位犯罪只追究对单位犯罪直接负责的主管人员和其他直接责任人员的所谓的单罚制，但这并不意味着笔者反对惩罚上述直接责任人员。对于具有单位形态的行业协会的会员而言，由于其赞成和实施行业协会限制竞争决议的行为虽然也体现了该会员单位的集体

① 参见台湾学者吴秀明著：《竞争法制之发轫与展开》，25页，台北元照出版公司，2004。
② 参见朱英著：《中国近代同业协会与当代行业协会》，481页，中国人民大学出版社，2004。
③ 参见台湾学者吴秀明著：《竞争法制之发轫与展开》，25页，台北元照出版公司，2004。

意志，但是由于具有单位形态的会员往往具有法人资格，其组织结构紧密，而且其领导往往可以直接决定其生产经营活动，对于会员参与行业协会限制竞争决议，会员的领导人作用甚大，难脱干系。因此，对于赞成和积极参与实施行业协会限制竞争决议的具有单位形态的会员而言，在追究刑事责任时，既处罚会员本身，也应处罚会员的领导和其他直接责任人员。正如哈耶克所言："欲使责任有效，责任还必须是个人的责任。在一个自由的社会中，不存在任何由一群体的成员共同承担的集体责任，除非他们通过商议而决定他们各自或分别承担责任……如果因创建共同的事业而课多人以责任，同时却不要求他们承担采取一项共同同意的行动的义务，那么通常就会产生这样的结果，即任何人都不会真正承担这项责任。"① 美国《克莱顿法》第13条规定，当公司参与卡特尔构成犯罪时，授权、命令或参与该行为的公司董事、经理或代理人负轻罪的刑事责任。美国沃伦（Warran）大法官也认为："凡明知而参与促成不法联合行为的经理人员，均应就联合行为负责。"②

如果会员不具有单位形态，则对会员直接处以管制、拘役或者徒刑，并处罚金。由于个人的经济负担能力有限，因此对个人的罚金数额往往不高，更多的是适用自由刑。美国反垄断机构向来坚持这种信念：威慑与惩罚垄断活动最好的、最可靠的办法，就是通过判处监禁的方式让有罪的个人承担责任。③ 欧洲竞争法专家也认为，对违法企业的领导人判处刑事监禁，比仅仅对企业征收罚款的作用要大得多，特别是当违法企业的领导人在感恩节必须在监狱度过而不能与家人团聚的时候，无论对企业的罚款金额有多大，都不如制裁这些领导人更有威慑力。④ 因此，我国在追究行业协会限制竞争行为的会员的个人责任时，也可适用管制、拘役或徒刑。不过，从各国及地区反垄断法规定的情况来看，虽然大多规定了针对个人的徒刑或者监禁，但是对个人参与垄断犯罪所处以的刑期并不是很长。例如，美国《谢尔曼法》第1条规定的最长刑期是1年监禁，到1974年提高到3年；2004年，美国通过《反托拉斯刑事处罚增进和改革法》，将监禁的最长期限由3年增加到10年。日本、韩国以及我国台湾地区对垄断罪所规定的最长刑期为3年，加拿大、英国反垄断法规定的最长刑期为5年。从反垄断法实践来看，各国和地区对于参与限制竞争行为的个人的刑事制裁比较宽松。但是，对公司、企业等的处罚却越来越严厉，如美国20世纪90年代修订的《刑事罚金改进法案》规定，对公司的罚金不必局限于1000万美元，而可以是违法所得总数的两倍或者是违法行为所造成的损失。⑤

五、结语

行业协会限制竞争行为具有较大社会危害性，故有必要追究其刑事责任。我国目前的《反垄断法》和《刑法》对于行业协会限制竞争行为的刑事责任的规定虽还处于缺失状态，但是随着立法机关对此类限制竞争行为的危害性的认识不断深入，必将会借鉴海外大

---

① ［英］弗里德里希·冯·哈耶克著，邓正来译：《自由秩序原理》，89～90页，上海三联书店，1997。

② 台湾学者范建得、庄春发著：《独占·结合·联合》，249页，台北汉兴书局有限公司，1994。

③ Stephen Callkins, "An Enforcement Officials Reflections in Antitrust Class Actions", 39 Ariz. L. Rev, 1997, pp. 437～444.

④ 参见郑鹏程著：《反垄断法专题研究》，252页，法律出版社，2008。

⑤ 185 U. S. C. § 3571 (d) (2000).

多数国家和地区的做法，增加规定行业协会限制竞争行为的刑事责任。因此，将来对于严重损害竞争秩序的行业协会限制竞争行为，有可能追究其刑事责任。不过，即使立法增补了对于行业协会限制竞争行为的刑事责任，也应注意，在法律制裁手段中，刑罚具有最后手段性的特点，它只是其他法律制裁手段的补充，而非对抗不法手段的主要和唯一手段。若以其他手段也能达成防止限制竞争行为发生之效果，即应优先采取其他手段。

论我国地方财税法制化改革的历史进程及未来走向[*]

李玉虎[**]

目　　次

财税法制改革发展依赖于财税体制改革和法治国家建设的进程，以法治国家为目标的国家建设和以财税体制改革为主要内容的经济体制改革决定着财税法制的进程，也决定了地方财税法制的建设和发展。我国的地方税制几经变迁，但是还没有建立起法制化的地方税制。新中国成立后，政务院于1950年发布《契税暂行条例》①，规定对土地、房屋的买卖、典当、赠与和交换征收契税，开启了地方税的立法历程。该条例规定，契税的适用税率，由省、自治区、直辖市人民政府在前款规定的幅度内按照本地区的实际情况确定。在改革开放前，税收的归属随着财政税收管理体制的变化频繁调整，没有形成完整的地方税制度，只有城市房地产税、车船使用牌照税、契税、屠宰税、农业税、牧业税、交易税等税种具有比较典型的地方税特征。② 国务院1985年发布的《中华人民共和国城市维护建设税暂行条例》授权省、自治区、直辖市人民政府可以根据本条例，制定实施细则。1986年，国务院发布了《中华人民共和国房产税暂行条例》，房产税的征税范围是城市、县城、建制镇和工矿区，并没有涵盖居民住房，该条例也授权省级人民政府确定定期减征或者免征房产税；同时授权省级政府规定缴纳期限，以及制定施行细则的权力。1987年国务院发布了《中华人民共和国耕地占用税暂行条例》③，该条例规定，各地适用税额，由省、自治区、直辖市人民政府在本条第1款规定的税额幅度内，根据本地区情况核定。1988年国

---

* 基金项目：教育部人文社会科学研究2009年度项目“法律制度与中国经济发展实证研究”（项目编号：09XJC820010）。
** 西南政法大学经济法学院副教授，硕士生导师，法学博士。
① 该条例被1997年国务院发布的《中华人民共和国契税暂行条例》取代。
② 刘佐：《中国现行地方税制存在的主要问题和改革设想》，载《地方财政研究》2008年第7期。
③ 该条例被2008年施行的《中华人民共和国耕地占用税暂行条例》取代。

务院发布《城镇土地使用税暂行条例》[①]，对在城市、县城、建制镇、工矿区范围内使用土地的单位和个人开征城镇土地使用税，授权省级政府，在规定的税额幅度内，根据市政建设状况、经济繁荣程度等条件，确定所辖地区的适用税额幅度；同时授予省级政府制定实施办法的权力。2011 年 9 月 30 日，国务院修订的《中华人民共和国资源税暂行条例》第 1 条规定，在中华人民共和国领域及管辖海域开采本条例规定的矿产品或者生产盐（以下称开采或者生产应税产品）的单位和个人，为资源税的纳税人，应当依照本条例缴纳资源税。现行的地方财税体系是 1994 年实行分税制财政管理体制改革时确立的，其后针对收入的具体划分虽有多次调整，但基本框架没有改变。目前，我国并没有建立系统化的地方财税法制体系，地方财税法规范主要表现为在地方权限范围内针对地方税种进行的适当变通和具体管理措施的改进。例如，省级政府可以制定税收法规规章的实施办法。2011 年全国人大常委会通过了《中华人民共和国车船税法》（以下简称《车船税法》），同时授权车辆的具体适用税额由省、自治区、直辖市人民政府依照本法所附《车船税税目税额表》规定的税额幅度和国务院的规定确定。地方财税法制是我国财税法制的有机构成部分，总结我国地方财税法制的改革进程及其所取得的成就，对将来地方财税法制体系建设，乃至我国财税法治化进程都是有必要的。

一、地方财税体制改革的基本背景

（一）我国财政职能的变迁

新中国成立初期，国家建设面临着国内外敌对势力的干扰，这一时期的财政主要以保障战争为重点，所以被称为“战时财政”。1953 年以后，我国开始了全面的国家建设时期，“一五计划”确立了经济建设作为国家建设的主要任务，从此以后，国家财政进入了“建设财政”时期。1998 年，随着社会主义市场经济的确立和政府职能转变，政府逐步退出了经济建设的部分领域，在经济发展的基础上，还要加快社会发展，实现财政支出均等化，建立和完善财政转移支付制度等，进入了“公共财政”时期。2003 年以来，在贯彻落实科学发展观和构建和谐社会的导向下，国家财政在教育、医疗卫生、扶贫、失业救助、社会保障、环境保护等基本公共服务方面的投入明显加大，由此开启了“民生财政”时代。[②] 地方财税法制改革是在国家财政模式变迁的背景下展开的。

（二）财政分权与分税制改革

中央与地方的关系，是一个涉及政治、经济、法律等方面的国家治理的基本关系，中央与地方的财政关系问题是经济学研究的重要课题，其中财政分权理论对地方财税体制的影响尤为突出。一般认为，财政分权是指赋予地方政府一定的税收权力和支出责任范围，并允许地方政府自主决定预算支出规模和结构，使地方政府能自由选择其所需要的政策目标和措施。针对一个国家中央与地方财政关系的研究而出现的财政分权理论，在半个多世纪的发展中先后经历了财政分权理论与新财政分权理论的演变。国内外经济学家和财政学专家，围绕中央与地方间财政关系的集权与分权问题，研究者得出了不同的结论，有的研

① 根据 2006 年 12 月 31 日《国务院关于修改〈中华人民共和国城镇土地使用税暂行条例〉的决定》修订。

② 也有人认为，“公共财政”与“民生财政”是同一概念。

究认为财政集权优于财政分权，有的研究则认为，财政分权更加有利于提高经济效率。①有的研究认为，经济发展程度不同的国家，财政分权与经济增长之间的关系有所不同，即财政分权与经济增长在发展中国家呈负相关关系，而在发达国家两者之间不存在显著的关系，针对我国财政分权的研究表明，财政分权程度的扩大不利于经济增长。② 中央政府和地方政府财政关系的核心问题是财政分权的限度问题，其核心问题是规范中央政府与地方政府之间的财政关系，使得中央财政和地方财政分配关系科学化、公正化、规范化。新中国成立以来有关中央与地方间关系的认识深刻影响着地方财政体制，新中国成立初期，通过实行高度集中的财政体制集中全国财力建设国家，取得了一系列重大成就。但是，计划经济时期高度集权的财政体制不利于地方政府和企业发挥积极性，所以从 1977 年开始在一些省份探索财政分权，实行分灶吃饭，给地方政府一定的财政税收权利和支出义务。改革开放以来，中央与地方间财政关系进行了调整，逐步赋予地方政府较大的财政权力。1980 年，国务院决定实行“划分收支、分级包干”的财政管理体制，其核心是把收入分成固定收入、固定比例分成收入和调剂收入，实行分类分成，财政支出主要按照企业和事业单位的隶属关系进行划分，地方财政在划定的收支范围内多收可多支、少收则少支、自求平衡。1994 年实行的以“三分一返还”为主要内容的分税制改革，即在重新划分事权的基础上，划分中央与地方的财政支出范围，按税种划分收入，明确中央与地方各自的收入范围，分设国家税务和地方税务两套税务机构，建立中央对地方的税收返还制度。

（三）确保中央政府的宏观调控能力与发挥地方政府的积极性

从中央与地方的关系看，我国的经济体制改革是中央向地方不断放权的过程。从改革开放到分税制改革的十几年间，中央财政收入的逐渐下降导致了中央对国民经济发展的调控能力大为减弱，而基于中央财力的下降，在 1994 年实行了分税制改革。实行市场经济，不仅要重视地方政府之间的适度竞争，通过财政税收、人事管理等方面增强地方政府促进经济发展的主动性和灵活性，实现公平竞争和自由竞争。但与此同时，也不能削弱中央政府对宏观经济的控制能力和调节能力。理论和实践证明，完全自由放任的市场经济会导致经济社会发展中出现灾难性后果，没有强有力的中央政府的领导和调控，就会出现区域发展差距过大、贫富分化程度扩大等弊端，从而对国民经济造成致命性打击，甚至导致地方经济割据乃至社会动荡等局面。改革开放以来，政府税收在 GDP 中所占比重从 1978 年的 31.1% 下降到 1993 年的 12.3%，中央财政收入在财政收入的比重也急剧下降，从 1985 年的 38.4% 下降到 1993 年的 22%，而中央支出占财政支出的比重并没有明显下降，这一方面导致中央财政入不敷出，另一方面导致中央的经济调控能力下降。针对这些不利于经济社会发展和国家能力建设的现象，我国在 1993 年启动了以分税制为主要内容的财政管理体制改革，旨在合理划分中央与地方财权与事权，增加中央财政收入、增强中央的宏观调控能力，同时维护地方政府发展经济的积极性。

（四）法治化进程对地方财税法制化的影响

经济改革以来，遵循“有法可依、有法必依，执法必严、违法必究”的原则，在政治、经济、文化、社会生活各个领域开展了立法工作。1996 年 3 月，第八届全国人大第四

① 林毅夫、刘志强：《中国的财政分权与经济增长》，载《北京大学学报（哲学社会科学版）》2000 年第 4 期。
② 邹恒甫：《把握适度财政分权，减少财富不平等分配》，载《21 世纪经济报道》2007 年 5 月 14 日。

次会议把“依法治国，建设社会主义法制国家”作为一条基本方针，写入“九五”计划和2010年远景目标纲要。2001年3月，第九届全国人大第四次会议通过的“十五”计划进一步明确指出：“依法治国，建设社会主义法治国家，是社会主义现代化的重要目标。”从而将“依法治国”从治国方略的手段层次，上升为社会主义现代化重要目标的目的层次，将建设社会主义法治国家统一于建设社会主义现代化国家的目标之内。2004年3月，国务院发布《全面推进依法行政实施纲要》，明确提出建设法治政府的奋斗目标。这些具有纲领性的文件，在促进我国社会主义法制建设，建设法治国家和构建社会主义法律体系方面都发挥了十分重要的作用。然而，与宪法及宪法相关法、民法商法、行政法、经济法、社会法、刑法、诉讼与非诉讼程序法七个部门法的立法和法治化进程比较，我国在经济法内的财税法治化进程显然落后于时代的要求，截至当前，在财税法领域只有4部现行法律，对所得税以外的其他税种都通过行政法规来开征，[①] 地方还没有法律明确规定的或者全国立法机构授权的税收立法权。但是，由于我国幅员辽阔、各地经济文化社会发展等存在较大差异，加之地方政府具有促进本地经济社会发展的动力机制，这就决定了国家实行统一分层的立法体制，即在全国人大及其常委会集中行使国家立法权的前提下，赋予国务院制定行政法规，省级、经国务院批准的较大的市和省会所在地的市，以及经济特区可以制定不与法律、行政法规相抵触的地方性法规和规章，民族自治地方还可以制定自治条例和单行条例的权力。根据《中华人民共和国宪法》和《中华人民共和国立法法》（以下简称《立法法》）的规定，地方性法规可以就下列事项作出规定，一是制定为执行法律、行政法规的规定，需要根据本行政区域的实际情况作具体规定的事项，二是属于地方性事务需要制定地方性法规的事项。地方政府规章可以就下列事项作出规定：一是为执行法律、行政法规、地方性法规的规定需要制定规章的事项，二是属于本行政区域的具体行政管理事项。这些上位法为地方权力机构和行政机关制定地方性财税法提供了法律依据。此外，有些地方还可以授权立法的方式获得地方性税收立法权。

二、地方财税体制改革及其法制化的历史进程

我国财税法体制改革与财税法制化经历了艰难曲折的探索历程。从20世纪50年代的“统收统支”体制，到60年代的中央与地方财政“一体化”体制，再到70年代后期实行的“财政收支包干”制度。随着20世纪70年代末期实行的以商品经济和市场经济为导向的经济体制改革，传统的中央集权制财税体制无法适应市场经济体制的要求，市场化经济改革从根本上动摇了计划经济体制下的财税体制。20世纪80年代推行的地方“财政包干”制度以及随后实行的全面向地方“放权让利”的经济改革，是逐步建立适应市场经济体制的财税体制的过渡阶段。1983年2月28日，国务院批转财政部《关于国营企业利改税试行办法（草案）的报告》并发出通知，指出对国营企业实行利改税，是经济管理体制改革的一个重要方面。“八五”计划提出的财税体制改革目标是，继续稳定和完善财政包干体制，增加财政收入。同时，要适当提高国家财政收入占国民收入的比重和中央财政收入占整个财政收入的比重。在有条件的城市和地区，积极进行分税制的改革试点。按

① 《中华人民共和国车船税法》于2011年颁布，2012年1月1日实施。

照统一税政、集中税权、公平税负的原则，逐步理顺税制结构，强化税收管理，严格以法治税，充分发挥税收在增加财政收入和宏观经济调控中的重要作用。

1993年党的十四大召开，提出了要建立社会主义市场经济体制，同年，国务院作出《关于实行分税制财政管理体制的决定》，确定从1994年1月1日起改革现行地方财政包干体制，按照“统一税法，公平税负，简化税制，合理分权”的指导原则进行“分税制”财税体制改革。统一税法，是指将此前实行的按照国有企业与私营企业、内资企业与外资企业适用不同税法统一；公平税负，是指将原来不同所有制属性的企业所得税的不同税负进行了调整，使得不同性质企业之间的税负趋于公平；简化税制，是指将原有的30多个税种调整到18种税；合理分权就是在中央与地方之间合理划分税权。1994年的税制改革进一步建立了分税制的财政分权体制，2003年《中央关于完善社会主义市场经济体制若干问题的决定》指出，在“统一税政前提下，赋予地方适当的税政管理权”。在分税制下，中央与地方在税收分配中的地位得到了进一步的确立，尽管地方政府并不拥有税收立法权和征税权，但正式拥有了14种地方税收的支配权，尤其是数额巨大的预算外资金完全由地方政府支配。至此，地方的财政预算也正式脱离中央政府的控制范围，地方政府的预算也不再由中央政府批准，而是由地方人大批准，省级政府对省级以下各级政府的转移支付也完全由各省自行决定。1994年第八届全国人民代表大会第二次会议通过并公布的《中华人民共和国预算法》，实行一级政府一级预算，构成了现行的五级预算体制，明确规定了“国家实行中央和地方分税制”财政管理体制。“九五”计划提出，要调整国民收入分配格局，提高财政收入占国民生产总值的比重，以及中央财政收入占全国财政收入的比重。继续完善税制，统一内外资企业所得税①，取消各种区域性税率，巩固和完善以增值税为主体的流转税体系，适当扩大增值税和资源税征收范围；建立覆盖全部个人收入的分类与综合相结合的个人所得税制；调整地方税制结构，健全地方税收体系；依法征税，严格控制税收减免；逐步开征遗产税和赠与税、利息所得税和社会保障税。完善分税制，合理划分中央与地方的事权，划清支出范围。建立规范的转移支付制度。“十五”规划进一步提出完善地方税税制，合理界定中央和地方政府的事权范围，完善分税制和转移支付制度，加强财政再分配功能。保证财政收入的稳定增长，提高国家财政收入占国内生产总值的比重和中央财政收入占全国财政收入的比重。逐步建立适应社会主义市场经济要求的公共财政框架，建立稳固、平衡、强大的国家财政。

2003年10月14日，中国共产党第十六届中央委员会第三次全体会议作出了“分步实施税收制度改革”的战略部署，提出要按照“简税制、宽税基、低税率、严征管”的原则进行新一轮税制改革。“十一五”规划就推进财税体制改革提出了明确要求，即调整和规范中央与地方、地方各级政府间的收支关系，建立健全与事权相匹配的财税体制。实行有利于促进科技进步、转变增长方式、优化经济结构的财税制度。在完善财政体制方面，加快公共财政体系建设，明确界定各级政府的财政支出责任，合理调整政府间财政收入划分。在完善税收制度方面，在全国范围内实现增值税由生产型转为消费型；适当调整消费税征收范围，合理调整部分应税品目税负水平和征缴办法；适时开征燃油税；合理调整营业税征税范围和税目；完善出口退税制度；统一各类企业税收制度；实行综合和分类相结

① 2007年实现统一。

合的个人所得税制度；改革房地产税收制度，稳步推行物业税并相应取消有关收费；改革资源税制度；完善城市维护建设税、耕地占用税、印花税。党的十六届三中全会通过了《中共中央关于完善社会主义市场经济体制若干问题的决定》，该决定在提到深化财税体制改革时指出“实施城镇建设税费改革，条件具备时对不动产开征统一规范的物业税，相应取消有关收费。在统一税政前提下，赋予地方适当的税政管理权”。此后，在 2004 年 9 月，在东北老工业基地八大行业试点增值税转型；2006 年起废止《中华人民共和国农业税条例》，取消了包括农业税、牧业税、农业特产税在内的农业税；2007 年 7 月试点范围推进到中部六省部分城市。

2010 年 1 月，胡锦涛总书记在政治局第十八次集体学习时强调要加快完善税收制度，坚持简税制、宽税基、低税率、严征管的原则，优化税制结构，公平税收负担，规范收入分配秩序，促进经济健康发展。健全中央和地方财力与事权相匹配的财政体制，提高地方政府提供基本公共服务的能力，加快建立县级基本财力保障机制。“十二五”规划提出的财税体制改革目标是：理顺各级政府间财政分配关系，健全公共财政体系，完善预算制度和税收制度，积极构建有利于转变经济发展方式的财税体制。在深化财政体制改革方面，按照财力与事权相匹配的要求，在合理界定事权的基础上，进一步理顺各级政府间财政分配关系、完善分税制。推进省以下财政体制改革，稳步推进省直管县财政管理制度改革，加强县级政府提供基本公共服务的财力保障。在改革和完善税收制度方面，按照优化税制结构、公平税收负担、规范分配关系、完善税权配置的原则，健全税制体系，加强税收法制建设。扩大增值税征收范围，相应调减营业税等税收。合理调整消费税征收范围、税率结构和征税环节。逐步建立健全综合与分类相结合的个人所得税制度，完善个人所得税征管机制。继续推进费改税，全面推进资源税和耕地占用税改革；推进房地产税改革。逐步健全地方税体系，赋予省级政府适当税政管理权限。这些针对地方税权较小的改革策略和措施，只是停留在适当扩大省级地方政府在税收法律法规范围内的计税方式和税收减免等方面，还没有触及地方的税收立法权和新税种的开征权等分税制改革的实质内容。

当然，20 世纪 90 年代初，根据经济特区发展的需要，全国人大曾经作了三个授权决定，授权经济特区所在地的市及其人大常委会根据宪法和法律的原则，根据经济特区的实际情况，可以制定法规，在经济特区范围内实施，经济特区地方的税收权限相对较大。此外，作为国家首批个人住房房产税改革试点城市，重庆市和上海市于 2011 年年初正式启动了房产税改革试点，并制定了相应的地方规章。此次由重庆市政府和上海市政府开征的房产税试点，引起了广泛的讨论，如果改革试验取得成功，有可能推广到全国范围，这也是以个人住房房产税改革为起点的地方税收立法体制改革的起点。

三、地方财税法制化改革的未来走向

（一）确定地方税结构

分税制改革以来建立了中央税、地方税和中央地方共享税的格局，从 2009 年中央与地方的税收结构看，地方税收收入 26157.44 亿元，其中属于共享税的国内增值税、营业税、企业所得税、个人所得税、城市维护建设税、印花税税收收入共计 20734.8 亿元，占地方税收收入的比重为 79.27%，属于地方独享的税种为资源税、房产税、城镇土地使用税、土地增值税、耕地占用税、车船税、契税、烟叶税等税收收入共计5420.64亿元，占地方税收收入的比重为20.71%。[①] 但是，与中央税制改革相比，地方税制度的改革相对滞后，不利于增加地方政府的财政收入和发展地方经济及其社会事业。这也是造成一些地方非税收入、预算外收入膨胀，乱收费、乱摊派、乱罚款现象屡禁不止的重要原因之一。从地方税的法律地位来看，现行的各种地方税都是根据国务院发布的暂行条例征收的，这与《立法法》关于税收的基本制度只能制定法律的规定相距甚远。[②]

（二）赋予省级地方适当的税收立法权

从世界范围看，依据中央与地方税管理权限划分，主要有三种类型：一是地方税收的立法权归属于中央，但地方政府更加灵活税收管理权；二是地方立法权和管理权都由中央政府行使，地方政府只是负责征收管理；三是地方税收立法权和管理权均属于地方，地方政府可以决定开征地方税，中央不予干预。不同国家和地区的地方税收立法权都是针对本国的实际情况，在本国政治经济和法律的框架下确定的，不存在统一的模式。就我国现阶段经济社会发展的客观实际而言，既要保持中央的权威和宏观调控能力，又要调动地方发展经济和促进社会事业的积极性和主动性，因此，在坚持全国法制统一的前提下，通过全国人大制定税收基本法的形式授权省级地方政府一定的地方税收立法权是必要的。根据“十二五”规划，我国财税体制改革基本方向应当是努力加快地方财税体系建设，在保证税收立法权高度集中的前提下赋予省级政府适当的税政管理权，尤其要赋予省级地方人大和政府制定与国家财税法律、法规不抵触的在本省范围内适用的财税地方立法权。赋予省级地方税收立法权，还要处理好地方税收竞争的问题，避免地方政府各自为政。

（三）建立以财产税法为主体的地方财税法制体系

一般而言，个人所得税和财产税是体现地方收入自主权的两个最重要的税收来源。相对于其他税种而言，个人所得税主要是由本地区的居民负担，税负难以转嫁给其他地区，对于地方政府来说是税源比较稳定，与地方经济发展水平和个人所得直接关联。就目前我国的税制结构看，个人所得税属于中央与地方共享税，由《中华人民共和国个人所得税法》调整。财产税税源相对稳定集中，征管难度小，收入充足、对地方政府而言财政增收潜力大。目前，财产税主要有车船税和个人住房房产税两大类，车船税由将于2012年施行的《车船税法》调整。随着近年来城市化建设进程的加快和居民对住房需求的旺盛，加之地方政府的“土地财政”策略和个人住房的快速增值等原因，使得住房价格高起，建立以车船税和个人住房房产税为主体的财产税，将其纳入地方法治建设的范围，适时制定房产税法，建立以财产税为主体的地方财税法制体系，是稳定地方税收，合理划分中央和地方收入和支出的范围的有效途径。可以说，地方财税法制的建立和完善，是确立中央与地方财力与事权、规范地方税收权力、健全我国财税法制和实现法治国家的必经道路。

---

① 《中国统计年鉴（2010）》，中国统计出版社，2011。

② 刘佐：《中国现行地方税制存在的主要问题和改革设想》，载《地方财政研究》2008年第7期。

家政工人内涵与外延的比较法解析*

胡大武**

目　次

在法语和英语中，17 世纪的 household 和 family 两词是同一词义。① 这表明了家政工人与家庭本身的密切联系。在现代法语中家政工人称为“travail domestique”；在现代西班牙语中称为“ trabajo doméstico”；在现代英语中，家政工人有多种称谓，如“household worker”和“housekeeper”和“domestic worker”。其中，“domestic worker”使用最为广泛。此外，在不同的文学、历史等著作中，家政工人被冠之不同的称谓。这些称谓实际上反映了对于家政活动中提供服务者社会地位的不同认知。

对于家政服务活动中的家政工人的含义的考察可以从多个角度进行揭示。毫无疑问，那些在私人家庭照顾老年人和残疾人的照护者和在他人家中从事清洁、饮食服务的人被认为属于常规意思上的“家政工人”。不过，家政工人究竟包括哪些工种，各个国家存在很大的不同。英国将家政服务产业的职业分为 101 个细目，坦桑尼亚则划分为两大类八种。② 在不同国家，相关立法涵摄的家政工人内涵和外延存在差别，并因此导致各国立法在家政工人外延上的不同。

---

* 基金项目：中国博士后科学基金第四十七批面上资助项目“家政工人劳动权益保障研究”（项目编号：20100471134）。

** 西南政法大学经济法学院副教授，硕士生导师，法学博士，武汉大学在站博士后。在本文写作过程中，朱美美女士提出了中肯的修改意见，在此一并致谢，但文责本人自负。

① Fairchilds, Cissie C, Domestic enemies: Servants & their masters in Old Regime France, Johns Hopkins University Press (Baltimore), 1984, p. 371.

② 目前最常用的指代妇女的术语就是家庭佣工、家务工人，或在英国被称为有薪家庭女佣工，这最有可能是最准确的术语。克里斯蒂安娜·哈齐格在其《流动的家庭佣工》一文中，指出历史上“家务佣人”确切含义指该职业的从业人员。她在谈到历史情况时使用“家务佣人”一词，谈到现今的情况使用“家庭佣工”一词，谈到这种体制时使用“家政服务”一词。

一、家政工人外延：在狭义与广义之间

对绝大多数国家法律进行分析后发现都对“家政工作”，“家政工人”，“家政服务合同”的其中之一作了解释①。哪些人属于家政工人范畴，世界各国或地区的立法并不完全相同，总体上可以分为三类：

（一）狭义型

狭义型立法以加拿大卑诗省、1983年南非立法为代表。在加拿大卑诗省，1996年《雇佣标准法》将家政工人定位为：被雇佣在雇主私人住所提供做饭、清洁、孩子照护或其他类似的服务，并住在雇主私人住所的人。南非历史上也曾经仅将住家型家政工人纳入劳动法律制度保护。在1983年的《雇佣基本条件法》第1条将住家型工人定义为：“居住在雇主家里的家政工人是指……该家政工人以实物支付方式受益，包括寄宿和寄宿搭伙。”②

将家政工人外延仅限于住家型，排除了非住家型家政工人。从立法理念上看，住家型家政工人是家政工人中最易受伤害的群体，在加拿大和美国等国家或地区通常为国际移民。此类人因语言、签证等障碍通常处于所有工人中最弱势的地位。但是，将非住家型家政工人全部排除在劳动法律保护之外，这意味着非住家型家政工人在劳动法上的劳动者地位仍未确立，不给该类易受伤害性群体劳动法律保护显然违背体面劳动、劳雇关系判断标准控制性和从属性理论。正因为如此，狭义型的家政工人模式已经被包括加拿大安省、南非等多数国家或地区放弃。

（二）中义型

中义型立法并不仅将住家型家政工人纳入劳动法保护之内，通常还包括具有家政劳动派遣性家政工人在内。不过，相比广义型而言，其仍然排除了一些家政劳动群体于家政工人之外。例如，在比利时，根据1978年比利时就业合同法（Contracts of Employment Act）将园丁、司机等人群排除在家政工人之外，宾馆、宗教团体或公司的厨艺人员和清洁人员等类似人员也不是家政工人。在加拿大安省2000年《雇佣标准法》中并没有使用“domestic worker”的表述，其在第1条所使用的“homeworker”，意指在主要被用做其居住之地的建筑物内完成工作而获得报酬的个人，不包括独立签约人。按照该省劳工部的解释，家政工人是直接被户主雇佣的，而不是公司或机构所雇佣的。一个被公司、机构或任何非户主雇佣的雇员，为户主提供家政服务，就被称做“homemaker”，受《雇佣标准法》保护。这里的户主是指一个人拥有或租用家政工人从事工作之地方的人。这表明“homemaker”即为被中介机构雇佣的劳务派遣型家政工人。而“domestic worker”语词下

① 但有两个例外就是丹麦和匈牙利，他们关于家政工人的专门法律没有对其进行界定。丹麦1980年的《关于农业和家庭帮工法律的通知》（Notification of the Act respecting agricultural and domestic assistants），匈牙利1959年发布并于1978年修改的《规范家政雇员工作条件和雇佣关系法令》（Ordinance No. 6 to regulate the employment relationship and the conditions of employment of domestic employees）。而新加坡《雇佣法》第2条和第67条界定了家政仆从，却并未明确将家政工人纳入其范围中。

② José Maria Ramirez - Machado, Domestic work, conditions of work and employment: A legal perspective, Conditions of Work and Employment Series No. 7 International Labour Organization 2003, Geneva. p. 11.

的家政工人是被私人家庭雇佣的。他们从事诸如家务，或对小孩、老人、病人及残疾人的私家看护，管理或私人助理的工作。显然，2000 年加拿大安省《雇佣标准法》特别指出适用派遣型家政工人的情形，不过也没有明确排除家庭雇主直接雇佣型家政工人。[①]

将园丁、司机等排除在外的立法不过是将家政劳动限制在狭义的居所之内观念的产物。家政工作的特殊性，即雇主之居所就是家政工人的劳动场所。但是，如司机、园丁等所从事的工作事实上也属于家庭雇主生活场所的扩展范围，仍然具有不容易被劳动监察的性质，雇主对于其工作场所的主权管理同对居所的控制管理性质是一样的。因此，园丁、司机应当被纳入家政服务员的范畴。不过，司机和园丁类家政工人与最为典型的居家保洁和照护类家政工人相比，雇主对前者的控制要弱于后者也是客观事实。立法、执法和司法对这种客观差异的认知可能引致不同的法律后果。

（三）广义型

广义型立法以南非、法国等国家为代表。广义型立法按照不同标准存在多种不同情况。例如，南非立法将家政劳务派遣型家政工人和与雇主直接建立劳动关系者均纳入家政工人的范畴。根据南非 1997 年第 75 号《家政工人就业条件法令》将家政工人界定为："家政工人" 指的是任何在私人家庭里工作，接受或者有权接受支付报酬的家政工人或者独立承包人，包括园丁、被家庭雇佣为机动车辆的驾驶员的人和照顾小孩、老人、病人、身体虚弱的或残疾人的人，受雇于就业服务机构或由就业服务机构提供的家政工人[②]。可见，南非 1997 年第 75 号法令已经扩大了 1983 年立法将家政工人限制在住家型家政工人范畴，而扩展到了劳动派遣型家政工人，独立承包人（自我雇佣家政工人）。这一点亦被 2002 年《产业促进 7：家政服务》再次确认，该法令之第 31 段规定，家政工人这一概念包括"被雇用或者由就业服务部门提供的家政工人"。就此而论，就业服务部门是指为获取酬劳而招募、介绍及提供家政工人给雇主的任何人，不管究竟是何方提供此酬劳。该法第 29 条（本法的宗旨）规定"如果一个家政服务是由家政服务部门提供的，并且为其提供酬劳……则该家政工人受雇于此家政服务部门"。尽管如此，在这种情况下，"如果为雇主提供家政工人的服务机构部门未遵守决定或《雇佣基本条件法》的规定，那么家政服务部门和雇主将负连带责任"。[③] 南非 2002 年颁布的《失业保险费征缴法》将家政工人界定为在他人家中而不是在农场上工作的园丁、汽车司机或照顾孩子、老人、病人、意志薄弱

---

① 不过，我国台湾学者郑津津教授引证相关资料，认为："在加拿大，所谓的家事劳动者（domestic worker）系指直接由家庭雇用，而非由事业单位或机构雇用，提供家事服务者，其工作的内容包括整理家务、照顾幼童、照顾老人、照顾病患或照顾身心障碍者。因此，在加拿大家事劳动者涵盖家庭帮佣与家庭看护两种工作。不过，如果一个提供家事服务工作的劳工是由事业单位或机构所雇用，而非由家庭直接雇用的，则此种劳工是被称为家务整理者（homemaker），此种家务整理者并不适用就业基准法的规定。此外，偶尔提供短时间照顾儿童的保姆也不被视为家事劳动者。"（郑津津：《家事劳动者劳动权益保障之研究》，载《月旦法学杂志》2005 年第 9 期）。此外，家政工人与家庭工作（home work）之间的区别被一个 NGO 组织明白地区分："家庭工作包括传统的纺织、刺绣，加工诸如打绳、去壳腰果等自然产品，乃至诸如制造皮鞋、罩衣和采割橡胶和塑料物件等工业产品。家庭工作不是家政工作。家政工作是指在他人家中从事清洁、小孩护理；或者指非报酬的家务工作，如清洁、做饭以及许多妇女为了他们的家庭而照看孩子等"。

② 《1997 年第 75 号就业基本条件法案，部门性裁决 7：南非的家政工人部分》。Basic Conditions of Employment Act, No. 75 of 1997 Sectoral Determination 7: Domestic Worker Sector, South Africa.

③ José Maria Ramirez – Machado, Domestic work, conditions of work and employment: A legal perspective, Conditions of Work and Employment Series No. 7 International Labour Organization 2003, Geneva. p. 11.

者（the frail）、残疾人的人。而南非的《家政员保护法》（Domestic Workers Act）则适用于：佣人、园丁、儿童照护者（包括儿童司机）和那些在私人家中照护病人、老人或残疾人的人。该法也覆盖了以独立签约人名义从事该类工作的家政工人。从南非的立法看，其不仅包括了被劳动派遣机构派遣型家政工人，也包括了与雇主直接建立雇佣关系的家政工人；其不仅包括了工作地点在雇主家的家政工人，而且还包括了工作地点并非在家的司机。

在法国，家政工人既包括全职型，也包括兼职型。家政工人被定义为“全职或兼职在家庭中从事诸如家庭看护或者家庭保洁这类工作中的全部或部分工作的月工或者小时工”。该定义中包括了一定的列举成分，特别强调了家庭保洁和家庭看护两类最典型的家政工种。其特点有两个方面：一是试图强调全职与兼职但并不否认其对家政工人劳动权益的保护；二是强调工资形式，即月工资和日工资。对于工资的强调意味着立法者在对家政工人劳动权益保护方面将工资作为家政工人享有劳动者地位的一个重要因素。这也是家政仆从转变为家政工人的核心标志。对此，有学者进一步阐释道：在法国，家庭雇员指受雇于私人从事给薪家务劳动的人。全国性集体协议第1条把家政工人定义为月薪或时薪工人，他们全职或兼职做全部或部分家务任务，是家庭照看性质或家庭清洁性质的。这些就业形式进一步划分为更具体的职业团体，其最显著特点是以获得报酬为目的。园丁和私人家庭警卫规定在单独的全国性集体协议中。[①] 根据该协议，家庭工人是指“从事一个家庭的家务或管理性质的任何人员，无论是全日制或非全日制，被认为是一名雇员”。此种情况亦适用于瑞士。[②]

二、家政工人内涵表达：概括与列举

对家政工人范围的确定，狭义型、中义型和广义型立法的着重点是不一样的。这直接影响到家政工人内涵意义的表达。从世界各国立法看，家政工人的含义的揭示方式大体可以分为三种模式：

（一）概括定义模式

概括定义模式以巴西、菲律宾、比利时等国家为代表。采取该模式定义家政工人，并不列举其家政劳动种类，在概念上揭示出家政工作的特质。例如，巴西《家务雇员法》（Lei do Empregado Domstico）第1条将家政工人界定为年满18岁，持续为一个人或一个家庭在住宅之所从事以非营利为目的的工作的人。从该定义可以看出，巴西家政工人定义重点在于三个方面，一是年龄限制，即不低于18岁；二是工作状况限制，即强调持续性；三是工作性质限制，即非营业。菲律宾规范家政工人工作条件的条款是《劳动法典》第三编第三章的“家政就业”（Employment of Househelpers）部分。第141条规定将“家庭或住宅服务”界定为“在雇主的家庭中为了家庭的稳固和舒适目的而提供必要的服务，包括服

① Blackett A. “Making domestic work visible: The case for specific regulation.” Labour Law and Labour Relations Programme Working Paper No. 2. Geneva: ILO. 1998.

② 国际劳工局，家庭工人体面劳动，国际劳工大会，报告四（1），19页，第100届会议，日内瓦，2010年第1版。

务于雇主家庭成员的个人舒适和方便，包括家庭司机的服务”。[①] 尽管《劳动法典》并没有明确家政服务的例外，诸如园丁和按摩服务者等独立服务提供者通常不被认为是家政雇员，因为他们提供多种家政服务，并在不确定的时间根据需要去所需要服务的家庭。[②] 该编适用于所有在住宅中提供服务并以此获得报酬的人。

比利时对家政工人的定义侧重于劳动雇佣关系从属性和控制性实质条件。根据1978年比利时就业合同之规定，家政工人是在雇主的指引和控制下，主要完成体力操作性质的家务工作任务以满足雇主及其雇主家庭房屋打理需要并以此获得报酬的雇员。因此，该项工作性质与蓝领工人有明显区别，园丁、司机诸如此类的人因此被排除在该法之外。家庭照护和管理属于非体力性工作，因此从事该类工作的人不是家政工人。

此外，以西班牙为代表的国家并不界定家政工人的含义，而是通过界定家政关系的内涵而间接反映家政工人内涵。在西班牙，皇家法令1424/85把家政服务的关系解释为雇主及家庭提供有偿服务人之间的关系。皇家法令还把此种关系的对象定义为在这个家中或为这个家所提供的服务及活动。这些服务或活动可以是采取各种形式的家政工作，如护理房子部分或整个及照顾或照看家庭成员或那些居住在住所的人。特定职业者，如监护人、园丁或司机都将包括在这个定义内。[③] 这表明西班牙采取了广义家政工人的概念。

在我国，采取概括定义模式的有：《郑州市家庭服务业管理办法》第19条、《北京市家政服务行业公约》和《西安家政服务业协会公约》第15条均将家政服务人员定义为：具有法定劳动资格，以从事家庭服务为内容而取得有偿报酬的人员。采取该模式的《深圳市家政服务行业消费争议纠纷处理办法（征求意见稿）》第5条对家政服务员的劳动资格进行了确认，规定：本办法所称家政服务员，是指年满16周岁、身体健康、身份真实、从事家政服务取得报酬的人员。不过，上海市劳动和社会保障局2002年8月1日起施行《上海市家庭劳务介绍机构管理办法》规定对家政工人资格取得进行了限制。其规定“家庭劳务人员”是指经家庭劳务介绍机构介绍，为用户提供家庭劳务的本市或外省市人员。显然，尽管该办法采取了概括定义模式界定家政工人，但是上海办法却排除了自我雇佣形态（个体工商户形态）的家政工人。

概括定义模式表述能够非常精简地表达出劳动法律制度所要保护的对象，既具有灵活性也具有确定性。就前者而言，内容的概括性为司法实践留下了可能的变通空间。法院审理案件时可以围绕其法定概念视案件境况而作出裁断。就后者而言，内容的确定性意味着法院裁断的时候必须在定义所精意概括的标准内裁断。2011年国际劳工大会通过的《2011年家政工人公约》采取了概括定义模式对家政工人的内涵进行了规定。该公约第1条明确规定：（a）“家政工作”一词系指在一个家庭或为一个家庭或为几个家庭从事的工作；（b）“家政工人”一词系指在雇佣关系范围内从事家庭工作的任何人；（c）仅偶尔或

---

① 国际劳工局，家庭工人体面劳动，国际劳工大会，报告四（1），19页，第100届会议，日内瓦，2010年第一版。

② Nicole J. Sayres, An Analysis of the Situation of the Filipino Domestic Workers, p. 7.

③ Blackett A. "Making domestic work visible: The case for specific regulation." Labour Law and Labour Relations Programme Working Paper No. 2. Geneva: ILO. 1998.

零星地，而并非是在一种职业化基础上从事家庭工作的人员不算家庭工人。[①] 这表明，国际劳工组织倾向于将谋生作为家政劳动关系成立的前提。这也与《中华人民共和国劳动法》中劳动关系构成的内涵一致。国际劳工组织的这一定义与一些国家学者的界定是一致的。例如，有俄罗斯学者将家政工人定义为："家政工人是指在雇主的私人住宅（或家庭）中提供服务的人。"

然而，由于概括定义式毕竟具有高度的抽象性，因此在实际司法实践乃至学术理解中，不得不将概括式内容具体化。国际劳工组织将家政工人归属为与广义上服务产业（service sector）相关的工种之中，意指："主要是打理家务的工作，包括食物和其他必需品的准备、清洁，孩子、病人和老人等的照护。"国际劳工组织曾经还列出了家政工人工作种类：（a）作为家政服务员之一员，监督在居所工作的工人；（b）购买物品或者控制物品的购买；（c）控制物品的储存和分发；（d）对于轻微受伤或者患病者给予协助，如量体温，喂药、缠绷带；（e）打扫卫生，真空吸尘，擦洗地板，家具和其他的固定装置；（f）整理床铺，清洁厕所，为顾客需要提供肥皂、毛巾和其他东西；（g）照看家庭宠物、植物，接待来访者，接听电话，送信和购买杂货；（h）准备餐饭，摆放餐桌，提供食物和饮料服务；（i）打扫厨房和通常在厨房做诸如盘碟清洗的帮忙工作。[②] 上述分类表明：国际劳工组织对家政服务员的分类实际上也表明了家政工人内部的层级性，家政工人的地位也是不一样的。在同一个家庭家政服务团队中，有的家政服务员行使着对其他家政服务员的管理职责。同时，家政服务本质上是为家庭的私人生活服务，而绝非仅是在雇主家里劳动。

（二）侧重列举模式

为了方便司法实践和学术理解，列举出家政工人的工种内容。该模式以美国加州、伊州，法国和津巴布韦等国家和地区为代表。在美国，加州 AB889 法律案采取列举方式，第 1 条第 2 款规定："包括管家（housekeepers）、保姆和儿童、残疾人和老年人照护者在内的加州家政工人是为了加州人生命、他们的家庭和住所最重要方面的健康、安全和幸福而在私人房屋中从事相关工作的人。"伊州人权法修正案第 2 条 101 款之 A 项明确了雇员包括家政工人，其 B 项明确劳动雇主包括雇佣一个或多个家政工人的人也是雇主。其 L 项将家政工人定位为：为了照护孩子、陪护病人；体能恢复或者照护老年人、做家务；或其他任何家务之目的在家或者居所工作的人。家政工人不包括如下的个人：临时工作的人；尽管提供陪护，但属于 1938 年《公平劳动标准法》第 213 条 a 款第 15 项所指的那些雇主或者中介机构，除非该家庭或居所接受了她或他的服务，是指与雇主和在联邦、州或当地政府资助项目下服务接受者存在血缘、婚姻或者收养关系的人。伊州《失业保险法》第 1400（2）条规定：家政工人是指在雇主私人家中提供家务服务的人。伊利诺伊州法 Ill. Adm. Code § 210. 110 定义的家政工作者是作为个体，其基本职责包括"家务活儿，煮饭，洗衣，看小孩，整理花园，遛狗，跑腿差事，开车服务，管家，男仆，家庭教师或者夜晚看护服务"。除非有其他的暗指，否则"工作者"的意思不包括"陪护"（companion）或家

① 国际劳工局，家庭工人体面劳动，国际劳工大会，报告四（1），30 页，第 100 届会议，日内瓦，2010 年第 1 版。

② International Labour Organization （2008） Draft ISCO – 08 Group Definitions: Occupations in Cleaning and Housekeeping. Updating the International Standard Definition of Occupations （ISCO）, p4.

庭健康工作者（health care services）。从伊州有关家政工人规定看，其侧重于列举家政工人具体工作内容界定家政工人内涵。

津巴布韦立法提供了详细的家政工作的定义，其家政工人是指：任何受雇于私人家庭提供像园林工人、厨师/管家或因父母工作而照顾孩子或照顾残疾或老年人等服务的人，不论工作地点在城市还是农村地区。津巴布韦1992年颁布的《劳动关系（家政工人）就业规定》第3条规定了更为精确的家政工人的定义。“儿童照护者”，是指其职责包括以任何方式在任何程度上照顾或照看11岁以下儿童的家政工人，无论这个家政工人是否同时受雇作为园林工人或者附加地或选择性地受雇作为厨师/管家。“厨师/管家”，是指主要职责包括或涉及管家，房屋清洁，洗衣，熨衣，做饭，洗刷餐具，食品准备或食品服务的家政工人，无论该人是否也做园林工人的工作，但不包括职责为照护孩子和额外照顾一个残疾/老人者的人。在1993年，定义“残疾/老人照顾者”是指其职责包括以任何方式在任何程度上照顾或照看由于残疾而不能正常照顾自己的人的人，无论该残疾是身体上的，心理上的或与高龄相关。最后，“庭院/园林工人”是指其职责只限于护理整个院子或其中一部分，包括草坪，灌木，绿篱，围墙及私人花园或社会福利机构财产的人。[①] 可见，津巴布韦的家政工人含义亦采取了广义概念，将社会服务机构财产照看人员也纳入了家政工人的范畴。

在我国，官方文件也采取了侧重列举模式对家政工人进行界定，即家政工是“根据要求为所服务家庭操持家务、照顾儿童、老人、病人，管理家庭有关事情的人员”。[②] 此外，一些行业公约也采取了侧重列举模式。例如，《天津市家庭服务行业家庭服务质量标准》所指的家庭服务，是指以家庭为服务对象、以家庭事务为服务内容的合法有偿服务。家庭服务员，是指根据要求为服务的家庭提供保洁、月嫂、宴（厨）嫂、育婴员、居家护老员、护工等服务，以及管理家庭其他事务的人员。

（三）综合模式

采取综合模式定义家政工人的国家较概括定义式、侧重列举式的国家更为普遍。2010年修订后的《纽约州劳动法》第2条将家政工人定义为：指基于如下目的而被雇佣在家或者居所的人：照护孩子，陪护病人、康复者或老人，打理家务，或者为了其他家政而提供服务的人。纽约州立法中的“但书”规定实际并未彻底限制劳动法保护之家政工人范围，这为司法裁判留下了灵活适用的空间。综合模式既概括性地揭示出家政工人不同于其他产业工人的特征，同时辅之以例证加以说明，更有利于对家政工人保护立法的理解。因此，国际上更多地采取综合模式。正因为如此，国际上的一些文献在界定家政工人时候也采取综合模式。例如，家政人员（或者叫家庭工人或家务助理）意味着一个人以兼职或者全职的形式受雇于家庭或者私人居所，从事以下的相关职责：厨师，佣人，男服务员或者女服务员，男管家，护士，照看孩子的人，照顾老人或者残障人士，私人助理，男招待员或者

① Blackett A. “Making domestic work visible: The case for specific regulation.” Labour Law and Labour Relations Programme Working Paper No. 2. Geneva: ILO. 1998.

② 中国家政工国家职业标准，中华人民共和国劳动和社会保障部，2000年。我国《家政服务员国家职业标准》对家政服务的职业定义是：根据要求为所服务的家庭操持家务，照顾儿童、老人、病人，管理家庭有关事务的人员。

女招待员，司机，搬运工，园丁，男洗衣工人或女洗衣工人，警卫。①

三、家政工人内涵外延的限制

尽管世界各国在界定家政工人含义方面存在一些差异，但总体上看，对于家政工人的定义通常采取了限制方式排除某类具有自身特点的人群。有关家政工人保护立法在五个方面的共性：

（一）工作地点是雇主私人房屋②

有关家政工人工作地点的表述，各个国家立法的共同点是围绕“家”这一物理载体进行。不过，不同国家对此的表述是不完全一样的：（1）在法国，关于私人住宅的园丁和看门人的国家集体协议制定于1986年1月，另一个有关家政工人的国家集体协议颁布于1999年11月（2000年3月进行修订）。1999年的协议第1（a）条使用的是在“私人住所或者其中的一部分”语词。（2）在芬兰和南非，有关立法使用“雇主的家”。例如，1977年颁布并于2001年修改的芬兰第951号法第1条，南非1997年《雇佣基本条件法》第1条。（3）有的立法使用“私人住宅”，如《新加坡雇佣法》第2条。（4）有的是使用“雇主的住所”，如瑞典1970年颁布1995年修改的《关于家政雇员工作时间和其他工作条件的法》第943号第1条；或者在“家庭住所范围”之内，如巴西1972年第5859号第一条，西班牙1985年皇家法令第1424号第1（2）。③

然而，各国法律对于“私人住所”的定义会比我们通常的理解要宽泛，比如说在马耳他，1976年颁布1989年修改的《工资规范法令》规定“私人住所”这一概念就包含慈善机构、修道院在内。而在奥地利却并不将在医院、酒吧、餐馆、旅馆等做与家庭中同类工作视为家政工作。④ 通常而言，是否在雇者的住所工作并不影响家政工作的认定。但是，若家政工人定居在雇主的建筑物及其附属设施内，其所有的衣食住行均处在雇主的控制范围内，其对雇主的从属性更强，自由活动的时间和空间就更有限，因此，法律应当给予此事实一定的法律后果。相反，不住在雇主家或者其他建筑物内的该类家政工人的从属性就相对低。因此，诸如委内瑞拉1997年《劳动法》第274条就将住家型家政工人排除在劳动法的第二、三和四章（劳动关系、补偿报酬和劳动条件）外并规定其享有一个特定的休息时间。同时，如果雇主在解雇工作时间为6个月或6个月以上的住家型家政工人的时候，则需要许可家政工人在通知期内住宿一个月或者为其支付住宿费用。但是，劳动法对不在雇主家居住的家政工人作出了与其他类别的工人同样的规定。

---

① U. N. Comm'n on Human Rights, 60th session, Specific Groups and Individual: Migrant Workers, U. N. Doc. E/CN. 4/2004/76 (January 12, 2004).

② 该内涵将家政工人与家内工人区分开来。家政工人被包括在广义的家庭工作中。而该类工作既包括在雇主家中之工作，还包括远程工作（雇员在自己家工作）。《斯洛文尼亚劳动法典》第5章有关“家内工作”第67条之（1）规定：工人在自己的家或在雇主家之外自行选择的建筑物所从事的家内工作的被视同为家内工人。该条之（2）规定：运用信息技术远距离工作也应当视为“家内工作”。

③ José Maria Ramirez - Machado, Domestic work, conditions of work and employment: A legal perspective, Conditions of Work and Employment Series No. 7 International Labour Organization 2003, Geneva. p. 10.

④ José Maria Ramirez - Machado, Domestic work, conditions of work and employment: A legal perspective, Conditions of Work and Employment Series No. 7 International Labour Organization 2003, Geneva. p. 10.

（二）须与家政服务有关

与家政服务有关意味着家政工人不应该参与雇主非家政劳务。该家政服务不能与雇主在住宅内实施的任何贸易、商业或职业相联系。这种特别排除雇主商业上劳动，强调了家政工人与雇主家务本身的内在逻辑尽管具有理论上的合理性，但实践中却存在更为复杂的情形。秘鲁、赞比亚、坦桑尼亚、洪都拉斯、奥地利、巴西等国持有该主张。例如，秘鲁2003年第27986号《家政工人条例》第1条规定："完成诸如马匹照护者（grooming）、洗碗、照护、护理和其他有关住宅或家的打理，维系家庭生活的正常进行，且并非为了雇主或其家庭商业利益的工人"。《1973年赞比亚全国准备基金（家政工人）规则》第四章中对"家政工人"的定义也明确排除了家政工人为了雇主商业需要之情形，其规定："家政仆从"意指在雇主住房中履行家政义务并获得收入的人，而不是为了雇主生意上商业需要的人。在菲律宾，如果雇主雇佣一名家政工人，而由该工人提供的这些服务属于雇主从事的商业活动，那么由于该服务与家政服务内容不相关，该类服务不属于家政服务。只有当雇主为了处理私人家庭事务而非为了从事商业活动而雇佣工人时，雇主才受有关家政工人保护性立法的限制。此外，布基纳法索1977年第77－311号法令规定家政工作的实施与"家务服务"相关；马来西亚1955年第265号《雇佣法》第2条规定，家政工作的实施与"私人住宅内的工作有密切联系"。① 坦桑尼亚2010年《工资规定和雇佣规定法令》第2条规定，家政工人包括全职或部分地被雇佣作为厨师、家内侍从、招待、男管家、女侍从、男仆、酒吧招待（bar attendant）、马夫、园丁、洗碗工或门卫。但是，凡是被雇佣全职或部分从事与任何商业或产业事业相关的雇员不属于家政工人。

立法将从事非家政劳务的人排除在家政工人之外，这实际上是雇主不能从家政工人所提供的劳动中获得直接的金钱利益的要求体现。不过，对于因家政工人从事了雇主所安排的非家务性质工作就否定该工人的家政工人性质似有绝对化之嫌疑。偶然实施的服务虽然性质迥异于家政服务，但就此将受雇者排除在家政工人的范围外理由则是不充分的。法律需要解决的是弱势的家政工人面对的雇主的强势要求。显然在这个问题上立法需要提供一定程度的灵活性。为此，立法需要考虑两点：一是在多大程度上将本来是家政工人身份的人拒绝认可其家政工人身份，即需要考虑该类工人从事非家政工作的量的大小。显然，偶然的非家务劳动与长期的大量的非家务劳动性质上是不一样的。二是如果不认可其家政工人身份，该类人的劳动权益如何保护。显然，如果在其他立法中已经有保护那些从事雇主安排的非家政劳动人的权益规定，则家政工人保护立法排除对该类人的保护具有合理性。反之，则不具有合理性。因此，可行的办法是如果家政受雇者同时在雇主家里和在由雇主控制了其机构或业务的公司承担大量的工作，则该家政工人被认为是受雇于公司的，其身份为公司的雇员，而非家政工人。

（三）为了雇主的利益而工作

西班牙1985年皇家法令第1（2）条也规定，家政工人是为了其直接雇用者雇主的利益而工作。比利时1978年颁布1995年修订的《雇佣合同法》第5条均明确了家政工人是为雇主的利益而工作。据此，宾馆、宗教团体或公司的厨艺人员和清洁人员等类似人员就

① 国际劳工局，家庭工人体面劳动，国际劳工大会，报告四（1），第100届会议，日内瓦，2010年第1版，第19页。

不属于家政工人范畴。法国颁布于1999年11月，2000年3月修订的有关家政工人全国性集体协议第1（a）条规定“为了雇主家人或者家庭的需要”；葡萄牙1992年第235号第2（1）条规定“为了满足一个家庭或准家庭以及各个成员合理及特殊的需求”[①]可以适用于劳动法典中家政工人的例外规定。[②]为雇主利益而工作意味着排除具有血缘关系和继承关系的家庭成员。家庭成员之间基于家庭劳务不构成雇佣关系。凡是在家庭成员之间形成了血缘关系和继承关系的人均被认为是家庭成员之间的关系，不属于家政工人范畴。在芬兰，如果同雇主的家庭长期居住在一起的家庭成员，即使签订了雇佣合同，并且在雇主家从事家政服务，也不视为家政工人。美国纽约州有关家政工人的立法亦排除了如下三种情形：被中介雇佣的；偶尔在雇主家做兼职婴儿照护；雇主的亲戚或者接受照护者的亲戚。可见，血缘和法律上具有继承关系的家庭成员作为家庭内部关系不应当被纳入家政服务关系之中，家庭成员不能成为劳动法律保护的家政工人。

（四）须是定期并且采取不间断的方式开展

巴西、中非共和国、哥伦比亚、哥斯达黎加、玻利维亚、智利、多米尼加共和国、厄瓜多尔、海地、尼加拉瓜、巴拿马、巴拉圭、秘鲁等国立法持有该态度。在这些国家，法律并不将那些仅仅是偶然或间断的工作视为家政服务，同时许多国家的法律以工作时间的最小值（月、日或小时）来定义家政工作的特征，从而将超过最小值的归入家政服务的范围内或以此确定该适用的家政服务规范的范围。[③]在爱尔兰，家政工人是指：“被雇佣到私人家中工作。他们从事诸如房屋看护，或者为孩子老人、病人或残疾人提供护理、照看或个人帮助。家政工人可以是全天候的，也可以是非全日制的。既可以居住在雇主家中，也可以是在外居住。那些从事偶尔的短期看护、管理或照看小孩的人通常不被视同为家政工人。看护或家庭帮工（Care assistants and homehelpers）的权利义务则是在由相应工会在谈判后形成的独立性协议中明确规定。反而，那些从事偶尔的短期看护、管理或照看小孩的人既可能是中介代理雇佣工人（代理中介的工人）或者可能是自我雇佣者（selfemployed）[④]。在加拿大，安省1990年《雇佣标准法：家政清洁，儿童保姆、临时看护者》第2条适用于被雇主雇佣的下列三类人：（a）每周工作时间超过24小时在雇主家中从事保洁工作之人；（b）照看雇主家庭孩子的保姆，并且经过正规培训或具有类似培训经历有资格从业者；（c）照顾雇主家庭的孩子，每周工作多于24小时居家保姆。不过2000年安省已经将家政工人纳入《雇佣标准法》中，按照安省劳工部的网络资料阐释，对小孩提供临时的或短期的照护、监护或个人帮助者不被认为是家政工人。与加拿大安省

① José Maria Ramirez - Machado, Domestic work, conditions of work and employment: A legal perspective, Conditions of Work and Employment Series No. 7 International Labour Organization 2003, Geneva. p. 10.

② 国际劳工局，家庭工人体面劳动，国际劳工大会，报告四（1），第100届会议，日内瓦，2010年第一版，第19页。

③ José Maria Ramirez - Machado, Domestic work, conditions of work and employment: A legal perspective, Conditions of Work and Employment Series No. 7 International Labour Organization 2003, Geneva. p. 11.

④ 在爱尔兰，当你是自我雇佣者时，这意味着你从事的是你自己的业务而不是为雇主工作，因此，你有大量的事情打理。为自己工作有许多优点和不利之处。例如，这意味着你可以按照自己的意志办事，处于自我控制之下。因此，你可以安排自己的时间。另外，这也可能使你工作非常辛苦，可能不再有固定的收入。当你开始经营你的事业的时候，你可以做专营商，合伙人或开办有限公司。你所选择的组织结构取决于你经营的事业的种类，取决于你与谁一起做和你对风险的态度。这里我们列举你做专营商为例。当你以自己名义开办一个专营事业后，如果你经营失败，你所有的资产可能被用于偿付债务。

一样，在美国加州，对于家政员身份的认定通常以从事的不同工作作为划分。通常雇主（client）应该明确家政员的工作职责，是做饭、照看小孩或是打扫卫生。这很重要，因为职责不同，相应的法律规定可能不一样。“私人服务员（personal attendants）”是负责照料起居需要的人。但是，如果一个私人服务员花了20%的时间做叠床、清洁房子、洗餐具等家政工作，那么她就是家政员。在法国，家政工人工作时间也曾经是判断家政工人资格的重要指标。1980年全国性的家政工作集体协议保留了一个更为开放的特点，当花费了超过50%的时间在非家政事务性工作上的时候，该工人就被排除在1980年的家政工人集体协议之外。反之，花费的时间低于50%的则被认为是1980年全国性的家政工作集体协议第1条所规定的家政工人。①

一般而言，家政服务工作必须是不间断而持续的。但是，如何判断“不间断而持续”，不同国家的态度是不一样的。特别是在家政工人是否可以兼职方面，各国立法态度迥然不同。（1）许可兼职和全职。阿根廷、澳大利亚、布基纳法索、中非共和国、芬兰、意大利、南非和加拿大安省法律规定家政工人既可以是兼职也可以是全职。不过，智利、法国和葡萄牙立法要求该兼职必须是定期性的，长期性的。（2）要求全职。瑞士要求家政工人为全职。不过，瑞士所谓的全职并非是在同一雇主家从事家政服务工作，恰恰相反，其现有政策要求至少有两名雇主。在瑞士，外国人私人雇佣料理家务受1998年5月1日联邦外事部发布的指导方针调整。不过，各州相关政策不同。为保障家政工能有一个尽如人意的生活水平，瑞士家政工人雇佣的相关指导意见要求工人们只能全职雇佣，且至少由两名外国雇主雇用。指导意见也规定向此雇员支付最低福利（例如，购买健康保险，提供食物和住所），这些都必须由雇主向外事部特别保证。到了1999年，一批外国移民家政工人依照雇佣合同移民瑞士，并告知要求一周工作48小时。结果当她们到达瑞士后，就被告知全职雇佣的承诺不能实现，为了满足外事部门要求，她们得找辅助的兼职雇佣工作。虽然家政工能找到每周工作3小时的兼职工作，但是外事部却不赞同这种雇佣方式。2008年5月28日日内瓦州的就业上诉法院裁定一名由日内瓦外国家庭雇佣的家政工在部分时间工作的基础上仍可以要求支付全职工资。②

（五）基于谋生需要

从法律角度观之，家政包括了在家中要做的所有工作，有偿的（商品化的）或者无偿的（通常指传统的家庭妇女责任）：照顾家庭和围着房屋做家务活。③ 但是，基于谋生需要的工作必然是以有偿为前提，这也是家政工人同农奴或奴隶不一样的地方。家政工人们有补偿和报酬，并且她们必须获得报酬。家政工人的报酬意味着家政服务关系从非生产性劳动转变为生产性劳动。那些在互惠的基础上的家政性质的工作，社交活动，志愿活动，出于友谊、同情或良好邻里关系的活动，由雇主的家庭成员完成的家政工作等均不具有谋生性。该类工作不应当被视为家政工作法律应当调整的范畴。

① José Maria Ramirez - Machado, Domestic work, conditions of work and employment: A legal perspective, Conditions of Work and Employment Series No. 7 International Labour Organization 2003, Geneva. p. 12, FN59.

② 日内瓦就业法庭起先否决了家政工的诉讼请求，日内瓦就业上诉法庭及之后的最高法院均判雇员们胜诉。

③ Guy Mundlak and Hila Shamir. Between Intimacy and Alienage: The Legal Construction of Domestic and Carework in the Welfare State, in Migration and Domestic Work: a European Perspective on a Global Theme, Edited by Helma Lutz, Ashgate Publishing Limited, England, 2008, p. 162.

四、我国家政工人含义的法律界定

如何界定家政工人，国际劳工组织雇主组在讨论家政工人相关问题的时候认为，“家政工作”这一术语在其广度、范围和特征方面是独特的。一个非常广泛的定义可能会扩展到早已被现行规章所涵盖的商业部门，因此，应认真考虑属于这一定义范围的工作类别以及“雇主”一词的定义是否应包括中间人。国际劳工组织成员国在这一问题方面存在非常不同的观点。过多地管理可能会减少这一部门的就业，因为家庭工人的雇主往往缺乏由国际劳工标准提出的严格规则的法律专门知识。保持就业是最重要的，特别是在全球金融危机的影响下，因而不应冒损害就业的风险。① 因此，合理界定家政工人从事的工作是至关重要的，否则，一些本应该属于家政工人范畴的人可能被排除在法律适用范围之外。目前，中国法律并没有将家政员纳入劳动法律保护，而司法实践中政府部门一直不认可家政员的劳动法上的劳动者身份。我国劳动立法对家政工人进行界定是完全有必要的，这样可以杜绝现存的从事商业活动的雇主以家政服务雇主的身份雇佣工人以规避仅适用于除家政工人以外的那部分工人的更为严厉的法规的现象。当然，定义家政工人时我们必须留意这么一个问题，即该定义不能限定得过于严苛而将这类工人排除在法律的规范范围之外，否则会导致部分家政工人无保护性立法可依。

（一）我国家政服务实践中对家政服务员的界定分析

目前，地方性立法和家政行业公约对于家政工人含义最主要的分歧在于接受服务的主体方面。总体上看，存在广义型和狭义型两类。

1. 广义型。在我国，广义型家政工人界定模式分两种情形：（1）家政服务类型的广义型。以中国家庭服务业协会、吉林省、天津市、东莞市为代表的家政服务行业公约将家政服务范围扩展到所有有关家庭事务的活动，特别是将家庭婚介、家庭理财、家庭装潢纳入家政服务范畴。例如，中国家庭服务业协会 2002 年 7 月发布的《中国家庭服务业协会行业管理规范（试行）》第 3 条规定：本规范所指家庭服务业，是指从事家庭服务、家庭清洁、家庭护理、家庭医生、家庭教师、家庭餐饮、家庭园艺、家庭搬家、家庭旧货收购、家庭养老服务、家庭装饰维修、家庭接送服务、家庭钟点工等家庭服务的有偿服务活动。将家政服务内容界定最为广泛的则是洛阳市。2009 年 7 月 22 日发布的《洛阳市家庭服务业规范管理暂行办法》，其将家庭装饰、小区车辆管理、家庭理财和流动餐饮等也纳

① 国际劳工局，家庭工人体面劳动，国际劳工大会，报告四（1），第 100 届会议，日内瓦，2010 年第 1 版，第 6 页。

入家政服务的范畴。[①] 此外，北京则将婚介婚庆和搬家纳入家政服务范畴中。[②] 此外，《吉林省家政服务业行约（试行）》第3条均有类似的规定。毫无疑问，中国家庭服务业协会、吉林省家政服务业行约对家政服务的认定已经超出了家务本身的范畴，特别是家庭婚介、家庭理财、家庭装潢等活动缺乏持续性等特征实不可取。(2) 家政服务对象的广义型。该类代表为重庆市、江苏省、山东省、洛阳市。以重庆为代表的政策将家政服务对象界定为家庭和企事业单位。《重庆市家政服务行业管理规定》第2条规定，家政服务业是指以家庭服务为主要对象、以家庭事务为服务内容并兼顾企事业等单位需求的有偿家政服务活动。第14条规定，本规定所称家政服务人员，是指具有法定劳动资格，以从事家庭、企事业单位服务为主要内容而取得有偿报酬的人员。第22条规定，本规定所称家政服务消费者，是指聘用家政服务人员从事以家庭、企事业单位服务为主要内容的单位和个人。此外，《江苏省家庭服务业管理规定（试行）》、山东家政行业协会制定的《山东省家政服务业消费争议处理办法》也将家庭和单位作为家政服务对象。例如，《江苏省家庭服务业管理规定（试行）》第3条规定，家政服务指为需求服务的家庭提供操持家务、卫生保洁，照顾孕产妇、老人、病人及婴幼儿护理、教养等服务家庭的有偿服务活动。第4条规定，家政服务员指为家庭或社会提供家政服务的工作人员。第6条规定，家政服务的客户指接受家政服务的家庭或单位。《杭州市家政服务业协会行规行约（试行）》则将家庭、企事业单位和社区物业等视为家政主要服务对象。其与重庆不同的是其将社区物业也列入家政服务的范围。

2. 狭义型。相对于广义型而言，国内一些地方性法规和行业公约仅将家政服务接受者限制在家庭自然人范畴。相应地，相关家政服务内容也仅限于家庭劳务活动。该类代表为北京、上海、郑州、深圳、长春市。例如，《北京市家政服务行业公约》将接受服务者限制在自然人的范畴。本公约所称的家政服务业，是指以家庭为服务对象、以家庭事务为服务内容的有偿家政服务活动。[③] 自2009年7月1日起施行的《郑州市家庭服务业管理办法》第2条规定，本办法所称家庭服务，是指以家庭为主要服务对象，以家庭保洁、衣物洗涤、烹饪、家庭护理、婴幼儿看护等家庭日常生活事务为主要服务内容，由家庭服务经

① 该办法所指的家庭服务业，是指以劳务方式为单位或居民家庭提供清洗，保洁，家教，护理病、残、弱人员，保姆，月嫂，钟点工，家庭设施维修保养，家庭装饰，托老，托幼，学生接送，配送快递，劳务中介，搬家，保安保绿，小区车辆管理，环境清扫、养护，家庭园艺，家庭理财，衣物缝补，流动餐饮等以及其他法律法规和国家政策允许范围内的有偿服务活动。但是洛阳市规定中所称的家庭服务业经营者是指依法在工商或民政部门注册登记的，以家庭服务为其经营范围的企业和民办非企业单位；经营者可以以个人独资、合伙型、有限责任公司、股份有限公司等形式注册登记。可见，洛阳对家庭服务业和家庭服务经营者的定义不完全一致。

② 北京市质量技术监督局发布的2007年《家政服务通用要求——北京市地方标准（1）》中将家政服务明确为："主要以家庭为服务对象，为满足家政服务消费者需求，而提供的家居保洁、家庭烹饪、家庭护理、家庭咨询、家庭教育、家庭装饰维修保养、宠物护养与植物养护、接送、特约服务、婚介婚庆和搬家等为主要内容的有偿服务。"

③ 该公约第2条规定：本公约适用于在本市行政区域内从事家政服务的企事业单位和个体工商户。第5条规定：本公约所称家政服务经营者（以下简称经营者）是指依法经政府主管部门登记注册，以家政服务为经营范围的具有法人资格的企事业单位和个体工商户。这意味着家政服务者可以采取个体工商户的形式从事家政服务。不过该公约第23条规定：本公约所称家政服务消费者，是指聘用家政服务人员从事以家庭服务为内容的自然人。该条将接受服务者限制在自然人范围内。

营者提供的营利性服务活动，包括居家服务（保姆）、钟点工、计件工等。2001年颁布的《深圳经济特区家庭服务业条例》第2条规定，家庭服务是指以家庭为服务对象、以家庭事务为服务内容的有偿服务，包括家庭保姆、家庭清洁、家庭护理、家庭教师以及其他有偿家庭服务活动。[①]《深圳市家政服务行业消费争议纠纷处理办法（征求意见稿）》第3条与此规定相同。2002年10月1日起施行的长春市政府颁发的《长春市家庭服务业管理暂行办法》（长政办发〔2002〕44号）第3条规定，本办法所称的家庭服务，是指以家庭为服务对象，以家庭事务为服务内容的有偿服务，包括家庭保姆、家庭清洁、家庭维修、家庭医疗、家庭护理、家庭教育、家庭配餐、家庭购物等家庭服务活动。上海市劳动和社会保障局2002年8月1日起施行的《上海市家庭劳务介绍机构管理办法》规定，本办法所指家庭劳务是指为居民家庭提供的料理家务、护理老人、病人或产妇、照看婴幼儿等服务。“用户”是指居住在本市，因家庭生活需要，使用家庭劳务人员的家庭。同时，该办法还规定，家庭劳务介绍机构不得为用人单位（含个体经济组织）介绍用工或提供劳务。显然，该规定本身就将家政服务限制为家庭范围，并将家政服务定位为劳务提供。

（二）界定家政工人内涵和外延的考量

1. 全面保护各类家政工人。2011年国际劳工大会通过的《家政工人体面劳动公约》第2条规定，已批准本公约的成员国，经与有代表性的雇主组织和工人组织磋商，特别是经与（如果存在）代表家政工人的组织和家政工人雇主的组织磋商之后，可将下列人员全部或部分地排除在公约的适用范围之外：（a）已另外为其规定至少同等水平的保护的工人类别；（b）可能会产生实质性特殊问题的有限工人类别。由此可以看出，该公约总体上要求将所有广义上的家政工人纳入劳动标准法保护之下。许可成员国排除于立法之外的前提在于国内立法已经给予了该类人保护。就我国立法而言，没有任何有关家政工人劳动权益的保护法，同时因自然人和家庭不具有劳动法上的用工主体资格，因此，只有在家政工人和中介服务机构的家政公司签订了劳动合同之情况下，家政工人的劳动权益才能得到保护。不过，有关调查表明，很少有签订劳动合同的家政工人。因此，家政工人实际上被完全排除在劳动法律保护之外。鉴于此，我国立法应该采取广义家政工人的概念，将所有从事与私人生活事务相关的家政劳动者纳入劳动法的保护范围。

2. 区分住家型家政工人和非住家型家政工人。就我国立法而言，也应当对此给予区分。将非住家型家政工人除了在劳动监察同住家型家政工人一样外，其他方面均可以视为一般的产业工人，适用一般工人的相关工作条件等的保护。而对于住家型家政工人，需要从住家型家政工人的工资报酬、工作时间、隐私权保护等方面作出规定。[②]

偶尔到雇主家提供家政服务并一次性获得报酬的家政劳务提供者通常被排除在相关家政工人的法律保护之外。然而，恰如前面所言，对于在雇主家庭工作多久才应该被纳入劳动法律保护的家政服务员范畴作出裁断取决于立法者取舍。笔者认为，需要区分两种情形：（1）对于非住家型家政服务提供者而言，需要长期家政服务提供关系的存在。在实践中，主要体现为每周或每月到雇主家的次数。通常而言，一个家庭每周会做一次全面的家

① 其第6条【家政服务消费者】规定：本办法所称家政服务消费者，是指接受家政服务的家庭。

② José Maria Ramirez - Machado, Domestic work, conditions of work and employment: A legal perspective, Conditions of Work and Employment Series No. 7 International Labour Organization 2003, Geneva. p. 11.

庭保洁。因此，立法可以将每月到雇主家庭从事保洁工作达到四次或四次以上的家政服务员视为具有连续性。而接送孩子、浇灌花草等家政服务者通常超过四次，自然也被纳入劳动法保护的家政服务员之列。（2）住家型家政工人则不受在雇主家时间的限制。住家型家政服务往往是与照护小孩、老人、病人等照护活动有关，其受雇主的控制性程度更甚于非住家型家政服务员。此外，该类家务活动具有长期性。因此，对住家型家政服务者设定时间上连续性要求与实际情况不符合，显然没有必要。

3. 区分劳动派遣型家政工人和与家庭直接建立家政服务关系的家政工人。家政工人的范围在法律上需要区别对待与家政雇主直接建立的法律关系和与中介机构建立的家政关系，并适用不同的规则。在加拿大安省，家政工人是被雇主直接雇佣，而非被营业机构或代理机构雇佣。后者被称为帮工（homemaker），并适用特别的规则和2000年《就业标准法》（简称为ESA）的除外规定。ESA法下的家政工人不论是兼职还是全职，也无论是住家型还是非住家型均享有ESA下所规定的同样的权利。与雇主直接建立家政服务关系的家政工人包括通过中介机构介绍与雇主家庭建立的家政服务关系，也包括通过亲戚朋友或自己与家庭雇主之间建立的关系。但得排除家政公司对家政工人采取诸如收取管理费形式类的家政工人。该类工人在本质上与家政公司形成了控制与从属关系并因此具备了劳动关系性质。其被公司派遣到家庭雇主家中，其相关关系按照劳务派遣法律关系处理。在劳务派遣情形下，家政工人的劳动权益不会因只到雇主家偶尔一次而被排除在劳动法律保护之外。

4. 将家政服务限定为家庭自然人。家政工人之所以具有特殊性并需要特殊规则加以保护的最重要原因之一就在于其工作地点的特殊性，即工作地点为雇主居所。将家政服务对象或活动范围扩大而超出家庭生活场所与家政工作的特殊性相违背。这意味着排除在医院、酒吧、餐馆、旅馆、工业基地所做的家政性工作，为慈善机构、法人利益而为的家政性工作都应当适用一般劳动法规定。事实上，在我国国家层面的政策也是将家政服务限定为家庭自然人。《国务院办公厅关于发展家庭服务业的指导意见》（国办发〔2010〕43号）中规定，家庭服务业是以家庭为服务对象，向家庭提供各类劳务，满足家庭生活需求的服务行业。这表明了家政服务政策制定者也坚持了家政服务接受者仅限于家庭，并不包括对保洁服务需求的企业在内。毫无疑问，我国家政服务外延应该限制在服务于家庭，到企业从事保洁服务不应当纳入家政服务员之列。

五、结论

家务劳动随着时代的不同会有不同的内容，因此采取列举方式无法穷尽家政服务活动的范围，而高度概括性的家政服务员概念又不利于司法实践裁断。因此，采取综合定义模式是优先选择。从保护童工的角度以及家政工作场所特殊性所决定的法律问题出发，科学合理的家政工人定义应为：具有法定劳动资格，以从事诸如保洁、照护等家庭私人生活服务为内容而取得有偿报酬的人员。

中国竞争法学发展之回顾与前瞻*

韩 伟**

目 次

作为规范市场竞争秩序的法律制度，竞争法是市场经济体制的重要法律表征。改革开放以来，中国竞争法学历经孕育、成长到日渐成熟，三十多年发展历程与我国经济体制改革相生相伴。一方面，理论研究推动了我国市场经济体制转型进程；另一方面，经济体制改革的成果也在理论拓展中予以辩证体现。竞争法的核心组成是反不正当竞争法与反垄断法。本文从我国竞争法学的发展阶段、取得的成就、存在的问题以及建议与展望四大方面对我国竞争法学的发展进行探讨。

一、中国竞争法学的主要发展阶段

我国真正意义上的竞争法学研究肇端于20世纪80年代初，经济、社会的转型是我国竞争法学发生、发展的动因与基奠。以1993年《中华人民共和国反不正当竞争法》（以下简称《反不正当竞争法》）的颁布为界，我国竞争法学的发展历程大致可以划分为1993年前后两个阶段，又以2007年《中华人民共和国反垄断法》（以下简称《反垄断法》）出台为标志，可将1993年后我国竞争法学的发展分为2007年前后两个阶段。

（一）1993年前：竞争法学的起步摸索阶段

1978年十一届三中全会后，我国进入社会主义建设新时期，市场与竞争的地位和作用被逐渐认识。1980年国务院发布《关于推动经济联合的暂行规定》以及《关于开展和保护社会主义竞争的暂行规定》（简称《竞争十条》），开始了我国市场竞争秩序的法制化进程，学界相应展开了初步研究。由于知识存量上的极度匮乏，这一时期我国竞争法学研究

* 本文选题的时间跨度为：1978年—2008年。

** 中国社会科学院法学研究所经济法学博士研究生。

主要体现为少数学者对国外经验的介绍，整体上处于起步摸索阶段。学界初步意识到市场竞争秩序法制化的意义，在对经济法学科体系的搭建中形成了一些竞争法的非体系化认知。有学者开始对发达国家的竞争法律制度进行初步介绍，[①] 有学者提出我国经济法原则应包括保护竞争的内容，[②] 有的学者开始对市场上的不正当竞争现象进行理论剖析。[③]

20世纪80年代中期后，我国经济体制改革加速，各类不当竞争现象在我国经济生活中也日渐凸显。1987年，国务院法制局成立反垄断法起草小组，1988年提出了《反对垄断和不正当竞争暂行条例草案》，学界研究力度也开始加大，系统性著作开始出现。[④] 学者们除进一步介绍域外经验外，[⑤] 对我国经济生活中出现的诸如行政垄断等各类问题也予以理论回应，并就我国竞争法制的体例、对象等问题进行了探讨。[⑥] 特别是这一阶段学者们针对反不正当竞争法的必要性、定义、调整范围、主要内容等问题的研究，[⑦] 为《反不正当竞争法》的制定奠立了重要理论基础。虽然这一阶段竞争法理论体系的独立性特点还不突出，但部分经济法学教材已经开始有所体现。[⑧]

（二）1993年后：竞争法学的成长发展阶段

1. 1993年—2007年：竞争法学的体系化成长阶段

1993年《反不正当竞争法》的制定，表明我国已经开始调整和重构经济立法体系，是健全市场法制的重要步骤，[⑨] 我国竞争法学研究水平也踏上新台阶。这一阶段学界对竞争法的理论认识日趋深化，理论体系的科学性得到很大提升。理论界对国外竞争法律制度进行了更为翔实的比较研究，对我国《反不正当竞争法》的实施与完善进行了大量探讨，

---

① 参见卢绳祖、董立坤：《谈谈美国反托拉斯法》，载《国外法学》1982年第2期；［澳］M. 森纳拉亚克著，姚祺译：《美国反拖拉斯法治外法权的新做法》，载《国外法学》1982年第2期；杨志淮：《西方国家“反垄断法”剖析》，载《现代法学》1983年第4期。

② 参见王忠、宋浩波、刘瑞复、赵登举编著：《经济法学》，78页，吉林人民出版社，1982。

③ 参见史文清：《试论经济竞争的法律调整》，载《法学论坛》1985年第2期；周林彬：《企业竞争的法律调整研究》，载《学术论坛》1985年第4期；张志斌：《竞争立法刍议》，载《法学杂志》1985年第6期。

④ 参见吴炯主编：《维护公平竞争法》，中国人事出版社，1991；［美］马歇尔·C. 霍华德著，孙南申译：《美国反拖拉斯法与贸易法规》，中国社会科学出版社，1991；王艳林主编：《竞争法导论》，中国地质大学出版社，1992；戴奎生、邵建东、陈立虎著：《竞争法研究》，中国大百科全书出版社，1993。

⑤ 参见程建英：《美国与西德竞争法比较》，载《比较法研究》1987年第2辑；刘士元：《略论欧洲共同体竞争法》，载《吉林大学社会科学学报》1989年第6期；戴奎生：《联邦德国〈竞争法〉禁止阻碍竞争的规定》，载《中外法学》1990年第2期；姚辉、余临：《英国竞争法：历史与现状》，载《法学家》1992年第1期。

⑥ 参见杜飞进：《企业兼并问题论纲》，载《中外法学》1989年第1期；宁鲁望：《我国反垄断立法的特点和内容》，载《经济法制》1989年第5期；王保树：《企业联合与制止垄断》，载《法学研究》1990年第1期；李中圣：《行政垄断的几个问题》，载《政法论丛》1990年第2期；王天鸿：《试论市场竞争立法》，载《中南政法学院学报》1992年第3期；邵建东：《卡特尔与卡特尔政策辨析》，载《南京大学学报》1992年第4期。

⑦ 参见王全兴：《论企业竞争的几个法律问题》，载《法学评论》1985年第6期；金福海：《试论不正当竞争》，载《法学论坛》1989年第2期；杨春平、雷涵：《关于我国竞争立法的理论思考》，载《法律科学》1989年第4期；张伟明、王艳林：《我国反不正当竞争立法若干问题探讨》，载《法学评论》1990年第4期；乐毅、徐凤根：《反不正当竞争立法与实施的障碍及其对策》，载《中南政法学院学报》1991年第1期；黄勤南：《论建立和完善我国的经济竞争法律制度——探讨禁止非法垄断和制止不正当竞争立法问题》，载《政法论坛》1991年第4期；肖平：《不正当竞争刍议》，载《现代法学》1991年第4期。

⑧ 参见陶和谦主编：《经济法学》第7章第6节“国营工业企业与其他企业、事业单位联合和竞争的法律规定”，群众出版社，1985；李昌麒主编：《经济法教程》第14章第6节“工业企业联合与竞争的法律规定”，法律出版社，1987；关乃凡主编：《中国经济法》第25章“企业竞争法”，中国财政经济出版社，1988。

⑨ 参见冯彦君：《我国〈反不正当竞争法〉点评》，载《当代法学》1994年第3期。

对《反垄断法》更是开展了丰富的理论研究与立法建议，一批专题著作的出现折射了这一阶段我国竞争法学研究水平的提升。

这一阶段竞争法学发展的特点表现为：(1) 研究更为广泛深入，大大增进了我国竞争法学理论的知识存量与水平；(2) 国外经验借鉴更为细致；① (3) 研究形式日趋丰富，各类专业学术会议（包括国际学术会议）频繁召开；② (4) 积极参与立法建议，对国家决策影响日渐加强，促进了相关法律、法规的出台；③ (5) 竞争法学专业研究机构逐步出现；④ (6) 竞争法学在经济法学学科体系中的地位渐趋稳定与明晰。⑤

2. 2007 年后：竞争法学的完善化发展阶段

反垄断法是高级的市场经济之法，《反垄断法》的出台标志着社会主义市场经济及其法治在我国进入一个新的发展阶段。⑥ 2007 年《反垄断法》颁布后，一个较为完备的竞争法体系在我国基本搭建起来。理论界在关注《反垄断法》实施问题的同时，竞争法学研究也开始慢慢转型。结合《反垄断法》的出台，学者们对其进行了系统的学理解释，⑦ 对立法欠缺进行了集中评析，就实施问题开展了深入分析。⑧ 理论界开始更加关注整个竞争法

① 参见王晓晔著：《欧共体竞争法》，中国法制出版社，2001；邵建东著：《德国反不正当竞争法研究》，中国人民大学出版，2001；许光耀著：《欧共体竞争法研究》，法律出版社，2002；胡光志主编：《欧盟竞争法前沿研究》，法律出版社，2005；张守文、单筱鸿：《中日竞争法律制度比较研究》，载《外国法译评》1994 年第 2 期；王为农：《中日反不正当竞争法比较研究》，载《外国法译评》1998 年 4 期；徐士英、邱加化：《欧盟环境政策与竞争法的关系及启示》，载《法商研究》2001 年第 5 期；李响：《俄罗斯法律中对行政垄断的规制》，载《法学杂志》2002 年第 2 期；王健：《2002 年〈企业法〉与英国竞争法的新发展》，载《环球法律评论》2005 年第 2 期；郑鹏程：《美国反垄断法三倍损害赔偿制度研究》，载《环球法律评论》2006 年第 2 期。

② 例如，中国社会科学院法学研究所 1997 年开始组织的系列竞争法国际研讨会；2001 年中国人民大学召开的“海峡两岸证券与竞争法研讨会”；2005 年厦门大学法学院等单位组织的“2005 年海峡法学论坛——反垄断法的理论与实务”学术研讨会；2006 年对外经济贸易大学主办的“竞争法与产业政策论坛”。

③ 参见王晓晔：《我国反垄断立法的框架》，载《法学研究》1996 年第 4 期；王源扩：《我国竞争法的政策目标》，载《法学研究》1996 年第 5 期；漆多俊：《中国反垄断立法问题研究》，载《法学评论》1997 年第 4 期；王艳林、李彬：《中国竞争法基本范畴的确立及其对立法的意义——兼评〈中华人民共和国反垄断法〉草案的修改》，载《河南省政法管理干部学院学报》2005 年第 1 期；王健：《威慑理念下的反垄断法刑事制裁制度——兼评〈中华人民共和国反垄断法修改稿〉的相关规定》，载《法商研究》2006 年第 1 期；王先林：《对〈中华人民共和国反垄断法草案〉的若干意见》，载《上海交通大学学报（哲学社会科学版）》2007 年第 1 期；郑鹏程：《欧美反垄断法价值观探讨——兼评〈中华人民共和国反垄断法草案〉第 1 条》，载《法商研究》2007 年第 1 期；林燕平：《对〈中华人民共和国反垄断法（草案）〉相关条款之评析——对“有关法律、行政法规另有规定，依照其规定”的质疑》，载《上海交通大学学报（哲学社会科学版）》2007 年第 1 期；徐孟洲、徐阳光：《我国反垄断法草案的特色与立法建议》，载《团结》2007 年第 3 期。

④ 例如，中国社会科学院国际法研究所竞争法研究中心、北京大学竞争法研究中心、中国人民大学竞争法研究中心、中国政法大学竞争法研究中心、华东政法大学竞争法研究所、对外经济贸易大学竞争法中心、中国计量经济学院竞争与政策研究所。此外，中国法学会经济法学研究会也成立了竞争法专业委员会。

⑤ 参见李昌麒主编：《经济法学》第 12 章“反不正当竞争法与反垄断法”，中国政法大学出版社，1994；杨紫烜主编：《经济法》第 11 章“竞争法律制度”，北京大学出版社、高等教育出版社，1999；潘静成、刘文华主编：《经济法》第 9 章“竞争法律制度”，中国人民大学出版社，1999。

⑥ 参见史际春：《〈反垄断法〉与社会主义市场经济》，载《法学家》2008 年第 1 期。

⑦ 参见史际春等著：《反垄断法理解与适用》，中国法制出版社，2007；吴炯主编：《中华人民共和国反垄断法解读》，中国工商出版社，2007；王晓晔主编：《中华人民共和国反垄断法详解》，知识产权出版社，2008；时建中主编：《反垄断法——法典释评与学理探源》，中国人民大学出版社，2008。

⑧ 参见时建中：《我国〈反垄断法〉的特色制度、亮点制度及重大不足》，载《法学家》2008 年第 1 期；王艳林：《中国〈反垄断法〉的规制对象及其确立方法》，载《法学杂志》2008 年第 1 期。

体系的协调问题，特别是《反不正当竞争法》与《反垄断法》的协调。研究视角以及方法也开始进入新阶段，一些细致问题纳入研究视野，我国竞争法学研究开始步入完善化发展阶段。

大体言之，2007 年后我国竞争法学步入新阶段有如下表象：（1）研究领域日趋精细；[①]（2）理论研究与实际国情的结合更为深入，日益重视实证分析；[②]（3）为立法的进一步完善继续提供理论支持，竞争法体系化研究开始加强；[③]（4）对重大社会事件的理论回应更为迅速与直接；[④]（5）国际化交流更为深入。[⑤]

二、中国竞争法学发展取得的成就

（一）竞争法基础理论

有关竞争法基础理论的研究，理论界主要从竞争法的调整对象、目标、功能、价值、宗旨、原则、实施、立法模式等方面展开，研究较为全面。

理论界一般认为市场竞争关系为竞争法的调整对象，也有学者主张竞争管理关系也属于竞争法调整对象。[⑥] 有关竞争法的政策目标，有学者主张坚持公正原则，巩固社会经济稳定；促进改革，推进全国市场一体化；促进产业结构优化，推动经济技术进步，提高国

---

① 参见宁立志、李文谦：《不争执条款的反垄断法分析》，载《法学研究》2007 年第 6 期；吴广海：《专利权人搭售行为的反垄断法规制》，载《学海》2007 年第 6 期；何治中：《美国反垄断法对最低转售价格维持的规制原则变迁与启示》，载《金陵法律评论》2008 年 2 期；时建中、陈鸣：《技术标准化过程中的利益平衡——兼论新经济下知识产权法与反垄断法的互动》，载《科技与法律》2008 年第 5 期；杜新丽：《从比较法的角度论我国反垄断争议的可仲裁性》，载《比较法研究》2008 年第 5 期；丁茂中：《美国反垄断法中界定"相关市场"的临界损失分析法》，载《西南政法大学学报》2008 年第 6 期；李平：《垄断协议认定权及其相关问题研究》，载《四川大学学报（哲学社会科学版）》2008 年第 6 期；孟雁北：《搭售行为中的拒绝交易问题研究——从美国 Kodak（1992）案谈起》，载《中国人民大学学报》2008 年第 6 期；蒋悟真：《反垄断法实施中的贸易保护条款》，载《国际贸易》2008 年第 12 期。

② 参见李剑：《消费者选择权、消费心理与竞争法的逻辑——对酒水不能自带规定的思考》，载《现代法学》2007 年第 6 期；王海峰：《试论反垄断贸易壁垒与 WTO 竞争规则——兼析我国维 C 出口企业反垄断案件》，载《法学》2007 年第 10 期；刘道远、王晓锦：《外资并购中垄断的认定及民事责任研究——以达能并购娃哈哈案件为例》，载《法律适用》2007 年第 11 期；张勇忠：《从"方便面联合涨价事件"看反垄断法对消费者利益的保护》，载《法学》2007 年第 11 期；李勇军：《外资收购我国驰名商标的立法缺失及其法律完善——以"可口可乐并购汇源案"为例》，载《法学》2008 年第 12 期。

③ 参见徐士英：《行业协会限制竞争行为的法律调整——解读〈反垄断法〉对行业协会的规制》，载《法学》2007 年第 12 期；许光耀：《〈反垄断法〉中垄断协议诸条款之评析》，载《法学杂志》2008 年第 1 期；王先林：《〈反垄断法〉的出台与我国竞争法体系的协调完善》，载《华东政法大学学报》2008 年第 2 期；王晓晔：《中华人民共和国反垄断法析评》，载《法学研究》2008 年第 4 期；刘大洪、王永强：《网络环境中我国〈反不正当竞争法〉的修改与完善》，载李昌麒主编：《经济法论坛》第 5 卷，群众出版社，2008。

④ 例如，2008 年经济法学研究会年会针对微软"黑屏事件"展开了深入探讨；中国人民大学法学院联合相关单位针对可口可乐收购汇源案，迅速召开了"可口可乐收购汇源案法律研讨会"；2010 年中国社会科学院法学研究所就 360 与 QQ 之争迅速召开了学术研讨会。

⑤ 例如，2008 年西南政法大学召开的"竞争法律与政策发展——经验分享"国际研讨会；2008 年华东政法大学主办的亚洲竞争法论坛；2008 年对外经济贸易大学召开的"中国—瑞士竞争法研讨会"。

⑥ 参见种明钊主编：《竞争法》，35～36 页，法律出版社，1997；吴宏伟：《竞争法有关问题研究》，70～75 页，中国人民大学出版社，2000。

民经济的整体素质和国际竞争力以及坚持互利合作，保护我国的国际经济利益。[1] 有学者认为政策目标体现在有效充分竞争、公平合理竞争和促进经济发展三个方面。[2] 有学者主张我国竞争政策的目标模式为有效竞争，[3] 也有学者倡导动态竞争观，提出“可竞争理论”的竞争立法理论模式。[4] 就竞争法的功能而言，有研究指出竞争法的功能集中体现在政策功能、资源配置功能、利益协调功能和有序竞争功能四方面。[5] 也有学者认为竞争法具有促进经济发展、实现政治民主、弘扬人类文明的功能。[6] 有关竞争法的基本原则，学者们从不同角度提出了多种看法，主要有自由竞争原则、平等竞争原则、公平竞争原则、促进竞争原则、有效竞争原则、诚信竞争原则、国家适度干预原则、保护中小企业原则、合理原则、合法原则、适度自由原则、诚实信用原则、实质公平原则、整体效率优先原则与社会公共利益原则等类型。[7]

有关竞争法的立法模式，主要涉及反不正当竞争法与反垄断法在立法中的关系处理。主张合并立法的观点中，有学者认为不正当竞争与垄断是一个问题的两面，我国垄断和不正当竞争是黏合在一起的，将禁止非法垄断和制止不正当竞争合并于一个法律中是由我国国情决定的。[8] 有学者提出，垄断也是一种不正当竞争行为，分别立法则两部法律在立法宗旨、执行机关、处理程序等方面会造成不必要的重复。[9] 主张分别立法的学者则指出，垄断和不正当竞争在性质上是不完全相同的，特别是我国实行有计划的商品经济，加之受传统经济模式的影响，我国的垄断更有其特殊性，宜将垄断和不正当竞争分别进行，现时不宜将两者同时规定在一部法律中。[10]

此外，部分学者对竞争法的法权理论进行了探讨。[11] 有学者对竞争诉讼机制进行了分

---

① 参见王源扩：《我国竞争法的政策目标》，载《法学研究》1996 年第 5 期。

② 参见盛杰民：《竞争法在中国：现状与展望》，载杨紫煊主编：《经济法研究》第 1 卷，北京大学出版社，2000。

③ 参见王晓晔：《有效竞争——我国竞争政策和反垄断法的目标模式》，载《法学家》1998 年第 2 期。

④ 参见盛杰民、袁祝杰：《动态竞争观与我国竞争立法的路向》，载《中国法学》2002 年第 2 期。

⑤ 参见吴宏伟著：《竞争法有关问题研究》，91～105 页，中国人民大学出版社，2000。

⑥ 参见邱本著：《经济法研究中卷——竞争法研究》，37～41 页，中国人民大学出版社，2008；另参见邱本：《论竞争法的基础》，载《中国法学》2003 年第 4 期。

⑦ 参见刘剑文、崔正军主编：《竞争法要论》，10～13 页，武汉大学出版社，1996；王全兴主编：《竞争法通论》，42～44 页，中国检察出版社，1997；丁邦开等著：《竞争法律环境论》，15～21 页，上海财经大学出版社，1997；种明钊主编：《竞争法》，17～20 页，法律出版社，2008；杨春平、雷涵：《关于我国竞争立法的理论思考》，载《法律科学》1989 年第 4 期；王先林：《浅论我国的竞争立法》，载《安徽大学学报（哲社版）》1991 年第 4 期；徐士英：《市场秩序规制与竞争法基本理论初探》，载《上海社会科学院学术季刊》1999 年第 4 期；邓德雄：《试论竞争法上的竞争维持与成本效益原则》，载《现代法学》2000 年第 2 期；吴宏伟：《论竞争法的基本原则》，载《法学家》2001 年第 2 期。

⑧ 参见黄勤南：《论建立和完善我国的经济竞争法律制度——探讨禁止非法垄断和制止不正当竞争立法问题》，载《政法论坛》1991 年第 4 期。

⑨ 参见金健：《从垄断与不正当竞争的关系看中国竞争立法有关问题》，载《法学评论》1993 年第 5 期。

⑩ 参见王先林：《浅论我国的竞争立法》，载《经济法》1991 年第 4 期。

⑪ 参见王显勇著：《公平竞争权论》，人民法院出版社，2007；陈智伦：《版权与制止不正当竞争权浅论》，载《现代法学》1993 年第 4 期；胡小红：《论正当竞争权》，载《当代法学》2000 年第 1 期；王艳林：《竞争权研究》，载《国家检察官学院学报》2005 年第 2 期；刘大洪、殷继国：《论公平竞争权——竞争法基石范畴研究》，载《西北大学学报（哲学社会科学版）》2008 年第 6 期。

析，认为我国应尽早建立起个人和国家为控诉主体、以经济审判庭为主审机构的诉讼格局。①我国加入 WTO 后，有学者就 WTO 竞争政策和竞争规则进行了介绍，并探讨了我国竞争法面临的挑战。②有学者就可持续发展观对竞争规则的影响进行了探索，建议重构社会经济可持续发展与竞争法的关系。③

（二）反不正当竞争法

1. 反不正当竞争法一般理论

（1）立法宗旨与价值。有学者较早就提出我国应通过制定反不正当竞争法，建立公平的企业竞争秩序，全面构建企业竞争法律环境。④有学者认为，反不正当竞争法的立法宗旨是为贯彻对外开放、对内搞活经济的方针，维护社会经济秩序，保障经济竞争，禁止非法垄断和制止不正当竞争，保护生产经营者的合法权益和消费者的利益，促进社会主义商品经济的发展。⑤也有学者认为立法宗旨是通过法律取缔不正当竞争行为，保护诚实竞争者的正当权益，保护和鼓励合法竞争，以维护正常的经济秩序，促进社会主义市场经济的健康发展。⑥有学者提出制定反不正当竞争法的目的不仅在于取缔不正当竞争和垄断行为，保护诚实生产经营者的利益，而且还在于保护广大消费者、国家和社会的利益。⑦还有学者主张反不正当竞争法的价值取向是鼓励每一个市场行为主体正当获得最大的利益，给每一个市场经营者提供公平的竞争机会，使市场经营者获得的竞争结果公平。⑧

（2）不正当竞争行为的确定。大部分学者认为，我国反不正当竞争立法应采用界定列举式，只有将具体列举的方法和归纳法相结合，才能比较完备地建立起防范之网。⑨学者们大多从行为方式、不法目的、竞争损害以及社会危害等角度，对不正当竞争行为进行界定。⑩就列举而言，有学者具体分列为假冒商标行为、仿冒商标行为、虚假广告行为、搭售商品行为等 14 种类型，⑪有学者则主张分为欺骗性不正当竞争、强迫性不正当竞争、盗窃性不正当竞争、贿赂性不正当竞争以及诽谤性不正当竞争，⑫也有学者从其他角度进行

---

① 参见单飞跃、刘思萱：《竞争诉讼机制研究——经济法的程序价值视角》，载《现代法学》2001 年第 5 期。

② 参见徐士英、邱加化：《加入 WTO：中国竞争法面临的挑战与发展》，载《上海社会科学院学术季刊》2002 年第 2 期；王晓晔、陶正华：《WTO 的竞争政策及其对中国的影响——兼论制定反垄断法的意义》，载《中国社会科学》2003 年第 5 期。

③ 参见徐士英等著：《竞争法新论》，246～267 页，北京大学出版社，2006。

④ 参见王全兴：《论企业竞争的几个法律问题》，载《法学评论》1985 年第 6 期。

⑤ 参见黄勤南：《论建立和完善我国的经济竞争法律制度——探讨禁止非法垄断和制止不正当竞争立法问题》，载《政法论坛》1991 年第 4 期。

⑥ 参见邓启惠：《社会主义市场经济中的不正当竞争及其法律调整》，载《中南财经大学学报》1993 年第 5 期。

⑦ 参见张康毅：《论反不正当竞争法的几个基本理论问题》，载《法学与实践》1992 年第 4 期。

⑧ 参见曹新明：《试论反不正当竞争法的价值取向》，载《法商研究》1996 年第 6 期。

⑨ 参见张伟明、王艳林：《我国反不正当竞争立法若干问题探讨》，载《法学评论》1990 年第 4 期；乐毅、徐凤根：《反不正当竞争立法与实施的障碍及其对策》，载《中南政法学院学报》1991 年第 1 期；王作全、王立明：《我国〈反不正当竞争法〉立法模式及类型化问题》，载《攀登》2006 年第 5 期。

⑩ 参见杨春平、雷涵：《关于我国竞争立法的理论思考》，载《法律科学》1989 年第 4 期；王艳林、张伟明、罗旭南：《论不正当竞争的认定》，载《海南大学学报（社会科学版）》1991 年第 1 期；刘牧、刘水：《不正当竞争行为及其防止》，载《中南财经大学学报》1991 年第 5 期；南振华：《浅论不正当竞争的认定》，载《政治与法律》1991 年第 3 期；张康毅、李霞：《不正当竞争行为刍议》，载《政法论坛》1992 年第 3 期；王先林：《反不正当竞争立法中的几个问题》，载《安徽大学学报（哲学社会科学版）》1993 年第 3 期。

⑪ 参见杨春平、雷涵：《关于我国竞争立法的理论思考》，载《法律科学》1989 年第 4 期。

⑫ 参见金福海：《试论不正当竞争》，载《法学论坛》1989 年第 2 期。

了分类。[①] 有学者主张将出台的《反不正当竞争法》第2条第2款认定为对不正当竞争作定性的一般条款，从而及时制止现实生活中发生的各类不正当竞争行为，并对将来可能出现的不正当竞争做出预防。[②] 此外，作为行为主体的"经营者"的内涵与外延直接影响不正当竞争行为的确定，有学者对此进行了探讨。[③]

2. 具体不正当竞争行为

（1）市场混同行为。有关市场混同行为的研究，学界主要结合《反不正当竞争法》并联系知识产权法规，围绕假冒他人注册商标行为和仿冒知名商品特有名称、包装、装潢行为以及假冒他人企业名称或姓名行为，着重就这些行为的构成与认定进行了讨论。有关假冒他人注册商标行为的讨论，焦点是如何判定"假冒他人注册商标"。两种主要代表性观点是，一种认为假冒他人注册商标就是《商标法》、《关于惩治假冒注册商标犯罪的补充规定》规定的侵犯他人注册商标专用权的行为，[④] 另一种则认为是指未经注册商标所有人许可，在同一种商品或者类似商品上使用与注册商标相同或者近似的商标。[⑤] 有关仿冒知名商品特有名称、包装、装潢的研究，理论界主要针对"知名商品"、"特有"、"相同或近似使用"以及"误认"等行为要素进行理论分析，试图明晰界定标准，如有学者指出"特有"意指名称、包装、装潢的非通用性和显著区别性。[⑥] 有观点主张"误认"要根据一般购买者注意能力的高低来判断，相关商品标示及其所标示的商品或服务的特定、差异大小等，可作为参考因素。[⑦]

（2）虚假商业宣传行为。虚假商业宣传行为的研究，理论界主要针对虚假标识等行为类型进行了探讨，特别是虚假广告受到了学者们的重视，也有学者对商业误导等问题予以了关注。[⑧] 有学者认为虚假宣传的认定原则主要包括后果原则、普通注意力原则、积极宣传与消极宣传兼顾原则、整体观察原则以及产生误导可能性原则。[⑨] 虚假广告构成要件理论界大体认识一致，普遍从行为主体、主观要件、客观行为以及损害后果等方面进行界定。[⑩] 有学者提出立法应对不正当竞争性广告进行比较详细、准确的分类，以便明确各种行为的构成要件和法律特征。应明确这些广告的不正当竞争行为性质，对广告参与者各自责任明确划分，分别处罚。[⑪] 也有学者认为应从违法者、潜在违法者、消费者、执法机构等方面进行制度的构建和完善，具体治理对策应该基于如何确定最佳的法律责任、如何应

---

① 例如，肖平：《不正当竞争刍议》，载《现代法学》1991年第4期；冯江：《简述不正当竞争的概念》，载《法律科学》1992年增刊。

② 参见邵建东：《〈反不正当竞争法〉中的一般条款》，载《法学》1995年第2期。

③ 参见李友根：《论经济法视野中的经营者——基于不正当竞争案判例的整理与研究》，载《南京大学学报（哲学、人文科学、社会科学）》2007年第3期。

④ 参见吴炯主编：《〈反不正当竞争法〉答问》，3页，中国经济出版社，1994。

⑤ 参见邵建东编著：《竞争法教程》，58页，知识产权出版社，2003。

⑥ 参见张广良：《仿冒知名商品的特有名称、包装、装潢的不正当竞争行为浅析》，载《中国工商管理研究》1995年第11期。

⑦ 参见孔祥俊著：《反不正当竞争法的适用与完善》，175页，法律出版社，1998；盛杰民：《论对引人误解或误认的不正当竞争行为的法律禁止》，载《中外法学》1997年第3期。

⑧ 参见周显志：《关于增加商业误导行为违法成本的思考》，载《经济前沿》2008年第6期。

⑨ 参见吕明瑜著：《竞争法制度研究》，181～183页，郑州大学出版社，2004。

⑩ 参见王小红、钟海华：《试析虚假广告损害消费者权益的民事责任》，载《法律适用》1994年第9期。

⑪ 参见刘燕：《浅析不正当竞争中的广告行为》，载《中外法学》1993年第3期。

对执法资源短缺、如何提供充分有效信息来展开。[1]

(3) 不正当有奖销售行为。有奖销售行为作为现代商业社会企业促销的一种惯常行为，哪些情况应予以规范以及如何规范是理论界的关注点，学者们围绕附赠式、抽奖式等有奖销售行为展开了探讨。部分学者集中就有奖销售的法律属性进行了分析。[2] 有学者建议以《反不正当竞争法》为基本法把巨奖销售作为不正当竞争行为加以原则规定，再制定单独的法律或条例，对许可的有奖销售和应当禁止的有奖销售作出详细的规定。[3] 有学者认为《反不正当竞争法》应规范附赠式有奖销售行为中赠品的性质、价值、赠品的宣传，并规范有奖销售申报制，加强对附赠式奖售的监管。[4] 有学者提出附赠式有奖销售表现形式多样，目前的经济情形下对我国是利大于弊，立法上应限制性允许附赠。[5] 有学者就附赠式有奖销售与巨奖销售、附条件交易、商业贿赂、不正当削价竞销等容易混同的行为进行了比较分析。[6] 对于抽奖式有奖销售，一般认为应规范管理，有学者则认为应该一律禁止。[7]

(4) 商业贿赂行为。有关商业贿赂的研究，除商业贿赂的概念、构成要件、法律责任等问题外，回扣、折扣与佣金的关系为理论研究热点。有学者认为应对折扣标准加以规定，超过标准而无合法理由的则应禁止，经营者应把折扣支付条件和标准作为一项经营制度。[8] 有学者指出，折扣与回扣的实质区别在于折扣的给付是事出有因的，而且折扣率是比较低的，建议我国应借鉴德国做法，对各类折扣规定一个最高比率。经营者违反最高折扣率的规定从事竞争的，构成不正当竞争。[9] 有学者认为回扣是账外暗中对财物的给付或接受。折扣是明示和如实入账的，明示包括在合同上和在合法记账凭证上的明示，如实入账则要求记入依法设立的符合财会制度规定的财务账。[10] 佣金是商业交易中的中间人所得的劳务报酬，经营者给付佣金、中间人收受佣金，都必须以明示方式入账。[11] 也有学者认为，佣金不入账不构成商业贿赂行为。[12] 此外，针对市场发展出现的一些新型商业贿赂方式，有学者重点就优惠购买、重奖经销商、瓶盖有奖回收等商业贿赂衍变形式进行了分析。[13]

(5) 侵犯商业秘密行为。对于侵犯商业秘密行为，学界主要对商业秘密的特性、行为

---

① 参见应飞虎：《对虚假广告治理的法律分析》，载《法学》2007 年第 3 期。

② 参见陈祥健：《试论有奖销售的法律问题》，载《社会科学》1992 年第 5 期；乔新生：《有奖销售的法律分析》，载《法学》1993 年第 7 期；刘国林：《有奖销售的法律评析》，载《政治与法律》1993 年第 3 期。

③ 参见李东方：《对我国限制有奖销售的立法思考》，载《现代法学》1994 年第 1 期。

④ 参见邹泓：《浅析附赠式奖售行为及其法律规范》，载《中国工商管理研究》1999 年第 1 期。

⑤ 参见汪传才：《附赠式有奖销售的法律思考》，载《政法论坛》1999 年第 6 期。

⑥ 参见王继军：《附赠式有奖销售的若干法律问题》，载《法学研究》1998 年第 5 期。

⑦ 参见孔祥俊著：《反不正当竞争法的适用与完善》，590 页，法律出版社，1998。

⑧ 参见周家贵：《商业贿赂行为及其法律管制》，载《法律科学》1995 年第 2 期。

⑨ 参见邵建东编著：《论折扣与不正当竞争》，载《南京大学学报（哲学、人文科学、社会科学）》2002 年第 2 期。

⑩ 参见孙宝贵：《关于折扣问题的初探》，载《中国工商管理研究》1998 年第 4 期。

⑪ 参见邵建东：《竞争法教程》，89 页，知识产权出版社，2003。

⑫ 参见倪振峰主编：《竞争的规则与策略》，141 页，复旦大学出版社，1996。

⑬ 参见江帆：《论反不正当竞争法上的商业贿赂行为》，载李昌麒主编：《经济法论坛》第 2 卷，群众出版社，2004。

类型、竞业禁止等问题予以较多关注。大多数学者认为商业秘密是与知识产权相邻近的财产权，它能给所有人或使用人带来经济利益，在竞争中造成某种优势。[①] 有学者指出，商业秘密的财产法保护具有较大局限，将其纳入反不正当竞争法保护范围，旨在维护竞争中的道德底线。[②] 有关商业秘密的特性，学者们主要从秘密性、价值性、实用性、保密性、新颖性、无形性、独特性、时间性以及传授与转让的有限性等角度进行归纳。[③] 有学者则建议取消商业秘密构成要件中有关“实用性”的要求。[④] 有关秘密性的认定，有学者主张应结合商业秘密的价值及其对同业竞争者的价值等因素从严认定，[⑤] 有学者则认为秘密性是相对的，可以从宽认定。[⑥] 就侵犯商业秘密的主要表现形式，部分学者划分为以不正当手段获取商业秘密；披露、使用或允许他人使用以不正当手段获取的商业秘密；违反约定或违反保密要求披露、使用或允许他人使用商业秘密；第三人消极侵犯商业秘密；职工违反约定，披露、使用或允许他人使用商业秘密等形式。[⑦] 也有学者从主体角度以及侵害行为特征角度进行了划分。[⑧] 在竞业禁止方面，有学者认为解决竞业禁止权利冲突应遵循限制权利负面外部效应原则、利益平衡原则以及合理限制原则。[⑨] 有学者提出竞业禁止制度设计要从具有合理的竞业禁止主体范围、企业（雇主）存在需要保护的商业秘密、明确竞业禁止的具体范围、具有合理的竞业禁止时间、给予合理的经济补偿以及约定合理的违约责任等方面把握。[⑩]

（6）商业诋毁行为。有关商业诋毁行为的研究，除对性质、构成等问题进行分析外，以商誉权保护以及对比广告为研究重点。学界一般结合《反不正当竞争法》，将商业诋毁界定为经营者捏造、散布虚伪事实，损害竞争对手的商业信誉和商业声誉的行为。有学者认为这种表述存在缺陷，主张商业诋毁应定义为在工商活动中旨在影响他人利益关系的不公正说法。[⑪] 商誉侵权行为不仅使商誉主体遭受难以恢复的财产损失，也对公平竞争的市场秩序造成了破坏。有学者认为损害竞争对手商誉的违法行为人不应局限于经营者。[⑫] 有学者认为侵害了他人商誉的认定标准是，行为在相当一部分相关交易者中引起了他人商誉受到侵害的印象。[⑬] 有学者建议修订《反不正当竞争法》时把商誉侵权作为内容之一，补充对商誉的解释和界定，增加“其他不正当手段”以弥补列举方式的不足，增设对商业诋

① 参见赖达清：《论保护商业秘密的法律适用》，载《现代法学》1994 年第 6 期。

② 参见谢晓尧：《论商业秘密的道德维度》，载《法律科学》2002 年第 3 期。

③ 参见邵建东编著：《竞争法教程》，89 页，知识产权出版社，2003；江帆：《商业秘密理论与立法探讨》，载《现代法学》2004 年第 3 期。

④ 参见吕明瑜：《我国商业秘密立法的不足与完善》，载《企业活力》2003 年第 9 期；陈云良、刘东炎：《论我国商业秘密保护的法律完善》，载《求索》2008 年第 12 期。

⑤ 参见盛杰民主编：《反不正当竞争的理论与实务》，293 页，中国商业出版社，1994。

⑥ 参见王春燕：《无形财产反不正当竞争保护的现状与思考》，载《管理世界》1996 年第 3 期。

⑦ 参见邵建东编著：《竞争法教程》，119～120 页，知识产权出版社，2003；王晓晔：《竞争法学》，131～135 页，社会科学文献出版社，2007。

⑧ 参见李永明：《商业秘密及其法律保护》，载《法学研究》1994 年第 3 期。

⑨ 参见李永明：《竞业禁止的若干问题》，载《法学研究》2002 年第 5 期。

⑩ 参见许明月、袁文全：《离职竞业禁止的理论基础与制度设计》，载《法学》2007 年第 4 期。

⑪ 参见谢晓尧著：《竞争秩序的道德解读——反不正当竞争法研究》，344 页，法律出版社，2005。

⑫ 参见张元再：《论商誉法律保护措施的完善》，载《法学》1997 年第 3 期。

⑬ 参见邱本著：《市场竞争法论》，106 页，中国人民大学出版社，2004。

毁行为的行政处罚措施，增设惩罚性民事赔偿规定。[①] 对比广告很容易导致商业诋毁，而我国现行法律没有明确规定。有学者介绍了域外经验，指出合理的比较广告应符合广告中不存在误导、比较的商品或者服务有可比性、比较是客观的、广告不会引起混淆、广告不得贬低或者诽谤竞争者、使用商品标识、广告中不得有虚假内容以及广告不得宣传侵害知识产权的产品等前提条件。[②]

3. 反不正当竞争法实施

（1）执法模式。有关反不正当竞争法执法模式的探讨，学界主要从司法模式与行政模式的比较分析展开。许多学者偏向于司法模式，如有学者认为在司法控制难以实现，或实现成本过高或效率过低时，才由行政机关介入进行管制。[③] 有学者提出"反不正当竞争诉讼"应成为主要的调整方法。[④] 有学者考虑到我国现行行政执法制度存在不足以及调动社会力量同不正当竞争行为作斗争的必要性，建议我国应借鉴德国有关民事责任的各项制度，特别是赋予同类竞争者和某些社会团体以起诉权，通过扩充私权来弥补行政执法制度的不足。[⑤] 有关反不正当竞争执法的行政职权，许多学者认为仍待加强，如有学者认为《反不正当竞争法》有关监督检查部门的规定，缺少部门组成、程序等规定，职责权限也欠明晰，应予以完善。[⑥] 机构设置方面，有学者建议各级工商局应统一组建各自的反不正当机构"公平交易局"，并设置与"国家公平交易局"对口的机构，配备专人开展工作。[⑦]

（2）法律责任。民事责任方面，有学者认为不正当竞争行为民事责任是一种特殊侵权责任，对之认定主张采用过错推定原则。[⑧] 有关损失的赔偿，有学者提出，损失难以计算时应为侵权人所获利润和被侵权人维护其利益所支付的合理费用。[⑨] 有学者则认为补偿性赔偿很难有效制止不正当竞争行为，主张实行惩罚性赔偿。[⑩] 行政责任方面，有学者指出《反不正当竞争法》部分禁止性行为缺乏相关行政责任，部分条款罚款金额难以计算，罚款幅度也不合理，建议补充相应行政责任并调整罚款额度。[⑪] 刑事责任方面，有学者建议

---

① 参见江帆：《商誉与商誉侵权的竞争法规制》，载《比较法研究》2005 年第 5 期。

② 参见王晓晔著：《竞争法学》，157～167 页，社会科学文献出版社，2007；另参见张广良：《与广告有关的不正当竞争行为》，载《中国工商管理研究》1996 年第 7 期；许明月、邓宏光：《论比较广告的法律规制》，载《法学》2005 年第 10 期。

③ 参见金福海：《论不正当竞争的两种法律控制模式》，载《山东法学》1998 年第 1 期。

④ 参见胡宇清、陈乃新：《对我国〈反不正当竞争法〉调整对象和调整方法的反思——以马克思竞争理论为研究路径》，载《甘肃政法学院学报》2007 年第 3 期。

⑤ 参见邵建东：《论私法在维护正当竞争秩序中的作用——以中德反不正当竞争法为考察对象》，载《山西大学学报（哲学社会科学版）》2003 年第 3 期。

⑥ 参见盛杰民主编：《反不正当竞争的理论与实务》，354 页，中国商业出版社，1994；孙宝贵：《从行政执法实践看〈反不正当竞争法〉有关行政职权规定的缺陷》，载《中国工商管理研究》1998 年第 11 期；胡逢湖：《反不正当竞争法实施中的四类问题》，载《中国工商管理研究》1998 年第 11 期。

⑦ 参见张正义：《工商行政管理机关在执行反不正当竞争法中采取的对策》，载《中国工商管理研究》1996 年第 4 期。

⑧ 参见邵建东：《不正当竞争行为之民事责任》，载《法学》1994 年第 5 期。

⑨ 参见何能高：《不正当竞争行为的认定及其法律责任》，载《现代法学》1994 年第 3 期。

⑩ 参见马英杰、赵建刚：《市场经济运行过程中的不正当竞争行为及法律约束之完善》，载《法学》1993 年第 10 期。

⑪ 参见孙宝贵：《关于修改〈反不正当竞争法〉若干问题的思考》，载《中国工商管理研究》1998 年第 7 期。

特别需要重视刑事制裁手段在制止不正当竞争中的作用。[①] 出台的《反不正当竞争法》规定很原则，有学者提出应改进刑事制裁宽松的状况，对犯罪行为严格追究法律责任。[②]

（三）反垄断法

1. 反垄断法一般理论

（1）立法宗旨与价值。有学者认为，反垄断法直接保护的是社会主义竞争秩序的公共利益，间接保护的是竞争利益和消费者利益。[③] 有学者提出反垄断法在保护公正、自由竞争的同时，也要利用一定的规模经济效益和维护某些方面的公共利益。[④] 有学者指出反垄断立法的直接目的是反对垄断和保护竞争，其最终目的是提高经济效率和维护消费者的利益。[⑤] 有关反垄断法的价值，学者们分析的侧重点不同，但大多围绕经济自由、经济平等、实质公平、社会正义、社会效率、自由有序竞争以及消费者利益维护等角度展开论述。[⑥] 此外，也有学者就反垄断法的时代精神进行了探讨。[⑦]

（2）反垄断与规模经济。我国理论界有一种观点认为反垄断与规模经济矛盾，这也是我国反垄断法出台前的主要理论阻力之一。大多数学者认为规模经济和反垄断并不矛盾，反垄断不等于反对规模经济，[⑧] 如有学者指出，规模并不等于效益，并非必然带来效益，规模出效益要有条件，即经济规模的扩大要合理化。[⑨] 有学者认为，企业的规模经济是有限度的，生产规模并非始终和企业的效率成正比，企业的经营规模也不等于企业的竞争力。企业的优化规模是在竞争中自然形成的，而优化企业规模的过程并不单纯表现为规模的扩大，反垄断法与推动中国企业的规模经济之间不是对立关系。[⑩] 有学者认为，我国建立反垄断制度绝不是为了限制大企业，而是为了建立一个有效竞争的市场机构，我国《反垄断法》及其企业合并监控制度对我国企业规模经济的形成实有培育、促成和保护之功效。[⑪]

---

① 参见王先林：《反不正当竞争立法中的几个问题》，载《安徽大学学报（哲学社会科学版）》1993 年第 3 期。

② 参见马英杰、赵建刚：《市场经济运行过程中的不正当竞争行为及法律约束之完善》，载《法学》1993 年第 10 期。

③ 参见王保树：《中国反垄断法研究的现状及其展望》，载《法学评论》1991 年第 6 期。

④ 参见王先林、唐大森：《从垄断与竞争的相对性看反垄断法的职能》，载《中央政法管理干部学院学报》1995 年第 6 期。

⑤ 参见王晓晔：《我国反垄断立法的宗旨》，载《华东政法大学学报》2008 年第 2 期。

⑥ 参见汤春来：《试论我国反垄断法价值目标的定位》，载《中国法学》2001 年第 2 期；王先林：《论反垄断法的基本价值》，载《安徽大学学报（哲学社会科学版）》2002 年第 6 期；盛杰民、叶卫平：《反垄断法价值理论的重构——以竞争价值为视角》，载《现代法学》2005 年第 1 期；吴宏伟、魏炜：《论反垄断法的价值目标》，载《法学家》2005 年第 3 期；颜运秋：《反垄断法的终极目的及其司法保障》，载《时代法学》2005 年第 6 期；叶卫平：《论反垄断法上的公平价值》，载《北方法学》2007 年第 4 期；叶卫平：《论反垄断法上的效率价值——兼评我国反垄断法草案第二十四条》，载《求索》2007 年第 5 期；徐孟洲：《论我国反垄断法的价值与核心价值》，载《法学家》2008 年第 1 期。

⑦ 参见蒋悟真：《反垄断法的时代精神》，载《团结》2007 年第 3 期。

⑧ 参见王莉萍：《我国反垄断立法的两个基本问题初探》，载《中外法学》1998 年第 2 期。

⑨ 参见漆多俊：《中国反垄断立法问题研究》，载《法学评论》1997 年第 4 期。

⑩ 参见王晓晔：《中国反垄断立法的作用、现状和问题》，载王晓晔主编：《反垄断与市场经济》，法律出版社，1998。

⑪ 参见时建中主编：《反垄断法——法典释评与学理探源》，43 ~ 44 页，中国人民大学出版社，2008。

（3）结构主义与行为主义。各国反垄断法的规制对象可分为结构与行为两类，[①] 就我国反垄断法的选择问题，理论界主要形成了主张行为主义以及主张行为主义与结构主义相结合的两派观点。行为主义的代表性观点为：我国企业规模普遍偏小，缺乏国际竞争力，甚至还没有达到规模经济的要求，只有放弃结构主义才可能帮助我国企业发展壮大，提高国际竞争力；另外，真正对竞争造成损失或威胁的是垄断行为而非垄断结构，对垄断结构规制没有必要，行为主义也已成为世界反垄断法的发展趋势。[②] 结构主义与行为主义结合的代表性观点则为：反垄断法的历史表明，反垄断法规制的重心是（兴起阶段）行为——（垄断资本主义初期）结构——行为，结构主义和行为主义的分类仅具有理论意义，不能作为反垄断法发展的趋势；结构主义在国外并未衰弱；实行结构主义有利于经济安全；结构主义与行为主义结合的全面立法，可避免规定不全、缺乏严肃性的弊端，克服法律频繁修改或大面积虚置而带来的成本膨胀等方面的问题。[③] 有学者认为我国反垄断法应着眼于行为规制，但不会也不可能完全放弃结构规制，[④] 应采取行为规制为主，消极式防御的结构性规制手段为辅。[⑤]

（4）本身违法原则与合理原则。有关本身违法与合理原则的研究，理论界特别结合美国反托拉斯法进行了探讨。有学者对“本身违法”和“合理法则”的缘起、适用范围、发展趋势和性质进行了研究，指出随着芝加哥学派在反托拉斯法领域中统治地位的确立，自20世纪80年代开始，一些传统上适用“本身违法”的情形转而适用“合理法则”，二者间的区别变得模糊。[⑥] 有学者就反垄断法中的合理原则进行了系统研究，对合理原则的思想渊源、相关理论及正当性进行了梳理，并对反垄断法各实体制度中合理原则的具体适用进行了分析，认为合理原则应成为我国反垄断法的基本原则。[⑦] 有学者认为合理规则是垄断中性认识的逻辑结果，全球化背景下各国反垄断法已变得更加宽容和灵活，我国制定反垄断法应充分体现合理规则，合理界定适用范围。[⑧] 也有学者在比较美国和欧共体合理原则立法模式的基础上，认为较之美国采用的“合理原则”，欧共体采用的豁免制度更值得我们借鉴。[⑨]

（5）相关市场。相关市场是反垄断法中的一个基础性问题，理论界结合国外经验，[⑩] 集中就相关市场界定的步骤与方法进行了研究。有学者认为，相关市场界定的原则应包括

---

① 参见陈爱斌：《结构与行为——论反垄断法的规制对象》，载漆多俊主编：《经济法论丛》第1卷，中国方正出版社，1999。

② 参见钟瑞栋、侯怀霞：《行为主义：中国反垄断立法的选择》，载漆多俊主编：《经济法论丛》第2卷，中国方正出版社，1999；邓保同：《结构主义反垄断立法不适用于我国》，载漆多俊主编：《经济法论丛》第2卷，中国方正出版社，1999。

③ 参见王艳林：《关于反垄断立法若干问题的思考》，载《中国工商管理研究》2000年第8期。

④ 参见王先林：《“入世”背景下制定我国反垄断法的两个问题》，载《法学评论》2003年第5期。

⑤ 参见王为农：《关于我国反垄断立法的再思考》，载《中国法学》2004年第3期。

⑥ 参见郑鹏程：《论“本身违法”与“合理法则”——缘起、适用范围、发展趋势与性质探究》，载王艳林主编：《竞争法评论》第一卷，中国政法大学出版社，2005。

⑦ 参见李钟斌：《反垄断法的合理原则研究》，厦门大学出版社，2005。

⑧ 参见许明月、侯茜：《经济全球化与反垄断立法》，载《现代法学》2004年第5期。

⑨ 参见许光耀：《“合理原则”及其立法模式比较》，载《法学评论》2005年第2期。

⑩ 参见陈宗璋：《欧盟竞争法上的相关市场理论》，载《经济与法》1999年第12期；李文柱：《欧盟竞争法中相关市场理论》，载《国际经济合作》1999年第6期。

有利竞争原则、效率兼顾原则和保护消费者原则。[①] 有学者指出，相关市场的界定大致可分为三个步骤：第一，确定相关产品，即根据产品性能、用途和价格将相关产品与其他产品区别开来；第二，扩大产品市场，即根据消费者使用的目的、产品价格等条件，将所有可相互替代的最终可满足消费者需求的产品扩大到这个产品市场之内；第三，根据这些产品在地域上的销售范围来界定它们的地域市场。[②] 理论界主要针对相关产品市场、地域市场的界定方法进行了探讨。有学者指出界定相关市场的方法主要有需求交叉弹性法、供给交叉弹性法和实用指标法，其中需求交叉弹性法最具说服力。[③] 有学者认为，界定相关市场还要关注产业融合的进展。[④] 有学者主张界定相关商品市场时主要考虑商品的物理性能和使用目的、商品的价格、消费者的偏好以及供给的替代可能性等因素。界定相关地域市场时考虑的主要因素则是运输成本和商品特性、商品价格、消费者偏好以及市场进入障碍等。[⑤] 有学者指出，经济全球化背景下产品供给替代性以及国际竞争应该更多地纳入市场界定的考虑范围。[⑥]

（6）适用除外。有关反垄断法的适用除外，在对国外经验进行比较研究的同时，[⑦] 学者们主要集中就适用除外制度的功能及其适用范围进行了研究，其中又以自然垄断行业和公用企业的适用除外问题为研究热点。

有关适用除外制度的功能，学者们从不同角度进行了解析。有学者认为，适用除外制度有利于协调反垄断与规模经济的关系，有利于实现反垄断法的优先政策目标，维护国家整体经济利益和社会公共利益。[⑧] 有学者指出，垄断对经济发展的双重作用是适用除外制度生成的经济基础，修补反垄断法的不足是适用除外制度的基本作用。[⑨] 有学者认为适用除外制度贯彻了反垄断法的社会本位、公平兼顾效率的价值理念，存在经济学、法学、道德和政策的基础。[⑩] 有学者则从产业政策与竞争政策协调的角度来分析。[⑪] 适用除外制度的适用范围是学界讨论的中心。有学者指出，适用除外制度大致可适用于特定领域、特定企业、特定行业、特定组织、特定权利以及特定行为。[⑫] 有学者认为适用除外对象为自然垄断、知识产权、特殊卡特尔以及协同组合行为。[⑬] 理论界还未就哪些行业可作为反垄断法的适用除外领域完全达成共识。有学者指出，随着科技的发展，将某些行业视为自然垄

---

① 参见金朝武：《论相关市场的界定原则和方法》，载《中国法学》2001年第4期。

② 参见王晓晔著：《企业合并中的反垄断问题》，236页，法律出版社，1996；王晓晔：《举足轻重的前提——反垄断法中相关市场的界定》，载《国际贸易》2004年第2期。

③ 参见胡甲庆著：《反垄断法的经济逻辑》，173~178页，厦门大学出版社，2007。

④ 参见王健：《企业经济集中与反垄断法》，载漆多俊主编：《经济法论丛》第2卷，603页，中国方正出版社，1999。

⑤ 参见王先林：《论反垄断法实施中的相关市场界定》，载《法律科学》2008年第1期。

⑥ 参见张俊文：《反垄断法中的市场界定》，载《现代法学》2001年第3期。

⑦ 参见林燕平：《反垄断法中的适用除外制度比较》，载《法学》1997年第11期；郑鹏程：《美国反垄断法适用除外制度发展趋势探析》，载《现代法学》2004年第1期；齐虹丽：《政府规制与反垄断法的适用除外制度——以日本反垄断法中的适用除外制度为讨论中心》，载《法学评论》2004年第6期。

⑧ 参见刘桂清：《适用除外的基本特征及对我国立法的启示》，载《山东法学》1999年第6期。

⑨ 参见郑鹏程：《反垄断法适用除外制度探微》，载《山西师大学报（社会科学版）》2001年第4期。

⑩ 参见史际春、杨子蛟：《反垄断法适用除外制度的理论和实践依据》，载《学海》2006年第1期。

⑪ 参见吴宏伟、金善明：《论反垄断法适用除外制度的价值目标》，载《政治与法律》2008年第3期。

⑫ 参见邱本著：《经济法研究中卷——竞争法研究》，266~273页，中国人民大学出版社，2008。

⑬ 参见张守文、于雷著：《市场经济与新经济法》，353页，北京大学出版社，1993。

断已经不能准确说明行业的实际情况。[①] 譬如银行业与保险业在各国通常属于适用除外对象，有学者就指出，银行兼并等影响市场竞争的行为仍应适用反垄断法，属于本身违法的银行垄断行为也不能获得免责。[②] 有学者认为对于自然垄断行业的改革，必须科学界定自然垄断行业的自然垄断业务部分和非自然垄断业务部分，后者应适用一般市场竞争规则。[③] 大多学者认为反垄断法原则上也要适用于公用企业，对其不能一般适用除外。[④]

（7）反垄断法与产业政策。任何产业政策都会导致市场现存结构的改变，影响市场竞争，反垄断法与产业政策存在一定冲突，二者的关系问题为反垄断法研究的难点。有学者认为，考虑我国所面临的经济、国际规则约束等情势，我国应倚重于反垄断法而不是产业政策。因为首先，我国既有产业政策没有取得足够的成效；其次，在新的经济、制度背景下，产业政策的作用空间已经被大大压缩；再次，我国市场上危害较大的几种垄断形式，如行政垄断、行业垄断都与我国产业政策的实施有着直接或间接的关联；最后，我国市场范围的大小等因素也决定我国不可能效仿日本、韩国走政府组织经济、全面施行产业政策的老路。[⑤] 有学者建议我国反垄断法制定过程中，应将产业政策和竞争政策主要体现于反垄断法的适用范围、规制对象和执法机构三个问题上。[⑥] 也有学者从立法和法的实施角度讨论了反垄断法与产业政策的具体协调问题。[⑦]

（8）反垄断法与知识产权。完备竞争法制的一个重要方面，就是要平衡和处理好知识产权与竞争要求之间的冲突，[⑧] 对知识产权予以私法层面的制约已经不能消除其私有性和社会性矛盾，[⑨] 有关反垄断法与知识产权的问题日趋成为理论界关注的热点。我国反垄断法与知识产权问题的研究，主要涉及技术转让中的限制性商业行为、知识产权许可协议中

---

① 参见王晓晔：《公平竞争应是永远——论电信业的反垄断立法》，载《国际贸易》1999 年第 8 期。

② 参见岳彩申：《金融控股公司竞争行为的识别及其监管——以银行持股公司为中心的研究》，载李昌麒主编：《经济法论坛》第 3 卷，群众出版社，2005。

③ 参见刘大洪、谢琴：《自然垄断行业改革研究——从自然垄断行业是否为合理垄断的角度出发》，载《法学论坛》2004 年第 4 期；另参见郑鹏程、张重实：《论自然垄断行业的垄断特征与法律规制》，载《当代法学》2001 年第 8 期。

④ 参见王晓晔：《规范公用企业的市场行为需要反垄断法》，载《法学研究》1997 年第 5 期；鲁篱：《公用企业垄断问题研究》，载《中国法学》2000 年第 5 期；郑少华：《论中国公用企业垄断行为的法律调控机制载》，载《华东政法学院学报》2002 年第 2 期；史际春：《公用事业引入竞争机制与"反垄断法"》，载《法学家》2002 年第 6 期；时建中：《经验与启示：电信市场发展与竞争立法关系》，载王晓晔主编：《经济全球化下竞争法的新发展》，社会科学文献出版社，2005；曹阳：《网络型公用企业竞争的法律规制》，载《现代法学》2007 年第 3 期。

⑤ 参见叶卫平：《产业政策对反垄断法实施的影响》，载《法商研究》2007 年第 4 期。

⑥ 参见吴宏伟：《我国反垄断法与产业政策、竞争政策目标》，载《法学杂志》2005 年第 2 期。

⑦ 参见孟雁北：《论产业政策与反垄断法的冲突与协调》，载《社会科学研究》2005 年第 2 期；韩立余：《反垄断法对产业政策的拾遗补缺作用》，载《法学家》2008 年第 1 期；刘继峰：《论我国反垄断法中竞争政策与产业政策的协调》，载《宏观经济研究》2008 年第 4 期。

⑧ 参见王源扩：《试论与知识产权有关的反竞争行为及其法制控制》，载《政法论坛》1996 年第 4 期。

⑨ 参见江帆：《竞争法对知识产权的保护和限制》，载《现代法学》2007 年第 2 期。

的限制竞争以及其他滥用行为的反垄断规制。一些学者对国外经验进行了较为深入的引介。[①] 就知识产权与反垄断法的关系问题，有学者指出，知识产权与反垄断法的一致性，首先统一于它们与竞争的联系和对竞争的促进、从而推动创新和促进经济发展的目标和功能上；其次统一于对消费者的保护上。而由于知识产权作为合法垄断权，一定范围内限制了竞争，且知识产权容易促成企业垄断地位或支配地位的形成和滥用，因此二者存在潜在冲突，有必要进行协调。[②] 就反垄断法对知识产权滥用规制的研究，有研究指出，各国一般不把与知识产权相关的限制竞争行为看成一个黑白分明的问题，仅当它们成为市场势力的决定因素，且不合理地严重妨碍竞争时，才会受到禁止。可以通过界定相关市场、认定当事人关系、确定当事人市场份额以及评估限制竞争条款等步骤来综合分析与知识产权相关的限制竞争问题。[③] 有学者从反垄断法几大实体制度出发，对知识产权滥用的反垄断规制进行了系统分析。[④] 也有学者针对知识产权许可协议中的限制竞争行为、专利限制竞争行为等知识产权滥用行为进行了反垄断分析。[⑤] 此外，部分学者结合一些知识产权滥用案例开展了研究。[⑥]

（9）域外适用。反垄断法的域外适用，学界主要针对我国反垄断法的取舍以及这一制度的适用进行了研究。大多数学者建议我国反垄断法应具有域外适用效力，一般认为这是我国维系国内市场竞争秩序，保护国家经济安全，对抗外国垄断法的适用，加强垄断法的国际协调的要求。[⑦] 有关域外适用制度的适用问题，有学者特别结合美国反托拉斯法分析了反垄断法域外适用的产生及面临的问题。[⑧] 有学者提出，为了避免和减少管辖权的冲突

---

① 参见王晓晔著：《欧共体竞争法》，185～223页，中国法制出版社，2001；王先林著：《知识产权与反垄断法——知识产权滥用的反垄断问题研究》（修订版），98～188页，法律出版社，2008；张伟君著：《规制知识产权滥用法律制度研究》，47～188页，知识产权出版社，2008；王源扩：《试析欧共体对知识产权许可的竞争法控制及其借鉴意义》，载《法学家》1996年第6期；王源扩：《美国反托拉斯法对知识产权许可的控制》，载《外国法译评》1998年第2期；王为农：《日本反知识产权滥用的立法与实践》，载国家知识产权局知识产权发展研究中心编著：《规制知识产权的权利行使》，知识产权出版社，2004。

② 参见王先林著：《知识产权与反垄断法——知识产权滥用的反垄断问题研究》（修订版），73～82页，法律出版社，2008；另参见王源扩：《试论与知识产权有关的反竞争行为及其法律规制》，载《政法论坛》1996年第4期；缪剑文、刘迁：《知识产权与竞争法》，载《法学》1999年第6期；张瑞萍：《反垄断法应如何对待知识产权》，载《清华大学学报（哲学社会科学版）》2001年第4期。

③ 参见王晓晔：《滥用知识产权限制竞争的法律问题》，载《中国社会科学》2007年第4期。

④ 参见王先林著：《知识产权与反垄断法——知识产权滥用的反垄断问题研究》（修订版），189～341页，法律出版社，2008。

⑤ 参见宁立志：《论反垄断法对专利权行使的规制》，载《法学杂志》2005年第1期；徐士英：《论知识产权保护与竞争法实施的协调》，载《时代法学》2006年第1期；王晓晔：《知识产权强制许可中的反垄断法》，载《现代法学》2007年第4期；张帆、齐虹丽：《专利联营的竞争分析》，载《法制与经济》2008年第10期。

⑥ 例如，魏衍亮：《通过考察“专利池”审视DVD收费事件与企业知识产权战略》，载《知识产权》2004年增刊；张波：《德先诉索尼垄断案及其启示——知识产权滥用反垄断规制之实证分析》，载《知识产权》2006年第4期。

⑦ 参见王艳林：《关于反垄断立法若干问题的思考》，载《中国工商管理研究》2000年第8期；王庆湘：《试论我国反垄断立法所应规制的垄断》，载《法学》1999年第11期；历咏、王传辉：《论涉外竞争法对国内市场的保护》，载《政治与法律》2000年第6期。

⑧ 参见高菲著：《论美国反托拉斯法及其域外适用》，107页，中山大学出版社，1993；包锡妹：《反垄断法的域外适用及其冲突》，载《法制与社会发展》1998年第2期；沈敏荣：《反垄断法的域外适用》，载《宁夏社会科学》1998年第5期；张照栋：《反垄断法域外适用制度面临的冲突及其克服路径》，载李昌麒主编：《经济法论坛》第1卷，群众出版社，2003。

和法律冲突，我国反垄断法域外适用应考虑国际法上被广泛认可的一般原则，特别是“直接、重大和合理预见的效果”的原则和“国际礼让”原则。[①] 有学者认为需要采用多种方法对效果原则进行限制，并应借鉴冲突法的方法，尽可能采用能体现真实联系的联结因素，而以效果原则作为补充，从而避免单纯的效果原则所产生的扩大本国反垄断法适用的倾向。[②] 有研究指出，全球市场对效果原则提出了很大挑战，经济全球化和反垄断法的域外适用出现了矛盾和冲突，建立国际统一的竞争法规则代替各国国内法的域外适用应为发展方向。[③]

(10) 反垄断法国际化。随着经济全球化进程的推进，反垄断法的国际化也日趋受到学界重视。有学者对竞争法实施中的国际冲突与国际合作进行了系统研究。[④] 有学者对有关国际反垄断法问题的学术争论进行了梳理，介绍了利益冲突论、制度差异论、制度竞争论、核心原则缺陷论等认为不可能制定统一的国际反垄断法典的国际反垄断法消极观以及世界主义观、自然增长观等认为全球反垄断法一体化进程正在以自我增长的方式向前发展的国际反垄断法积极观。[⑤] 有学者对反垄断法国际统一立法的现状和前景进行了分析，认为在世界范围内建立统一的反垄断立法尚属难事，比较有效和可行的办法是逐步扩大双边和多边合作。[⑥]

2. 具体垄断类型

(1) 限制竞争协议。有关限制性竞争协议的研究，主要集中于限制性竞争协议的界定、各种表现形式与规制以及行业协会问题。学界普遍认识到，各国一般将限制竞争协议分为横向、纵向和混合协议。在立法层面上，横向协议被认为对竞争损害较大，应予以较为严格的规制。纵向和混合协议则被认为对竞争秩序的损害小于横向垄断协议，立法态度较为宽松，且多可豁免适用反垄断法制度。法律适用方面，对横向垄断协议多采本身违法原则，非横向垄断协议多采合理原则。[⑦]

有关横向协议的类型，学者们大都是基于价格、数量、地域等因素去认识。[⑧] 学者们对于横向协议中的价格垄断协议给予了较多关注，对其界定、成因、各类表现形式以及反

① 参见王晓晔：《我国反垄断法的域外适用》，载《上海财经大学学报》2008 年第 1 期；另参见王晓晔：《效果原则——美国反垄断法的域外适用》，载《国际贸易》2002 年第 1 期；徐中起、刘鹏：《我国外资并购反垄断的域外适用问题》，载《法学杂志》2006 年第 1 期；陈丽华、陈晖：《反垄断法域外适用的效果原则》，载《当代法学》2003 年第 1 期；王先林：《论我国反垄断立法中的域外适用制度》，载《法学杂志》2006 年第 1 期；张瑞萍：《反垄断国际合作中的积极礼让原则分析》，载《环球法律评论》2006 年第 2 期。

② 参见许光耀：《反垄断法的域外适用》，载《时代法学》2004 年第 3 期。

③ 参见聂孝红：《经济全球化与反垄断法的域外适用原则》，载《法学杂志》2007 年第 1 期。

④ 参见黄勇著：《国际竞争法研究——竞争法实施中的国际冲突与国际合作》，中国友谊出版公司，2003。

⑤ 参见郑鹏程著：《反垄断法专题研究》，311 ~ 335 页，法律出版社，2008。

⑥ 参见王晓晔：《反垄断国际统一立法的现状和前景》，载《外国法译评》1995 年第 1 期；另参见黄勇：《竞争法国际合作的现状和前景》，载《山西大学学报（哲学社会科学版）》2004 年第 4 期；王先林：《论经济全球化背景下竞争政策和竞争法的国际协调》，载《上海交通大学学报（哲学社会科学版）》2006 年第 6 期。

⑦ 参见王先林：《论联合限制竞争行为的法律规制——〈中华人民共和国反垄断法草拟稿〉的相关部分评析》，载《法商研究》2004 年第 5 期；许光耀：《纵向限制竞争协议与横向限制竞争协议的比较》，载《西南政法大学学报》2007 年第 5 期；时建中：《试评我国反垄断草案有关垄断协议的规定》，载《中国工商管理研究》2007 年第 6 期；王长秋：《我国〈反垄断法〉“垄断协议”解析》，载《法学杂志》2008 年第 1 期。

⑧ 参见邵建东：《卡特尔与卡特尔政策辨析》，载《南京大学学报》1992 年第 4 期；沈敏荣：《卡特尔与反卡特尔法》，载《法律科学》1997 年第 6 期。

垄断规制进行了系统分析。[①] 一般对纵向协议从纵向价格约束与纵向非价格约束角度研究。[②] 此外，学界针对限制协议的认定以及转售价格控制、标准化等具体问题进行了研究。[③] 行业协会限制竞争问题在我国实践中非常普遍，我国理论界也予以了关注。有学者认为行业协会的反竞争行为是指行业协会在其运作过程中，以行业协会的名义通过决议等方式实施的限制竞争行为和不正当竞争。[④] 有学者就信息交流等行业协会垄断问题进行了专题论述，[⑤] 有学者就反垄断法如何实现对行业协会限制竞争行为的认定及规制进行了整体探讨。[⑥]

（2）滥用市场支配地位。滥用市场支配地位的研究，主要涉及支配地位的认定、滥用市场支配地位行为的认定与规制以及豁免。

市场支配地位的认定是对企业滥用市场支配地位进行规制的基本前提，通过何种确定性的标准进行认定是理论研究的难点。学界普遍赞同综合多种因素来认定市场支配地位，提出的具体认定标准涉及市场份额、潜在竞争、企业间关系、企业优势等方面，且普遍认为市场份额为最重要的判定标准。[⑦] 有学者建议对市场支配地位的认定应结合定性与定量方法，首先规定一个定性的条款，然后采用世界公认的35%以上的市场份额标准予以量化。[⑧] 有学者指出，任何国家的反垄断法均体现了一国的国家民族利益，在制定衡量我国企业是否具备市场支配地位的标准时应考虑企业的国际竞争能力。[⑨] 学者们大多认为滥用市场支配地位行为的构成要件包括企业拥有市场支配地位、企业实施了滥用市场支配地位

---

① 参见王存学：《中国市场经济条件下的价格卡特尔》，载王晓晔主编：《反垄断法与市场经济》，法律出版社，1998；游钰：《论价格卡特尔的界定》，载《法学评论》2001年第4期；张瑞萍：《反垄断法视野内的价格问题——兼评我国现行相关立法的缺陷》，载《法商研究》2002年第3期；孟雁北：《反垄断法对市场主体自由定价权的限制》，载《法学杂志》2005年第6期；王健：《出口价格协调行为的反垄断法问题》，载《国际贸易问题》2006年第12期；黄勇：《论反垄断法中的价格问题》，载《价格理论与实践》2008年第3期。

② 参见曹士兵著：《反垄断法研究》，220～228页，法律出版社，1996；王晓晔：《论限制竞争协议》，载季晓南主编：《中国反垄断法研究》，人民法院出版社，2001。

③ 参见王源扩：《控制转售价格：经济分析与竞争法的对策》，载史际春主编：《经济法学评论》，中国法制出版社，2000；鲁篱：《标准化与反垄断问题研究》，载《中国法学》2003年第1期；陈云良、陈婷：《垄断协议中协同行为的证明问题研究》，载《政治与法律》2008年第10期。

④ 参见梁上上：《论行业协会的反竞争行为》，载《法学研究》1998年第4期。

⑤ 参见鲁篱著：《行业协会经济自治权研究》，258～261页，法律出版社，2003；鲁篱、周道树：《行业协会价格卡特尔反垄断法规制的比较研究》，载《河北法学》2007年第9期。

⑥ 参见孟雁北：《反垄断法视野中的行业协会》，载《云南大学学报法学版》2004年第3期；徐士英：《行业协会限制竞争行为的法律调整——解读〈反垄断法〉对行业协会的规制》，载《法学》2007年第12期；盛杰民、焦海涛：《论中国反垄断法对行业协会的规制》，载《重庆大学学报（社会科学版）》2008年第4期；张江莉：《我国转型时期行业协会的反垄断法规制》，载《法商研究》2008年第5期。

⑦ 参见尚明：《对企业滥用市场支配地位的反垄断法规制》，118～129页，法律出版社，2007；王晓晔：《竞争法学》，294～299页，社会科学文献出版社，2007；张瑞萍：《对滥用市场支配地位的若干分析》，载《法学家》1998年第3期；邵建东：《论市场支配地位及其滥用》，载《南京大学法律评论》1999年春季号；王先林：《论市场支配地位及其滥用的规制问题》，载《中国工商管理研究》2000年第6期；盛杰民：《刍议反垄断法对市场支配地位的规制》，载《学术交流》2005年第7期。

⑧ 参见文学国：《反垄断法对滥用市场支配地位企业的规制》，载《中国社会科学院研究生院学报》2005年第4期。

⑨ 参见吴越：《论企业集团与集团法及反垄断法的关系——德国法对我国的启示》，载《现代法学》2000年第4期。

的行为、滥用行为造成了损害后果及对有效竞争和公共利益的损害事实，[①] 一般都建议我国反垄断法采取概括列举式来规定其表现形式。[②] 有关滥用市场支配地位行为的类型，学者们提出了多种分类方式，如有学者借鉴国外经验归纳为“阻碍滥用”和“剥削滥用”。[③] 有学者列举为制定或维持垄断价格、掠夺性定价、实施差别待遇、拒绝交易、独家交易、搭售或捆绑销售、拒绝提供关键设施以及其他情形。[④] 有学者认为我国应重点对超高定价、价格歧视、掠夺定价、搭售、拒绝交易等滥用行为进行规制。[⑤] 此外，部分学者针对某些具体的滥用行为进行了系统研究。[⑥] 结合国外经验，一般如果企业能够对自己被指控滥用市场支配地位的行为作出客观合理的解释，反垄断执法机构和法院可以不以滥用行为来认定。学者大多认同我国反垄断法应允许滥用市场支配地位的这种抗辩，从而平衡协调处于市场支配地位经营者的利益与其竞争者的利益。[⑦]

（3）企业合并。有关企业合并的研究，重点涉及合并的界定、合并控制申报及审查程序、禁止合并的实体标准以及豁免问题。理论界20世纪90年代初便开始关注企业合并的反垄断控制问题，[⑧] 90年代中后期，相关研究成为热点，大家逐渐认识到我国应在促进企业合并的同时建立预防性合并监控法律制度。[⑨]

由于反垄断法中的企业合并有别于传统民商法意义上的企业合并，[⑩] 因此有关合并的界定便成为合并控制理论研究的基点。有学者将企业合并概念概括为一个企业通过取得财产、股份、订立合同以及其他方式，能够对另一个企业施加支配性影响。[⑪] 就企业合并的类型而言，分为横向合并、纵向合并和混合合并三种为学界共识。合并控制程序方面，大多学者认为我国应采事前申报制度。[⑫] 申报标准方面，有学者主张双层绝对规模标准，特别是双层销售额标准，规定参与合并企业的全球销售额最低值和至少两个参与企业的国内销售额最低值。[⑬] 申报内容上，学者们的建议涉及产品种类、资产额、销售额等合并各方

① 参见曹士兵著：《反垄断法研究》，138页，法律出版社，1996；马思涛：《反垄断法如何控制市场支配地位的滥用》，载季晓南主编：《中国反垄断法研究》，264页，人民法院出版社，2001。

② 参见王先林：《论市场支配地位及其滥用的规制问题》，载《中国工商管理研究》2000年第6期。

③ 参见邵建东：《论市场支配地位及其滥用》，载《南京大学法律评论》1999年春季号。

④ 参见盛杰民：《刍议反垄断法对市场支配地位的规制》，载《学术交流》2005年第7期。

⑤ 参见文学国著：《滥用与规制：反垄断法对企业滥用市场优势地位行为之规制》，法律出版社，2003。

⑥ 参见李剑著：《搭售的经济效果与法律规制》，中国检察出版社，2007。

⑦ 参见王先林：《中国反垄断法草案中的滥用市场支配地位与滥用知识产权》，载《中国工商管理研究》2007年第6期。

⑧ 参见王保树：《企业联合与制止垄断》，载《法学研究》1990年第1期。

⑨ 参见邵建东：《中国法律对企业合并的控制》，载王晓晔主编：《反垄断法与市场经济》，法律出版社，1998。

⑩ 参见杜飞进：《企业兼并问题论纲》，载《中外法学》1989年第1期；陈丽洁：《企业合并的若干法律问题》，载季晓南主编：《中国反垄断法研究》，303~304页，人民法院出版社，2001。

⑪ 参见王晓晔著：《企业合并中的反垄断问题》，224页，法律出版社，1996。

⑫ 参见王晓晔著：《企业合并中的反垄断问题》，225页，法律出版社，1996；赵金龙、马永双：《论反垄断立法对企业并购的规制》，载《当代法学》2000年第6期；吴振国：《中国反垄断法应如何对企业兼并进行规制》，载《中国工商管理研究》2000年第6期；王为农著：《企业集中规制基本法理：美国、日本及欧盟的反垄断法比较研究》，186页，法律出版社，2001。

⑬ 参见方小敏：《经营者集中申报标准研究》，载《法商研究》2008年第3期。

企业情况以及市场份额、合并理由和人事任免情况等方面。① 部分学者建议借鉴国外立法经验，可规定为最长三个月的审查期限，这三个月又分为两个阶段。②

禁止合并的实体标准为合并控制的关键。有学者主张我国的企业合并控制政策整体上严厉与宽容相济。③ 有学者认为结合欧盟“支配标准”以及美国“实质减少竞争标准”的经验，我国应采用“实质减少竞争标准”，因为“支配标准”难以确立合适的企业合并实体分析框架，需要较高的规制政策执行水平和专业能力，而采用“实质减少竞争标准”也符合国际趋势。④ 有学者提出我国的合并控制标准应吸收美国控制标准中关于“消费者福祉”的考虑。⑤ 出台后的《反垄断法》第28条将禁止经营者集中的要件定为“具有排除、限制竞争效果”，有学者认为存有较大问题，指出反垄断法应该只对程度严重乃至排除竞争的限制竞争予以禁止。⑥ 有关具体合并分析，一般先考察是否产生包括单边效果和协同效果在内的限制竞争效果，然后考察合并能带来哪些制约因素，能否抵消这些不利后果。⑦ 有关合并控制的豁免理由，有学者结合国外经验从改善市场竞争条件、潜在的市场进入以及整体经济和社会公共利益几个方面进行了分析。⑧ 也有学者结合产业政策对我国特定产业或企业的合并控制豁免进行了建议。⑨ 此外，跨国公司的合并控制问题也引起了学者们的重视。⑩

（4）行政垄断。就反垄断法在反行政垄断中的角色，有学者认为反垄断法功用有限，⑪ 但大部分学者都认可反垄断法在行政垄断问题上的重要作用。⑫ 针对行政垄断的概念、成因、类型与规制，学者们进行了大量研究。

有关行政垄断的概念，理论界一般通过与经济性垄断相区分，从对政府部门主体的认

---

① 参见王晓晔著：《企业合并中的反垄断问题》，225页，法律出版社，1996；顾功耘主编：《公司并购法论》，360页，高等教育出版社，1999；吕明瑜：《企业合并的法律规制》，载《郑州大学学报（哲学社会科学版）》1999年第5期。

② 参见吴振国：《中国反垄断法应如何对企业兼并进行规制》，载《中国工商管理研究》2000年第6期。

③ 参见卢代富：《严厉与宽容：反垄断中的企业合并控制政策》，载《现代法学》1998年第4期。

④ 参见卫新江著：《欧盟、美国企业合并反垄断规制比较研究》，191~193页，北京大学出版社，2005。

⑤ 参见徐士英：《论企业合并反垄断法律控制的权衡》，载《法学杂志》2006年第1期。

⑥ 参见王晓晔：《〈中华人民共和国反垄断法〉中经营者集中的评析》，载《法学杂志》2008年第1期。

⑦ 参见许光耀：《企业合并行为的竞争法分析》，载《时代法学》2006年第1期。

⑧ 参见吴振国：《中国反垄断法应如何对企业兼并进行规制》，载《中国工商管理研究》2000年第6期；陈立虎、王芳：《中国反垄断立法中企业合并条款的思考》，载《苏州大学学报（哲学社会科学版）》2003年第3期；周昀：《试论企业合并禁止的豁免》，载《辽宁大学学报（哲学社会科学版）》2007年第6期。

⑨ 参见侯怀霞、钟瑞栋：《企业并购立法研究》，载《中国法学》1999年第2期；程吉生：《国外企业合并控制反垄断法发展趋势的分析》，载《现代法学》2000年第1期。

⑩ 参见盛杰民：《论对跨国公司在华直接投资的反垄断对策》，载《政法论坛》1997年第4期；王卫星、王为农：《我国加入WTO后的竞争法律问题》，载《浙江社会科学》2001年第3期。

⑪ 参见吴宏伟：《试论我国行政性垄断及其消除对策》，载《法学家》2000年第6期；薛克鹏：《行政垄断不应由〈反垄断法〉调整》，载《山西师大学报（社会科学版）》2001年第2期。

⑫ 参见王保树：《论反垄断法对行政垄断的规制》，载《中国社会科学院研究生院学报》1998年第5期；王晓晔：《依法规范行政性限制竞争行为》，载《法学研究》1998年第3期；黄欣、周昀：《行政垄断与反垄断立法研究》，载《中国法学》2001年第3期；盛杰民、袁祝杰：《经济转型与竞争立法》，载杨紫煊主编：《经济法研究》第2卷，北京大学出版社，2001；胡光志、王波：《行政垄断及反行政垄断法的经济学分析》，载《中国法学》2004年第4期。

定以及特殊行为类型来进行界定。① 对于行政垄断的成因，有学者从传统体制的滞留和局部利益驱动、官商文化传统、竞争法制滞后等方面论述。② 有学者从行政权力滥用及其滋生的行政意识基础、社会经济基础、法制基础等方面进行分析。③ 也有学者从寻租、依法行政、市场失效、体制转型和产业发展等角度进行思考。④ 有关行政垄断的类型划分，行业垄断与地区垄断是公认的典型形式，⑤ 此外还包括行政性公司、行政强制性经营行为、国家指定专营、企业差别待遇、行政强制组建企业集团等形式。⑥

学界普遍认为应综合行政体制改革、经济体制改革、法制建设等多方途径治理行政垄断问题。⑦ 有学者建议法律应以列举方式明确规定行政性限制竞争的各种表现，明确监督检查机关，提高主管部门的地位，以禁令形式进行处理。⑧ 有学者提出以协商合作制为核心，以反垄断法的制定为契机，分步构建、整体推进行政垄断法律控制体系的建设。⑨ 有学者认为反行政性垄断主管机关应具有较高权威性并拥有充分职权；反行政性垄断的程序应该明确具体，具有可操作性；要处理好反垄断专门机关办案程序与司法程序的衔接关系，并应充分发挥司法程序的作用；制裁措施要恰当和有力。⑩ 此外，也有学者建议赋予反垄断法执法机构直接起诉权，通过司法纠正行政行为，处罚依靠行政性垄断获益的经营者，建立受害者民事赔偿制度。⑪

3．反垄断法实施

（1）执法机构。执法机构是反垄断法实施的关键，成为学界讨论的热点。有学者认为，在反垄断法执法机构问题上，外国的做法是有专门机构而无固定模式，各国的不同做

---

① 参见种明钊主编：《竞争法》，314 页，法律出版社，1997；漆多俊：《中国反垄断立法研究》，载《法学评论》1997 年第 4 期；王保树：《论反垄断法对行政垄断的规制》，载《中国社会科学院研究生院学报》1998 年第 5 期；吴宏伟：《试论我国行政性垄断及其消除对策》，载《法学家》2000 年第 6 期；黄欣、周昀：《行政垄断与反垄断立法研究》，载《中国法学》2001 年第 3 期。

② 参见李昌麒主编：《经济法学》，365 页，中国政法大学出版社，1999。

③ 参见张淑芳：《行政垄断的成因分析及法律对策》，载《法学研究》1999 年第 4 期。

④ 参见袁祝杰著：《竞争秩序的建构——行政性限制竞争研究》，62～76 页，北京大学出版社，2003；盛杰民：《竞争法在中国——现状及展望》，载杨紫煊主编：《经济法研究》第 1 卷，北京大学出版社，2000；王为农、陈杰：《离依法行政还有多远——行政体制改革破除行政垄断》，载《河北法学》2004 年第 6 期。

⑤ 参见李昌麒主编：《经济法学》，364 页，中国政法大学出版社，1999；杨紫煊主编：《经济法》，181 页，高等教育出版社、北京大学出版社，1999；漆多俊主编：《经济法》，155 页，武汉大学出版社，1998。

⑥ 参见王全兴主编：《竞争法通论》，154～155 页，中国检察出版社，1997；王保树：《论反垄断法对行政性垄断的规制》，载王晓晔主编：《反垄断与市场经济》，法律出版社，1998；张瑞萍：《关于行政性垄断的若干思考》，载王晓晔主编：《反垄断与市场经济》，法律出版社，1998；吴宏伟：《试论我国行政性垄断及其消除对策》，载《法学家》2000 年第 6 期；方小敏：《行政性限制竞争行为的法律规制》，载《法学》2005 年第 2 期。

⑦ 参见文海兴、王艳林著：《市场秩序的保护神——公平竞争法研究》，137 页，贵州人民出版社，1995；卢炯星：《论我国垄断的形式、特点及反垄断的立法对策》，载《福建法学》1998 年第 2、3 期；邓保同：《论行政性垄断》，载《法学评论》1998 年第 4 期；张淑芳：《行政垄断的成因分析及法律对策》，载《法学研究》1999 年第 4 期；黄欣、周昀：《行政垄断与反垄断立法研究》，载《中国法学》2001 年第 3 期；叶卫平：《行政垄断规制悖论解析——兼谈行政权与经济调节权分际》，载《时代法学》2006 年第 6 期。

⑧ 参见王晓晔：《依法规范行政性限制竞争行为》，载《法学研究》1998 年第 3 期。

⑨ 参见郑鹏程著：《行政垄断的法律控制研究》，181～237 页，北京大学出版社，2002。

⑩ 参见漆多俊：《反垄断立法中的行政性垄断问题》，载《时代法学》2006 年第 2 期。

⑪ 参见徐士英：《政府干预与市场运行之间的防火墙——〈反垄断法〉对滥用行政权力限制竞争的规制》，载《法治研究》2008 年第 5 期。

法是在各自特定的历史条件下由多种因素所决定的决策者政策选择的结果。[①] 有学者不主张新设专门机构执行反垄断法，认为应由各级人民检察院和人民法院负责。[②] 大多学者有关机构设置的探讨，都围绕机构的独立性、权威性、统一性展开，且认为不必依行政区划层层设立，机构名称上有“国家反垄断委员会”、“国家公平交易局”或“国家公平交易委员会”等提法。[③] 有学者提出设立直接对总理负责的反垄断主管机构，[④] 也有学者主张设立隶属于人大的专门机关。[⑤]《反垄断法》出台后，有学者建议将我国的反垄断委员会改造成一个独立、权威、统一的反垄断准司法机关。[⑥] 就反垄断机构与行业监管机构的关系，有学者建议建立合作监管机制，这种合作监管机制体现在二者对行业垄断行为的共同管辖权与监管机构的专属管辖权的协调与衔接上。[⑦] 有学者建议借鉴日本经验，从法令协调和行政协调两方面着手进行具体的协调工作。[⑧]

（2）私人实施。许多学者对于我国建立反垄断法私人实施机制持肯定态度，[⑨] 有学者认为反垄断法私人诉讼的必要性体现在：它具有节约政府支出、弥补反垄断主管机构预算有限的作用；有利于实现对于反垄断主管机构的制约；对受害人具有赔偿的作用；还具有宣传反垄断法理念，培养权利意识的作用。可以通过反垄断主管机构给私人诉讼提供证据，对反垄断执法机构的违法判决在私人诉讼中的效力给予认可等途径对私人诉讼提供帮助。[⑩] 有学者提出，在反垄断法上公共实施与私人实施各有长处与短处，最优选择很大程度上依赖于获得与实施有关的信息要付出多大的努力。[⑪] 有学者建议我国建立公共执行与私人执行并重的实质二元执行体制，采纳当事人可直接向法院提起反垄断诉讼的直接执行模式，[⑫] 可通过立法改良、司法平衡和行政干预等途径来克服过度威慑和执行以及滥用这些局限。[⑬]

（3）法律责任。民事责任方面，有学者建议以无过错责任为主，辅以过错推定责任，这样既有利于保护受害弱者，又不至于显失公平。[⑭] 有学者认为，我国应采取实际赔偿原

---

① 参见王先林：《关于中国反垄断执法机构的设置与职责问题的探讨》，载《中国行政管理》2000 年第 8 期。

② 参见邱本：《我国反垄断执法机关的设想》，载《法学杂志》1999 年第 1 期。

③ 参见王晓晔：《我国反垄断立法的框架》，载《法学研究》1996 年第 4 期；赵震江、李扬：《我国反垄断立法的若干问题研究》，载《法商研究》1996 年第 6 期；冯彦君：《反垄断法论纲——兼论我国制定反垄断法的问题》，载《吉林大学社会科学学报》1996 年第 1 期；王先林：《关于中国反垄断执法机构的设置与职责问题的探讨》，载《中国行政管理》2000 年第 8 期。

④ 参见段钢：《关于我国反垄断立法的构想》，载《政治与法律》2000 年第 6 期。

⑤ 参见李扬：《论我国竞争执法机关的定位》，载《法商研究》1999 年第 5 期。

⑥ 参见时建中、陈鸣：《反垄断法中的准司法制度构造》，载《东方法学》2008 年第 3 期。

⑦ 参见史际春、肖竹：《〈反垄断法〉与行业立法、反垄断机构与行业监管机构的关系之比较研究及立法建议》，载《政法论丛》2005 年第 4 期。

⑧ 参见杨东：《论反垄断法与行业监管法的协调关系》，载《法学家》2008 年第 1 期。

⑨ 参见蒋小红：《论反垄断法的私人实施机制》、方小敏：《欧共体竞争法私人实施机制及其对我国的启示》，载王晓晔主编：《反垄断立法热点问题》，社会科学文献出版社，2002。

⑩ 参见时建中：《私人诉讼与我国反垄断法目标的实现》，载《中国发展观察》2006 年 6 月。

⑪ 参见李国海：《反垄断法实施维度论析》，载《法治研究》2007 年第 5 期。

⑫ 参见王健著：《反垄断法的私人执行——基本原理与外国法制》，250 ~ 261 页，法律出版社，2008。

⑬ 参见王健：《反垄断法私人执行的局限性及其克服》，载《东方法学》2008 年第 4 期。

⑭ 参见徐士英：《中国反垄断立法基本问题研究》，载顾功耘主编：《新兴市场中的法律问题研究》，世界图书出版公司，1997。

则为主，对某些蓄意致人损害，或严重干扰市场秩序的行为采取惩罚性赔偿原则。[①] 有学者建议我国应规定双倍损害赔偿制度，[②] 有学者则认为我国应借鉴美国经验建立三倍损害赔偿制度。[③] 行政责任方面，学者大多认为主要内容是发布禁令、行政罚款。[④] 有学者将行政罚款分两类，一类针对实施垄断行为的直接责任，另一类针对违法行为人不执行禁令以及抗拒调查。[⑤] 刑事责任方面，有学者指出我国反垄断法应运用本身违法原则或“先行政后司法”原则来分清垄断行为的罪与非罪界限，充分发挥刑罚在竞争法律责任体系中的补充作用，[⑥] 有学者赞成我国法律确定“垄断罪”。[⑦] 有学者则认为，发展经济的迫切性决定我国不能走严苛道路，且我国社会对垄断行为也比较宽容，建议我国反垄断法实行非刑事化。[⑧]

三、中国竞争法学发展中存在的问题

（一）研究广度深度不够

1. 基础理论研究待深化

我国竞争法学研究存在重制度轻理论的倾向，针对竞争法学基础理论虽然也有一些探讨，但开展得仍然不够充分。学界注意力主要围绕反不正当竞争与反垄断具体法律制度的建构而开展，有关竞争法的价值、法益、权利基础等方面的研究不够深入，竞争法基础理论的体系化程度不高。

2. 制度研究范围待拓宽

有关制度研究主要围绕一些热点问题展开，研究力量不均衡，一些领域缺乏足够探讨，如反不正当竞争法和反垄断法中的商业秘密和合并控制受到学者较多关注，但像商业诋毁以及纵向限制竞争协议方面的制度研究却显不足。而竞争法研究中重实体轻程序的特点也较为明显，执法中的司法行政衔接机制等程序性问题还待充分讨论。《反不正当竞争法》、《反垄断法》这些法律存在交叉，但竞争法体系化衔接的思考有所缺乏。

3. 制度研究深度待加强

整体而言，竞争法学的制度研究还停留在制度特性的一般描述、归纳以及对国外经验的直接介绍，或集中于法条解释、适用解释，对具体问题往往缺乏系统深入的论证与分析，研究深度及创新性仍显不够，如反垄断法研究，主要针对的是几大核心支柱制度的宏观介绍，对制度机理的深入分析与反思性建构仍待加强。

---

① 参见刘大洪：《我国反垄断立法的新视野》，载《中国法学》1998 年第 2 期。

② 参见李国海：《反垄断法损害赔偿制度比较研究》，载《法商研究》2004 年第 6 期。

③ 参见郑鹏程：《美国反垄断法三倍损害赔偿制度研究》，载《环球法律评论》2006 年第 2 期。

④ 参见刘大洪：《我国反垄断立法的新视野》，载《中国法学》1998 年第 2 期。

⑤ 参见徐士英：《中国反垄断立法基本问题研究》，载顾功耘主编：《新兴市场中的法律问题研究》，世界图书出版公司，1997。

⑥ 参见邵建东：《我国反垄断法应当设置刑事制裁制度》，载《南京大学学报（哲学、人文科学、社会科学版）》2004 年第 4 期。

⑦ 参见刘青文：《试论我国的反垄断立法》，载《南京社会科学》1997 年第 9 期；郑鹏程：《论垄断罪的依据、构成与刑事责任》，载《河北法学》2003 年第 2 期。

⑧ 参见李国海著：《反垄断法实施机制研究》，162 ~ 169 页，中国方正出版社，2006；李国海：《论反垄断法中的慎刑原则——兼论我国反垄断立法的非刑事化》，载《法商研究》2006 年第 1 期。

（二）与经济法基础理论缺乏衔接

竞争法作为我国经济法理论体系中的核心部门体系，理应承载对经济法基础理论的反孵功能，但竞争法学实际研究过程中与经济法基础理论的关联性表现并不突出。经济法学总论知识对竞争法学的嵌入度不高，而竞争法学的内容也未能适当地对总论的基本原理予以表达与拓展，没有通过竞争法的具体研究给予经济法学基础理论更多的思考。

（三）与我国现实联系不足

我国竞争法学理论的从无到有，整体上主要依托于域外知识的引介。作为转型经济体，我国有着特定的政治、经济机理和文化惯性，转轨过程中还呈现出许多新特性，出现不少新问题。各类根植于我国制度、文化生态中的竞争秩序问题，对竞争法理论往往提出特殊要求。然而，我国理论界立足于本土特征的深入思考仍显不够。

（四）与相关学科融合不够

竞争法学理论的自洽性勾连于市场竞争机理，市场竞争机制的发生、发展需要我们多维审视，法学、经济学、社会学、心理学等学科的多元融合实属必要。其中竞争法理论与经济学原理联系紧密，竞争法学与经济学的融合尤其重要。譬如反垄断法中相关市场的确定以及市场支配地位的认定，都需要对背后的经济学原理有深刻的认识。然而，目前的研究仍然整体停留于法学视角的定性化描述，缺乏融合相关经济学原理的深入探讨。

四、中国竞争法学发展的建议与展望

（一）研究领域的拓展与深化

1. 重视基础理论

竞争法学研究过程中出现的诸多争论与困惑，往往源于基础理论问题的紊乱不清。比如受芝加哥学派影响，反垄断法理论中存有效率价值单一化倾向，这直接影响了诸多制度的建构方向，如何对之评判，很大程度上取决于我们的理论甄别能力。我们应关注竞争法法权理论、法益理论的探讨，重视消费者利益与社会整体利益、效率与公平、竞争与创新、竞争与可持续发展关系的协调，开展竞争法价值论、竞争法哲学以及竞争法律文化理论的搭建。我们应培养元问题回归意识，深刻体悟制度的生命缘由。

2. 拓展研究视野

竞争法学仍然蕴涵着丰富的学术矿藏等待我们去采掘。反不正当竞争法方面，立法理念和价值、不正当竞争行为类型梳理及解析、法律责任及纠纷解决机制、执法机构及权限配置等问题均需加大研究力度。反垄断法方面，对于国有企业垄断、金融等特定行业垄断、纵向非价格约束、滥用相对经济优势地位、纵向合并与混合合并、反垄断私人执行中的行政司法衔接、反垄断公益诉讼、国际反垄断法以及诸如“忠实折扣”等具体限制竞争行为的解析问题，都应予以重视。

3. 深化研究内容

竞争法学的发展，要求我们超越机械式经验接力，警惕制度移植中的“得形忘意”。针对具体问题，应综合历史研究、比较研究、案例研究，运用经济分析、社会调查等交叉方法，注意定性与定量、思辨与实证的结合，联系可持续发展理论，关注信息社会中市场竞争秩序的特点以及技术发展趋势对市场竞争机制的影响，增进理论研究的解释力与建设性。

（二）与经济法基础理论研究互动

一方面，在竞争法学研究过程中，应有意识地与经济法基础理论相关联。经济法基础理论作为整个经济法学理论大厦的根基，是各部门法研究的共生性营养源。比如经济法基础理论研究中对人本主义、实质正义、社会本位、可持续发展以及适度干预等经济法理念的探讨，就对竞争法的研究具有重要价值。另一方面，竞争法研究也应给予经济法基础理论以彰显与促进，如反垄断法合并控制制度对于经济法适度干预理念的深化与拓展；反垄断实施机制中有关司法模式的探讨，可成为经济法程序制度建构的切入口；竞争法价值体系建构中可持续发展理念的体现；竞争法法权理论与法益理论的研究对人本主义、社会本位等经济法理念的丰富，等等。因此，竞争法学研究应该与经济法基础理论研究互为依托，在研究过程中形成自发的知识交互渠道，从而实现竞争法学研究与经济法基础理论研究的积极互动态势。

（三）对其他部门法知识充分吸收

虽然竞争法是直接规范市场竞争秩序的法律部门，但我们也应该认识到，经济公平与自由、消费者福利的追求是部门法合力的过程，市场竞争秩序的维系也得力于其他部分法的积极作用。因此，对其他法学部门知识的充分理解与吸收是我们深化竞争法研究的必要途径之一，如宏观调控法的宏观调控法律机理、财产法中的私权保护与交易安全保障、侵权法中的责任扩展、诉讼法中的证明责任理论以及和解机制理论等，都是竞争法学深化发展的知识宝库。

（四）推进与相关学科的融合

除积极吸收社会学、历史学、政治学以及心理学等相关学科有益知识经验外，就竞争法学而言，与经济学的融合尤为重要。竞争法大量制度设计都依托于经济学原理，而执法中经济分析的比重也很大。比如目前欧盟与美国反垄断实践中，回归分析、冲击分析、合并模拟等经济分析方法的运用就越来越广泛。我们应在研究过程中加强与经济学界的对话，如相关研讨会改变学科单一的局面，开展跨学科项目合作，竞争法学教学中增加相关经济学基础理论的传授，等等。当然，竞争法学与经济学的融合也要警惕停留于形式层面，避免踏入“七分经济三分法”的怪圈。而这依托于我们对于竞争法的法学秉性的深刻理解与发展，这也从一个侧面反映了竞争法基础理论研究的重要性，特别是竞争法价值论的搭建。

（五）强化与实际国情的结合

竞争法学作为与经济社会发展密切联系的知识体系，不可成为背离实际的封闭式知识游戏。竞争法学研究必须联系我国实际国情，特别是那些直接影响我国市场竞争机制生成、运行以及市场竞争执法的因素应该作为竞争法理论研究的约束条件，如我国的政治体制、转型期产业政策的地位、产业发展特点、国企传统角色转换的递进性、中央与地方政府经济权力与利益的博弈、地方间产业互补机制不畅导致的利益冲突、区域发展不平衡、社会竞争文化不足、转型期经济社会变化对法律稳定性的挑战、司法体制、司法人员素质以及我国法学教育特点等，都应成为竞争法理论研究所考虑的外围因素。而针对实际市场竞争中出现的各类现象，如超市节庆费、房地产市场中的囤积居奇、互联网中的网络超链接等，应该积极予以理论解析并作为理论拓展的实践源泉。总体而言，竞争法应把握“从现实中来、到现实中去”的研究精神，紧扣我国实际情势，只有这样才能型构出有生命力的理论。

（六）继续推进立法研究

我国经济、社会的发展较之《反不正当竞争法》颁布时的情况已经发生了很大变化，市场中也出现了一系列新的不正当竞争行为形式，急需法律规范。实际上《反不正当竞争法》及其配套法规、规章的修改已经提了多年，随着《反垄断法》的颁布，其修改的紧迫性愈加明显。如何理顺这两部法律的关系，理论界应予以深入关注。此外，我国《反垄断法》非常原则，目前三大执法机构以及最高人民法院都在积极开展具体细则的草拟工作，经济法学界应该继续给予理论支持，积极推进我国竞争法制的健全完善。

（七）加深研究的国际化

在部分学者的推动下，我们对世界主要发达国家地区的竞争法律制度已经有了较为深入的认识。随着经济全球化的加深，竞争法律制度的国际化衔接要求也越来越高，我们有必要继续加强研究的国际化程度。就比较研究而言，过去我们主要关注美、欧、日的经验，今后应加大其他国家地区的经验比较，如俄罗斯有关行政垄断的规制经验、巴西有关准司法制度构造的经验等，进一步发挥我国制度建设的后发优势。对于国际组织的相关制度我们也应扩大研究力度，如对 TRIPs 协议中有关知识产权滥用的防范制度以及 ICN、OECD 相关推荐制度的研究。此外，还应进一步加大国际交流，各研究机构可尝试建立更多的常态化国际学术交流机制，系统翻译引进一批权威的竞争法著作，积极促进竞争法学研究的国际化水平。

（八）积极宣扬竞争文化

竞争法律功能的发挥，依托于社会的竞争文化基础。我国由于历史与体制原因，竞争文化不足，这点可以从社会各界对《反垄断法》的认识表现出来。《反垄断法》出台前社会上一直有反对之声，即便出台后，包括部分高级政府官员在内的各界人士，仍然对这部在市场经济国家有着极重要地位的法律不理解，而普通民众、媒体的意识则更待加强。市场经济发达的国家地区，特别是竞争法执行较好的国家地区，往往竞争文化发达，竞争意识深入人心。我国竞争文化的发展与深化有赖于公共部门、舆论媒体、社会团体在内的多方力量的推动，这其中学界应该起到非常重要的作用。学界除了专业研究之外，应达成共识，将竞争文化的倡导与培育视为重要使命之一。具体言之，学者们可以通过讲座、时事评论、以案说法等方式，在报纸、电台、电视以及网络上结合社会相关热点问题，以通俗的方式向社会传达竞争法理，积极宣扬竞争文化。

我国改革开放多年的历史已经明证，作为一种发现的过程，竞争之于经济社会的基础意义，有效的竞争性市场才是公共福祉的最佳保障。我们相信，竞争法学作为研究直接捍卫市场有效竞争秩序的法学部门，继承三十多年的理论积淀，秉承良性的学术竞争机制，必将迎来璀璨的明天！

于反思中前行：第三次经济转型期的产业立法与理论问题研究

金　励*

目　次

一、历史使命的承担——以楔入时代之姿态

（一）新时期产业改革的现实需求

当今之中国，已迈入经济的第三次转型期，这一时期的历史使命，是加快转变经济发展方式，开创科学发展的新局面。在全面建设小康社会的战略目标指引下，促推经济发展的方式实现转变，能提高经济社会进步的全面性、协调性和可持续性，有利于实现我国社会主义现代化之伟大事业。其重大作用，正如党的十七届五中全会关于“十二五”规划建议中明确指出的，“以科学发展为主题，是时代的要求，关系改革开放和现代化建设全局。以加快转变经济发展方式为主线，是推动科学发展的必由之路，符合我国基本国情和发展阶段新特征”。

要完成经济发展方式的转变，须以产业为基、民生为本、城乡统筹。产业发展，是这场经济社会领域深刻变革中的关键支撑点，国家经济增速、民众生活优化、城乡社会前进，皆以其为重要前提，疏失之，则大局损。由是，党中央和政府总结了我国产业结构的不合理性，正视了产业技术的落后程度，将产业制度的改革作为重大课题提出。但仅有战略部署的政策意义是不够的，我们还需要法律的全面回应来克服市场失灵中的各种产业问题，为产业的发展提供有效的法制资源支持。基于此意，作为最具有时代回应品质的经济法，无可置疑地成为加快转变经济发展方式的主导性立法。

经济法是国家干预之法，其宏观统筹性与微观规制性结合的特质，能有效克服市场失

* 西南政法大学经济法学院讲师，韩国东亚大学博士研究生。

灵；其及时回应经济形势变化的优势，更是能在国家的制度层面上，为经济发展方式的转变供给主要的立法保障。因此，面对中国经济第三次转型时产业改革的法制任务，经济法以天然的禀赋和品性，成为适格的主导立法者。在具有这种重要的身份后，经济法必须以符合新时期的理念、原则来体现对经济发展方式转变的规律性认知，更为重要的是，世情与国情亟须经济法以科学的产业法律制度来反映科学发展观的内在需求。这既是经济法自身特性与历史使命的一种天然契合，也是转变经济发展方式之产业革新主题为经济法开掘出的更为深层的命题价值。

（二）新需求下产业立法的视野幅度

如前所述，新时期经济发展方式转变中产业革新的呼求，使得经济法获具了更深层次意义的命题价值，所谓之更深层次意义，在于经济法不仅要有效利用自身特性来推动产业的改革局面，同时还要努力拓展自己产业立法的视野幅度，在产业立法理论研究水平提升与整个经济法立法系统完善的高度上来实践这项重大的历史任务。具体言之，有以下两项核心工作必须开展：

1. 构筑紧密结合的系统法群

从最全面的视野角度论，转变经济发展方式背景下经济法所力图主持的产业法律制度系统，应是一个环节紧扣的有机体系，除了以基础的产业立法来解决产业结构、技术创新、组织建设、区域统筹等关键问题外，这个立法体系还应涵括以下主要内容：在产业运作中，由于产业法规划支持的新型产业创造出高技术岗位吸纳科技型人才，因此释放出的普通劳动力需要经济法的就业促进与社会保障制度进行安排，鉴于产业高科技运用与创新活动不具备传统产业的低成本特点，所以出现的开发资金短缺问题要以经济法的金融、财税制度来予以帮扶，不仅如此，产业技术改造中的信息保护障碍还需要经济法的竞争法制予以排除，产业发展的能耗影响与生态效应亦需经济法的能源与环境法制加以规制；在产出链条上，现代产业的物质成果品质需由经济法的质量立法来检验，分配事项由经济法运用公平共享的财政税收等法律制度来完成，产出的民生需求则需经济法通过竞争、消费、价格立法来全方位拉动和保障。这些紧密关联的立法子项，不仅仅是法学研究中产业法群的广义论题，更是新时期经济法视野中产业立法全局顾应的必然课题，[①] 它提示我们：之前经济法立法中短视、局部的产业法制发展模式，必须舍弃。

2. 制订全局优化的研究计划

“十二五”时期是我国转变经济发展方式的攻坚阶段，经济法要领会并贯彻新经济发展方式的精神内核，以法律规范文件群的合力作用推动经济迈入创新驱动、内生增长的发展轨道，同时在理论创新与制度完善上承重并化解国内资源不足的压力和国际市场调整的压力。对此，我们不仅需要经济法以清晰而全面的内在规定性，用法条的责权利体系来体现新发展方式下经济社会协调、可持续发展的价值取向，还需要高度重视经济法的理论研究，从伦理观、理念、原则、价值、目标树立到具体制度探索各层面，都形成对转变经济发展方式支持的良性局面。在此意义上的产业法制计划，才是助力于承担新时期历史任务的全局优化型法制计划。所以，一方面经济法必须改变单个修法、局部适应的补丁式完善

① 鉴于文章的容量与写作的深度，后文择取狭义的产业立法视角，对经济法中广义产业立法体系的其他问题不作详述。

手段，代之以设定法律体系优化目标、层次性进阶的系统立法方式，进行各项产业立法互动式推进及同项产业立法多层级式配合的活动；另一方面，必须革除产业法研究空洞滞后的弊端，将经济发展方式的转变与经济法的理论研究思路紧密相连，就产业立法改革问题开展大胆、纵深的学术探讨。基于此意，下文将先就我国理论探索与产业立法现状加以总体整理与评价，然后再对新时期产业立法之完善工作体系建言。

二、理论与立法的反思——以自我检视之角度

（一）理论研究与立法现状梳理

1. 学术成果的数量与质量差强人意

我国产业立法的理论起步晚，成果数量在丰度上明显不足，观之中国知识资源总库（CNKI）系列数据库中收集的相关信息，以产业法为标题中心词的撰文，从1993年到2010年共计仅有12篇，以产业政策法为主题的文章，从1990年至2010年也只有14篇。以期刊文章的发表年份统计，1993年到2000年间，除农业法的阐介较多外，其他领域的产业立法研究几乎为空白，其余年份也只是零星有几篇谈及农业之外的产业立法问题。法学教材中，鲜见全面展呈产业立法的教育出版物，除农业法教材外各产业专题式的教材更是罕见，综合类教材中将产业法列为专章讲解者亦不多，① 其他的教材一般都只是将相关知识放置在某一节中，付诸寥寥几页文字而已。面对产业法律制度社会实践需求性的大量聚集，将理论视角探进农业立法之外的产业性著论也不丰富，② 尤其缺少围绕转变经济发展方式展开研论之鸿篇著作，理论研究提供给国家经济第三次转型期的智力资源不敷其用。

审视现存学术成果之质量，亦令人堪忧。首先，经济法研究中产业立法群集的概念表述混杂不一，有“产业法”、“产业政策法”、“产业部门法”、“产业经济法”、“产业调节法”等不同用语，对此，本文认为，由于我国很多立法都是国家重要政策之规范化，前例中并无政策法之通称，产业法律规范中还包括如科教文卫体等少数不属于经济法的内容，③ 产业立法所运用的手段也不仅是体现国家调节之方式，其既不能完全归属于经济法下的部门立法，也不宜作为独立的部门法界定，因此，产业政策法、产业经济法、产业调节法、产业部门法之称皆不科学，相对而言，产业法更能准确地表达由产业法律规范组成的产业法律制度。其次，检视产业立法的理论研究内容，全方位爬梳产业立法现状并进行完善建

① 例如，李昌麒主编的《经济法学》第20章“产业调节法律制度”（2007年版）、黄河主编的《经济法》第18章“产业调节法律制度”（2003年版）、漆多俊主编的《经济法学》第16章“产业政策法”（2008年版）、符启林主编的《经济法学》第13章“产业政策法”（2009年版）、杨紫煊主编的《经济法》第23章“产业法律制度”（2010年版）等。

② 主要者有：张雪楳著的《产业结构法研究》（2005年7月版）、姜昕与杨临宏主编的《产业政策法》（2008年10月版）、徐世平、李晓棠著的《农业立法国际比较与中国路径选择》（2009年3月版）、孙学亮著的《技术创新与产业发展的法律环境研究》（2009年8月版）、肖岳峰和蒋琼著的《信息产业法律环境研究》（2010年5月版）等，其中，林日葵的《中国文化产业政策法规与典型案例分析》（2009年12月版）与李德成主编的《文化创意产业法律操作实务》（2010年8月版）主要涉及民法中知识产权法的析解，只有部分研论关涉经济法。

③ 必须指出的是，科教文卫体产品的制造、流通等以营利为目的产业环节活动是经济法调整的行为。

言的文章极少，有一些研讨具体产业以及产业中分类行业发展的论文，其主题多是经济政策分析或国外经验介绍，在本国立法的具体细致建言上所着的笔墨甚少。近年来，就本土产业法主题撰文进行释论者有所增加，但基本上都存在探索深度不够的问题，语焉不详、未中肯綮的简单考释与评说，对于产业立法的助益较少，甚至个别文章在现行法律规范性文件的清理归纳上都出现基本性失误，① 这些现象，造成了产业立法理论探索质量不高的结果。

2. 产业政策法治化的速度与力度不够

政策与立法都是政府的产业意志，应该形成交互的映照，但审视我国现有的产业立法，对政策的回应却过于迟缓，尤其是在转变经济发展方式的当下，这个问题显得极为突出。21 世纪的三个五年计划对产业布局作出了阶段性引导，政府各部门的政策文件也在具体行业走向规整上都有所细化，但相关经济法却缺乏明确跟进，立法针对基础产业的稳固措施、主导产业的保障方略、衰退产业的调整步骤、幼稚产业的扶持力度等细节问题皆未能加以及时反映，政策与法制的对接与落实出现障碍。产业政策虽然不是产业法的立法渊源，却是指导产业法的基本依据，产业结构调整、组织促进、技术革新、区域协调等问题是影响经济发展方式转变的关键性问题，国家通过连续出台若干产业政策来体现急迫的国家改革意志，经济法就必须以国家干预法的定位来加快保障产业结构政策落实的步伐。

产业经济的全面策划需要高层级的经济立法来进行确认和支撑，但从现有政策法治化的层次上看：我国目前还没有调整产业资源合理分配的综合性高位阶立法；除《中华人民共和国农业法》外，规制工业与第三产业的基本法律缺乏；实质性调整产业问题的立法普遍效力层级偏低，多数规范性文件仅是国务院和各部门的公文公报形式，部门规章的数量不充沛，各类法规的比率也较小。观察产业立法的内容，则会发现条文规定空泛的通病：三大产业中的具体产业立法失之粗糙，② 各种立法就国家干预产业的行为，多为授权式条款与宣示性条款，③ 政府对产业发展的责任条款不明晰，各单位、组织落实产业政策的行为约束条款不够，具体有效促进产业的制度条款更是欠缺。另外，立法未能及时更新的问题也很严重，此不足与产业立法鼓励产业结构适时调整、推动产业技术加速创新及产业成

---

① 例如，2010 年 3 月《法学论坛》上刊载的《国际金融危机下我国产业法的作用、问题与完善——以中小企业促进法为例》一文，文中写道："国务院于 1994 年印发了《90 年代国家产业政策纲要》，在该纲要的指导下，其他各项配套或单项的法律、法规逐步出台，如 1995 年《指导外商投资方向暂行规定》和《外商投资产业指导目录》(后分别于 1997、2002、2007 年修订)。"文章注意到了《外商投资产业指导目录》的更新，却没有明示《指导外商投资方向暂行规定》已在 2002 年 4 月废止。该文在谈及产业技术法的调控作用时指出："产业技术法主要包括产业技术创新、技术成果转化、技术引进和技术保护等。目前，我国相应的法律有《中华人民共和国技术引进合同管理条例》、《中华人民共和国技术合同法》、《中华人民共和国刑法》的相关条款以及《巴黎公约》、《马德里协定》和 WTO《与贸易有关的知识产权协定》(民法体系）等。"此处的错误更加明显，《中华人民共和国技术引进合同管理条例》和《中华人民共和国技术合同法》都已经废止，文章还将其作为现行立法引用。

② 比如《中华人民共和国渔业法》、《中华人民共和国森林法》、《中华人民共和国矿产资源法》等主要针对行政管理与资源保护问题，在产业结构的合理化、升级化方面几乎没有相关规定。

③ 比如作为产业组织促进法的《中华人民共和国中小企业促进法》，其授权式条款仅框架式赋权国务院出台相关产业政策，并由国务院各相关部门、各级政府具体加以实施，同时授权国务院负责企业工作的部门制定中小企业的划分标准及发展产业指导目录；宣示性条款的内容则更为简单，只表明国家要完善服务、积极扶持中小企业，改善经营环境、保障其权益，促进其健康发展，整部立法失之实质可行性。

果及时转化的立法本旨极为不符。[①] 转变经济发展方式是一个动态的变革过程，其中产业经济的发展更是日新月异，因此，产业立法的合理引导与实时更新必须提上议事日程。

（二）研究与立法的困境之因探究

产业立法诸多缺弊的存在，首先源于立法当局的重视程度与统协能力不足，除立法的人、财、物力资源紧张等各种客观障碍因素外，国家立法机构在立法重点的设定、立法进度的计划、立法基础性学术研究的支持等各方面都没有着力关注产业法制问题，这种对于产业成长、发展现实的忽视，使得产业法在中国的众法群中已陷入被深度漠视的窘境，而立法者在产业立法步骤安排上的失当、立法间合理对接与互补关系的缺位，制度更新的拖延怠贻等现象，更是给产业立法带来深刻的痛楚。也正因如此，作为产业主导立法力量的经济法，在强化产业结构、布局、技术、组织等经济控制力方面未能彰显应有之功能，产业法成为经济法最为单薄与脆弱的下位立法。在这个无法回避的现实前，立法当局必须勇于直面并予以警醒，以反省后具有适合改革速度和力度的实际作为，及时、科学地立、修、废产业法律规范性文件。

当然，我们不能忽略产业立法落后的另一个深刻根源：理论思想生命的成长处于一个荒芜期，多音榷辩的产业法学术研究氛围相当缺乏。这种情状与我国经济发展的形势极为不配，尤其是在当下以产业制度革新为基础的社会变革中，由于产业法理论的苍白无力，使得立法能够获取的学术智力支持度极低，形成产业立法以及理论探索都被边缘化的困境。深掘其因，在于许多经济法学者对产业改革的现实，或选择沉默的隔离，或选择功利的逃避。实际上，我们认为，绝大多数经济法研究者是具有很强的本我意识的，他们保持着独立的思想者姿态，如果从学术研究应该不随意趋附的角度论，这是最为难得的自立精神，但不能忽视的是，其中有相当一部分人并不关心经济法与社会发展变革的联系，而偏执地坚持独立语场下与现实脱离的纯理论意义，这种态度反映在本就薄弱的产业法制之探索中，就是表现为研究上的寂然沉默，既不回应转变经济发展方式下的产业立法的呼声，也不对同行的研究成果进行议评。同时，我们也需关注另一个严峻的现实，即产业立法的理论研究确实是经济法中极为枯燥、也非常有难度的部分，很多经济法学者能敏锐察觉到产业发展方式之时代变动性，也能体会其对理论争鸣的渴望，但在是否愿意参与的抉择中，其思想方向却偏往容易作出研究成果的领域，从而放弃产业法制摸索这条坎途。当然，在积极投入产业法制研究的学者中，少数人在现实的洞察力方面也具有缺陷，但毋庸置疑的是，前述的两种探索态度是更为尖锐和严重的问题，它使得产业立法的理论研讨无法充分地活跃起来，产业法制的基础理论缺乏自足，经济法减弱了向新经济发展方式对话的能力。这是一种不可轻视的危险性，因为它不仅令产业立法的理论基底虚弱化，也让其他法学的门户对峙者找到了经济法更值攻击的软肋。因此，这些贻害于经济法承担新历史时期使命的学术态度，必须尽快除却之。

三、立法课题的探索——以回应改革之路向

在实践“十二五”规划的新时期，产业立法必须重视对转变经济发展方式的促进效

① 例如，《中华人民共和国农业技术推广法》自1993年7月颁布实施以来，一直未进行修订，这与产业技术法鼓励技术创新、加强技术保护、促进成果转化和推动技术引进的立法本旨极为不符。

用，我们不仅要细致地清理法律、行政法规、地方性法规、自治条例和单行条例、国务院部门规章和地方政府规章等各层级的产业立法，以及上述立法之外由国家机关制定的决议、决定、命令和司法解释等法律规范性文件，消除其间的冲突，还应将重要的产业政策全面上升为产业立法，在此进程中，要对以下四个关系产业法制的课题进行戮力探索：

（一）审慎选择立法的模式

适当产业立法模式的运用，能提升一个国家经济改革的成效。比如韩国从20世纪60年代肇始，颁布了一系列产业法律制度，其立法采用核心法引领配套法的模式，核心法是干预产业全局进程的《产业发展法》，与之配套的有具体规划某个产业的立法，如《电子工业促进法》、《软件产业促进法》、《文化产业振兴基本法》、《出版与印刷振兴法》、《电信基本法》，有涵括产业发展及其他内容的综合性立法，如《促进信息化基本法》、《科学技术创新特别法》，有单项措施支持产业进步的立法，如《新技术金融支援法》、《信息通信基础设施保护法》，有在生产要素环节帮助产业成长的立法，如《外国人投资促进法》，有在交易环节调整产业走向的立法，如《电子交易基本法》等，该立法模式有力地促进了韩国产业的升级和创新。

我国目前的产业立法是散状的法律制度群，弊端极多，不利于产生对新经济发展方式运用的引导和示范效应。因此，产业立法首先需要有整体模式布局的规划性，以此为基点，才能谋策立法的进度、构设立法的层级、计划立法的修废及安排立法的内容。就该问题，本文提出两种改革朝向的建议，一是综合性核心法加配套立法的束集式模式，另一是中心法分别导领各制度的条块式模式。前者是指以一部全面的产业法律来整合现有的各种法律文件资源，同时有计划地按照产业发展重点循序配套其他立法。后者则为出台工业、农业、服务业三大产业的中心法，或者以产业结构法为龙头，即分别颁行基础产业、新兴产业、衰退产业的调整法，平衡立法进度，在各产业领域内进行法制建设。

（二）合理安排立法的进度

产业政策，是指导产业法的基本原则性文件，产业法是产业政策实现的法治手段，在促进经济发展方式转变的历史时期，产业政策法制化的进度必须合理设计，立法之轻重缓急应适当安排。对此，世界产业发达国家都有较为成熟的经验可资借鉴，如美国、巴西、韩国、日本以及欧洲的部分国家的立法皆将社会每个发展阶段重要的产业政策法律条文化。详举日本为例，该国在“二战”后对产业立法的阶段性进度实施了科学的部署：20世纪50年代到70年代后期的立法重点是工业化发展，废弃产能落后的设备与生产方式；90年代中期之前产业法律制度的努力方向为综合优化调整，强调集约型经济发展模式；90年代中后期的立法着力于塑造新兴产业及企业的国际竞争优势。综而述之，贯穿于“二战”后日本产业法制的中心思想为用合理的立法步骤，推进产业的结构升级与技术创新，这是我国转变经济发展方式中产业法制保障的重要范本。

在中国，要促使经济发展由外延式增长方式为主转变为以内涵增长方式为主，让经济发展更均衡有效，第一步亟须的产业立法规划应该有：促进传统产业（工业农业）现代化改造的立法、有利于基础产业节能减排的立法、助益新型信息技术产业覆盖的立法，保障生产生活服务业的立法、推动新兴能源开发的立法，在此基础上再逐步安排夕阳产业转型与退出的立法、绿色产业全面普及的立法、城乡产业统筹化的立法，以及区域产业协作化的立法等，其中保证基本国计民生的产业立法，如农业粮食立法、工业制造业立法、生活类服务业立法在每个立法的计划阶段都应是重中之重。

（三）及时计划立法的修废

产业法作为产业结构部署、产业技术发展、产业组织调节和产业绩效监督的上层建筑，不仅要有合理的创立进度，还要有及时的修废计划，才能与转变经济发展方式的现实需求契合。在此方面，我国应该借鉴国外的先进经验，采取强制性失效制度与适时更新制度结合的方式，统筹各具体的产业立法，形成在实现转变经济发展方式目标上的协同效应。

强制性立法失效制度，是指立法时即确定适用的有效期间，以适用期限的强制规定来增快颁行产业立法的步速，既能消除对是否应该更新立法的争议时滞，也可避免对新立法日程安排的久拖不决。例如，日本1957年颁布《电子工业振兴临时措施法》时规定该法的有效期为7年，到期后又续展了7年，该法帮助日本在产业技术上赶超先进国家，建立起了日本电子工业的坚实基础；英国2002年施行的《可再生能源义务条例》有效期为25年，该法通过对产业活动中替代型非化石燃料的开发，最大限度地节省煤、石油及天然气等各种化石能源的耗用，旨在建设低能耗、低污染的生态型社会。我国在法制上没有应用强制性立法失效制度的传统，此弱点在产业立法中更显突出，由于产业结构与技术立法的发展受经济阶段性变化之影响很大，缺乏该制度，不利于产业生长、发育、成熟、转型各期立法的及时修废，因此有必要填补此项空白，以立法有效期的预设，减少立法修、废计划的久议不决，督促国家产业法制体系的更新。

适时更新制度是在立法没有规定强行失效时限的情形下，国家要根据当期经济发展的产业需求、立法资源的充足程度以及立法技术的匹配能力，及时开展产业法修废工作的制度。比如在网络影响甚广的当下，各产业的发展有了新的信息渠道与技术基础，经济发展方式的转变要体现这种现代化的效率与特征，立法也更是不能忽视。以韩国为例，其极为注重通过立法的修正来适应发展方式的变革，其中就文化创意产业的法律制度，在近两三年内完成了部分或全面的修、改、废，被保留的原立法内容仅有三成，为在现代网络技术平台上快速发展国家的文化创意产业作出了大刀阔斧的改革。如此行动的魄力和实力，值得我国加以认真学习。

（四）科学规划立法的内容

一直以来，我国的产业立法内容都存在粗糙空洞的缺点，政府对产业发展的责任条款不明晰，各单位、组织落实产业政策的行为约束不够，欠缺具体有效的产业督导、促进制度。相较于国外，如日本就产业结构转型优化的课题，其立法技术的严密性、立法层次的高级化与内容的细致化，正是我国产业立法之弱项；再如巴西，该国针对需要国家进入帮扶的特定产业，将组织形式、公司运作、人员薪酬、技术提升等各种有助于产业成长的细节都安排于产业立法中，如巴西航空产业初建时，巴西宪法即授权政府颁行法律支持产业经济，对于航空产业组织的发展，在私营资本和自由竞争不能有效建立经济组织时，立法创制出政府和私人混合所有的企业模式。[①] 1969年巴西第770号法案（Law Decree 770）通过，巴西航空工业公司设立，政府持有该公司51%的普通股，其他股份由私营公司和个

① Beverly May Carl. The Brazilian aircraft industry and the use of law as a tool for development[J]. Journal of Air Law and Commerce, 1984 - 1985(50). 518.

人购买。[1] 巴西用立法的形式来确定国家对新兴产业的资金扶持，创建法定的产业组织形态，并对公司治理机构、高管收入补贴、市场竞争格局等都作出合理的设置，这更是当前中国产业立法无法达到的法治高度。

国外经济发展方式转变之产业立法支撑，是可资借鉴的产业法治化经验，也应该成为中国产业立法的完善方向。对此，我国要提高产业立法的素质，以详尽、清晰的条款制定来保障产业政策的实施。为践行新时期经济发展方式转变之蓝图，我国与产业改革适配的产业立法内容，应具备问题的针对性、对策的创新性和制度的联动性，由于法律具有阶段性变动不居的特点，还要有适度的前瞻性来满足产业发展所需的变化，以便处理之及时与弹性。同时，在产业立法条款的设计上，要摒弃毫无可操作性的口号式条文，围绕新经济发展方式，明确具体的奖、限、罚等法律制度。

后金融危机时代，各国皆谋策更好的发展路径来振兴社会经济，中国欲在新一轮世界角力中获得竞争之制高点，必须运用经济法新的理论研究成果与科学的法律制度建设来支撑经济发展方式的转型。经济法的产业立法指引与约束，是转型变革成功的前提，经济法产业立法的确认，是改革成果之保障与巩固，无论从何意义而论，经济法，在新历史时期，在转变经济发展方式的主题上，应该且必须大有作为。

---

① 夏春利：《飞机产业发展的法律和政策支持——以巴西经验为参考》，载《北京航空航天大学学报（社会科学版）》2010 年第 6 期。

我国公共建筑节能监管法制的源与流

李晓艳* 张瑞玺**

目　　次

随着我国的经济管理体制从计划经济体制转向市场经济体制，环境保护问题日益凸显。大型商场、办公楼所等大型公共建筑能耗问题映入眼帘。为了应对所暴露出的公共建筑能耗等典型环境资源问题，我国于20世纪90年代即开始围绕公共建筑节能建立规范，直至2008年《公共机构节能条例》的颁布，使该领域的制度建设迈入了一个新阶段。法包含了一个民族经历了多少世纪风雨沧桑的发展故事，因而绝不能将它仅仅当做一本数学教科书里的定理、公式来研究。为了探究法的真谛，我们必须了解它的过去以及未来趋势。① 对我国公共建筑节能监管法律制度的研究有必要顺应法研究所必须遵从的追本溯源之真谛。这种追溯与梳理势必为人们提供了一个静心观察我国公共建筑节能监管问题的必要条件。

一、由点到面：我国公共建筑节能监管的初创阶段

根据《辞海》的记载，公共建筑是指进行社会活动的非生产性建筑物。通常意义上，建筑可以分为生产用建筑（或称工业建筑）和非生产用建筑（或称民用建筑）。其中，民用建筑又可细分为居住建筑和公共建筑。公共建筑包括了工业建设项目中具有民用建筑功能的建筑，主要包括了国家机关办公建筑和商业、服务业、教育、卫生等其他公共建筑。公共建筑节能，是指通过对公共建筑节能主体的权利、义务以及公共建筑节能监管机构等

* 重庆海联职业技术学院教师，法学硕士。
** 贵州省贵阳市筑城地区检察院，西南政法大学经济法学专业博士研究生。

① Oliver Wendell Holmes(1841 - 1935). The Common Law. New York. Brown and Company 1881, p. 137.

相关主体职权职责的界定，引导、激励或强制地实现降低建筑能耗和节能效益的行为模式。

我国公共建筑节能监管立法肇始于20世纪90年代初期，是紧跟世界环境保护与可持续发展主流思想和运动的产物。1992年在巴西里约热内卢召开了联合国环境与发展大会。大会通过了《里约热内卢环境与发展宣言》、《21世纪议程》等重要文件。为适应国际环境新观念、新趋势，我国于1994年实施了《旅游旅馆建筑热工与空气调节节能设计标准》(GB 50189－93)。该标准遂成为国内第一部有关公共建筑节能监管的全国性标准，正式开启了我国公共建筑节能实践的先河。然而，该标准因一方面仅为标准，而尚未具备法律法规的效力，另一方面因仅适用于公共建筑中的旅游旅馆建筑，且仅限于热工与空气调节两方面的节能事项，这便在很大程度上说明了我国公共建筑节能监管法律制度尚未真正建立起来。可惜的是，我国于1997年11月1日颁布了《中华人民共和国节约能源法》，该法自然成为公共建筑节能监管的基本依据。然而，由于该法并未对公共建筑节能监管法律制度作详细规定，因此我国公共建筑节能监管法律制度有待细化和深化。由此表明，我国公共建筑节能监管法制已完成了从技术标准向立法创制的转变。由点到面自然成为我国公共建筑节能监管法律制度初创阶段的基本特征。

二、市场机制的引入：我国公共建筑节能监管的提速阶段

1997年之后，我国公共建筑节能立法进入了全面提速阶段，“公共建筑节能”这一语词在规范性文件中的广泛采用，中央和地方与公共建筑节能监管法律制度密切相关的正式文本“遍地开花”。2005年4月4日，我国政府颁布了《公共建筑节能设计标准》(GB 50189－2005)，首次在官方正式文本中使用了“公共建筑节能”这一术语。同时，在直接相关法律制度的设计中，较为注重市场机制的引入。

此外，我国许多地方政府相继颁布了公共建筑节能监管法律制度建设相关文本，并注重与市场机制的有机结合。例如，2005年6月13日颁布的《上海市建筑节能管理办法》，允许“投资人可以按照协议分享建筑节能所获得的利益”，[①] 2006年7月26日颁布了《深圳经济特区建筑节能条例》，其也作了引入市场机制进行节能改造的相应机制，“鼓励相关行业协会利用市场机制，推动多渠道投资既有建筑节能改造。从事建筑节能改造的企业可以通过协议方式分享节能改造产生的收益”。[②] 为了践行可持续发展理念和兑现环保节能的国际承诺，国务院于2006年8月6日发布了《国务院关于加强节能工作的决定》。该决定明确了公共建筑节能严格实施节能50%的设计标准，直辖市及有条件的地区要率先实施节能65%的标准，以及所有公共建筑单位，除特殊用途外，夏季室内空调温度设置不低于26摄氏度，冬季室内空调温度设置不高于20摄氏度等具体规定。[③] 足见，我国公共建筑节能监管的提速阶段主要呈现出两个特征：一是与公共建筑节能直接相关的法律文本大量颁行；二是公共建筑节能注重市场机制的引入。

① 《上海市建筑节能管理办法》第18条。

② 《深圳经济特区建筑节能条例》第27条。

③ 《国务院关于加强节能工作的决定》第11条、第27条。

三、监管制度的全面建构：我国公共建筑节能监管的突破阶段

“为了实现‘十一五’建筑节能规划的目标，解决日益突出的国家机关办公建筑和大型公共建筑高耗能问题”，[①] 2007年建设部颁布了《国家机关办公建筑和大型公共建筑节能专项资金管理暂行办法》、《关于加强国家机关办公建筑和大型公共建筑节能管理工作实施意见》和《国家机关办公建筑和大型公共建筑节能监管体系建设实施方案》等规定。这些规定的出台，标志着我国公共建筑节能监管法律制度的建构中心开始向重点单位、重点领域作突破性发展。为有效推动公共建筑节能实践，我国适时于2007年10月28日修订了《中华人民共和国节约能源法》并于2008年7月23日颁布了《公共机构节能条例》和《民用建筑节能条例》。这三个法规的出台直接回应了公共建筑节能监管的实际需要。由此，实际提升了公共建筑节能规范监管法律制度的层次性和系统性。

与此相适应，地方立法机构和管理部门相继出台了《重庆市建筑节能条例》、《沈阳市民用建筑节能条例》、《湖北省民用建筑节能条例》等地方性法规，以及《苏州市民用建筑节能管理办法》、《甘肃省民用建筑节能管理规定》、《珠海市建筑节能办法》、《江苏省建筑节能管理办法》等地方规定。这些专门文本的出台，恰好说明公共建筑节能问题正在受到全国和各地方政府的广泛重视。另外，专门性立法的具体化程度也不断提高。具体而言，从2007年10月24日《国家机关办公建筑和大型公共建筑节能管理工作实施意见》、《公共机构节能条例》、《关于2009年全国建设领域节能减排专项监督检查建筑节能检查的通报》（建科〔2010〕45号）、《关于组织申请国家机关办公建筑和大型公共建筑节能监管体系建设补助资金的通知》（财办建〔2010〕28号）、《关于切实加强政府办公和大型公共建筑节能管理工作的通知》（建科〔2010〕90号）等对国家机关办公和大型公共建筑节能问题作了较为专门的规定，继而构建起了我国公共建筑节能监管的基本制度框架。

1. 公共建筑节能规划制度

公共建筑节能规划制度，是指国务院有关主管部门以及县级以上人民政府建设主管部门依法定的行政权力，以实现国家职能为目的，结合我国和地方实际所制定的有关建筑节能规划的法律制度。我国公共建筑节能规划制度主要体现在《节能中长期专项规划》、《民用建筑节能条例》等规范性文件中，具体包括规划结构和规划权力配置等方面。

首先，在规划结构方面，我国公共建筑节能规划制度具体包括国家节能中长期专项规划、全国公共建筑节能相关规划（如民用建筑节能规划）以及地方公共建筑节能相关规划等三个层次。我国国家节能中长期专项规划，主要体现为经国务院同意的我国第一个国家《节能中长期专项规划》；全国公共建筑节能相关规划（如民用建筑节能规划），则依国务院发布的《民用建筑节能条例》可知，在国家节能中长期专项规划指导下，国务院建设主管部门依据该行政法规的规定，享有编制全国公共建筑节能相关规划的职权。[②] 而地方公共建筑节能相关规划，则是由县级以上地方各级人民政府建设主管部门负责编制本行政区

---

① 林奕：《国家机关办公建筑和大型公共建筑节能监管体系初探》，载《浙江建筑》2008年第12期。

② 参见《民用建筑节能条例》第6条。

域内的建筑节能规划，但须会同同级节能工作管理部门共同编制。在规划内容方面，我国公共建筑节能规划制度也作了较为详细的规定。

其次，在规划权力配置方面，我国公共建筑节能规划制度的规划权力配置包括横向配置和纵向配置两个层面。在横向配置层面，我国公共建筑节能规划权力可大体分为节能规划编制权和节能规划审查权两类。其中我国公共建筑节能规划编制权属于国务院和县级以上地方各级人民政府享有，节能规划审查权则由县级以上人民代表大会及其常务委员会享有，国务院和县级以上地方各级人民政府每年向本级人民代表大会或者其常务委员会报告节能工作。[①] 而在纵向配置层面，我国公共建筑节能规划权力配置则特指规划编制权的纵向配置。根据国家节能中期长期专项规划、全国公共建筑节能相关规划、地方公共建筑节能相关规划三个层次的规划体系划分，我国公共建筑节能规划编制权，大致可分为全国和地方两个层面。其中，国家节能中长期专项规划和全国公共建筑节能相关规划主要由国务院相关部门负责。各级地方人民政府也负有编制建筑节能规划，并纳入国民经济和社会发展规划及节能中长期专项规划的职权和职责。然而，地方公共建筑节能规划编制权与国务院公共建筑节能规划编制权并不存在直接性的从属关系，但国务院相关部门所编制全国建筑节能规划对于各省、自治区、直辖市建筑节能规划编制具有指导作用。地方公共建筑节能相关规划须以全国公共建筑节能相关规划为基础，应当作出更为严格的规定。

2. 公共建筑节能标准制度

我国目前在公共建筑节能领域的相关强制性标准主要包括一个国家标准《公共建筑节能设计标准》和三个行业标准，即《民用建筑节能设计标准》《夏热冬冷地区居住建筑节能标准设计》和《采暖居住建筑节能检验标准》。我国公共建筑节能标准制度的主要内容包括标准的设计和标准内容。

首先，在标准设计方面，我国公共建筑节能标准制度的设计主要涉及编制权、执行权、监督权三方面。依《建筑节能管理条例（征求意见稿）》，我国公共建筑节能标准编制权划分为全国性公共建筑节能标准编制权和地方性公共建筑节能标准编制权两方面。其中，国务院建设行政主管部门应当组织编制全国性标准；省、自治区、直辖市人民政府建设行政主管部门对国家已制定建筑节能标准的，可以组织制定严于国家标准的本地区建筑节能标准；对国家尚未制定又需要在本地区统一的建筑节能技术要求，可以组织制定本地区建筑节能标准。[②] 国家鼓励制定、采用优于国家民用建筑节能标准的地方民用建筑节能标准。[③] 至于我国公共建筑节能标准执行权则由县级以上人民政府相关部门行使。县级以上人民政府管理节能工作的部门和有关部门应当在各自的职责范围内，加强对节能标准执行情况的监督检查，依法查处违法用能行为。[④] 最后，上级人民政府及其主管部门应当依法对下级人民政府及其主管部门的公共建筑节能标准的制定或执行进行监督。

其次，在标准内容方面，我国公共建筑节能标准的基本内容，主要包括建筑节能设计、施工、验收、测评、建筑物用能系统运行管理、建筑节能新技术、新工艺、新材料的

① 参见《中华人民共和国节约能源法》第5条。
② 参见《建筑节能管理条例（征求意见稿）》第10条。
③ 参见《民用建筑节能条例》第7条第2款。
④ 参见《中华人民共和国节约能源法》第12条第1款。

工程应用等几方面。[①] 具体而言，我国公共建筑节能标准可分为强制性标准和推荐性标准两类。目前，这一分类方法并未被现行立法所完全采纳。现行立法相关标准内容主要针对的是强制性标准。此外，我国公共建筑节能标准制度还规定，国务院相关部门应当依据法定权限制定上述内容相关的节能技术政策，制定并公布建筑节能新技术、新工艺、新设备、新材料、新产品推广目录，以及限制或者禁止使用能耗高的技术、设备、材料和产品的目录等职责。省、自治区、直辖市人民政府建设行政主管部门在制定本地区推广、限制和禁止目录时，不得进行地区歧视和推荐。就建设单位、施工单位而言，依据我国公共建筑节能标准，其不得违反在建筑物中使用列入禁止目录的技术、设备、材料和产品等强制性规定。[②] 同时，新建建筑工程项目应当执行建筑节能强制性标准。在改建、扩建时涉及建筑维护结构和用能系统的，应当按照建筑节能强制性标准要求采取建筑节能措施。[③]

3. 公共建筑节能激励制度

公共建筑节能激励制度，是指国家为激发相关主体从事公共建筑节能的积极性和主动性，促进公共建筑节能的良好发展而在专项资金安排、税收、贷款、补贴等方面进行支持和优惠的法律制度。其实质在于，国家通过经济手段激励相关主体积极参与公共建筑节能，以获得较好的节能成效。目前，我国公共建筑节能激励制度的主要措施有三，即专项资金安排、财政税收和贷款优惠。其中，专项资金安排，即国家和地方财政应当依法设立建筑节能专项资金，主要用于包括公共建筑节能在内的节能型的建筑结构、材料、器具和产品的本地化生产，建筑节能的科学技术研究、标准制定和示范工程，政府办公建筑和大型公共建筑的能效审计及可再生能源在建筑节能中的使用等领域。[④] 税收与财政优惠则主要体现在国务院财政部门、税务部门会同国务院建设行政主管部门制定的对既有建筑节能改造、可再生能源在建筑中的利用、更低能耗节能建筑、建筑节能示范工程等项目给予税收优惠等。[⑤] 而贷款优惠主要依靠国家立法，引导金融机构对既有公共建筑节能改造、可再生能源利用、节能示范工程等符合贷款条件的相关项目，提供有财政贴息的优惠贷款。

4. 公共建筑节能的其他监管制度

我国公共建筑节能的关键，“是建立能耗统计、能源审计、能效公示、用能定额以及超定额加价五项制度构成的监督管理体系”[⑥]。“其目标是以监管推动节能运行管理，实现节能运行，促进节能市场化，逐步培育和完善节能市场。”[⑦] 目前，我国正在推进能耗统计、能源审计、能效公示、用能定额以及超定额加价五项制度，以完善包括公共建筑在内的我国建筑节能监督管理制度。其中，公共建筑能耗统计，主要“描述了各种大型公共建筑能耗状况和特点，提出一系列评价指标、调研方法、软件等”。[⑧] 能源审计主要针对本单位用能系统、设备的运行及使用能源情况进行技术和经济性评价，并根据审计结果采取

---

① 参见《建筑节能管理条例（征求意见稿）》第10条。

② 参见《建筑节能管理条例（征求意见稿）》。

③ 参见《重庆市建筑节能条例》第11条。

④ 参见《建筑节能管理条例（征求意见稿）》，第49条。

⑤ 参见《建筑节能管理条例（征求意见稿）》，第51条。

⑥ 金振星、赫有志、李百战：《大型公共建筑节能监管制度体系解析》，载《中国建设信息》2008年第9期。

⑦ 丰艳萍、司武涌：《节能运行监管 我国大型公共建筑节能管理的必然选择》，载《暖通空调HV&AC》2007年第8期。

⑧ 龙飞：《公共建筑能耗统计平台促进建筑节能发展》，载《中国能源报》2010年10月21日。

提高能源利用效率的措施。能源公示则主要体现为公共建筑节能认证与标示制度，具体包括强制性指标和推荐性指标。满足相关标准，并经有关部门认证，可依法对其节能建筑或产品作出相应标示。此外，用能定额与超定额加价制度则是一个问题的两个方面。一方面，国家为实现既定节能目标，通过立法明确了公共建筑节能等建筑及其相关产品的强制性的能耗额度；另一方面，针对可能出现的能耗额度的问题，立法针对能耗单位的效益性要求规定了经济性的间接惩罚措施，即针对能耗超额部分进行收费。

四、问题导向：我国公共建筑节能监管制度发展的逻辑进路

从我国公共建筑节能监管法律制度发展所历经的起步、提速、突破三个阶段便可得知，我国公共建筑节能监管法律制度的发展不仅是一个从无到有的过程，也是对公共建筑能耗严重等诸多现实问题的较有力回应。足见，正如其他部门法发展过程中所存在的“问题促进立法完善”的基本发展思路，问题导向亦成为我国公共建筑节能监管制度发展的逻辑进路。

（一）公共建筑节能的立法观念不够先进

1. 立法目的未能优先选择可持续发展理念

作为我国公共建筑节能法律制度的最主要载体，《中华人民共和国节约能源法》（以下简称《节约能源法》）确立了节约能源的基本立法目标。作为节约能源的重要范畴，公共建筑节能也树立了相应的立法目标。通过《节约能源法》的相关规定发现，公共建筑节能的立法目的主要有四：一是推动全社会节约能源，即在社会范围内推行公共建筑节能，并引导全社会共同节约能源；二是能源利用效率的提高，即通过在全社会范围内推广公共建筑节能，实现能源消耗的成本最小化与社会经济效益最大化的动态结合；三是保护和改善环境，换言之，公共建筑节能有关立法不仅要正视以往重发展、轻保护之政策所引发之负外部性问题，更要推动环保工作的有序开展，实现绿色经济的发展路径；四是促进经济社会全面协调可持续发展。该立法中所存在之上述四个目的之间并非杂乱无序，也并非平行的，而是有次序、有主次之分的。在环境问题严重和全球范围内环保呼声日益高涨之今日，推动社会节约资源已经成为社会各界共同关注的热点，为此推动社会节约资源也就成为公共建筑节能立法的首要目的。然而，推动社会节约资源也并非是盲目的，必须注重能源利用效率的有效提高，进而不断保护和改善环境。而公共建筑节能立法的落脚点则是经济社会全面协调可持续发展。然而，公共建筑节能立法目的的此种排列顺序，并未有效体现立法之稳定性和可预见性，因为不论是推动社会节约能源，还是提高能源利用效率，抑或是保护和改善环境，均具有较强的阶段性与短期性特征。由于未将可持续发展理念作为公共建筑节能优先立法目的，这势必影响立法的稳定性与实用性。

2. 价值目标设定不够明确

作为对社会需求的最低限度之供给，任何法律的“价值是一个动态的社会历史范畴，同时又是一个多层次、多元的体系”。[①] 价值多元化和价值冲突是法律的基本特征。然而，不同的法律，必然存在不同的价值位阶，具有不同的价值排列秩序。这势必决定了任何法

① 梁家峰：《法律的价值目标和社会经济效益》，载《求索》1995 年第 6 期。

律制度所不可或缺的价值及其位阶之张扬。法律制度价值及其位阶之张扬，并非仅依赖于法律规范的内在规定性体现，而更多需要的是法律制度价值目标的明确化，进而增强法律的稳定性与可预见性。与此不符的是，我国现有的公共建筑节能法律均存在两方面问题：一方面，对制度的价值目标设定不够明确，未在法律、行政法规、规章等规范性文件中彰显；另一方面，缺乏价值目标及其优位顺序在法律规范中的有效体现。我国公共建筑节能法律制度价值目标设定得不够明确，严重地影响了制度功能的生成与实现。

3. 基本原则没有显性化

系统论认为，法律是由原则、规则等系列的要素构成的有机整体。其中，“法律原则是一个法律体系中具有综合性、稳定性的原理和准则，它直接决定一个法律制度的基本性质、基本内容和基本价值取向”。[①] 根据所发挥功能的层次不同，法律原则又可进一步划分为基本原则和具体原则。基本原则较之于具体原则，具有上位性质，是法律价值结合特定因素而形成的指导立法、执法、司法和法律适用的基本准则，具有指导性、原则性、抽象性等基本特征。作为法律内容的重要组成，公共建筑节能法律制度不仅有而且应该有自己的基本原则，如可持续发展等。然而，不论是遍览法律层面的《节约能源法》，还是《公共机构节能条例》、《民用建筑节能条例》等行政法规，抑或是《重庆市建筑节能条例》等地方性法规以及其他相关规章，不仅没有明确该法本身的原则，也没有对公共建筑节能法律制度建构的基本原则作出显性化的处理。

4. 市场机制的效用没有凸显

通过对2007年修订后的《节约能源法》以及其他相关法律文件的分析可见，我国公共建筑节能法律制度大体经历了一个从无到有的发展过程，取得了较好的成就。然而，从另一角度看，我国公共建筑节能同时也经历了一个从计划经济向市场经济转型过程中市场自发调节到政府主导的立法转向，即在公共建筑节能被纳入立法视阈前，政府并未过多地关注这一问题。然而，随着经济发展，国家不可能放任污染等由市场机制本身所导致的负外部性等问题蔓延，进而引入了作为外部干预的国家（或称政府）。在这种转向中，可能基于计划经济体制下政府集中管制思维以及权力扩张之天性，进而形成了政府主导而在相关法律文本中没有或很少体现市场机制的效用。这也是政府干预与市场机制未能实现有效互动的主要表现。

5. 政府监管的局限性估计不足

在市场经济条件下，学界普遍认为政府监管的有限性在很大程度上决定了政府监管必须具有正当性，亦即政府必须有所为，有所不为。政府不仅负有对公共建筑节能问题进行法治化监管的职权与职责，更会基于干预法治化语境下监管范围、方式、责任等规范而进行合理监管。相反，政府监管的局限性势必出现。总体而言，政府监管的局限性主要有二：一是即使存在市场失灵等问题，但基于政府监管的低效益或非效益而给政府监管设定的边界；二是即便政府干预具有合法性，但因受“政府俘获”、有限理性、权力寻租等因素制约而产生的政府监管局限问题。上述因素，均应为一部成熟法律之立法者所关注和预测。相反，我国现有的公共建筑节能法律制度重点强调了政府监管的功能，而相对忽略了市场机制的基本效用以及政府监管与市场机制之间的互动协调。这就形成了立法对政府监

① 付子堂主编：《法理学进阶》，49页，法律出版社，2005。

管的局限性估计不足的问题。

（二）公共建筑节能的立法宗旨没有保持统一

除上述四方面外，我国公共建筑节能法律制度尚存在立法宗旨不统一的问题。仅以《节约能源法》、《民用建筑节能条例》、《公共机构节能条例》、《重庆市建筑节能条例》等法规本文为例，我国公共建筑节能法律制度的立法宗旨呈现分散化现象。总体而言，上述法规文本为我国公共建筑节能法律制度设定了推动全社会节约能源、提高能源利用效率、加强建筑节能管理等较为不同的立法宗旨，具体包括以下三方面：一是《民用建筑节能条例》、《公共机构节能条例》等行政法规以及《重庆市建筑节能条例》等地方性法规与作为上位法的《节约能源法》的立法宗旨不统一。二是虽然提高能源效率成为唯一相同的立法宗旨，但行政法规和地方性法规在立法宗旨方面仍存在较大的差异，如《民用建筑节能条例》第1条将“为了推动公共机构节能，提高公共机构能源利用效率，发挥公共机构在全社会节能中的表率作用”作为其立法宗旨，而《民用建筑节能条例》、《重庆市建筑节能条例》则将加强建筑节能、降低能耗管理作为立法宗旨。三是不同法规文本间尚存在立法宗旨的部分内容与形式的不统一问题。

（三）公共建筑节能规范系统存在结构性缺陷

合理的结构是制度绩效的基本保障。综观我国现行公共建筑节能规范，存在较为明显的结构性问题。主要表现在：

1. 规范体系的层次不清晰

一般而言，完整的法律部门由纵向和横向两个方面的规范体系构成。纵向上，规范体系往往形成了法律、行政法规、地方性法规、规章等不同效力位阶的规范体系；横向上，要由专门的规范文件或者不同的法律文本作出分散且较为完整的规定。然而，我国公共建筑节能规范体系均存在纵向和横向两个层次不清晰的问题。从纵向上看，我国公共建筑节能法律制度的法律层面的《节约能源法》、《公共机构节能条例》、《民用建筑节能条例》等行政法规，《上海市建筑节能管理办法》、《深圳经济特区建筑节能条例》、《陕西省建筑节能条例》、《重庆市建筑管理条例》等诸多地方性法规以及《节能技术改造财政奖励资金管理办法》等规范性文本均存在层次不清的问题，即虽然《节约能源法》对下位阶的立法具有一定的统合效力，但其以下不同位阶的规范性文本之间却形成了不同的规范内容。从横向上看，即使同位阶的规范体系之间尚存在较大的差异性，以地方性法规为例，某些省级行政区已制定了涵盖公共建筑节能内容的建筑节能条例，但其余相当大一部分地区却尚未制定或正在制定相关规定。

2. 各层次规范的内容设计缺乏互补性

在《中华人民共和国立法法》上，法律位阶不仅决定了法律效力与法律适用，而且影响着法律制度建构的系统性、完整性。其中，各效力阶层的法律规范之间及本效力层次内部规范之间的内容设计必须具有较强的互补性，以便协调地发挥制度功能。然而，我国公共建筑节能存在较为严重的缺乏互补性的问题。一方面，由于我国总体上缺乏公共建筑节能专门立法，而主要体现在建筑节能、民用建筑节能、办公建筑等以建筑物类型为规范对象的立法文件中，以致我国公共建筑节能主要适用上述建筑节能的相关规范，而未作专门立法。这极易因适用对象的特殊性而引发相关规范内容缺乏互补性，甚至规则空白。另一方面，不同位阶法律规范之间以及该位阶规范之间的规则协调性差的问题也依然存在。

3. 正式规范的语言表达过分泛化

通过《节约能源法》、《公共机构节能条例》、《民用建筑节能条例》、《上海市建筑节能管理办法》、《深圳经济特区建筑节能条例》、《陕西省建筑节能条例》、《重庆市建筑管理条例》等现行公共建筑节能相关规范的分析可见，正式规范的语言表达过分泛化，亦即过于原则和简略，是公共建筑节能规范系统的又一结构性缺陷。除法律责任规定部分外，整个法律文本大多采用授权立法或原则性规定的方式作了原则性规定，缺乏详细性操作规则。

五、结论

虽然，国内学界围绕公共建筑节能监管已形成了些许成果，但大部分并非以法学为研究视角。即使是现有少量法学研究成果，也较多地集中于公共建筑节能中政府职能配置、国外公共建筑节能法律措施介绍以及对各地方性法规规定的浅显分析等方面，加之现有公共建筑节能监管制度所存在制度缺陷以及实效问题，这便为我国公共建筑节能监管法律制度的梳理以及问题导向的发展意识的树立，从理论和现实视角提供了必要性。

对我国公共建筑节能监管法律制度的历史源流梳理，旨在给立法者和研究者展示一个较为清晰的制度发展历程，并促使人们冷静思考和把握当今社会所存在的公共建筑能耗问题无法得到法律有效回应的问题及其成因，并激发广大学者在树立问题导向的基础上，形成较为合理的理念，进而构建起适合国家和社会需要的公共建筑节能监管法律制度。

论我国小额贷款公司监管法律制度的完善

——基于诱致性制度变迁理论的思考

陈　璞*

目　次

一、引言

作为民间资本阳光化、规范化运作的样本，小额贷款公司意义重大：既是民间资本进入金融领域的一个重要跳板，又为中小企业在银根紧缩的现实下，提供了一个有效的融资途径。从2005年在部分省、市的试点，到2008年《关于小额贷款公司试点的指导意见》（以下简称《指导意见》）出台后在全国大范围的铺开，小额贷款公司的运作模式在实践中不断成熟，发挥了扶持“三农”发展、助力中小企业、引导民间资本流向的重要作用。但是与此同时，准入与退出机制、利率管制、融资杠杆限制等问题迫切地需要得到解决，以保障小额贷款公司的可持续发展，而上述问题正是小额贷款公司监管法律制度的核心内容。

二、我国小额贷款公司的监管现状

（一）监管权配置混乱

《指导意见》中指出，“凡是省级政府能明确一个主管部门（金融办或相关机构）负责对小额贷款公司的监督管理，并愿意承担小额贷款公司风险处置责任的，方可在本省（区、市）的县域范围内开展组建小额贷款公司试点”。该条规定的不明确性，使小额贷

* 财政部驻重庆市财政监察专员办事处。

款公司在实践中饱受诟病。从目前各个试点的情况来看，各省（自治区、直辖市）负责小额贷款公司监管的机构种类繁多：有金融办、发改委、工商局、财政局、公安局等部门，有的地方政府还将银监会派出机构和人民银行分支机构纳为监管主体。① 作为监管制度首先需要解决的问题，监管权的配置关系到监管体系的严肃性、监管规则的科学性、监管效果的可预见性，是整个监管制度运作的逻辑起点，而现有的规定则造成了监管主体专业性不强、监管权限分散的不利现状。

从制度变迁理论的角度来讲，农业银行、邮政储蓄银行等正规金融机构，是国家通过自上而下的方式设立的金融体系框架，属于金融领域的强制性制度变迁，其目的在于建立国家对金融领域的有效监管，以维护整个金融市场稳定有序地发展。小额贷款公司的出现则属于诱致性制度变迁，其背景是正规金融机构无法满足“三农”领域和中小企业强烈的资金需求，而旺盛的民间资本也想彻底转变其“地下金融”的尴尬身份，寻求一个合法化的投资途径。在国家积极引导金融领域“增量改革”的进程中，作为诱致性制度变迁的产物，小额贷款公司见证了新的、均衡性的金融制度的逐渐成型。

（二）监管目标不明晰

尽管小额贷款公司在促进民间投资、激发金融市场活动等方面发挥了重要的作用，但是《指导意见》并没有提出明确的监管目标，而数年的实践也未形成统一而有说服力的监管目标。从2008年至今，除《指导意见》外，没有一个国家层面的政策或者法规出台，各地在实践中所制定的具体实施细则愈加背离政策的初衷：虽然《指导意见》有对资金投向“三农”领域的要求，但是由于没有硬性的比例规定，又没有相应的政策补贴，现实中很多小额贷款公司大部分的资金都是流向了城市，即便有少部分资金投向了“三农”领域，受信人也都是乡镇企业或是合作社，鲜有农户个体，“小额贷款”的普惠金融理念并没有得到真正的实施。

监管目标的不明晰，从某种程度上说明了以小额贷款公司为代表的民间金融机构在整个金融体系中的地位尚不稳定，金融领域“增量改革”的成效尚不足以撼动正规金融机构的垄断性地位。有理由这样说，新一轮的金融改革，在打破旧的金融制度上成效显著，但是那种能够适应经济发展需要，能够实现基本金融服务均等化的金融制度尚未真正成型，金融制度变迁中新的均衡尚未形成。

（三）核心监管规则缺失

当下，小额贷款公司在实践中面临着诸多困顿：

1. 准入和退出机制不完善

根据《指导意见》的要求，小额贷款公司在准入方面只有注册资金这一硬性要求，没有对股东、高管等人员相关行业的从业经验和技术背景的要求，而后者对于刚刚走向规范化的民间金融机构来说，至关重要。《指导意见》在“小额贷款公司的终止”部分，除了规定市场淘汰机制外，还规定了小额贷款公司转型升格为村镇银行的途径。但是根据《小额贷款公司改制设立村镇银行暂行规定》的要求，村镇银行设立的发起人或出资人至少应有1家银行机构，且持股在20%以上，单一非金融机构企业法人、自然人及关联方持股不得超过10%。这表明，小额贷款公司如果想升格为村镇银行，股东持股比例将大幅下降，

① 陈斌彬：《完善我国小额贷款公司法律监管的思考》，载《南方金融》2009年第12期。

控股权将不得不交给银行。此项规定极大扼杀了民间资本试水小额贷款公司，并以此为跳板寻求银行身份的积极性。

2. 融资杠杆过低

根据现有规定，小额贷款公司可以从不超过两家银行业金融机构融入不超过资本金50%的资金，而一旦这些资金告罄，这些已放贷款又没有及时收回的话，小额贷款公司将面临可持续经营风险。

3. 利率管制

在我国现有的法律框架内，小额贷款公司的贷款利率波动区间为中国人民银行公布的同期同档次贷款基准利率的0.9倍至4倍。按现有一年期贷款6.56%的基准利率计算，小额贷款公司一年期贷款的利率上限是26.24%，与银根紧缩的当下动辄50%的民间借贷年利率相比，已不能激起小额贷款公司的授信动机。

三、国外小额贷款机构监管法律制度的考察和启示

（一）国外小额贷款机构监管法律制度的考察

1. 孟加拉

孟加拉乡村银行（格莱珉银行），由“小额贷款之父”穆罕默德·尤努斯（Muhammad Yunus）教授创办于1983年。近30年来，它实现了高达97%的还款率，在维持商业化持续经营的同时，让近6成的借款人和他们的家庭脱离了贫穷线，从而实现了赢利和扶贫的双重目标。孟加拉国制定对小额信贷的监管框架时，一个基本的原则应是只要不吸收社会公众存款，就应对此机构实施非审慎性监管，以鼓励其在宽松的外部政策环境中发展。① 孟加拉国的《乡村银行法》，对乡村银行的性质定位、权利义务，以及利率定价机制、风险内控机制、专员工培训机制都作出了详尽而完备的规定。

在孟国对乡村银行的监管法律制度中，最突出的是建立了新的监管机构，国家通过立法的方式在中央银行之外成立一个专门的监管机构负责小额信贷机构的监管，在监管原则、项目评估方式、监管具体内容方面都制定了一套透明的规则，监管机构和中央银行在业务上保持联系，但是工作人员独立于中央银行。作为一个欠发达国家，在正规金融体系尚不完善的情况下，却对民间金融机构的发展规划了清晰的脉络，创造了宽松而充满活力的监管框架，极大地激发了小额贷款机构的灵活性和创新性，尤其值得我国借鉴。

2. 印度尼西亚

印尼人民银行是世界上为农村服务的最大的金融机构，其小额贷款体系创建于1969年，被政府制定向农村地区提供贴息贷款，在经历了20世纪80年代中期贴息政策的失败后，印尼人民银行根据商业银行的规则，创造了全新的组织机制和金融产品，在农村金融市场里有效地防范了风险，实现了商业化的持续经营，从而成为影响力仅次于孟加拉格莱珉银行的重要小额贷款机构。

除实现了利率市场化外，印度尼西亚小额贷款机构的监管法律制度在宏观上有两大特色：一是有专门的小额信贷立法，印尼的《小额信贷法》允许开展小额信贷业务的机构从

① 徐红红：《我国商业性小额贷款公司的法律监管研究》，山东大学硕士学位论文，2010。

共中出募集资金，发放信贷，但是不允许接受经常账户、参与贸易以及外汇交易。二是监管权限的配置合理。由于印尼是一个以农业为主的发展中国家，印尼政府认为主要为农村服务的小额贷款业务，其覆盖成效关系到整个国家的经济运行基础，因此将对印尼小额贷款机构的监管权赋予了中央银行。印尼将全国划分为30个地区，每一个小额贷款机构都要向所在地区中央银行地区分行提供周报、月报和年报，现场检查每年进行一次。①

3. 美国

作为以内需消费为经济发展主要动力之一的美国，小额贷款的发展独具特色。在美国，除非吸收存款类放贷人（Non - Deposit - Taking Lenders）之外，其小额贷款大多数是由正规金融机构提供的。美国的小额贷款以收入来源有限的工薪阶层、收入和职业不稳定的群体为贷款对象，提供期限短、金额小、分期付款的小额贷款业务，是正规金融机构践行企业社会责任，打造普惠型金融体系的重要举措。正因为如此，美国的小额贷款法律制度相当健全，依据法律规定，只要是依法设立的商业银行，都可以开展小额贷款业务，都具有合法的主体资格，并采用公司制的组织，这类组织由《统一小额信贷法》、《诚实信贷法》、《信贷机会平等法》等来调整。

在监管规则上，最大的特色便是美国绝大部分州对小额贷款的贷款利率没有设定上限，它们采取利率市场放开的方式，允许借款人和放贷人在不设定利率上限的情况下达成任何水平的协议利率。此种状况之所以会出现，源于美国专家们的这样一种认识：利率上限源于法律，目的是保护消费者，但是这个上限是由政客定而非专业人士定。从实际上看，美国一些州的反高利贷法没有实际作用。设定一个利率上限是不科学的，因为这样可能导致交易无法进行，利率太低没法放贷的害处大于以较高利率放贷。② 在美国，真正限制利率的是竞争而非法律。

（二）国外小额贷款机构监管法律制度的启示

1. 监管的逻辑起点：重视诱致性金融制度变迁的诉求

梳理国外小额贷款机构的发展历程，可以清晰地看到，作为普惠型金融理念的践行者，小额贷款机构并不是以国家的名义采用强制性的手段设立的，而是在现有金融市场无法提供均等化金融服务的前提下，在受信主体强烈的融资诉求之下，新一轮诱致性金融制度变迁的产物。此轮金融制度变迁的动力来自于金融市场内部，它以打破旧有的、追逐利润最大化的金融制度为目标，旨在建立一种新的、能够实现基本金融服务均等化的合理制度。

而重视诱致性金融制度变迁的诉求，正是国外对小额贷款机构进行监管的逻辑起点。依此逻辑，监管权限的配置、监管规则的设计、监管成效的审视，都旨在为诱致性金融制度变迁服务。从孟加拉政府对乡村银行利率政策的市场化引导，到印度尼西亚政府对小额贷款监管机构的理性设置，再到美国完备的小额贷款法律制度，无一不体现了正视金融市场诉求，适时革新监管理念的金融市场改革方向。

2. 监管的逻辑框架：重新界定政府和市场的边界

在现有的金融市场中，建立在排他性产权基础上的微观主体（企业和个人）日益成为

---

① 参见崔德强、谢欣：《印度尼西亚小额信贷模式及借鉴》，载《农村金融》2008年第5期。

② 刘萍、孙天琦、张韶华：《有关美国非吸收存款类放贷人（NDTL）的考察报告》，载《西部金融》2008年第9期。

制度变迁的重要推动因素，这决定了金融制度的变迁方式最终会向与市场经济内在要求相一致的需求诱致性方向转变。在此背景之下，小额贷款机构的监管，必须放在合理界定政府与市场的边界这一逻辑框架之内。

小额贷款机构的涌现，虽然是诱致性金融制度变迁的产物，但这并不意味着小额贷款业务领域应完全交由市场来调节。在实践中，由于历史因素，发展中国家在发展小额贷款业务中普遍面临的利率管制、风险防范机制、信用基础设施等诸多一系列问题，单靠市场的力量难以解决，必须由政府保持适度的干预与规模，以尽快拓展普惠金融的服务边界，推进金融制度新一轮均衡的早日实现。需要说明的是，在此过程中，政府进行干预的“度”，仅包括设计有效风险控制程序、提供清晰的法律框架、进行公正而透明的监管。①

四、完善我国小额贷款公司监管法律制度

（一）合理配置监管权

小额贷款公司作为新型的非正规金融机构，对其进行监管的权限必须进行合理地配置，以避免出现过去农村合作基金会所产生的系统性风险，维护整个民间资本规范化的秩序，保持金融市场其“增量改革”的成效。根据《指导意见》及各地出台的管理办法，小额贷款公司的监管部门种类繁多，包含了金融办、人民银行、银监局、工商局等部门，多头监管的局面下不仅无法形成监管合力，更有可能对风险的发生失去最好的预防和补救机会。

金融办作为一个监管协调机构，不论是授权依据、人员配备、业务水平还是其他诸多方面，均无法满足对小额贷款公司的监管需要。而人民银行作为一个主要以执行独立稳健的货币政策为己任的部门，在我国的分业监管的金融监管模式下，不宜更深地介入民间小额信贷的监管。② 当然，这并不意味着人民银行对小额贷款公司没有任何的监管职能，根据《指导意见》，人民银行有职责对小额贷款公司的利率、资金流向进行跟踪监测，并将小额贷款公司纳入征信系统，这是从整个金融体系的稳健性出发而进行的制度设计。

根据我国国情，小额贷款公司由银监会来监管最为合适。在小额贷款公司发展之初，银监会就和人民银行一起下发了《指导意见》，对小额贷款公司的业务规则、组织机构、监管措施和法律责任进行了原则性的规定，构造了一个监管框架的雏形。而且，目前出现的小额贷款公司在性质上应界定为非银行金融机构的小额贷款公司，这本就属于银监会的监管范围。银监会完善的机构设置、专业的人员配置，加上其在监管经验、信息资源等方面的优势决定了小额贷款公司的监管职责最适合由其来担当。

（二）明晰监管目标及监管模式

作为国家进行金融市场改革以及促进民间投资政策的产物，小额贷款公司承载了诸多希冀，因此其监管目标应与上述背景相契合。追溯其政策背景，审视其实践经验，小额贷款公司的监管目标应定位为开放金融市场、增加竞争、促进资金回流农村和扶持弱势群体这三大主题。开放金融市场意指当下的金融改革应实现“存量改革”与“增量改革”的

① 王永龙：《城乡金融统筹的制度抑制与对策分析》，载《经济学家》2009 年第 10 期。

② 余羚：《关于中国小额信贷组织的法律问题研究》，载《社科纵横》2008 年第 6 期。

良性互动，形成多层次金融服务差序共存的局面；增加竞争则包含了两个方面，一是正规金融机构与非正规金融机构之间的竞争，二是非正规金融体系内不同民间资本之间的竞争；促进资金回流农村和弱势群体则是实现基本金融服务均等化，践行普惠型金融的内在要求。

国际上小额贷款机构按照是否吸收公众存款分为“既贷又存”和“只贷不存”两大类，对于这两类小额贷款机构应采取不同的监管模式。对于“既贷又存”的小额贷款机构，由于其吸收了公众存款，为了防范和化解系统性风险，保护存款人利益，应采取审慎性监管的模式；对于“只贷不存”的小额贷款机构，为了节省监管资源，并为其发展创造宽松的政策环境，应采取非审慎性监管的模式。按照现有规定，我国的小额贷款公司均属于“只贷不存”类型，因此我国的监管机构的主要监管内容便是发布稳健性规则以引导小额贷款公司建立良好的内控机制、持续运营机制。

（三）完善核心监管规则

1. 明确其非银行金融机构的性质

按照现有规定，小额贷款公司是工商企业的性质，而非金融机构。但鉴于它实际中所起的作用，有学者给出了“非金融机构的金融意义”这样的评价。法律地位上的尴尬，正是融资杠杆、资金来源等一系列问题的根源。《指导意见》对小额贷款公司的地位之所以采取了回避的态度，原因有三：首先，指导意见这个信号必须放出、必须在2008年这一特定时期放出，以表明国家扶持中小企业的立场；其次，对于小额贷款公司法律地位这么一个事关金融机构准入的重大事项，不可能由这个部门规范性文件来作出明确说明；最后，只贷不存，是考虑民间资本的现状，出于对系统性风险的防范而作出的谨慎之举。

从《指导意见》出台至今，已历三年，在这期间，各地所出台的关于小额贷款公司的各项政策，多为改良式的，并没有从从根本上解决其运营过程中出现的各种问题。究其原因，便在于小额贷款公司的法律地位未能由国家层面的政策作出相应的调整。一旦小额贷款公司“非银行金融机构”的性质得以明确，短期内便可以解决两个重要问题：一是监管权由银监局来行使，将不会有任何障碍，因为非银行金融机构的监管本就属于银监局的职责之一；二是小额贷款公司税负过重的问题可以得到有效缓解，因为金融机构营业税和所得税的税率大大低于普通工商企业。从中长期来看，非银行金融机构的定位将极大地吸引民间资本，“增量改革”的成效将更加明显，并且融资杠杆、资金来源等问题也可以得到有效解决。

2. 完善准入与退出机制

当下，入股小额贷款公司的民间资本大多数来源于实业领域，鲜有金融领域的资本投入。在现有监管制度不完善，内部治理结构不健全的情况下，小额贷款公司的现有投资者并不完全具备实现专业化营运的条件。对于小额贷款业务来说，不是有资金就可以开展的，因此在审批小额贷款公司时，一方面要适当提高进入的注册资金门槛，另一方面还应重点审查其股东、高管是否有在相关行业的从业经验和技术背景。①

在退出机制上，《指导意见》对小额贷款公司的解散与破产规定的虽然比较原则，但由于小额贷款公司属于工商企业，可以适用《中华人民共和国公司法》与《中华人民共

① 冯子兴：《对商业性小额贷款公司监管的几点建议》，载《深圳金融》2008年第10期。

和国破产法》，因此并不存在具体规则缺失的问题。实践中，绝大多数小额贷款公司都有转型为村镇银行的愿景，但根据《小额贷款公司改制设立村镇银行暂行规定》，单一非金融机构企业法人、自然人及关联方持股不得超10%，这就意味着小额贷款公司的股东们不可能成为村镇银行的主发起人。实际上，根据我国小额贷款公司发展的现状，可以继续维持银行股份占比20%的规定，但是不应当强制规定其为大股东。鉴于银行股东有着较为丰富的运营管理经验和技术，可以规定其在日常管理中享有较多的权益，以实现银行股东与小额贷款公司股东利益的相对平衡。

3. 实行市场化的利率定价机制

理论上讲，市场化的利率定价机制之所以能够成功，是因为它充分考虑了小额贷款领域中利率的三大功能：第一，利率的补偿功能，即贷款利率必须弥补经营成本；第二，利率的过滤功能，即贷款能够真正地投向目标客户；第三，利率的投资回报功能，即小额贷款的资金投向了正规金融机构不愿意投放的领域，实际上是一种风险投资，它的高风险要求着相应的高回报率。实际上，若央行计划取消对小额贷款公司贷款利率上限的规定等相关的政策一旦出台，不但可以为小额贷款公司的持续性经营提供强有力的保障，更能够挤压民间非法集资、地下钱庄的生存空间，为民间资本的规范化提供一个合法的平台。

4. 扩大融资杠杆

实践中，阻碍小额贷款公司持续性经营的最大障碍便是流动性不足，而过低的融资比例无疑是最为重要的成因。当下，小额贷款公司可以从不超过两家银行业金融机构融入不超过自有资本50%的资金，亦即，其实行的是1.5倍的融资杠杆。理论上讲，通过提高融资杠杆，不但可以使小额贷款公司的业务规模扩大，总资产增加，更能够发放更多的小额贷款，来有效地支持农村经济的发展。因此，当务之急是对原有政策进行调整，将小额贷款公司的融资杠杆从1.5倍提升到2倍以上甚至是更高，从而有效化解小额贷款公司的流动性风险。与此同时，要积极争取小额贷款公司在向金融机构融资时能够享受同业拆借利率，以降低其经营成本。

5. 拓宽资金来源

孟加拉格莱珉银行的创始人、诺贝尔和平奖得主，穆罕默德·尤努斯教授曾公开表示，中国小额贷款公司现在奉行的“只贷不存”原则，等于“锯了小额信贷的一条腿”，是目前中国小额信贷发展的最大障碍。对此，笔者不予赞同。对于小额贷款公司，国家的本意也是想创造宽松的政策环境来促进其发展，但在目前小额贷款公司监管体制尚不健全的条件下，条例明确禁止小额贷款公司吸收公众存款，是为了防止系统性风险，体现了国家对公民的责任。因此，短期内，“只贷不存”的原则不能也不应当被突破。所以，在目前在不能吸储的情况下，应当通过寻找批发资金、吸引外资、增资扩股等办法，来扩大和充实资本金规模，而不是催促或等待有关法律、政策允许吸储才开始行动。

五、结语

自2008年《指导意见》出台以来，多年来游走于法律政策边缘的小额贷款公司终于获得了国家的肯定与支持，虽然政策与法律支持还远不到位，但是小额贷款公司所迸发的活力，不仅给农村金融市场带来了生机，更开启了民间金融正规化的道路。然而，也正由于本质上仍属于非正规金融，小额贷款公司在监管制度的设计和相关法律的建设方面非常不完善，监管法律制度的困境已经给公司的正常运行和可持续性经营带来了极大的困难，亟待完善。将小额贷款公司监管法律制度的完善置于诱致性制度变迁的理论框架下进行讨论，可以清晰地勾勒出民间资本在寻求正规化出路的过程中，市场与国家在监管权限配置、监管规则设计等方面充分博弈所达到的新一轮金融制度的均衡。

我国融资融券交易风险控制的法律研究

谢东旭*

目　次

融资融券是一柄"双刃剑"，一方面能提高市场流动性、缓冲市场波动性以及促进市场机制价格发现功能的发挥，另一方面也会增加证券交易的风险和投机性。因此，如何加强对融资融券交易的风险控制，对整个证券市场的安全与健康发展显得至关重要。本文从融资融券交易风险控制基础理论出发，并结合我国证券市场自身的特点，从实证研究和比较法的角度对我国融资融券交易风险控制法律制度的现状进行分析，找出其中存在的缺陷与不足，提出了完善我国融资融券交易风险控制法律制度的一些构想，以期对我国融资融券交易业务的开展和证券市场的安全、健康发展有所裨益。

一、融资融券交易风险控制概述

融资融券交易的风险控制，是指通过研究融资融券交易风险的种类、发生规律以及风险控制的技术，并运用各种风险管理技术和方法，有效地控制和处置融资融券交易过程中所面临的各种风险，从而达到保障融资融券交易参与主体的合法权益，争取以最小成本获得证券市场持续、稳定和安全运行的帕累托最优状态。

（一）融资融券交易风险控制的必要性

证券市场作为金融行业的特殊领域，本身就有着与一般资本行业不同的经营特点和风险特性，融资融券交易的开展则更是将证券市场的高风险特性进一步放大。因此，如何有效地控制融资融券交易所产生的风险，其重要性可见一斑。

1. 保障证券市场的安全和健康发展

众所周知，融资融券交易的开展能起到活跃证券市场的作用，但同时也会增加证券市场的投机气氛。如果对融资融券交易的调控不当，极易导致整个证券市场的非正常动荡，

* 专职律师，法学硕士。

甚至诱发系统性的金融风险。因此，如何有效地控制融资融券交易过程中所产生的风险，对于保障一国或地区证券市场的安全、稳定和健康发展具有重要意义。

2. 保障融资融券交易参与主体的合法权益

对自身利益最大化的追求是“经济人”的本性，同时也是市场经济发展的根本动力。因此，法律不仅不应改变“经济人”的这种本性，相反，还应从制度层面对其合法利益给予充分和有效的保护。[①] 从单个经济主体的角度出发，客户从证券市场筹集资本时，总想以最低的成本筹进；而在证券市场运用资本进行投资时，也总是期望能获得最大的收益。因此，安全、收益以及其合法利益不受到非法侵犯，也就必然成为各类市场经济主体进行融资融券交易时，首先需要考虑到的因素，否则一切便都成为空谈。[②]

（二）融资融券交易风险控制的具体内容

1. 融资融券交易模式的选择与建立

融资融券有集中授信、分散授信和双轨制三种主要交易模式。在我国，由于金融业一直采取“分业经营、分业监管”模式，且高层考虑到目前证券市场不成熟，以及各项市场基础运行机制和法律监管制度不充分和不完善，因此，虽然在《证券公司监督管理条例》（以下简称《监督管理条例》）第56条规定“证券公司从事融资融券业务，自有资金或者证券不足的，可以向证券金融公司借入”。但并未明确我国融资融券具体交易模式，更未提及证券金融公司的设立问题。然而，“没有合格的法律和制度，市场就不会体现任何价值最大化意义上的效率”[③]，而且“政府为一个正常运行的竞争性市场创造一套恰当的框架和合作的法律”也是必要和必须的。[④] 因此，必须尽快明确我国融资融券具体交易模式，这涉及整个融资融券交易和监管模式的基本构架，也是进行融资融券交易风险控制首先应当解决的问题。

2. 融资融券交易风险控制的方法

根据风险管理基本原理，融资融券风险控制的具体方法，应当包括以下几种：（1）风险分散，是指融资融券交易参与主体通过承担各种性质不同的风险，利用不同风险类别的相关性取得最优风险组合，使得总体风险水平最低，同时又能获得较高风险收益的行为；（2）风险对冲，是指融资融券交易参与主体利用金融衍生工具头寸来抵消其持有的另一项金融工具头寸的有关风险的行为；（3）风险转移，是指融资融券交易参与主体在风险发生之前，通过交易或其他各种方式将可能发生的交易风险转移给他人的行为；（4）风险规避，是指融资融券交易参与主体在风险发生之前，通过各种风险识别手段识别交易活动中可能发生的风险，进而有意识地采取措施回避的行为；（5）风险补偿，是指在融资融券交易风险实际发生之后，各方通过各种手段给予融资融券交易参与主体以各种优惠或利益，以弥补其所遭受到的损失。

3. 融资融券交易风险控制的具体法律制度

在发达国家或地区证券市场上，融资融券已成为市场基础交易制度重要组成部分。这些国家或地区结合其证券市场发展水平及经济制度结构特征，形成了各具特色的融资融券

---

① 李昌麒主编：《经济法学》，43页，法制出版社，2007。

② 崔满红、冯鸿周著：《区域金融理论研究》，229页，中国财政经济出版社，2002。

③ ［美］詹姆斯·布坎南著，吴良健译：《自由、市场和国家》，89页，北京经济学院出版社，2000。

④ ［美］Hayek：Law，Legislation and Liberty，115页，University of Chicago Press，1979。

交易模式和风险控制机制，有成功的发展经验与监管经验可供借鉴。然而，正因各国或地区存在不同融资融券交易模式和风险控制机制，导致它们在业务管理、具体操作及风险控制等方面各有不同，这为我们的借鉴也带来了一定的难度。尽管如此，我们认为发达国家或地区融资融券交易模式和风险控制机制虽有所不同，但仍是围绕融资融券交易的基本内容展开的，只是融资融券交易及风险控制的力度和深度略有差异。一般来讲，融资融券风险控制具体制度包括：融资融券参与主体资格审查制度、标的证券资格审查制度、分类账户管理制度、交易合同标准化和信息披露制度、保证金制度、交易规模控制制度、客户信用监控制度、证券存管制度及除权处理制度等。

二、我国融资融券交易风险控制法律制度现状与问题

（一）未明确具体的融资融券交易模式

如前所述，我国虽然针对融资融券交易出台了一系列的法律、法规以及规范性文件，但也就仅仅在《监督管理条例》第56条笼统规定了“证券公司从事融资融券业务，自有资金或者证券不足的，可以向证券金融公司借入”，并未明确融资融券具体交易模式和证券金融公司设立等问题。众所周知，融资融券交易的主要功能之一，就是建立资本市场与货币市场的联系，提高资金使用效率，增加证券市场流动性，为资产定价市场化创造条件。因此，在谈到融资融券交易时，无论集中授信、分散授信，还是双轨制模式，都必然涉及转融通问题。但在我国，由于金融业一直采取“分业经营、分业管理”模式，这使得融资融券交易在担保品转融通以及业务模式上陷入了制度困境。并且，这些体制性问题和结构性矛盾的存在，极大地增加了融资融券交易活动的不确定性，使融资融券交易参与主体不能对自己或他人的行为形成稳定、可靠的预期，也为融资融券交易的法律监管以及风险控制带来一定困难。因此，我国必须尽快明确融资融券具体的交易模式，这不仅涉及整个融资融券交易和监管模式的基本构架，同时也是进行融资融券交易风险控制，首先应当解决的问题。

（二）融资融券市场准入制度不完善

1. 证券公司的市场准入

相对于其他国家或地区，我国券商融资融券市场准入标准较为严格。总体而言，在融资融券发展尚处于初级阶段、券商整体质量不够高的大背景之下，只允许少数优质券商开展融资融券业务，对融资融券风险控制无疑是非常有益的。尽管如此，笔者认为对券商融资融券市场准入标准仍不能过于苛刻，否则能实际获得融资融券业务资格的券商将寥寥无几。众所周知，融资融券的开展能为券商带来巨大佣金收入，如对券商融资融券市场准入标准规定过严，将会出现大量客户集中在少数券商的情形，会人为地造成券商过度分化，不利于券商之间的公平竞争，进而影响到融资融券功能的发挥以及证券市场的健康发展。此外，在相关规定中，也就仅仅净资本指标、客户交易结算资金实现第三方存管和业务的实施准备情况三个指标比较硬性，其他各项规定都显得过于空泛。

2. 投资者的市场准入

根据投资者市场准入相关规定得知，除了要求客户须具有6个月证券投资经验和只能在一家券商融资融券之外，证监会并未对客户市场准入标准作统一、具体的规定，而是赋

予了各券商自行决定的权利。这种做法会产生很大弊端：首先，会加大监管机构的监管难度。出于自身实力和不同利益的考虑，不同券商对客户市场准入具体标准必然不一致。实践中，券商很有可能将其业务集中在一部分投资群体之上，但由于无统一客户市场准入标准，监管机构很难对其合规性进行审查。其次，会导致证券市场非理性动荡。投资者市场准入制度初衷在于促使券商与具有证券投资经验、资金雄厚、信用良好客户开展业务，但不排除部分券商为短期利益而降低客户市场准入标准，一旦大量无证券投资经验的客户被允许参与融资融券，可能会产生许多非理性市场交易，进而导致证券市场非理性动荡。再次，会不合理地排除一部分客户参与融资融券。由于券商只能以自有资金和证券对客户提供授信，故市场信用规模是有限的，券商在选择客户时，一般会倾向那些资金规模较大的客户，而对中小客户设置较高门槛。最后，仅要求客户须具有6个月证券投资经验的规定缺乏全面性和客观性。融资融券要求客户具有投资经验，目的是让其具备必要的投资技巧和风险防范意识。然而，即使客户有6个月证券投资经验，也不一定会有正确的投资技巧，也并不一定对融资融券有充分的认识。

（三）融资融券标的证券资格管理制度不完善

对于融资融券标的证券的资格管理，我国作了比较硬性的要求，特别是针对股票作为标的证券的情况，更是从流通股本、流通市值、股东人数、换手率、涨跌幅、波动幅度等各个方面作了细致的规定。融资融券开展初期，对标的证券范围严格限制，对确保融资融券顺利开展及降低融资融券交易风险，无疑是非常有益的。但现行制度也存在着许多缺陷：一是现行融资融券法律法规及规范性文件缺乏对债券和证券投资基金的具体规定。虽然规定它们可以作为融资融券交易标的证券，但并未对该债券和证券投资基金作具体的规定，明显不利于对客户具体融资融券交易产生实质性的规范和指导作用。二是融资融券标的证券范围过窄，无法满足客户多样投资需求，会限制融资融券功能发挥。如上所述，对融资融券标的证券范围严格限制，其初衷是为了降低融资融券交易风险，本无可厚非。但如果融资融券标的范围过窄，当其无法满足客户多样投资需求时，必然会降低客户的投资热情。一旦客户缺乏投资热情，该项交易制度就可能陷入无人问津的境地，进而限制该项制度的功能发挥。三是将新股排除在融资融券标的证券外。笔者认为，之所以将新股排除在外，高层最大顾虑无非在于不能通过该股在一定时期内的换手率、涨跌幅、波动幅度等情况，来对其是否适合用于融资融券作出准确判断。我们认为，这种做法并不妥当，换手率、涨跌幅、波动幅度仅仅是衡量某种证券能否作为融资融券标的证券的参考性指标，而非决定性因素。我们不能以新股没有一定时期的换手率、涨跌幅、波动幅度作为参考，便以此就断然否决其适于作为标的证券的可能性。

（四）融资融券交易规模限制制度不完善

1. 证券市场总体信用额度的控制

各国或地区对其证券市场总体信用额度的控制，主要是通过设定保证金比例和限定融资融券资金或证券来源、交易方式及交易期限等来实现的。总的来讲，我国有关市场总体信用额度的控制机制，较为充分地考虑到了现阶段我国证券市场发育程度、经济制度结构特征及社会信用水平，但有关“融资融券资金或证券来源”的规定却存在着很大弊端：首先，限制了融资融券“市场联结功能”的发挥，无法有效地增加市场的流动性。融资融券制度是联结资本市场和货币市场最为重要的渠道，而且只有从外部获得资金或证券的支持，才能真正达到通过融资融券增加市场流动性的目的。如券商只能使用自有资金或证券进行融资融券，必然导致市场上可以被用来融资融券的资金或证券是十分有限的。因此，可以这样说，我国目前融资融券交易的象征意义远大于其实际意义。其次，会增加融资融券交易的负外部性，给融资融券交易监管带来难度。逐利是资本的本性，只要证券市场存在巨大的资金需要和高额利润的诱惑，资本将无孔不入。一旦大量的资本通过非法的渠道进入证券市场，反而会增加融资融券的交易风险和监管难度。

2. 证券公司信用额度的控制

各国或地区对券商信用额度的控制，主要是通过规定券商净资本额比例实现的。① 具体而言，对券商信用额度控制一般包括以下三方面：一是规定券商对所有客户融资融券总额不应超过净资本一定限度；二是规定券商在单个证券上的融资或融券额度与其净资本的比率；三是规定券商对单个客户融资或融券额度与其净资本的比率。关于券商信用额度控制机制的建立，证监会在《证券公司融资融券业务试点内部控制指引》（以下简称《控制指引》）中有明确的要求，并在《证券公司风险控制指标管理办法》中作了进一步的细化。总的来说，我国虽然构建了以净资本为核心的证券公司信用额度控制机制，但还是有待进一步完善。诸如券商对所有客户的融资融券总额不应该超过净资本的一定限度、券商在单个证券上的融资或融券额度与其净资本的比率都应当予以纳入。

3. 客户信用额度的控制

融资融券主要是通过增强客户交易能力，扩大证券市场交易量，以增加证券市场流动性，最终达到稳定市场的目的。但该目的的实现不应建立在牺牲投资者利益的基础之上。因此，各国或地区都建立了客户信用额度控制的机制，只允许具有一定风险承受及资信能力的客户开设信用账户从事信用交易，并根据客户资信状况设立了不同等级的交易限额。②证监会在《控制指引》中从券商角度对客户信用额度控制作了较详细的规定。但总的来讲，证监会的相关规定都是从原则性的角度出发，具体还需各券商予以认真贯彻。因此，不断地加深券商综合治理，将成为落实客户信用额度控制这一机制的关键。

4. 单只证券信用额度的控制

通过比较分析，无论是集中授信模式，还是分散授信模式，都未对单只股票融资融券规模作任何限制。然而，我国大陆借鉴台湾地区“双轨制”模式的经验，引入了对单只标的证券信用额度进行控制的机制。可以看出，引入该项制度初衷在于，防止投资者通过融资融券造市或操纵证券，致使大规模信用风险的发生。但笔者认为，这种规定完全没有必要。原因在于：首先，根据相关规范性文件的规定，我国融资融券交易标的证券限于一些大市值证券，且目前尚不采用大宗交易方式。因此，一般或少量的投资者很难通过融资融券来造市或操纵证券。其次，证券交易所或券商负有融资融券交易信息披露的责任或义务，只要证券交易所或券商披露的信息及时、准确，即使一些投资者意图通过融资融券造市或操纵证券，也很难达到目的。最后，我国设有证券涨跌幅限制制度，能有效防止单只

① 净资本，是指根据证券公司的业务范围和公司资产负债的流动性特点，在净资产的基础上对资产负债等项目和有关业务进行风险调整后得出的综合性风险控制指标。净资本基本计算公式为：净资本 = 净资产 - 金融资产的风险调整 - 其他资产的风险调整 - 或有负债的风险调整 -／+ 中国证监会认定或核准的其他调整项目。

② 当然，上述证券公司信用额度和净资本额比例控制的各项措施，也能达到对客户信用额度的控制。而这里，主要是从投资者自身的角度来谈对其信用额度的控制。

股票被过分融资或融券所造成的影响。

（五）融资融券保证金制度不完善

1. 担保的种类

综观世界各国或地区融资融券，一般都是通过初始保证金和维持担保金的设置，来对其融资融券交易风险进行控制。但值得注意的是，在采取集中授信模式的日本，除上述两种基本保证金类型外，还设有另外三个重要的保证金类型：一是客户为维持信用账户的最低常规保证金维持率而向券商提供的保证金；二是客户为维持信用账户中的现金比率而向券商提供的保证金；[①] 三是客户为维持特殊股票最低保证金比率而向券商提供的保证金。实践证明，日本根据融资融券交易特点设置的这三种保证金类型是行之有效的，对融资融券风险控制起着重要的作用。与其他国家或地区一样，我国对融资融券交易的担保，也设有初始保证金和维持保证金两种基本类型。但却缺乏对维持最低常规保证金维持比率、现金比率以及特殊股票最低保证金比率而设置的三种保证金类型。

2. 担保物的种类

在我国，担保物可以是现金，也可以是有价证券。现金作为一般等价物，用做融资融券担保物，并无实质性区别。而有价证券则不同，并非每种证券都适合用做担保物，且有价证券种类繁多，价值不一，随时都会出现波动。因此，各国或地区一般都对可抵充保证金证券进行了严格筛选，统一确定其可折算为现金的比率，还规定可以根据市场情况随时调整可抵充保证金证券的名单和折算率。[②] 对可抵充保证金证券及其折算率，我国相关规范性文件也都作了明确而细致的规定。

3. 担保物所有权的归属

在融资融券担保物所有权归属问题上，我国完全突破了现行《中华人民共和国担保法》（以下简称《担保法》）所构建的制度框架，创造性引入了让与担保方式。总的来讲，引进让与担保制度，不仅能保障券商债权利益得以实现，还能使得券商作为受托人对信托人所提交担保物享有占有和使用权，达到物尽其用，促进融资融券开展的目的。因此，实践中，该项制度被予以了广泛的采用。然而，通过仔细分析，不难发现我国融资融券让与担保制度设计存在着一些根本性缺陷：首先，让与担保制度的合法性问题。我国《中华人民共和国民法通则》（以下简称《民法通则》）、《担保法》及《中华人民共和国物权法》（以下简称《物权法》）等法律法规中并未对让与担保制度作明确的规定，根据物权法定原则，融资融券信托让与担保的制度设计，会因缺乏上位法的支持而使其合法性备受质疑。其次，融资融券担保物使用问题。《证券公司融资融券业务试点管理办法》第 18 条第 1 款明确规定："证券公司向客户融资，只能使用融资专用资金账户内的资金，向客户融券，只能使用融券专用证券账户内的证券。"由此可知，客户担保账户内证券和资金是不能再被券商予以融出的。这种严格禁止券商对客户提供担保物再行融出的做法，无疑与融资融券让与担保制度应该具有的功能是相违背的，那么我国也就根本没有引入融资融券让与担保制度的必要了。

---

① 所谓现金比率，是指投资者融资融券信用账户中用做担保的现金必须达到法定的最低比率。该比率的设置，其主要目的是考虑到可抵充保证金证券的担保价值不如现金高。

② 可抵充保证金证券折算率的设置，不仅可以减少因证券价格波动抵押物价值降低给证券公司带来的风险，还可以起到通过调整折算比率对融资融券交易总量进行控制的目的。

4. 融资融券担保比例

如上所述，对融资融券交易的担保，我国设有初始保证金和维持保证金两种基本类型。因此，关于初始担保金和维持担保金比例，在《上海证券交易所融资融券交易试点实施细则》和《深圳证券交易所融资融券交易试点实施细则》也都规定得比较明确和具体。总的来讲，现阶段我国对初始担保金和维持担保金比例的规定，是比较严格的。

5. 保证金追缴及强行平仓制度

保证金追缴及强行平仓制度，是指客户未能按期交足担保物或到期未偿还融资融券债务的，券商应当通知客户在一定期限内补交差额，否则券商应当根据约定采取强制平仓措施，处分客户的担保物，并可就不足部分向客户追索的机制。可以看出，该项制度的设定，是降低证券公司融资融券业务风险，促使其债权利益得以实现的重要保障。同时，还能对投资者过分的投机行为产生一定的警示作用，促使其根据自身实力和经验理性融资融券。总的来讲，我国融资融券风险控制机制对保证金的追索，强行平仓的性质、情形、时间及后果等都作了较为全面的规定，但笔者认为对于强行平仓的程序和规则，不应当完全交由各券商自行决定，证券交易所首先应当确定一个统一具体的基本标准，再交由券商与客户就强行平仓进行约定，否则容易导致法律纠纷的产生。①

三、我国融资融券交易风险控制法律制度的完善

（一）建立集中授信的融资融券交易模式

通过比较分析，我们可以发现，以美国为代表的“分散授信模式”能够充分激发融资融券参与者的积极性、发挥市场资源优化配置功能，实现效率的最大化。但这是建立在其市场结构合理、市场机制完善、财务和信用制度健全、券商综合竞争力较强，以及投资者有较强风险控制意识和风险控制能力等基础之上的。中国证券市场经过十几年探索和发展，特别是随着股权分置改革、上市公司质量提升、券商综合治理、大力发展机构投资者等一系列措施的启动，逐渐走入了市场化、规范化和国际化。但不可否认，与发达国家和地区相比，我国证券市场仍处于发展的初级阶段，市场整体规模偏小、市场机制尚不健全、法律法规体系不够完善、市场运行效率不高、券商综合竞争力较弱、投资者自律意识和风险控制能力较低，以及社会信用体系尚未建立等一系列问题依然突出。因此，我国目前尚不宜直接采用分散授信的融资融券交易模式。

我国台湾地区在借鉴美国和日本成功经验的基础上，采取了“双轨制”模式，但我们发现这同样会产生一系列问题，诸如市场成交量无限放大、市场潜在风险增大、券商综合竞争力难以提升、管理法规和管理机构的不一致，尤其是对融资融券交易风险的识别和控制变得更加复杂，导致融资融券交易成本增加。因此，鉴于中国资本市场是伴随着经济体制改革逐步发展起来的“新兴加转轨”市场，特别是现阶段在我国证券市场不够发达、社会信用环境薄弱、金融业实行“分业经营、分业监管”的基本国情之下，采取以日本为代表的“集中授

① 例如，在投资者的信用交易账户中，有多种融资融券标的证券存在的，一旦强行平仓的条件达成，对于上述证券的平仓顺序应当如何确定，不同的证券公司肯定有不同的做法，但不同的平仓顺序对投资者的利益会带来极大的影响，如果没有一个统一的标准，就极有可能导致证券公司与投资者之间法律纠纷的产生。

信”模式，设置专门的证券金融公司，由其统一向券商提供融资融券服务，显得更为实际。虽然这会在一定程度上牺牲市场效率，但却拥有分散授信无可比拟的交易风险易于识别和控制的优势。但我们同时也应当看到，集中授信模式只是证券市场在其发展初级阶段由于自律功能不完善而必须辅之以较强政府调控的暂时选择，建立过渡性专业化的证券金融公司也只是权宜之计，随着证券市场机制、法律制度等得到不断的发展和完善之后，专业化模式必将为市场化模式所最终替代。因此，我们应大力加强资本市场的发展，不断地完善证券市场各项基础性机制，以便待市场发育成熟之后，顺利地过渡到高效率的分散授信交易模式。

（二）融资融券市场准入制度的完善

1. 证券公司市场准入制度的完善

（1）适当放宽证券公司的市场准入。首先，券商作为专门从事证券经营业务的独立法人，它在投资者与市场之间发挥着无可替代的中介职能。只有大量多种类、多层次券商的存在，才能满足不同投资者多样化的需求，最终促进融资融券交易的开展。其次，由于我国融资融券必须源于券商自有资金或证券，因此，券商数量在很大程度上决定了融资融券交易开展初期的市场规模。笔者认为，虽然市场准入制度是防范和控制融资融券交易风险的重要手段，但鉴于我国证券市场起步较晚、券商整体实力不强的基本事实，我们可以将融资融券风险防范的重心转移到交易规模控制、保证金等其他制度之上，而适当放低以净资本为核心的融资融券市场准入标准，吸纳更多券商参与融资融券，以充分发挥融资融券交易的规模效应。

（2）完善证券公司市场准入的现行规定。我国券商融资融券市场准入制度不完善，主要体现在缺乏对券商退出机制的规定。券商的退出应当包括主动退出和强制退出两方面：一是主动退出。在市场经济条件下，券商不仅有权参与融资融券，也有权自由地退出融资融券市场，但关键在于监管机构应当为券商制定一套完整的退出机制，以妥善处理其退出后的各项权利义务关系。二是强制退出。监管机构应当建立券商融资融券信用评级制度，定期对券商进行审核，对不能持续维持融资融券市场准入最低标准或严重违规的券商，强制其退出。

2. 投资者市场准入制度的完善

建立在经济人理性假设基础之上的经济自由，是市场经济的首要前提和市场经济活力的源泉。然而，事实证明，如果把经济自由建立在对经济人完全理性的假设之上，由此做出的制度安排也必然存在诸多缺陷。有限理性的经济人一方面“有理智、会计算、有创造性”地追逐个人利益最大化，促进社会利益的增长，但另一方面，非理性的本性也决定了经济人必然存在着忽视他人利益和社会公共利益，追求自身利益最大化的偏好和行为倾向。[①] 因此，政府作为一个对全社会成员具有普遍管制性的组织，拥有其他经济组织所不具备的强制力，为了克服市场失灵，促进经济的发展，必须有所作为。在融资融券交易中，诸如“涉及社会公共利益的投资者市场准入规则”应当纳入其统一制定的范畴，而不应当完全交由各券商去自行制定，否则极易造成市场经济秩序的混乱。

① 李昌麒著：《寻求经济法真谛之路》，206～207页，法律出版社，2003。

（三）融资融券标的证券资格管理制度的完善

1. 建立标的证券评级制度

具体是指根据科学的指标体系，通过对与该种证券有关的诸多因素进行综合考察与分析，对证券的安全性、营利性、流动性等方面的质量作出客观公正的评价，并确定其信用等级的一种法律机制。标的证券评级制度的功能主要体现在：一是宏观层面，该制度的实施可以降低证券交易信息成本，提高证券交易透明度，并合理引导资源的流向，提高市场效率。此外，还有利于管理层监督和管理，降低市场风险，构筑安全、稳定的证券市场。二是微观层面，该制度的实施可以向投资者提供充分、真实的信息，便于投资者对其投资行为作出清晰、准确的判断，从而有效地降低投资风险。

2. 明确债券和证券投资基金作为标的证券的具体规定

我国融资融券相关规范性文件，虽然规定了债券和证券投资者基金、股票可以作为融资融券交易的标的证券，但也仅仅就股票作为融资融券标的的具体条件作了详细的规定，而对于债券和证券投资者基金作为融资融券标的的具体条件完全没有涉及。虽然自融资融券制度正式推出以来，沪深交易所还从未实际地将债券和证券投资基金作为标的，但作为一项完整的制度，债券和基金作为融资融券标的的具体条件也应当予以明确。

3. 适当放宽融资融券标的证券范围

如上所述，我国目前有关融资融券标的范围过于狭窄，根本无法满足投资者多样化的投资需求。一旦投资者正当的投资需求无法得到满足时，必然会降低投资者的投资热情。如投资者对某项交易制度缺乏足够的投资热情，那么该项制度就很有可能陷入无人问津的境地，进而会限制到该项制度基本功能的发挥。

（四）融资融券交易规模限制制度的完善

1. 建立融资融券转融通机制

在融资融券交易中，如果券商可供融出的资金或证券仅限于其自有资金或证券，将根本不能满足市场的巨大需求，会极大地限制到融资融券的开展。并且，如果券商对资金或证券的需求无法通过合法渠道予以满足，为避免陷入经营困境，很有可能进行违规操作、高风险操作，进而增加市场风险。[①] 因此，在成熟的证券市场上，大都建立了与融资融券业务相配套的转融通机制，为券商提供强大的资金或证券支持。具体而言，在我国，由于金融业一直实行“分业经营、分业监管”模式，并很有可能在未来较长一段时间内长期存在。因此，采取分散授信模式下的完全自由转融通机制会遇到很强的制度性障碍。相反，借鉴日本和韩国的经验，组建专门的证券金融公司，由其集中地进行融资融券业务，无疑是我国当前最为可行，也最具效率的一种方式。通过证券金融公司，其他金融机构可以将资金或证券贷给证券金融公司，再由证券金融公司将其融给相应的券商，这样证券金融公司作为市场上唯一的资金或证券贷放渠道，可大大简化融资的传递过程，同时也便于相关机构的监督和管理。

2. 完善证券公司信用额度控制机制

如前所述，我国构建了以净资本为核心的证券公司信用额度控制机制，但仍然有待进一步的完善，诸如券商对所有投资者的融资融券总额不应该超过其净资本的一定限度、券商在单个证券上的融资或融券额度与其净资本的比率都应当予以纳入。

---

① 巴曙松：《证券公司融资制度的制度困境及其突破》，载《中国货币市场》2003 年第 22 期。

3. 废除单只证券信用额度控制机制

首先，根据相关规定，我国融资融券标的证券仅限于一些大市值证券，且目前尚不采用大宗交易的方式。因此，一般或少量的投资者很难通过融资融券来造市或操纵证券。其次，证券交易所或券商负有融资融券交易信息披露的责任或义务，只要证券交易所或券商披露的信息及时、准确，即使一些投资者意图通过融资融券造市或操纵证券，也很难达到目的。最后，我国证券市场设有证券涨跌幅限制制度，能有效地防止单只股票被过分融资或融券所造成的影响。

（五）融资融券保证金制度的完善

1. 完善融资融券保证金和担保比例机制

一般而言，各国或地区主要是通过初始担保金和维持担保金这两种工具来对融资融券风险进行调控的。然而，在日本，还设有另外三个重要的保证金：一是投资者为维持信用账户最低常规保证金维持率而向券商提供的保证金；二是投资者为维持信用账户中现金比率而向券商提供的保证金；三是投资者为维持特殊股票最低保证金比率而向券商提供的保证金。实践证明，日本根据融资融券交易特点设置的这三种保证金类型是行之有效的，我国可以考虑借鉴采纳。

2. 从法律层面确立融资融券让与担保制度

前已述及，证监会在《证券公司融资融券业务试点管理办法》中，创设性地引入了让与担保。但该管理办法仅仅是一个规范性文件，我国法律并未明确确立让与担保制度的合法地位，这就导致了我国按让与担保模式设定的融资融券担保制度陷入了法律困境。一是利用了信托制度的具体功能却没有全部遵循信托基本原理；二是让与担保制度在我国《民法通则》和《物权法》中缺位，导致融资融券让与担保制度因缺乏上位法的支持其合法性备受质疑；三是在让与担保制度在立法上缺位的情况下，我国融资融券担保制度与现行《担保法》所确立的制度框架又是相冲突的。很显然，有关让与担保法律制度的缺位，极大地制约着我国融资融券交易的顺利开展。我们认为，市场经济制度的演进就是为了应付经济生活中的风险。① 在融资融券交易中，能否及时、有效地通过立法，为市场主体建立起合法的担保法律关系，将直接关系到融资融券担保物的安全、证券公司债权利益的能否实现，以及整个证券市场风险的防范和控制。而且，法律作为社会和经济发展的产物，也应当与市场经济的发展和实践保持高度的一致。因此，当前我国亟须借鉴境外市场的成功经验，通过立法的方式，尽快地确立让与担保法律制度在我国的合法地位，以化解我国现行融资融券担保制度的法律困境。

3. 允许证券公司使用投资者担保账户中的资金和证券

根据信托让与担保制度的基本原理和世界各国或地区的通行做法，在融资融券交易中，担保物的所有权应当移转给担保权人，以保障其债权利益的实现。但同时为了提高资源的使用效率，达到物尽其用的目的，又允许担保权人以受托人的名义，可以对信托人，即投资者所提交的担保物享有占有和使用的权利。然而，我国《证券公司融资融券业务试点管理办法》第 18 条明确规定："证券公司向客户融资，只能使用融资专用资金账户内的资金；向客户融券，只能使用融券专用证券账户内的证券。"由此可知，投资者担保账户

① ［英］约翰·希克斯著，厉以平译：《经济史理论》，71 页，商务印书馆，2009。

内的证券和资金是不能再被券商予以融出的。笔者认为，这种做法明显违背了让与担保制度的基本原理，我国融资融券相关规范性文件不应当禁止券商使用投资者信用担保账户中的资金或证券。

4. 完善融资融券强行平仓制度

（1）借鉴美国“两级阶梯式”监控模式，设置强行平仓的预警线与平仓线。我国融资融券信用交易以证券交易所规定的维持担保比例为基准，设置了一条券商有权进行强行平仓的平仓线。但我们发现，这种规定并不能充分地保护投资者的利益，并且其中关于“一定的期限”这样的规定，也具有极大的任意性，会导致监管者根本无法对券商与客户之间的约定进行合规性审查。笔者认为，为便于对融资融券交易的监控，更有效地保护投资者的权益，我国有必要借鉴美国“两级阶梯式”监管模式，即不仅仅设置一条券商可以进行强行平仓的平仓线，还应当设置一条强行平仓的预警线。一旦达到该预警线，该融资融券账户就不得再进行交易。同时，券商必须立即通知客户补交差额，使其保证金比例回到警戒线以上，获得继续交易的资格。如客户未补交差额，致使其交易账户风险继续恶化，一旦达到平仓线，券商则应当立即按约定进行强行平仓。这样，警戒线的设置不仅事先给了客户充足的时间来补交差额，以充分保护其利益，同时还能避免出现上述“一定的期限”之类规定造成的任意性，便于相关机构的监管。

（2）明确强制平仓制度的性质、顺序及后果。

首先，强行平仓的性质。学术理论界有权利说、义务说、权利义务说、权力转义务说等多种观点，且多倾向于权利说。笔者认为，虽然设置强行平仓制度的主要目的是保障券商债权利益的实现，但这并非就意味着强行平仓就是券商的权利。因为，如果将之视为一种权利的话，券商在投资者担保账户达到强行平仓线后，那么其可以选择不进行或推迟进行强行平仓，但这会给投资者带来不可挽回的机会损失。因为，根据融资融券相关法律法规的规定，券商强行平仓后，债权利益仍不能得到完全实现的，不足部分还可以向投资者追索，这明显对投资者有失公平。因此，为保护投资者的利益，强行平仓作为券商应尽的一项义务，必须在相关法律法规中予以明确。

其次，强行平仓的顺序。融资融券交易中，投资者担保账户中可能同时持有多种证券，如果券商不加以区分和选择，在其强行平仓后，很有可能立即出现平仓卖出的该类证券大幅反弹，而未被平仓卖出的证券大幅下跌，损害投资者利益，导致纠纷产生。因此，为了保护投资者利益，必须对平仓顺序作出明确规定。具体而言，笔者认为应当包括以下几方面内容：第一，如仅对一种或少数几种证券强行平仓就可达到维持保证金比例，则券商不能将全部担保证券予以平仓处理。第二，如仅对一种或少数几种证券强行平仓就可达到维持保证金比例时，投资者对账户内证券品种的强制平仓顺序应当拥有选择权，且券商必须尊重投资者的选择权。第三，上述情况下，在投资者拒绝或无法作出选择时，券商应当根据投资者账户内证券品种的风险水平由高到低的顺序进行平仓，最大限度地减少因强制平仓给投资者造成的损失。第四，证券价格在一天之内开盘与收盘间等各时段的价格差会很大，券商应当选择合适的平仓时机，尽量减少给投资者造成的损失，并同时避免大规模的证券卖出对证券市场造成剧烈的冲击与波动。

最后，强行平仓的后果。我国融资融券相关法律法规已经规定，券商进行强行平仓，在扣除融券利息支出和手续费以后须将剩余金额还给投资者，而不足部分还可向投资者追偿。但笔者认为以下两方面的问题，相关法律法规也应当尽快地予以明确：第一，如果投资者要求券商进行平仓，而券商拒绝或未能及时平仓，所导致进一步的风险损失如何承担？很明显，这与上述强行平仓性质的确定有关，如其为券商的义务，所导致风险则须由券商承担。第二，券商超量平仓所导致的损失，应当由券商予以承担。

论我国国有商业银行监事会制度*

向志勇**

目　次

近年来，银行内部的腐败问题尤其严重，国有商业银行频繁发生重大金融案件，这表明国有商业银行自身免疫力不高，内部监督机制存在着严重缺陷。银行内部监督机制的核心在于监事会，事实上国有商业银行监事会制度存在严重缺陷，未能有效发挥监督的职能。对国有商业银行监事会制度进行研究，完善监事会制度、重构监事会的监督职能，是遏制银行高管腐败行为的现实需要，更是提升国有商业银行竞争力的必要之举。

一、我国国有商业银行监事会制度的缘起

国有商业银行监事会，是指在国有商业银行公司制度环境下所建立的专职监督机构。①我国国有商业银行监事会制度是在深入研究国际公司（银行）公司治理结构的基础上，结合我国国情而采取的举措。2009 年，随着中国银行、中国建设银行、中国工商银行、中国农业银行股份制改革的完成并成功上市，四大国有商业银行也由于资本金结构的变化而成为国家绝对控股的股份制商业银行。按照现代公司治理机制的要求，四大银行均在商业银行治理层面设立了股东大会、董事会、监事会以及高级管理层，形成了决策权、监督权和执行权相互分离、同时又互相制约的“三权分立”结构。国家原来派驻国有独资商业银行

* 基金项目：教育部人文社会科学研究 2009 年度项目“法律制度与中国经济发展实证研究”（项目编号：09XJC820010）。

** 西南政法大学经济法专业硕士。

① 我国目前已经没有国有独资银行，此处国有是指国家持有的股份占银行股本总额百分之五十以上或其持有股份的比例虽然不足百分之五十，但依其持有的股份所享有的表决权已足以对股东大会的决议产生重大影响的银行。本文界定的国有商业银行指以中国工商银行、中国农业银行、中国银行、中国建设银行、交通银行为典型的国家控股的商业银行。

的“外部”监事会随之也变成了股份制商业银行的“内部”监事会，成为新的公司治理结构的一部分。

（一）国有商业银行建立监事会制度的理论依据

一项制度的建立，总有其理论基础。从现代公司监事会制度的发展历史来看，它以分权制衡理论、私法自治理论、代理成本理论等为其理论基础。正是在这些理论基础之上，公司监事会制度日趋成熟与完善，在公司治理结构中发挥着日益重要的作用。国有商业银行的组织形式为股份制公司，监事会是其必设的内部管理机构，现代公司监事会制度的理论基础同样适用于国有商业银行。

1. 代理成本理论

代理成本理论是监事会制度产生和发展的基石。[①] 西方经济学家认为，在企业所有权与经营权分离的原则下，作为企业所有者的股东，将企业经营权交给专业管理人员来掌管、执行。基于此，股东与管理人员之间形成了私法上的委托代理关系。然而，股东关心的是自己财产的安全、保值和增值，而董事、经理却有着自己的利益驱动因素。在这种情况下，决策不当、滥用权力乃至中饱私囊的行为势必引起公司及股东利益的损失，这种损失便是代理成本。为此，必须设计一个良好的机制来尽量降低代理成本。在这种背景下，公司监事会制度应运而生，大陆法系一些国家的公司立法中规定监事会制度正是为了在公司内部形成有力的监督制衡机制，防范经营者的道德风险，降低代理成本。

2. 分权制衡理论

谈及监督问题，我们自然会提起分权制衡理论的创立者孟德斯鸠，这一理论为西方国家三权分立的宪政奠定了基础。西方主要国家，尤其是大陆法系国家的公司立法继续贯彻“以权力制约权力”的思想，将公司的重大问题决策权赋予公司权力机构的股东会行使，公司的经营管理权由作为公司业务执行机构的董事会行使，公司的监督检查权由公司监督机构行使。在加强董事会权力的同时，逐步完善和强化了公司监事会的监督职能，防止董事会的经营管理人员拥权自重。有学者指出，公司制是分权制衡的国家治理模式在企业治理上的再现，是其三权分立的政治制度在经济生活中的具体运用。[②] 监督制约是公司治理的逻辑起点。国有商业银行是股份制商业银行，是金融企业，分权制衡理论更需要在其内部得到贯彻实施。

3. 系统治理理论

国有商业银行的监督有来自政府、银监会、媒体、中介等外部的监督，也有来自股东、董事会、独立董事、内部审计等内部的监督。在现实的商业银行运行中，无论是外部监管还是银行自身管理，都存在各自的优势与劣势，仅仅依靠其中的任何一方，都必然无法使银行风险得到有效控制，所以说，必须将二者进行合理的协调，以实现有效遏制银行风险的目标。[③] 内部监督有其信息上的优势，通过有效的内部监督，能够抑制代理人的机会主义行为，控制决策失误，及时察觉商业银行运营中存在的问题，在问题足够糟糕并形成巨大外部性之前主动解决，防止风险的积聚和扩散。对国有商业银行公司治理而言，更

---

① 赵旭东主编：《新公司法制度设计》，176 页，法律出版社，2006。

② 郑若山著：《公司制的异化》，34 页，北京大学出版社，2003。

③ 白波：《金融监管与商业银行内部管理协调问题探讨》，载《兰州学刊》2009 年第 3 期。

重要的是健全内部的监督机制，而监事会制度又是内部监管制度的核心，因此，建立监事会制度对于银行内部监管来说是重墨之笔。

（二）国有商业银行建立监事会制度的目的所求

1. 维护银行形象的需要

经过短短20余年的发展，我国几大国有商业银行全部跨入世界特大型银行之列，且进入世界500强企业行列。但是，国有商业银行在治理结构上存在的一系列缺陷，如所有权不明确、激励机制欠缺以及个人自利行为等。尽管银监会一再重申加强对银行的监管，但接二连三的银行事故，无疑进一步暴露了中资银行仍缺内部监管。应该承认，中国金融业近年来反腐败进展颇为可观，特别是一些像中国建设银行原董事长等声名显赫的金融高官被查处，显示了最高决策层的决心与胆识。建立公司制的监事会制度，有助于完善公司治理结构，形成规范的权力制衡机制，通过加强对金融高官的监管，遏制腐败现象，能更好地维护银行在公众心中的形象，提高公众对银行的信任，这也是银行业稳健运行的关键所在。从更高层次上来看，在中国加入世界贸易组织、加快金融市场开放时，国有银行与外资银行的竞争，并不仅仅表现为金融市场上的经营活动的竞争，治理结构方面的竞争常常更具有决定性的意义。外国银行普遍建立了适应现代企业发展的监督机制，因此，积极改进和改革国有商业银行法人治理结构，完善银行内部监督机制，应当成为当前国有商业银行改革与发展的根本出发点。

2. 提升银行绩效的举措

国有商业银行建立以内部监事会为核心的监督机制，为维护出资人权益、规范企业管理、防止国有资产流失、促进国有资产保值增值等方面提供了新契机。例如，对于在商业银行改制及上市过程中产生的国有资产流失问题，监事会制度的建立，可以以内部监督较好地配合外部监管机制，保护投资者利益。如果国有商业银行能够完善内部治理机制，建立有效的监督机构，就可以降低经营风险，在一定程度上提升国有银行的市场形象和竞争力，客观上对国有银行起到信用增级的作用，有助于国有银行顺利实现成功发行和境外上市的目标，提升银行绩效。国内学者对监事会对银行绩效所起作用基本上持肯定态度。魏华、刘金岩实证结果指出监事会功能（监事会发现和纠正董事会行为）与银行绩效正相关。① 杨大光、朱贵云对五家上市银行进行分析后认为，较为规范的公司治理结构已经建立起来，董事会和监事会基本上都下设委员会，并逐渐发挥作用，使董事会和监事会考核更具独立性和科学性。谢东标的实证分析得出，银行的监事会规模同贷款呆账准备占总资产的比例负相关，说明监事会对贷款质量产生一定的正面监督作用。②

（三）我国国有商业银行监事会的特殊功能

1. 国有商业银行监事会的特殊性

国有商业银行作为金融行业特殊的主体，其监事会必定比普通的股份制公司有着特殊之处。主要表现在：一是主体组成的特殊。一般公司监事会成员组成包括股东监事和职工监事，而在国有商业银行监事会中除股东监事和职工监事之外，至少还有2名外部监事。国有商业银行外部监事由股东提名，经股东大会选举产生，外部监事的任职还应当报中国

---

① 魏华、刘金岩：《商业银行内部治理机制及其对银行绩效的影响》，载《南开学报》2005年第1期。

② 杨大光、朱贵云：《我国上市银行公司治理现状分析》，载《财经问题研究》2005年第7期。

人民银行进行任职资格审核。二是承载的作用特殊。国有商业银行监事会对公司董事、高级管理人员进行监督，其保护的不仅仅是股东的利益，更多地是保护债权人的利益，以及更广泛地扩展到对银行利益相关者的利益保护。三是监事长地位特殊。在国有商业业银行监事会中，负责监事事务的领导称为监事长，虽然监事长的选任和罢免应当经过三分之二以上监事会成员的表决通过。但在现实中监事长通常由中组部任命，是所在行的党委成员，并担任党委副书记的职务，通常被认为是副部级干部。

2. 国有商业银行监事会监督的特殊性

国有商业银行有外部监督也有内部监督，内部监督又分为专门监督及辅助监督，国有商银行监事会作为内部专门监督机构，其监督必然表现出一定的特性：一是监督的核心性。《股份制商业银行公司治理指引》和《股份制商业银行独立董事和外部监事制度指引》明确指出监事会的核心的监督地位，赋予其全面的监督职权，商业银行的内部控制和内部稽核工作要接受监事会的监督和指导。二是监督的全局性。国有商业银行监事会在公司治理机制中处于统率监督的地位。监事会的作用在于从局部看全局，从个别看整体，从苗头看趋势，把握住重点，掌握住大局，防患于未然。三是监督的全面性。国有商业银行监事会既强化对财务活动、经营决策、风险管理、内部控制，内部稽核进行监督，又强化对董事长、董事及高级管理人员的尽职情况进行监督。四是监督的灵活性。除法律规定的监督方式之外，国有商业银行监事会也不断创新，灵活操作，采用列席会议、调阅文件、检查与调研、监督测评、访谈座谈等方式开展监督。

二、我国国有商业银行监事会制度存在的法律困境

五大国有商业银行按照相关法规的要求建立起监事会运行的细则，并在一定程度上有效地发挥了监事会的监督作用。与此同时，关于国有商业银行各种各样的腐败案件的报道依然连续不断，银行内部的腐败问题尤其严重，发生了一批典型案件。其中一个矛盾是：国有商业银行大多已经完成了公司股份制改革，建立了公司制的监事会制度，为什么银行腐败问题没有得到明显改善呢？通过对近两年发生在银行业中的腐败案件进行分析，我们了解到银行腐败滋生的根源，还是在于监事会制度不完善，存在一系列的问题，这些问题的存在给腐败留存了机会。

（一）我国国有商业银行监事会制度存在的问题

1. 监事会监督身份不独立

从国有商业银行监事会人员的身份来看，监事由股东大会和职工民主选举产生，外部监事由股东提名产生。但在大股东把持股东大会和董事会的情况下，股东监事的利益同董事会的利益是一致的，外部监事提名是非独立和内部性的，职工监事则受制于管理层，并未代表职工利益而往往与行长站在一条线上。监事会在组织上缺乏应有的独立性，不得不依大股东的代言人董事会或行长的安排。再从银行监事长身份来看。五大国有商业银行的监事长都委以党委副书记的身份，与作为被监督主体的董事长和行长、副行长一起组成党委，集中行使核心决策权。但在公司治理架构中，董事长、行长、监事长三者之间是决策、执行、监督者之间的关系，不存在领导与被领导的关系，作为监督主体的监事长，在党内的排位在董事长和行长之后，这种安排本身就对监事会有效行使监督权构成了挑战。

监事会成员特别是员工代表的身份和行政关系不能保持独立，在被监督者掌控监督者的情况下，监事对履行监督职责缺乏独立性也缺乏积极性。监事会行使监督权所必须支付的费用，在实践中受制于经营管理人员，这也严重影响了监事行使职权的独立性。

2. 监事会履职权限不明确

国有商业银行的监事会履行监督的职权非常有限。监事会的权力内容残缺不全，法律已经赋予监事会的权力无实质性的内容，只是停留在纸上的权力，而且似乎更多是对其职责、义务的要求，缺乏权利（权力）的含义。监事会享有的职权也缺乏制度上的保障，如监事会和经营管理层的信息不对称，监事会所得到的信息只能出自于经营管理层，甚至是经过筛选后的信息，甚至于根本不提供经营信息，监事也就无法有效地监督。[①] 在实践中，公司的经营信息完全掌握在董事会和经理人员手中，监事会得到的信息都是经营管理层提供的，其真实性、准确性和时效性都受到限制。从目前现有的各股份制商业银行的监事会的工作来看，主要还是对银行的各项财务报表以及会计师事务所的审计报告进行审核，这还远远达不到各行“监事会议事规则”和“指引”中对监事会的要求，如“监督董事会、高级管理层履行职责的情况”、“对董事和高级管理层成员进行离任审计”、“对商业银行的经营决策、风险管理和内部控制等进行审计并指导商业银行内部稽核部门工作”等。[②] 此外，银行最易出问题的地方还在经营决策和业务执行上，而监事会不参与重大决策过程，信息不对称，就更难有作为。

3. 监事会考核机制不到位

根据《中华人民共和国公司法》（以下简称《公司法》）的规定，公司监事的报酬由股东大会确定。但从实际情况来看，监事的任免考核基本没有脱离传统的企业干部管理的做法，相当数量的监事具有公司雇员和公司监事的双重身份，其被考核的绩效和薪酬的依据是在公司内部作为雇员的那份工作，而不是公司所有者委托其从事的监督工作。这样一来，监事在任免、考核、收入各方面都缺乏独立性，在被监督者掌控着监督者的情况下，监事对履行监督职责缺乏积极性。对监事缺乏必要的激励机制和相应的约束机制大大削减了监事工作的积极性。一方面，国有商业银行普遍缺乏一种对监事业绩的评估体系，更没有一种对监事监督权的激励措施，监事的“监”与“不监”并无多大区别，监事的奖酬大幅度地低于管理层，监事自然没有工作积极性。另一方面，国有商业银行对监事怠于行使职责的法律责任缺乏基本规定，在约束机制不健全的前提下，监事自然消极怠工，有的监事甚至与行长层同流合污、沆瀣一气，从事不正当交易以牟取私利，却很少受到法律责任的追究，这多少从反面削减了监事们监督工作的积极性。

4. 监事会主体构成不合理

在国有商业银行的法人治理结构中，监事会应有着重要的地位。相关法规规定国有商业银行监事会应当由职工代表出任的监事、股东大会选举的外部监事和其他监事组成，其中外部监事的人数不得少于两名。在人事安排上，通常认为监事会一般是安排提拔无望、又具有一定资历和级别干部的重要渠道。而且，监事会成员主要来自银行内部，与公司高级管理人员原本就有一种上下级关系，由身为雇员的监事对抗领导显然是不现实的。本文

---

① 李燕兵：《股份有限公司监事会制度之比较研究》，载《国际商法论丛》第二卷，法律出版社，2000。

② 邹亚明、杨立安：《国有控股商业银行监督权配置问题研究》，载《海南金融》2005 年第 6 期。

认为，除了股东代表，银行职工代表和外部监事，监事会中还应该有政府监管机构代表。国有商业银行拥有众多的利益相关者：政府、所有者、债权人、借款人、社区等。加上商业银行对社会经济的广泛影响，使得商业银行公司治理远远超出了股东治理的范畴，因此我国国有商业银行的公司治理还应考虑利益相关者理论。① 国有商业银行比一般公司更接近社会机构而不是私人合约的产物，决定着其公司治理应更多关注全体利益相关者的利益，而不能仅仅局限于股东本身。代表广大银行利益相关者的最合适人选就是政府监管机构代表。现行的国有商业银行监事会成员中缺乏政府监管机构的代表，就不能最有效地提升监事会的监督力量。

（二）我国国有商业银行监事会低效运行的根源

在进行了上述讨论之后，我们不禁要问，是什么导致了国有商业银行监事会在现实行权过程中的尴尬地位？为什么一个有职有权的机构沦为现实中的摆设？为什么一项法定制度在实践中流于形式？究其原因，国有商业银行监事会制度功能的发挥在我国存在着许多障碍，这种障碍出现的原因是多方面的，不仅仅是操作层面的问题，还有法律传统、制度设计以及产权结构等深层次的原因。

1. 国家控股特性的制约

几大国有商业银行中的国家控股比例，中国工商银行占70.66%、中国建设银行占61.49%、中国银行为67.49%，交通银行、中国农业银行也占绝大多数，一股独大的问题显而易见。毫无疑问，在中国公司治理实践中，代理问题和代理成本都客观存在。然而，值得我们关注的是，由于“国控商行”的特殊性，却使这里的委托代理关系以及代理问题和代理成本表现得异常特殊和复杂。② 目前，国有商业银行在公司治理实践中，都已按《公司法》的要求成立了董事会，但在这些董事中，绝大多数都有政府背景，绝大多数董事由财政部、汇金公司派出。代理人中绝大多数人都是中组部管理的干部，而且都是中央政府这个超大股东的代表。按公司治理理论来看，行长班子应是董事会聘任负责国有商业银行经营活动的高级管理人员。查看几大行长任职信息，几乎也没有一位是从经理人市场上选聘的，实行的也是中组部管理任命的制度安排。国有商业银行两个层面的代理人定位模糊、角色错位、权责不清，公司治理机制“形似神非”，制衡机制更低效运行，监事会无法抗衡背景巨大的董事会与经理层人员。在既有的监事会制度结构安排下，由于对我国现有股份制商业银行的控股股东的产权代表缺乏完善的激励约束机制，其监事会制度出现严重缺陷是不可避免的。③

2. 对监事会重要性认识不够

目前，我国虽然已基本建立了适应社会主义市场经济需要的法律体系，但人们的观念还受残留的原体制、原观念的影响，公司监事会制度存在的理论依据和价值功能尚未被广泛接受和认可。一方面，“三权分立”、“分权制衡”被作为一种资本主义国家的政治产物，在社会主义的中国长期受到批判，公司监事会制度虽然被《公司法》以立法的形式确

---

① 姜宝军：《利益相关者董事会、外部监事会——国有商业银行公司治理的现实选择》，载《西北工业大学学报（社会科学版）》2006年第3期。

② 张士学：《中国国有控股商业银行公司治理面临的独特问题与出路》，载《中国农业银行武汉培训学院学报》2008年第2期。

③ 邹亚明、陆畅：《论完善我国国有控股商业银行监事会制度》，载《海南金融》2005年第6期。

认，但仍有不少人思想僵化、因循守旧，本能地排斥监事会制度在公司法人治理结构中的适用。另一方面，在实践中，监事会制度的价值功能还不能被人们深刻地认识。监事会的工作常受到不少人的排斥和抵制，有人甚至监事会成员自认为监事会是一个可有可无的机构。这些消极的公司监事会意识自然而然也存在于国有商业银行之中。许多银行高层人员对内部制衡的认识和理解也不够全面充分，重发展、轻管理，忽视监督管理。监事会制度作为分权制衡的产物，其存在的理论依据和价值功效尚未被广泛接受和认可，这些思想和观念妨碍了监事会监督工作的正常开展，制约了国有商业银行监事会作用的发挥。

3. 监事会开展工作缺乏足够的法律依据

长期以来，我国公司法对监事会的规定较简单，监事会职权规定缺乏实质性内容，法律法规也没有明确监事会行使权力的程序和手段，监事会开展工作缺乏足够的法律依据。我国现行法律法规中对国有商业银行监事会制度进行规范的法规只有《公司法》、《中华人民共和国商业银行法》、《股份制商业银行公司治理指引》、《股份制商业银行独立董事和外部监事制度指引》、《国有商业银行公司治理及相关监管指引》。而《公司法》对股份有限公司监事会的职权规定没有专条论述，而是适用有限责任公司监事会的规定。立法规定简单和抽象，缺乏可操作性，且没有规定监事会或监事如何去行使职权并给予保障。其他法规对国有商业银行监事会的规定也只是参考《公司法》中对监事会的规定，只作出一些原则性的规定，对监事或监事会的职权作出比较简单的规定，并没有对监事会行使职权的保障性制度作出安排。国有商业银行监事会开展工作缺乏足够的强有力的法律支持，因此也就缺乏监督的严肃性、权威性和效力性。

本文认为，国有商业银行监事会人事上的被制约使其不敢监督，作用上的被制约使其不能监督，财务上的被制约使其不愿监督等，正是这些埋植于我国国有商业银行监督机制里的这些特有的缺陷，构成了监事会低效运行的根源。

三、我国国有商业银行监事会制度运行机制的重构

（一）重构国有商业银行监事会制度应遵循的原则

监事会设置的目的是对董事和经营管理层的权力进行有效的制衡和监督，保护利益相关者的权益，监事会制度的设计应能从制度上保证监事会目的和功能的实现。一项制度的设计必然有其遵循的原则，在对国有商业银行监事会制度进行设计时，也必须有基本原则的指导，并且银行监事会制度要体现出基本原则的指导精神。

1. 独立性原则

独立性原则，是指从制度上保证监事会完全独立于业务执行者，使监事会能站在客观、独立、公正的立场对业务执行者进行监督。监事会的独立性对监事会是否能有效履行监督职能起到生死攸关的作用。我国的监事会之所以形同虚设很大程度上是由于监事会缺乏独立性。[①] 独立性是监事会制度的灵魂，保持自身的独立性是监事会有效履行职权的根本前提。本文认为国有商业银行监事会的制度设计应从以下几个方面保证监事会的独立性：（1）从人员组成上保证监事会的独立性。（2）从职权上保证监事会的独立性。

① 常健、饶常村：《完善我国公司监事会制度的法律思考》，载《上海社会科学院学术季刊》2001 年第 3 期。

(3) 从监事会的运作上保证监事会的独立性。(4) 从监事的义务责任上促使监事会不得不维护自己的独立性。

2. 全面监督原则

全面监督原则，是指国有商业银行监事会对业务执行者不仅进行事后的监督，而且包括事前、事中的监督。事前监督与事中监督对于国有商业银行是至关重要的。由于事后监督多是在问题已经暴露，甚至后果已经发生的情况下才开始实施，往往带来一些事后补救的困难。从监督的过程来说，只有进行事前、事中、事后全程监督，才能使监事会有效地履行职权。将事前监督的防范性与事中监督的随治性还有事后监督的纠正性有效性结合起来，筑就事前监督、事中监督与事后监督密切配合的监督防线，才能达到国有商业银行监督的良好效果。

3. 财务监督与业务监督统一原则

我国《公司法》第54条明确规定了监事“检查公司财务”，财务监督是监事会进行监督的主要方式目标。同时《公司法》第54条明确规定监事“对董事、高级管理人员执行公司职务的行为进行监督”，而对董事、高级管理人员的职务行为进行监督正是公司业务监督的内容体现。财务与业务是相辅相成、不可分割的关系，而银行的业务更是与财务紧密相连，这就进一步强烈要求监事会多多关注董事和高管人员的业务行为。但是，对于业务监督，则应把握一个合理的度。不能陷入对生产经营具体行为的关注中，因为这样做，不仅监事会本身的知识和精力达不到，而且会对经营者的行为形成不恰当的干预。①

（二）重构国有商业银行监事会制度的制度环境

良好的公司治理机制需要有良好的公司监督环境来支持，国有商业银行法人治理不能单纯从银行内部简单的股东利益群体出发，而且仅靠内部实现变革是不够的，需要为商业银行监事会制度运行构建良好的外部环境和条件。

1. 加强理论研究

国有商业银行是重要的金融机构，在金融业中起到支柱的作用，但是国有商业银行监事会制度却并没有引起理论界的重视。目前，在国内的各种期刊、会议摘要、论文库中还检索不到系统研究国有商业银行监事会的相关文章，更是缺乏相关的专著。即使有几篇相关的论文，也只是触及比较肤浅的现象层次。理论研究的匮乏，会不可避免地影响到国有商业银行监事会制度的完善以及监督效能的发挥。因而，必须重视和加强对国有商业银行监事会的理论研究，为国有商业银行监事会制度的改革提供理论支持，重塑监事会的权力制衡作用。

2. 完善立法体系

我国公司法对监事会的规定较简单，监事会职权规定缺乏实质性内容。国有商业银行监事会制度更是缺乏严密的法律规制，虽然银监会给出一些指导性的规定，但是这些规定缺乏针对性，而且效力层次较低，不足以给国有商业银行监事会提供足够的制度保障。强有力的制度保障需要从法律、行政法规、部门规章等几个层次来提供。本身国有商业银行监事会制度就是一个边缘化了的制度安排，完善国有商业银行监事会制度则更应该加强立法建设，为监事会监督职能的发挥提供真正强有力的制度保障。

① 郑绍祖：《监事会要处理好五个关系》，载《山西经济管理干部学院学报》2007年第2期。

3. 培养制衡意识

由于公司制度在我国起步较晚，公司治理机制也才刚刚引入，公司治理文化还远未形成，公司内部制衡意识在我国还比较淡薄。因此，完善国有商业银行公司治理结构除了要搞好制度建设外，还应积极创建和培育一种与国有商业银行公司治理结构相适应的良好的公司治理文化。[①] 在国有商业银行中大力普及公司治理常识，引导各个层面的代理人加强法制观念和诚信观念，逐步养成权力监督的良好意识。这是培育具有中国"国控商行"特色的公司治理文化，有效解决代理问题和代理成本以及内部人控制问题，提高公司治理绩效，尽快实现公司治理由"形似神非"向"形神兼具"转变的关键。[②]

（三）完善国有商业银行监事会制度需要处理好的几种关系

国有商业银行监事会作为银行内部机构的一分子，在履行职责时必定与银行其他内部机构发生这样或那样的牵制，与其他内部机构关系协调得如何直接影响着监事会制度运行的好坏。所以，协调好监事会与银行其他机构的关系、保证银行的整体利益也是监事会制度设计要考虑的因素。

1. 监事会与股东会的关系

股东大会是国有商业银行的权力机构，监事会是国有商业银行的监督机构，对股东大会负责，监事会中除了职工监事外，外部监事和其他监事都由股东大会选举产生。股东大会审议批准监事会报告及监事会成员的报酬和支付方法。监事会则要向股东大会报告工作，具有向股东大会提案的权力。监事会可以向董事会提议召开临时股东大会，在董事会不履行公司法定的召集和主持股东大会的情况下，监事会可以自行召集临时股东大会。监事会向股东大会报告工作是履行监督职责的方式之一。对监事会日常监督工作中发现的银行董事会、高级管理层工作中存在违规、违法的问题，监事会可采用多种方式及时向董事会、高级管理层进行提示和提出建议。只有在监事会向银行董事会、高级管理层提示存在重大问题和建议不被采纳或采纳后没有得到改进，监事会认为在确有必要的情况下可酌情向股东大会提出监事会报告进行反映，提请股东大会进行审议和决定。[③]

2. 监事会与董事和高级管理人员的关系

董事会是国有商业银行的经营管理机构，而监事会是银行的监督机构，二者均由股东大会产生并向股东大会负责。监事会在股东大会休会期间代表国有商业银行行使监督权，监督董事会及高管的公司业务执行情况。监事会与董事会虽都是银行内部治理机构，但两者处于依赖关系基础上的权力分配和与制约关系，一方面两者处于权力制衡的关系，另一方面两者又必须紧密配合才能更好地开展工作。监事会发挥监督职能是以维护国有商业银行利益，从根本上是以维护股东利益为最终目的的。在具体监督工作中，监事会监督的重点要放在董事会成员和高级管理人员的行为、董事会和高级管理层的重大决策、银行财务管理、银行内控体系和制度、银行信息披露等方面。[④] 监事在日常监督工作中，应该通过

① 武汉市城市金融学会课题组：《国有商业银行公司治理结构的特殊性及其改革》，载《金融论坛》2004 年第 3 期。

② 张士学：《中国国有控股商业银行公司治理面临的独特问题与出路》，载《中国农业银行武汉培训学院学报》2008 年第 2 期。

③ 王学强：《完善我国国有商业银行监事会制度的思考》，载《国际金融研究》2008 年第 3 期。

④ 王学强：《完善我国国有商业银行监事会制度的思考》，载《国际金融研究》2008 年第 3 期。

持续地参加董事会、各专门委员会和银行管理层的有关会议，以及监事认为应该参加的其他会议，来对发现的相关疑点进行质询、调查和检查。

3. 监事会与独立董事的关系

2001 年 8 月 16 日证监会发布《关于在上市公司建立独立董事制度的指导意见》标志着我国独立董事制度的引进。2002 年 5 月 23 日中国人民银行发布了《股份制商业银行独立董事和外部监事制度指引》，确立了商业银行独立董事和监事会并存的状况。两个主体都有监督的功能，在监事会制度下，银行监事会对董事、经理及其他高级管理人员的监督主要是合法性监督，在内容上主要是财务监督，在时间上往往是事后监督，因为监事不参与公司经营活动，监事会的监督是补救性监督。相比之下，独立董事监督更倾向于合理性监督，从经营管理的角度去评价判断公司的经营决策行为是否可行和合理，在内容上主要是业务监督，审议执行董事及其他“内部人”的业务活动是否合理，在时间上往往是事前或事中监督，董事会作出的关于银行经营管理的决议需经独立董事同意，独立董事通过发表独立意见，监控董事会做出经营决策行为的合理性。独立董事的事前监督及合理性监督可以防患于未然，而监事会的事后监督及合法性监督可以及时弥补因经营决策不当而造成的失误，二者之间在现实操作中实际上形成了互补的关系。

4. 监事会与稽核、监察部门的关系

监事会是国有商业银行法人治理结构中的最高监督部门，而银行内部的稽核、监察部门也是监督检查的职能部门。监事会、稽核、监察三个部门之间相互独立，互不隶属，但在工作的过程中容易产生重叠和交叉问题。为了协调各方面力量，充分发挥国有商业银行内部监督体系的整体合力，各监督部门开展检查工作时需要进行必要的沟通和协调，做到资源共享，尽量避免几个监督主体同时对一个项目、一个部门进行重复性检查。比如，在制订检查计划阶段，各部门先要进行沟通，监事会应主动了解稽核、监察部门工作计划情况；在稽核、监察部门开展检查工作过程中，监事会可以参与和了解检查工作；稽核、监察部门检查工作结束后，稽核、监察部门应无保留地向监事会提供相关资料。监事会可以独立开展检查工作，也可以在稽核、监察部门开展检查工作的基础上进一步开展检查，监事会开展检查工作应该可以借用稽核、监察部门的人员和力量。通过各部门间的相互协调和独立运作，充分发挥银行监督体系内部监事会与有关部门之间的互补性，形成监督合力，提高监督效力。①

四、完善我国国有商业银行监事会制度的法律对策

通过对国有商业银行监事会制度的分析，本文认为，在建立完善国有商业银行治理结构时，可以从强化监事会的职权，赋予监事会行使职权的有效手段、对监事会行使职权给予保障等方面来完善监事会制度。

（一）优化国有商业银行股权结构

虽然国有控股商业银行目前构建的公司治理机制，已经部分解决了国有独资商业银行的所有权安排问题，但这里的关键是，要实现这个战略和利益预期，就需要对国有商业银

① 王学强：《完善我国国有商业银行监事会制度的思考》，载《国际金融研究》2008 年第 3 期。

行的产权结构做出最优安排，建立所有权的最优结构。本文认为，应当继续推进股权结构改革与调整，把财产所有权合理安排给那些拥有专用性资产和专有性资产的人，逐步解决国有股“一股独大”的问题。如果考虑到金融安全问题，中央政府可在保证51%的持股比例的前提下，再转让一部分股权给战略投资者，同时，还可以在中国A股市场上公司治理成效显著和成长性较好的“精英型”民营企业、股份制企业中，寻找和引进一批合格的战略投资者，以促使“国控商行”真正形成科学、合理的股权结构。在对股权结构进行改革与调整的同时，探索改革“国控商行”干部管理体制，扩大代理人选择范围，逐步实现代理人的非市场选择为市场选择，提高“国控商行”代理人选择的市场化程度和竞争性，逐步使代理人成为真正的代理人，并真正能够为决策后果负责。同时，按《公司法》的要求和新的股权结构，对董事会以及董事会下属的各种专业委员会做出重新安排，以为“国控商行”公司治理机制的健康运行奠定基础。①

（二）确立监事会独立性的地位

独立性是公司监事制度的灵魂，保持自身的独立性是监事会有效履行监督权的根本前提。② 监事会能否顺利有效地履行监督职能，在很大程度上取决于它是否具有独立的法律地位，能否保持自身的独立性。要强化国有商业银行监事会的独立性，本文认为，应从以下几个方面保证监事会的独立监督地位：第一，要实现监事会组成人员的独立，切断董事会利用人事权对监事会的控制。要改变目前由组织部任命总行董事长、行长、监事长等高层管理人员的现状，应该采用纯粹市场化的用人机制；还应将董事长和党委书记分设，将银行的决策权还于董事会，避免多头决策带来的矛盾。第二，要确保监事会职权的独立，防止董事会利用最终决定权对监事会进行控制。《公司法》应明确规定监事会如何检查公司财务，监事会对董事、经理损害公司利益的行为不仅可以要求其纠正，而且有权要求赔偿，以及在董事会会议中列席并陈述监督意见等。第三，要确保监事会经费的独立，避免董事会利用财权对监事会的控制。监事会是公司常设机关，有权取得必要的经费，公司应当从其预算中支付一定比例的财产，交由监事会独立支配，这就为监事会行使职权提供了经济保障。③

（三）赋予监事会实质性的监督权力

国有商业银行监事会监督职能的发挥不但取决于它是否拥有权力，还取决于行使权力有无实质性的程序保障。保障监事会行使职权应强化监督权并从程序上保障其权利的实现。第一，要赋予监事会信息获得权。信息是现代经营活动的核心资源，是对经营行为进行充分评价的重要依据。④ 因此，必须保证监事会能独立获取监督所必要的信息，监事会应当可以随时要求董事、行长及其他高级管理人员提供营业报告。第二，赋予监事会经营决策和执行的参与权。监事会要真正发挥监督职能，必须参与到银行经营决策和执行的过程中。只有参与银行经营决策和执行的过程，才能使监督者获得经营决策与执行情况的第一手资料，赋予监事会的参与权，并不是赋予其对银行经营决策和执行的干预权，参与只

① 张士学：《中国国有控股商业银行公司治理面临的独特问题与出路》，载《中国农业银行武汉培训学院学报》2008年第2期。

② 李雨龙、朱晓磊著：《公司治理法律实务》，193页，法律出版社，2006。

③ 曹艳芝、尹涛：《论我国监事会职能实现的障碍及其消除》，载《河北法学》2004年第1期。

④ ［美］理查德·T. 德·乔治著，李布译：《经济伦理学》，361页，北京大学出版社，2002。

是为了更好地创造条件进行监督，使银行的经营决策与执行具有可控制性。第三，增设监事会的监督业务机构。目前，各家银行的审计委员会均设在董事会之下，就必然导致机构设置的重叠和日后工作的重复，造成资源浪费，所以可以考虑将董事会之下的审计委员会与监事会下的审计委员会合二为一，设在监事会之下。而且应让外部监事在监事会中占绝大多数，且审计委员会全部由外部监事组成。这样一来，不仅提高了监事会的地位，也提高了监事会财务监督的效率。

（四）引入战略投资者委派监事制度①

国有商业银行监督问题上，不仅要关注监督的效率，还要注意监督权配置的方式。对于国有商业银行来说，监督权的配置权一般被配置给了股东，可是，由于现代国有商业银行的股东不止一个，这样就出现了这样一个问题：如何在股东之间分配监督权的配置权？西方国家现代商业银行目前处理这一问题的规则是根据每个股东所持股份的多少来对监督权的配置权进行分配。然而这一制度却并不适合于我国国有股份制商业银行。在通常的监事会制度下，虽然作为股东的战略投资者也有提名监事的权利，但是，在我国国有控股商业银行中，如果国有股权代表对战略投资者提名的监事不满意，则战略投资者提名的监事将不能进入国有控股商业银行的监事会。本文认为，对于监督权的配置权，并不一定要根据股东所持股份多少来进行分配，对于我国的国有控股商业银行来说，国家可以将监督权的配置权分配给国有控股商业银行中的战略投资者，战略投资者无须征得国有股东代表的同意即可向国有控股商业银行委派监事。在战略投资者委派监事的制度下，战略投资者委派的监事只对战略投资者负责，国有控股商业银行的大股东无权解聘他们，这样，监事不会有后顾之忧，就有充分的条件来履行他们的职责，监事会制度也因此而得以完善。

（五）重构外派监事制度

国有商业银行债权资本数量大大高于股权资本数量，国有商业银行最重要的利益相关者就是银行债权人，为确保债权人的利益，在监事会成员中，除了股东代表（股东监事）和职工代表外，有必要让债权人代表进入监事会。但是，债权人通常是分散的小经济主体，缺乏组织管理和专业监督能力，因此，这些分散的主体将其自己的监督权委托给某种特定的国家行政机构行使应该是一种有效的制度安排。将更多的监督权配置给政府部门，这是由股份制商业银行的要素投入主体结构的特殊性所决定的。② 而至于将监督权委托给哪个行政机构的问题，可以考虑从以维护银行业的稳健为己任的银行业监督管理委员会及其派出机构中选派人员进入监事会，以更好地维护包括整个社会公众在内的所有利益相关者的利益，尤其是当某银行成为潜在的问题银行的时候。③ 如此一来，一方面可以有效解决银行债权人委托监督的问题，另一方面银监会派出的监事进入国有商业银行监事会，提高了监事的地位，有利于监督行为的展开，并有利于内部监督与外部监督的相互配合。

（六）创新监事会的监督方式

在监督方式方面，多种监督方式的引入和综合运用，有助于扩展监督工作的深度和广

① 参见邹亚明、陆畅：《国有控股商业银行战略投资者委派监事制：基于国情的制度创新》，载《上海金融》2005年第10期。

② 李维安等著：《现代公司治理研究——资本结构、公司治理和国有企业股份制改造》，55页，中国人民大学出版社，2003。

③ 龚锋：《商业银行公司治理的特殊性与我国商业银行公司治理的改善》，载《贵州社会科学》2007年第8期。

度。因此，国有商业银行要创新监事会的监督方式。第一，要充分利用外部审计和内部审计成果。审计是监事会开展工作的必要前提和基础。为克服监事会人员少、工作时间和精力非常有限等不利因素，监事会在开展监督工作中，有必要充分借助外部审计和内部审计力量，综合利用外部和内部审计成果。① 第二，监事会的约谈制度也是一个有益的创新。监事会以约谈的方式进行监督，减轻了监督行为的尖锐性，能够得到董事及高级高管理人员的积极配合。第三，监事会要充分利用会议监督方式。监事会的会议监督方式主要包括两个方面：一是通过召开监事会会议对相关事务进行讨论提出质询或者纠正建议；二是列席董事会和经营管理层会议有针对性地开展专项检查。第四，监事会要深入开展调研活动。没有调查就没有发言权。调研应该作为股份制商业银行监事会一种履行监督职责的方式。监事会既要及时审阅各类经营管理信息材料，了解银行的总体经营管理情况，也要深入到基层分支行，实地调查和了解基层分支行的经营管理情况，从而深入和全面地掌握银行经营管理状况，揭示银行经营管理中存在的问题，将监事会的监督作用落到实处。

（七）建立监事会的业绩考评机制

国有商业监事会职权的有效行使，除与法律和公司章程中对监事会职权的规定有关之外，还与监事是否忠诚履行其职责有关。为了鼓励监事更好地行使监督职权，就要设计有效的激励和约束机制。在激励机制方面，可考虑给予监事足够丰厚的薪酬并且监事的报酬与国有商业银行的经营状况无关，只与工作表现相关。监事的报酬应建立在他对公司信息的了解掌握挖掘程度、评价判断公司经营管理行为和效果的能力及履行职责的时间和精力之上。而常年出色完成监事工作的除授以高薪还可以授予荣誉称号，因为监事一职对信誉要求非常高，所以精神奖励对于效用增加的贡献不可忽略。② 在约束机制方面，要进一步强化监事的义务和责任。对监事责任的设定要明确并且细致，做到增权与扩责同步。应该规定，监事会怠于履行监督职责，给公司造成损失的监事应对公司承担连带赔偿责任。对于不能按时参加监事会会议，工作懈怠，没能及时发现问题导致经营失误造成损失的监事，应接受与损失相应的经济处罚、解聘、法律制裁等。

① 杜征征、程六满：《商业银行监事会的财务监督功能》，载《财会研究》2007 年第 3 期。

② 黄卫华、宾建成：《加强商业银行内部监管推动我国银行业发展》，载《理论探讨》2003 年第 6 期。

金融消费者保护的域外考察与启示

——以后危机时代为背景

刘中杰*

目　　次

一、前言

自20世纪60年代始，金融消费者保护便逐渐进入各国立法者的视界，然而尚未真正深入至金融法律制度的理论研究、理念指导、体制设计和监管实践中。由于金融消费者保护不足，2007年美国爆发次贷危机，并在随后迅速恶化为1929年以来最严重的全球金融危机，大批金融机构倒闭，大量民众失业甚至濒临破产。后危机时代，金融危机的影响尚未消除，全球经济在动荡中触发各种既有缺陷抑或潜在风险，亦出现经济缓慢复苏的趋势。金融立法者经过反思，逐渐认识到传统理念与制度的局限，强化金融消费者保护成为一致选择。

金融服务的无形性、专业性、高流动性和高风险性等特点，造成金融市场交易中消费者与经营者双方地位的失衡较之传统交易中更为严重，亟须法律予以倾斜性保护。金融服务的前述特征也使得金融市场中的自由竞争异常激烈。同时，由于金融市场能否稳健运行直接关系国家宏观经济安全和经济主权，此领域政府干预强度更大，干预程度更高，干预范围更广。因此，在金融消费者保护法律制度中，政府干预与市场自治的冲突与平衡尤为突出。政治是重要的，法律是重要的，社会、文化传统及其他制度遗产也是重要的——是这些因素造成了现实中金融法变革的“路径依赖”。立法者仅有勇气是不够的，他必须对

* 西南政法大学经济法学博士研究生。

这些约束条件有足够的眼力，并适时地根据具体情势做出立法和相关政策调整，[①] 找到与本国政治、经济体制和金融市场发展水平相匹配的监管体制。因此，基于政府干预程度的不同，各国的金融消费者保护在模式、手段、机制上各有特色。

二、危机前金融消费者保护的域外考察

传统金融法律制度定位于“经营者主权”。随着消费者保护运动的影响逐渐扩大，“消费者主权”逐渐进入金融立法者的理念和立法设计。[②] 典型表现便是20世纪六七十年代美国的一系列金融立法，如《公平信贷机会》、《公平信贷报告法》、《诚实信贷法》、《金融隐私权法》、《住宅贷款信息披露法》等，之后其他各国随着金融混业经营趋势增强而逐渐开始效仿，对当代金融法律制度影响深远。

（一）美国

美国一度被誉为金融消费者保护最为健全的国家[③]，其联邦和州在不同层面都存在着大量相关立法和实践，这一点不能因金融危机的发生便加以否认。但与他国相比最“发达”，不等于符合本国国情因而最“完善”。危机前美国的金融消费者保护特点如下：

第一，政府最少干预是其主要指导理念。美国金融消费者保护法律制度主要定位为确保消费信贷机会公平，信息披露公开，程序透明，防止在信贷发放、催收和报告过程中滥用权力[④]等，意图实现政府的最小干预程度，而未更多虑及金融消费者更为薄弱的信息能力和资本实力。[⑤] 随着金融混业程度的上升，金融创新产品大量出现，这种制度设计日显松散和落后。例如，保障金融消费者信贷公平是实质公平理念的必然要求，然而美国大量采取降低信贷申请资质，也即统一降低市场准入门槛的方式来确保消费者可获得信贷的充分性，这种制度设计使得贷款人信用资质低劣化，在激励金融机构提供住房信贷的同时催生大量不良贷款。该做法貌为追求充分信贷而保护过度，实为保护缺失。

第二，金融消费者保护立法分散化。美国金融消费者保护立法中较为重要的基础性法律主要集中于两个时期：20世纪70年代与90年代前后，也即消费者运动勃兴时期和由分业经营向混业经营转变的时期，前者的代表性立法，如1968年《消费者信贷保护法》(Consumer Credit Protection Act)、1975年《公平信贷机会法》（Equal Credit Opportunity Act)、1976年《消费者租赁法案》　（Consumer Act)、1977年《社区再投资法案》(Community Reinvestment Act）等，规定金融服务交易的强制性信息披露，要求金融消费

---

① 参见张建伟：《法与金融学：寻求金融法变革的理论基础》，载《金融法路径》，北京大学出版社，2004。

② 王靖琳：《金融消费者保护职能及我国金融监管制度的完善》，载《福建金融》2006年第3期。

③ 马桂花：《保护消费者是解决危机的核心——访国际消费者联合会副会长比耶内·彼得森》，载《环球》2009年第5期。

④ ［美］肯尼斯·斯彭著，中国银行业监督管理委员会译：《美国银行监管制度》，136页，复旦大学出版社，2008。

⑤ 例如，最晚近的一份法律文件是几个联邦监管机构联合发布的“次级抵押贷款说明”。尽管这些法律重点是在关注次级贷款，但却只适用于利率或费用较高的那部分贷款，因此贷款人完全可以通过将利率或费用分解以规避法律的约束。即使是适用的部分，贷款人和经纪人也经常只是进行了所谓的披露，但借款人却根本无法理解披露的内容。Rayth T. Myers, Foreclosing on the Subprime Loan Crisis Why Current Reulations Are Flawed and What Is Needed to Stop Another Crisis from Occurring, 87 Or. L. Rev, 311, 2008.

者（如银行消费者）获得平等对待，并建立了一套解决有关金融消费者最终争端的程序，同时明确储蓄机构有责任服务于社区信贷，提供激励机制促进储蓄机构积极为当地经济发展提供稳健谨慎的贷款支持。后者的代表性立法，如 1987 年《银行公平竞争法》（Competitive Equality Banking Act）、1990 年《住房抵押披露法》（Home Mortgage Disclosure Act）、1999 年《金融服务现代化法》（Financial Services Modernization Act）等，对隐私权、ATM 业务、证券投资、社区再投资、保险营销等方面的消费者保护作出大量规定，同时允许商业银行以金融控股公司形式从事包括证券和保险业务在内的金融服务，实行混业经营，彻底结束 1933 年《格拉斯—斯蒂格尔法案》所建立的金融分业经营框架。综上可见，虽然美国相关立法较多，但缺乏专项立法，规则繁多且相互交叉，不易发现保护漏洞。由于美国在转向混业经营时期的金融立法恪守“市场原教旨主义”①，全方位放松管制以追求经济效益，相关立法无法满足现实需求，尤其对金融创新产品消费者的保护未引起重视。②

金融消费者保护机构多头分散化。美国实行联邦制，各州在经济、行政上的独立程度很高，金融监管机构相应分为联邦与州两个层级，同一层级中不同的机构监管不同的业务，形成了双层多头、分权制衡的伞形监管体系，消费者保护职能随之多头分散化。③ 这种设计最直接的问题便是职责不明、成本高、协调难，并容易产生监管套利与监管竞次，对消费者保护的潜在问题反应也较为缓慢。消费者保护与其他目标（银行安全稳健、创新、保持竞争）发生冲突时极易被湮没。于是十几个机构没有一个彻底执行消费者保护政策。例如，在意识到金融消费者保护缺失之后，美国立法者试图弥补。一般来说，监管者立法较之基本法时空性强，灵活度高，但前述“次级抵押贷款声明”从 2005 年 12 月开始制定，直到 2007 年 6 月才完成，而次贷危机中最差的贷款恰是在 2005、2006 年形成和发展的。2007 年次贷危机爆发后，美国金融服务圆桌组织（Financial Services Roundtable，FSR）于 11 月发布的《提升美国金融竞争力蓝图》报告中指出：多个联邦和州监管机构的目标差异会带来潜在冲突，延缓政策的执行……美国执行新资本协议就是典型例子。当

---

① 市场原教旨主义（market fundamentalism）认为市场可以自动导致经济效率，并且经济政策只应着眼效率，而分配问题则应该在其他的政治过程加以解决。市场原教旨主义实际上是瓦尔拉斯（Walras）模型或者阿罗—德布鲁（Arrow—Debreu）模型所描述的真空状态，没有考虑到市场的先天性缺陷（当然，政府也存在先天性缺陷），也未考虑实践。

② 例如，1998 年美国长期资本管理公司突然濒临大范围破产，该公司规模宏大，且广泛参与外汇市场、期货市场、货币市场和证券市场，但竟然没有一个机构宣称对它实施过监管，遑论消费者保护。20 世纪 90 年代初，美国主要商业银行和证券公司都建立了衍生产品部，大力拓展结构化产品业务。这些结构化产品已非传统意义上的期权、期货或掉期产品，而是多种基础产品与多种基本衍生品的复杂混合体。十多年过去，尽管结构化产品已经成为金融机构重要收入来源，至今没有一个监管机构宣称对这些产品的运行、风险揭示、投资者保护和运作负有监管责任。宋晓燕：《论美国金融消费者保护的联邦化及其改革》，载《河北法学》2009 年第 11 期。

③ 在金融消费者保护领域，美国由联邦贸易委员会（FTC）、美国联邦金融机构检查委员会（FFIEC）进行跨行业保护，由美国货币监理署（OCC）、联邦存款保险公司（FDIC）、美国储蓄机构监理署（OTS）、美联储（Fed）、美国信用合作社管理局（NCUA）、州银行厅、州银行监管者联席会（CSBS）等机构对银行业务中的消费者进行保护，由美国证券交易委员会（SEC）、美国商品期货交易委员会（CFTC）、美国上市公司会计监管委员会（PCAOB）、州证券监管机构、州总检察长等机构对证券业务中的消费者进行保护，保险业务中的消费者则缺乏联邦级别的保护机构，由州保险委员会负责绝大部分保护职能。（全美保险监督官协会（NAIC）起到部分作用，但不具有官方强制性权力。）

欧洲已经开始执行，美国至少还需要两年的时间。

（二）英国

20世纪90年代，英国金融市场亦处于向混业经营的转变中，相关法律制度的缺失引发了一系列影响国际金融秩序的问题，迫使英国政府于1997年5月提出改革金融监管体制的方案，成立统一、独一金融监管机构——金融服务局（Financial Service Authority, FSA）；并于2000年出台《2000年金融服务与市场法》（Financial Services and Markets Act 2000, FSMA）作为金融基本法，确立金融消费者保护法律制度。

第一，消费者保护职能的集中化。FSMA赋予FSA对绝大多数金融服务的监管职责，其法定目标之一便是确保适当程度的消费者保护，其他目标包括保持金融体系信心，提升公众对金融体系的认识等。[①] 英国金融消费者保护职能的集中化降低了协调难度和成本，得到广泛的国际称誉。然则FSA毕竟是统一、独一的金融监管机构，而非专职消费者保护机构，身兼多种金融监管职能，同样存在不同价值间的冲突问题。[②] 且由于FSA职责范围广、监管原则性强，这种体制设计要求能够对现行金融系统做出深度分析并对未来发展做出合理评估，因而对职业素质要求极高，发展中国家难以效仿；何况其高度集中的权力必然要求发达的审计制度与高度公开透明的信息披露制度，否则通过避免多头协调高昂成本而获得的效率将为僵化的行政权力所取代。[③]

第二，重视消费者的赔偿与救济。英国于2000年成立金融服务和市场特别法庭（FSMT）以制约、监管FSA，并为消费者提供救济。此外，FSA也十分重视对金融消费者的赔偿和救济：一是2005年5月，FSA发布《关于金融服务投诉指引》，详细列举说明消费者可对金融机构的服务或产品投诉的情形以及消费者不能或没有理由投诉的主要情形。二是设立“金融服务赔偿计划”（包括既有的存款保险计划），为因金融机构破产而蒙受财政损失的消费者提供赔偿。三是设立新的单一“金融投诉专员服务计划”（FOS），作为一种FSMA法定的替代性纠纷解决机制形式。[④] FOS是对既有金融巡视员制度[⑤]的整合，不代表监管者或消费者，而是一个解决争端、进行调解并作出裁定的中立机构。消费者向FOS投诉实行金融机构投诉前置。FOS受理后一般采用书面审作出裁定。金融机构或消费者如对裁定不满可申请复核。若消费者接受最终裁定，则金融机构必须接受；若消费者仍

① Peter Cane, Joanne Conaghan, The New Oxford Companion to Law. Oxford University Press. 2008. p. 213.

② 较多学者认为英国这种单一监管者模式的优点之一便是有效解决不同监管目标间不可避免的矛盾，尤其是审慎监管和消费者保护间的冲突。（Clive Briault, The Rationale for a Single National Regulator. Occasional Paper 2. May 1999.）笔者反对。单一监管确实降低了多头监管的协调难度和成本，但不过是将部门之间的矛盾内化到一个部门的科室之间，区别在于协调难度降低，且有最终裁定者一锤定音，但最终裁定者终要面对和解决不同监管目标的矛盾冲突。如对消费者保护重视不足，两种模式将殊途同归。

③ Mamiko Yokoi-Arai, The Regulatory Efficiency of a Single Regulator in Financial Services: Analysis of the UK and Japan. Banking & Finance Law Review. 22 Banking & Fin. L. Rev. 23, 63 (2006).

④ Peter Cane, Joanne Conaghan, supra note, p. 214.

⑤ 一般而言，巡视员制度是一种行政复议制度，而英国的金融巡视员制度是一种“替代性的争议处理制度”（Alternate Dispute Resolution system, ADRs），属私法领域。随着英国金融监管方式的市场化，监管者越来越注重监管活动的收益成本比较，ADRs通过1998年民事程序法案（Civil Procedure Act）得以确认，并于此后被广泛采用。徐慧娟：《浅述英国金融巡视员制度与消费者权益保护——兼论对我国金融监管的借鉴》，载《金融论坛》2005年第1期。

不满意，则可诉诸法院。[①] FOS每年约接受一百万次咨询，解决数万金融纠纷，对金融消费者保护居功甚伟。

第三，消费者保护效果衡量科学化。2006年7月，FSA提出公平待客计划，设定6项监管结果指标，包括：金融机构将公平待客作为企业文化核心；在零售市场推广、销售产品和服务均须应特定客户群体的需要而设计；在销售之前、期间及之后，均适当地为客户提供清晰明确的资料；产品与服务的表现符合金融机构引导客户做出的期望；金融机构不会在销售过程结束后以不合理的措施阻碍客户更换产品、变更服务提供者、提出索偿或进行投诉。10月，FSA出台新的《金融机构业务原则》，确定11条原则作为衡量金融机构是否符合监管标准的依据。其中原则6到原则10涉及消费者保护，依次为："企业必须关注客户的利益公平对待所有客户"；"企业必须关注客户对信息的需求并清晰准确地向客户传达信息"；"企业必须公平地处理好各种利益冲突，无论该冲突存在于企业与客户之间还是客户相互之间"；"企业建议和决定的合理性"；"当企业对客户的资产负责时，必须对客户的资产采取足够的保护措施"。[②]

（三）欧盟

欧盟金融消费者保护法律制度主要由欧盟制定和颁布的各种规则、指令和决定构成，其中最为基础的条款为欧共体条约（European Community Treaty）第153条。1997年阿姆斯特丹条约（Treaty of Amsterdam）第153条第2款继承和发展了前述条约，并将消费者保护一体化引入其他领域的欧共体政策（之前消费者保护多作为其他政策的附件）。由于欧盟定位宏观，追求欧洲市场一体化，其金融消费者保护也受制于欧洲消费者保护一体化与交易自由化的考虑。因此，相关法律制度体现出从立法形式、理念到救济机制的全方位"软化"。

第一，重视软法作用。广义"软法"意为，非依赖于强制性规则或政权约束而具备某种规范性认可的监管手段和治理机制。[③] 欧盟金融消费者保护的规则表现为行业协会自律规则与协同行动、标准合同术语与集体合同、欧盟宣言及决议等，通过以供应商协会为主导的行业协会进行适用。这种保护形式灵活、快捷，具有彻底民间性、半独立性、秘密性和快捷性等特点，[④] 但易为经营者利益所俘获，较为松散随意，无法符合现实需求。

第二，消费者保护受其他理念和需求的消极影响更大。欧盟通过1993年《不公平消费者合同条款指令》、1997年《远程合同中消费者保护指令》、2000年《关于网络市场特别是电子商务中社会信息服务的几个法律问题之指令》等对消费者保护加以具体化，相关指令较为凌乱、滞后，且未对金融消费者特别保护。在金融领域，欧盟着力于统一资本市场的建立，在诸多机构设立和规则制定中均忽视了对金融消费者的保护。此外，欧盟与成员国、成员国相互之间还存在协调问题，各种不同动机导致相关立法的范围和目的连贯性不足。例如，各成员国在执行和引介欧盟规定时将消费者的定义作为限制欧盟法适用范围

---

① 参见周良：《论英国金融消费者保护机制对我国的借鉴与启示》，载《上海金融》2008年第1期。

② 参见霍华德·戴维斯、大卫·格林著，中国银行业监督管理委员会国际部译：《全球金融监管》，108页，中国金融出版社，2009。

③ Anna Di Robilant, Genealogies of Soft Law, 54 Am. J. Comp. L. 499 (2006).

④ 参见杜志华、陆寰：《欧盟消费者保护的新工具——软法》，载《法学评论》2010年第4期。

的调节器[①]。各种界定不一而足，却并非出于消费者最优保护立场。

第三，消费者救济机制的软化。跨国金融交易纠纷通过诉讼进行救济时间较长，成本较高，且取证、裁判和执行均有相当的难度，因此，欧盟的金融消费者救济机制存在“软化”，更为偏重替代性纠纷解决机制。欧盟委员会于1998年提出《关于消费纠纷的庭外解决责任机构之建议》，并进而在实践中逐渐摸索出一套简便有效的金融消费纠纷庭外解决模式，包括磋商、调解、调停与仲裁等。以其仲裁机制为例，金融消费仲裁中没有正式仲裁机关，没有仲裁员名单，也没有固定的仲裁程序规则，更无须组建仲裁庭，只需要纠纷双方自愿选择一个公正的第三方（既可为权威学者、退休检察官或法官，也可为公众，甚至包括类似纠纷的消费者），仲裁时间、地点也由双方当事人选定，[②] 灵活程度很高。

三、后危机时代域外金融消费者保护的变革

金融危机的形成和传播是金融消费者保护缺失恶果的直接体现。日本曾有学者对此做出形象的描述：（金融）放松管制好比是突然出现在消费者眼前的一片深海，消费者保护就是这片海上保护旅人的船只。本来海与船应当配套出现，但如先出现海洋，在没有船的情况下强迫旅人入海，溺毙或逃生都有可能。但即使侥幸逃生，心理上会对这片海洋产生冷淡，必然影响整体经济景气。[③] 金融危机无疑便是迫使缺乏保护措施的旅人入海大量溺毙的一幕金融悲剧。[④] 因此，后危机时代域外金融法律制度变革的核心之一便是金融消费者保护法律制度的完善。

（一）美国

后危机时代美国金融消费者保护法律制度的改革主要通过《金融监管改革框架》、《金融监管改革——新基础：重构金融监管》、《信用卡问责及信息披露法案》及《多德—弗兰克华尔街改革与消费者保护法案》等规范性文件展开，特点如下：

第一，立法的集中保护。2010年7月，奥巴马签署《多德—弗兰克华尔街改革与消费者保护法案》（Dodd—Frank Wall Street Reform and Consumer Protection Act）并宣称，这一法案将提供有史以来最健全的消费者金融保护。该法案对之前的《金融监管改革——新基础：重构金融监管》（Financial Regulatory Reform—A New Foundation：Rebuilding Financial Supervision and Regulation，即“金融白皮书”）、拟成立消费者金融保护机构的法案（To Establish the Consumer Financial Protection Agency，and for Other Purposes）等诸多改

---

① See Cornelia Gerster，Germaine Klein，Henning Schoppmann，David Schwander，Christoph Wengler，European Banking and Financial Services Law，Kluwer Law International，2004. pp. 125 ~ 128.

② 参见刘益灯：《欧盟消费者保护法的最新发展及其启示》，载《政治与法律》2009年第5期。

③ 何颖：《金融消费者刍议》，载《金融法苑》2008年总第75辑。

④ 需注意的是，美国爆发“次贷危机”日益恶化并扩展至全球，方为“金融危机”，而美国次贷危机的爆发和恶化则主要源于消费者保护的缺失，也即危机的爆发在美国主要为内源性，而对其余各国而言，因源于外部冲击加剧内部缺陷而具有内外交织色彩。在次贷危机向全球传导并引发一系列连锁反应的过程中，其余国家消费者保护的缺失固然是重要原因，但这与审慎性金融监管有效运作程度以及金融市场自由化程度亦有密切联系。我国同样消费者保护缺失，但因管制较严而因祸得福。英国对消费者保护较为重视，却因市场开放程度高、审慎性监管与消费者保护协调不力而受损较之我国为重。消费者保护对金融系统的安全稳健运行是必要条件，而非充要条件。

革探索加以综合借鉴，实为这一时期若干金融改革方案的集大成者。其直面的首要问题便是之前方案中一贯关注的、在多头监管中如何有效保护金融消费者的问题。此外，2009 年 5 月《信用卡问责及信息披露法》（Credit Card Accountability Responsibility and Disclosure Act）等亦对金融消费者保护进行完善。

第二，专职机构的设立。2009 年 6 月奥巴马公布“金融白皮书”。作为财政部金融监管改革计划的核心，该方案建议新建消费者金融保护机构（Consumer Financial Protection Agency，CFPA），赋予其独立、集中、广泛的消费者保护相关权力，如立法权、监管权、检查权、行政处罚权、对消费金融合同中的强制仲裁条款限制或禁止权等，并对这些产品和服务的提供商进行监管，防止操纵和滥用的发生。同时，建立金融消费者协调委员会（Financial Consumer Coordinating Council，FCCC），委员会成员须包括联邦和州消费者保护机构，从而有助于解决监管目标协调问题。2009 年 10 月，国会众议院金融服务委员会通过成立 CFPA 的法案，进一步奠定了后危机时代美国加强消费者保护的制度基础。2010 年《多德—弗兰克法案》则将先前分散于近十家机构的消费者金融保护职责（除明文规定不予转移的权力外）集中转移至消费者金融保护局（Consumer Financial Protection Bureau，CFPB）。CFPB 的人事权与财政预算独立，问责制度明确，并可以自主编写消费者保护规则，监管所有为消费者提供金融产品或服务的金融机构，还具有一定的检查执法权和调查权。但由于金融市场的复杂性和高关联性，其他监管机构仍然应当行使未转移的职责，巩固和加强消费者保护。

第三，提高消费者获得金融服务的透明度、公平与适当性。“金融白皮书”提出确保消费者有一个单一、简单、统一的联邦抵押贷款说明，要求金融机构实时收集和发布借贷相关过程信息，与消费者充分沟通某个抵押贷款产品的风险和利益等；此外依然强调消费者保护机构应降低市场准入门槛，严格执行《社区再投资法案》和《公平信贷机会法》，保证金融市场服务未覆盖的客户和社区能享受到谨慎的财务、借贷和投资服务。《信用卡法案》则重点要求信用卡经营机构信息披露的预先性、及时性，就信用卡业务相关术语的通俗易懂等方面作出规定①，并明确规定了上述内容的职责承担者与监管者。

第四，价值取向中竞争自由与实质公平的衡平。即使在后危机时代，美国对市场自由的呼声与对权力的疑虑也从未减弱，这使得美国金融消费者的保护不可避免地带有利益妥协的色彩。一方面，立法者通过一系列机制加强政府对市场的干预程度以矫正形式公平所导致的实质不公。例如，《信用卡法案》中对信用卡业务经营机构期限和超限费的变更、关于收费和利率水平的变更予以限制以禁止不公平费率增加。又如，“金融白皮书”建立“资产担保证券化”商品的强制债权抵押制度，明确提出金融机构在编制、销售“资产担保证券化”商品时，必须事先将债权的 5% 存放于开户银行，作为资产抵押，以确保消费者和投资者的合法权益。再如，奥巴马政府专门向国会提出增强 SEC 特别监管权的补充方案，限制证券公司中介部门和投资顾问部门对消费者提供“过分服务”。另一方面，美国社会各方纷纷质疑 CFPA 集中、广泛权力的必要性，表达了消费选择自由受到限制、上升的监管成本如何承担等忧虑。因此，基于美国尊崇个人自主权利的自由观念，基于美国各

---

① 翻译中部分内容参见张倩、张云志、席秉琼、洪郑冲：《从美国信用卡新法案看金融消费者权益保护》，载《中国信用卡》2009 年第 8 期。

方对行政集权根深蒂固的疑虑与排斥，后危机时代金融消费者保护效果如何，又当如何进行后续改革，仍是个长期而艰巨的课题。

（二）英国

第一，政治因素影响较大。由于英国金融监管体制相对完备，消费者保护制较为健全，金融危机中所受冲击主要为外源性，同时大部分金融机构均秉承原则精义，针对市场环境和监管重点的变化有效抵御冲击，甚至美国在后危机时代金融监管的改革中亦明确提出借鉴英国模式。因此，后危机时代初执政党（工党）的改革方案多为现有体系的微调。2010年英国大选前后，保守党与自民党组建新政府，并基于选举需要与执政诉求提出较大程度的改革建议。然而大选产生无多数议会，联合政府内党派分歧更为尖锐。因而可以预见，未来英国国内金融监管中各方利益的协调将增加各种规则制定实施的成本。英国在后危机时代反而更应注意金融消费者保护，尤其应注意防范政治因素对法律的消极影响和不当侵犯。

第二，消费者保护职责的独立化与集中化。英国将金融消费者保护职责与审慎性监管职责分离从而确保其独立化。2010年6月，财政部金融大臣 Mark Hoban 向下议院提交书面意见，详细阐述设立消费者保护和市场管理局（Consumer Protection and Markets Authority，CPMA）承担 FSA 对消费者保护和市场行为监管的职责等思路。7月，新任财政大臣奥斯本表示决定将金融监管职责和权力集中至英格兰银行，并将 FSA 分拆为英格兰银行下辖的三家机构：金融政策委员会（Financial Policy Committee，FPC）维持宏观经济稳定性，防范系统性风险；审慎监管局（Prudential Regulation Authority，PRA）以促进金融公司稳定性为首要目标；CPMA 负责稳定金融市场信心，保护消费者。① 随后财政部向国会提交《金融监管新进路：判断，集中与稳定》（A New Approach to Financial Regulation：Judgment，Focus and Stability）改革方案，提出先前统一的金融服务监管模式意味着在审慎性监管与零售与批发市场企业行为监管之间存在内生性紧张。这二者需要不同文化与进路，在同一体制中理顺二者关系存在困难……尤其是零售产品的消费者通常无法获得他们所需或所期望程度的保护。应建立 CPMA，唯一追求消费者保护与市场行为监管，确保消费者利益被置于监管系统的核心并得到适当程度的优先性。CPMA 将采取更为坚定、更具前瞻性与更为集中的方式监管所有与消费者进行零售交易的企业行为、批发型金融市场交易行为，其权限包括作为核心监管职能的金融企业行为规则制定权（批发且零售领域）、被列为非审慎性行为的批准权、对基于审慎性与商业规则而为之行为的修正权及妥协执行权、对金融企业内部个人所为行为相关的批准权以及关键性行政职能（如税费收支权）等。CPMA 由大多为非行政官员组成的委员会进行管理，受审计监督。该方案亦提出需建立消费者金融教育机构（Consumer Financial Education Body，CFEB）。这是英国第一个免费金融服务咨询与年检机构，将在监管机构对消费者的保护机制中起到至关重要的作用。CFEB 职能独立，收支同样受到审计监督。②

第三，消费者保护内容全面多元化。首先，反欺诈。2010年1月，FSA 出台一系列规

---

① HM Treasury, Statement to the House of Commons by the Financial Secretary to the Treasury, Mark Hoban MP, on Reforming the Institutional Framework for Financial Regulation. 7 June 2010.

② HM Treasury, A new approach to financial regulation：judgement, focus and stability.

定确保按揭贷款人免受欺诈，包括不得对提前还款收取费用和利息、要求公司必须考虑借款人可能出现的各种情形、客户的还款必须优先用于偿还欠款而非罚息等。其次，把是否有效保护消费者利益作为更加重要的评价指标。FSA 将平等对待客户计划（Treating Customers Fairly Initiative，TCF）作为零售金融产品的监管导向融入整个监管框架，要求金融企业在 2008 年年底满足要求，并从 2009 年起将 TCF 纳入 ARROW 评级内容。最后，加强对金融消费者的法律赔偿和救济。《2009 年银行法案》与前任财政大臣达林公布的《改革金融市场》（Reforming Financial Markets）白皮书均强调对金融服务赔偿计划的完善，并规定了银行出现危机后的处理办法。① FSA 亦提出加快赔付进度，将赔付期限限定为 7 天；简化赔偿程序，不考虑存款人贷款额度而进行总额赔付等。② FSA 还宣布加强事后投诉处理的信息披露，要求在半年内收到 500 起及以上的金融机构需两年一次对如下问题进行披露：投诉数量和处理数量、两个月内处理结束投诉所占比率。

（三）欧盟

由于各国情况不一，在泛欧宏观层面难以对消费者进行较为具体的保护，且欧盟权力、规则与制度等对各成员国约束力有限，消费者作为国民，由本国保护更具有可行性和针对性。因而欧盟采取了将消费者保护纳入微观审慎性监管职能的观点，在对消费者进行保护的过程中，主要针对消费者在泛欧层面的宏观、抽象利益，并主要在跨境金融集团，存款保障，信息披露，各监管机构之间、成员国之间协调以消除贸易壁垒等方面加强保护。

2007 年 11 月，欧盟《金融工具市场指令》（Markets in Financial Instruments Directive，MiFID）生效，以信息的提供和获取为中心初步建构了欧盟消费者保护框架，主要规定了客户分类规则与传统“消费者”概念之间的关系、信息的提供和获取义务（包括广告信息、向特定客户提供信息及“了解你的客户”三个方面），为金融消费者保护奠定基石。MiFID 将“消费者”界定为“在他的贸易、职业或商业经营以外的目的而行为的自然人”；并进一步规定，在金融消费领域，专业客户与非专业客户之间可以自由转换。③ 欧盟对金融消费者的认定标准自此统一。

由于之前欧盟缺乏对信用评级机构监管的有效体系，欧盟委员会于 2008 年 11 月 12 日提出对信用评级机构的监管提议，要求信用评级机构必须将其主要模型，统计方法和评级的推断基础公布于众；并在公开资料规定中消除评级系统中的违背公共利益行为。欧盟委员会还提出存款保障计划指示的修正案，规定在 2011 年 12 月 31 日之前，最低存款保障金额从 5 万欧元提高到 10 万欧元并将补偿程度扩大到合格储蓄金额的 100%。金融监管调研专家组报告亦提出，欧盟存款保障计划应该在欧盟范围内统一，尽可能由私人资本市场事先融资（个别情况由政府补助），为欧盟范围所有银行客户提供平等的保护。这种广泛、平等的保护措施也应执行到保险和投资领域中。鉴于保护东道国储户利益的现行措施不够有力，专家组建议重新审查东道国对银行分支机构现有的相关权利，更好地保护储户利益。

---

① 杨东：《英国 2009 年金融监管改革的启示》，载《法制日报》2010 年 11 月 24 日。

② 巴曙松：《金融消费者保护：金融监管改革重点》，载《资本市场》2010 年第 4 期。

③ 参见王雄飞：《欧盟金融消费者保护的立法及启示》，载《上海金融》2009 年第 11 期。

四、域外金融消费者保护之启示

（一）域外考察理论启示：金融消费者保护方式的序列化

综上可见，尽管金融消费者保护方式繁多，但其基本框架相对统一，按市场干预程度由低到高归纳为：一是消费者金融素质教育。作为市场干预程度最少的消费者保护方式，教育消费者使之具有更好的知识储备、认知理解和风险防范能力，对消费者的弱势进行基础性的弥补。① 二是反欺诈，如对欺诈性交易适用惩罚性赔偿责任等。虚拟经济实际是信用经济，由于信用对金融市场和金融交易意义重大，反金融欺诈本身即具有基础性和核心性。三是信息披露的标准与要求。信息披露或许是解决金融市场信息不对称问题最为直接的法律措施。除公开化、透明化，信息披露亦应简洁化并与消费者教育相结合，否则由于金融的复杂性和专业性，即使予以充分披露，消费者也无法理解，信息披露即失去其本来意义。四是非约束性标准。非约束性标准是金融软法的典型形式之一，如失责处理规则（default rules）②、安全港条款（safe harbor provisions）③ 等，可以引导企业在某种程度上规范其业务，具有更大的灵活性。关注消费者认知限度的政策分析学家们更为推崇非约束性标准，将其作为推动消费者做出更好金融决策的有效工具。④ 五是强制性要求。强制性要求体现为市场准入法律制度，包括企业或个人从事某些金融活动的许可，禁止具有欺诈行为记录的个人从事高信用活动，以及对收支表结构、强制性信息披露等方面的法律规范和标准等。六是专职机构与实施机制。实施机制包括公开或秘密报告、定期检查、听证机制、消费者救济机制等。因为涉及权力与职责的设定，专职机构与实施机制必须由法律予以明确规定，还需监管者借助行政强制力辅助建立推行，故强制干预程度最高。

（二）域外考察对我国金融监管实践之启示

对金融消费者提供切实有效的法律保护，弥补信息弱势，回复交易双方严重失衡的地位，对金融市场的安全稳健有着基础性意义，有利于维护金融市场乃至社会的公信力；通过目标设定和制度设计对这一新理念进行践行，有助于金融市场和国家宏观经济在危机后的复苏，也有利于金融监管机构职能与手段的改革创新。虽然我国金融市场因开放程度低而未在此次金融危机中遭受太大冲击，但这并不意味着我国金融消费者的保护无懈可击。

首先，金融消费者保护理念的缺位。我国的政治、经济制度与历史文化共同作用，形成了坚固的政府行政主导性路径依赖。而金融法律制度供给中的"父爱主义"倾向则更为

---

① See Hillman, Richard J., Financial Literacy and Education Commission: Progress Made in Fostering Partnerships, but National Strategy Remains Largely Descriptive Rather Than Strategic.（2009－04－29）

② 这是指当参与者看来没有能力，或可能变为没有能力履行他身为合约一方的所有未交收市场合约的义务时，就所采取的处理程序或其他行动订立的规则。参见1992年香港《证券（结算所）条例》第Ⅰ部第2条及第Ⅱ部第4条第2款。

③ 这是指当事人所签订的金融合约在合约一方发生破产事件时，可以在继续履行、终止、抵消、结算等方面享有一系列破产机制豁免待遇的制度设计。这些豁免待遇好比在惊涛骇浪的大海中给金融合约一个受保护的安全港，故此而得名。

④ Thaler, Richard H. and Cass Sunstein. Nudge, Improving Decisions About Health, Wealth, and Happiness. New Haven, CT: Yale University Press. 2008. p. 67.

强烈，是为“以国家主义为中心、以行政控制为主导的强制性供给模式”①。这种模式极易因专权与盲信而忽略以金融消费者为代表的弱势群体的意愿。反映至立法中，我国金融立法偏重对金融机构效益的追求和金融市场系统性风险的防范，对消费者保护较为忽视，而《中华人民共和国消费者权益保护法》（以下简称《消法》）规定则滞后性较强。因此，我国金融消费者保护的路径应沿“去行政化”展开，在金融立法中明确基本理念和目标，将消费者主权作为基本价值理念，将消费者保护作为基本制度目标，通过目标的设定和制度的设计来实践新的法律理念，进而推动我国金融法律制度由经营者主权转为消费者主权，监管机构由多重角色转为监督者，促进金融业持续健康发展。

其次，金融消费者保护机构的职责分散，模糊不清。目前我国没有任何一家金融监管机构在立法上明确承担和履行金融消费者保护职责；而由于我国目前实行分业监管，消费者保护在实践中由“一行三会”下相关部门等分别负责，不同机构针对同类金融消费者的保护力度不同频频引发争议。从前文可知，确定金融消费者专职保护机构是加强保护的必然选择，建议我国在中国人民银行下成立“金融消费者保护局”，可在一定程度上避免消费者综合保护与分业监管之间的矛盾。并可在“一行三会”联席会议基础上建立协调监管的长效机制。

最后，我国金融消费者权利内容贫瘠化，救济途径也十分闭塞。我国缺乏对金融消费者权利的明确规定与梳理，而具体到保护措施中，对消费者权利保护范围较窄，大多限于信息披露机制、反欺诈机制中的部分条款。另外，《消法》对传统消费者规定的协商、调解、申诉、仲裁和诉讼五种救济方式②存在较多不足，导致消费者在寻求救济时成本高昂，效率低下。我国应当加强金融消费者教育，对不同类型的金融机构规定不同等级的更高程度信息披露以充实知情权，明文确立金融隐私权、后悔权等必要权利。在救济机制的完善中，我国应在类似“金融消费纠纷调解中心”的机构中设立金融消费者赔偿与救助基金，基金来源除财政拨款、社会募资，也可将法院审理金融消费欺诈等纠纷案件中所判罚的惩罚性赔偿抽取合理比例归入基金。针对我国金融法律规制行政色彩较浓的特点，我国应鼓励建立金融消费者自律组织和独立的消费者争议仲裁制度，还可借鉴英国FOS机制完善金融消费者的投诉处理，设置公开透明、多元灵活的争议解决机制，并以稳定原则和合理理念进行灵活、科学的执法，以主体、法律形式和机制形式、执法方式等方面对域外的借鉴，促成金融消费者保护法律机制的适度“软化”，在促进金融法律制度完善的同时，促进金融发展方式的转变，进而推动政府职能转型的进展。

---

① 胡光志：《中国虚拟经济制度供给模式之转变》，载《西南民族大学学报（人文社科版）》2006年第9期。

② 《中华人民共和国消费者权益保护法》第34条规定：“消费者和经营者发生消费者权益争议的，可以通过下列途径解决：（一）与经营者协商和解；（二）请求消费者协会调解；（三）向有关行政部门申诉；（四）根据与经营者达成的仲裁协议提请仲裁机构仲裁；（五）向人民法院提起诉讼。”

论政府采购监管法律制度的完善

窦婷婷*

目　次

在政府采购中，权力寻租、信息不对称等暗礁横生，为提高采购资金的使用效益、强化政府采购的宏观调控功能、维护国家利益和社会公共利益，需构建行之有效的监管机制，我国业已进行了有益的探索，但尚存在不足，有待完善。

一、我国政府采购监管法律制度的现存问题

目前，我国政府采购制度由《中华人民共和国政府采购法》（以下简称《政府采购法》）和《中华人民共和国招标投标法》（以下简称《招标投标法》）两部基本法、国务院各部门特别是财政部颁布的一系列部门规章，以及由各省和较大城市颁布的地方性法规与政府规章组成。从某种程度上说，业已形成了一个从中央到地方、从上位法到下位法的宏观制度框架。各地亦进行了有益的探索，如四川省政府《关于加强政府采购管理工作的实施意见》即全面细致地规定了政府采购监督，以期建立事前、事中、事后全方位、全过程的监督体系。① 福建省政府创新政府采购监管思路，如将投标文件分为技术商务和价格两部分，实行两阶段评标办法，以促进采购评审过程的客观公正性。② 但作为问世不久的新生儿，政府采购监管制度存在诸多缺陷。

（一）政府采购监管的基本规定不完善

《政府采购法》作为政府采购监管的龙头法，其虽然专章规定了监管制度，但还存在以下不足：

---

* 西南政法大学经济法学院教师，法学硕士。

① 魏贺：《四川政府采购引入社会监督，将建立公开评议和不良行为公告制度》，载《人民日报》2009年10月22日。

② 福建省财政厅政府采购监督管理办公室：《规范操作执行，加强监督管理》，载《中国政府采购》2010年第12期。

1. 监管主体存在职能交叉

《政府采购法》第13条明确规定了政府采购活动的监督主体是各级人民政府财政部门。但是，由于政府采购活动中有一个重要环节——招投标，而其适用《招标投标法》，故政府采购活动中的监督主体实际上并没有统一的标准，各级财政监管部门兼任着“运动员”和“裁判员”的双重角色，各自管辖属于自己的政府采购项目，各自制定相关的公共采购标准。

2. 政府采购监管范围狭窄

从政府采购的监督程序来看，《政府采购法》只限于对采购程序、采购范围及采购方式的执行情况，政府采购法律法规和政策的执行情况，政府采购人员的职业操守和技能水平等内容的监管，而对政府采购活动开始之前资金预算的编制与执行，政府采购合同的履行情况等监管力度不够，造成监管缺位，未能实现对政府采购过程的全方位监管。从政府采购的监管对象来看，我国主张将采购主体的公共性、采购所适用的资金的公共性与从事活动的非竞争性结合起来，并按照三性并举的原则来确定政府采购的事实主体，将国有企业尤其是公用事业排除在了适用范围之外。① 按照国际通行做法，无论采购主体是政府单位还是国有企业或者民营企业，只要是使用政府财政支出中的政府消费支出和投资支出项目，都要纳入《政府采购法》所规范的主体范围。

3. 缺乏统一的监管规则

我国《政府采购法》虽然规定了各级人民政府财政部门有权对政府采购活动进行监督管理，但并没有关于监管实施细则的具体规定；虽然法律中有专门的监督检查章节，但缺少强制有效的监管措施，使监管工作的可操作性大打折扣。

（二）政府采购的程序性规定不够规范

1. 预算管理绩效差

由于我国政府采购工作尚处于起步阶段，预算单位编报政府采购预算的能力参差不齐，总体情况差强人意，有的预算编制简单粗糙、敷衍塞责，有的则是不切实际地凭想象胡乱编报，给进一步规范政府采购工作带来了一定的难度。而且，财政预算执行刚性不够，政府采购预算管理绩效差，部分预算外资金和自筹资金并未随预算资金一起实行政府采购，导致《政府采购法》的实施处处受阻。正如曹富国教授所言，“政府采购法律制度是公共财政法律体系的重要组成部分，其贯彻实施效果在很大程度上取决于预算管理改革的进程”。②

2. 采购目录不清晰

政府采购规范的重要问题之一即是政府集中采购目录，而我国的采购目录是由财政部会同有关部门发布，何种项目该纳入目录，何种项目该取消，并不固定。有关部门调整目录项目需要有法律依据，但是相关法律规定并没有明确说明这一依据。③ 集中采购目录的制定缺乏法律依据，随意性太大，就可能随意控制了政府采购的范围、政府采购所使用财政资金的规模。

---

① 吕无瑕：《完善我国政府采购法律制度的构想》，载《中共山西省委党校学报》2009年第1期。

② 胡亮：《〈政府采购法〉实施受阻，财政预算执行刚性不够》，载《中国经济时报》2010年10月29日。

③ 李纪平：《聚焦政府采购法实施条例草案——多头监管等重大问题并未解决》，载《法制日报》2010年2月13日。

3. 供应商资格预审制度欠缺

供应商是政府采购活动的重要主体，供应商的选择对于政府采购的实施非常重要。在公共财政资金的有效使用、政府采购合同的有效履行、采购物品的质量保障等方面，供应商都影响着政府采购的高效进行。目前，我国还没有关于供应商资格预审的专门规定，特别是在具体采购活动中，没有统一的操作标准以及专门的管理机构对供应商的资质进行评定。《政府采购法》第23条、《招标投标法》第18条虽进行了资质规定，但这两个条文规定较为简单，对于适用条件、具体程序以及适用标准均没有规定，缺乏可操作性。而且，授予执行者太大的自由裁量权将会导致其行为不能得到有效的控制。

4. 政府采购队伍的专业化有待加强

政府采购是一项政策性和专业性较强的工作，建立一支高素质的专业化管理队伍是提高政府采购工作管理水平的重要保证。我国自实行政府采购制度以来，已初步建立了一支采购队伍，但无论从规模上还是专业能力上，都远不能适应改革的需要。总体上来看，管理队伍的政策水平整体偏低，理论功底有待加强，专业技能水平普遍不高，他们对政府采购所必须掌握的各方面专业知识储备不够。这样一来，政府采购工作缺乏强有力的组织力量，工作上形不成合力，导致规模上不去，也难以做到规范行事。

（三）政府采购的执行性规定不够规范

1. 招投标机制不完善

招投标是政府采购工作的重要步骤之一，直接关系到政府采购工作的成败。但是，各种因素导致对政府采购的招投标工作监督乏力，与政府采购的要求相差很远，不能很好地发挥政府采购的优越性。按照《招标投标法》的有关程序规定，政府采购招投标是政府采购面向市场的主要采购方式之一，可以委托具备资格的社会专职招投标机构代理。由于发展环境、人事编制等原因，没有成立专门的招投标代理机构，在一些招投标活动实践中，就难免出现了一些不符合规定的现象。政府采购机构在组织招投标活动中，有时既是招投标活动的组织者，又是评标过程中的决策者。尽管聘请了专家评委、公证机关等相关人员的参与，但在实际的操作中，特别是遇有重大分歧时，通常由政府采购机构说了算，致使政府采购活动受到社会的质疑。且招投标过程中也时常伴随着权力寻租和腐败现象的滋生。

2. 信息化建设缓慢

政府采购范围广、品种多的特征，决定了政府采购必须有充分、完善的信息平台作后盾。采购人及时、全面地掌握国内外采购市场信息，可有效提高政府采购的效率，降低政府采购的交易成本，遏制政府采购腐败，但是我国政府采购信息网络技术平台相对滞后，只有少数城市基本实现了政府采购信息化，一些地方都仅仅局限于采购信息的网上发布，不能根据具体需要制定出规范化的管理流程。总之，我国信息化建设的不完善、政府采购过程中的信息不对称，使得政府采购经常多花冤枉钱，最终损害了公共利益。

3. 合同履约监管不力

在中标、成交供应商确定后，应如何监督合同当事人履行合同义务？这一问题往往不被重视。而这直接导致合同履约验收环节的监管工作缺位，反而为那些前期采购操作中一直努力遏制的舞弊行为提供了可乘之机，最后甚至导致政府采购项目“前功尽弃”。在政府采购制度不断完善的背景下，采购合同履约环节的监管工作暴露出的问题却日益突出。目前，政府采购行业内对合同备案后的履约执行缺乏监管已成常态，这一流程似乎已成为采购人与供应商之间自行协商的专区，采购人除非万不得已，否则不会让监管部门出面协调。在实际工作中，有些供应商在激烈的竞标过程中往往作出一些与其自身能力不符的假承诺以谋取中标资格。而供应商一旦中标，就千方百计地“串通”采购人，以放松其验收标准，降低供货要求，从而达到既回避难以兑现的承诺又能够赚钱的目的，使采购合同实际上丧失其法律约束力而最终流于形式。

（四）政府采购监管机构的设置不合理

实践证明，政府采购监管机构的职责权限定位显然存在多方面的问题，归纳起来主要包括以下几个方面：

1. “管采分离”工作尚未落实到位

“管”，其职责应偏重于对政府采购整个过程的监管；“采”，则强调具体的采购操作实践活动。然而，目前我国“管”“采”双方权力划分的不明确在实践中产生了诸多矛盾。比如，现在重大项目的立项、审批，都是由发展和改革委员会负责的，但很多时候其又是这些项目的采购人，最后，还要担当采购项目的监管机构。当前，我国不少地方的政府采购监管与操作机构没有实现分离，如在财政部门内部设立一个政府采购办公室，代表财政部门行使政府采购管理监督和具体采购事务双重职能。“管采分离”工作未落实到位，监督失效的政府采购最终可能导致多种问题的出现。

2. 监管机构权力定位依据模糊

《政府采购法》赋予了政府采购监管部门对整个采购过程的监管职权，包括对各当事人行为、采购程序、财政性资金使用效率的监管等。但是，这种监管权力定位比较粗略，其权力究竟有多大并未明确，这就使监管部门的行政裁量权过大，权力行使缺乏原则和制约。同时，监管机构行使权力的依据亦不够明确，如可以制定集中采购目录，但目录范围大小、其权力行使依据以及权力有无制约都未明确；对进口产品的采购享有审批权，其权力是有限的还是无限的，并没有制约，模糊不清；可以改变采购方式，但其改变的限制条件不够明确；可以进行审批方式的改变，但并未具体规定。

3. 负有监管职责的各部门之间权责划分不明确

《政府采购法》规定了政府采购监管机构的监管权力，但是权力的行使缺乏制衡机制。法律赋予了政府相关部门，如审计机关、监察机关以及社会公众对政府采购的监督检查权力，但是负有监管职责的各部门之间职责权限划分不够明确。例如，广受关注的工程采购的监管问题，负有监管职责的各行政部门包括财政部门、发改委、建委、水利等部门，但这些部门之间的职权划分却不明确；在对货物、服务采购的监管问题上，主管部门财政部门与各综合部门，如审计、监察部门之间分工协作不明确，导致各机构权责不分，沟通配合、协调性差，造成监管混乱。

（五）政府采购权利救济制度存在缺陷

确保政府采购目标得以实现，质疑和投诉制度是监管工作的关键。综观我国政府采购的质疑与投诉制度，不管是从理论上讲还是在实际操作中都存在需要进一步完善的地方，具体体现在以下几个方面：

1. 供应商质疑与投诉的受理范围太窄

我国《政府采购法》及《政府采购供应商投诉处理办法》都规定，供应商认为采购文件、采购过程、中标和成交结果有损于自身利益时，可以向采购人或采购代理机构提出质疑。不难看出，第一，供应商只有在认为“采购文件、采购过程、中标和成交结果”损害了自身利益的情况下才可以提出质疑，不包括政府采购活动的其他环节。政府采购过程是一个涉及多主体、多范围、多环节的过程，供应商的合法权益在其中的任何一个环节都有可能受到侵犯，政府采购行为理应接受多方面、多层次的严格监督，法律规定的质疑范围未免太窄。第二，法律强调了供应商提出质疑的结果要件——使自己的权益受到损害，而对于采购方在政府采购活动中的“违法行为”，只能行使控告或检举权，质疑权在这里受到了限制。第三，将质疑和投诉的主体仅定位为“供应商”，主体范围有过于狭窄之嫌。政府采购是一项具有公共性和社会性的活动，作为一种国家政策的实施行为，政府采购在满足自身需要的同时要向国家和社会负责，有利害关系的公众应该也可以行使质疑权。

2. 质疑与投诉的程序设计不符合国际惯例

《政府采购供应商投诉处理办法》第7条规定：“供应商认为采购文件、采购过程、中标和成交结果使自己的合法权益受到损害的，应当首先依法向采购人、采购代理机构提出质疑。对采购人、采购代理机构的质疑答复不满意，或者采购人、采购代理机构未在规定期限内做出答复的，供应商可以在答复期满后15个工作日内向同级财政部门提起投诉。”也就是说，质疑程序是投诉程序的前置程序，供应商只有经过质疑程序仍不满意，才可以向政府采购监督管理部门进行投诉。相比《关贸总协定乌拉圭回合政府采购协议》（以下简称《政府采购协议》）中的有关规定，我国的质疑程序只是一种内部监督机制，不能从根本上起到监督管理的作用。既然是一种体制内的监督，“就无法根本性地起到监督作用，对于供应商的救济来说本身意义不大，寄希望于自查自纠也是体制软弱的表现”，[①] 那么，质疑完全没有必要作为投诉必须的前置程序。

3. 对政府采购的纠纷处理效率偏低

针对政府采购的纠纷处理，《政府采购协议》第20条第8项规定：“为了维护商业和其他有关方面的利益，质疑程序一般应及时结束。”这就要求救济途径应当快捷、有效，救济流程应该尽可能地简化和缩短。但是，根据我国《政府采购法》的规定，如果依次经过质疑与投诉程序的话，一般要经过50个工作日左右，质疑供应商才有可能依法申请行政复议或者向人民法院提起行政诉讼。救济机制有着如此繁复的中间环节，很容易导致效率低下，这无疑增加了供应商的交易成本。目前来看，我国政府采购相关规定过于烦琐，这既不符合国际上《政府采购协议》及时原则的要求，也体现不出我国《政府采购供应商投诉处理办法》规定的“简便、高效”原则。笔者认为，我国《政府采购法》应该逐步实现与《政府采购协议》的接轨，适当简化救济程序，有效提高救济效率，切实保障供应商及相关公众的切身利益。

二、域外政府采购监管法律制度的比较借鉴

（一）美国的政府采购监管制度

监管制度作为政府采购的重要环节之一，美国联邦政府尤为重视，其监管制度具有以

① 陈岩明：《法国的公共采购》，载《中国财经报》2003年7月18日。

下几个特征：

1. 完善的法律法规体系

美国是世界上较早实行政府采购制度的国家之一，其政府采购制度之建立与完善是以完整、严密的政府采购法律体系为基础的，政府采购的基本制度、价值目标、方式程序、救济途径等都以法律和制度加以规范，使美国政府采购制度在法律规范的前提下得以有效运作。在美国，政府采购活动通过贯彻公开竞争、利益平衡、公正公平等基本原则，逐步形成了比较完善的采购招标制度和审计监察制度。可以说，美国政府在实施采购制度的过程中，不仅满足自身需要，而且通过法律约束自身的行为。从本质上讲，这些法律原则和法律规则既有利于保证政府实现其社会和经济目标，保持采购过程的透明性，也使政府采购能够兼顾各方利益，维护政府采购工作在公众心目中的满意度。

2. 专门的采购监管机构

目前，美国联邦政府采购机构主要可分为采购监管机构、采购执行机构和采购救济机构。负责政府采购监管工作的机构有两个：一是美国国会下属的联邦会计总署（General Accounting Office，GAO）；二是美国总统行政办公厅内设的行政管理与预算局（the Office of Management and Budget，OMB）。①

（1）联邦会计总署。1921 年，美国国会成立了联邦会计总署（以下简称 GAO），根据美国宪法，直接对国会负责，有权力处理国家的财政支出事务。GAO 不是直接地监督政府采购活动，而是通过总审计署办公室执行对政府采购活动的监督。所有的政府采购文件都要经过总审计署办公室，其有权对行政主体的预算编制和采购计划进行评估，对政府采购项目进行审计，给行政主体的政府采购活动提出建议。

（2）行政管理与预算局。行政管理与预算局（以下简称 OMB）隶属于美国总统行政办公厅，是办公厅的一个内设机构，主要负责制订每年的预算计划并送交国会审议，以及发布有关监管环节的政策导向。1974 年，为了加强对联邦政府采购的管理，OMB 内设联邦政府采购政策办公室，主要目的是在政府采购制度的制定过程中起到总领和引导作用。该办公室负责协调具体采购活动的实施情况，通过发布普遍适用于各个行政机关的规章制度来实现；代表总统参与到政府采购相关法律法规及有关政策的制定工作。

（二）英国的政府采购监管制度

1782 年，英国政府设立文具供应局，作为政府部门所需公用品采购和管理投资建设项目的机构，并采用公开招标的方式进行采购；同时，英国政府对公共采购开始立法，规定了一套特有的采购程序及规章制度，开政府采购之先河。② 在英国，由财政部负责对未来三年中每年的公共支出作一个“总预算”，通过预算制定出收入和借贷额度，并在各部门的备用资金和财政支出之间给出预算分配建议，以作为政府向议会提请议案的依据。政府部门的所有支出都要求有议会的授权，如有必要，政府部门可通过“追加预算”制度获得资金，但必须专款专用，否则将受到严厉制裁。政府各部门的财政支出只能在资金划拨的财政年度内支出，而且不能超出资金规模的允许范围。③

---

① 葛敏敏、王周欢：《美国政府采购制度之机构设置与采购流程》，载《中国物流与采购》2005 年第 17 期。

② 曹富国、何景成编著：《政府采购理论国际规范与实务》，15 页，企业管理出版社，1998。

③ 珠海市政府采购中心著：《国外及港、澳、台地区政府采购制度》，167 ~ 168 页，珠海市政府采购中心编印，2002。

英国的政府采购监管制度体现为以下特点：

第一，政府部门对自己的采购行为负责，其作出的采购资金使用决定、采购实施方案必须在财政预算的范围之内，并就这些财政资金的具体支出情况向国会负责。

第二，议会公共支出委员会负责监督英国政府采购的全过程，监控政府的各项采购活动。而该委员会又受全国审计办公室的监督，全国审计办公室由部门审计员兼总审计长领导。部门审计员兼总审计长享有高度独立的监督权，既可以独自决定审计程序的启动，也有权监督财政资金的具体使用情况。

第三，英国政府制定和颁布了多个法律文件，以规范政府的采购程序和方法，如《1972 年地方政府法案》、《1980 年地方政府房屋及土地法案》、《1988 年地方政府法案》、《1992 年地方政府法案》等。

第四，在英国的政府采购救济领域中，诉讼是较少选用的途径，政府一般采用传统方式处理议会对合同裁决程序的异议。当议会认为有必要向那些因采购方违反欧盟章程而遭受损失的供应商给予相应补偿时，则可以根据欧盟的相关法律作出决定。

（三）韩国的政府采购监管制度

早在 1949 年，韩国就建立了统一的采购机构——对外援助临时供应办公室，其主要任务是采购政府需要的外资物资，政府采购在韩国经济中一直占据着相当重要的地位。1955 年，为了适应政府采购的发展需要，韩国政府对本国政府采购制度进行深度改革，将采购和供应集中到对外供应办公室。1996 年，为了统一管理政府采购活动，韩国政府成立了专门的供应办公室，统一负责国际采购、国内采购等各项采购工作。[①] 韩国的政府采购监管制度主要包含以下三个方面：

1. 完善的政府采购法律、法规

这主要有《政府合同法》（规定政府机关作为一方当事人的特殊合同事项、国际招标的实施范围、缔结合同的程序与规则等）、《国内外采购条款》（规定采购模式、招标方法、招标程序等）、《政府投资机关管理基本法》（规定政府投资机关权力设置及责任经营体制等事项）、《地方财政法》（对地方政府部门采购的程序和标准作出了规定）、《物品管理法实施细则》（规定国家物品的取得方式及处分条件，以及国家物品的适当管理等基本事项），等等。此外，还有《电子交易基本法》和《预算与会计法》等法律涉及与政府采购活动相关的一些规定。可以说，上述法律、法规基本上对政府采购的各方面都作出了详细的规定，使政府采购活动有法可依。

2. 强化集中采购

采购厅是韩国唯一的政府采购专职机构，是韩国财政经济部下属的一个具有相对独立性的副部级单位。政府采购厅又分为采购本厅、中央供应办公室（负责物资的审查、购买和品质保障）、地方采购厅（负责地方政府采购工作的具体实施和监督管理）、海外采购办事处（负责提供海外采购市场供应商的信用调查结果、采购物资的质量验收，监督采购合同的履行情况）、电子服务室（负责发布招标公告，接收投标意向，更新供应商资格的登记，提供 WTO《政府采购协议》等相关资料）。

① 李丽：《韩国政府采购制度及对我国的借鉴》，载《中国物流与采购》2005 年第 4 期。

3. 政府采购争议处理机制

韩国对政府采购争议的处理，分国内和涉外两种情况。针对国内政府采购活动中发生的争议，应当先向组织进行招标的单位提出异议，启动质疑程序，由其进行前期处理；之后，如果投诉人认为处理结果不公正，可通过诉讼的方式向法院提出纠纷解决请求。在国际招标中发生的争议，如果供应商认为采购方在采购过程中有违反《政府采购协议》的行为，可以先向采购部门提出质疑，通过双方协商来解决争议。若双方不能达成一致意见，则供应商可向韩国国际合同纠纷调解委员会提出申诉，调解委员会在接到申诉请求后的50天内进行初步调查并作出调解决定。调解决定作出后，应送达投诉人和被投诉人，双方在收到调解决定的15天内有权提出异议，在规定时间内未提出异议的，调解决定于期满之日起生效。

（四）域外政府采购监管的经验总结

综合以上国家和我国台湾地区的实践来看，有效的监督管理是实施政府采购制度的基础保障。只有贯彻落实政府采购的各项法律、法规、规章制度，才能有力地维护政府采购的信誉以及政府在公众心目中的形象。[①] 由上给我们提供了以下经验借鉴：

首先，加强政府采购法规体系的建设。《政府采购法》和《招标投标法》是我国目前政府采购领域中最重要的两部法律，但是，两部法律在采购对象的范围、采购合同的法律适用、政府采购的监督机关以及违法行为的法律适用方面都存在着冲突现象。这就需要政府采购立法体系进一步完善，对采购操作程序的规定更加合理，保持标准的统一性与法律权威性。

其次，加强政府采购监督的独立性。权力要受到监督、受到制约，否则必然导致绝对的权力滥用和权力腐败。我们应借鉴美、韩、英等国的政府采购制度中独立设置监督机构的经验，改变我国的采购机关在政府采购过程中既是“运动员”又是“裁判员”的局面，坚持事前监督与事中监督相结合，保障监督工作的客观公正性，提高监督效率，实现对政府采购的全过程监督，谨防寻租。

最后，加强政府采购申诉制度的建设。申诉制度的根本效用在于保证政府采购的规范化，维护政府采购的透明度，避免“暗箱操作”。现阶段，我国政府采购立法中关于申诉制度的规定尚不成体系，如受理投诉的机构不具有独立性、申诉期限不明确等。这些立法上的瑕疵无形地加大了供应商的投诉成本，因此，制定较为详细、更具可操作性的申诉制度是目前我国政府采购改革的重要方向。

三、我国政府采购监管法律制度的相关完善

（一）完善政府采购监管法律体系

完善的政府采购监管法律体系是政府采购监管机制完善的根本途径，这样，监管主体在行使监督管理权时才有充足的法律依据。只有从法律、法规、规章上对政府采购的方方面面进行规定，才能保证政府采购中财政资金预算的政策性目标得以实现，保证我国政府采购健康、稳步地发展。当前来看，虽然我国已经制定了有关政府采购的一系列法律法

① 张洁：《国外政府采购监管制度借鉴》，载《商场现代化》2007年10月（下旬刊）。

规，但这些法律法规仍有许多不足之处，需要进一步制定具体的实施规则，从而形成一个比较完善的法律体系。

1. 修订《中华人民共和国预算法》（以下简称《预算法》）

预算是政府采购的源头，是监管的重要环节，好的预算要以科学合理的《预算法》为前提。因此，适时修订已经过时的《预算法》，实现《政府采购法》与《预算法》的对接，推进政府采购监管法律制度的完善是十分必要的。

（1）将政府采购写进《预算法》。法律制度是调整社会关系的规范，人与人的互动、博弈、交易以及人类行为社会环境的变化，必然引起法律制度的变迁。[①] 我国政府采购制度自实施以来，一些地方政府为了既得利益，总是想方设法逃避《政府采购法》的约束，严重损害了国家的利益，降低了预算的执行效益。笔者认为，应该将政府采购行为纳入《预算法》的调整范围，不仅加强了政府采购预算编制阶段的管理，实现了《预算法》与《政府采购法》的对接，同时也可以通过法律手段提高预算资金的使用效益。

（2）在《预算法》中对预算外资金进行规范。《预算法》只是对预算内资金的使用作出了规定，而没有详细地对预算外资金作出规范，使得预算外资金处于采购监督的真空地带。并且，一些地方政府为了借采购之机套取财政资金，经常会把预算内资金投机取巧地变为预算外资金，从而规避了《预算法》的调整。笔者认为，在修订《预算法》时，应进一步明确政府采购资金的性质，防止任何人以现行《预算法》立法不周延为幌子，规避《政府采购法》的相关规定。

2. 出台《中华人民共和国政府采购法实施条例》（以下简称《政府采购法实施条例》）

2010年1月11日，国务院法制办公布了《中华人民共和国政府采购法实施条例（征求意见稿）》，标志着我国政府采购立法方向上的新一轮修改得以启动。该征求意见稿是对我国《政府采购法》诸多重要条款的补充说明，从内容上细化了《政府采购法》的相关规定。[②] 自公开征求意见以来，业内对该条例出台的呼声不断，然而时至今日，条例出台的时间仍不明确。2010年10月15日至16日，第二届公共采购国际论坛在北京召开，会上有消息人士透露，由于征求意见稿仍存在较大争议，条例出台的时间尚不能确定。与会专家表示，《政府采购法实施条例》无法及早出台的主要原因就是《政府采购法》与《招标投标法》两法“冲突”的问题难以解决。

从根本上看，从政府采购法律制度实施中所反映出来的问题，大都与政府采购法律制度的不健全有关。因此，今后一段时期我国的政府采购工作，必须以制度建设为龙头，通过加强立法完善制度，通过实施制度促进管理，通过加强管理规范行为，通过规范行为提高效益。通过制定《政府采购法实施条例》，为政府采购法中比较原则性的制度规定予以进一步明确细化，将实践证明已较为成熟的新制度、新方法确定下来，增强可操作性。[③] 具体来说，必须以《政府采购法》为基准，对购买本国货物、工程和服务、集中采购、保护环境、支持不发达地区和中小企业发展等方面在制度上作出具体、明确的规定。在实践

① ［美］理查德·A. 波斯纳著，蒋兆康译：《法律的经济分析（上）》，225页，中国大百科全书出版社，1997。

② 赵玲：《我国加入WTO〈政府采购协定〉的法律对策》，载《法律》2010年第6期。

③ 王涛：《〈政府采购法实施条例〉出台时间或延后》，载《经济参考报》2010年10月25日。

中，应建立供应商资格认证制度、采购官员职业化制度、政府采购中介机构制度等，对网上采购、政府采购合同的必备条款或标准化格式问题等也应作出具体的规定。

（二）建立全方位的监督管理制度

财政部门是政府采购相关规定的缔造者，也是政府采购的监管者。但近两年来，财政部两度因为对政府采购监管不力的行政不作为成为被告，确实值得深思。[①] 财政部门对政府采购行为的监管，既是其经济职权，也是其经济职责。建立全方位的监督管理制度，有效使用财政资金，财政部门责无旁贷。

1. 事前监管

现行《政府采购法》更多地规范政府采购中的购买过程，而较少有政府采购需求论证、需求规划与采购预算编制方面的法律程序和方式要求。[②] 在采购开始前，预算编制、执业资格认定制度的不断完善是监管制度的主要内容之一。

（1）在预算编制环节，加强对采购单位政府采购预算和计划的管理。预算环节是政府采购工作中最关键的部分，是开展政府采购工作的前提和基础，直接关系到整个政府采购活动的质量，因此在预算环节加强对采购单位的管理实属必要。[③] 笔者认为，政府采购预算的审核工作需要在以下两方面进行加强：一是要审核在政府采购前是否有漏报预算的现象，防止采购单位逃避法律的规范，二是要审核采购项目是否明确具体，防止因采购项目模糊不清而引起的各种舞弊行为的发生。此外，要严格要求采购单位编制集中采购计划，进一步加强对政府采购计划的管理，提高采购行为的规范性。

（2）在采购开始环节，加强对采购人员的执业资格认定及考核。目前，我国政府采购中寻租腐败现象屡有发生，一个重要原因就是采购人员的业务水平参差不齐，一些采购人员缺少必要的专业知识、职业技能和良好的职业道德。因此，应实行采购人员职业“资格”考试制度、加强对业务知识的培训、树良好的职业道德风气。通过打造一支高素质、正规化的采购队伍，实现采购人员职业化，力求从采购主体上杜绝采购中寻租腐败行为的产生，实现“阳光采购”。唯有将政府采购的内部职业化发展与外部多样化监管结合起来，才能从根本上杜绝“天价采购”，防止政府采购让腐败走进“春天里”，进而维护政府的公信力和保护社会公共利益。

2. 事中监管

借鉴国际组织政府采购法律程序规定，结合我国采购实践，构筑科学的招标监管规范体系、加强合同履约环节的监管、强化纪律监察部门的监管范围和监管力度、拓展信息化监管模式是我国对政府采购过程监管的重点工作。[④]

（1）在招标投标环节，加强对招标工作的监督管理。首先，评审活动作为政府采购执行中的关键环节，直接决定着采购项目组织实施质量的高低，因此应加强对评审过程的组织管理和对评审专家库的管理。其次，在招投标过程中，加强对招投标程序的现场监管。招标工作要做到公开、公平、公正，保证政府采购的高质量完成，就要不断提高招投标的透明度。政府采购的招投标现场，应当允许全部参与竞标的合格供应商参加，并且邀请有

---

① 董成慧：《自主创新产品政府采购制度的经济法基础》，载《行政论坛》2009 年第 4 期。

② 杨燕英：《完善我国〈政府采购法〉的理性思考》，载《中央财经大学学报》2009 年第 12 期。

③ 财政部驻北京专员办课题组：《对我国政府采购财政监管机制的思考》，载《财政监督》2009 年第 6 期。

④ 林翰文、林火平：《完善我国政府采购法律制度的思考》，载《江西社会科学》2010 年第 7 期。

关监管部门进行现场监督，防止出现行贿受贿行为。

（2）在合同履约环节，加强对合同验收和资金支付的审核监督。按照《政府采购法》和其他相关法律规定的要求，政府采购方和供应商要依照平等的原则签订合同。当供应商竞标成功并与政府采购方签订合同后，合同的履约是保证政府采购活动顺利完成的关键，此时，对合同履约的监管显得尤为重要。

为了加强合同履约的监管，应当首先采取标本兼治的根本性措施，即规范验收标准、健全和完善验收程序，看政府采购合同是否符合法律规定，供需双方的权利和义务是否明确，然后对供应商在执行合同过程中提供的货物、工程及服务质量等方面进行监督，最后对采购项目进行严格的验收及售后监督，从而完成整个监管过程。因此，每一项采购项目、每一宗采购业务中的验收，都应该在内容、标准、范围、程序等方面有所遵循，并且在科学化、规范化、制度化建设中，应当尽可能地量化、有形化、标准化。

（3）就监管主体而言，加强纪检监察部门的监督管理。政府采购活动涉及采购当事人的各方面利益，只有从多个角度对所有参加政府采购的当事人实施全过程的监督，才能有效地规范采购行为。纪检监察部门的监察对象包括采购人、集中采购机构和评审专家三方主体，因此，应充分发挥纪检监察部门在政府采购活动中的监管作用。在目前的实际监管工作中，纪检监察部门通常只对专家抽取和评标过程进行监督，而大量的腐败行为和其他违法乱纪问题都是“暗箱操作”，如果只是一味地坚持“现场”监督，会使得采购监管的质量大打折扣。从监管方式来看，纪检监察部门的监督工作主要是从“人”的角度去实施的，而财政或审计部门则主要是对采购活动实施管理和监督。所以，各个监管部门之间必须相互协调、相互配合、及时交流、及时沟通，这样就可以从不同角度、在更大的范围内对政府采购活动形成一种全方位的监督合力，才能更加有效地打击腐败，最大限度地遏制违法行为的滋生与蔓延。

（4）就监管方式而言，加强信息化监管的建设。一个完善的政府采购信息化系统，应当是一条上下贯通、管采联动甚至是纵横交错的高速公路，我国目前的信息化系统才刚刚起步。虽然“财政部信息统计系统”已经投入使用，但实际执行的效果并不理想，尤其是管采之间的环节衔接始终存在问题。笔者认为，政府采购信息化建设应当将“统一监管功能，实现预警纠错”放在重中之重，作为法定监管机关的财政部门必须充分利用信息平台，做到统计分析与绩效评估相结合，真正避免过多的人工操作所带来的不便。适应社会发展的未来的政府采购监管，将不再是靠几个人到采购现场的目测监督，而应启动信息化、电子化的远程协助系统。

3. 事后监管

供应商权利保障机制是政府采购制度的一个重要组成部分，但目前还存在一定的缺陷，主要表现在公权力的监督机制和供应商主动寻求救济机制方面的不足。由于政府采购市场对于国民经济发展具有重要意义，而供应商的积极参与对于政府采购市场的健康有序发展同样具有重要意义，所以完善供应商权利保障机制有着现实的必要性。遵照《政府采购协议》并借鉴其他国家和地区的立法经验，结合我国国情，笔者建议从以下三个方面完善我国政府采购法对供应商的权利救济：

（1）明确质疑的原则。关于质疑程序启动的原则，我国《政府采购法》没有作出相关规定。根据 WTO《政府采购协议》的规定，质疑程序应当遵循不歧视、及时、透明以及有效的原则。结合我国目前的政府采购发展现状，这四项原则无疑应为我国政府采购救济模式所借鉴。其中，最重要的莫过于及时原则，其包含了两层含义：一是时间性，二是有效性。

（2）明确行政复议机关。笔者认为，在政府采购救济模式中应明确规定行政复议机关，通常应该是由各级财政部门的本级人民政府或上一级财政部门来履行相应职责。因为政府采购办公室是政府采购委员会的常设机构，如果以政府采购委员会作为行政复议机关的话，就会出现同一法律主体既作出处理决定，又对自己作出的处理决定进行复议的有悖于法理的现象。

（3）拓宽司法审查范围。政府采购合同是一种与公共利益相关，并考虑权力、政策、非天然利益主体等因素的特殊合同，本质上属于行政合同。因政府采购行为引起的权益纠纷，应当纳入行政诉讼范围，使权益相关人得到行政救济。

（三）构建政府采购绩效评价模式

政府采购不是一般的商业采购，它具有公共性、政策性和强制性等特点，是政府组织指导、监督和推动的结果，它的起点是通过立法规定，过程是执行法律法规，终点是立法宗旨的实现。政府采购绩效评价就是根据绩效目标，运用评估指标对政府公共部门管理过程中的投入、产出、中期成果和最终成果所反映出的绩效进行评定、划分绩效等级、提出绩效改进计划和运用评估结果来改进绩效的活动过程。[①] 将政府采购绩效评价纳入政府采购流程，是因为监管是政府采购不可缺少的组成部分，建立政府采购绩效评价的原则和实施体系，是财政部门对政府采购进行有效监管的基础。

1. 政府采购绩效评价的原则

政府采购绩效评价涉及面广、技术要求高，必须建立完善的绩效评价制度，制定健全的具有可行性的评价标准，将绩效评价制度归入到政府采购资金管理的范畴。政府采购绩效评价要全面、有效地进行，不仅要分析采购项目的直接投入产出比，而且还要计算其间接的投入和产出。采购绩效直观的反映是可以用金钱衡量的经济效益，但其从侧面反映了财政资金使用的社会效益。因此，政府采购绩效评价工作对政府采购的成功有着重要意义，评价政府采购绩效应遵循以下原则：

（1）全面性与特殊性相结合原则。由于政府采购资金的支出对象具有广泛性，这就决定了其绩效评价可参考多个标准，如直接效益和间接效益，整体效益和局部效益，经济效益和社会效益，短期效益和长期效益等。评价过程要做到客观、公正，就必须多角度、多思维地比照以上几种标准对政府采购的实施过程进行全面衡量。同时，由于不同的采购项目支出具有特定的功能，追求效益的侧重点各不相同，因此，在进行政府采购绩效评价时，既要充分考虑政府采购的总体效益，也要具体分析不同采购项目的特殊功能。

（2）统一性和差别性相结合原则。设计一套统一的原则、制度、标准和程序，是建立政府采购绩效评价体系的基本要求，否则绩效评价的结果将很难具有公信力。但考虑到政府采购对象的广泛性，对不同类别、不同部门的政府采购支出的绩效评价，应当在不违背根本性原则的前提下，充分考虑各种效益的差别性，结合各自不同的功能特性，选择相应

① 骆建文、彭鸿广：《解析与构建政府采购自主创新产品的绩效评价指标》，载《科学管理研究》2008 年第 6 期。

的指标来进行评价。

2. 政府采购绩效评价的实施体系

过去，我国政府采购部门实行的是“以上级为主，自上而下”的采购评价模式，评价的结果仅对内公布，不对外公开，极易导致缺乏客观性和准确性的采购绩效评价。[①] 在构建我国的政府采购绩效评价体系中，我们可以适当引入以社会公众评议为主体的多元化绩效评价体系，它包括政府机关的自我评估、同级评议和上级评价，更重要的是将社会公众作为评估主体，肯定了社会公众的监督地位，形成自上而下和自下而上的双向评价体系。

这种双向评估体系的具体做法为：一是要把群众参与度和服务满意度作为评估的根本出发点；二是要建立专门独立的政府采购绩效评估机构，配备专业的评估人员。社会公众参与到政府采购绩效评价中来，可以弥补过去自上而下单向性评议制度的局限，与自上而下的评议制度起到相辅相成的作用。这样将有利于提高采购绩效评价的公正性和公平性，扩大公民的参政、议政范围，有利于降低采购成本、节约财政资金，最终实现政府采购的价值目标。

① 潘彬著：《政府采购模式绩效评价模式创新研究》，23 页，湘潭大学出版社，2008。

我国非政府组织参与社会保障的法律问题研究

关平*

目　次

社会保障的基本目标在于帮助公众应对随时可能面临的生存危机，改善和增进社会保障水平，保护人们的生存权和发展权，进而实现整个经济社会的和谐发展。其特点包括强制性、社会性、非营利性、互济性等。由社会保障的"社会性"和"互济性"不难看出，社会保障事业不是一项单纯由政府参与的行政行为，也不是一种纯粹的商业保险行为，而是各方主体共同参与的一项社会系统工程。笔者认为，在社会保障制度的建立和不断发展过程中，政府、市场、非政府组织都是重要的参与者。目前我国的社会保障制度建设中还存在许多不足，比如社会保障资源匮乏、保障水平较低等，政府的社会保障经办部门常常陷入力不从心或难以提供保障产品的困境。非政府组织作为沟通政府与社会的中间力量，将在社会保障产品供给方面发挥重要作用。本文拟就我国非政府组织参与社会保障的法律机制展开研究。

一、非政府组织参与社会保障的必要性和可行性

（一）非政府组织参与社会保障的必要性

非政府组织参与社会保障的必要性，至少可以从以下两方面加以说明：

1. 社会保障的发展方向是多元化

（1）社会保障产品的需求多元化。社会保障在本质上是属于公共物品的范畴，保障范围从小到大、保障项目由少到多、保障产品由单一到多元，人们对社会保障产品的需求已由原始的保障基本生活向提高生活质量的高级阶段发展。以西方福利国家的代表——英国

* 重庆科技学院助教，法学硕士。

为例，其社会保障项目十分全面，覆盖了社会的各个阶层、各个家庭，保障了人生的各个阶段，真可谓是“从摇篮到坟墓”。[①] 我国原有的社会保障项目少，范围窄、水平低，一方面经济持续发展、综合国力不断增强，另一方面社会贫富差距扩大、弱势群体增加，使得拓宽保障领域、丰富保障内容、提高保障水平显得尤为必要和可行。随着社会整体生活水平的提高，社会保障的水平应当同步提高，人们对社会保障产品的需求体现出多元化的趋势，不管是市场还是政府显然都难以满足社会日益多元的保障产品需求。

（2）社会保障产品供给中的市场失灵。在市场经济条件下，并不必然能够产生出社会所需要的所有公共物品，因为按照价值规律的要求，消费者要取得某种公共物品，必须付出相应的价格成本。实际上，消费者要获得某种公共物品，并不需要承担任何费用，或者只需要付出较少的费用，就完全可以享受公共物品给他带来的利益。[②] 社会保障产品如果完全市场化，单纯依靠市场机制供给，就会导致以下两种情况：一是给付对价购买的人和不给付对价的人在消费公共物品的权利上并没有什么区别，即一部分人支付公共物品的对价，而其他人却在免费享用；二是公共物品的供给对象是全体社会成员，其成本是相当高昂的，私人等市场经营主体一般不愿意承担提供公共物品的责任。市场机制无法有效地供给包括社会保障在内的公共产品，这就是所谓的市场失灵。[③]

（3）社会保障产品供给中的政府失灵。“当工业化、城市化、社会现代化，特别是在市场经济条件下，政府对社会弱者群体的保护是责无旁贷的，在现代社会条件下，以亲情为基础的家庭保障、作为经济手段的市场机制以及劳动者之间的互助机制都无法承担承担社会成员中弱者群体保护的主要责任，这是世界绝大多数国家政府都不可回避地建立、发展并不断寻求完善社会保障制度的基本原因之一。”[④] 各国政府在社会保障制度的全面建立和发展时期，确实弥补了市场在社会保障供给方面的不足，并且对社会保障的渗透越来越深，参与了几乎全部社会保障产品的供给。但是，西方国家实行的以政府高额财政补贴为支撑的全民性高福利的社会保障制度让政府不堪重负，进而引发“福利病”[⑤]。这主要体现在以下几个方面：

第一，社会保障的目标是保护社会公共利益，但行政官员的目标是追求个人利益最大化，他们需要在相对较短的时间内作出尽可能多的政绩以获得升迁，往往倾向于夸大政府的功能和市场的缺陷，即使政府介入的成本超过收益也在所不惜。

第二，社会保障的首要价值在于公平正义，每个社会成员对社会保障项目的需求不可能一模一样，而政府一般倾向于提供满足符合社会大多数意愿的中间人群需求的社会保障产品。这样的话，就会有一部分需求得不到满足，特别是妇女、儿童、残疾人等弱势群体往往最需要社会的帮助，但政府提供社会保障产品时却很容易忽视他们。

第三，政府具有官僚组织天然的弱点，缺乏有效竞争等动力机制，导致政府在供给社

---

① 张桂琳等著：《七国社会保障制度研究》，27页，中国政法大学出版社，2005。

② 李昌麒主编：《经济法学》，41页，法律出版社，2007。

③ 刘芳：《非营利组织参与社会保障的路径选择》，载《法制与社会》2006年第6期。

④ 刘燕生著：《社会保障的起源、发展和道路选择》，1～2页，法律出版社，2001。

⑤ 20世纪70年代由石油危机引发的经济发展放慢以及人口老龄化、家庭核心化等问题的凸显，政府对社会保障介入过深的问题也开始突出，福利国家开始面临危机，这一危机被人们形象地称为“福利病”。参见林闽钢、刘立强：《建构责任多元化的中国社会保障制度》，载《学海》2002年第2期。

会保障产品过程中难免会出现浪费、高成本、低效率甚至贪污腐败等问题，同时政府容易受到利益集团的左右而可能降低部分社会成员的保障水平。这就可能出现"政府失灵"。[①]

2. 非政府组织参与是社会保障发展的必然趋势

(1) 公共治理理论的提出。凯恩斯的"国家干预"理论深刻影响了西方国家社会保障制度的建立和发展，政府全面介入经济社会生活，更有甚者提出了"全能国家"的概念。但政府参与过多，日益膨胀的社会保障支出使财政危机凸显，政府不堪其负，进而导致整体经济运行的低效率。西方国家开始反省福利国家的负面作用，公共治理理论应运而生。

公共治理理论将整个社会划分为相互独立而又紧密联系的三大部门，即第一部门是政府部门，第二部门是企业部门，第三部门是非政府（非营利）部门。该理论主张：在寻求各种社会问题解决方案的过程中，政府可以将原先由它独自承担的责任转移给公民社会，即由各种私人部门和非政府组织承担越来越多的责任，最终建立一种公共事务管理的合作伙伴关系，即政府、企业、非政府组织之间建立起合作伙伴关系，共同致力于社会保障事业。

(2) 福利多元主义的支持。福利多元主义主张社会保障制度的改革不应仅仅局限于市场和政府之间非此即彼的二元思维模式，倡导一种多元主义的思维方式。该主义要求减少政府部门在社会保障产品供给中的参与范围，主张参与主体多元化，特别强调非政府组织参与社会保障的作用。在福利多元主义倡导者看来，正是非政府组织的积极参与，起到了"填补政府从社会保障领域后撤所遗留下的真空并抵挡市场势力的过度膨胀"的作用。[②]福利多元主义的两个主要理念是分权和参与，分权是指政府应当将提供社会保障产品的行政权由行政部门转移给社会领域的相应组织；参与则是指非政府可以参与社会保障产品的供给。这为非政府组织参与社会保障提供了重要依据。

（二）非政府组织参与社会保障的可行性

1. 非政府组织参与社会保障的优势

由于市场机制固有的缺陷，人们对在市场经济中可能遭遇的社会风险无能为力，使人们把建立社会保障制度的希望寄托于政府，并付诸长期实践。但随着国家包办式的福利主义的弊端日益显露，单靠政府并不能解决所有社会保障问题，这就需要第三方组织——非政府组织来参与社会公共物品的供给。

(1) 社会保障制度追求的是社会全体成员的共同利益，"从应付市场失灵、对国家经济宏观调控的角度而言，社会保障仍然是政府的一项重要职责，何况社会保障的实施需要政府的强制性措施。然而，这个职责更应当限定在宏观运作和调控这一点上。更多的具体职责还需要借助于社会，这就是社会保障制度社会化原则的含义"。[③]因此，作为代表"社会利益"的非政府组织的参与无疑将会有利于社会保障制度公平目标的实现。

(2) "非营利性"是非政府组织区别于市场企业组织的最重要特征，所谓的不营利不是说非政府组织不赚取利润，而是说不得将利润分配给其成员。非政府组织在提供公共产

① 成志刚、刘丽华：《论我国非政府组织参与社会保障的理论依据》，载《理论界》2006 年第 4 期。

② 林闽钢、王章佩：《福利多元化视野中的非营利组织研究》，载《社会科学研究》2001 年第 6 期。

③ 林嘉著：《社会保障法的理念、实践与创新》，45 页，中国人民大学出版社，2002。

品时，尽管有能力提高产品价格或者降低产品质量，但由于所获利润不能参与分配，这在很大程度上抑制了非政府组织实施机会主义行为的动机，进而维护了消费者的利益，这也是非政府组织能够提供市场所无法提供的某些公共产品的原因。一般来说，由于政府部门较高的行政成本的存在，由非政府组织提供公共产品的成本比政府部门提供要低得多。

2. 非政府组织参与社会保障的经验基础

（1）非政府组织参与社会保障的历史轨迹。20世纪50年代，受凯恩斯"政府干预"主义影响，政府干预之手全面介入社会生活，甚至提出"全能国家"的概念，几乎所有西方发达国家都建立了一套"从摇篮到坟墓"社会保障制度，通过完善有关社会保障制度的立法，实现了一套项目齐备、覆盖面广的以高福利为主要内容的社会保障体系。在这一过程中，非政府组织的活动空间受到限制，存在基础受到削弱。①

进入到20世纪70年代中期以后，由于经济"滞涨"、社会矛盾突出、失业率居高不下以及老龄化社会的到来，西方各国的社会保障均面临不同程度的危机。② 政府开始对社会保障的巨额支出感到力不从心，从20世纪80年代开始，西方发达国家开始检讨政府部门的社会福利职能和经济职能，反思政府社会保障功能的定位，重新把目光投向非政府组织。人们开始认识到：一个深受官僚主义弊端拖累的庞大的政府机构，其对社会公众新的需求往往反应迟钝，其行为也往往受到各种社会力量的制约和牵制，加上政府本身固有的缺陷，使得政府官员往往缺乏降低成本、增加产出的内在动力。人们开始在政府和市场之外寻求解决途径，西方发达国家出现了社区、社团、社群的整合运动，各种非政府组织迅速成长并在社会保障产品提供中发挥了重要作用，原来属于政府领地的社会保障改革转向寻求非政府组织更为广泛的参与。

（2）主要西方国家非政府组织参与社会保障的实践。英国的民间公益组织遍及社会生活的各个方面，官方和媒体较少使用"非政府组织"或"非营利组织"，而更多地使用"慈善组织"这一传统称谓。在社会保障制度改革过程中，撒切尔夫人就强调政府投入、非政府组织参与和家庭责任相结合的福利理念，鼓励非政府组织和家庭承担更多的社会保障责任，减轻政府在社会保障方面的负担；③ 布莱尔提出走"第三条道路"来改变传统的福利国家模式，减轻政府的社会保障负担，政府逐步退出了对所有社会保障项目大包大揽的角色，仅仅保留卫生、教育等重要领域。

美国的改革一方面强化政府对社会保障的宏观管理职能，另一方面把相当的具体操作职能交给了"非营利组织"承担。④ 政府承担了提供社会保障产品的主要职责，但是政府并不包揽一切，而是鼓励包括非政府组织在内的各种社会组织积极参与社会保障项目。20世纪60年代以来，美国各级政府开始强调由政府以合同的形式向非政府组织购买各种各样的社会保障产品以满足人们的需求，这些组织从事的社会保障服务包括就业培训指导、医疗保健、照顾老幼、保护生态环境、提供文体休闲项目等。

---

① 林闽钢、王章佩：《福利多元化视野中的非营利组织研究》，载《社会科学研究》2001年第6期。

② 江立华：《西方社会保障制度的宏观考察》，载《现代国际关系》1999年第11期。

③ 苑涛：《欧洲社会福利理论中的中间道路学派及其影响》，载《南开学报（哲学社会科学版）》2000年第2期。

④ 美国没有"非政府组织"的称谓，而通常采用非营利组织的说法，据统计，美国非营利组织约有一百五十万，致力于提供各种社会服务，其最突出的发展势头就是志愿者大规模参与社会保障项目的管理、运行和日常活动。

德国社会保障的基本方式是社会互助，参与主体方面实行社会化原则，由自治性社会组织——社会保险机构经办社会保险事务，资金由个人、单位和国家三方负担。社会保险机构具有公法人地位，在财政和组织上都是独立的，其开展业务以间接性国家行政管理的方式进行。每个社会保险机构都有一个代表大会和董事会，体现出社会化管理的原则，即代表大会决定机构的章程及其合法的自主管理权，董事会和业务领导决定机构的财务预算、监督财务支出。[①]

二、我国非政府组织参与社会保障的现状及其制约因素

（一）非政府组织参与社会保障的历史和现状

1. 改革开放前的“国家保障”

1949年新中国成立后，改革开放以前，我国的社会保障制度的立法和实践基本上是继受苏联“国家保险”思想，并逐步形成了计划经济体制下排除社会力量参与的国家保障模式，在城市以单位保障为表现形式，在农村则体现为依靠集体经济组织进行保障。[②]

这一保障模式体现出显著的政府一元管理的特征，并形成了典型的城乡二元结构，城镇和农村实行不同的社会保障立法与实践。农民除了依靠自身家庭的保障功能外，主要依托于集体经济组织，其所享受的社会保障项目主要是“五保”制度和合作医疗两个方面；政府机关和事业单位的工作人员的社会保障由其所在机关或者事业单位负责，企业职工的社会保障由所在企业负责，社会保障成为“单位保障”，从形式上来看，一系列社会保障法律、法规所规定的社会保障产品提供参与者有很多，但在计划经济时期，这些形式上的参与者都不具备法律上独立的民事主体地位，而只是国家的代表。正所谓“踏进单位的门，就是国家的人”，生老病死有单位的通过单位，没有单位的少数人通过民政部门得到保障。[③] 至此，我们不难得出这样的结论：新中国成立以来至20世纪80年代初期，社会保障产品的供给主体只有一个：国家（政府）。这一阶段我国社会保障实际上是国家（政府）保障而非真正的社会保障，所谓“社会保障”不过是个人对单位并透过单位对国家（政府）的依附，保障的始终都有国家的行政控制相伴随而没有独立的社会保障，这样的保障制度是毫无社会性可言的，非政府组织在政府独大的社会保障制度中显然是被排斥的。

2. 改革以来社会保障产品供给主体的演变

传统的国家保障体制在20世纪80年代开始松动，经济体制改革不断深入、政企分开以及企业经营自主权的不断扩大，企业转变为独立的市场经济主体，政府和企业分配关系的基础被动摇甚至改变，单位保障与国家保障开始分离，政府承担的社会保障项目有所减少。但这种仅有单位作为责任承担者的保障机制的资金有限，也不具有社会保障统筹分散风险的功能。随着我国市场经济体制的建立和不断完善，原有的“国家—单位式”的保障体制已经失去了存在的经济基础，社会保障制度领域一场广泛而深刻的改革不可

---

① 史探径主编：《社会保障法研究》，416页，法律出版社，2000。

② 周宝妹著：《社会保障法主体研究》，132页，北京大学出版社，2005。

③ 前引，周宝妹书，136页。

避免。

20世纪90年代至今，我国进行了一系列社会保障项目的改革和创新，包括养老、医疗、失业保险的改革，逐步建立城乡最低生活保障制度，基本建立了适应社会主义市场经济发展的社会保障框架。这一改革过程很明显地表现出国家（政府）在社会保障体制中直接参与的领域相对缩小和参与主体社会化、多元化的趋势明显加强，不但体现在财政组织上的社会化方面，更大程度上表现为社会保障管理和服务组织的社会化。按照管理服务社会化的要求，参与我国社会保障产品提供的主体打破了政府独大的局面，出现了参与多元化的趋势。政府仍是社会保障的管理主体，但是这种管理逐步向真正的管理接近，具体的事务操作和业务经办则交由日渐独立的社会组织办理。①

经过近三十多年的改革和创新，我国已经初步建立了形式上参与多元的社会保障体系：政府依然是最重要的社会保障参与者，由其财政支出保证的保障项目包括社会救济、社会福利和社会优抚三项；社会保险项目中养老、失业、医疗保险是由政府、企业、职工三方承担责任的，政府一般建立了非政府的经办机构（以事业单位为主要表现形式）来具体实施；此外还有一些慈善机构、社区组织等非政府组织正在逐步成为我国社会保障不可或缺的保障参与者。

笔者认为，我国社会保障制度改革还没有实现社会化的预期目标，政府依然承担了较多的社会保障产品供给责任，在社会保障制度建设中依然大包大揽，留给以非政府组织为主的社会力量的空间依然很小。

3. 非政府组织参与社会保障的现状

我国参与社会保障的非政府组织基本上都是在改革开放以后成长起来的，它们的出现是我国社会保障向着社会化发展的重要标志。这些参与社会保障的非政府组织一般可以分为自上而下和自下而上两类：自上而下的非政府组织是指由政府创建、推动成立或从政府机构转变而来的，与政府关系仍旧密切的“准非政府组织”；自下而上的非政府组织一般是民间出于一致的兴趣或要求而自发组建的，包括基本民间化的社会团体、非营利的民办非企业单位和未经依法登记的非政府组织。按照与行政机关的关系来比较，前者一般都具有行政背景，后者的非政府性则表现得更明显些。我国参与社会保障的非政府组织主要包括社会保障业务经办机构、社会保障基金管理运营机构、社会保障监督管理机构以及各类慈善组织、从事社会保障工作的基金会和志愿者组织等。尽管这些非政府组织普遍成立的时间较短并且大多在发展中受到政府较多的约束，但其在我国社会保障领域的产生和发展确实取得了一定成效，实现了社会保障制度应当具备的稳定功能、调节功能、促进功能和互助功能等。

总体上来说，我国非政府组织参与社会保障还处于起步阶段，与西方福利国家非政府组织广泛参与社会保障还有较大差距，其社会保障功能的充分发挥还存在较多的制约因素。

（二）制约非政府组织参与社会保障的因素

我国绝大多数非政府组织的显著特征是具有十分明显的“官民两重性”，即这些社会组织虽有“非政府”之名，实际上却是具有深厚的政府主导的“官办”色彩。但需要明

① 前引，周宝妹书，142页。

确的是，立足于我国的现实国情，非政府组织在成立或者发展壮大之初不可能不依靠政府的推动和协助，不能因为“官办”色彩就否认非政府组织参与社会保障的积极作用，这些非政府组织最终能否健康发展、发挥应有的作用主要还在于其能否真正代表社会公众的利益。笔者认为，现在不应在其是否是“官办”这一组织属性问题上纠缠过多，而是要深入分析制约我国非政府组织参与社会保障发挥作用的外部环境因素和组织自身建设问题。

1. 有关法律制度长期缺位

长期以来，人们参与社会公共事务管理的意识不强，我国包括参与社会保障的非政府组织在内的所有非政府组织普遍成立的时间比较短，加上法律调整具有一定的滞后性。所以，我国目前没有专门的非政府组织法，专门针对参与社会保障的非政府组织的法律法规也自始没有，包括非政府组织的性质、作用、成立程序、法律责任、管理主体等相关制度都没有法律法规的明确界定。当前仅有的一些行政法规或者条例涉及社会保障非政府组织，如《社会团体登记管理条例》《民办非企业单位登记管理暂行条例》《基金会管理条例》《社会福利机构管理暂行办法》《取缔非法民间组织暂行办法》等，相关法律法规的缺失以及现行有关规定过多强调对其控制和管理，使得社会保障非政府组织生存和发展受到较大的制约，难以高效发挥其应有的社会保障作用。有学者就指出，“现行法规中的许多规定在很大程度上是不利于 NGO 的发展。它们所带有的控制、限制的基调和烦琐的手续规定及其制度性框架，在相当长的时期里都成为制约 NGO 发展的因素”。[①] 按照现行法律的规定，自下而上自发成立的社会保障非政府组织因为难以在民政部门登记，其合法性就难以得到政府的认可，那么其能否参与社会保障制度建设以及能在多大层面参与就是一个很大的问题。

2. 政府对非政府组织监管过于严格

一方面，由于法律法规的缺位，规范非政府组织的责任就落在了政府的肩上；另一方面，随着社会保障事务日益社会化，也需要引导和扶持非政府组织的发展来弥补政府参与社会保障“失灵”之不足。但是，我国的非政府组织行政色彩太浓，多半由政府直接举办，即使是民间自发成立的非政府组织，也离不开政府的默许和支持。非政府组织能够参与社会保障事务最显著的优势在于中立性，它既不隶属于代表公权力的政府，也不归属于代表市场竞争的企业，能够弥补政府和市场参与社会保障产品供应失灵的不足。但反观我国的这类组织，它们与政府有着千丝万缕的联系，其浓厚的官方色彩使得其发挥社会保障职能受到极大的限制。我国现有的非政府组织主要包括事业单位、民办非企业单位、社会团体等政府依靠行政力量建立起来的一系列社会组织，它们一般都接受行政机关的领导，具有自己的级别和编制，重大问题的决策比如主要领导任免和日常管理经费来源多由其上级业务主管部门决定，成为事实上的“二政府”，其社会保障职能的发挥必然难以突破现有的社会保障框架，难以实现社会保障社会化的目标。

3. 政府参与社会保障的“越位”

不可否认，政府是社会保障产品供给的首要参与者，其对建立完备的社会保障制度起着至关重要的作用，但这并不是说政府对于社会保障事务应当事无巨细均要亲力亲为。政

① 王名：《中国的非政府公共部门》，载《中国行政管理》2001 年第 6 期。

府参与社会保障的范围和力度超过了弥补“市场失灵”和维持市场机制正常运行的合理需要，即是越位，在这种情况下，政府作为社会保障产品的唯一供给者就失去了合法性的依据。在社会保障管理体制的重构中，我们设立了一些形式上相对独立的社会保险经办机构来承担“使社会保险基金保值增值”的任务，但政府部门对这些机构管得太多，统得太死，这些机构大多依附于行政机关，其人事任免、经费来源等一般由上级主管行政机关决定，以社保基金为例，政府部门随意挪用社保基金的现象层出不穷，接二连三的社保大案使得部分社保基金变成坏账、死账，更不用说保值增值了。

市场经济条件下，政府职能转变主要集中在宏观经济调控、社会管理、提供公共服务三个方面，但现阶段政府对社会保障注重直接供给和管理，形成了“部门分割、各自为政、多头管理”的混乱局面，参与社会保障管理的有劳动和社会保障部门、人事部门、卫生部门和民政部门等。政府对社会保障事务大包大揽，使得其相关职能部门的权力和职责过多扩张，各部门在一些重大问题上缺乏大局观念，仅考虑本部门的利益，这样就在一定程度上降低了社会保障的整体效果，提高了成本。

4. 非政府组织自身建设的不足

（1）“资金缺乏”和“资金滥用”同时存在。首先是“资金缺乏”的问题，我国的非政府组织的发展普遍“缺钱用”。就社会保障领域而言，尤其是民间自下而上成立的非政府组织参与社会保障同样面临资金短缺的问题①，这固然与我国公众缺乏参与社会公共管理意识和社会募捐活动有限有关，但在笔者看来，更深层次的原因在于政府对这些民间自发组织的扶持不够，政府将较多的精力和财力都放到了与政府关系密切的“非政府”组织上，这就使得这些民间组织在政府方面没有固定的财政支持，在社会领域能得到的赞助或者捐赠也很有限，所能参与的社会保障事务也就微乎其微。

其次是“资金滥用”的问题，正如前文已经提到我国社会保障面临巨大的资金缺口的问题，有限的社会保障资金一般交由政府主管的社会保障经办机构等“非政府组织”经营和管理，而这些组织一般都是由政府兴办或者由政府部门演变而来，管理上的“官本位”为“权力寻租”提供了温床，资金使用管理体制不健全、不透明。

（2）组织成员素质较低。正如前文所分析的，按照自上而下和自下而上来区分，我们将非政府组织分为具有官方背景的组织和民间自发组织，这两类组织从业人员的综合素质离参与社会保障产品供给的要求还有较大差距。第一，许多官方性质的“非政府”组织的从业人员一般都是政府机构改革分流的人员或者在政府部门工作到一定年龄的人员，人们往往将这些组织和政府机构进行比较，这些组织的成员在开展工作时往往也带有行政机关的痕迹，并且这些人一般不是自愿加入“非政府”组织的，这与非政府组织“自愿、公益”的目标相去甚远。第二，由于政府和社会的支持没有到位，使得民间自发组织往往难以向其从业人员提供必要的物质报酬，因此，这些组织一般都面临人才匮乏的尴尬局面。现在很多民间自发组织的从业人员参与社会保障事务给人的感觉是在业余时间做“副业”，而不是在工作时间做“主业”或者“专业”。②

① 由政府自上而下建立的社会保障非政府组织往往能从政府得到大量资金支持，一般不存在“缺钱用”的问题，其问题主要在于“乱用钱”。

② 张创新等：《关于发展社会保障型民间公益组织的若干思考》，载《大连理工大学学报》（社会科学版）2005年第2期。

（3）内部管理混乱，组织能力欠缺。我国相当多的非政府组织虽然有名义上独立的治理机制，但基本是形同虚设，重大决策都是由少数几个领导成员或者业务主管政府部门的领导决定，加上责任机制的缺位，有些社会保障非政府组织财务和人事管理等方面没有具体的规章制度，更给个别领导人独断专行提供了方便。这些都直接导致这些组织普遍能力不足。正如有的学者指出，中国的慈善组织不但表现出慈善不足和慈善业余等问题，而且还有类似于政府的种种弊端，诸如运行效率低下、人浮于事、对社会公众的需求缺乏必要的回应，有些问题甚至比政府部门更为严重。

三、我国非政府组织参与社会保障的法律机制选择

相较于西方福利国家发达的社会保障制度而言，我国的非政府组织参与社会保障的程度和规模还处于比较低的层次。结合我国社会保障制度发展的历史和现状，政府的决策者和学界的专家都认识到了非政府组织所拥有的巨大的社会保障资源，引导和支持非政府组织参与社会保障事务也取得了一些进步。笔者认为，最根本的是要从制度层面（主要是法律制度）确定非政府组织参与社会保障的界限、范围和方式，以及非政府组织参与社会保障可以由哪些具体的组织形式构成、这些组织能够在哪些社会保障项目中发挥作用、如何处理政府与非政府组织参与社会保障供给的关系，等等。

（一）依法明确非政府组织的发展空间

1. 政府对于社会保障具有义不容辞的责任

我们需要分清哪些社会保障产品是必须由政府来提供的，哪些是可以由政府以外的非政府组织来承担的，将不必由政府承担的项目交给非政府组织，最终确定政府与非政府组织在参与社会保障方面职责的合理分配。要合理界定、分配政府部门与非政府组织各自参与的社会保障项目及其保障产品供给，首先政府要更新管理理念，树立“有限政府”的理念，克服无所不包的行为习惯，自觉地改革行政管理体制，让渡部分职能。

（1）制度规范方面。由于我国相关法律的缺失，使得政府有必要担负起制度规范的职责，但这并不是说政府可以代替立法机关制定有关法律然后实施，政府发挥制度规范作用主要基于以下两个角度展开、首先是发挥社会保障立法的推动者与参与者的作用；其次是政府应当以立法机关制定的相关法律为依据，制定出符合实际情况的、可操作性较强的具体政策规范并组织实施，起到组织者和实施者的作用。

（2）保障资金供给方面。政府参与社会保障最首要的职责就是扩大财政在这方面的投入，为社会保障提供充足资金，确保社会保障项目正常运行。政府一方面要加大财政拨款对社会保障领域的投入，另一方面也要发挥主导作用，鼓励、支持、引导非政府组织投入到社会保障制度的建设中来。

（3）监督管理方面。严格的监管才能保证社会保障制度有效运行，政府履行监管主要包括监督国家制定的各项社会保障制度、法律、法规、政策等的贯彻执行情况，以及对各项社会保障资金的筹集、运营、支付等过程进行监督。[①]

（4）引导和支持非政府组织参与方面。在社会保障参与主体多元化趋势下，公民社会

---

① 胡佳：《社会保障中政府责任的定位与现实选择》，载《党政干部学刊》2007年第3期。

力量不断成长，政府有责任积极引导社会各界尤其是非政府组织参与相应的社会保障产品供给，通过政策上的鼓励、资金上的支持，使代表社会利益的非政府组织积极投入和参与社会保障事务，为拓展社会保障资金来源、扩充社会保障服务项目、促进社会公益慈善发展提供大量政府以外的财力和人力支持。

2. 非政府组织参与社会保障的范围

（1）在社会保障管理方面。一些微观具体的管理工作可以由政府部门下放给非政府组织，比如社会保障业务经办和社保基金运营管理，前者比如社会保险项目的费用征缴、保险金发放等，后者比如各类社会保险基金的具体运营及其保值增值。

（2）在提供社会福利①产品方面。单单依靠政府力量已不能解决多元化的福利产品需求，非政府组织可以弥补政府的不足，分担一部分原来由政府承担的功能，提供品种多样的福利产品。政府由管理者和提供者向规范者和购买者转变，政府通过与非政府组织签订购买合同并支付对价，由非政府组织向社会提供福利产品，如儿童看护、老年人护理保健、就业指导培训、社区服务等。

（3）在社会保障监督管理方面。仅有政府的监管显然不足以规范社会保障运行中可能出现的问题，“社会化”保障要求非政府组织参与监督管理，从一定意义上讲，这种监管的对象主要是政府承担社会保障责任的相关部门。

（4）社会保障的其他领域。随着经济社会的进步，社会保障的外延会不断扩大，社会保障的诸多领域，如社会救济、优抚安置等方面都可以吸引非政府组织的参与，以减轻政府的社会保障压力。

（二）正确处理政府与非政府组织的关系

结合我国现实国情，政府与非政府组织的关系属于政府主导型，即各种社会组织基本都处于政府的有效控制之下，这也表明在我国非政府组织发展壮大中必须要正确处理其与政府的关系。

1. 政府应当积极促进非政府组织参与社会保障

我国现阶段的非政府组织的发展现状还不足以独立参与保障产品提供，需要政府加以引导和支持，而政府的“支持和引导”职责有必要通过法律形式固定下来，以防止政府权力过分干预或者非法干预。

（1）给自上而下的“准非政府组织”的松绑。目前的社会保障经办机构大多是脱胎于政府部门的事业单位，还不是严格意义上的非政府组织，但这些事业单位将成为非政府组织参与社会保障的主体力量，这一系列“准非政府组织”从政府严格管理中相对独立出来是社会保障制度“社会化”发展的必然要求。

（2）给自下而上的非政府组织更多发展空间。随着改革的深入发展，民间自发成立的非政府组织越来越多，但在我国现实条件下，民间非政府组织的自我发展壮大将是一个十分漫长的过程，并且我国“政府主导”的自上而下的改革模式也决定了非政府组织的发展离不开政府部门的推动。

① 我国传统使用的社会福利概念主要是指由国家出资兴办的，旨在为社会成员谋取利益的各种福利性事业，将提供福利产品的责任归于政府，经过改革逐步确立新型社会福利制度，认为社会福利是指国家和社会为改善并不断提高国民的物质文化生活而采取的各种具有经济福利性的社会政策措施的总称。参见林嘉著：《社会保障法的理念、实践与创新》，10页，中国人民大学出版社，2002。

2. 政府应当保证非政府组织参与社会保障的能力

（1）财力支持。非政府组织参与社会保障不以营利为目的，并且旨在增进社会公益，其开展活动必须要有稳定的资金来源，政府有责任对其进行必要的财政支持，包括对非政府组织参与的一些重要的社会保障项目实行财政补贴、向这些组织购买相关的福利产品由这些组织负责向社会提供。

（2）制度支持。政府应当着力于规范化的制度建设，将“政策型”的社会保障转变为法律主导的、运行规范化的社会保障制度，包括制定社会保障基本法、非政法组织基本法、非政府组织参与社会保障促进法，规范非政府组织的行为，依法确定非政府组织参与社会保障的权利义务，为非政府组织参与社会保障提供根本的制度上的支持。

（3）舆论引导支持。我国传统缺乏非政府组织发展的政策和体制环境，社会公众对政府有着非常强烈的依赖情结，新生的非政府组织的社会认同感是不高的。这需要通过政府的积极引导向社会传递这样一种信息，一方面，政府通过直接的财政支持增强非政府组织的公信力，促进社会保障资金的积累和增值；另一方面，解决我国社会保障资源稀缺的问题需要充分调动和利用民间资源，非政府组织正是利用这些资源的有效途径，政府应当在社会公众中进行社会公益宣传和教育，提高公民自愿参与社会保障事务的意识，使公民积极参与到社会保障事业的捐助和服务中来。

（三）建立健全非政府组织参与社会保障的法律机制

众所周知，任何一种事物都有其两面性，我们既要看到非政府组织所蕴藏的巨大的社会保障资源，也要认识到，非政府组织不是万能的，其与市场和政府一样都存在缺陷，非政府组织的健康发展离不开完善的法律法规的规制和监督管理体制的约束。

1. 参与社会保障的非政府组织的具体构成

（1）由社会保障受益者组成的非政府组织。市场竞争的必然结果是优胜劣汰，陷入“生活困境”的社会成员享有得到相应社会保障服务的权利，但单个的社会成员力量单薄而且比较分散，其社会保障利益可能会受到不公平的待遇。因此，社会成员有必要联合起来形成社会力量以维护自己的合法利益，社会保障受益者可以自发或者在政府指导下成立地方性或者全国性的社会保障受益者权益保护组织，符合法定条件的社会成员都可以申请参加。

（2）独立经办各社会保障子项目的非政府组织。这些经办组织主要涉及养老、医疗、福利产品提供等具体项目，相对独立于政府，但要接受政府的监督。它们一方面直接为社会保障参加者服务，提供社会保障资金账户管理；另一方面可以接受政府或者社会保障利益团体的委托经办某些社会保障项目，比如城乡最低生活保障金的发放、优抚待遇的发放、社区福利的实施等；同时，它们还能够在安置下岗失业人员再就业、拓宽养老保障方式等方面发挥重要作用。

（3）从事社会公益的非政府组织。随着经济社会的发展，人们的社会保障需求不再局限于法律规定的强制保险，为解决公众日益多元的保障需求，为部分特殊的社会利益提供应有的保护，这类组织发挥了重要作用，比如慈善组织和社区互助服务机构。

（4）对社会保障的运行实施监督管理非政府组织。政府应当承担对社会保障产品的监督检查职责，但这并不影响非政府组织参与到社会保障监管中来，相反，社会力量的加入将有助于进一步完善社会保障监督管理体系。

2. 建立非政府组织参与社会保障的法律促进机制

改革开放以来，我国参与社会保障的非政府组织虽有一定的发展，但总体水平还是比较低，1998 年 10 月 25 日《社会团体登记管理条例》和《民办非企业单位登记管理暂行条例》颁布实施以来，政府在严格登记和管理制度上确实下了工夫，而在促进发展方面却没有多大进展。笔者认为，法律促进机制的缺失是造成这一现象的主要原因，促进非政府组织参与社会保障的法律机制应当围绕以下几个方面展开：

（1）从法律制度上淡化官方色彩，维护非政府组织的自治性。我国现存的绝大多数非政府组织都具有浓厚的官办背景，一般都依附于政府，这是违背非政府组织的本质特征的。非政府组织应当是社会领域代表公众利益主要组织形式，赋予其过多的政府因素将是对正常社会结构的扭曲，因此，必须从法律层面加大“去政府化”，在其成立、人事、财务等方面减少行政干预，维护自治性。

（2）加强对非政府组织立法的研究，形成配套的、不同层次的规范非政府组织的法律法规体系：一是规范非政府组织参与社会保障的基本法；二是规范非政府组织参与各社会保障项目的单行法及其与这些法律相衔接的实施细则和单行法规；三是与这些法律、法规相衔接的部门规章和地方立法以及有关政府部门的规章制度。

（3）进一步改革和完善有关法律法规以起到促进非政府组织参与社会保障的作用。一是培育和促进非政府组织发展的税收金融法律制度，突出非政府组织的在税收方面的优惠措施以及国家财政对其稳定的财力支持；二是政府组织法应当明确规定对非政府组织积极的鼓励和扶持引导政策，同时强调依法管理，为非政府组织参与社会保障营造良好的制度氛围。

（4）适度放宽限制，允许非政府组织之间参与社会保障能够进行适度合理的竞争。我国现行法律、法规人为限制民间组织的竞争，禁止在同一行政区域内设立业务范围相同或相似的非政府组织。[①] 这种限制就目前来看，便利了政府的控制和管理，但笔者认为，这样的限制更多的是保护已有的自上而下的非政府组织，实质是限制自下而上的非政府组织的设立，从根本上讲不利于非政府组织的健康发展。正是非政府组织之间适度合理的竞争，才能保证非政府组织社会保障参与目的的实现。通过适当的竞争，可以使它们不断提高管理水平和服务能力，提高效率，更好地促进其参与社会保障规范化、制度化。

3. 完善非政府组织参与社会保障的法律监管机制

笔者认为，对非政府组织的监管必不可少，但这种监管不是要限制其发展，而是应当促进其发展壮大。

（1）政府应从对非政府组织无所不在的控制、监管转为服务、协调、指导和监督，并且主要通过立法和制度建设进行管理、规范。这就要求政府应当依法制定规范，按照法定权限、法定程序进行管理，着重转变过去重审批、轻监管的做法，进一步完善监督的方式和评估的标准，通过这样一种既放松控制又并非放任不管的监管机制，使非政府组织参与我国社会保障能发挥更积极的作用。

（2）要保证非政府组织切实发挥其社会保障功能，仅有政府的监管是远远不够的，还必须动员社会资源，强化社会监督，建立相应的他律机制。社会监督包括捐赠者、被服

---

① 参见《社会团体管理条例》第 13 条和《民办非企业单位登记管理暂行条例》第 11 条。

务对象、公共媒体、普通公众的监督，这一系列多元的社会监督的配置、行使等都应当由法律直接规定，以增强社会监督的权威性和可操作性。比如可以借鉴国外经验，设立独立的、专业的评估监督机构协助公众对非政府组织参与社会保障的效果进行分析和评价。

消费者反悔权的社会基础及价值理念

梁　亮*

目　次

一、消费者反悔权的概念及其产生的背景

（一）消费者反悔权的概念

随着《消费者权益保护法》（第二次修改草案）（以下简称《草案》）的公布，反悔权成了一个热门话题，《草案》第9条规定："对通过电话销售、邮售、上门销售等非固定场所的销售方式购买的商品，消费者有权在收到商品后三十日内退回商品，并不承担任何费用，但影响商品再次销售的除外。"这就是消费者反悔权。

消费者反悔权这一概念源于"无因退货"这一现代营销模式，是商家表明其信誉和产品质量的一种承诺。"无因退货"的出现大大地改变了人们的消费观念，解决了消费者的后顾之忧。作为一种约定权利，"无因退货"的行使条件和方法因各商家的不同而存在差异，但其主要内容是消费者在购买和使用商家的产品后的一段时间内，只要符合一定条件或者是不需要原因就可以将商品退还商家并不承担任何费用。消费者反悔权诞生于上述交易习惯，并上升为法律概念，其含义是指：消费者在消费合同成立生效后，依法在一定期限内享有的无偿且无条件解除合同的权利。这个概念至少表达两层意思：一是双方签订合同时，约定一个合同生效日期，如果这期间消费者后悔，合同可以不生效。二是合同已经生效，但按合同约定可以在合理时间范围内有一个"冷却期"，允许消费者有一段时间的犹豫，但期限经过，合同即自动生效。① 作为对交易中处于明显不利地位的消费者提供的

---

* 广西建工集团，法学硕士。

① 刘俊海：《反悔权起码应表达两层意思》，载《工人日报》2006年9月9日。

一种特殊保护方法，它突破了民法传统意义上禁止否诺①的原则，通过特别保护的方法追求实质公平的内核。

（二）消费者反悔权产生的背景

社会分工作为商业产生的基本条件在促使人们精于专业的同时也必然造成人们对其他行业的陌生，于是从商品交换产生的那天起信息不对称就附随出现，随着社会分工的细化以及产品科技含量的提高，买卖双方信息不对称的情况更是有增无减。由于这种不断加剧的信息不对称，消费者在依据其需求选购他们不熟悉的产品时，为了增加在购物时的主动权，消费者往往需要大量的时间查找相关的商品资料，选购时也会针对商品进行更为细致的询问。这种情况既加重了消费者的负担，打击他们消费的积极性，也使得商家的经营成本提升。在这种困境下催生了一种新型的营销理念——“无因退货”，即商家承诺在消费者购买自己产品后的一段时间内消费者可以要求无条件退货，这样消费者就可以通过亲自使用产品而对产品进行更深入的了解，然后再做出是否需要真正购买的决定。这种方式极大地缓解了信息不对称给消费者带来的消费障碍，同时也给商家带来更大的商誉——通过“无因退货”这种营销承诺树立良好的企业形象，展示企业对产品的信心，表达了企业对消费者的尊重以求赢取更多的交易机会。经过半个多世纪的发展，“无因退货”在西方几乎已经成为一种商业习惯。

20世纪后半叶以来，商业营销方式有了长足的发展，催生了一大批的现代营销模式，销售者不再满足于店铺实体经营等待消费者上门购买的被动销售模式，开始了主动销售模式的研究，再加之网络的发展提供的前所未有的平台、心理研究运用于销售实践所总结出的令人耳目一新的销售观念，商品销售开启了一片崭新的市场领域。这其中非固定场所销售模式尤为突出。法律也针对这些新兴的市场领域进行了一定的调整，为这些新兴的商业模式提供制度支持并监督其发展。在实践中我们发现，这些新兴的商业模式给市场带来的最大的困扰在于如何行使有效的监督。由于销售渠道的拓展，人人都可以做老板，处处都可以进行交易，产品的供应渠道便难以受到有效的监督；而突然性的交易邀约又往往让消费者难以辨别产品的品质；电子商务更使消费者“隔空购物”，“一手交钱，一手交货”的交易模式被“先付钱后见货”的方式取代，信息不对称被严重放大。总而言之，就是信息优势的一方难以受到有效的监督。于是各国政府开始在大力探索新兴商业模式发展的同时恢复买卖双方地位平等的探索，着手于将“无因退货”的商业习惯规范化，在一定范围内使之成为法律规定，以求解决信息不对称所带来的交易困扰。这就催生了消费者反

① 英美法上有一项基本原则就是“禁止否诺”，有时也被称为“禁止反言”、“不得自食其言”等。英国学者鲍尔给禁止否诺原则下的定义为：“假如某人（声明人）以言语或行动向别人（受声明人）作声明，又或声明人有义务说话或采取行动而不履行义务，因此，以缄默或不行动作出声明，而声明人的实际或推定的意向是，而结果亦是：导致受声明人基于该声明改变（坏的改变）了处境，日后在任何声明人与受声明人之间的诉讼中，假如受声明人在适当的时候，用适当的方法反对，声明人不得做任何与他事前作的声明有实质上不同的陈词，亦不得举证证明该不同的陈词。”

虽然，我国现行法律中没有明文规定“禁止否诺原则”，但并不代表我国现行法律不承认“禁止否诺”。恰恰相反的是，我国民法通则、合同法均将诚实信用原则作为一项基本原则。所谓诚实信用原则，就是要求当事人行使民事权利应当符合法律的规定和基本的道德规范，所陈述的事实和所主张的权利应当诚实，所做出的承诺应当遵守。可以说“禁止否诺”原则是对诚实信用原则作了具体性解释。因此，“禁止反言”原则是对诚信原则在司法实践中的延伸。

悔权。

二、消费者反悔权产生的道德基础

诚信作为人类道德体系的重要基石是不存在文化差异的，它之所以成为人类社会的共同准则是基于这样一种假设：若是一个群体忽略诚信的价值就意味着人与人之间的交流没有了真实性的保障，我们在这个社会中看到的或者听到的信息可能是假的，而人与人之间达成的合意也因为对方随时可以反悔或本身缺乏真实性而缺乏基本的信任使之难以实施，我们对于现实状况的判断将变得极其困难，以至于不能指导我们的行为，我们没有理由关注任何人的话，人与人的交流变得极为困难，而个人孤立的社会难以结成稳定的群体，那复杂的社会自然不能存在。所以，任何一个延续的文明社会都赞成诚信作为其道德准则。这也是诚实信用原则成为法律基本原则的道德基础，基于此形成的“禁止否诺”法则也被视为合同稳定性的重要保障。但随着道德观念从形式正义到实质正义的深入，一些在签订之初就显失公平的合同受到关注，而基于实质公平构建起的“局部否诺”体系也逐渐地得到法律的认可。消费者的反悔权正是在“合理否诺”的法律土壤中培植的硕果。

作为民事活动乃至是人类活动的“霸王条款”，诚实信用应当贯穿于活动始终，但我们关注的重点不应该仅仅是对于已订立合同的稳定性，而是整体考虑诚信原则能否在合同订立过程的各个环节得到维护。社会分工细化、商品科技含量的提高造成的买卖双方信息不对称现象的加剧，而新生的借助虚拟网络建立的电子商务交易方式又使商家的诚信系统处于难以监控的状态，使得基于“趋利”本性的经营者滥用其信息优势地位侵犯消费者权益的可能性也日益增加。若是在合同订立以前双方就没有公平的对交易商品和交易性质有所掌握，基于此订立的合同却要求双方恪守还冠以信守承诺之名，这是对诚信原则最大的讽刺。

消费者的反悔权赋予消费者无因退货的权利且不承担任何损失，这正是对因信息不对称而处于绝对弱势地位的消费者的救济，也是对缺乏诚信基础的合同的否定。然而反悔权的规定中并不含有消费者行使该权利的目的限制，也就是说消费者行使反悔权可以并不基于对产品外观、性能、质量缺乏了解，购买的产品存在经营者未声明的瑕疵或缺陷等由信息不对称带来的损害后果，而是单纯地对承诺的背弃甚至是对经营者的“故意伤害”。虽然这是基于附加条件的后果是使这项权利因难以行使而又形如空文的考虑，但是在理论上还是出现了权利滥用的可能——由经营者滥用其信息优势地位向消费者滥用其反悔权的转变。本身是基于维护实质公平，促进诚信经营而建构的反悔权理论若是有可能带来新一轮的诚信危机，那我们不禁要反思反悔权的道德基石又在哪？若它只是一种以恶制恶的同态报复又将如何与我们的文化相融合？

从理论本身来说产生反悔权的本意其实就是为了克服信息不对称给消费者带来的伤害，维护市场交易的诚实信用，鼓励诚信经营，而消费者会滥用权利的假设自然不是这项制度的刻意追求。任何事物都有两面性，任何制度的执行也都会有利弊两分。我们要做的应该是制定配套的措施来完善这项制度，降低它的负面效应；从实际运行来说，任何权利都应该受到监督，就是因为缺乏有力的监督，使得经营者滥用信息优势地位的成本降低，导致诚信缺失成为破坏市场秩序的重要原因，而消费者的反悔权正是对经营者诚信经营的有力监督，它的建构动机正是出于修复和维护诚信体系，所以我们要考虑的应当是如何监督消费者善良合法地行使其监督权，使得假设中的消费者滥用权力造成新一轮的诚信危机始终保持在假设状态。所以，反悔权的道德基石就在于我们的制度运行中：通过配套制度对可能出现的负面效应进行应对性改造，使得反悔权始终成为诚信经营的保证。

我们若是把反悔权的行使当做以恶制恶的同态报复那就只会让买卖双方基于诚信危机的矛盾更加激化，从根本上破坏了反悔权的实施所倡导的社会价值。法律作为道德的最低标准自然遵从善的理念，通过善良立法的引导、维持社会秩序，毕竟维持社会稳定进步的力量是爱而不是仇恨，是对和谐的追求而不是对争端的放纵。所以反悔权也不是以恶制恶的同态报复，而是劝人向善的责任承担。法律并不是赋予消费者肆意解除合同的权利来对抗经营者不依法诚信经营的倾向，而是将消费者置于监督者的地位，只不过监督权的行使是通过直接否定交易行为的方式。

所以，反悔权是建构在我们传统道德基石上的灯塔，它将诚信的美德投射向更远的方向。它追求的不仅仅是对一纸合同的坚持，更是对合同订立全过程中诚实信用的监督，促使市场交易真正成为双赢的沟通。

三、消费者反悔权产生的经济基础

改革开放三十年，我们从计划经济走向了社会主义市场经济，这种前所未有的尝试取得了巨大的成功，并被赋予了专门的概念——中国模式，成为许多第三世界国家学习的典范。可以说改革的不仅是宏观的市场体制，还有微观的商业模式；开放的不仅是市场领域，还有思想观念。与世界经济的成功对接使得我们在短时间内学习到西方国家大量的商业经验，并成功地将其各种商业运作模式复制到中国，用以繁荣中国的市场经济。以网络购物为例，艾瑞数据显示，2009 年，全国个人网上购物销售额达到 2483. 5 亿元，约占社会商品零售额的 1. 98%。根据中国快递协会的统计，2009 年全国的包裹约 20 亿件，其中约 10 亿件来自淘宝网。

在中国，上门推销、电视购物、电子商务等非固定场所销售模式从无到有，再到今天的规模化体系化发展不过 10 年。这些非固定场所销售模式确实给消费者带来了极大的方便，足不出户就可以买到自己想要的商品，但是也让我们认识到了这种以往只存在于西方国家的营销模式所存在的问题：对比于以前的先有需求然后寻找商家再进行实物交易的传统交易模式，现代营销模式省略了货比三家的麻烦也必然导致对商品信息了解的匮乏，上门推销更是让人在没有足够心理准备的时候面对推销者“口吐莲花”的诱惑，信息不对称带来的消费者与经营者之间的强弱对比被无限放大，“顾客就是上帝”的口号基本也成了讽刺的标语。

笔者将消费者购物的流程分为：挑选、购买、验货、售后服务四个部分，下面就以网络购物为例从这四部分分析这种非固定场所销售模式存在的隐患。

第一，挑选过程当中，网络购物的最大特点是取代了现货交易，消费者对于商品的信息了解完全依靠销售者的提供，而销售者对于产品外观的选择也多通过图片或者视频进行。在这个经营者主导的模式中经营者可以刻意地隐瞒部分信息，甚至提供部分虚假的信息对产品进行宣传，而消费者看到的产品图片也可能由于人为因素或者是光线背景等自然因素有所偏差，加之消费者选定的都是种类品，并不能要求自己确定要哪一件产品，那么由销售者发出的这件产品与图片有没有差别或者是有没有如图所示的完好都不能由消费者掌握，对于冒牌产品更是无法鉴别。

第二，在挑选完毕购买的过程当中，网络购物与传统交易的最大区别在于不再是付钱立即交付的模式，网络购物一般涉及一个物流的环节，这就使得在买卖双方之外增加了物流公司，一旦发生纠纷就很有可能变为三边关系使得解决途径更为复杂。在货物交付方式的区别以外，按照现有的市场运作模式消费者的支付方式也与传统交易模式中直接把钱交给经营者不同，多是消费者把钱交由信用第三方，经营者通过物流公司邮寄商品，消费者待收到货物确认无误后再通知第三方付钱。实际上这个支付体系只保证了买家交易行为自身的安全，即保证消费者能收到货物，却无法对产品的质量做进一步担保。

第三，验货。在传统的购物模式中，当消费者决定购买某产品后经营者一般会交由消费者验货试用，尤其是带实用功能的产品，这一验货过程一般由买卖双方在场，若发现商品有问题就可以及时更换，即便是交易完成消费者回家后发现产品存在问题的也可以及时找到经营者凭借发票或购物凭证要求更换。但是，在网络购物中经营者和消费者一般是不会见面交易的，货物的交付由物流公司完成，这就使得原先简单的行为复杂化了。现在的物流公司大多数要求先签收再查验，按照物流公司的规定，收件人签收好物流公司与经营者的运输合同即告完结，消费者若是签收发现产品损坏或者觉得产品有瑕疵时如何取证就成为难点，即便是拍照取证并寻求周围人作证也无法将货物退回要求物流公司按照拒绝签收处理。若要将商品退回经营者则必须重新与物流公司签订运输合同并支付邮寄费用。

第四，售后服务。在传统的交易方式中，消费者一般是在经营者的实体店铺中选购产品，经营者开具购买凭证。在产品的使用过程当中若出现质量问题或者是约定或法定的情况影响产品的使用的，消费者可以凭借购买凭证找到经营者要求经营者按照法律规定包修、包换、包退。但是在网上购物的模式下，消费者和经营者之间的联系要通过物流公司，而且很多网络商家并不开具购物凭证，即便经营者同意对产品进行维修和调换，一来二往的邮费也要由消费者自己负担。而一旦出现纠纷想要诉诸法律，又鉴于大多数的交易双方分处两地而使成本大增。即便消费者本着不蒸馒头争口气的态度坚持诉讼，又由于很多商家没有实体店铺而难以联系经营者，即便是现在实行了网店实名制管理，网店业主的信息真实性仍然有待进一步加强管理。整个流程下来，消费者将消耗巨大的人力、物力、财力，其付出极有可能远大于产品价值。

由此我们可以看出，网络销售与传统的现实销售模式最大的区别在于合同的订立与货物的交付不是同时完成的，消费者必须先付款或者说是先签订合同后见货，这使得原本就存在的信息不对称更为严重。根据CNNIC（中国互联网络信息中心）发布的第二十五次《互联网络发展状况统计报告》显示，在13.2%有过不满意网络购物经历的用户中，52.3%的用户是因为商品与图片不符；25%的用户收到过仿冒的商品，22.7%的用户遇到过伪劣和残损物品。

在上门推销中也同样存在这样的情况，消费者购物前一般会对要买的商品先做一定的了解，以增加他在选择过程中的主动性，对于上门推销这样的“突然袭击”一般毫无准备，面对推销人员的热情似火的介绍以及打折优惠的诱惑，稍有不慎就落入“温柔的陷阱”，待抱着商品关门坐下来之时才开始想自己为什么要买这东西。即便是在购物时保持一番理智索要了购物凭证、验证了产品的真伪、询问了品牌的营销点，此时要想退货还是得费一番工夫，接待人员冷若冰霜地查看了售货凭证后即便是承认了属于自己的品牌也会问你退货的原因，换句话说就是消费者撤销合同或解除合同的理由。若是产品存在质量问题消费者好歹还能理直气壮，要是仅仅因为别人推销的时候心潮澎湃过后觉得不实用要求退货又找不到支持的理由。

这些隐患很大程度上制约了非固定场所交易的继续发展。网络销售在欧美的出现只早中国几年，在法、德等欧洲国家，电子商务所产生的营业额已占商务总额的1/4，在美国则已高达1/3以上。美国3亿人口每年却有超过70亿件的快递，这些数据与中国形成鲜明对比，一方面说明中国的电子商务还有很大的发展空间，另一方面也要引起我们的反思总结。出现这些问题的一个重要原因是中国当代经济的高速发展加快了我们与世界接轨的进程，我们在短时间内接受了西方大量的先进的商业运作模式并且将其复制到国内市场的应用中。但是，在西方经济几十年实践中积累的营销理念和细致完善的配套措施以及逐步健全的法律保障却不是短时间内可以复制的，这就造成了我们当下管理与实践相脱节的状况。

目前，在我国网民中的网购渗透率达到了33.8%，在保持着每年30%以上的高增长的同时我们看到日本、韩国的这一比例在去年就已达到53.7%和57%，美国的网购渗透率甚至达到网民总数的70%。更不用说发达国家网民占人口比例远高于中国。这除了与经济发展水平挂钩外与他们的法律保障措施和服务理念也是分不开的：在西方国家无论是哪一种营销方式，“无因退货”甚至是作为一种商业惯例存在的，生产者和销售者都珍视品牌的声誉，竭力提供完善的售后保障服务，国家也针对商业活动的发展变化及时制定完善相应法律措施，完善的信用记录制度也成为商业活动顺利进行的有力保障……

中国的生产者和经营者也在积极地面对这个问题，2010年1月12日，淘宝网对外宣布斥资1亿元成立消费保障基金：消费者在淘宝网任何一家店铺购物出现问题，淘宝核实后都将动用保障基金先行赔付。并鼓励商家加入其建立的“七天无条件退货”的队伍，这一号召得到许多网络经营者的响应。这种大规模的“无因退货”承诺无疑给消费者一颗“定心丸”。

但是，这种仅仅依靠买卖双方约定的方式赋予消费者的“无因退货”权利既没能覆盖到非固定场所销售的各个领域，也没有强有力的法律保障，为规范市场运行，提高消费者信心，同时也为这些新型营销模式在中国的健康发展，反悔权入法势在必行。

四、消费者反悔权产生的法律基础

（一）反悔权产生的法理基础

1. 消费者反悔权是现代民法公平正义原则的应有之义

商品交易作为典型的民事行为应当以民事原则作为其基本准则，公平自愿诚实信用在所有的交易行为中都必须得到贯彻。然而消费者与经营者在信息掌握、专业能力、谈判技巧上都有差距，尤其是在上门推销、电子商务等交易方式中，买卖双方的信息严重不对称，经营者的恶意诱导、精心煽动、隐瞒信息再加上消费者的仓促决定，使得消费者的知情权和选择权难以保障。消费者经常在合同订立拿到商品后才发现自己权益受损或是交易并非所需，公平自愿于此便是无从谈起。若是按照现有法律主张权利则要经过漫长的程序和大量的投入，往往使得消费者倒霉认栽，最后助长了经营者的恶性经营。如果赋予消费者反悔权以无条件解除合同，消费者便可以突破藩篱，取消自己不需要的或者利益受损的交易，真正实现交易中的公平自愿。

2. 消费者反悔权是现代民法诚实信用原则的实质维护

消费者的反悔权并不是赋予消费者肆意反悔食言的权利，它不是对诚实信用原则的违背。反悔权的本意只是改善消费者的弱势地位，通过赋予消费者反悔权提醒经营者交易取消的可能性，促使其诚信经营，极力提供商品信息，改变信息不对称的局面，提供优质服务，解除消费者的后顾之忧。所以反悔权的目的在于建构一个诚信的交易平台。以偏袒消费者的形式努力实现一个共赢的局面。

3. 消费者反悔权是经济法实质正义理念的忠实体现

经济法作为国家干预市场的法律依据，其调控范围力度都必须经过深思熟虑，以市场调控为原则，以国家干预为例外，以促进市场健康繁荣为宗旨，以避免市场无序失灵为目标。市场自身的调节追求效率，而作为国家干预经济的法更多的关注公平，并且是实质公平。商品交易中买卖双方看似处于平等的地位，甚至还给消费者冠以上帝的美誉，但实际上消费者经常沦为任其宰割的羔羊。国家对消费者施以倾向性保护正是为了通过这种形式上的不公平实现实质公平。通过赋予消费者无条件否定交易的权利，提高经营者违背诚信经营原则的成本，使其滥用信息优势地位的预期利益落空，迫使经营者在经营时提供优质服务，构建和谐市场秩序。

（二）反悔权与消费者权益保护的法律实践探索

1993 年我国的《消费者权益保护法》（以下简称《消法》）正式颁布实施，这对于消费者权益的保护具有里程碑的意义。十余年来，《消法》在完善社会维权机制、解决消费权益纠纷、打击侵害消费者权益违法行为、提高消费者依法维权意识以及促进消费维权运动蓬勃发展等方面发挥了很大的作用。但是，与法律的滞后性相对应的却是社会经济的快速发展，《消法》里程碑的光环也在经济生活这趟磁悬浮列车的后视镜里渐行渐远。消费者维权成本与日俱增，行政保护体制失衡充分地暴露出现有法规实践上的缺陷，上门推销、电视购物、网络销售等新型营销模式的迅猛发展更是让现有法规无计可施，消费者权益保护的堡垒逐渐地沦为马其诺防线。法律的修改迫在眉睫！

现行的《消法》赋予了消费者九项权利，但大多都是宣示性的，其形式意义远大于实质意义，而对经营者的义务也只是作了原则性的规定，不易操作。出现纠纷后《消法》提供的维权途径虽多，但是却不能按照预想发挥作用，在实践中往往是协商不欢而散、调解难见分晓、申诉久拖不决、仲裁没有依据、起诉筋疲力尽，最后弄得消费者懒得奉陪，自认倒霉，严重影响消费者权益的落实。①

经营者本该严格履行义务，提供优质商品和服务，并向消费者提供翔实的产品信息以避免信息不对称给消费者的选择带来不便，但是基于自身利益考虑，经营者会隐瞒一些对其不利的商品信息，并且刻意地减轻其负担，消费者购买商品后若发现产品的质量问题或者是出现其他纠纷又难以通过法律赋予的维权途径快速解决，或者说维权成本过高以至于

① 梁慧星：《中国的消费者政策和消费者立法》，载《法学》2000 年第 5 期。

经常超过商品价值，使得纠纷往往不了了之，这在客观上就纵容了经营者的侵权行为。

而在经营者中也存在着一个博弈：即便存在法律制度的缺陷，但要是每个经营者都守法经营诚实信用，我们还是会有一个和谐的市场秩序，但是每个经营者都想自己的利益最大化，便借助于法律的缺陷通过侵犯消费者的权益获益，并觉得只有自己这样做是不会影响市场秩序的。但当许多经营者存在这样的行为时市场秩序就出现了混乱，在没有健全的制度调控的情况下，市场秩序不可能期待经营者的诚信回归而自我修复，只会导致更多的经营者加入侵权的行列以求扩大自己的利益。这就是经营者作为个体的"短视"。长此以往导致消费者消费信心降低，而经营者则升级"骗术"以抵抗消费者升级的"防备心理"，形成恶性循环，而最终的结果就是市场秩序的混乱，出现双亏的局面。

如果说现行的法规还能勉强支撑起传统的市场交易模式中摇摇欲坠的信任机制，那么电视购网、网络营销、上门推销等新型营销模式的出现在给消费者带来全新体验的同时也给予消费者脆弱的消费信心沉重一击。电子商务让本身就对经营者缺乏信任的消费者必须要完全依靠经营者提供的信息来选择商品，而且只有在合同签订之后才能拿到商品看到实物，上门推销让消费者措手不及难以招架，出现纠纷的概率远高于传统的营销模式，而这些新型营销模式带来的纠纷更是让消费者的维权之路举步维艰。首先，这些新兴的营销模式都超出了现行《消法》的调控范围；其次，类似的非固定场所销售让消费者更难以取证；再次，买卖双方大多不在同一城市，纠纷解决难度加大，解决成本更高；最后，随着纠纷的增加，消费者将大量争议诉诸行政机关和司法机关必然在导致行政资源和司法资源大量消耗的同时降低行政机关和司法机关的工作效率，这将进一步阻碍消费者权利的维护。

不管从国家行政资源和司法资源节省的角度还是从消费者权利维护的角度，或是从维护市场秩序的稳定及新型营销模式的健康发展的角度我们都需要一种能够快速解决纠纷的维权机制。我们知道，任何事情的处理经过的环节越少其效率就越高，所以理论上讲，买卖双方自己解决纠纷效率是最高的。但是，现实是《消法》中规定的买卖双方协商解决纠纷的条款形同虚设，利益冲突的双方很难达成共识，通常就是不欢而散的结局。这就催生了消费者的反悔权——以法律规定的方式赋予消费者针对争议做出最后决定的权力。不管出于什么理由甚至是没理由，消费者都可以在规定的时间内向经营者要求退货，这样的规定除了节省司法、行政资源，最大力度地保护消费者权益以外，还在客观上抑制了经营者短视带来的不良竞争的恶性循环，起到了净化市场秩序的效果。

并且，反悔权在许多国家或地区都已成为一项法律制度，很多的实践证明反悔权对于维护消费者权益起到了重要作用。英国1964年的《租赁买卖法》首先出现了冷静期的相关条款，规定：若买方是在"适当交易所在地"（通常为经营者经营所在地）以外的任何地方签订了租赁买卖合同或分期付款合同，都有权自收到正式合同的副本之日起4天内解除该合同。[①] 在其后的《消费者信用法》中更大范围地规定了消费者的反悔权。[②] 美国

① John Davidson, Sir Roy Goode, Stephen Makin: R M Goode. Consumer Credit Law and Prictice, London Butterworths, 1989, p. 427.

② 英国的《消费者信用法》中规定：除了涉及土地买卖或者抵押的信用合同外，消费者都享有在冷却期内决定最终签订或者撤销合同的权利。冷却期自消费者签订协议之日起，至其收到第二份协议副本之后的第5天为止。

1974年修正的《消费信用保护法》规定，债权者即信用供给人要明确告知消费者拥有可以取消交易的权利，信用接受者行使解除权时没有交付费用的义务。《联邦同意消费信贷法》也规定，除了固定商店地点之外，对于发生在任何地方的25美元以上的交易，消费者有权退货并收取全额退款。日本的《特定商业交易法》规定，在分期付款销售和访问买卖中作为买方的消费者有权取消合同，贩卖者不能请求购买者承担任何因合同撤销带来的损失或支付违约金。此外，《访问买卖法》规定，访问销售中，购买人可以书面形式申请该买卖合同的撤回，或解除该买卖合同，但自贩卖者告知之日起超过4天的不能撤回或解除。[①] 韩国2001年《电子商务法》也对消费者的反悔权作了相关规定。我国台湾地区的"消费者保护法"赋予了消费者法定解除权。消费者对于邮购买卖所收受的商品不愿买受时，可以在收到商品7日内退回，或是以书面形式告知经营者，且不需要说明任何理由，也不必承担任何费用和价款。[②] 我们可以借鉴其成功的经验，对相关制度进行改造移植。

实际上我国对于反悔权制度化早已开始了小范围内的探索。1996年辽宁省人大通过的《辽宁省实施〈消费者权益保护法〉规定》第12条规定："经营者出售的整件商品，消费者保持原样，并在7日内提出退货要求的，经营者应当予以退货。"首次将合同约定权上升到地方法定权，但由于该法作为地方法规层级太低，实际操作中也存在难度，该规定已于2004年废除。这是反悔权制度化在中国的首次实践，其后的2000年，北京市工商行政管理局出台《电子商务监督管理暂行办法》，其中规定"非因质量问题且尚未使用过的商品，消费者可在收到商品之日起七日内更换或退货。更换或退货中发生的运输、包装、邮寄等有关费用由消费者承担……"2003年1月1日实施的《上海市消费者权益保护条例》在第28条规定中明确了消费者的商品交易反悔权。2005年12月1日，我国《直销管理条例》中明确规定了消费者"无因退货"的权利，虽然只限于直销行业，但毕竟是相关规定的第一个全国性法规。

这些国外立法经验的借鉴以及我国实践探索的总结对反悔权最终入法具有重要的指导意义。

五、消费者反悔权的价值理念

赋予消费者反悔权使得消费者可以取消不必要的交易或瑕疵交易保护其利益，与此相对的是经营者的交易成本的增加，因为一旦退货就涉及收取退货、退还价款、重新入库、修改会计资料，甚至是退回产品如何处理等问题，如果无法二次销售又无法退回生产方，销售者就需要承担货物损失。一得一失之中我们很难从数额上权衡该项权利的得失，针对这种情况有学者提出了通过买卖双方经济利益背后所体现的"质"来比较的思路：经营者交易成本增大的实质是"经济人私益的减损"，当然还有"经济效率"的影响，而消费者因反悔获取的实质利益是"弱势群体的集合公益"，自然还有"实质公平"，私益和公益的比较，在社会本位的角度取后者，"经济效率"与"实质公平"相权衡，从社会最长远

① 唐墨华、严晓慧：《针对访问销售的法律规制》，载《经济论坛》2004年第2期。

② 尚晓玲：《论在线交易中的消费者权益保护》，载《湖北社会科学》2004年第6期。

的动力角度亦取后者。[①] 而笔者认为市场的繁荣离不开买卖双方的共同努力，任何一方缺乏信任都不能保证经济的健康发展和市场的有序运行，从这个角度讲实在很难区分消费者的利益和经营者的利益到底哪个是公共利益。这样难以区分的局面其实从另外一面给我们以提示，我们除了寻找这矛盾中的对立之外还可以找到两者的统一之处——共同促进经济发展、维护市场秩序。基于此法律不需要做出取谁舍谁的两难决定。所以与其将反悔权理解成牺牲私益成全公益不如说是买卖双方利益制衡，形成良好互动，创造共赢的局面。

（一）经营者与消费者之间的损益平衡

1. 经营者与消费者之间的风险平衡

我们对于任何一个法律问题的分析应当在任何环节都保持审慎的态度并且能从全局考虑。只有弄清楚经营者增加的交易成本究竟从何而来我们才能去分析如何认定它对经营者的影响。

理想的交易模式应当是经营者中肯地介绍商品，提供优质的服务，在这种情况下，经营者可能会丧失一些交易机会。而现实情况中出于利益最大化的考虑，经营者借助现有法律的缺陷，滥用其信息优势地位，这使得处于信息弱势的消费者与其说是凭经营者的介绍选购产品，还不如说是凭借运气和直觉选购产品。因为没有任何经营者会说产品的不好，也不会设身处地地为消费者考虑产品是否合适特定的消费者，经营者费心推销收钱了事。这实际上就是将原本需要由经营者承担的交易风险也转嫁给消费者承担，进而降低其交易成本。这不仅有违公平，甚至有悖于公序良俗。在这种不公平交易模式下，消费者理应有退货的权利。反悔权的建立只不过是重构了合理的风险承担体系以取代现有的经营者近乎零风险获利而消费者高风险消费的状态。经营者经营成本的提高并不是加重他们的负担，只是让他们背负原本应当承担的责任。

也有人担心反悔权对于现有风险承担体系矫枉过正，消费者滥用反悔权使得经营者风险过大，乃至带来新一轮的诚信危机。而笔者认为只要健全相应法规阻断消费者通过无端退货不当获益的可能，那么反悔权就不会成为新一轮道德溃败的起点。笔者之所以作出这个判断是基于对以下两个问题的回答：

第一，消费者为什么选择非固定场所交易？从心理学的角度来说人都希望行为的成本降低而获益增加，时间成本和精力成本就是其中重要的因素，所以人们都想追求事半功倍的效果。消费者之所以选择非固定场所销售，尤其是网络购物，最重要的原因就是方便和便宜，不受时间场所的限制，省去往返奔波，很适合当下快节奏的生活方式，产品销售省略中间环节带来的实惠也让消费者热衷于此。而消费者对其选购的产品肯定有一个期待区间，经营者越是中肯地介绍产品，提供产品信息，消费者对产品的还原就越真实，产生的期待也就越合理，收到产品后产品与期待差距越小说明交易就越接近消费者本意，那么作为消费者又有什么理由要求退货呢？本来就是为了方便，结果还得自己联系物流公司退货，这岂不是自寻烦恼吗？所以这样的假设首先不符合正常的思维。

第二，无端退货对消费者有什么好处？商品交易应当是受到利益的驱动，消费者购买商品为的是获取其使用价值，经营者销售为的是获取财富。无端退货是否能增加消费者的利益？答案显然是否定的，在一买一卖收货退货中，消费者的财富没有任何的增加，而假

---

① 金励：《消费者商品交易反悔权之研究》，载《重庆交通大学学报》2007 年第 1 期。

想的消费者在反悔权期限内使用产品而后再将产品退回的情况也难得出现，有多少产品值得消费者如此大费周章？何况我们还有正在完善的信用体系以及一系列的配套措施相规制，所以一般来说消费者没有无端退货没有动机。与此相反的是经营者出于利益的考虑有极大的可能——并且事实上也是如此——滥用其优势地位。在商家担心消费者诚信危机大规模出现的时候殊不知消费者对于商家的诚信缺失早已怨声载道。

2. 经营者与消费者之间的良性制衡

反悔权作为消费者的一项权利其运行必然也要受到监督。“无因退货”指的是退货时不需要说明原因，并不是说可以没有正当的理由。若真是消费者恶意退货的情况涌现，反悔权的出现必然会促成新的诉讼承担模式，由消费者为维护其权益诉讼转向经营者维权诉讼。但可能是我们已经习惯了消费者起诉经营者这种维权模式，在这种时候都难以转换思维，忘记了作为民法上的平等主体经营者也是可以起诉消费者的。而且经营者在交易中不可否认地处于强势地位，由他们通过诉讼维权比现有的消费者诉讼维权模式更为合理。

首先，经营者的信息优势地位使他们对产品有超越于消费者的了解，他们相对于消费者在诉讼中涉及产品质量的认定和取证方面有天然的优势。按照现有规定，若是消费者想要行使撤销权或合同的解除权就必须符合撤销或解除的法定事由，而依照谁主张谁举证原则，消费者必须承担复杂的举证责任：请相关机构鉴定检验花销不菲，耗时费事，自己收集证据而又处于信息弱势，难以完成，这样的现状很难实现消费者对经营者的监督。相反，若是由经营者承担诉讼责任，那么基于经营者的信息优势地位举证责任就相对轻松，可以更好地监督。

其次，若真是偶有出现消费者恶意退货的情况，经营者为维护其权益提起诉讼的可能性就会相应增加，基于其经营商品的相对特定性，其面临的诉讼标的也相对特定，反复处理同类诉讼不管是维权经验上或是诉讼技巧上都将得到提升，并且可以将交涉过程中或诉讼上得到的经验应用于交易中作为有效的自我保护。而现有的消费者承担诉讼模式则不能起到这种良性发展的效果，消费者因其生活所需多样化需要购买不同的商品，若其数次受到侵害则大多因为不同产品造成，要是每次受到损害都进行诉讼，那么每次起诉的产品大多是不同的，需要提供的证据也是不同的，在处于信息弱势地位的情况下每次需要证明不同产品的不同问题，除了让其对交易的安全性越发产生怀疑以外，就只会扰乱其生活而不能给其今后的多种类型消费提供实质帮助，而经营者却是落得清闲静观其变。

最后，销售者通过诉讼维权的主动性比消费者强。相比于现在的消费者监督经营者诚信经营的监督模式，由经营者监督消费者诚信消费更为现实。消费者为了维权进行诉讼即便是胜诉往往也只是获得与付出不成正比的赔偿数额，而现实结果往往是面对权益受损选择不了了之。这无异于助长了那些不良经营者的气焰，促使这种违背诚实信用的经营方式范围扩大。但是，若是销售者因被侵权而提起诉讼，那效果是不同的，销售者敢于诉讼至少从另一方面展示了自己诚信经营的底气，若是胜诉甚至是对自己品牌的一种宣传，这对他日后的销售是大有好处的。对消费者而言，也会保持一种谨慎：一旦被指控恶意退货成立，被记录在其信用档案内对其个人发展将导致不利后果。

虽然在如何确定消费者实属恶意退货以及如何实现对消费的有效监督上存在一定的困难，但是这也并不是不可能实现的事，至少有先例可循，1976 年 5 月 11 日法国最高法院第三民事法庭判决认定如当事人出于恶意行使反悔权，其行为无效；该判决还认定当事人在合同已经履行相关义务，即一方已支付价款，另一方已占用了有关商品的情况下行使反悔权的行为属于恶意。①

所以，反悔权在改变了风险承担体系的同时，也改变了市场运行的监督体系，由经营者监督消费者正当行使权利，在使消费者弱势得以保护的同时使经营者的优势得以发挥，两者从不同的方面维护市场秩序。

3. 交易效率对经营者交易成本的补偿

根据 CNNIC 在网购整体体验的调查报告中显示，只有 50.9% 的网民认为网络购物的商品质量有保障；有 51.8% 的用户认为售后服务有保障，对售后服务的全面细致性满意的用户也只有 55.5%。由此可见，解决这近半数的消费者的后顾之忧才是电子商务发展的长足动力。而反悔权可以使消费者在收到产品并与产品的近距离接触后再作出理性判断，这就圆满解决了消费者购物时因信息不对称产生的对产品质量、性能、外观等方面的忧虑，基于这层法律保障，消费者在交易时也会更为果断，无形中促进了交易效率的提高，而经营者也将因此获得更多的交易机会。所以，我们在看到经营者交易成本提升的同时也应当看到反悔权带给他们的潜在的商业利益。并且交易成本与交易效率并非不可调和的矛盾。即便在反悔权规制下交易成本降低的主动权也在经营者手中，如前文所述，交易时经营者提供优质服务尽量给消费者中肯的介绍商品，不做虚假宣传或是隐瞒产品信息，而消费者没有利益驱动力恶意退货，那么退货的可能性带来的交易成本就会控制在合理范围内；消费者又有了反悔权作为其保障，增加了消费信心，经营者又可以提高其交易效率。所以，反悔权实际上是在阻断了经营者违背诚信经营所获利润的可能性的同时向经营者提供了一种名利双收的生财之道。

（二）经济安全与经济效率之间的相互促进

1. 反悔权对经济安全的保障

所谓经济安全，是指国民经济发展和国家经济实力处于不受根本威胁的状态。从法律的角度分析，可以分为宏观和微观两部分，在微观上，指个体参加经济活动的正当权益得到保障，包括消费者权益保障，经营者权益保障，劳动者的权益保障等；在宏观上，则是指国民经济健康、稳定、可持续发展的协调状况。从微观上的具体交易行为来看，买卖双方的交易行为本是典型的平等主体间的民事行为，受民法调控，但是在市场交易的发展过程中，双方的平等地位逐渐被打破，经营者出于其利益最大化考虑滥用其优势地位侵犯消费者权益。传统民法的调整手段开始变得力不从心。但单纯是双方地位的失衡并不构成经济法进行干预的理由，反悔权产生的最本质的原因在于这种个体的有限理性可能基于法律规制不得力而具有示范效应，由个体行为变为社会现象，由个体非理性变为集体非理性，从而威胁到整个市场秩序的稳定，影响经济安全。

消费者反悔权给予消费者在交易合同生效后一段时间内还有无条件改变合同效力的机会，给消费者在拿到商品后充分的考虑时间，使消费者的消费行为免受信息不对称以及经营者其他侵权行为之害，使微观层面上的经济安全得到了充分的保障。当反悔权作用于经营者，经营者基于消费者可能退货的压力，自然明白恶意诱导，隐瞒信息，刻意欺诈的行为失去了意义或者说是需要承担极高的风险。迫于频繁退货的可能性，经营者必须诚信经

① 尹田著：《法国现代合同法》，344 页，法律出版社，2009。

营，树立良好的服务意识，只有这样才能降低交易风险，提高竞争力。这种良性的互动推而广之，有利于提高整个交易市场的诚信指数，促进国民经济健康、稳定的协调发展，实现宏观上的经济安全。

反悔权从微观入手，通过加大对消费者的保护力度调整买卖双方的失衡地位，进而促进经营者诚实经营，构建良好的交易秩序，最终实现对经济安全的保障，实现多赢的格局。

2. 反悔权对经济效率的促进

无论是经营者还是消费者都想追求低成本高收益的效率模式，所以每一次交易都是一个博弈的过程，双方都在争取自己最大的权益。这与国家和法律所指的经济效率是不同的，法律关注的经济效率是社会经济运行的效率，是在追求整个市场经济运行成本的最小化的同时实现经济的高速增长，在这个宏观框架内，相互对立的买卖双方都处在经济运行成本的概念之下，除此以外，保证市场秩序稳定的司法资源、行政资源的损耗也在其中。所以，在消费市场上社会经济运行效率的提高关键就在于买卖双方的交易顺利、交易信任的良好维系、消费信心的稳定增长、交易纠纷的解决迅速。反悔权就力图实现这样的良好效果。

从消费者的角度来看，反悔权给消费者的消费吃了一粒"定心丸"，原先对于经营者对产品的介绍总得半信半疑，自己又无从了解更多商品信息，反悔权的出现促使经营者诚信经营，相比之以前信息不对称造成的疑惑消费者有理由相信自己在反悔权的保护下可以从经营者那里得到可靠的信息，从而提高了交易的效率，结合自身需要考虑消费的必要性，在购买时也不必有太多的后顾之忧，消费信心自然增长。

从经营者的角度看，消费者消费信心的增长也促使其交易效率的提高，在现有消费者认为经营者诚信缺失的背景下，即便是一贯诚信经营的商家也难以让消费者放松警惕，经营者对产品的宣传、介绍、推销占到其经营成本的很大一部分，在反悔权的作用下，经营者不会再刻意欺瞒，恶意诱导，其诚信程度有了基本保障。而信息的可信程度决定了判断的效率，有了反悔权的保护，消费者基本可以参照经营者提供的产品信息进行交易与否的判断。这样既促进了经营者之间的合法竞争，又保护了诚信经营者的正当权益，还降低了其推销介绍产品的成本，有利于卖方市场的健康发展。

从纠纷解决的角度看，现有的纠纷解决模式基本上需要借助于第三方力量，尤其是行政机关和司法机关的力量，但是现有的制度下不仅消费者维权成本很高，行政机关和司法机关的运行成本也很高，加之大量的消费投诉使得行政机关和司法机关不堪重负，同时也造成了很多消费者维权困难、纠纷不能迅速解决的问题，这也进一步降低了经营者违反诚信原则的成本，使得买卖双方的信任体系进一步坍塌。赋予消费者反悔权可以将很大一部分的纠纷交由消费者自己解决，避过了行政机关和司法机关的烦琐程序，在有效维护消费者权益的同时降低了行政资源和司法资源的消耗，也使得有限的行政资源和司法资源能够投入到其他反悔权不能涉及的市场秩序的维护中，更充分及时地化解经济运行中的矛盾，促进市场和谐运行。

经济安全是经济效率的基础，在经济安全得以保证的前提下重构买卖双方的利益平衡，恢复买卖双方的信任体系，提高经济效率。同时市场秩序的良好运行，经济效率的不断提高又会进一步巩固双方的信任基础，维护经济秩序的安全运行。

“矛盾只有得到友好而切实地解决，它的存在才是根本无害的。”[①] 我们可以看出在反悔权建立的良性互动机制下，微观上买卖双方矛盾的统一性得以充分利用，在使得双方的利益失衡的状况得以改变的同时促进了双方的共同利益，而从宏观上说也将带来整个社会经济秩序的改善，带来了经济安全和经济效率的提高。

① ［德］古斯塔夫·拉德布鲁赫著，舒国滢译：《法律智慧警句集》，2页，中国法制出版社，2009。

税收法定主义与契约自由关系之考察

——以“第三人代为履行”为分析对象

叶金育*

目　　次

一、问题导入

（一）龙薰实业有限公司税案

1996年3月，福建省龙岩市龙薰实业有限公司将其所有的龙薰大厦第三层店面共计68间，出租给魏某等62户从事经营活动，双方签订的《租赁合同》第5条规定：房产税由承租方缴纳。据此，公司共收取魏某等人房产税19761元。魏某等人认为《租赁合同》第5条违反法律规定，应属无效，因而涉诉。

（二）税案判决

1. 一审

根据《中华人民共和国房产税暂行条例》（1986年）第2条规定，① 房产税应由房屋产权人缴纳，《租赁合同》第5条违反了法律规定，应视为无效。被告收取的房产税应返还原告。

* 江西财经职业学院讲师。

① 《中华人民共和国房产税暂行条例》（1986年）第2条：房产税由产权所有人缴纳。产权属于全民所有的，由经营管理的单位缴纳。产权出典的，由承典人缴纳。产权所有人、典人不在房产所在地的，或者产权未确定及租典纠纷未解决的，由房产代管人或者使用人缴纳。

2. 二审

根据“后法优于前法”的原则，本案应适用《中华人民共和国城市房地产管理法》，而非《中华人民共和国房产税暂行条例》。《租赁合同》系双方当事人的真实意思表示，该合同第5条约定房产税由承租人缴纳是经过协商达成的，并且已实际履行。该条款符合《中华人民共和国城市房地产管理法》第55条的规定[①]，这里的“其他条款”应包括房产税由谁缴纳。据此，《租赁合同》第5条合法有效，撤销一审判决，驳回原告诉讼请求。

（三）税案所引发的问题

1. 税收之债能否代为履行

龙薰实业有限公司案一审和二审法院的判决截然相反，从形式上看，只是两级法院对《租赁合同》第5条的法律效力持相左意见。其实本案的焦点在于：法定的纳税义务能否由第三人代为履行，承租方代替产权人缴纳房产税是否有效。[②]

2. 税收法定主义与契约自由相悖

上述问题更深层次的法理在于以下一些税法理念的争执：当事人之间的约定纳税能否改变税法上的法定纳税；纳税义务的法定主义和当事人之间的契约自由在税法上是否具有天然的排斥性，毫无兼容之可能；在税法上，税收法定主义是否优于契约自由，当契约自由无损于纳税义务之履行时，税收法定主义的绝对权威应否受到规制，等等。

二、第三人代为履行不为合同法所独有

第三人代为履行，即合同当事人约定由第三人向债权人履行合同义务，或者当事人约定由债务人向第三人履行合同义务。它包括由第三人履行和向第三人履行两种形态。

（一）两大法系的共同选择

作为债的一种特殊的实现方式，早在古罗马时期，第三人代为履行的构成要件及法律后果已初具雏形。尽管如此，罗马法依然坚守着合同相对性这一古典契约法体系构建的第一块基石[③]。其理由是：“契约是当事人之间的合意，第三人未参加，自不能对其产生任何影响。”[④] 通俗地讲，即除合同当事人外，任何其他的人不得请求享有合同上的权利；除合同当事人外，任何人不必承担合同上的义务和责任。

法国民法继续承袭罗马法原则，在立法上确立了合同相对性原则。其实，“这一古老的原则并非意味着合同与第三人无关，事实是，所谓合同不能给第三人造成损害也不会为第三人带来利益，仅仅是指不会使第三人成为债权人或债务人，亦即第三人既不会被强制履行合同义务，也无权要求接受合同当事人履行义务”。[⑤] 法国民法典在沿袭罗马法的合

① 《中华人民共和国城市房地产管理法》（2007年修正）第55条：住宅用房的租赁，应当执行国家和房屋所在城市人民政府规定的租赁政策。租用房屋从事生产、经营活动的，由租赁双方协商议定租金和其他租赁条款。

② 在我国税务诉讼中，绝大多数法院依据税收法定主义，认为纳税义务不可代为履行，判定第三人代为履行纳税义务无效。其实，在多数大陆法系国家，如德国、法国及日本等国，只要纳税义务的移转是由双方自由协商、意思表示一致所致，法院和税务机关均认为第三人代为履行税务是有效的。

③ 李永军认为，契约的相对性原则是古典契约法体系构建的第一块基石，其基本含义是：非契约当事人不得请求契约权利，也不必承担契约义务。参见李永军著：《合同法（第二版）》，505页，法律出版社，2005。

④ 周枏著：《罗马法原论》，662页，商务印书馆，1994。

⑤ 尹田著：《法国现代合同法》，248页，法律出版社，1995。

同相对性原则的基础上，作为例外，第1120条及第1121条承认由第三人履行及向第三人履行合同的存在。作为配套规定，第1236条明确规定了第三人代为履行的法律效力。至此，可以说，以合同相对性为基础的第三人代为履行制度在法国法上得到承认。

相对于法国民法典，德国民法典在坚持合同相对性原则的基础上，第三人合同的法律地位更加坚实。德国民法典第267条，第328—335条明确规定了“向第三人代为履行的约定”。第328条第1款更是规定：当事人可以约定向第三人为给付，并使第三人有直接请求给付的权利。这些规定奠定了德国法上的第三人代为履行制度。尽管由第三人代为履行的立法缺位，但学说和判例很好地填补了这一空缺。紧随法国法和德国法，意大利及我国台湾地区等大陆法系国家和地区，均纷纷在立法上肯定第三人代为履行的效力。我国也不例外，《中华人民共和国合同法》第64、65条也给予第三人代为履行合同以法律效力。

同大陆法系国家一样，英美法系国家在坚持合同相对性原则的同时，给予原则之下的例外以弥补合同相对性之不足而致的不公正结果。尽管英国的判例早在合同相对性原则正式确立之前，就已经有过承认合同的第三人效应的判例。“但是，应当指出，合同的相对性原则自1915年确立以来，一直被严格地执行，并绝对支配着司法判例。”与英国法不同，美国法并没有严格恪守合同相对性原则，不论是成文法还是判例法，都给予合同第三人的地位很大的空间。1973年《合同法重述》（第2版）第133条更是明确规定，虽然事实上第三人没有参与订立合同，但如果允许第三人享有合同权利很明显地符合双方当事人的意图，那么法律通常认定第三人享有合同权利是公平的。在上述合同法理念的指引下，美国统一商法典第2－210条规定了美国法上的第三人代为履行制度。

“无论是大陆法系还是英美法系，合同的相对性原则作为一条基本原则而被信守。这一原则巧妙地配合了古典契约理论乃至整个私法体系的构建，成为契约法理论的基石。但是，随着个人本位向社会本位的转换，公法向私法领域的不断渗透，古典契约理论家的这种将个人的私法权利义务与社会关系割裂的抽象的做法越来越显示出其不足。”① 为此，多数国家均在信奉合同相对性原则的基础上，肯定合同第三人的法律地位，并在此基础上，认可第三人代为履行的效力，以谋求公正结果的出现。

（二）契约自由应有之义

尽管格兰特·吉尔莫宣称“契约已经死亡”，但他同时也不得不承认“契约法的存在一经确认，在法律思想的发展中就不能没有它的地位……”② 其实，“作为活的制度的契约充满于我们身边”。③ 一如契约，契约自由历经沧桑，但依然奠定了契约法的基石，并日益成为一种信念，一种文化传统，成为现实生活中的一种实在力量，指导、衡量着人们的行为。

“契约自由原则的实质是契约的成立以当事人的意思表示一致为必要，契约权利义务仅依当事人的意志而成立时，才具有合理性和法律上的效力。”④ 尽管学者们对契约自由的内涵和外延有着不同的认识，但“至少可以说契约自由的思想包括两个紧密相连且并非截然不同的方面。第一，它强调合同基于双方合意；第二，强调合同的产生是自由选择的

① 李永军著：《合同法（第二版）》，507页，法律出版社，2005。

② ［美］格兰特·吉尔莫著：《契约的死亡》，4页，中国法制出版社，2005。

③ ［日］内田贵著：《契约的再生》，197～198页，中国法制出版社，2005。

④ 李永军著：《合同法（第二版）》，43页，法律出版社，2005。

结果。”①

合同当事人约定向第三人履行合同义务，或者约定由第三人履行合同义务，均属于合同当事人对合同内容自由选择的结果。只要合同当事人之第三人代为履行约定不违背强制规定，此约定即满足契约自由之本质要件，属于合同当事人之自由裁量空间，法律自无干预之必要和可能。这是契约自由的应有之义，也是合同法赋予合同当事人的法定权利，法律理应给予肯定，否则有违契约自由的合同法基石，最终将损及当事人法定权利的实现。

（三）重视合同的实现

合同一经成立、生效，其实现即成为合同之关键。但实际交易中，合同当事人由于诸多原因，有时无法亲自履行合同，此时第三人代为履行即可弥补当事人无法履行之不足。况且，对合同权利人而言，其订立合同的目的主要是实现合同债权，如第三人代为履行能实现其目的，自无禁止之必要，即使第三人不能实现合同债权，合同义务人的履行义务依然可以确保合同债权的实现；对合同义务人而言，第三人的代为履行至少不会使其处于不利之地位。

诚如有学者认为：“在代为清偿时，债权人可由第三人清偿而使自己的权利全部或部分得以实现；债务人也不过是改向第三人承担债务，且在第三人以赠与为目的代为清偿时，债务人还可以因此而免除其所负担的给付，所以对他并无不利；对于代为清偿的第三人也无不利而言。这是代为清偿制度得以生存发展的利益基础和根本动力所在。”② 第三人代为履行为合同的实现提供了双保险，这也是其能够在合同相对性原则的笼罩下持续得以存在和发展的制度价值之所在。

（四）揭开代为履行的面纱

从第三人代为履行的经济和法理要义上看，其具有合理性和有效性自无异议，但第三人代为履行在当事人之间的效力分配，以及其实质究竟如何则依然值得深究。第三人代为履行的重点不在于研究其历史演进和经济、法理之基础，而在于洞察制度背后的内核，以期广惠公法之债。

1. 强制履行和自愿履行

自罗马法伊始，直至法国民法典、德国民法典，尽管20世纪以来，以契约自由为核心的契约理论日益受到社会本位等理论和现实的挑战。但当事人自愿合意始终贯穿着契约自由，成为其内核，正是合意的自始存在，使“契约早已不仅仅意味着交易手段，其已成为人类的生活方式，主宰了人们的思维模式。其作为一种信念，一种文化传统，成为现实生活中的一种实在力量”。③

合意机制的运转，意味着任何除强制规定以外的强制履行成为无效，这即从源头上排除了形式上自愿，实质上强迫的履行约定的效力。任何第三人代为履行合同，均须是合同当事人真实、自由意思表示的结果。换句话说，对于由第三人代为履行而言，仅合同双方之间的约定是不具有排他性的，第三人可以抗辩；对于向第三人履行而言，受益第三人原则上无拒绝之理由，代为履行的效力应予首肯，仅当接受第三人代为履行危及自身利益

---

① ［英］P. S. 阿狄亚著，赵旭东、何帅领、邓晓霞译：《合同法导论》，9页，法律出版社，2002。

② 魏振瀛主编：《民法》，367页，北京大学出版社、高等教育出版社，2000。

③ 单飞跃著：《经济法理念与范畴的解析》，26页，中国检察出版社，2002。

时，方可拒绝。

2. 代为履行之实质面

代为履行牵涉三方，然其法律地位却大相径庭，三方之实质地位即构成代为履行的实质面，也在法律上设定了代为履行之效力分配及责任分配机制。

第一，对代为履行的第三人而言，不因其履行合同义务或接受合同义务，参与到原有合同中而成为合同当事人，其实质上只是履行主体而非义务主体，尚不具有完备的合同当事人之主体资格，因为代为履行之第三人不具有责任资格，而这恰恰是合同实现的最后救济方式。

第二，对债务人而言，代为履行的第三人如果不履行合同义务或履行合同义务不符合约定，抑或债务人未向第三人履行合同义务或者履行合同义务不符合约定的，债务人的责任不得因为这种违约是第三人造成的而得以减轻或受到影响，他仍需向债权人承担责任。

第三，对债权人而言，在由第三人代为履行形态中，因第三人不履行合同义务或履行合同义务不符合约定的，他只能向债务人主张权利，而不能直接向第三人主张权利；在向第三人代为履行形态中，债务人未向第三人履行合同义务或者履行合同义务不符合约定的，债权人依然有请求权。

第四，在向第三人代为履行形态中，债务人未向第三人履行合同义务或者履行合同义务不符合约定的，第三人是否享有请求权，法律尚无规定。笔者认为：如果第三人为纯粹的受益人，在不损及债务人的权益下，可以赋予第三人一定的请求权；如果第三人的受益以一定的对价为基础，应当明确赋予第三人请求权。

三、税法上应确立第三人代为履行

追寻第三人代为履行制度的罗马法源头，可明知，其起始即债的一种实现方式，在罗马法以及随后的各国债法演进史中，第三人代为履行始终是以债的实现方式存在的。如以法史为考据工具，可以认为，第三人代为履行制度并没有严格限定为合同之债的实现，只要对象为债，即具有代为履行之可能。

尽管第三人代为履行制度几乎为合同法所规定，但通过上文对第三人代为履行制度的剖析，可以窥知：第三人代为履行制度之关键在于当事人之间的约定。只要当事人不违背法律的强行规定，履行之标的又具可代为性的话，当事人之间如果自愿且自由地达成代为履行之合意，则代为履行自应无法律上的障碍。

广之而言，只要当事人对以给付为标的义务达致合意，那么该项义务则具有代为履行之可能，从这个意义上讲，代为履行制度就不再只是一项合同法上的制度，至少可以认为是一项债法意义上的制度。既然第三人代为履行不为合同法所独有，则作为公法之债的税法确立第三人代为履行制度也应可能和必要，这既是契约自由理念贯彻之结果，也是顺利实现税收债务之有效保障。

（一）契约自由与税法目的

从法评判的角度上讲，合同法和税法作为私法之债和公法之债的两种分配工具，两者没有孰优孰劣之分，各自承担着不同的法律任务，它们进入人们的生活空间的顺序是不同的，合同法优先于税法进入市民生活，对人们生活中的行为进行优位法评价，而后税法在其基础上进行后续法评价。一般来说，除非违反强行法规定，后续法评判应建立在对优位法评判结果的基础上。对于合同法的评价，税法不可任意推翻，只有在合同法评价与税法的强行性规定相抵触时，方可对合同法评价进行再评判。[①] 从这个角度上讲，对合同当事人自由、自愿达致的第三人代为履行契约，税法也有承认之必要。

从税法的目的角度下分析，在第三人代为履行中，只要合同当事人协商一致，同意转移税收债务，则税法无干预之必要，因为税法的根本目的不在于对当事人行为的效力进行评价，而在于对当事人行为的效果进行征税。税法承担的很重要的一个使命在于实现税收债权，只要当事人之间的合法行为不损及税收债权的实现，则税法自不必介入。在第三人代为履行中，第三人代为履行并没有削弱债务人的履行能力，反而增加了税收债权实现的可能，而这正是税法之重要目的。在税法上肯定第三人代为履行，既是税法自身目的使然，更是对合同法契约自由尊重使然。

（二）契约自由没有改变税收法定主义

第三人代为履行虽为合同当事人契约自由之选择结果，但当事人之间的契约自由并没有改变税收法定主义的内核。因为第三人代为履行根本上没有改变税收债权债务关系当事人的格局，税收债务人的税法地位依旧未变，其法定的纳税义务并不因第三人介入而免除，纳税义务只不过是以一种潜在的、消极的方式出现而已。

对法定纳税人而言，一旦代为履行的第三人不履行纳税义务或履行的纳税义务不符合当事人的约定和税法的规定，未达成税法所期望出现的结果时，债务人必须继续履行其原有的法定义务，法定纳税人的责任不得因为税收未适格履行是第三人造成的而得以减轻或受到影响，他仍需向税务机关纳税，并承担因此而可能带来的滞纳金和罚款等税法处罚。

（三）自愿移转与强制移转

税法上第三人代为履行亦如私法之债中的代为履行，合同当事人之间进行税收债务移转的约定必须是自愿进行的，合同标的之涉公法性更强调当事人缔约时的自愿合意。仅当合同当事人运用契约自由的权利，自由、真实的意思表示一致所致的代为履行契约，税法方可肯定。

一旦涉嫌强制移转者，第三人代为履行自始无效，这也与税收中性原则相暗合，因为“国家课税时，除了使人民因纳税而发生负担外，最好不要再使人民遭受其他额外负担或经济损失”。[②] 强制代为履行无异于使不应纳税之人成为纳税人，既违反了税收中性原则，也使被强制代为履行人处于不公平之税法境地，税法自当排除。

（四）财政目的与分配正义

税法的角色决定了其随时代变迁的频繁性和复杂性。“德国联邦宪法法院，亦因时代变迁与学说之影响，对自己的一些判决进行否认并更新。”[③] 但不管税法理念和税法实务如何变迁，税法始终肩负着分配正义和财政目的这两大重要功能[④]，“至于具体到一个国

---

① 中华人民共和国税收征收管理法实施细则（国务院令［2002］362 号）第 3 条规定：纳税人应当依照税收法律、行政法规的规定履行纳税义务；其签订的合同、协议等与税收法律、行政法规相抵触的，一律无效。

② 刘剑文主编：《财政税收法（第三版）》，187 页，法律出版社，2003。

③ 葛克昌著：《行政程序与纳税人基本权》，170 页，北京大学出版社，2005。

④ 关于税法的功能和税法目的的研究，更详细的论述参见叶金育：《税及税法的正当性研究》，载《涉外税务》2006 年第 5 期。

家的目的的制定和实施总是，或者说，必然地受到社会、经济、心理、历史、文化以及各种价值等各种因素的影响和制约”。①

税法虽有分配正义之追求，但在当今的中国，财政目的依然是税法的最重要的目的，可以预见在很长的一段时间内，财政目的依旧会主导我国的税收立法和税法研究的方向和价值观。基于此理念，税法的财政目的必会优先于其分配目的，只要当事人的行为迎合税法之财政目的，而又不过度危及分配正义之目的，当前税法自不会否定。第三人代为履行虽然一定程度上会损害税法之分配正义追求，但税法之财政目的会在更大程度上得到满足，况且，第三人代为履行实为当事人意思表示之选择，法律分配的效果也实为当事人选择的结果，纵然有违分配正义理念，但也不至于突破税法之禁止维度。

（五）法定之债可以代为履行

在龙岩龙薰实业有限公司案的一审、二审和学者对该案的研究中，多数研究者以“法定之债不可以代为负担，法定之债具有高度属人性”② 为反对基点，否定税法上代为履行之可能。其实，从债的流转性即可知道，债的关键不在于债的形成方式，而在于债的实现结果的达成，对于债权人而言，债的根本在于顺利实现债权；对于债务人而言，债的根本在于如期清偿债务，而不在于遭受因迟延履行等不适格履行所致的惩罚性评价。因此，至于是法定之债，还是意定之债，从债追求的实现性来说，本质无异，只要利于债之实现的方式，均可为两者所用，所以说，法定之债并非不可以代为履行。

对于税收债务而言，税法期望的不是税收债务的主体，而在于税收债务的真正实现。税收债务由实际债务人和约定的第三人履行，对于税法的财政目的而言，没有本质区别。换句话说，即税收债务并没有高度的属人性，法定之债与高度属人性并非同语。税收债务并无高度的属人性，所以亲自履行的规则并无强制性，也即第三人代为履行成为税收债务的实现方式并不受亲自履行规则的约束，也自无税法上之障碍存在。

（六）债务人和应税财产范围的扩大

对于税收债务而言，第三人代为履行与原始的履行最大区别在于第三人的介入。从权利、义务维度分析，对于作为债权人的国家而言，第三人的介入并没有使原有的纳税义务架空，债权自始存在；对于债务人而言，第三人的介入也没有改变其原有的义务主体的法律地位。为此，可以断言：第三人的介入并没有改变税收债权、债务人的原始地位，债权、债务也始终未变。

在保持债权、债务的原始地位基础上，第三人的介入扩大了债务人和应税财产的范围，使原有的债务主体扩大至第三人，原有的应税财产扩大至第三人的财产，在实质上拓宽了税收债务的责任主体和责任财产，也就在根本上为税收债权的实现提供了更大的可能性。所以说，在税收债权、债务原始法律地位不变之前提下，第三人的介入减轻了纳税人的应税负担，增加了税务部门实现债权的心理期望。

在税法上确立第三人代为履行制度的重大价值之一在于：第三人代为履行纳税契约的有效对国家利益并无损害，因为第三人的介入不仅没有损及原有的税收债权、债务，反而

① 孙同鹏著：《经济立法问题研究——制度变迁与公共选择的视角》，10页，中国人民大学出版社，2004。

② 这些反对意见多集中于第三人代为履行违背税收法定主义，多数人认为税收是法定之债，从税收法定主义出发，不能以约定改变纳税义务，所以约定无效，约定与分配正义精神不符。本文已经回答或即将回答这些税法实务和研究中的困惑。

使税收债务人和应税财产范围得到拓宽，增加了责任的“人的范围”与“责任财产的范围”，从而为实现税法之财政目的奠定坚实的基础。

（七）税法上他人代负责任已经出现

税法上确立第三人代为履行制度并非税法首创，他人代负责任在税法上并非绝无仅有，纳税保证制度①实质上充当着税收债务的一种实现形式，而且这种税收债务的实现形式越发重要。纳税保证人一如代为履行的第三人，其本质上并没有改变原有的税收债权、债务关系，但其共同使纳税人和应税财产的范围得以扩大。既然纳税保证作为一种税收实现形式得到明确，则第三人代为履行也有理由得到税法的肯定，其根源在于两者在税法上的实质相通。

（八）德国税法上的第三人履行

《德国租税通则》第48条规定：（1）对稽征机关之租税债务关系之给付，得由第三人为之。（2）第三人得以契约承受第1项规定之给付义务。第48条之一般说明进一步作出解释：（1）就租税债务关系之给付而言，究由何人作成该给付，对债权人并无特别之意义，因此本条第1项规定，得由第三人为给付。（2）第三人为给付后，租税债务原则上归于消减，但第三人有代位权时则不消减。债权人之请求权及有关之担保权及优先权，转移至该第三人。租税债务关系之请求权移转第三人后，即丧失其公法性质。（3）在税法内，不许可关于租税请求权之契约，但许可以契约加强租税请求权。本条第2项即明文规定，许可第三人以契约承受租税债务关系之请求权。唯经由法律行为设定之义务，成立私法之请求权，而非公法之请求权。（4）至于债务承担，则仅许可并存之债务承担。免责之债务承担，其承担人替代租税义务人而自为租税义务人，违反租税法定之原则，故不得为之。②

从第48条可以看出，德国税法上对于当事人之间的第三人代为履行税收债务契约持肯定态度，因为究竟何人履行债务，对税收债权人而言没有特别的意义。但当事人之间的契约自由，不能违背税收法定主义，税收债务人不能因为契约而脱离税收债权、债务关系的约束，其当事人的地位并不因第三人的介入而有所改变，只要第三人未达至税收债务，则债务人必须承担其原有的税收债务。一言以蔽之，德国法上承认第三人代为履行契约，当事人之间的契约自由得到很好的贯彻，在法定主义的过滤下，契约自由并无障碍。

四、税收法定主义和契约自由之耦合

一方面，法定是税法的天职，“国家非根据法律不得核课征收税收，亦不得要求国民缴纳税收，而且仅于具体的经济生活事件及行为，可以被涵摄于法律的抽象构成要件前提

① 纳税担保试行办法（国家税务总局令第11号，2005），专设第二章“纳税保证”，对纳税保证人的资格、保证责任及保证范围等进行界定，从而确立了税法上的纳税保证制度，这意味着税法上他人代负责任的确立，其突破了传统的税收债务必须纳税人亲自履行的传统纳税理念，也为第三人代为履行税收债务提供了立法和实践基础。

② 陈敏译：《德国租税通则》，65～66页，财政部财税人员训练所，1985。

之下时，国家的税收债权始可成立”。[①] 另一方面，自由是契约的生命，[②] “契约自由原则保证了当事人在缔约过程中的地位平等和意思自治，排除了国家和他人干预，在形式上和程序上完全自由，客观上充分表达了双方当事人的意志，使缔约的成本大大降低，缩短了缔约过程，实现了一定意义上的公平、便捷、效益等价值目标。”[③] 故此，仅从法定主义和契约自由的功效和内涵上看，两者自无契合之可能，而且实有冲突之危险。但在第三人代为履行之语境下，税收法定主义和契约自由确有契合之可能，而且此种契合趋势在税法和合同法的双重妥协下日渐加强。

（一）税收法定主义的源起和本质

税收法定主义起源于中世纪的英国，最初是由封建制度内部的权力斗争引起的，之后，随着新兴资产阶级的发展，才演变成新旧势力的对抗而斗争。[④] 从诺曼底公爵威廉征服英格兰，到约翰暴政[⑤]，一步一步引发了封建内部势力，尤其是新兴资产阶级的不满，最终约翰被迫签署了《大宪章》，该宪章被公认为现代税收法定主义的源头。从英国税收法定主义的产生背景就可以知道，其实税收法定主义的诞生是有其深刻的政治目的和动机的，税收法定主义是各方利益相互斗争、妥协的结果，但其根本上却促进了纳税人权利保障这一税收法定主义的内核。

税收法定主义的功能，从不同的侧面必会得出不同的结论，但最根本的功能在于财政目的和纳税人基本权利保障目的。[⑥] 换言之，税收法定主义本质不在于其内涵之法定，也不在于其限制、约束纳税人之自由空间；其根本在于确保国家之税收利益和纳税人之权利保障，在于公平分配租税负担，而不干预市场自由竞争秩序及纳税人的基本自由、权利。为此，只要纳税人之行为满足了财政目的和纳税人权利保障之双重功能，则在实质上达至了法定主义之效果，无论其行为是否符合法定主义之框架，税法也无干涉之必要和干预之法理。

（二）税收法定主义并不必然排斥契约自由

税收法定主义的本质决定了税收债务人纳税方式的可选择性，债务人并非亲自履行税收债务不可。财政目的和纳税人权利保障共同构成了法定主义的边界，以此边界可以衡定契约自由之效力。

对于债务人与第三人达成的由第三人代为履行纳税义务契约[⑦]，税收法定主义并非必然排斥，只要契约在法定主义边界内，履行此契约可产生税法所期望之效果，即实现税收债权和保障纳税人权利，法定主义则可与契约自由共存。仅当契约自由危及税法之财政目

---

① 杨小强著：《税法总论》，106页，湖南人民出版社，2002。

② 姚新华：《契约自由论》，载《比较法研究》1997年第1期。

③ 潘慧明：《论契约自由》，载《山西财经大学学报》2004年第1期。

④ 刘剑文、熊伟著：《税法基础理论》，100页，北京大学出版社，2004。

⑤ 刘剑文主编：《WTO体制下的中国税收法制》，80页，北京大学出版社，2004。

⑥ 叶金育：《税及税法的正当性研究》，载《涉外税务》2006年第5期。

⑦ 对于第三人代为履行制度而言，其不仅包含由第三人履行形态，还包含向第三人履行形态，具体到税收债务之第三人代为履行而言，其呈现出如下形态：纳税人与第三人约定由第三人代为履行形态，税务机关与纳税人约定由第三人代为履行形态，税务机关与第三人约定由第三人向税务机关履行形态。为简化分析，本文仅以债务人与第三人约定由第三人代为履行形态为分析对象，况且前文已经对第三人代为履行的各种形态进行了深入剖析，故不予以重复论述，下文的分析也做相同处理。

的和纳税人权利保护目的时，法定主义方可进行否定评价。也就是说，法定主义与契约自由并非天生不可兼容，两者可在第三人代为履行契约中达成契合。

（三）契约自由与税收法定主义本质相契合

第三人代为履行契约中，债务人与第三人就税收债务的履行达成合意，迎合了合同法契约自由的法理，合同法自当肯定。具体至税法中，由第三人代为履行纳税义务，不仅不违背税法之纳税人权利保障功能，反恰是尊重纳税人权利之体现，纳税人和第三人均有权决定自己的行为，这是法律赋予每个市民的权利。至于法定主义之财政目的边界，已经反复论证过。

因此，可以认为，契约自由实质上没有破坏税收法定主义所力求营造的税法秩序，其在更大程度上满足了税法之财政目的，确保了国家税收利益的实现，这恰是税法尊重纳税人权利的必然结果，也进一步巩固了税收法定主义所追求的税法秩序，从而在纳税人权利保障和财政目的的双重边界中为契约自由开启了一片自由的空间，也为合同法和税法的和谐相处提供了可能。

（四）契约自由在税法中的出现

与传统的核定课税相区别，税法上已经出现了约定征税方法的新型纳税方式，即预约定价。狭义上可以把预约定价理解为一种合同，从广义上可以理解为以订立合同为中心的一种制度。但预约定价最核心的是一种合同，具体地说就是税务机关和纳税人对关联企业之间未来实施的交易，适用正常（正当交易）原则及最优转让定价方法等一系列相关问题所达成的一种合同。

由于税法的特殊性，如强烈的国家利益性、财政目的优先性等，这些税法特质使预约定价很难真正贯彻完全的契约自由理念，但这无疑是对传统核定式的税收债权、债务关系的一大跨越。在税法中引入契约自由理念，也进一步佐证了“税收法定主义可以与契约自由相契合”的立论。

（五）民法与税法的融通：德国法的启示

对于当事人之间的契约自由，税法上究竟以何姿态出现，各国一直尚未达成共识。作为最早承认税收债权、债务关系的德国税法，其税法的刚性远不如其他国家强烈，对于为他人之租税负担契约的税法适用仅是冰山一角而已，但这一角足以证明契约自由和法定主义在德国法上的和谐相处。《德国租税通则》第192条规定：“基于契约之义务，为他人之租税负担责任者，仅得依民法之规定向其为请求。”① “其以契约负担他人之租税义务者，不仅其债务承担之实体法效果，依民法之规定定之。稽征机关在程序法上，亦应适用民事之法律途径。作为原告之债权人，为具有契约请求权之独立之法律人格者。稽征机关及其首长不得为原告，唯得为私法债权人之代理人而提起诉讼。”②

由此可知，对于当事人之间的契约内容，税法理应遵从当事人的契约自由。具体到法律适用上，则意味着为他人之租税负担契约，不管实体法还是程序法，皆应以民法的规定适用之。第三人代为履行，纯属当事人之间的契约自由范畴，税法理应遵从民法之规定，

① 陈敏译：《德国租税通则》，215页，财政部财税人员训练所，1985。

② 《德国租税通则》第192条“契约责任”之“一般说明”，具体参见陈敏译：《德国租税通则》，215页，财政部财税人员训练所，1985。

肯定当事人之间自由合意之契约的效力。当然，若当事人的契约自由显属法律之禁止范畴，则税法自无放任之必要，民法也自无内部适用的特权。

五、结论

合同法和税法作为与市民息息相关的两个重要部门法，共同承担着对市民行为及其效果等的分配，在形式面上呈现出非此即彼之势，然实质上则兼容并蓄，第三人代为履行契约是其体现，从根本上又加剧了契约自由和法定主义之兼容趋势。

（一）回到龙薰实业有限公司案

龙薰实业有限公司与魏某等人签订的“房产税由承租方缴纳”契约，属于向第三人履行的契约，魏某等人只是履行主体而非义务主体，并没有取得税收债权、债务关系的当事人地位。当约定纳税义务人，即魏某等人，不履行债务时，税务机关并无法定的权源，也无约定的权源向约定纳税人强制执行。为此，我们认为：龙薰实业有限公司与魏某等人签订的“房产税由承租方缴纳”契约，应在双方之间有效，但不能成为税务机关对魏某等人采取强制执行的依据，这由债的相对性所决定。

（二）不是结论的结论（如下图）

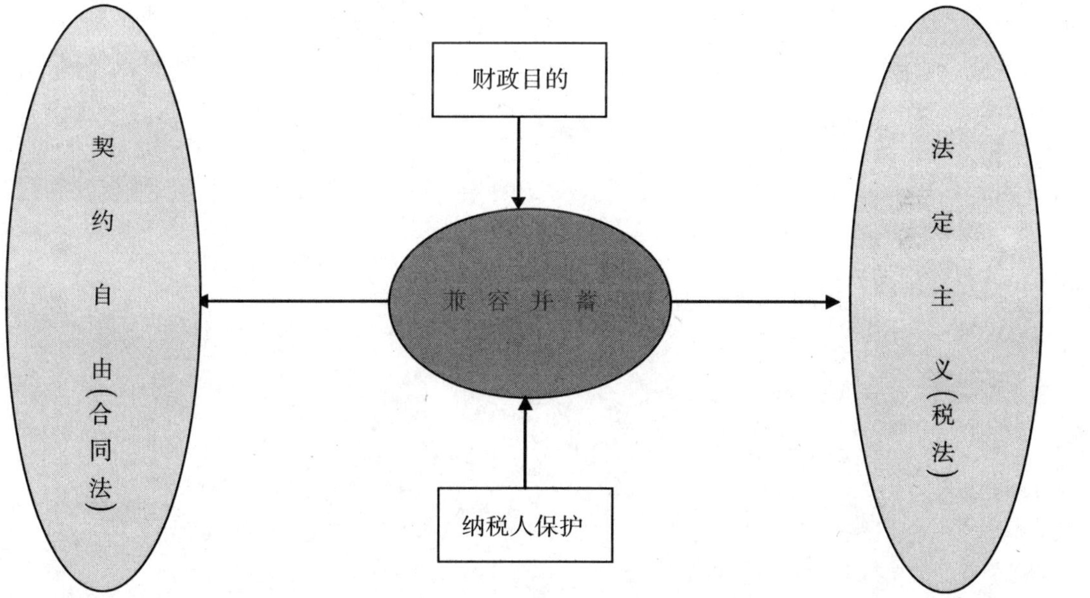

追溯第三人代为履行制度的罗马法和普通法源头，可以获知，第三人代为履行自始即作为债的实现方式出现，而不只是限定在合同之债领域，故在公法之债中肯定第三人代为履行制度是可能的。第三人代为履行纳税契约，不仅没有改变原有的债权、债务关系，而且增加了税收责任的“人的范围”与“责任财产的范围”，这更利于税收债权的实现，故税法上肯定第三人代为履行是必要的。

在税法上贯彻契约自由，是纳税人权利保障的体现，契约自由并没有改变税收法定主义。在自愿移转债务的情形下，当事人达至的代为履行纳税契约，既是契约自由之选择结果，又在更大程度上满足了税法之财政目的。税收法定主义之根本在于满足国家之税收利益、实现税法的财政目的和保障纳税人权利，这构成了法定主义的双重功能和当事人行事之边界。行为人只要在法定主义边界内活动，其行为及其效果满足了税法之财政目的和纳税人权利保障目的，即在实质上达到了税法和法定主义之预期，其自无干预之可能和必要。

诚如祁克所言，“公法和私法的界限，不是原理的而是‘历史的’”①，“公法和私法同样是法，在规定人与人间的意思及利益之点是具有共通的性质的。”② 合同法和税法的区别并没有学者所想象的那样大，两者在对国家利益和当事人权利保障等方面的性质是相通的，具体而言，在合同法之契约自由引领下，契约自由和法定主义共同服务于税法目的，在此边界内，契约自由和税收法定主义兼容并蓄，共同张扬合同法与税法之自由和法定之理念。

---

① Gierke, Grundbegriff des Staatsrechts, 1874. 转引自［日］美浓部达吉著，黄冯明译：《公法与私法》，19页，中国政法大学出版社，2003。

② ［日］美浓部达吉著，黄冯明译：《公法与私法》，72页，中国政法大学出版社，2003。

我国产融结合型金融控股公司的法律规制研究

张熠一*

目　次

一、产融结合型金融控股公司的理论分析

在当前金融综合经营的背景下，金融控股公司这一特殊的经营模式成为金融业发展的一大趋势，在我国当前金融业高速发展的背景下，更是有大量的产业资本涉足金融业，以谋求企业自身的发展壮大，从而形成了较为特殊的一种金融集团——产融结合型金融控股公司。

（一）产融结合的法学理论分析

"产融结合是一个笼统、抽象的概念，它只是对资本市场上金融资本与产业资本在趋利动机下相互融合这一现象的概括。"① 产融结合最初是经济学上的概念，是指产业与金融业经济的结合，其研究对象比较广泛，如包括直接融资与间接融资的关系，产业和金融业在资金等方面的沟通形式等。产融结合在法学领域上的研究更多的是对其法律表现形式的研究，在国际上，产融结合的具体法律表现形式因各国而异，如德国的全能银行、美国的金融控股公司等都是产融结合的具体法律形式。

在法学界，"产融结合就是指金融业与工商业通过信贷、股权、人事等方式形成的结合体。"② 产融结合具有狭义和广义上的概念——从狭义上来说，产融结合是指产业和金融业之间通过持股、控股、人事结合等方式形成的资本直接融合的关系，不仅包括产业资本向金融资本（或者金融资本向产业资本）的单向流通，也包括二者之间相互渗透、融合，达到形成产融集团的目的。从广义上来说，"产融结合不仅包括产业和金融业之间形

* 重庆市农村商业银行，法学硕士。

① 孙晋：《产融结合及其主要法律形式论析》，载《安徽大学法学评论》2009年第1期。

② 前引，孙晋书。

成的股权、人事等直接融合的关系，还包括金融业（银行）向工商企业贷款融资形成借贷关系，也即产业部门与金融部门之间以业务为纽带而保持的密切信用联系，其基础为业务纽带。"① 从广义上来说，产融结合集直接和间接融资为一体，而本文的研究则是从狭义的角度来进行的，这是因为狭义上的产融结合是我国未来产融结合的发展趋势。从国际上来说，各国产融结合的表现形式都不同，如有的为全能银行，有的为金融控股公司，还有的为企业集团。本文则是从产融结合型金融控股公司来进行研究的，这是因为金融控股公司是我国金融业发展的趋势，当然也为产业资本与金融资本的融通提供了发展的平台。

（二）本文对产融结合型金融控股公司的界定

1. 金融控股公司的内涵及法律性质

当前，虽然金融控股公司在金融全球范围内业已滥觞，但是各国对其概念并未达成统一共识，不过学术界大都认为"金融控股公司是指专门或主要控股银行、证券、保险等多元金融服务机构的控股公司"②。笔者认为，金融控股公司就是指专门以银行、证券、保险、信托等金融机构为子公司的金融多元化控股公司。同时，这里的控股公司对金融子公司的控股不是单一的，而是多元的，如母公司既可以只控股银行子公司（或仅证券、保险），又可以控股银行、证券或保险等两种或两种以上金融子公司。在这里，金融控股公司实质上是一种资本纽带，将各类金融资本联系起来，以实现控股公司的利益。

金融控股公司是以金融企业为主的企业组织形态，具有金融混业和控股公司的双重属性。与分业经营的"一个法人，一个执照，一种业务"体制不同的是，金融控股公司型的混业经营体制为"多个法人，多个执照，多种业务"，即在母公司法人下有多个子公司法人，且各子公司之间的业务各不相同，彼此之间存在金融防火墙。总的来说，金融控股公司具有以下基本法律性质：第一，金融控股公司的母公司和子公司均具有独立的企业法人资格，各自独立承担相应的法律责任。第二，集团混业经营，法人分业经营。金融控股公司的这一特性确保了金融企业集团的内部安全，同时依靠法人机构间的防火墙机制防范、降低整个集团内的金融风险。第三，经营范围包括两个或两个以上的不同金融业务。

2. 产融结合型金融控股公司的界定

产融结合这个最初形成于经济学上的概念，在法学领域中的概念并未得到一致的界定。因我国法律明确禁止金融业投资实业，为此本文就"产融结合"的范围而言，仅指由产业涉足金融业这一现象。产融结合型金融控股公司就是指由工商产业作为母公司，通过参股、控股等方式控股银行、证券、保险、信托等金融子公司而形成的产融企业集团。

产融结合型金融控股公司的内涵具有以下几个特征：

一是控股母公司为工商企业，即所谓的由"产到融"的这一主动过程。此外，这里的金融子公司除了包括工商企业以股权为纽带控制的金融企业外，还包括由工商企业自行创办的金融子公司的模式。

二是整个产融结合型金融控股公司内部是通过股权控制的方式来联结母、子公司或子、孙公司的。现代企业间的联结除了股权控制外，还发展了人事、协议等多种方式，但是作为最直接、最具有法律意义的方式联结控制方式依然是股权这一纽带。

---

① 朱晖、张进铭：《略论当前我国的产事结合》，载《现代财经》2003 年第 3 期。

② 杨勇著：《金融集团法律问题研究》，14 页，北京大学出版社，2004。

三是控股母公司（即工商业母公司）参股、控股集团内部一个及以上的不同金融机构，控股的方式可以是直接控股，也可以是间接控股。产融结合型金融控股公司与一般金融控股公司最大的不同在于控股的母公司性质不同——前者是由工商实业主动发起的“由产到融”的跨业控股，而后者则仅是由金融母公司控股不同金融子公司的“由融到融”的控股。正是由于这一特殊性质，决定了产融结合型金融控股公司在解决内部产业资本和金融资本之间的矛盾和由此带来的法律问题上较后者更为复杂。

二、我国产融结合型金融控股公司在法律规制上存在的问题

在21世纪的头五年里，“我国的产融结合型金融控股公司遭遇了证券业和信托业出现的行业风险，出现了如农凯系金融控股集团利用参股的兴业银行贷款金额高达12.99亿元，控股富友证券套取信用社委托的国债投资资金达33亿元等案例；直到2003年集团内大部分企业经营已陷入停顿时，这些关联企业贷款涉及十一家商业银行，贷款余额高达76亿元，其中23亿元贷款已逾期的后果”。[①] 而影响至今的德隆事件更是给我们暴露出这样一个问题——产融结合型金融控股公司在我国现行法律真空的情况下存在巨大的风险。笔者认为，我国产融结合型金融控股公司在关联交易、市场准入、信息披露及监管等方面存在许多法律问题，特别是关联交易成为产融结合型金融控股公司的长远发展的“拦路虎”。

（一）现行立法对产融结合型金融控股公司的规制存在不足

1. 市场准入的法律规制问题

金融市场的稳定在我国市场经济中占有重要作用，它的规范运作和健康发展关系到整个国民经济的发展，为此，对金融业的监管是我国乃至世界各国的重要任务。金融机构的市场准入是对金融业进行监管的第一步，简单来说，市场准入是指市场主体有资格进入相关的市场并从事相应市场活动的标准或机制。有效的金融业准入制度的三个价值目标为：一是将资质差、不具备法定条件的机构排除在金融市场的大门之外；二是控制金融机构的数量，调控金融机构的合理布局，维护金融机构间的公平有序竞争；三是维护金融市场的秩序和安全，提高金融体系的效率，促进金融业健康发展。[②] 实现上述三个价值目标的最基本环节即完善我国金融业市场准入的相关法律制度。

我国产业资本进入金融业的方式为股权投资、新设成立金融机构等方式，但就目前来看，我国的产业资本进入金融业的方式大多是以企业间的股权投资来进行——通过参股、控股已成立的金融机构的方式来实现它的目标。从我国现有的金融立法来看，我国的《中华人民共和国商业银行法》、《中华人民共和国保险法》、《中华人民共和国证券法》、《信托公司管理办法》以及《企业集团财务公司管理办法》[③] 等均对企业进入相关金融市场有以下的基本立法规定：一是公司章程；二是最低注册资本限额规定；三是相关高级管理人

① 数据来源于上海市金融服务办公室的有关报告。

② 周仲飞、孙飞廉：《论金融控股公司市场准入的监管》，载《上海财经大学学报》2005年第8期。

③ 银行业金融机构的市场准入参见《中华人民共和国商业银行法》第12条、第13条；保险业金融机构的市场准入参见《中华人民共和国保险法》第72条、第73条及第82条；证券业金融机构的市场准入参见《中华人民共和国证券法》第124条及第129条；信托业金融机构的市场准入参见《信托公司管理办法》第13条及第15条；财务公司的市场准入参见《企业集团财务公司管理办法》第7条及第27条。

员的任职要求；四是有健全的组织机构及管理制度；五是相关营业场所、安全措施及其他设施等的规定。此外，我国《中资商业银行行政许可事项实施办法》中对我国产业资本进入银行业金融机构有更为严格、具体的细则性法律规定，如该办法中规定的中资商业银行股权变更，其股东资格条件同机构发起人的入股条件相同，即应该符合该法第12条的规定："境内非金融机构作为股份制商业银行法人机构发起人，应当符合以下条件：（一）在工商行政管理部门登记注册，具有法人资格；（二）具有良好的公司治理结构或有效的组织管理方式；（三）具有良好的社会声誉、诚信记录和纳税记录，能近期足额偿还金融机构的贷款本金和利息；（四）具有较长的发展期和稳定的经营状况；（五）具有较强的经营管理能力和资金实力；（六）财务状况良好，最近3个会计年度连续盈利；（七）年终分配后，净资产达到全部资产的30%（合并会计报表口径）；（八）除国务院规定的投资公司和控股公司外，权益性投资余额原则上不超过本企业净资产的50%（合并会计报表口径）；（九）入股资金来源真实合法；（十）银监会规定的其他审慎性条件。"[①] 同时，我国有关财务公司的设立也有较为具体、详细的法律规定。[②]

从我国有关银行、保险、证券、信托及财务公司等金融机构的市场准入立法来看，我们可以清晰地看到我国立法的不足之处：第一，对相关金融机构的设立条件过于原则化（除了《中资商业银行行政许可事项实施办法》及《企业集团财务公司管理办法》对银行、财务公司的设立有明确具体的规定外），没有相应的法律条文对非金融类企业股东的主体条件做出明确的规定。第二，当金融机构股权变动时，我国并没有法律法规对新参股、控股的非金融业类法人股东的主体条件有明确的规定。如笔者前文所述，我国法律仅对新设立金融机构的主体有一定的规定，但是当成立后的金融机构发生股权变动、为了增加注册资本而吸收新的股东等情况出现时，我国法律对通过这种方法进入金融业的实业公司型法人股东并没有相应的法律规定。为此，新进入金融市场的产业型金融控股公司究竟有没有相应的信誉、资金及管理能力来经营高风险性质的金融企业，监管部门都没有法律依据来作出相应的评判。

当前在我国产融结合迅猛发展的情况下，产融结合型金融控股公司在金融业的市场准入上没有相关法律法规进行规制，大量的产业资本借金融业股权调整等方式以参股、控股的形式注入金融市场，而作为股东的产业型母公司究竟有没有经营、管理金融机构的资质、能力、信誉等，我国也缺乏相应的法律依据，从而导致大量不具备相应资质的工商企业成为各类金融机构的实际控制人。

2. 内部关联交易的法律规制问题

从整体来看，产融结合型金融控股公司其实算是金融企业集团的一种特殊表现形式，

---

① 参见《中资商业银行行政许可事项实施办法》第12条。

② 参见《企业集团财务公司管理办法》第7条："申请设立财务公司的企业集团应当具备下列条件：（一）符合国家的产业政策；（二）申请前1年，母公司的注册资本金不低于8亿元人民币；（三）申请前1年，按规定并表核算的成员单位资产总额不低于50亿元人民币，净资产率不低于30%；（四）申请前连续两年，按规定并表核算的成员单位营业收入总额每年不低于40亿元人民币，税前利润总额每年不低于2亿元人民币；（五）现金流量稳定并具有圈套规模；（六）母公司成立2年以上并且具有企业集团内部财务管理和资金管理经验；（七）母公司具有健全的公司法人治理结构，未发生违法违规行为，近3年无不良诚信记录；（八）母公司拥有核心主业；（九）母公司无不当关联交易……"此外该法第27条对财务公司股东及股权变动也有相应的规定。

控股母公司与金融子公司、各子公司之间都存在实质上的关联关系，其内部关联交易是为了实现整个控股公司集团的利益，目标具有一致性及协同性。正是因为产融结合型金融控股公司有上述目标，为此集团内部的关联交易特别突出，这也成为我国金融监管部门进行监管的困难所在。根据欧盟2001年通过的《对金融企业集团中的信用机构、保险业及证券公司之补充性监管指令及修订其他相关指令之建议案》中对内部关联交易界定为：金融控股公司内部关联交易是指金融企业集团内被管制实体直接或间接地依附于同一集团内部的其他实体来履行契约性或非契约性的，支付性或非支付性债务所进行的任何交易。[1] 简单来说就是指金融集团内部各关联方之间所发生的资源转移行为，而无论对方是否支付相应的对价。我国2005年修改的《中华人民共和国公司法》（以下简称《公司法》）中将“关联关系”界定为：“公司控股股东、实际控制人、董事、监事、高级管理人员与其直接或者间接控制的企业之间的关系，以及可能导致公司利益转移的其他关系。但是，国家控股的企业之间不仅因为同受国家控股而具有关联关系。”[2]

从上述有关“关联交易”及“关联关系”的界定来看，我国产融结合型金融控股公司间的关联交易不仅发生在有产权联系的企业之间，还可能在公司其他的股东、高级管理人员之间。总的来说，企业集团间进行内部关联交易是基于以下两个方面的考虑：第一，内部关联交易可以有效减少交易的成本，提高企业集团资本运营的效率从而实现工商业母公司的规模经济；第二，可以有效地实现整个产融结合型金融控股公司内部的资源、信息共享，提前获得商机并实现集团公司内部的经济效益。如果说合法有益的关联交易可以为金融控股公司带来积极的作用的话，那么不正当的内部关联交易就是金融监管部门必须监管的重点了，典型的不正当目的内部关联交易包括通过转移资产、藏匿利润来逃避税收；通过虚增资产以满足监管部门的需要；通过扩大企业规模达到垄断市场、排挤竞争对手的目的……此外，控股母公司还可能利用内部交易来损害中小股东的合法权益等。

我国产融结合型金融控股公司最容易出现的问题就是各个关联企业之间的内部交易。例如，在“德隆危机”爆发前，“德隆集团把我国产融结合型金融控股公司的内部关联交易现状和产生的风险暴露得淋漓尽致”。[3] 德隆集团一方面通过关联企业之间的信用担保、资产抵押担保和股权质押担保等手段来获得大量的资金；另一方面又将内部关联交易所获得的资产通过控股子公司来收购“影子公司”掩盖集团债务的目的。德隆的灭亡给我国立法及监管者带来警示，并先后通过相关法律对我国金融控股公司内部关联交易进行了一定的规制：

2004年我国银监会颁布了《商业银行与内部人和股东关联交易管理办法》，其目的是规范商业银行的关联交易行为以达到商业银行安全、健康运行的目的。该部法规是我国第一部专门针对金融机构内部关联交易的法规，该法主要从商业银行关联交易的原则、种类、管理制度及法律责任等几个方面进行了较为具体的规定。例如，商业银行的关联交易应当符合诚实信用及公允原则，且应当按照商业原则以不优于非关联方同类交易的条件进行；[4] 商业银行的关联交易是指商业银行与关联方之间发生的转移资源或义务的下列事项：

① 黎四奇：《欧盟对金融集团内部交易及风险集中的监管》，载《国际金融研究》2001年第11期。

② 参见《中华人民共和国公司法》第217条。

③ 方美燕、康庄：《德隆隐形金融控股公司浮现》，载《经济》2003年12月5日。

④ 参见《商业银行与内部人和股东关联交易管理办法》第3条、第4条。

授信、资产转移、提供服务、中国银行业监督管理委员会规定的其他关联交易。①

我国新修改的《公司法》也对关联交易作了规定，主要表现在：第一，不仅对公司高管人员的忠实义务作了原则性规定，同时还规定公司高管人员忠实履行职务、维护公司权益的义务；高管人员与公司交易的限制性规定等。② 第二，原则性地规定当公司高管在违法、违规执行职务时，给公司造成损失后的赔偿义务。第三，新增了“法人人格否认”制度。上述条文与金融控股公司间的内部关联交易的规制也是息息相关的，《公司法》从原则性规定出发，其目的是平衡因关联交易所涉相关主体之间的权利、义务和责任，防止公司内部关系人的原因而造成对利益相关者的损害，为相关的利益主体提供法律上的保护。

此外，我国证券业金融机构方面有关内部关联交易的规定主要体现在《中华人民共和国证券法》（以下简称《证券法》）、《关于进一步提高上市公司信息披露质量的通知》等法律法规中。由于我国证监会对证券市场的监管主要集中在上市公司关联交易的信息披露方面，为此，上述法律法规对上市公司关联交易的规定也比较具有原则性，如《证券法》规定的“证券公司不得为其股东或者股东的关联人提供融资或者担保”。③ 同时，2009 年新修改的《中华人民共和国保险法》（以下简称《保险法》）中对关联交易同样仅作出了原则性的规定，即“保险公司应当按照国务院保险监督管理机构的规定，建立对关联交易的管理和信息披露制度”。④ 上述这些较为原则性的规定无疑都为监管机构的监管带来盲区。

从我国有关银行、证券、保险、信托等金融机构的内部关联交易方面来看，我国立法存在以下不足：第一，对金融机构的关联交易规定较为原则化。虽然我国银监会颁布了《商业银行与内部人和股东关联交易管理办法》，但由于我国金融业严格实行分业经营、分业监管，其他的金融监管机构并不能参见该办法。第二，对各企业间实施了内部关联交易的行为没有明确的法律来规定相关主体所应承担的责任。由于我国相关法律的规定都太过原则化，为此笔者认为应该辅之以相关的实施细则来明确各关联方所应承担的法律责任，这样才更能给违法行为的实施者带来警示作用。

我国产融结合型金融控股公司的最大风险就是控股子公司间的关联交易——金融控股公司为了追求经营上、财务上乃至管理上的协同效应，不断增强其抵抗风险的能力，从而必然有内部关联交易的存在，这固然能给整个集团带来协同效应，降低经营成本，增加利润，但从另一角度看，这使其难在规避风险的传染效应和集中效应。⑤ 同时，由于我国存在法律上的监管真空，使得产业和金融业之间的关联交易往往在发生重大的经营风险及严重的后果后才被我国相关监管部门发现。为此，笔者认为我们一方面应该总结我国产融结合型金融控股公司内部关联交易方面所带来的教训，另一方面在借鉴国外相互关联交易立法的基础上，加强对我国产融结合型金融控股公司的法律规制和监管。

3. 信息披露的法律规制问题

如果说市场准入制度是我国产融结合型金融控股公司进入市场防范风险的第一道关口

① 《商业银行与内部人和股东关联交易管理办法》第 18 条至第 21 条。

② 《中华人民共和国公司法》第 148 条、第 149 条。

③ 《中华人民共和国证券法》第 130 条。

④ 《中华人民共和国保险法》第 108 条。

⑤ 谢平等著：《金融控股公司的发展与监管》，97 页，中信出版社，2004。

的话，那么信息披露制度则是金融控股公司进入市场的准备程序。这是因为当产融结合型金融控股公司进入金融市场时，必须向监管当局提供足够的“住处”才能被许可进入相关的金融市场。此外，企业的信息披露不但可以有效发挥市场自主监督的机制，还可以增加该企业的透明度（特别是对上市公司而言），保护利益相关人的合法权益。

信息披露，是指金融机构将其资产负债、经营管理、风险状况、组织与股权结构等方面的信息按法律要求向监管机构、投资者、债权人以及社会公众进行报告或公示的法律制度。[①] 信息披露是市场约束的实现方式，从金融业的特性而言，通过完善的信息披露制度来实现对企业内部风险的有效监管是金融行业治理结构的重要内容。[②] 信息披露制度的重要性主要体现在：第一，维护金融市场相关参与者的合法权益。该制度不仅可以消除金融机构与相关人（如投资者、债权人、业务存款人等）之间不对称的信息状况，还可以保护弱势参与者的合法权益。第二，维护市场的公平竞争制度。这是因为将金融机构的有关信息通过信息披露制度公开出来，可以增加该机构的透明度，也可以使社会公众及监管部门及时、有效地获取该金融机构的准确资料。

我国产融结合型金融控股公司在进入金融市场后，也应该按照相关行业的要求实行信息披露制度，包括参、控股股东的股权情况等。从总体上来说，我国金融业现在已基本建立了信息披露制度，这主要表现在：

《中华人民共和国商业银行法》、《中华人民共和国中国人民银行法》及中国人民银行发布的《商业银行信息披露暂行办法》等中均对商业银行的信息披露制度作了明确规定。例如，“商业银行应当按照规定向国务院银行业监督管理机构、中国人民银行报送资产负债表、利润表以及其他财务会计、统计报表和资料”；[③] “商业银行应当按照国务院银行业监督管理机构的要求，提供财务会计资料、业务合同和有关经营管理方面的其他信息”。[④] 此外，《信息披露暂行办法》还对商业银行信息披露的原则、内容及方式等作了较为明确的规定，这成为我国商业银行信息披露制度的主要法律组成部分。

在证券业方面，我国的《证券法》、《股票发行与交易管理暂行条例》、《公开发行股票公司信息披露实施细则》、《公开发行股票公司信息披露的内容与格式准则第三号〈中期报告的内容与格式〉》等系列的法律法规对证券业市场上的公司信息披露制度作了详细的规定。同时，我国证券市场要求上市公司披露信息的原则为信息的真实性、准确性与完整性，这与证券市场的高风险有关。此外，我国2009年新修改的《保险法》中也对信息披露作了相关的规定“订立保险合同，保险人应当向投保人说明保险合同的条款内容，并可以就保险标的或者被保险人的有关情况提出询问，投保人应当如实告知。”[⑤]，“保险公司的营业报告、财务会计报告、精算报告及其他有关报表、文件和资料必须如实记录保险业务事项，不得有虚假记载、误导性陈述和重大遗漏。”[⑥] 保险业金融机构承担的信息披露义务不仅仅是向有关监督管理机构进行披露，同时还向保险相对人负有信息告知的

① 周成江：《上市公司关联交易信息披露存在的问题及其规范意见》，载《财会通讯》2001年第1期。

② 贝政新、陆军荣主编：《金融控股公司论——兼析在我国的发展》，248页，复旦大学出版社，2003。

③ 《中华人民共和国商业银行法》第61条。

④ 《中华人民共和国商业银行法》第62条。

⑤ 《中华人民共和国保险法》第17条第1款。

⑥ 《中华人民共和国保险法》第120条。

义务。

总的来说，我国银行业、证券业及保险业等金融机构均有关于信息披露制度的规定，但是对于我国产融结合型金融控股公司而言，由于其本身股权结构的复杂性而使得我国相关信息披露制度存在明显的不足之处：第一，信息披露的相对方未作合理区分。如上所述，我国相关法律规定金融机构进行信息披露的相对方包括相关金融监督管理机构以及社会公众，但是法律要求金融机构向监管部门及公众进行披露的信息完全一致，而未作区分。在信息披露的过程中，往往容易产生金融机构的商业秘密等被公开从而引发金融风险。第二，信息披露的内容比较单一，主要是以金融机构的财务信息为主，而企业的经营状况、经营效率等信息则未要求被公开，这显得披露信息的总体质量不高，使社会公众很难进一步了解相关金融机构的经营、发展状况。第三，信息披露的力度明显不够。虽然我国法律法规对信息披露制度的原则界定为真实性、准确性、完整性及持续性，但实践中往往存在许多虚假披露信息、隐瞒部分信息的情况，这除了与我国金融监管部门的监管力度有关外，更与我国法律制度的不完善有关。

4. 我国产融结合型金融控股公司存在的法律监管盲区

我国自成立证监会以来，首度确立了金融业分业监管的模式，随着保监会和中国银监会的成立，我国金融业最终形成了“分业经营、分业监管”的模式。在该种模式下，我国的银监会、证监会和保监会分别对相应的金融行业实施监督和管理。在我国金融业发展初期，由于我国金融市场的不完善及金融机构本身业务操作的不规范性，决定了我国实行严格的“分业经营、分业监管”模式是必要的。但是随着我国经济的迅速发展，我国金融业也得到了飞速的发展，各种金融产品不断地出现，而金融业的综合经营也得到了相应的创新，特别是各种各样形式的金融控股公司的出现，为我国金融业的“分业经营、分业监管”带来了挑战。在当前产融结合发展迅猛的情况下，笔者认为相关金融监管部门对我国产融结合型金融控股公司的监管存在相应的监管漏洞，其原因为以下几点：

第一，各金融监管部门没有统一的监管理念和统一的监管立法，容易产生监管上的盲区。虽然我国各监管部门以“各就其位，各司其职”为自己的指导思想，且根据不同金融行业的特点而确定各行业的监管重点，但是对于我国特殊的产融结合型金融控股公司而言，若没有统一的监管理念和监管立法，在工作上就容易使监管部门的业务产生交叉和冲突，导致各监管部门在监管上按自己的思路和方式行动，更有可能在监管业务上产生互相推诿的局面。例如，产融结合型金融控股公司的母公司（如宝钢、鲁能等），其涉足的是非金融行业，因此就不在金融监管部门的监督之下，对于该整个金融集团的监管就比较吃力。

第二，我国的金融监管水平比较低，监管方法较为落后，缺乏相应的监管人才。这是因为我国的金融业尚处于发展阶段，金融业的整体资本实力、抗风险的能力等都还比较低下，同时我国金融业的监管体制及法律体系尚不健全，金融市场结构的不完善造成了上述问题的出现。特别是我国产融结合型金融控股公司的出现，为我国的金融监管带来了严峻的挑战——金融业的高回报及雄厚的资金支持吸引了工商企业的眼球，但金融业的高风险也是工商企业无法预计的，就像当初德隆进行大规模的产融结合一样，出发点是为了振兴实业，可最终却被投资的金融机构所累。正如前文所述，金融控股公司较单一的金融机构而言要相对更为复杂一些，金融机构在股权上常常存在交叉持股等现象，为此在我国分业监管的模式下，常常会存在监管的盲区。

（二）立法对产融结合型金融控股公司规制不足的原因分析

1. 原因之一：法律本身的滞后性

法律的滞后性是法律弊端之一，这是因为人类社会总是不断进步发展的，无论是已成文的法律或正在进行的立法总是难以与之相适应，两者之间总是存在一定的距离。梅因说过："社会的需要和社会的意见常常是或多或少地走在法律的前面，我们可能非常接近地达到它们之间缺口的接合处，但永远存在的趋向是要把这缺口重新打开来。"[①]"法律的滞后问题会在法律制度的不同层面中表现出来：立法机关在实施立法任务时，可能会受到既得利益集团的影响和阻碍，而立法过程的缓慢性也使立法者倾向于对利益集团作出妥协等。"[②] 由于我国是典型的成文法国家，在法律的实施过程中只能依照现有的法律进行，而不可能存在法官或执法者"造法"一说，这也使得执法者在执法时只能亦步亦趋。

从我国金融业的发展状况来说，我国的金融立法的步伐始终慢于金融业的快速发展。我国自20世纪80年代前期开始建立专业银行体制，虽然对银行业务严格分工，但银行分支机构可以开展证券业务和信托业务，1995年以前我国均没有明确的法律规定金融业的经营体制。特别是1992年的房地产热和证券投资热直接导致了我国金融秩序的混乱，这给我国立法者敲响了警钟——没有成文法律的规制难以维护我国金融秩序的稳定。此后我国先后进行了多次金融立法，并且不断调整和修改旧有的法律。但是，随着我国金融业的快速发展，我国金融控股公司也迅速壮大，特别是2004年的"德隆事件"带来的经验教训，再次给立法者带来金融立法的难题。

2. 原因之二：对产融结合型金融控股公司缺乏足够的认识

很长一段时间以来，我国学术界对产融结合的研究常常处于割裂状态——经济学和法学上的裂层，现实中更多的是前者的研究，而产融结合后带来的法律问题以及给立法带来的困境则研究甚少。我国学者在产融结合的研究上比较重视实践中企业成功的经验总结，对经济理论、已有的数据资料和对现状审慎的评估预测则研究的比较少。

从国际上来说，产融结合不乏许多成功例子，如德国、瑞士的全能银行、我国台湾地区的金融控股公司等大多是产融结合成功的典范，与此同时我们还应该看到如我国、日本、韩国等产融结合失败的经验教训。德国、瑞士产融结合成功的原因在于其国内不仅有严格的行业自律和素养，同时金融监管制度比较完备，监管机构能够有效地对金融机构实施监管，最主要的是其国内的金融法律制度比较健全，因此可以有效防止其国内金融集团带来的风险。但是从我国当前情况来看，我国目前甚至在相当长的时间内都很难具有以上这些条件，具体表现为金融机构机制普遍不完善，监管制度不完备以及监管机构的监管效果不佳等，这就给我国产融结合型金融控股公司带来了很大的制度上的风险——无法可依、无法可循。最典型的是"德隆事件"，在德隆成立产融结合型金融控股公司开始的很长一段时间里，"德隆模式"受到我国很多经济学家积极、肯定的赞扬，但是这种模式下将来可能发生的金融风险以及带来的法律后果，大多学者则持不以为然的态度。此后随着德隆的倒塌以及德隆给相关权益者带来的巨大损失后，许多学者则认为产融结合模式在我国走不通。产融结合型金融控股公司一方面可以提高企业整体的竞争力，另一方面也会带来许多法律制度上未有的后果，为

---

① ［英］梅因著，沈景一译：《古代法》，15页，商务印书馆，1959。

② ［美］E. 博登海默著，邓正来译：《法理学——法律哲学与法律方法》，420页，中国政法大学出版社，2004。

此笔者认为我国应该加强金融立法，从法律制度上保障我国金融业的健康发展。

3. 原因之三：分业经营监管与业务多元化之间的矛盾使我国现行立法难度较高

目前，我国法律总的来说仍然坚持分业经营、分业监管的原则，这从我国《商业银行法》、《保险法》和《证券法》中都可以明确体现出来，但是实践中我国法定的分业经营原则并不禁止各类金融机构从事传统上可以从事的一定多元金融业务，因为这些业务的交叉经营不会给金融机构、金融系统带来风险。例如，商业银行可以进行债券、保险代理业务；[①] 保险公司可以经营证券业务（买卖政府债券、金融债券）等。[②] 从我国立法来看，我国的分业经营法律原则并不绝对禁止金融机构交叉从事一定的业务，绝对禁止的是各类金融机构直接从事其他金融机构的传统核心业务，如银行的存贷款业务，保险公司的保险承保业务等；而对于代理、结算业务和其他中间业务等，我国法律是不禁止的。[③]

从上文可以看出，现在我国金融分业经营的局面在一点点破冰，金融机构业务也朝着多元化发展，而立法也随之要发生不断的修改变动。例如，1995 年的《商业银行法》中规定“商业银行在境内不得从事信托投资和股票业务，不得向非银行金融机构和企业投资，不得投资于非自用不动产”，但是新修改的法律则已改成所谓的“三不一但”——但国家另有规定的除外。由此可以看出，我国立法也正朝着业务多元化的方向进行修改，但是随着金融控股公司的出现，立法上的空白却一直难以填平，这其中最大的原因莫过于金融控股公司已经成为金融业务多元化发展的典范——金融控股公司参控股各类子金融公司，相关子公司之间同时也存在一定的股权联系，这比单一的金融机构中间业务经营的交叉带来的影响更大，对我国现有的分业经营监管的法律原则更具冲击力。

除此之外，我国目前金融控股公司的概念界定还比较模糊，更不用说特殊形式下的产融结合型金融控股公司，它们对我国分业经营监管原则带来的冲突是巨大的，也成为我国金融控股公司立法上的一个障碍——如何有效解决业务多元化与分业监管之间的矛盾冲突？同时，对金融控股公司的相关立法较一般的金融立法需要更强的专业性人才和专业知识储备，我们只有在对国际上各国专业立法的经验总结及借鉴意义上，才可能解决二者之间的矛盾冲突。

三、我国产融结合型金融控股公司法律规制的立法完善

（一）完善金融市场准入法律制度

市场准入制度是金融控股公司稳健运行的重要制度保障，市场准入法律制度的缺失无疑会增加金融体系的风险。为此，我国监管当局应当借鉴其他国家和地区的成熟经验，制定量化的市场准入条件和具有可操作性的金融控股公司设立标准。[④] 总的来说，完善的市场准入制度应该包括业务准入、机构准入和人员准入三方面。

第一，业务准入制度的具体法律规制。我国金融机构的市场准入原则采用的是许可主义原则，即金融机构在满足相应的法定条件后，还应向相应的主管部门申请审批核准后才

① 《中华人民共和国商业银行法》第 3 条。

② 《中华人民共和国保险法》第 104 条。

③ 前引，杨勇书，246 页。

④ 杨素兰：《发展我国金融控股公司的现实意义与制度安排》，载《金融论坛》2001 年第 9 期。

能登记注册。当然，不同监管部门审批金融机构所经营的业务范围也是不相同的。我国现有的金融业务范围中，除了传统的银行、证券、保险、信托、财务公司等以外，在金融业的发展中还衍生出一些新兴业务，而仅靠现有的立法模式这些新兴金融业务基本难以进入我国金融业市场。为此，笔者认为，首先，我国金融业务范围在法律上的规制可以采取概括与列举式相结合的规定，即先对各金融监管机构的监管范围作概括规定，再采用列举的方式明确各类金融机构的业务范围。例如，现行我国立法规定，“我国银监会除了监管商业银行以外，对其他由银监会批准设立的金融机构也同样有监督管理的权力（如金融资产管理公司、信托公司、财务公司、金融租赁公司等），”① 这就是采取概括与列举相结合的方式。同样的，我国证券、保险立法也可以采用同样的立法模式，促使新兴的金融业务可以在进入我国金融市场的同时，得到有效监管。其次，在金融机构所经营的具体业务方面，可以采用允许与禁止相结合的规定，如商业银行除了可以经营传统的银行业务外，还可以代理保险业务等。由于我国现行法律并没有禁止性业务的规定，这与我国“法无明文规定不禁止”的原则相抵触。

第二，机构准入制度的具体法律规制。机构准入制度，是指获得金融控股公司的主体资格在法律上应该具备的条件，② 这包括母、子公司的性质要求，资本充足性的要求和健全有效的内控机制等。

首先，从各国情况来看，对金融控股母公司的性质要求不尽相同，英国的银行可以成为控股母公司，而德国的产业实体也可以成为金融控股母公司。从我国情况来看，产融结合型金融控股公司的母公司既可以是产业实体，也可以是纯粹的控股公司——控股金融子公司和工商企业子公司。我国有的学者认为为了保障我国金融体系的安全，应该禁止产业集团成立金融控股公司，对已成立的产融结合型金融控股公司通过剥离和并购来防止其危及我国金融体系的安定，③ 这种看法有一定的片面性。金融业本来就是高风险的行业，如果仅仅为了保障金融风险就将我国已成立的众多产融结合型金融控股公司强行剥离，这不仅会影响到现有的金融业，还将金融风险传递到产业链，损失是无法预计的。因此，笔者认为我国金融控股母公司的性质可以走多元化路线，既可以是产业实体母公司，也可以是纯粹型控股母公司。在子公司的性质要求上，笔者认为从我国现实情况出发，可以在不违反《中华人民共和国反垄断法》的基础上而对子公司的性质作过多的严格要求，因为产融结合型金融控股公司本身就是业务多元化的路径，如果过多限制反而会适得其反。

其次，金融控股公司的高风险性决定了债权人和交易相对人的利益容易受到伤害，公司资本在一定程度上发挥着对外清偿债务的保障作用，其对金融市场的稳定也有一定的负面作用，④ 因此，资本充足性的要求具有重要作用，是衡量企业抵御风险的重要指标。资本充足要求包括公司的注册资本要求、资本充足率的要求等，我国立法除了规定最低注册资本要求外，还应该就各金融行为作出资足率的基本规定，这样才能保障金融子公司的稳健运行。

最后，健全有效的内部控制机制是金融机构实施自我监控，杜绝和防范外部经营风险

① 《中华人民共和国商业银行法》第 2 条。

② 岳彩申、袁林等著：《金融经营体制改革与金融控股公司法律制度的构建》，93 页，法律出版社，2008。

③ 前引，岳彩申、袁林等书，93 页。

④ 前引，岳彩申、袁林等书，93 页。

的必要手段。为此，我国立法应该加强对金融控股公司内部监管与控制的法制规制，包括对公司组织机构、会计准则、内控措施与责任分离等具体标准的认定等。

第三，人员准入制度的具体法律规制。人员准入制度包括对重要股东的资格限制和对公司高级管理层任职资格的审查，提高金融控股公司的市场竞争力，保障公司的安全动作，不仅需要完善的制度安排，还需要其经营管理者和重要股东的素质及管理经验。首先，对重要股东的审查除了对发起人股东审查作出明确的法律规定外，对通过增加注册资本等方式新引进的股东也应该作出相应的审查，这包括股东的违法记录、财务状况、商业信誉等。而且对于重要股东的认定标准等也应作出相应的制度规定。其次，公司高管人员的任职资格审查一直是我国重视的情况之一，对金融控股公司高管人员任职的审查除了从学历、资格证书、工作经验、违法犯罪记录等方面进行考察外，还应该包括对诚实、品行和信誉方面的考察。因为高管人员的从业资格固然重要，但是品性也是决定高管人员职业操守的因素之一，为此应该综合考察我国金融控股公司高管人员的任职要求。

（二）完善产融结合型金融控股公司的内部关联交易制度

在产融结合型金融控股公司特有的风险中，集团内部关联机构之间的交易成为最大的诱因。从客观上说，关联交易无所谓好坏，是中性的，一方面关联交易包括关联贷款具有信息共享、减少信息不对称、降低交易成本等优点；另一方面又存在被内部人滥用的风险，而且其不仅损害客户的利益，还可能引发金融风险危及整个金融行为。因此，对产融结合型金融控股公司的关联交易予以规制刻不容缓。总的来说，我国在关联交易的法律规制上可以从以下几个方面进行考虑：

第一，明确关联交易的主体和种类。金融控股公司内部关联交易的主体范围比较广，除了发生在具有控制关系的机构之间外，还可能发生在高管人员及其近亲属等主体上。而对于内部关联交易的种类，我国需要明确制定出哪些属于内部交易的范畴。从范畴上来看，关联交易的种类包括有股权投资、授信和融资业务、资产转移、交叉持股、交叉任职、内部服务协议等。我国现有立法不仅将关系人的范畴界定过于狭窄，而且在关联交易的立法上仅银行业有相关规定，其他部门法如证券法、保险法等都未对金融机构的内部关联交易作出详细规定，同时在业务的规定上由于过于原则化，使得银行业的大多内部交易规制仅停留在“授信”业务等方面。在金融控股公司内部交易的立法上，可以采取对关联机构融资额进行限制，禁止关联机构购买低质量资产进行限制等来进行。同时，在立法中可以通过列举的方式将关联交易的主体和种类予以明确规定，这样可以使关联交易为监管机构和社会公众所识别。

第二，完善内部关联交易的监管制度。在我国现有的金融业分业监管的模式下，为了防止关系人滥用关联交易损害权利人的利益，各监管部门之间应该要加强合作与信息交流，完善监管制度。“各监管机构要定期交流彼此的监管信息，以此协调各自对金融控股公司关联交易情况的监管举措，避免监管重复和监管真空，并由此逐步确立以功能性监管为主、以机构性监管为辅的监管框架。”① 首先，监管部门要建立全面的监管制度，由于产融结合型金融控股公司的内部交易表现形式比较隐蔽，交易金额巨大，一旦失控就会产生严重的后果，因此监管部门要从横向和纵向对金融控股公司的内部交易实行全程监管，

① 王蕾：《我国金融控股集团关联交易的监管对策分析》，载《中国金融》2006 年第 2 期。

包括交易前的识别、审查，交易中的跟踪，监管，交易后的备案、检查等方式。其次，建立违反内部关联交易规定的责任制度。这包括对金融控股公司的违法处罚和对监管机构人员违法行为的处罚，从法律责任上来规制内部违规关联交易行为和监管人员的失职行为。

第三，加强内部关联交易的行业自律。行业自律具有政府监管所不具备的优势，可与之形成良好的互补，共同对产融结合型金融控股公司内部关联交易进行有效监管。由于行业自律具有灵活性、适时性和民主性的特别，为此可以有效弥补政府监管的滞后性不足。[①]一般来说金融业自律组织的形式主要是金融行业公会，行业公会可以为会员建立服务网络与信息渠道，使金融控股公司了解内部关联交易的动态，并起到示范和自律的作用。

（三）完善产融结合型金融控股公司的信息披露制度

产融结合型金融控股公司的信息不对称是影响金融监管有效性的重要因素之一。加强产融结合型金融控股公司的信息披露不仅可以完善市场的准入机制，也可以有效防止因信息不对称带来的关联交易，从而损害利益相对人的合法权益。笔者认为，完善产融结合型金融控股公司的信息披露制度可以从以下几个方面进行考虑。

第一，加强对信息披露的主体及相对方的立法。金融控股公司的利益群体较为复杂，其信息披露的主体和相对方也比较复杂。从我国当前立法来看，信息披露仅限于对外披露，而未包括内部信息的披露。信息的对内披露是为了保护公司股东的合法权益，包括董事会对股东大会的披露，金融子公司董事会对控股母公司董事会的披露等方面。信息的对外披露则是金融控股公司对监管部门、社会公众以及投资者等的披露。为了全面保护各权益人的合法利益，我国在对金融控股公司立法方面应该明确信息披露的主体和相对方，以提高金融控股公司经营的透明度。

第二，完善信息披露内容、方式和程序的法律规制。首先，金融控股公司信息披露的内容不应该仅停留于财务会计信息方面，还应该包括非财务信息方面，如股权的变动、股东的结构、关联交易、公司重大资产负债调整等。对于信息披露的内容范围在立法上也可以采取概括和列举式的结合。其次，金融控股公司信息披露的方式也非常重要，总的来说可以分为两类——传统媒介的披露和现代化媒体的披露，前者包括报纸、电视和广播等，后者则为互联网平台。最后，信息披露的程序也同样重要，这包括披露的地点和披露时间两种。笔者认为，对信息的披露地点最好可以通过金融监管机构指定的地点来进行，这样不仅可以方便公众查阅，还可以使公众尽快知晓公司信息而切实保护自身合法利益。披露的时间也可以说是信息披露的频率，金融机构除了定期、及时、有效披露企业的真实信息外，对于某些重大的经营决策也应该对信息相对方予以及时的披露。特别是对产融结合型金融控股公司而言，集团内部关联交易频繁，各子公司的股权变动、股东结构也常常发生变化，为此及时有效地信息披露对相关利益者而言是尤为重要的。

第三，加强信息披露主体的法律责任规制。由于信息披露会涉及披露方的利益，出于利益的考虑披露方往往会隐匿真实信息情况而披露虚假或者不全面的信息，这对相关权益人必然造成一定的损害。为此，只有追究信息披露者的相关法律责任，才能加强披露方的真实告知义务，防止披露主体虚假、欺诈披露信息行为的出现。在法律责任规制的采用上，可以根据违法披露行为的严重程度而追究其相应的行政责任、刑事责任等。

---

① 前引，岳彩申、袁林等书，253 页。

建设工程价款优先受偿权法律问题研究

王婷婷*

目　　次

一、问题的提出

笔者在法院工作期间遇到一起建设工程价款优先受偿权案件，案情如下：2008 年 3 月 25 日，原、被告签订了《电气安装工程施工承包合同》，约定原告承建被告开发的某项目的电气安装工程，工程总价款为 738 万元。合同签订后，被告陆续支付原告工程款 100 万元。后被告资金链断裂。2009 年 7 月 9 日，原、被告及第三人某投资公司签订了《关于解决某项目用电工程遗留问题的协议》，约定了剩余的工程款 638 万元的支付及偿还办法，即由某投资公司代被告向原告支付 319 万元，原告自行垫资 319 万元；原告的垫资款，被告应在三个月内偿还。后原告进行了垫资并使工程于 2009 年国庆节前竣工，但被告未按期支付垫资款，并因涉嫌犯罪陷入危机。原告于 2010 年 9 月 28 日起诉，请求法院判令被告支付垫资款 319 万元，并在欠付工程款的范围内对涉案项目拍卖后所得的价款享有优先受偿权。

被告对欠付原告垫资款 319 万元的事实认可，对原告提出的工程价款优先权的主张亦同意。

法院经审理认为，被告欠付原告垫资款 319 万元属实，被告应支付原告 319 万元。原告的垫资款属于工程款，应纳入工程款优先受偿的序列。但《最高人民法院关于建设工程价款优先受偿权问题的批复》（法释［2002］16 号）规定，“……四、建设工程承包人行使优先权的期限为六个月，自建设工程竣工之日或者建设工程合同约定的竣工之日起计

* 重庆市渝北区人民法院民三庭。

算”。原告陈述工程竣工在2009年国庆节前，被告亦未提出异议，故法院认定工程竣工在2009年10月前。原告起诉之日为2010年9月28日，自竣工至起诉之日已超六个月的法定时限，在此期间，原告未主张优先受偿权，那么原告实际上已丧失该权利。虽被告认可原告的优先受偿权，但因该权利涉及案外其他债权人的利益，被告的认可不发生效力，法院对优先受偿权的诉讼请求不予支持。

该案例涉及建设工程施工价款优先受偿权的问题，其中涉及了优先受偿权的权利范围、行使期间、发包方认可的效力等具体问题。本文以建设工程价款优先受偿权为中心，全面展开讨论。

二、建设工程价款优先受偿权的性质及设立原因

（一）建设工程价款优先受偿权的性质

《中华人民共和国合同法》（以下简称《合同法》）第286条规定：“发包人未按照约定支付价款的，承包人可以催告发包人在合理期限内支付价款。发包人逾期不支付的，除按照建设工程的性质不宜折价、拍卖的以外，承包人可以与发包人协议将该工程折价，也可以申请人民法院将该工程依法拍卖。建设工程的价款就该工程折价或者拍卖的价款优先受偿。”此即建设工程价款优先受偿权。《最高人民法院关于建设工程价款优先受偿权问题的批复》（法释〔2002〕16号）（以下简称《批复》）第1条规定：“人民法院在审理房地产纠纷案件和办理执行案件中，应当依照《中华人民共和国合同法》第二百八十六条的规定，认定建筑工程的承包人的优先受偿权优于抵押权和其他债权。”可见，司法解释赋予了建设工程价款优先受偿权优于抵押权和一般债权的效力，那么，建设工程价款优先受偿权是何种性质？

关于建设工程价款优先受偿权的法律性质，理论界众说纷纭，通常有：留置权说、法定抵押权说、优先权说。持留置权说观点的人认为，建设工程施工合同在性质上属于承揽合同，应当适用承揽合同中关于留置权的规定。但留置权的客体是动产，建设工程价款优先受偿权的客体是不动产，为了保护建设施工合同中承包人的利益，应当将不动产纳入留置权的客体范围，认定建设工程价款优先受偿权为留置权。持法定抵押权说观点的人认为，物权法理论中，抵押权分为一般抵押权和法定抵押权，前者由双方订立抵押合同并登记而成立，后者是特殊情况下基于法律的规定而产生，不以登记为要件。在二者同时存续时，法定抵押权的效力优于一般抵押权，建设工程价款优先受偿权是一种依法律规定而产生的法定抵押权。持优先权说观点的人认为，优先权是基于维护社会公平、保障人权而赋予债权人对某种特殊债权优于其他债权人受偿的权利，其目的旨在对特定债权施以特别的保护，其效力依照法律规定优于抵押权和一般债权。针对建设单位拖欠工程款现象严重的情况，将建设工程价款优先受偿权定性为优先权，有助于切实保障承包人的合法权益。[①]

笔者赞同优先权说，认为留置权说、法定抵押权说存在不足。首先，根据物权法定原则，留置权的客体仅限于动产，不宜作扩大解释，否则将造成担保体系的混乱，且留置权

① 徐国栋著：《中国民法典起草思路论战》，105页，中国政法大学出版社，2001。

有特定的成立条件，如对标的物的持续占有，而建设工程价款优先受偿权不能满足这一条件，不宜认定为留置权。其次，我国已建立了一套相对完善的担保制度体系，其中并无法定抵押权。将建设工程价款优先受偿权认定为法定抵押权，会造成制度内的冲突和混乱，也不符合《批复》的字里行间的含义。最后，应当认定建设工程价款优先受偿权是一种优先权。优先权不是一种独立存在的权利，而是某些权利法律效力的加强，以保证该种权利优于普通债权而优先实现，并且不以占有和登记为要件，不同于担保物权。优先权在很多国家都有立法例，并且已为我国制度所接纳。《中华人民共和国企业破产法》（以下简称《企业破产法》）确立了职工工资和社会保险费的优先权，类似的还有《中华人民共和国民用航空法》中的民用航空器优先权、《中华人民共和国海商法》中的船舶优先权。建设工程价款优先受偿权的立法目的符合优先权的内涵和宗旨，将其定性为优先受偿权是合理的制度安排。

（二）建设工程价款优先受偿权的设立原因

将建设工程价款优先受偿权定性为优先权，也有其内在的原因。首先，承包人是工程的建设方，承包人的劳动直接造就了工程，其他债权人的债权都建立在工程存在的基础上，相比之下，工程价款与工程本身更具有天然、紧密的联系，更应优先受偿；其次，承包人往往组织农民工施工，承包人应得的工程款很大程度上具有工资的性质，工资是劳动者基本的生存保障，法律往往将其列为清偿序列的首位；最后，不同于其他权利，建设工程一旦交付，承包人往往失去获得工程款的最后一道屏障，将建设工程价款优先受偿权认定为优先权，降低了提供劳务一方先为给付后无法获得对待给付的风险。

三、建设工程价款优先受偿权的行使

（一）建设工程价款优先受偿权的行使主体

《合同法》第286条规定："发包人未按照约定支付价款的，承包人可以催告发包人在合理期限内支付价款。"可见，建设工程价款优先受偿权的主体是承包人。《合同法》第272条规定，"发包人可以与总承包人订立建设工程合同，也可以分别与勘察人、设计人、施工人订立勘察、设计、施工承包合同"，那么，作为建设工程价款优先受偿权主体的承包人包括哪些？笔者认为，此处的承包人应做狭义解释，仅指总承包人和施工承包人，不包括勘察人、设计人。一方面，在表述上，勘察人、设计人获得的报酬通常称为"费用"（《合同法》第274条、第285条），不称为"价款"，也就无"价款优先受偿权"；另一方面，在本质上，勘察、设计合同的性质、内容不同于施工承包合同，承包方组织的实际施工人往往是社会底层的农民工，是弱势群体，优先权的初衷便是保障他们的工资报酬得以实现，而勘察人、设计人是知识分子，属于高收入群体，其应得的费用是一般债权，无须特别保护。

建设工程价款优先受偿权的主体也不包括分包单位、转包单位。根据《合同法》第272条的规定，"总承包人或者勘察、设计、施工承包人经发包人同意，可以将自己承包的部分工作交由第三人完成……承包人不得将其承包的全部建设工程转包给第三人或者将其承包的全部建设工程肢解以后以分包的名义分别转包给第三人"。可见，分包单位之所以不能成为建设工程价款优先受偿权的主体是基于合同的相对性原理，根据合同的相对性，分包单位只能向总承包人或施工承包人主张权利，而不能向发包人主张权利。转包单位之所以不能成为建设工程价款优先受偿权的主体是因为转包行为为法律所禁止，系无效行为，当然，也不符合合同的相对性原理。

（二）建设工程价款优先受偿权的客体

《合同法》第286条规定，建设工程价款优先受偿权的客体是承包人建造的工程，但不包括按性质不宜折价、拍卖的工程。承包人建造的工程，无论是否竣工验收，或者是否完工，都可以作为优先权的客体。

不宜折价、拍卖的工程，包括与主体工程融为一体的设备安装或装饰、装修工程，如发包人单独签订施工合同的空调、电梯、电气工程，如果允许承包人单独拍卖该部分工程，不仅在经济上不利益，还会产生新的纠纷。但这类工程承包人可以与主体工程承包人一起行使优先权，将该部分工程与主体工程一并折价、拍卖，并从所得的工程款中优先受偿。不宜折价、拍卖的工程，还包括城市绿化、市政工程、国防、军事工程、国家用于研究尖端科学技术的工程等公共工程。需要说明的是，并非所有为公共利益存在的工程都不能折价、拍卖，法律不禁止流通的公共工程，如不影响其使用功能并可以带来收益，就应允许其财产权的转移。另外，有些公共工程的使用权或经营权是可以转让的，如公共道路、桥梁、图书馆等，应当允许对其收益权拍卖。①

此外，《批复》还规定了消费者交付购买商品房的全部或者大部分款项的商品房，承包人也不能行使优先权。这是因为，商品房消费者的利益一般属于生存利益，而承包方的利益属于经营利益，在二者冲突时应当优先保护消费者的生存利益。当然，为平衡承包方的经营利益，这种保护只针对已交付购房全部或大部分款项的消费者。

（三）建设工程价款优先受偿权的权利范围

《合同法》第286条规定，承包人可以就建设工程价款享有优先受偿权。《批复》第3条规定："建筑工程价款包括承包人为建设工程应当支付的工作人员报酬、材料款等实际支出的费用，不包括承包人因发包人违约所造成的损失。"据此，建设工程优先权的权利范围应当根据"应当支出"和"实际支出"的原则界定，具体包括工作人员报酬、材料款等直接、必要、基本的费用；违约损失不包含在内，其不是在建设施工中直接产生的，而是一种衍生费用。另外，提前完成的奖励、预期利润等也不应包含在内，因为其不属于"应当支出"和"实际支出"的费用，而是承包人的利润。作为商业利润的一种，提前完成奖励、预期利润与其他债权在性质上没有区别，不应在法律上享有特权。

关于垫资款，在当今建筑市场，垫资行为大量存在，这是与承包人相对弱势的地位分不开的。激烈的市场竞争迫使承包人在签订施工合同时做出诸多让步，以垫资为代价获取工程项目便是其中的一种，这无疑增加了承包方无法收回工程款的风险。法律不禁止垫资行为，《最高人民法院关于审理建设工程施工合同纠纷案件适用法律问题的解释》第6条规定："当事人对垫资和垫资利息有约定，承包人请求按照约定返还垫资及其利息的，应予支持……当事人对垫资没有约定的，按照工程欠款处理。"可见，法律认可了垫资为工程款。一般来说，垫资属于优先受偿权的权利范围，因为垫资用于工程建设施工，垫资款已物化到工程中了。但也有承包方垫资没用于建设施工的情形，此种情况系企业投资或借

① 杨丽：《论建设工程价款优先受偿权》，苏州大学硕士学位论文，2009。

贷，该垫资不纳入优先受偿权范围。

（四）建设工程价款优先受偿权的行使条件

建设工程价款优先受偿权的行使的实质条件只有一个，即《合同法》第286条规定的“发包人未按约定支付价款”，或称“发包人逾期未支付价款”。对于该条件，需要说明的是，支付价款——而非验收、结算，成为优先受偿权行使的节点，换句话说，只有支付期限到来承包人才知晓发包人是否支付价款，才知晓自己能否行使优先受偿权。这一点，对下文即将讨论的优先受偿权的行使期限具有决定意义。

四、建设工程价款优先受偿权的行使期限

《批复》第4条规定，“建设工程承包人行使优先权的期限为六个月，自建设工程竣工之日或者建设工程合同约定的竣工之日起计算”，该条规定了承包人行使优先权的除斥期间，旨在敦促承包人积极行使权利，但期限起算方面有失妥当。通常，建设工程合同的履行顺序为：承包人施工——工程竣工验收——结算——付款。从工程竣工验收到结算再到付款，中间有一个过程，该过程的长短取决于工程量的大小及双方的约定。例如，双方可能约定从竣工验收到付款的期限短于六个月，也可能约定从竣工验收到付款的期限长于六个月，还可能约定从竣工验收到结算的期限长于六个月。在第一种情况下，承包人在竣工验收后六个月内可以得知发包人是否支付工程款，可以正常行使优先权。在第二种情况下，竣工验收后六个月尚在付款期限内，承包人尚不知晓发包人是否会按约定支付工程款，没有必要行使优先权；如果承包人强行起诉行使优先权，不仅会恶化与发包人的关系，也会与《合同法》规定的“发包人未按照约定支付价款”的行使条件相悖。在第三种情况下，不仅工程款的支付期限未到，因尚未结算，工程款的数额亦不确定，此时，承包人更无必要，亦无可能行使优先权。对于后两种情况，当承包人知晓发包人不付款时，时间上肯定超过了六个月的期限，承包人的优先权已丧失。

概括为一句话，该条规定可能存在“六个月内没必要行使优先权，六个月后应该行使优先权时无法行使”的情形，就成为一个悖论，因此，从竣工之日起计算优先权的行使期限欠妥。由于结算、付款是一个不确定的周期，优先权六个月的行使期限应自双方约定的付款期限届满之日起计算，若双方未约定付款期限或付款期限失效[①]，则自双方结算之日起计算。当然，具体案件中可能存在发包方怠于结算的情形，结算日期要具体认定。

实践中还有针对完工后没有进行竣工验收的建设工程，以及没有完工俗称“烂尾楼”的建设工程优先权起算时间的探讨。笔者认为，这两种情况下，可以从除斥期间的性质层面把握优先权起算点。除斥期间的设立旨在尽快消除权利带给民事主体法律利益的不确定状态，稳定法律关系；一般来说，除斥期间应自权利发生之日起算。完工后没有进行竣工验收的建设工程，多是发包方的原因，发包方怠于验收，更不会主动结算、付款。此时，承包人已知晓发包方违约，不用坐等付款期限到来，应当积极行使优先权。这类工程的优先权的行使期限应从竣工之日起算。关于竣工之日，《最高人民法院关于审理建

---

① 付款期限失效，即可能出现“付款期已到，但双方尚处于结算阶段或验收阶段”的情况。

设工程施工合同纠纷案件适用法律问题的解释》第14条规定："当事人对建设工程实际竣工日期有争议的，按照以下情形分别处理：……（二）承包人已经提交竣工验收报告，发包人拖延验收的，以承包人提交验收报告之日为竣工日期。"关于"烂尾楼"，其产生的原因多为发包方资金链断裂。"烂尾楼"既未竣工，也未验收，但承包人付出的劳动是客观存在的，本质上与正常工程一样，承包人应享有优先受偿权。"烂尾楼"自"烂尾"时便表明承包人的价款可能得不到清偿，故优先权的期限可以考虑自工程停工之日起算。

建设工程优先受偿权行使中还有一个期限，就是《合同法》第286条规定的催告期限，"发包人未按照约定支付价款的，承包人可以催告发包人在合理期限内支付价款。发包人逾期不支付的……"笔者认为，该期限并非必要。首先，法律规定的是"可以"而非"应当"催告，表明催告不是必经程序；其次，法律未明确"合理期限"是多久，实践中也存在"催告"的规范化问题，无端引来诸多麻烦，实无必要；再次，如果按上文阐述的建设工程优先受偿权的行使期限自付款之日或结算之日计算，付款时间已明确，且给发包方留足了时间，亦无催告必要；最后，类似于合同解除，司法是最终的确权程序，承包人是否享有优先权，一旦进入司法程序，司法都会给出最终定夺，无论催告与否。

五、建设工程价款优先受偿权的实现

（一）建设工程价款优先受偿权的实现方式

《合同法》第286条规定了建设工程优先受偿权的两种实现方式，即协议折价和申请法院拍卖。协议折价是承包人可以与发包人协议将建设工程本身或建设工程的一部分折价归承包人所有，以抵偿发包人欠承包人的工程款，也可以将建设工程卖与第三人，由承包人就卖得的工程价款优先受偿。应当注意的是，协议折价不得损害其他债权人的利益，如果损害了其他债权人的利益，其他债权人可以根据《合同法》第74条的规定行使撤销权。[①] 从客观上来说，为避免协议金额与实际金额相差过大，实践中可以考虑引入专业机构评估的方式。

申请法院拍卖是优先权成立后，承包人可以申请法院拍卖建设工程，并就拍卖的价款优先受偿。根据《批复》第1条的规定，优先受偿权可以在法院审理和执行程序中处理。在审理程序中，承包人可以在起诉发包人支付工程款的同时提出优先受偿权，将其作为诉讼请求之一。在审理和执行程序中直接申请法院拍卖，虽有章可循，但现阶段缺乏翔实的规定，实践中应当确立申请、审查、受理、异议、拍卖、受偿一系列程序，明确法院审查的条件，包括债权凭证、验收证据、申请人资格等，规定发包人异议程序、异议后果等。拍卖方便了承包人收回工程款，缩短了追款期限，有利于保障承包人权益。一般来说，在双方对工程款没有争议的情况下，法院在做出相关审查后便可将工程拍卖；双方若对工程款有异议，承包方应以起诉的方式行使优先权。

① 李志泉：《论建设工程价款优先受偿权》，中国人民大学硕士学位论文，2005。

（二）建设工程价款优先受偿权的权利冲突

建设工程价款优先受偿权实现上的权利冲突主要存在于优先受偿权与抵押权、优先受偿权之间、优先受偿权与消费者权利之间以及优先受偿权与发包人职工债权。第三类冲突已在前文优先受偿权的客体处提及，本部分主要讨论其他三类冲突。

实践中，建设工程优先受偿权与抵押权冲突的情况大量存在，尤其是银行的抵押权。这是因为，建设工程耗资巨大，发包人通常都不会全部使用自有资金投入，多数发包人会采用向银行抵押贷款的方式筹措资金。一旦发包人不能及时还贷，银行主张抵押权时，便可能与承包人的优先受偿权冲突。在二者冲突时如何平衡双方利益是法律要考虑的问题。《批复》第1条规定，建设工程优先受偿权优于抵押权受偿，这一规定具有合理性。一方面，优先受偿权是法定权利，在清偿上优于抵押权这种约定权利。另外，现阶段，发包人在建筑市场上占优势地位，承包人既要迎合讨好发包人，争取承接工程，又要努力在工程竣工后收回工程款，维系企业的后续发展。拖欠工程款的行为大量存在，严重影响了建筑企业的生存和建筑行业的健康发展，更直接影响到农民工的工资权益，引发各种社会群体性事件。保障承包人的优先受偿权，是保护承包人合法权益、维护建筑行业健康发展、解决农民工工资拖欠问题的有效途径。

实践中也可能存在几个承包人（如基础工程承包人、主体工程承包人和水电工程承包人）同时主张优先受偿权的情况，最高人民法院对此未做出处理。笔者认为，针对一个工程，几个承包人同时主张优先受偿权时，应按比例受偿。虽然施工顺序有先后，竣工时间有早晚，施工内容有不同，但施工都是为同一建筑服务的，工程价款在性质上一样，不存在谁比谁更优先的问题。而如前文所述，像水电工程这种发包人单独与承包人签订施工合同的单项工程，由于其属于不宜折价、拍卖的工程，也不能单独行使优先权。整个建筑工程必须作为一个整体折价、拍卖，所有承包人按债权比例行使优先权。

还有一类不常见的冲突我们也提及一下，即建设工程优先受偿权与发包人职工工资、劳动保险的冲突。《企业破产法》第113条规定："破产财产在优先清偿破产费用和共益债务后，依照下列顺序清偿：（一）破产人所欠职工的工资和医疗、伤残补助、抚恤费用，所欠的应当划入职工个人账户的基本养老保险、基本医疗保险费用，以及法律、行政法规规定应当支付给职工的补偿金；（二）破产人欠缴的除前项规定以外的社会保险费用和破产人所欠税款；（三）普通破产债权……"第109条规定："对破产人的特定财产享有担保权的权利人，对该特定财产享有优先受偿的权利。"第110条规定："享有本法第一百零九条规定权利的债权人行使优先受偿权利未能完全受偿的，其未受偿的债权作为普通债权；放弃优先受偿权利的，其债权作为普通债权。"可见，《企业破产法》未将担保财产纳入破产财产，抵押权等担保物权就特定的担保财产在破产财产之外单独受偿。建设工程价款优先受偿权与担保物权在性质上具有相似性，在清偿效力上还要高于担保物权。根据《企业破产法》的精神，优先受偿权应在特定的建筑工程上成立，优先受偿。在受偿后如有剩余，应满足担保物权。若还有剩余，则应作为破产财产，按《企业破产法》第113条规定的顺序清偿。如特定建筑工程不足以清偿承包人债权，则该债权未受清偿的部分作为普通债权在发包人职工工资、劳动保险后受偿。

综上，我国现行法对建设工程价款优先受偿权问题规定得很不完善，无论在优先权的主体、客体还是期限、实现方面，都有值得检讨之处。鉴于建设工程价款优先权的重要性，笔者认为，相关部门对这一问题应当专门立法。另外，建设部和工商局早在1999年12月联合制定的《建设工程施工合同》示范文本（GF－1999－0201）具有很强的可操作性和很好的借鉴性，建设工程实践中也应大力推行这一合同范本的适用。该范本的推行，不仅有利于规范建设工程施工双方的权利义务，明确建设工程价款优先受偿权的相关方面，更有利于解决包括优先受偿权在内的诸多建设施工问题。

中韩房地产登记制度比较研究

[韩] 李秀芝*

目　次

一、房地产登记的意义

（一）韩国房地产登记的意义

韩国法律上的土地以及其定着物属于房地产①，而且除了房地产以外的东西都是动产。各国的法律也是将房地产物权的认定以登记制度作为公示办法。因为虽然登记制度有程序烦琐的缺点，但的确是非常正确的公示办法。房地产登记制度是指为了让外部明确知道，通过“登记”这特殊办法来把无形的东西的存在或内容进行公示，保障房地产的安全以及圆满的交易。

但是房地产物权，尤其是其中最重要的所有权和抵押权不是有现实的支配物，而是以理念的权利为组织的。其只需要可以支配物权的“权源”，不需要现实上的一定占有，因此其实体关系的调查是非常难的，而且还会侵害物权交易上的速度以及安全。为保证物权交易的迅速和安全，需要使每个人都了解房地产跟物权的关系的相关办法或制度。通过这样的办法来创造的是物权的归宿以及其内容，即从外部认识物权的一定表象，根据标准来判定公众的公示制度以及公示办法，其中作为房地产物权的公示办法来制定的制度便是登记。

房地产登记是指通过在登记簿记载房地产的现况和物权关系，来预防有关房地产交易的人受到意外损害，同时保护交易安全以及迅速的公示制度。

这样的房地产登记是把房地产的情况以及其权利关系记载一定的公式登记簿的或是其

---

* 西南政法大学经济法硕士研究生，韩国留学生。

① 《韩国民法》第99条第1项。

本身。房地产情况的登记叫“表示的登记”，权利关系的登记叫“权利的登记”。

登记簿有两种：土地登记簿和建筑物登记簿。因为根据现行民法上土地和建筑物是定为各个独立的房地产。“土地登记簿是对一块土地进行的登记，建筑登记簿是对一个建筑物进行的登记。”① 这是物的编成主义，是根据“单位”来编成房地产的原则。② 因为土地登记簿和建筑物登记簿是分开编成登记的，所以无法知道土地与建筑物数量之间的关系。

（二）中国房地产登记的意义

在中国房地产登记是指根据权利人的申请，国家专门机关在国家房地产登记簿记载申请人的有关房地产物权的事项。房地产登记分为两种：公法意义上的房地产登记以及私法意义上的房地产登记。公法上房地产登记是为了税法的实行的，私法意义上的主要是公示。房地产登记是为了保护不动产所有权人的合法利益。

1. 房地产登记是房地产物权变动的法律基础

房地产物权具有排他性作用，因此为了实现其排他性并保障交易的安全，物权变动时一定要根据公示原则进行房地产物权登记。所以，本质上房地产物权登记的意义是对房地产物权变动的法律上的认定。公示原则就是把各种物权变动表示为以外部会知道的方式来表达的。物权有绝对性以及排他性，因此如果一个物件已经拥有一个物权，在此物件上不能再成立物权。因为成立物件上的物权后没公示外部时会损害第三人。第三人通过公开方式可以知道物权的情况，也可以决定交易与否。因此，实际上通过保护市场经济的交易秩序，可以减少权利纠纷。根据这样的情况，《中华人民共和国物权法》（以下简称《物权法》）第6条规定了“不动产物权的设立、变更、转让和消灭，应当依照法律规定登记。动产物权的设立和转让，应当依照法律规定交付”。这阐明公示了原则。《物权法》第14条规定，“不动产物权的设立、变更、转让和消灭，依照法律规定应当登记的，自记载于不动产登记簿时发生效力”。还有通过《物权法》第16条明示“不动产登记簿是物权归属和内容的根据。不动产登记簿由登记机构管理”，统一登记场所，通过其监督房地产市场管理监督。同时，《物权法》第17条规定“不动产权属证书是权利人享有该不动产物权的证明。不动产权属证书记载的事项，应当与不动产登记簿一致；记载不一致的，除有证据证明不动产登记簿确有错误外，以不动产登记簿为准”，强烈地宣示了权利的推定效力。

2. 房地产登记制度统一成为国家构筑的房地产物权统一的基础

在市场经济的发展以及人民生活的要求上来说国家对房地产物权提供的统一的效力是非常巨大的。有这样的统一的基础才会有相关房地产物权交易的具体法律基础和规则，否则无法构筑公正又有秩序的房地产物权流通制度体系。

3. 房地产登记是根据国家公信力对房地产物权变动赋予法律上的效力

房地产物权是与国家经济和人民生活有关的重要权利。因此，按照法律规定，国家要承担邀请登记的责任，根据国家行为的严肃性，保障房地产登记的法律效力。其效力就是指房地产登记的国家公信力。同时，房地产登记的公信力是权利推定效力的根据。不管当事人之间的真实权利如何，只要认定在房地产登记簿记载的权利，通过其过程要构筑房地产物权的交易秩序。即要相信在房地产登记簿记载的权利，也要保护交易当中的第三人的

---

① 2008年《韩国房地产登记法》第15条，第1项。

② 《房地产登记法条与解释》，韩国法学会、法学社。

权利。把公信力赋登记是为了提高对物权公示的信赖以及保障交易安全及保护第三者的利益。登记效力发生要件的基础是登记的公信力，如果登记制度满足不了，则是沙上楼阁。在中国房地产一定要进行登记。登记机关把权利证书发给权利者，其是证明所有者以及使用权者有使用以及拥有土地的权利。目前在中国制定了有关房地产登记的许多法规，但是登记所的乱立以及根据的法律规定的不同，尚未构筑有体系的房地产公示制度。在新制定的《物权法》上有过不要认定登记公信力的主张，因为没有根据为了认定房地产登记公信力的有体系的房地产登记公示制度。即，现在在中国登记所的乱设以及不同层次的法律规定相互冲突等问题，而且执行登记业务的公务员的整体素质不够赋予公信力的水准，因此有不同意其主张的看法。但是虽然有这样的争论，《物权法》第12条引进了登记所的实地审查制度，第21条规定，因登记错误，给他人造成损害的，登记机构应当承担赔偿责任。此规定强烈地保护登记的公信力。

二、房地产登记的种类

（一）韩国房地产登记的种类

韩国房地产登记的种类繁多，本文按照不同的标准做如下分类：

1. 按照内容分为保存登记和权利变动登记

保存登记，是指对根据取得的所有权及法律规定成立的限制物权来进行的首次权利登记，是对房地产所做的第一次所有权登记。

权利变动登记，是指在保存登记的基础上进行的权利变动（设定、移交、变更、处分的限制、消灭）登记，其包括所有权移交登记、抵押权设定登记等。

2. 按照登记效力分为结局登记及预备登记

结局登记是以实体法上的物权变动为程序法要件，拥有实体法上的对抗力以及推定力。预备登记可以分成假登记及预告登记，假登记是以实体法上或程序法上没具备要件时为将来的本登记提前保全顺位为目的的，本登记溯及假登记的顺位。预告登记，是指由于登记原因的无效等来发生登记撤销等诉时根据法院的拜托来行使的，有警告第三人的事实效果。

3. 按照登记内容分为记入登记、更正登记、变更登记、抹去登记、恢复登记、灭失登记

记入登记，是指由于新的登记原因来行使的登记，也叫普通登记，是已记入登记。其包括为标题簿的土地或建筑物的表示的登记，所有权保存登记，所有权移交登记，抵押权设定登记等。更正登记，是指已经做了登记，但是由于程序上的“错误或过失”，原则上跟实体关系不一致时，为更正其做的登记（《韩国房地产登记法》第71条，第72条）[①]。变更登记，是指登记后登记事项发生了变更，导致登记跟实体关系不一致时为了改其的登记。像所有者的抵制或姓名上的变更，或抵押权利率的变更一样由于登记后发生的事由导致不符合事实关系时要做的登记。抹去登记，是指在没有登记上对应的实体关系的情况下

---

① 《房地产登记法条与解释》，韩国法学会、法学社，2008。

做的登记，是抹去现有登记的全部的登记（《韩国房地产登记法》第166条）[①]。恢复登记，是指虽然实体关系上有对应的登记，但是如果其登记不当地失去其存在时，恢复其消灭的登记。恢复登记包括抹去恢复登记与灭失恢复登记。灭失登记，是指房地产灭失后做的登记（《韩国房地产登记法》第112条第131条）[②]。

4. 按照登记办法以及形式分为主登记和簿记登记

主登记是标题簿的表示栏上登记时在表示号码栏，甲区或乙区的事项栏上登记时在顺位号码栏，根据独立的号码来登记的是主登记（《韩国房地产登记法》第59条）[③]。其时号码是跟着登记顺位的（《韩国房地产登记法》第61条）[④]。簿记登记，是指采用主登记号码来进行登记的方式所做的登记，即在主登记下面报登记编号（《韩国房地产登记法》第60条[⑤]，《房地产登记法实行规则》第90条）。即要表示跟现有某个登记的同一性以及其延长时，或要在登记簿上明确表示其登记与现有登记上表示的权利有同一的效力时所做的登记（《韩国房地产登记法》第156条第2项[⑥]）。

（二）中国房地产登记的种类

有关物权登记的种类，按照其基准有许多分类。本文以中国的一般分类为基础。

1. 一般的分类

（1）按照登记管理分为总登记与变动登记。总登记又称静态登记或初始登记，是指在房地产行政管理机关颁发及交换房地产物权证书。也就是说，总登记，是指为构筑房地产物权管理秩序，对房地产物权的全面整理的基础上做的登记。变动登记又称动态登记，其包括权利变动登记与其他变动登记。权利变动登记是对房地产进行总登记后在登记所登记有关房地产物权的移交、分割、合并、设定、增减及消灭等的事项。其他变动登记是指除了权利以外变更其他登记事项时，权利主体变更本人的权利内容的登记，其包括更名登记、住宅变更登记、土地标志变更登记的三种。

（2）按照登记客体分为土地登记与房屋宅基登记。土地登记，是指土地行政管理机关代表国家行使有关国家土地使用权，集团土地所有权，集团土地建设用地使用权及土地其他权利，登录以及颁发证书的法律制度。[⑦] 房屋宅基登记，是指房产行政管理机关代表政府登记有关房屋所有权及由于其发生的抵押权、全权等的权利的，是指确定房屋的权利归宿以及移交关系的。一般包括总登记、移交登记以及其他权利登记和抹去登记等。

（3）按照房地产物权形态的差异，分为房地产所有权登记和不动产他项权利登记。在中国现行法制下他项权利登记主要包括使用权登记、抵押权登记、采矿权、特许取权、水产养殖权、水产捕捞权、林木采伐权、捕获权等通过准物权来登记的。

（4）其他。其他房地产物权登记可以分为土地物权登记与房屋物权登记、矿产物权登记、水权登记、鱼权登记、林权登记等。在中国现行登记体系下这样分类的原因是这些登

---

① 《房地产登记法条与解释》，韩国法学会，法学社，2008。

② 《房地产登记法条与解释》，韩国法学会，法学社，2008。

③ 《房地产登记法条与解释》，韩国法学会，法学社，2008。

④ 《房地产登记法条与解释》，韩国法学会，法学社，2008。

⑤ 《房地产登记法条与解释》，韩国法学会，法学社，2008。

⑥ 《房地产登记法条与解释》，韩国法学会，法学社，2008。

⑦ 陈耀东：《商品房法律问题专论》，286页，法律出版社，2003。

记分属于不同的行政管理机关。

2. 更正登记

《物权法》第19条规定了“权利人、利害关系人认为不动产登记簿记载的事项错误的，可以申请更正登记。不动产登记簿记载的权利人书面同意更正或者有证据证明登记确有错误的，登记机构应当予以更正。不动产登记簿记载的权利人不同意更正的，利害关系人可以申请异议登记。登记机构予以异议登记的，申请人在异议登记之日起十五日内不起诉，异议登记失效。异议登记不当，造成权利人损害的，权利人可以向申请人请求损害赔偿”。

3. 预告登记

《物权法》第20条规定了“当事人签订买卖房屋或者其他不动产物权的协议，为保障将来实现物权，按照约定可以向登记机构申请预告登记。预告登记后，未经预告登记的权利人同意，处分该不动产的，不发生物权效力。预告登记后，债权消灭或者自能够进行不动产登记之日起三个月内未申请登记的，预告登记失效”。

三、房地产登记的效力

（一）韩国房地产登记的效力

1. 一般登记的效力

一般登记的效力可以分为权利变动的效力、对抗要件的效力、推定的效力、顺位确定的效力、顺位保全的效力、后登记的支持力、公信力等的效力。另外，假登记的效力有本登记前的效力、本登记顺位前的效力、担保假登记的特殊效力。预告登记有警告的效力。

（1）权利变动的效力。《韩国民法》第186条规定了“由于有关房地产的法律行为产生的物权得失是登记了以后才发生效力”。其发生的物权变动效力的时点不是登记申请的时候，而是实际上在登记簿上记载的时候。因此虽然登记公务员已经接受了登记申请，而且交付了登记笔证，但是实际上在登记簿上没记载，则不会发生登记的权利变动效力。

（2）对抗要件的效力。没登记时当事人之间只有债权的效力，但是经过登记时除了当事人以外对第三人也发生可以对抗的效力，其效力就是对抗力。《韩国房地产登记法》中通过有关地上权、传贳权、抵押权，其存续期间、费用、利息和其给付时期等是通过当事人协议的一定事项（任意的记载事项），回购权和房地产租借权等来可以对第三人主张其效力。

（3）顺位确定的效力。有关同一的房地产来登记的许多权利之间的顺位是法律上没有其他规定时要按照登记的前后或先后。①对在同一地区做的登记是要按照顺位号码，对在不同地区做的登记是要按照接受号码。②副登记的顺位要按照主登记的顺位。但是，副登记相互之间的顺位是要按照其前后顺位。③以假登记为基础的本登记的顺位是要按照假登记的顺位。

（4）占有的效力。按照《韩国民法》第245条第2项的规定，登记为房地产所有者的人自助占有了10年时取得所有权。因此，房地产登记是在占有取得失效上拥有跟占有一样的效力，其叫登记的占有的效力。

（5）形式的确定力（后登记的支持力）。在登记程序上登记有纯粹的形式的确定力。

因此一旦存在登记，虽然实体法上其没有效力，但是形式上有效力。所以，除了按照法定的要件和程序来抹去现有的登记，不能做与其不能并存的登记。

（6）推定的效力。有某个登记时可以推定对应其登记的实际权利关系，其是指登记的规定力。虽然《韩国民法》上没有明文规定，但是制度上登记是在程序上按照有效的实体权利关系，而且由于国际机关管理的原因符合实体关系的“盖然性”比较高，因此认定推定力（通说判例）。在登记簿上推定只当真正的法律关系，因此，按照反对证据可以反驳其推定。在其情况下主张者负责立证责任。

（7）公信力的不认定。《韩国民法》不认定房地产登记制度上的公信力。因此如果有人误信无效的登记，在其登记上搞法律关系时，不能主张其法律关系的有效。

（8）假登记的效力。

第一，本登记前的效力（假登记本身的效力）。如果实体法上没效力，就没推定力。假登记是作为一般的公示手段，对交易有假登记的房地产的人警告的效力。而且假登记本身也发生权利变动效力，是判例的立场。因此可以做假登记权利本身的移交登记，假登记移交禁止处分登记等。

第二本登记后的效力（本登记顺位保全的效力）。根据假登记来做本登记时，其本登记要按照假登记的顺位。但是，进行本登记时才发生物权变动的效力。按照本登记顺位保全的效力，假登记后本登记前的中间处分登记是从假登记开始本登记上对权利抵触的范围里失去其效力，与本登记的权利并存的均是其后顺位。

第三，担保登记的特许效力。根据《有关假登记担保等的法律》的规定，担保登记有除了一般的假登记效力以外还有一定的实体法上的效力。即假登记担保权人可以有关其假登记担保目的物申请拍卖请求（《有关假登记担保等的法律》第12条），实施拍卖等时担保登记权人有比其他后顺位权人享受有限偿还债权的权利（《有关假登记担保等的法律》第13条）在其情况下担保登记权人拥有与抵押权人一样的地位。

（三）预告登记的效力

预告登记，是指由于登记无效或取消登记而提出抹去或恢复的诉时，根据诉讼法院的委托来行使的登记。

1. 警告的效力

预告登记的警告效力，是指通过公示有关房地产的有关提诉的事实，给有关交易的第三人以警告的效果，是事实上的效果。

2. 实体法上的效力

预告登记只有警告的效力，没有房地产处分效力和关于登记原因的无效或取消的事由存在与否的推定力。而且不会推定有关其事实的第三人的恶意或过失，也没有像假登记一样的顺位保全效力。

（二）中国房地产登记的效力

1. 效力要件

有关房地产物权登记的效力要件，每个国家各有不同，大部分都是根据登记原因的差异来发挥不同的效力。

（1）房地产物权是如果不按照法律行为来取得、设定、变更、事实化时没登记，则不会发生效力。其法律行为包括买卖、赠与、相互交易和房地产上设定其他物权等的情况。

（2）房地产物权变动是在非法律行为的情况下没登记也会发生效力。由于继承、没收、征收、法院判决、强制执行等原因来取得物权时不通过登记也发生物权变动的效果，是发生物权变动效果的要件。其可以按照法定抵押权等法律的直接规定来取得房地产物权时，也可以不通过登记发生物权变动的效果。

2. 法律上登记的效力

有关房地产登记的效力，在中国现行法没有体系的规定。中国房地产登记制度规定为如果不区分原因，也不通过一律的登记时不会发生物权变动的效力。

《物权法》采用二元的体系，原则上其采用登记要件主义。《物权法》第 9 条规定“不动产物权的设立、变更、转让和消灭，经依法登记，发生效力；未经登记，不发生效力，但法律另有规定的除外”，留给除外情况的余地。而且附加了“依法属于国家所有的自然资源，所有权可以不登记”。《物权法》第 14 条“不动产物权的设立、变更、转让和消灭，依照法律规定应当登记的，自记载于不动产登记簿时发生效力”，阐明了在房地产登记簿上记载时才会发生效力。而且《物权法》按照物权的种类非为不同的登记效力，对建设用地使用权，房地产抵押权采取成立要件主义，对土地承包经营权的变更及地域权采取对第三人的对抗要件主义。1990 年制定的《城市建筑财产权登记管理暂定办法》规定“未按照本办法来申请的建筑财产登记的其取得、移交、变更以及他项权利的设定均无效”，此规定是违背《中华人民共和国继承法》（以下简称《继承法》）的。《继承法》第 2 条“继承从被继承人死亡时开始”，被继承人死亡时继承人取得被继承人的遗产建筑物，不是继承人申请建筑物部门变更登记后才得到遗产建筑物的所有权。此外，1987 年城市建设环境保护部颁布的《城市建筑物所有权登记暂定办法》规定“新的建筑物是落成后 3 个月之内要申请所有权登记”，其存在一些问题，如建筑物主人登记后获得新的建筑物时，没办法知道那 3 个月之间的所有权的归宿，这很难合理地解释。因此，由于其他原因来确定登记的效力，所以通过其会知道不是登记的效力要件主义。

按照《中华人民共和国担保法》与《中华人民共和国海商法》（以下简称《海商法》），登记是民营航空机、船舶、列车的客体的动产物权公示办法。有关动产的物权登记效力，立法上一般采用登记对抗主义。因此没通过登记的物权变动是不能对抗对善意的第三者的效力。《海商法》第 9 条规定了“船舶所有权的取得、转让和消灭，应当向船舶登记机关登记；未经登记的，不得对抗第三人。船舶所有权的转让，应当签订书面合同”，《海商法》第 13 条规定了“设定船舶抵押权，由抵押权人和抵押人共同向船舶登记机关办理抵押权登记；未经登记的，不得对抗第三人”。

3. 登记的一般效力

第一，登记有物权公示的效力。物权有共有权和专有权，所以物权变动一定要公示其效力。第二，登记有物权变动的根据的效力。即有物权行为以及对应和符合其登记时，发生有关房地产的物权变动。第三，登记有权利正确性推定的效力。其是推定以在实体权利关系上也存在登记簿上的法律记载事项的效力。第四，登记有善意的保护效力。为社会公信力，要求法律保护房地产登记上记载的相信权利关系的善意的第三人。第五，登记有公示的效力。房地产登记的主要内容要反映房地产物权的详细的法律信息，也要给社会以及房地产交易市场提供法律上许可的范围内的事项。第六，登记有管理监督的效力。即房地产登记是房地产市场管理监督的重要手段。

四、中韩房地产登记制度比较

（一）韩国房地产登记制度的问题及其改善方案

1. 问题点

韩国有作为房地产物权的公示制度的房地产登记制度。房地产登记制度是通过土地与建筑物交易时一定让人登记，带来房地产物权的交易安全的制度。

为使房地产登记制度能够发挥固有的功能，需要登记簿记载与真实的房地产权利关系的一致以及要有房地产交易时在登记簿记载正确和没漏洞的交易过程。这只是房地产登记制度的理想目标。登记达不到其理想目标状态时其登记变成不实登记，有发生不实登记的基础时房地产登记制度发挥不了作为保护房地产交易安全的功能。

通过与登记制度的理想比较，会发现韩国房地产登记制度的不少的缺点。缺点如下：登记与真实权利关系的不一致；Ⅺ叴于登记的不一致；认定中间省略登记导致房地产交易过程的漏洞，因此虽然有登记，其登记的不实登记可能性比较大。不实登记发生的主要原因如下：印鉴证明制度不完善；不要求登记公务员对登记申请文件的形式审查主义；不要求对登记申请文件的公证。

在韩国发生的某些房地产欺诈事件及房地产投机交易，其欺诈和投机的媒体是房地产登记，因此其内容凸显出韩国房地产制度上的缺点，即一直存在相信登记取得土地或建筑物的人丧失或侵害权利的可能性。

解决其权利丧失的危险性的办法是通过认定登记的公信力，虽然是不实登记，但认定以为其登记是真实的取得者的完全权利取得。为认定登记的公信力，要谋求登记公务员对登记申请文件的实质的审查主义以及保护认定登记公信力导致丧失土地或建筑物的真正的权利者的办法。即谋求登记与真实的权力关系最大一致的制度后才可以认定登记的公信力。登记与真实的权利关系会不一致的情况，换句话说，虽然有会发生不实登记的可能性，但是认定登记的公信力时不能保护真实的权利者，也不能实现房地产交易的安全，就会导致房地产交易的混乱。因此，短期之内不太可能在韩国认定登记的公信力。

2. 改善方案

房地产登记制度的理想是通过明确公示有关房地产物权的实体的权利关系，保障房地产交易的安全性及迅速性。由于登记簿和账簿的二元化，登记机关的形式的审查权，印鉴证明制度等原因达不成其本身的目的。这样的现行房地产登记制度的改善方案如下：

（1）登记与账簿的整顿及一元化。首先为解决现有二元化的制度下发生的问题，最重要的是登记簿与账簿的一元化。登记簿与账簿的一元化会实现房地产登记制度的本身功能，而且有关未登记房地产也均作成标题簿，因此会接近“全房地产登记强制的原则”，也给国民提供简便程序和低廉的费用。还有通过土地与建筑物登记簿的一元化会解决许多复杂的法律关系的问题，尤其是给国民会提供避免程序和繁杂，且节约费用的优点。

（2）强化登记机关的审查权。形式的审查主义有达成不了符合实质关系的目的的缺点。因此，从防止不实登记的观点上来看，有强化实质的审查主义的必要性。而且根据实质的审查主义时可以确保登记的真实性，但也不能小看登记程序的迟延。其问题的解决办法是通过采用有关登记原因的公证制度来弥补实质的审查主义的缺点，将其作为向实质的审查主义转换的契机。

(3) 登记的公信力认定与否。虽然现行法上没有认定登记的公信力的明文规定，但是在登记上只认定书面形式的审查，没有制定会彻底防止不实登记的制度。因此学说与判例一致说不能认定登记的公信力。采取登记公信的原则与否是需要非常慎重的问题，但是为房地产交易的迅速化以及圆滑和确实的保障，要认定登记的公信力。

(4) 印鉴证明制度的改善。现行房地产登记制度上的印鉴证明制度已经丧失了本来的身份证明功能，降低了其效用。通过印鉴证明发的改正或改善其运用会稍微比不其缺点，但是不会完全改善。因此到了通过电算信息处理组织来可以登记的现代，要引进适用电脑指纹认识机的必要性及公证制度。

(5) 引进登记原因上公证制度。通过认定登记的公信力，不实登记发生时要最少化真正的权利者的牺牲，为其要引进公证制度。公证制度会带来抑制不实登记发生要件和安全及许多附属的效果。

(6) 其他。其外有报偿制度，登记机关的水平提高和专业化等。

(二) 中国房地产登记制度的问题及其改善方案

1. 问题点

国家专门机关的登记行为是一种房地产物权公示的办法，有房地产交易安全上的重要保障功能。但是在中国颁布《物权法》之前的房地产立法相当不完备。中国房地产登记制度的立法主要集中在土地、房地产管理法律和法规。比如说《土地管理法》、《土地登记规则》、《城市房地产管理法》等。可是各法律之间的关系不密切，立法过程中各部门只强调自己部门的利益，因此房地产问题上许多法律规定之间经常发生重复和冲突。在从2007年10月1日开始实行的《物权法》第6条到第22条详细规定了有关房地产制度的内容，中国房地产登记制度已经到依据法的阶段。但是在中国房地产登记制度上还存在一些要解决的问题。

(1) 房地产登记机关的不统一。在中国法律上没有关于房地产登记机关的统一及详细的规定。从过去法律上看，中央和地方政府都有自己管理的房地产领域。这样复杂的规定给登记申请当事人带来许多麻烦，而且给执行部门及司法部门也带来一些麻烦。虽然在《物权法》上明确规定了有关房地产实施统一的登记制度，但是没有关于登记机关统一的明确规定。目前中国房地产登记部门主要依据行政管理功能来决定。土地、住宅、森林、草原、海域等房地产是不同的政府部门负责行政管理，因此相互不一样的房地产登记都在相应的行政机关分散着存在。从登记机关上来讲，在登记过程中发生的一些手续费，其是在一定程度上会解决目前中国行政机关的经费难，所以难免会发生各登记机关之间的登记权限冲突，并加剧了登记机关的不统一。

(2) 房地产登记机关的赔偿人制度不健全。目前在中国法律没有关于房地产物权登记的赔偿责任制度的规定，反而作为权利强调房地产登记机关的登记费用收集。其与登记的公信力比较，比较莫劲的。在《物权法》认定登记公务员的实质审查权，也主张登记公务员实行的登记有公信力，但是其规定只集中在登记公务员的权利与否，房地产错误登记造成了大量的诉，就在于发生侵害登记当事人的合法权益的事实。

(3) 城市与农村的房地产登记管理不统一。目前在房地产登记上最突出的问题就是城市与农村的房地产登记管理工作的不平衡发展。其问题发生原因如下：中国广大的农村登记工作是在各个村与镇管理部门做的，在其部门有关管理工作时必要的专门人才比较少；与城市比较，在管理手段及技术手段上比较落后；在农村不像城市一样频繁发生商品交易，就形成不了大规模的房地产交易市场。而且目前中国的人口大部分是农民，不过有关农民的全面的社会保障制度不太健全，所以农村人口的主要经济来源是土地。在这样的情况下频繁的土地调整是给农民的生活上带来不利的影响，且不符合现实的事情。

2. 改善方案

（1）统一的房地产登记体系的建立。在中国行政机关担任登记，而且没采用一种独立的公示办法，因此会发生怎么才能够把行政机关的功能协调起来的问题。在相互不同的国家机关登记，经常发生有关登记的信息相互不同的情况，担保权人给另一个权利者通知担保的提供情况时会发生纠纷，且会产生违法行为者的欺骗犯罪。而且登记时发生一定的费用，由于各部门之间的冲突的原因，只关注交易频繁的城市，相对来说比较忽略交易量少的农村，其也导致登记体系不统一。

为改善这个问题，需要统一的登记体系。即房地产所在地的登记所要统一管辖其房地产登记。目前在中国的房地产登记所在几个机关分散存在，与土地登记又独立的情况，这是非常不合理的，而且在妨碍体系的房地产市场的完善。因此为统一的登记体系建立的统一的登记机关是非常紧急的事情。

统一的登记体系会减少登记费用，而且通过行政程序的减少化，会提高效率。有关统一的登记体系的建立，可参考王利明教授①的观点。他说法院担任登记业务时法院的负担会加重就灵活地执行不了登记业务，而且有关登记的真实性问题发生物权纠纷时法院认定不了在登记上的自己的错误，并很难对付违法登记。还有登记是一种的公示方法，但是在中国登记有一定的行政检查功能，所以登记与房地产监督工作有连贯性，因此在行政机关担任登记时才会拥有一定的合理性。为解决其问题，在《物权法》第10条规定了“不动产登记，由不动产所在地的登记机构办理。国家对不动产实行统一登记制度。统一登记的范围、登记机构和登记办法，由法律、行政法规规定”。

（2）房地产登记程序的完善化。《物权法》的颁布带来了中国房地产登记制度上的进步，且提供了为中国房地产登记制度完善化的法律依据。但是在《物权法》当中有关房地产登记程序的规定比较宽泛。为登记程序的完善化，首先要确立审查方式。审查方式的确立要考虑实体法中确立的目的，也要在房地产登记上考虑有关交易安全及交易效率的协调等要素。

（3）登记所责任制度的树立。最近出现越来越多的由于登记机关的登记错误而发生的赔偿诉讼。登记上发生错误时当事人及其利害关系人都受到损害。中国现在的立法上在赔偿责任的认定，赔偿责任的分担及登记机关等方面有一些漏洞。中国现在在许多登记所比较重视收登记费用，在有些部门把登记费用提高，但是有关登记错误的责任意识不太强。在这样的情况下实现不了权责同等的原则。因此通过登记的实质调查制度，让登记所负责一定的义务和责任，同时登记公务员的错误导致跟他人的权利连接，也由于恶意的错误使得交易当事人受到损害时有关登记公务员要负责任。而且交易当事人受到严重的损害时，损害当事人可以向登记所要求赔偿。

---

①、王利明著：《我国民法典重大疑难问题之研究》，337页，法律出版社，2006。

虽然有关物权变动《韩国民法》采用形式主义，但是制定法律当时考虑了对登记的国民的法律意识及房地产交易的实情，就把其内容不太当个问题了。可是现在对登记的一般国民的法律意识也变相当高了，而且由于小的国土的产业化及城市化的影响，增加了房地产的价值。房地产交易的活化导致了交易事故，因而现在抬头了认定房地产登记的公信力的必要性。虽然《韩国民法》不认定房地产登记的公信力，但是通过善意的第三人保护规定以及有关合同解除效果的第三人权利保护规定和取得时效等个别规定来补充了。但是只具备了其规定，还是不太充分。

因而韩国的现行登记制度是跟时代发展，社会环境及国民意识变化比制度上有不完全的部分，迫切需要改善。笔者强烈感觉到要认定房地产登记上的公信力的必要性。

从开始改革开放的时候开始在中国为弥补计划经济，重视了经济立法。但是到21世纪跟着市场经济的条件成熟，为通过统合计划经济与市场经济前往新的方向，制定了各种法律以及制度。中国要接受跟着社会主义建设及改革开放的持续和市场经济的快速成长产生的社会现实与观念意识的变化，是表示在经济结构和社会体系上的巨大变化，同时意识结构的大传唤。尤其是2007年3月16通过后从10月1日开始施行的《物权法》，其是上述的变革与大传唤的顶端。

中国有管理土地等的物权变动的长达一千年以上的历史，但是传统上其不是在法院担当的，而是在各级行政机关担当的。所以不能按照全国通用的统一的登记制度实行登记。《物权法》制定当时充分研究了关于其问题的内容，但还是有要改善的内容。特别是有关房地产登记制度，在《物权法》上只规定了关于房地产登记的原则，没有规定有关房地产登记统一的具体和详细的程序以及办法。今后在中国会更重视实行社会主义市场经济制度和保护市场交易安全的政策的意义，因此要完全固定房地产公示制度。

房地产登记是以通过国家机关登记公务员在登记簿记载有关房地产的一定事项，公示房地产的现况和权利关系，谋取交易的安全与迅速为理想的。为使房地产登记充分发挥其作用，首先要进行符合真正的权利关系的正确登记，如果不正确，会损害交易的安全，另外，房地产登记要迅速以及正确。

农村法制

重庆市沙坪坝区房屋拆迁问题及对策研究

江　帆[*]　丁丽柏[**]　马　勇[***]　孙晓峰[****]　张良培[*****]

目　次

一、选题背景、意义、方法和目标

(一) 选题背景和意义

随着房地产业的发展和城市规模的扩张，农村大量土地需要被征收，城市大量危旧房需要被改造，"征地和拆迁"所引起的纠纷和争议非常广泛，尤其是暴力抗法和野蛮拆迁更是成为社会矛盾的焦点。普遍性、群体性和尖锐性是征地与拆迁纠纷的特点。成都的唐福珍、上海的潘蓉以及其他地方的拆迁抵制行动，已经把房屋拆迁所引起的社会问题推到了舆论的风口浪尖。

房屋拆迁涉及公共权力和私人财产权的博弈冲突，往往体现出"法与情、合法与非理"的对立。目前，我国在城市化进程的历史背景下，广泛的征地和拆迁行动不可避免，如何最大限度地减少、化解、消除因房屋拆迁产生的纠纷和争议，这不仅需要执法者的实践智慧，而且需要理论工作者对现实问题进行总结、分析，并提出前瞻性、建设性的意见和建议。

(二) 方法和目标

拆迁问题最主要的内容则包括拆迁的决定过程、拆迁的目的、拆迁的补偿安置、拆迁

[*] 西南政法大学教授，博士生导师，法学博士。
[**] 西南政法大学副教授，硕士生导师，法学博士。
[***] 华东政法大学博士研究生。
[****] 西南政法大学经济法专业硕士。
[*****] 重庆市渝北区人民法院，法学硕士。

的执行及拆迁纠纷的解决，最聚讼纷纭的就是补偿标准的问题。我们以重庆市沙坪坝区的房屋拆迁问题作为调研的对象，在广泛收集资料和对相关部门、人员进行实际访谈的基础上，整理沙坪坝区房屋拆迁中存在的问题、分析问题产生的原因；同时，我们还对有关房屋拆迁的法律政策进行梳理、分析；最后，综合实证分析和理论总结，尝试提出比较系统而合理的对策建议。总的来说，我们认为一方面应以更完备的程序约束和法制规范来实现“程序拆迁、阳光拆迁”的目标；另一方面也要切实贯彻“以人为本”为核心的科学发展观的伟大思想，尊重私权，“人性拆迁”，在维护公共利益和私人权利这一政府权力的基本目的下，实现政府和被拆迁人的“帕累托改进”，达到“和谐拆迁”的最高目标，而这个目标的实现既需要决心也需要智慧。

需要说明的是，拆迁包括了城市的房屋拆迁和农村的征地拆迁（根据《中华人民共和国宪法》（以下简称《宪法》）、《中华人民共和国物权法》（以下简称《物权法》）称为“征收”更为准确，但由于“拆迁”一词习用已久，而且题目限定如此，为便于理解，本文仍延续“拆迁”这一在法律意义上不太准确的概念），由于我国城乡二元结构的特殊体制，使得两者面对同一个“拆迁”问题时法律的依据和遇到的问题具有显著的差异性。目前，随着沙坪坝城市改造工程的推进，城市房屋拆迁的问题相对较少，拆迁最困难、问题最多的是农村征地拆迁问题。因此，本文也将基于城市和农村，在区别认识和有机统一的整合视角下，分别论述各自的问题，寻找不同的解决方案。

二、沙坪坝区房屋拆迁现状

（一）研究区域概况

沙坪坝区是重庆市的主城区及都市发达经济圈的重要组成部分，位于重庆城市核心区的中心部分，面积396.20平方公里，东与江北区、渝北区隔江相望，东南与渝中区接壤，东北与北碚区相连，南与九龙坡区相靠，西与璧山县相依，具有良好的区位条件，是重庆市重要工业基地之一和科教文化中心。

（二）沙坪坝区房屋拆迁现状

1. 沙坪坝区城市房屋拆迁现状

近三年来，沙坪坝区的城市房屋拆迁工作主要集中于危旧房（危旧房即1969年12月31日以前建造的房屋）改造，城中村改造，市政重点项目、公益性项目等。近三年全区拆除城市房屋面积共计218万平方米，涉及被拆迁户2.4万户，平均拆迁成本是5500元/平方米，户均房屋安置面积为60～66平方米。城市房屋拆迁补偿安置坚持“认砖头而非认人头”的标准，即以被拆迁户房屋面积为标准，而不以被拆迁户的人口多寡为标准进行补偿安置。综观沙坪坝区近三年的城市拆迁，拆迁前后被拆迁户均增加居住面积20平方米，因此，从总体上讲，尽管少数拆迁过程中也发生过损害被拆迁户合法权益的情形，但是，大多数的拆迁工作基本上是保障了被拆迁户的利益，拆迁补偿安置在一定程度上改善了被拆迁户的居住条件。①

城市房屋拆迁的问题和争议主要发生在拆迁后期，即拆迁裁决作出之后，矛盾的激化

① 该部分数据由重庆市沙坪坝区国土房管局房屋拆迁管理办公室提供。

主要存在于强制拆迁的过程中。因此，沙坪坝区房屋拆迁管理部门对强制拆迁的实施是比较慎重的，尽量避免出现强制拆迁的情形发生，在确实无法回避的情况下，则需要对具体的个案作充分的研究，对拆迁预案的执行过程及后果进行全面考虑。一方面，在强拆的最后一刻也不能放弃做被拆迁人的思想工作，争取达成拆迁协议；另一方面，要对被拆迁人的特殊情况作人性化的考虑，尽量解决老百姓的具体困难。即使在强拆时，也是要对被拆迁人的应得利益进行充分补偿。据沙坪坝区人民法院提供的数据显示，2008 年以来，沙坪坝区人民法院受理涉及危旧房改造拆迁纠纷的行政、非诉审查案件共 46 件，其中，通过组织协商使双方达成拆迁协议而息案平讼的 36 件，最终通过强制拆迁完毕执行的 10 件，拆迁总面积 4800 余平方米，强拆案件中，无一例引起人员伤亡，无一例引发群众性事件。2009 年，沙坪坝区拆迁行政主管部门共作出拆迁行政裁决 180 件，80% 以上的裁决在作出之前都举行听证，方便了拆迁当事人表达意见，其中，有 12 件最终是通过强制拆迁程序解决的。

就补偿安置的方式而言，按照国务院《城市房屋拆迁管理条例》（以下简称《拆迁条例》）的规定，拆迁补偿主要有两种形式：一种是货币补偿的方式，另一种是产权调换的方式。具体到沙坪坝区的实际情况，在 2008 年下半年之前，房屋产权置换的比例大概是 60%，货币补偿的大概占 40%；而从 2008 年下半年开始，情况出现了变化，就目前的情况而言，房屋产权置换的比例大概是 90%，货币补偿的大概占 10%。[①] 越来越多地被拆迁户倾向于房屋产权调换的补偿方式，究其原因，主要是这几年的房价呈现不断攀升的趋势，加之现在的安置房质量比较有保障，而且小区的配置也相对人性化。

2. 沙坪坝区农村房屋拆迁现状

沙坪坝区的农村房屋拆迁工作始于 1982 年，截至 2007 年，大约有 5.3 万人通过征地拆迁实现了农转非。政府部门也在征地补偿安置中投入了大量的资金，仅 2007 年，重庆市就投入补偿安置资金 100 多亿元。目前，沙坪坝区的农房拆迁工作，主要依据《土地管理法》及其《中华人民共和国土地管理法实施条例》（以下简称《土地管理法实施条例》）、《重庆市征地补偿安置办法》、《重庆市人民政府关于调整征地补偿安置相关事项的通知》等规定进行。同时，沙坪坝区政府还在上述规定的基础上，结合本区实际情况，制定了更具可操作性的《沙坪坝区征地补偿安置实施细则》。[②]

尽管在农房拆迁当中，仍然存在很多突出问题。例如，补偿安置标准偏低、安置房建设滞后等问题导致的被拆迁农民的实际住房需求难以得到满足；农转非人员的养老保险支付“年龄”和支付水平仍然无法实现与城镇企业职工的统一；乡镇企业拆迁未考虑企业未来的生存和发展问题，等等。但是，总体看来，20 多年来，沙坪坝区政府及其征地拆迁管理部门的农村房屋拆迁补偿安置工作，在遵循相关政策法规的基础上，平稳、有序地推进，没有发生过重大违法、违规事件，也没有发生过大型的群体性事件，而且，相关部门也一直在不断地努力探索解决征地拆迁问题的新思路、新方法，农村房屋拆迁补偿标准和人员安置水平也在逐年提高。

---

① 该部分数据由重庆市沙坪坝区国土房管局房屋拆迁管理办公室提供。

② 该部分数据由重庆市沙坪坝区征地办公室提供。

（三）成绩和意义

尽管在征地、拆迁过程中引发过一些争议、矛盾、冲突甚至是社会问题，也出过个别的腐败现象，但是，从总体上看，沙坪坝区政府和有关的征地、拆迁管理部门基本上还是能够做到把改善民生放在突出位置，坚持让利于民，切实做到为民拆迁、依法拆迁、阳光拆迁、和谐拆迁。

近三年，沙坪坝区征地、拆迁工作取得了比较显著的成就，主要体现在三个方面：一是消除了长期存在的住房安全隐患，人民群众的居住条件和生活环境得到了明显改善；二是一大批城市基础设施和重点项目得到实施，城市形象有所改观；三是有效地保护了人民群众的根本利益，维护了社会稳定，为全区经济社会的快速发展起到了积极的推动作用。

三、沙坪坝房屋拆迁中存在的主要问题

基于城市房屋拆迁与农村房屋拆迁存在的重大区别，在探讨房屋拆迁问题时，有必要对二者进行分别论述。

（一）城市房屋拆迁中的一般问题

1. 决定拆迁的依据不充分

《重庆市城市房屋拆迁管理条例》第4条规定，城市房屋拆迁必须符合城市规划，有利于城市建设、生态环境改善和文物古迹保护。可见，拆迁项目是否符合城市规划相关文件的要求是判断拆迁决定是否合法的标准，而要使拆迁决定与城市规划相一致需要房屋拆迁管理部门和城市规划部门之间有着不间断的良好沟通，否则难免会出现拆迁决定与城市规划要求相冲突的情况。

2. 违法发放拆迁许可证

房屋拆迁管理部门在发放拆迁许可证前，应当根据《拆迁条例》、《重庆市城市房屋拆迁管理条例》的相关规定对建设单位所提交的材料进行严格的形式和实质审查。[①] 但实践中建设单位在资料不全、资料虚假的情况下通过各种不正当手段获得房屋拆迁许可证，虽然大多数在事后都将资料补全，但这无疑是违法的。

3. 补偿金额的确定存在争议

在城市房屋拆迁中，被拆迁人所获得补偿的金额是这样得出的：拆迁人委托符合条件的房屋拆迁评估机构对被拆迁房屋进行价格评估，而房屋拆迁评估机构根据被拆迁房屋的区位、用途、建筑面积或套内建筑面积等因素，以房地产市场评估价格确定。可见，被拆迁人所获得的拆迁补偿款的额度主要取决于房屋拆迁评估机构的中立性。而目前的情况是：拆迁人对评估价格的确定方面更有主动权，房屋拆迁评估机构的中立性得不到被拆迁人的认可，很多拆迁项目中被拆迁人对房屋拆迁评估机构评估的价格都有异议。

4.“钉子户”问题

“钉子户”，是指个别在房屋拆迁中拒绝签订房屋拆迁补偿安置协议的被拆迁人。在近年的城市房屋拆迁中，“钉子户”一直频现于新闻报道中，重庆市九龙坡区出现的“史上最牛钉子户”更是红极网络一时。就现存的“钉子户”而言，主要有三类：一是被拆迁

---

① 参见《城市房屋拆迁管理条例》第6条、《重庆市城市房屋拆迁管理条例》第10条。

人认为房屋拆迁不符合“公共利益”的要求而拒绝签订房屋拆迁安置补偿协议。按照《宪法》以及《物权法》的规定,[①] 城市房屋拆迁必须以公共利益为基础。被拆迁人若认为被拆迁项目不符合“公共利益”的规定，则会以拆迁决定不合法予以抵制。二是被拆迁人对补偿标准和补偿方式有异议而拒绝签订房屋拆迁安置补偿协议。三是被拆迁人希望通过拒绝签订房屋拆迁安置补偿协议以获得超过合理补偿标准的补偿。“钉子户”一方面可能阻碍城市房屋拆迁活动的正常进行，而另一方面又将推进房屋拆迁制度的完善。目前，“钉子户”是我国房屋拆迁问题的集中体现。

5. 房屋拆迁补偿安置协议签订后的违约问题

房屋拆迁补偿安置协议一旦签订，对双方当事人都具有约束力，当事人应当按照约定全面履行自己的义务，但在实践中拆迁人和被拆迁人都存在未履行或未完全履行房屋拆迁补偿安置协议的情形。就拆迁人而言，其比较常见的违约行为有：未在房屋拆迁补偿安置协议约定的期限内交付安置房屋；未按期向被拆迁人支付房屋拆迁补偿款等。而对于被拆迁人而言，其比较常见的违约行为有：以受欺诈为由拒绝认可已签订的房屋拆迁补偿安置协议；未在房屋拆迁补偿安置协议规定的期限内腾空房屋等。

6. 强制拆迁的方法不妥当

2009 年 11 月 13 日，四川省成都市金牛区居民唐福珍为抵制强制拆迁“自焚”。姑且不对唐福珍以如此惨烈的方式抵制强制拆迁进行评价，该事件很直接地反映了目前强制拆迁所引起的冲突的剧烈程度。

按照《拆迁条例》以及《城市房屋拆迁行政裁决工作规程》所作的程序性规定,[②] 要在房屋拆迁过程中走到强制拆迁这一步来着实不易，但实践中强制拆迁的开展有诸多野蛮、不公正之处。在整个房屋拆迁活动中，从政府的角度看，政府为了从出让土地中获取更多利益，必然要求房屋拆迁的顺利进行，因此，在面对强制拆迁的请求时，政府的利益倾向已经严重影响了其行政行为的公正性。强制拆迁程序一经启动，几乎百分之百地就能得到强制拆迁的结果。就这样，强制拆迁程序实际上变成了政府手中的工具，以它为手段，以所谓的“程序合法”做掩护，政府可以为其在土地出让中获取的利益做出保障，而置被拆迁人的利益于不顾；而从拆迁人的角度说，拆迁人对于程序的无视以及被拆迁人知情权、发表意见权的缺失导致上述程序性规定形同虚设，某些地方陷入了野蛮、暴力强制拆迁的境地，普通民众的生命健康权和财产权受到严重威胁，严重影响房屋拆迁活动的健康、有序发展。

（二）沙坪坝城市房屋拆迁中的主要问题

在上述一般问题中，沙坪坝区主要存在的问题是：

1. 补偿金额的确定存争议

《重庆市城市房屋拆迁管理条例》第 26 条规定，实行货币补偿的，货币补偿的金额，根据被拆迁房屋的区位、用途、建筑面积或套内建筑面积等因素，以房地产市场评估价格确定。房屋拆迁评估机构作出的评估价格即是被拆迁人所能获得的货币补偿金额。在近年来沙坪坝区城市房屋拆迁活动进行过程中，无论是住宅性房屋的拆迁，还是非住宅性房屋

① 参见《宪法》第 13 条、《物权法》第 42 条。

② 参见《城市房屋拆迁管理条例》第 16 条、第 17 条,《城市房屋拆迁行政裁决工作规程》第 7 条。

的拆迁，被拆迁人认为房屋拆迁评估机构确定的补偿金额过低的情况并不少见，并由此争议不断。例如，“周某诉重庆市沙坪坝区房屋管理局房屋拆迁管理”一案正是属于这一情形。基于公共利益的需要，重庆市沙坪坝区房屋管理局对沙坪坝区某村片区的房屋进行拆迁，周某所有的自力新村×××号的房屋被划在拆迁范围之内。重庆市沙坪坝区房屋管理局在取得有关审批手续和房屋拆迁许可证后，按期发布了房屋拆迁公告，明确了搬迁的期限，并要求该片区的被拆迁人服从城市建设的需要，在规定的期限内完成搬迁。而在搬迁的期限内，重庆市沙坪坝区房屋管理局与周某未能就其所有的房屋达成拆迁补偿安置协议。搬迁期限经过后，第三人重庆某地产发展有限公司向重庆市沙坪坝区房屋管理局提交了房屋拆迁裁决申请，重庆市沙坪坝区房屋管理局依照《重庆市城市房屋拆迁管理条例》的有关规定，对持有房屋所有权证的周某作出了房屋拆迁裁决书，该裁决书的内容大致为：被拆迁人选择货币补偿，拆迁人应以房地产市场评估价格结清货币款，同时拆迁人还应按照规定向被拆迁人周某发放相关的费用；被拆迁人周某在收到裁决书之日起15日内自行搬迁，并与拆迁人签订拆迁安置补偿协议。被拆迁人周某认为重庆市沙坪坝区房屋管理局作出的房屋拆迁裁决书中确定的房地产市场评估价格过低而拒绝与拆迁人签订拆迁安置补偿协议，并以重庆市沙坪坝区房屋管理局为被告向重庆市沙坪坝区人民法院起诉，要求撤销被告重庆市沙坪坝区房屋管理局作出的房屋拆迁裁决书。在重庆市沙坪坝区人民法院作出维持被告重庆市沙坪坝区房屋管理局作出的房屋拆迁裁决书的判决后，原告周某向重庆市第一中级人民法院提出上诉，最终该案以重庆市第一中级人民法院维持原判而告终。通过本案，我们可以看出，尽管在向人民法院提起诉讼之前，房屋拆迁过程中的争议可以通过拆迁人与被拆迁人友好协商、要求房屋拆迁主管部门进行裁决来解决，但一旦遇上被拆迁人认为补偿金额低而引起的争议时，由于这种争议直接影响着被拆迁人所能获得的利益，被拆迁人会用尽所有可能救济的途径使补偿金额达到自己认为合理的范围之内。即使在人民法院就这种争议作出终审判决时，争议仍然很可能存在，问题仍没有得到解决，从而出现“案结而问题未了”的情况。

2. “钉子户”问题

与许多地区的“钉子户”相比，沙坪坝区的“钉子户”属于比较“温和”的类型，尚未出现采取自焚等极端的方式来解决房屋拆迁中存在的问题，而会选择比较和平的方式使拆迁人满足自己的要求。沙坪坝区的“钉子户”大致可以分为两类：

（1）对拆迁决定不服而形成的“钉子户”。近三年，沙坪坝区一共拆迁房屋面积达218万平方米，涉及被拆迁户2.4万户，其中的大部分拆迁都发生在危旧房改造中。而危旧房改造所涉及的房屋拆迁中，存在对拆迁决定不服而形成的“钉子户”。按照重庆市人民政府印发《关于加快主城区危旧房改造实施意见的通知》（渝府发〔2008〕36号）的规定，危旧房改造的对象包括危房和旧房两大部分，危房是指2007年年底前经危房鉴定机构确认，结构已严重损坏或承重结构已属危险构件，随时有可能丧失结构稳定和承载能力，不能保证居住和使用安全的房屋；旧房是指1969年12月31日前建成投入使用的房屋。被拆迁人往往以该36号文件为依据，认为自己所有的房屋不属于危旧房拆迁的范围之内，拒绝拆迁，从而成为“钉子户”。沙坪坝区凤嘴某住户李某的房屋被划入危旧房改造之列，对此被拆迁人李某完全不认可。李某认为其所有的房屋系1981年修建，房屋也不属于危房的性质，故该房不属于重庆市人民政府印发《关于加快主城区危旧房改造实施意见的通知》（渝府发〔2008〕36号）所确定的危旧房的范围之内，不能按照危旧房的标准进行拆迁，由此其拒绝拆迁，成为沙坪坝区危旧房改造中的“钉子户”之一。

（2）对补偿金额和补偿方式不满意而形成的“钉子户”。在上已述及的“周某诉重庆市沙坪坝区房屋管理局房屋拆迁管理”一案中，被拆迁人周某在搬迁的期限内未能与重庆市沙坪坝区房屋管理局就其所有的某村×××号房屋达成拆迁补偿安置协议，而周某就属于对补偿金额不满意而形成的“钉子户”。除了对补偿金额不满意而形成的“钉子户”之外，还有就是对补偿方式不满意而形成的“钉子户”，而其中最主要涉及的是安置房的问题。在城市房屋拆迁中，安置房的建设一般不会选择原地建设，实际情况往往是选择较原拆迁房屋所在地区位价值较差的地方进行拆迁安置房的建设。对于被拆迁户而言，原来的房屋虽然稍显破旧，但其具有购物方便、交通便利、子女择校方便等优势；而新建的安置房尽管提高了被拆迁户的居住水平，但安置房所处的环境明显大不如前，被拆迁户的生活水平大幅度倒退。另外，安置房的质量也是被拆迁人担心的问题之一。不久前重庆忠县安置房惊现“楼脆脆”，暴露了安置房的质量监督盲点。2010年3月18日，重庆市建设工程质量检验测试中心经现场对安置房小区忠县某处拆迁安置房检测后，作出《鉴定报告》：“该房屋无正规设计图”，且“该房屋砂浆强度极低，手轻捏即碎，”“砌体竖向承载力和高厚比均不满足规范要求；底层抬梁下无梁垫或混凝土柱的砌体局部受压不满足规范要求”等，结论为：“忠县某安置房不能满足结构安全要求，需加固处理。”又可见，补偿方式中存在的问题是被拆迁人成为“钉子户”的诱因之一。

3. 房屋拆迁补偿安置协议签订后的违约问题

房屋拆迁补偿安置协议签订后，当事人应该按照协议中约定的事项履行自己的义务，否则就会出现违约的问题。在沙坪坝区城市房屋拆迁中，房屋拆迁补偿安置协议签订后的违约问题所占的比例并不高，但也值得我们引起重视。目前沙坪坝区存在的房屋拆迁补偿安置协议签订后的违约问题主要有：

（1）房屋拆迁补偿安置协议签订后拆迁人未按协议约定交付安置房屋。拆迁人未按协议约定交付安置房屋可以分为两种情况。第一种是拆迁安置房仍在拆迁人的控制范围之内，拆迁人出于各种因素考虑，暂未交付拆迁安置房。例如，“孙某诉重庆××房地产开发有限公司房屋拆迁合同纠纷”一案就属于这种情形。2004年9月14日，重庆××房地产开发有限公司（甲方）与孙某（乙方）签订了《拆迁安置补偿协议》。协议约定：“一、乙方同意将位于沙区小龙坎黄桷湾××号建筑面积为58平方米的自有产权房交甲方拆迁，乙方于2004年10月20日前搬出该房屋，将空房交付甲方……二、甲方同意按回迁安置及补偿方式对乙方实行拆迁安置，按下列标准进行安置补偿和结算：（一）在甲方位于沙区石小路黄桷湾××号片区修建的某商住楼2号楼平街第一层返还乙方建面为33.228平方米的非住宅商业用房和该商住楼车库车位一个；（二）甲方返还乙方的非住宅商业用房期限为：自乙方交付被拆迁自有产权房空房给甲方之日起730天协议签订。”协议签订后，孙某按约履行了义务。据查，涉案房屋于2007年9月5日竣工验收，2007年11月20日通过竣工验收备案登记，但重庆××房地产开发有限公司未能如期交付房屋。孙某遂以重庆××房地产开发有限公司为被告向沙坪坝区人民法院提起诉讼，要求被告重庆××房地产开发有限公司交付房屋。沙坪坝区人民法院在审理案件过程中，经双方同意，于2008年10月10日组织双方就约定的坐落于重庆市沙坪坝区石小路64号7-1号门面进行了房屋交接，双方于当天完成了房屋交接。至此，孙某通过诉讼方式方才取得安置房。

第二种情况是拆迁安置房不在拆迁人的控制范围之内，拆迁人已无法履行交付拆迁安置房的义务。例如，在重庆成渝高速公路有限公司与阎某、重庆旭东物业发展有限公司及重庆路苑公路服务有限公司房屋拆迁安置补偿合同纠纷一案中，重庆旭东物业发展有限公司负责对重庆市沙坪坝区土湾新建二村、三村片区进行旧城改造，而阎某所有的房屋新建二村××号产权面积95平方米（其中临街非住宅44平方米）处于旭东公司拆迁红线范围内。经双方协商，于2000年12月13日签订了《拆迁安置协议》。协议第三条约定："甲方（重庆旭东物业发展有限公司）以'旭东小区'一期工程A座首层A－B轴交⑥－⑦轴的位置和该轴线面积87米×54米=46.98平方米独立临街门面安置乙方（阎某），该轴线面积的房屋产权属于阎某"。协议第九条约定："重庆旭东物业发展有限公司所还阎某'旭东小区'一期工程A座首层A－B轴交⑥－⑦轴的位置和轴线面积46.98平方米（不含公推面积）的独立临街门面，重庆旭东物业发展有限公司不得重复安置，不得销售，不得抵押，不得换位置安置阎某，否则构成违约。"协议第十一条约定："重庆旭东物业发展有限公司对阎某原地还房期为两年，即从2000年12月13日至2002年12月13日，若超期还房，旭东公司按每月12.5元/平方米×54.03平方米=675元支付阎某超期过渡损失费（15%公摊率为双方暂定）。"合同签订后，阎某按约履行了合同义务，但重庆旭东物业发展有限公司未按合同约定交付安置房。2006年11月30日，重庆旭东物业发展有限公司与重庆成渝高速公路有限公司签订《重庆市商品房买卖合同》，将应交付阎某的安置房售与重庆成渝高速公路有限公司，后者于2007年2月6日取得了所购房屋的权属证书。此时，拆迁安置房已不在拆迁人重庆旭东物业发展有限公司的控制范围之内，其已无法完成拆迁安置房的交付义务。阎某遂向沙坪坝区人民法院提起诉讼，要求重庆旭东物业发展有限公司交付安置房，并要求确认重庆旭东物业发展有限公司与重庆成渝高速公路有限公司签订的《重庆市商品房买卖合同》中涉及阎某拆迁安置部分的房屋买卖无效。

（2）拆迁人虽按照协议交付安置房屋但拒绝协助办理产权过户手续。"何某诉重庆××集团房地产开发有限公司房屋拆迁安置补偿合同纠纷"一案是这种问题的典型代表。何某所有的住房（坐落于沙坪坝区大杨公桥××4号）属于重庆××集团房地产开发有限公司的拆迁开发范围之内。2004年12月17日，双方签订《大杨公桥104号片区城镇拆迁安置房协议》一份，约定：重庆××集团房地产开发有限公司对产权人（拆迁户）何某原有住房（坐落于沙坪坝区大杨公桥××4号、建筑面积54.83平方米）进行拆迁开发，被告将原告安置于大杨公桥××0号（安置建筑面积83.55平方米），产权人（拆迁户）何某应向重庆××集团房地产开发有限公司支付价差33，790.56元，用于购买超出原拆迁住房建筑面积以及其他相关费用。合同签订后，何某到重庆××集团房地产开发有限公司处办理了接房入住手续，并于2004年12月18日缴清了合同约定的房款、大修基金等费用。何某入住后，多次催促重庆××集团房地产开发有限公司办理房屋所有权证未果。故何某向沙坪坝区人民法院起诉，要求重庆××集团房地产开发有限公司立即协助其办理房屋所有权证书。在案件审理过程中，沙坪坝区人民法院查明，案件讼争的坐落于沙坪坝区大杨公桥××0号房屋，现登记产权人仍为重庆××集团房地产开发有限公司。经审理后，沙坪坝区人民法院于2009年1月12日做出了民事判决书，判决由被告重庆××集团房地产开发有限公司协助原告何某办理坐落于沙坪坝区大杨公桥××0号房屋的产权证。

（3）拆迁人违反房屋拆迁补偿安置协议的约定后的违约金的支付问题。拆迁人与被拆迁人在签订房屋拆迁补偿安置协议时，大部分会在协议中约定违约金的计算和支付方法，但也有少部分在协议中未就违约金的相关事宜进行处理。“孙某诉重庆××房地产开发有限公司房屋拆迁合同纠纷”一案就交付安置房的期限确定了违约金条款，双方签订的《拆迁安置补偿协议》第2条规定，若重庆××房地产开发有限公司交房期限确需延长，则重庆××房地产开发有限公司自还房期限届满起，每日按房款千分之二支付违约金，直至交房止。该案的诉讼过程中，原告孙某要求被告重庆××房地产开发有限公司按约定支付违约金，而被告重庆××房地产开发有限公司认为约定的逾期交房违约金过高，申请对原告孙某的实际损失进行评估，并请求按原告孙某的实际损失上浮30%进行支付，故而违约金的支付是该案的一大争点。最终，沙坪坝区人民法院认可了被告的意见，以重庆瑞升房地产评估有限责任公司作出的评估额38921元为基础上浮30%，即被告重庆××房地产开发有限公司支付原告孙某逾期交付门面违约金50597.3元。

相比于“孙某诉重庆××房地产开发有限公司房屋拆迁合同纠纷”一案，“何某诉重庆××集团房地产开发有限公司房屋拆迁安置补偿合同纠纷”一案并未就违约金的支付和计算方法进行约定，故而诉讼中原告何某要求被告重庆××集团房地产开发有限公司以总房款116970元为本金，按中国人民银行规定的贷款利率每日万分之二点一支付逾期办证违约金，总额为30000元。但被告重庆××集团房地产开发有限公司认为，双方在合同未约定逾期办证的违约责任，因此不同意支付违约金。沙坪坝区人民法院认为，本案的基础法律关系是房屋拆迁安置补偿合同关系，原被告双方签订的拆迁安置协议上载明的内容均是双方当事人自由协商的结果。而双方在合同中并没有对被告协助办证的期限和逾期办证违约责任进行约定。在房屋拆迁安置协议中对办证期限和逾期办证违约金的约定不明时，不能适用《最高人民法院关于审理商品房买卖合同纠纷案件适用法律若干问题的解释》相关条款进行处理。原告主张违约金的诉请于法无据，计算方法也未得到被告认可，故本院对原告请求被告支付逾期办证违约金的诉讼请求不予支持。

（三）农村房屋拆迁中的一般问题

1. 法律法规不健全与冲突并存

到目前为止，我国尚无专门性的法律对农村集体土地上的房屋拆迁问题进行调整，农村征地拆迁适用《中华人民共和国土地管理法》（以下简称《土地管理法》）的相关规定。《土地管理法》第47条第4款规定：“被征收土地上的附着物和青苗的补偿标准，由省、自治区、直辖市规定。”而实践中农村房屋被作为集体土地上的“附着物”看待，其拆迁补偿标准均是由省、自治区、直辖市规定。例如，重庆市制定了《重庆市征地补偿安置办法》，对集体土地房屋拆迁进行规制。但事实上，包括《重庆市征地补偿安置办法》在内的地方性法规、政府规章本身与《中华人民共和国立法法》的规定相左。《中华人民共和国立法法》第8条规定：“下列事项只能制定法律：……（六）对非国有财产的征收……”第9条规定：“本法第八条规定的事项尚未制定法律的，全国人民代表大会及其常务委员会有权作出决定，授权国务院可以根据实际需要，对其中的部分事项先制定行政法规……”显然，这些地方性法规、政府规章，既非狭义的法律，也非行政法规。依据上位法高于下位法的法律适用原则，由全国人大制定的《中华人民共和国立法法》的效力等级高于由全国人大常委会制定的《土地管理法》。因此，依据《土地管理法》由各省、自治区、直辖市制定的地方性法规、政府规章是违背上位法的，是不能够作为农村房屋拆迁的法律依据的。

2. 拆迁主体资格不符

农村房屋拆迁大部分都属于征地拆迁，其依附于土地征收。而按照法律规定，只有县级以上人民政府方有资格进行征地拆迁。实践中，比较突出的问题就是乡镇政府与各类开发区联合违规征地拆迁的问题。《土地管理法》第46条规定，国家征收土地的，依照法定程序批准后，由县级以上地方人民政府予以公告并组织实施。而且《重庆市土地管理规定》规定，乡镇人民政府在征地拆迁中仅有协助的义务，而没有征地拆迁的权力。尽管乡镇政府没有征地拆迁的权力，但其为了通过征地增加收入，常常以办教育、发展高新技术产业等为名，与各类开发区联合发文进行征地拆迁，然后改变土地用途搞房地产开发，牟取暴利。

3. 无视拆迁程序

农村房屋拆迁必须按照法定程序进行，程序公正是实体公正的前提和保障。我国目前尚无专门的法律对农村房屋拆迁的程序进行规制。《土地管理法》规定的只是征收征用集体土地的程序，而不是房屋拆迁的程序。实践中，各省、自治区、直辖市通过制定地方法规、政府规章以规范农村房屋拆迁活动，但上述规定在实践中并没有被很好地遵守，拆迁人无视拆迁程序主要表现在：第一，拆迁公告时间推迟、公告内容不全、公告内容不实的情况比较常见，甚至出现未予以公告而进行征地拆迁的情形，这构成对被拆迁人知情权的剥夺；第二，拆迁人往往以各种理由对被拆迁人行使发表意见、参与征地拆迁的权利进行限制，被拆迁人只能被动接受拆迁补偿、安置方案，否则就被扣上“钉子户”的大帽子。

4. 农地商用房屋补偿金额偏低

随着我国城市化进程的加快，城市周边的农地不断被征用而成为城市土地，但许多农民们聚集而居的村落仍然保留着，村落进入城市，成为城中村。城市土地的性质为国有，而城中村比较特殊，其项下的土地仍然保留着集体土地的性质。农民在失去了赖以生存的耕地之后，不得不谋求其他收入以维持其生存的需要，依托其所在的地理位置，在集体土地上建造房屋从事商业经营是一个不错的选择，这样就形成了大量的农地商用房屋。近年来，城中村已经成为城市改造的重点，而城中村改造中的焦点就在于农地商用房屋补偿金额低的问题。按照目前各省、市城中村改造的补偿标准，对于农地商用房屋一般是按照集体土地上的房屋进行补偿，按此标准被拆迁人所能够获得的补偿款与按照商业用地上的房屋进行补偿所能获得的补偿款相差悬殊，被拆迁人不可能用所获得的拆迁补偿款在同地段购买相同面积的经营性房屋继续从事商业经营，拆迁活动造成了被拆迁人生活水平的下降。

5. “钉子户”问题

与城市房屋拆迁一样，农村房屋拆迁是无法回避“钉子户”问题的，而且二者的特征都大致类似，但农村房屋拆迁中的“钉子户”还有其自身的特点：农村房屋不像城市房屋那样由房地产开发公司统一建造的商品房，而是由村民根据自己的经济实力和建造要求购买材料，请建筑工匠一砖一瓦盖起来的。即使建造同样结构的房屋，房屋的价值差异也很大，以砖混结构为例，条件好、要求高的人家可以用更好、更多的水泥和钢筋建造更加牢靠的房子，而条件比较差的家庭建造的房子所选择的材料品牌和使用量与条件好的人家差距会很大，二者的投入差距可能大到几万元至几十万元不等。因此，农村房屋的价值很难衡量。而农村房屋拆迁多是以房屋结构为基础确定补偿的价格，相同结构的房屋的补偿金额差距很小，以钢砼结构为例，《重庆市沙坪坝区征地补偿安置实施细则》规定的一类补偿标准为330元/平方米，二类补偿标准为315元/平方米，差距仅为15元/平方米，这对于很多建造时投入大量财力的被拆迁户是不能接受的，故而才成为"钉子户"。

6. 村干部截留拆迁补偿款

在农村房屋拆迁中，村干部一直扮演着十分重要的角色。在征地拆迁的前期，村干部负责地方政府与村民之间的协调；在签订征地拆迁协议时，一般由村干部代表村民集体经济组织与地方政府签订协议；在征地拆迁后期，征地拆迁补偿款多是先由村干部代为领取，然后才在集体经济组织内部进行分配。实践中，征地拆迁补偿款的分配过程中比较容易出现问题，村干部截留拆迁补偿款就是其中比较严重的问题之一。

7. 特殊群体的权益保护问题

（1）农村房屋拆迁中的妇女权益保护问题。房屋拆迁中涉及的妇女权益保护问题主要集中在"外嫁女"是否能够获得征地拆迁补偿款的问题。实践中，村委会在处理"外嫁女"是否应该参与征地补偿款的分配的问题时，常常抱着"肥水不流外人田"的思想，侵害"外嫁女"获得征地拆迁补偿款的权利。"外嫁女"是一个庞大的群体，其中占相当比例的"外嫁女"在面对权利被侵害时，出于不了解相关政策或者怕麻烦的考虑，最终选择的是沉默。在这种情况下，农村房屋拆迁中的妇女权益保护问题就显得格外重要。

（2）农村房屋拆迁中大学生的权益保护问题。房屋拆迁涉及的大学生主要分为两类：一是将户口迁移至就读院校所在地的在校就读的大学生；二是将户口迁移至就读院校所在地的已毕业但尚未就业的大学生，但二者有一个共同点，即大学生的户籍虽然迁至他地，但是其经济来源仍然是原住所地。在征地拆迁中，村民委员会往往认为，大学生既然已经脱离了本集体经济组织，就不应该再享受本集体经济组织内部成员所能享受的待遇，否则对其他集体经济组织成员是极不公平的，故很多具有上述特点的大学生未能取得征地拆迁补偿款，由此引发了众多争议。可见，在读或已毕业但未就业的大学生的权益保护问题是农村房屋拆迁中必须重视的问题。

（四）沙坪坝农村房屋拆迁中的主要问题

1. 拆迁主体资格问题

重庆西部现代物流产业基地是重庆市委、市政府为加快发展现代物流业，在全市重点打造的三大枢纽性园区之一。该园区的建立涉及大量的征地，而土主镇就在其征地的范围之内。据被拆迁人反映，在征地拆迁过程中，征地拆迁安置补偿协议是与"重庆西部现代物流园管理委员会用地拆迁办公室"签订的。而拆迁补偿安置协议是拆迁人与被拆迁人为明确房屋拆迁补偿安置中的权利义务关系而订立的协议，是约定拆迁当事人之间民事权利义务的合同。可见，"重庆西部现代物流园管理委员会用地拆迁办公室"是作为拆迁人的身份出现的。按照《重庆市土地管理规定》第37条第3款规定，征地拆迁、补偿与安置方案报经区县（自治县、市）人民政府依法批准后，由区县（自治县、市）土地行政主管部门组织实施。"重庆西部现代物流园管理委员会用地拆迁办公室"并非土地行政主管部门，其不具备签订征地拆迁安置补偿协议的资格，更不可能具备拆迁主体资格。

2. 无视拆迁程序

沙坪坝区西南物资交易市场的被拆迁人对该问题反映得比较强烈。西南物资市场位于沙坪坝区辖区内，始建于1992年，现已成为全国闻名的物资交易市场之一。该市场的拆迁过程中，拆迁人的种种无视拆迁程序的行为引起了被拆迁人的不满：一是在拆迁现场公示拆迁初评结果时，所使用的纸张字号过小、张贴数量太少，致使众多被拆迁人无法第一时间获取关于房屋拆迁评估结果的信息，这是对被拆迁人知情权的侵害，同时也为被拆迁人进一步维护自身合法权益设置了障碍。二是房屋拆迁评估机构对评估报告的结果没有进行现场说明、听取有关意见；而且在被拆迁人对评估结果存有异议的情况下，房屋拆迁评估机构没有应业主要求进行解释。无独有偶，沙坪坝区在建设西部现代物流产业基地的征地过程中，被拆迁人也提出了众多征地拆迁中的程序问题。土主镇观音岩村村民反映：一是按照《重庆市土地管理规定》第37条第1款规定，征用土地方案依法批准后，由被征用土地所在地的区县（自治县、市）人民政府组织实施并在当地将批准征地机关、批准文号、征用土地的用途、范围、面积及征用土地补偿标准、农业人员安置办法和办理征地补偿的期限等予以公告。尽管此次征地拆迁已在实施过程中，但是关于此次征地事宜，村民仅收到由土主镇政府下发的《征地拆迁宣传手册》一份（未加盖任何部门公章），除此之外村民没有收到其他任何书面公告。二是村民作为拆迁补偿安置协议的一方当事人，在签订协议后理应获得一份拆迁补偿安置协议文本，但此次征地拆迁中村民在签订协议后没有得到一份拆迁安置协议，而被告知只能由土主镇政府统一保管。三是土主镇政府让村民签订拆迁补偿安置协议时根本未就安置房的具体交房日期以及如果逾期交房应对村民作何赔偿等事宜作出交代，这无疑是对被拆迁人的权利的侵害。

3. 农地商用房屋补偿金额严重偏低

在沙坪坝区西南物资交易市场的拆迁过程中，该问题表现得比较突出。由于该市场项下的土地仍为集体土地，故目前沙坪坝区将西南物资交易市场作为城中村来进行改造。据网络诉愿显示，西南物资交易市场的众多被拆迁人均对补偿金额的确定持有异议：一是商业用地却执行农村集体土地的补偿标准，补偿费过低，虽然于法有据，但似乎于情于理不通；二是评估的比较对象不具可比性，因为即使同是商业用房，小区商业用房与市场的商业用房不具可比性，应以同类型的市场来比较，如石桥铺渝州交易市场、马家岩建材交易市场、巴国城石材交易市场等；三是西物市场地理位置成四方型，不分正侧街，也不分楼上楼下，原来门面房售出时楼上楼下价格均等，而现在拆迁时却分楼上楼下，价格不等。以该市场业主胡某所有的××号商业门面为例，按照房屋拆迁评估机构做出的评估，其所有的门面所能得到的拆迁补偿金为每平方米均价不足9000元。而被拆迁人胡某认为被拆毁的房屋作为一个物资交易市场的商业门面，应得到更高的拆迁补偿金，遂与拆迁人发生争议，双方相持了达7个月之久。西南物资交易市场的被拆迁人对补偿金额的强烈异议最终导致了大量的行政复议和行政诉讼，据沙坪坝区拆迁办工作人员介绍，在西南物资交易市场拆迁活动已涉及的47户拆迁户中，其中申请行政复议的有二十五六户，提起行政诉讼的有七八户，申请行政复议的接近60%，这个比例远远超过了一般的拆迁项目。

4. 乡镇企业的拆迁安置问题

应当说，乡镇企业对于整个社会经济的发展是做出了重要贡献的，一方面，它缴纳了大量的税收，充实了地方政府的财政收入；另一方面，它解决了大量农村剩余劳动力的就业问题，还为地方社会经济发展增添了活力。然而，在拆迁时，乡镇企业却往往得不到公平、合理、妥善的补偿安置。乡镇企业的拆迁补偿安置本来应当是一项系统的工程，不仅包含对乡镇企业因拆迁而造成损失的货币补偿，而且，还包括解决被拆迁之后乡镇企业的持续生存发展、企业职工的就业安置等问题。但是，实践的情形却并非如此，依据重庆市现行有关的拆迁政策法规，对于乡镇企业的拆迁，基本上是简单地采取“一刀切”的“拿钱走人”的办法，即只给予一次性的货币补偿，既不考虑乡镇企业被拆迁后的生存发展问题，也不考虑拆迁之后乡镇企业职工的生存发展问题。既不合情，也不合理。以沙坪坝区为例，乡镇企业被拆迁后的直接效果往往是使原本属于沙坪坝区的乡镇企业被迫迁至北碚区、巴南区等地方，这样一来，不仅导致了沙坪坝区税收来源的减少，同时，还大大地减少了沙坪坝区广大农村剩余劳动力的就业机会，对于沙坪坝区社会经济的长远发展是极为不利的。

5. 安置房建设滞后问题

安置房建设的滞后是农房拆迁工作中面临的主要问题和困难。安置房建设滞后带来的诸多负面影响，直接制约着拆迁工作健康、有序地推进：第一，带来的经济损失相当巨大。按照现行规定，超出两年仍然未能得到安置的，过渡费就应当翻倍，这是一个相当大的数目。第二，容易导致群体性纠纷。被拆迁人无法住进安置房，不得不选择租房。一方面，租房不容易；另一方面，这样也导致了被拆迁人生活状态的不安定，生活水平下降。被拆迁人积怨越深，爆发群体性纠纷的可能性就越大。第三，政府的信誉受到置疑。第四，安置房建设花费的时间过长，又给拆迁安置提出了新的问题——新增人口的安置问题，婚姻、生育会导致人口的增加，这些人口如何安置，也是不容忽视的问题。然而，实践中，安置房建设滞后的问题却相当地突出，据征地拆迁一线工作人员的反映，就目前而言，沙坪坝区的安置房还差几千套。仅位于梨树湾的温泉城拆迁一个项目，2006年开始拆迁，涉及拆迁户上千户，至今仍然无法妥善安置。①

6. “钉子户”问题

沙坪坝区土主镇某村村民在沙坪坝外宣网留言，表示其是西部现代物流产业基地征地拆迁中的被拆迁人之一，基于对征地拆迁补偿方式和补偿标准的不认同，其拒绝与政府签订拆迁补偿安置协议，由此与政府发生争议，现希望问题得到解决。该村民反映，在重庆西部现代物流产业基地的征地拆迁中，土主镇政府最初组织据实清点各村民的财产，具体涉及房屋结构、房屋面积、附着物面积、果树的数量以及尺寸大小等，并表示要据实赔偿。但是，后来却不知为何改用了综合定额方式补偿农村集体经济组织及其成员所属地上构（附）着物的方式。由于该村民所有的房屋已经修建有二十余年，而且在居住过程中又没有改建、扩建过房屋，因此，改用综合定额方式进行补偿对于该村民来说所能获得的征地拆迁补偿额远低于按照据实清理方式所能获得的征地拆迁补偿额。鉴于该村民自身的特殊情况，其向土主镇政府主管征地拆迁的领导多次反映过这些情况，希望政府对其所有的房屋采取据实清理方式进行补偿，但问题并没有得到解决。该村民坚持自己的要求，拒绝与征地主管部门签订拆迁补偿安置协议。现由于向其处供电的电线被盗而无法通电以及相关部门未向其发放基本生活费，造成其生活困难，故向沙坪坝区政府求助。针对该村民反

① 该部分数据由重庆市沙坪坝区征地办公室提供。

映的问题，沙坪坝区征地办、土主镇政府联合发表回复：一是关于地上构附着物的补偿开始进行了据实清点，后来又实行综合定额补偿方式的问题。《重庆西部现代物流园征地补偿安置实施方案》是根据《重庆市征地补偿安置办法》（市政府55号令）和《重庆市人民政府关于调整征地补偿安置政策有关事项的通知》（渝府发〔2008〕45号文件）规定，结合当地实际情况制定的实施方案，并经沙坪坝区人民政府十六届六十一次常务会议批准实施的。最初征地拆迁主管部门先经过了据实清理的调查摸底，但后来发现抢栽抢种现象十分严重，同时有钱人越种越多，较穷的反而连树苗都无法买回。为了兼顾公平正义，根据该地区实际情况，此次方案决定全部采用综合定额补偿方式，并报经区政府常务会议批准执行，该政策并不是针对该村民一家人而言。二是关于该村民未领取生活费的问题。根据渝物流管发〔2009〕2号文件第一条有关老龄人员正式参保前过渡期间发放基本生活费办法规定：签订协议之月，参照当时我市城镇企业退休人员最低基本养老金标准，从次月起发放基本生活费。第二条其余人员正式参保前过渡期间发放基本生活费办法规定：签订协议之月，参照当时我市城镇居民最低生活保障标准，从次月起发放基本生活费。所以，发放正式参保前过渡期间基本生活费的时间，应按签订协议次月开始发放。由于该村民拒绝签订拆迁补偿安置协议，故不能向该村民发放基本生活费。

7. 村干部截留拆迁补偿款

2008年10月13日，沙坪坝区梨树湾村党总支原书记向某涉嫌贪污、受贿600余万元一案，经检察机关提起公诉，在重庆市第一中级人民法院一审开庭审理。在开庭审理过程中，检察机关指控了被告向大全诸多罪行：一是为村干部集资建房。沙坪坝区政府2003年征用梨树湾村土地68亩，随后给予土地补偿款2250万元。依法律规定，这笔钱归村集体经济组织所有，只能用于再生产和安置没有土地的村民再就业。但被告向某等人动用这笔钱为24名村干部集资建房。买房时，24人先付10万元首付款，剩余459万全部出自土地补偿款。二是动用土地补偿款购买高额保险。被告向某于2007年从村集体经济组织获得的土地补偿款中取出78万元，为该村村民委员会5名成员购买商业保险，而被告向某所购买的个人保险耗费20万元。三是收受开发商好处。1996年重庆玉龙房地产公司向当地政府提交申请，希望征用沙坪坝覃家岗梨树湾村土地，时任村党总支书记的被告向某便积极动员社员拆迁，使重庆玉龙房地产公司顺利得到了这块土地。2004年6月，重庆玉龙房地产公司负责人薛某为表示感谢，送给被告向某25万元。2006年3月，重庆玉龙房地产公司出资组建玉树王公司，由薛某任董事长、被告向某任总经理，该公司拥有地产200余亩。2007年，沙坪坝区国土部门需征用该公司地产，双方因对地产估价不一致而召开协商会议，被告向某以公司总经理和村党总支书记的双重身份参加。此后，薛某又分3次给向某50万元。该事件发生后，重庆市检察院一分院向辖区内300多名村干部发出建议书，提醒各位村干部慎用手中权力。① 不幸的是，某些村干部仍没有接受沙坪坝区梨树湾村党总支原书记向某的教训。2008年年初，沙坪坝区检察院接到了群众举报，称土主镇观音岩村的村干部涉嫌贪污修建公路的款项。随后沙坪坝区检察院开始调查，发现观音岩村的征地补偿金中，有80万元被以道路维修的名义套现支出了，办案检察官认识到短时间内支出80万元，里边肯定有问题。随后在该村会计付某管理的总账簿里，找到了问题的答案。

① 《重庆一村干部涉贪600余万元》，载《菏泽日报》2008年10月17日。

在这本总账簿里，有一页账是流水账，记载着这些钱的去向。从账页上看到这80万元，4名村里干部每人分了5万元共20万元；送了十来万元给当时征地办的杨某等人；以红包、工作经费的名目送给了镇里的一些领导近十多万元；剩下的钱存在出纳家里。同时还获知，2007年8月、2007年12月，经观音岩村村干部研究决定，为了感谢某镇领导在征地拆迁过程中对观音岩村的“关照”，由会计付某先后两次送上“感谢费”3万元和5万元。办案检察官顺藤摸瓜，发现利用村里征地拆迁、村干部私分补偿金的情况，还发生在了土主镇四塘村、三圣宫村，这是一起窝案。沙坪坝区检察院立即进行全面调查，并法办了土主镇三个村的15名村干部。①

四、沙坪坝区房屋拆迁问题产生的原因分析

房屋拆迁既包含了城市国有土地上的房屋拆迁，也包含了因征收农村土地而产生的房屋拆迁。当前房屋拆迁出现的诸多问题是在多重原因相互交织、共同作用的结果下产生的。尽管本课题的研究对象是重庆市沙坪坝区的房屋拆迁，但问题产生的原因仍然具有相当大的普遍性和共同性。例如，立法本身在实体与程序方面存在的问题，建设单位、地方政府方面的原因，“钉子户”效应，等等。

2004年修改后的《宪法》第10条第3款规定，国家为了公共利益的需要，可以依照法律规定对土地实行征收或者征用并给予补偿。第13条第3款规定，国家为了公共利益的需要，可以依照法律规定对公民的私有财产实行征收或者征用并给予补偿。第39条规定，中华人民共和国公民的住宅不受侵犯……2007年颁行的《物权法》第42条第1款规定，为了公共利益的需要，依照法律规定的权限和程序可以征收集体所有的土地和单位、个人的房屋及其他不动产。2007年修改的《中华人民共和国城市房地产管理法》（以下简称《房地产管理法》）第6条规定，为了公共利益的需要，国家可以征收国有土地上单位和个人的房屋，并依法给予拆迁补偿，维护被征收人的合法权益；征收个人住宅的，还应当保障被征收人的居住条件。具体办法由国务院规定。

然而，由于上述立法的原则性和抽象性，国务院《拆迁条例》仍然是城市房屋拆迁的具体法律依据。而农村房屋拆迁则基本上处于无法可依的状态，只能依据各地方的政策文件行事。这种立法方面存在的巨大缺陷恰恰是引发房屋拆迁问题的主要原因，因此，下文中也将会着重对其加以分析。

（一）立法政策方面的缺陷

1. 国务院《拆迁条例》存在的缺陷

（1）拆迁法律关系性质模糊。应当说，我们通常所理解的城市房屋拆迁实质上包括了公共利益需要用地的房屋“征收拆迁”和非公共利益需要用地的房屋“转让拆迁”，这是两种不同性质的房屋拆迁。“征收拆迁”依据的是行政法律法规，形成的是一种典型的征收法律关系，其中的一方主体是政府，另一方主体是被征收财产的所有者；“转让拆迁”依据的是民事法律法规，形成的是平等主体之间的民事法律关系，其中的一方主体是作为拆迁人的建设单位，另一方主体是作为被拆迁人的房屋所有者。而行政法律关系与民事法

① 《一本流水账，牵出土主镇18硕鼠》，载《重庆晨报》2010年7月29日。

律关系之间也存在巨大的差别：前者的主体之间权利和地位的配置是不平等的，通常表现为命令与服从的关系，一般是在政府行政管理部门履行社会公共管理职能，行使行政权力的过程中发生的，具有很强的公益色彩与强制色彩；后者的双方主体在地位上和权利义务的配置上通常是平等的，通常是双方为了实现各自的民事权益，在平等、自愿、协商一致的基础上达成协议，一般仅具有私益目的，遵循意思自治原则。

实际上，国务院《拆迁条例》并没有对“征收拆迁”与“转让拆迁”这两种不同性质的拆迁进行准确的区分，而是混为一谈。作为一部行政法律规范，本来应当立足于调整公共利益需要用地的房屋“征收拆迁”行政法律关系，实际上却是在调整拆迁人与被拆迁人之间的兼有行政色彩的民事法律关系。在这种法律关系之中，既具有拆迁当事人所进行的诸如磋商拆迁补偿安置协议等民事行为，又包括了政府机关作为拆迁管理人所进行的各种行政管理行为。

根据一般的法理，公民合法民事权利的消灭只可能通过自愿交易（即通过自愿缔结各种民事关系而消灭），或者，被代表更高价值的公权力所限制、剥夺（即代表国家的有关政府部门为了社会公共利益的需要，严格依据法律规定的条件和程序，可以对公民合法的民事权利施加限制甚至是剥夺）。不允许平等民事主体之间，在违背对方意志的情况下，强制性地限制、剥夺对方的民事权益。并且，我国的《宪法》、《物权法》等有关法律，均明确承认土地使用权、房屋所有权是公民重要的财产权利，对其进行严格的保护。反观《拆迁条例》的有关规定，恰恰允许了同样作为平等民事主体的拆迁人为了实现自己的民事权利（拆迁许可证所赋予拆迁人的各项权利），借助政府有关部门的“权力”，不正当、不合理甚至是强制性地限制和剥夺另一方民事主体被拆迁人的合法民事权利，即土地使用权证、房屋产权证等权属证书所载明的被拆迁人对其土地、房屋所享有的各项民事权利。

以上所述的这种法律关系的错误界定，法律关系主体的错位恰恰是造成。近年来大量违法拆迁、野蛮拆迁、暴力拆迁事件愈演愈烈的重要根源所在。这些问题的解决，亟待我们正本清源，清晰地界定其中蕴涵的法律关系，准确配置法律关系主体及其权利义务。

（2）拆迁的正当性基础——公共利益缺失。虽然，“公共利益”已经被我国《宪法》、《物权法》、《房地产管理法》明确界定为征收得以进行的前提要件，但《拆迁条例》颁布在上述法律修订之前，没有关于“公共利益”的规定。目前，《拆迁条例》已经启动全面修订，但公共利益目的的立法完善仍任重而道远。

（3）拆迁程序机制不完善。我国向来有着“重实体、轻程序”的传统。反思当前的拆迁制度，不能排除程序性规范有失民主、公正，某些应有的程序性规范残缺，也是造成拆迁乱象的重要原因。

首先，现行拆迁制度中的程序性规范不民主。土地使用权、房屋所有权是公民赖以生存的至为重要的财产权利，拆迁的结果可能会直接导致这些财产权利的消灭，因此，拆迁是一项与民众切身利益休戚相关的重大活动。拆迁制度本来不仅应当强调公众参与，还应具备完善的程序，使得民众可以从立项、规划、审批、核发拆迁许可证到制定拆迁补偿安置方案、作出拆迁行政裁决等一系列与拆迁有关的活动都能够有充足的时间、有效的渠道充分地反映自己的各种意见，表达自己的各种利益诉求，同时，又能够对公权力的滥用形成程序约束。然而，我们的现行立法当中，在拆迁公告发出之前所进行的立项、规划、审批、核发拆迁许可证等一系列与拆迁密切相关的环节，缺少允许专家、公众等参与的程序设置，如专家论证会、座谈会，公众听证程序等。即便拆迁公告发布之后的相关环节似乎有一些允许公众参与的程序性规定，但是，由于并未规定严格的违反程序的法律责任，在实践中往往不是流于形式，就是被束之高阁。

其次，现行拆迁制度中的程序安排有失公正。现行拆迁制度在程序设计、权利配置时缺乏公正，更多倾向和有利于拆迁管理人、拆迁人，综观《拆迁条例》，其中赋予拆迁管理人、拆迁人的权利远远多于被拆迁人。恰恰是这种程序设计、权利配置的不公正，造成实际利益在拆迁人、拆迁管理人、被拆迁人之间的分配失衡，严重地侵害和剥夺了被拆迁人的正当权益。同时，拆迁补偿安置的评估程序也存在相似的问题。以《重庆市城市房屋拆迁评估规定》为例，根据该规定，拆迁行政主管部门负责拆迁评估机构监督管理、制定《拆迁评估技术规范》等有关规定、负责具体项目拆迁评估机构选择和具体拆迁评估活动的指导、监管工作。① 拆迁评估机构的组织与业务活动已经近乎完全落入拆迁行政主管部门的掌控。尽管该规定也赋予了被拆迁人通过投票等方式选择评估机构的权利，但是，由于评估机构的组织与业务活动完全受制于拆迁行政主管部门的监管与指导，因此，它们很难独立于拆迁行政主管部门，作出客观、公正、符合被拆迁人利益的拆迁评估结果。

再次，现行拆迁制度缺少对公权力有效的外部监督程序。拆迁管理人不但被被赋予了核发拆迁许可证、裁决拆迁补偿安置争议等权力，实际上还负责不服拆迁许可、裁决后的行政复议，组织实施强制拆迁等。这样一来，可能会出现拆迁管理人集拆迁、管理、争议裁判于一体，也就是实际上的“拆管合一”，行政权力统管全程。由于没有有效的外部监督程序尤其是司法程序的介入，② 他们既是运动员，又是裁判员，势必难以避免腐败，做到客观、公平、公正。我们经常在各种媒体上看到的类似场景也能印证上述判断：被拆迁人手拿《宪法》、《物权法》，举着国旗、唱着国歌与地方政府组织的拆迁指挥部、城管执法队、公安警察、法警等抗争维权，最终的结果往往是地方政府凭借手中的权力，将一户户公民房屋推倒。

最后，复议、诉讼期间不停止执行的规定也是引发拆迁问题的原因之一。现行的拆迁制度规定了复议、诉讼期间不停止拆迁裁决的执行，导致错误的拆迁具体行政行为被执行，被拆迁人的房屋被违法拆除，由于这样的结果具有不可逆性，无法通过其他的补救措施使其恢复到行为之前的状态，因此，给被拆迁人带来的损失常常是难以弥补和恢复的。《拆迁条例》的这一规定太绝对，即使《行政复议法》、《行政诉讼法》对复议、诉讼期间不停止执行的原则也有例外的规定。

2. 重庆市、沙坪坝区地方政策存在的缺陷

重庆市、沙坪坝区尽管也颁布了一系列的政策法规，但是基本上仍然是停留于机械地照搬执行国家的相关法律法规，并未在弥补国家立法层面的诸多缺陷方面取得任何实质性的进展。

尤其值得一提的是，为了适应新形势下的房屋拆迁，很多地方已经颁布了专门针对集体土地上的房屋拆迁的规定。③ 然而，重庆市、沙坪坝区并没有类似的专门规定，其有关

① 参见《重庆市城市房屋拆迁评估规定》第5条、第12条。

② 说明：我国现行立法并未贯彻城市房屋拆迁纠纷处理的司法裁判终极原则。

③ 例如，北京市颁布了《北京市集体土地房屋拆迁管理办法》，昆明市颁布了《昆明市主城区集体土地房屋拆迁补偿安置管理办法》等。

的政策文件仍然是继续沿用《土地管理法》及其国务院《土地管理法实施条例》的做法。尽管这些规定也涉及了集体土地上房屋的拆迁补偿问题，但是，它们只是将房屋作为土地上的附着物或者建筑物对待，未能充分地认识到集体土地上房屋的独立的物权属性，也没有要求对其价值予以公平、合理的补偿。在当前全国没有一部专门针对集体土地房屋拆迁问题的法律或者法规，重庆市沙坪坝区又没有结合自身的实际情况制定出专门的政策法规的情况下，当地的集体土地房屋拆迁继续着无法可依、随意执法的状态，也是导致其问题频发的重要原因。

此外，根据征地、拆迁一线工作人员和有关群众的反映，在重庆市征地、拆迁的相关法规政策的制定过程中，有关的政策法规制定者既没有深入基层一线工作部门充分地了解实际工作中所遇到问题和困难，也没有去走访被拆迁群众，听取他们的呼声，了解他们的实际需要，因此，导致了相关的政策法规未能切实考虑征地、拆迁各方当事人的实际需求，难以在实践中被有效地贯彻和落实。举一个简单的例子，重庆市征地补偿安置的有关规定中，① 在确定人均住房安置房面积标准时，主要是参照城市居民的居住习惯制定的，没有充分考虑到农村居民的实际居住习惯，殊不知，农村居民住宅不仅仅具有满足农民生活的功能，它同时还担负着诸如晾晒粮食、饲养家禽牲畜等重要的生产功能。

3. 城乡二元分制下导致的农房拆迁问题

城乡二元分制，构成了对农村土地上房屋拆迁补偿的身份歧视。我们以重庆市相关规定为例，作一简单的对比。对国有土地的房屋拆迁实行货币补偿的，货币补偿的金额，根据被拆迁房屋的区位、用途、建筑面积或套内面积等因素，以房地产市场评估价格确定；② 而对集体土地上的房屋拆迁的补偿仅考虑权属证书记载的合法面积，按农房造价给予适当补偿，住房货币安置方式的具体标准不低于被征地范围内相邻地段经济适用房的平均销售价格，征地范围内村民的住房改作其他用途的，按住房补偿。③ 两相对比的结果令人咋然，一个考虑房屋的区位、用途（住宅性用房与营业性用房）、按照房地产市场价格评估；另一个却是不考虑具体区位，仅作诸如一类地区、二类地区这样的笼统划分，不区分用途一律按住宅对待，评估价格参考经济适用房的销售价格。为什么同样是城市规划区范围内的房屋拆迁，仅仅因为房屋所依附的土地“身份”不同，就出台了两套完全不同的规则体系，最终产生了迥然不同的结果。例如，2006 年沙坪坝区新桥的石新路扩建时，新桥医院对面有两幢房屋，一幢属于李某，另一幢属于其表弟，两幢房屋都是通过继承的方式获得的，两幢房屋也均被改成门面房进行商业经营，在工商登记、缴纳税费方面也都合乎规范，而且李某的门面房装饰更为豪华，生意也更好。然而，仅仅由于李某的房屋性质上属于农房，而仅一墙之隔的表弟的房屋属于城市房屋，两幢房屋项下土地性质的不同。因此，就在拆迁补偿时，依据了悬殊巨大的两个标准，李某的房屋按照 240 元/平方米进行补偿，装修也不予赔偿，而其表弟的房屋按照 9800 元/平方米进行补偿。这样的结果令李某怎么也想不通，产生了强烈的抵触情绪。尽管李某的个案最终通过变通的方式得到了暂时的解决，但是，只要城乡二元分制的处理模式不改变，以后类似严重不合理的现象仍然

① 参见《重庆市征地补偿安置办法》第 23 条。
② 参见《重庆市城市房屋拆迁管理条例》第 26 条。
③ 参见《重庆市征地补偿安置办法》第 6 条、《重庆市人民政府关于调整征地补偿安置政策有关事项的通知（2008）》、《重庆市沙坪坝区征地补偿安置实习细则》第 19 条。

是难以避免的。

实质上，只要依法完成土地征收程序，集体土地也就转为国有土地，其房屋拆迁程序与补偿安置在适用法律上也就应当是一致的。尤其是在城乡结合部地区，农民的生活标准和负担与城市居民并无二致。这种带有鲜明歧视性的区别处理方法也是激发集体土地上房屋被拆迁户抵抗情绪的重要因素。

（二）建设单位与地方政府利益勾连

尽管我国房地产业起步至今尚不足20年时间，但是却发展迅猛，如今已经成为能够深刻影响国民经济、国民生活的支柱产业。在《财富》、《福布斯》、《胡润》等富豪榜的中国内地榜单中，地产商们都是几近半壁江山。然而，在目前的制度设计下，开发商与政府部门的利益关系非常紧密，在开发商、政府部门以及被拆迁人之间的利益博弈中，充分体现了“公权与强大的私权结盟，侵犯弱小私权”的格局。这种利益勾连不仅是拆迁问题产生的原因，而且加剧了拆迁问题的复杂性。

建设单位与地方政府利益勾连主要表现为：一方面，建设单位通过缴纳土地出让金等有关费用，源源不断地充实着地方政府的财政收入，即“土地财政”将建设单位与地方政府的利益紧密地连接在一起（下文将做专门论述）；另一方面，建设单位利用各种形式的利益贿赂地方政府的官员，从而使其与地方政府官员形成利益结盟，为其牟取暴利铺平了道路。近年来，重庆市已经为数不少的领导干部因收受巨额贿赂、为房地产开发商谋取利益而“落马”，其中甚至有8名是厅级干部。[①] 房地产业的腐败是一种“行业性腐败”，遍及整个产业链，征地拆迁环节暴露出的问题尤为突出。例如，2004年至2006年，黄某利用担任重庆市沙坪坝区人民政府区长职务之便，为某开发商在规划调整、征地拆迁、土地补偿等方面提供帮助，并因此收到开发商3万美元的“酬劳”。又如，原重庆市沙坪坝区征地办公室普通干部丁某，在2006年年初，被沙区征地办公室安排到“西永微电园征地办公室”工作，负责西永镇征地拆迁工作。丁某在拆迁补偿工作中，利用职务之便，采用事后修改原始数据为他人纠误、虚列土地补偿款、虚增面积等方式，为他人谋取利益并收受岑某、胡某等人给予的贿赂，在一年多时间里，收受财物161.4193万元。

除了与地方政府勾连之外，建设单位自身缺乏诚信、丧失良知和企业社会责任感，在征地、拆迁活动中违法违规经营，由此导致被拆迁人利益受损也是引发拆迁纠纷的重要原因。

实践中，建设单位一旦通过各种方式取得了拆迁许可证，也就意味着其享有一定强制性的行政授权。于是，在征地拆迁环节中进行着各种违法违规活动也就更加的无所顾忌，或者通过贿赂政府部门的官员，或者通过暴力拆迁、野蛮拆迁，甚至是流氓、恐怖拆迁活动肆意践踏被拆迁人的正当权益，或者巧言令色、百般承诺，先用有利的拆迁补偿安置协议稳住被拆迁人，待其搬离迁出之后再恶意违反、拒不执行、撕毁拆迁补偿安置协议。类似的报道在各类媒体之上连篇累牍、比比皆是。

① 他们分别为：渝中区副区长王政、渝中区委副书记郑维、沙坪坝区副区长陈明、重庆侨联主席罗静虹（王政之妻）、九龙坡区区长黄云、重庆规划局局长蒋勇、重庆规划局副局长梁晓琦、重庆国土房管局副局长王斌等8名厅级干部。

（三）地方政府“土地财政”之困

追根溯源，当前存在的城市房屋拆迁补偿安置标准太低恰是由于作为拆迁人的开发商、作为拆迁管理者的地方政府与民争利而产生的必然结果。分税制改革之后，地方政府逐渐形成了对“土地财政”（或曰“卖地财政”）的路径依赖，他们往往会通过拆房卖地获取可观的收益，也是导致城市房屋拆迁补偿安置不合理的根源之一。

1994年国家进行了影响深远的分税制改革，实行分税制改革确实有很多的积极意义，但是，据参与制定分税制的官员说，实行分税制改革的主要目的是增加中央的财政收入。正因为如此，税源稳定、税基广、容易征集的税种划归中央，中央的目的基本上达到了，有一个材料显示，2004年中央财政收入占全国财政总收入的比重为57.2%，比1993年的39%提高了18.2%。分税制将财权上收，将事权下移，也就是说，地方政府要做的事情越来越多，而手中可以支配的财权却反而越来越少。那么地方政府为了将GDP搞上去，必须想尽办法从各种渠道去筹措资金，怎样才能够筹集到充足的资金呢？最好的办法就是卖地，1994年分税制改革开了一个口子就是土地出让金主要归地方政府所有。根据《土地管理法》第55条第2款的规定，新增建设用地的土地有偿使用费，30%上缴中央财政，70%留给有关地方人民政府，都专项用于耕地开发。有了这样好的筹措财政资金的渠道，地方政府何乐而不为呢？根据国务院发展改革研究中心的调查，土地出让金占到地方财政预算外收入至少60%以上，实际上有的地方甚至超过了80%。

另据“凤凰网”报道，2009年全国土地收入是1.42万亿元，而用于征地、拆迁补偿的支出却不超过5000亿元。如此一来，我们也不难想象为什么在各种拆迁人野蛮、暴力甚至是恐怖的强制拆迁活动背后，总是能够看到一些地方政府的背影，因为从拆迁中获利的不仅仅是开发商，地方政府也同样收益丰厚，拆房卖地如今已经成为地方政府羞于启齿却不忍放弃的重要牟利渠道。《检察日报》的一篇报道恰恰印证了这样的判断，“开发商的强硬让公众战栗。可以看到，仅仅是开发商是没有这种胆量如此强硬的，《财经》杂志的报道让我们看到了地方政府的背影，有了某些地方政府的撑腰，开发商怎能不霸道……”

因此，如果不能够从源头上解决地方政府的“土地财政”问题，不从分税制这个方面入手，将事权与财权合理配比，更加合理、科学地划分地方税与中央税，改善财政转移支付制度，恐怕是无法找到治理征地、拆迁补偿安置标准不合理问题的治标良策了。

当然，地方政府除了受困于“土地财政”之外，其工作人员素质普遍不高，缺乏守法意识、服务意识、沟通意识，在执法工作中片面地追求效率，常常采取简单粗暴的方式处理问题，甚至是利用职务之便，收受拆迁当事人的贿赂，为其谋取非法利益，等等，均是激化拆迁矛盾的重要原因。

（四）“钉子户”的负面效应

2007年3月重庆市九龙坡区杨家坪某路××号的房屋产权人杨某与吴某夫妇拒绝拆迁，他们的事迹被网友们拍成图片后上传至各大网络论坛，一时间轰动全国，他们也被重庆的网友命名为“史上最牛钉子户”，开启了“钉子户”现象的先河，从此之后，各地“钉子户”现象络绎不绝。我们在调研沙坪坝区有关部门时也了解到，他们在拆迁活动中碰到的“钉子户”也为数不少。

然而，“钉子户”并非都是弱势群体，他们的要求也并非都是正当合理的。其中，有一部分被拆迁部门称为“主观钉子户”，他们甚至可以归为强势群体一类了。这些人中有很多是专业的拆迁户，他们通过各种渠道提前获得拆迁信息，然后去“收购钉子户”，“炒作钉子户”，即社会第三人自愿替代扮演“钉子户”角色，伺机发财。他们的表现就是经常漫天要价，企图通过这种方式获得可观的利润回报。这些人之所以成为“钉子户”，完全是出于自觉、自愿的，他们的活动都是有计划、有目的的，而且，其中的很多更是熟知相关的政策法规，“擅长”维权活动，甚至还拥有着各种特殊的背景，使得他们自认为风险是可控的，收益是可预期的。

另外，“主观钉子户”还拥有一个十分厉害的本领就是他们深谙于拆迁人的要害。尽管抵抗本身不产生利益，但是却能够增加交易相对方的机会成本。[①] 这种机会成本在拆迁中虽不是实际的付现成本，但却是拆迁方必须考虑的一个现实问题。因为有关法律[②]对拆迁补偿安置的期限是有严格要求的，如果拆迁人不能如期完成，就会承担不利的成本。正是在权衡上述成本收益之后，拆迁方为了避免拆迁纠纷、节约拆迁时间，让项目早日启动早日见效，以及少付后期各种高额补助，降低各种潜在机会成本等目的，才在迫不得已的情况下大幅提高补偿的标准。

实际上，有些“主观钉子户”的无理要求也常常会得到满足，这就使得“钉子户”现象产生了严重的负面效应。因为某些“主观钉子户”的“成功”往往会被新闻媒体和大众竞相传播，甚至是炒作、渲染、放大，而后，不仅使那些已经自愿拆迁的被拆迁人产生强烈的不公平感，而且常常会给一些潜在的被拆迁人以“闹而优则利”的印象，进而相互效仿产生连锁反应。这些负面效应也进一步加剧着拆迁困局。

综上所述，我们深知造成房屋拆迁问题的原因是复杂的、深刻的、多元的，除了上文所涉及的原因之外，仍有很多的原因。例如，有时候拆迁过程中出现的矛盾、冲突，可能并不是因为拆迁行政主管部门或者拆迁人的问题，尤其是在当前“拆迁服从规划”的情况下，很有可能是由于之前的立项、规划、用地审批等环节中发生了失误。然而，由于矛盾总是不断地积聚着，直到最后的强制拆迁环节才会全部爆发出来，因此，大家也就习惯性地将矛头指向拆迁人或者拆迁管理人。又如，当前我们的社会财富分配体制存在严重的不公平现象，同时，又缺少健全完善的社会保障体系，所以，也就不能排除被拆迁人拒绝拆迁的抵抗情绪中夹杂了对拆迁人（通常是财力雄厚的开发商）的“仇富情结”，以及对作为拆迁管理人的政府部门习惯性的不信任。

五、解决沙坪坝房室拆迁问题的对策建议

（一）强化私权保护，完善公共利益目的的立法规定

1. 充分认识私权保护的意义

中国人自古就有安土重迁的观念。房屋被视为“恒产”，并以此为中心形成主要的生

① 经济学上认为，机会成本是指在决策时从多种可供选择的方案中选择某一种方案而放弃另一种方案所丧失的潜在利益。

② 《城市房屋拆迁管理条例》第44条规定，拆迁人的责任使自行过渡的被拆迁人的过渡期延长的，从逾期之日起，拆迁人应当按原标准的百分之一百加付临时安置补助费或经济损失补助费；对由拆迁人提供临时周转房的被拆迁人，从逾期之日起，拆迁人应当按原标准的百分之五十加付临时安置补助费或经济损失补助费。

活关系。因此仅仅发布一个“拆迁公告”，然后就要求生活了几十年的居民限期搬离，的确是难服人心。尤其是开发商为谋取巨大的商业利益动辄挥动政府权力的指挥棒，私人财产权成为商业利益和公共权力砧板上的鱼肉，令《宪法》第39条“公民的住宅不受侵犯”形同具文，《物权法》第39条“所有权人对自己的不动产或者动产，依法享有占有、使用、收益、处分的权利”成为卮言。因此，拆迁（征收）必须以公共利益为目的才具有合法性基础。遗憾的是，无论是现行的国务院《拆迁条例》还是《土地管理法实施条例》都并没有将“公共利益”作为征收的目的，这直接与《宪法》第39条、《物权法》第42条、《房地产管理法》第6条、《土地管理法》第2条等上位法的规定相违背，这也是国务院近来整顿拆迁秩序、修订《拆迁条例》的主要因素。

私权保护观念在执法中非常重要。因为之所以拆迁人能去拆原属于别人的房子，必须建立在房屋已经被征收的前提下，这时候拆的就是自己的房子或政府的房子。而征收这种剥夺私人财产的强制性行为如果不以公共利益为目的而可以任由进行，必将破坏社会稳定，使得民怨沸腾。这样的结果往往是政府和公民的“双输”，被拆迁人不断上访，甚至暴力抵制拆迁乃至发展成群体性事件，而社会舆论也不会有利于政府。在我们对沙区拆迁办的访谈中，刘主任的一番话点中要害：“如果拆迁人彻底绝望的情况下，那他伤害自己和伤害他人就没有什么区别了。”

2. 公共利益内涵界定和范围列举的必要性

如果一开始就将公共利益这面大旗大张旗鼓地树立起来，那无论是于法于理于情，政府的拆迁工作都是名正言顺，而社会舆论也会谴责那些不顾社会利益的大局，只顾自私自利的“小人”。这样才能真正促成“双赢”格局，保障拆迁工作的顺利有序进行。当然，公共利益的抽象性决定了它很容易成为一个被利用的借口，政府可能借公共利益的名号行商业开发之实，个别民众也可能打着不符合公共利益的旗号来抵制正常的拆迁工作。因此，公共利益应当是一个可以辩论的问题，如何决定公共利益我们认为可以借鉴听证制度。以严格的程序来规制公共利益的决定权，使征收部门和被拆迁人有一个共同发表意见，畅所欲言的机会，让各种现实的困难和具体的问题能有公开考虑的平台。

公共利益虽然很抽象，但也有一些核心内容是可以把握的。国务院于2011年1月21日公布实施的《国有土地上房屋征收与补偿条例》第8条规定：“为了保障国家安全、促进国民经济和社会发展等公共利益的需要，有下列情形之一，确需征收房屋的，由市、县级人民政府作出房屋征收决定：（一）国防和外交的需要；（二）由政府组织实施的能源、交通、水利等基础设施建设的需要；（三）由政府组织实施的科技、教育、文化、卫生、体育、环境和资源保护、防灾减灾、文物保护、社会福利、市政公用等公共事业的需要；（四）由政府组织实施的保障性安居工程建设的需要；（五）由政府依照城乡规划法有关规定组织实施的对危房集中、基础设施落后等地段进行旧城区改建的需要；（六）法律、行政法规规定的其他公共利益的需要。”总而言之，单纯的商品房开发用地是绝对不能作为政府征收的理由，而应由开发商自己去向被拆迁人协商购买。

（二）统筹城乡，破除二元分治的补偿标准

在拆迁补偿问题上，城市的房屋拆迁补偿和安置都比较有序合理。但农村的问题则还很多。沙坪坝区于2009年年底完成房屋拆迁面积50.9万平方米，涉及集体土地1097亩，其中280亩城市综合体用地于9月底招拍挂出让，取得土地出让价款10.3亿元，同时启动了拆迁完毕的绿地广场公园及凤西大道市政工程建设，另外，梨树湾片区也在去年完成房屋拆迁1.1万平方米。对于沙区的农村征地拆迁问题，个别地方征地安置工作仍然有很多问题，在区人大、区政协和区信访部门受理的案件中，反映失地农民在征地补偿中利益受损问题的案例占了相当的比例。总的来说，农民的补偿额度较之以往是在不断增高，但仍然不足以使失地农民融入城市化的发展中。当前，我国失地农民在征地补偿中遭受不公正待遇，根源在于制度的不完善。对此，我们的总体建议是推动法律的完善，逐步探索城乡统一的补偿标准。现在沙区执行的征地补偿标准主要依照的是《重庆市征地补偿安置办法》、《重庆市人民政府关于调整征地补偿安置政策有关事项的通知》、《调整征地补偿安置标准、做好征地补偿安置的通知》和《重庆市沙坪坝区征地补偿安置实施细则》（以下简称《实施细则》），这些规定都对补偿标准和安置问题作了规范，尤其是《实施细则》对于推动补偿安置的规范化运作作用巨大。但是，这些法律法规仍然无法令农民和市民在平等的起点上分享改革发展的成果，这种现象从根本上说，是国家的制度缺陷造成的。但遗憾的是，作为基层政府对此根源性问题也力量有限。因此，结合城镇化过程中暴露出来的问题展开积极的调查研究，完善和健全相关法规，向上级立法部门建言献策，加快推进各种相关法律的修订，为城镇化进程提供更切合实际、科学合理、体现效益与公平的法律体制是我们的努力方向。总的说来，我们认为，虽然征地补偿具有特定性，但在房屋补偿问题上却具有更多的共性，尤其在城中村、城乡结合部，可以逐步探索实行城乡二元统一的补偿标准。

具体而言可以采取以下措施：

（1）对于城中村的改造，如果由政府开发且其经济水平已经与城市无异，可以酌情考虑以城市房屋拆迁的标准来进行补偿，尤其是商业用地而且当年购置门市的费用和市区同类市场一致的情形。例如，原因分析部分提到的李某商用农房拆迁补偿案。

（2）充分考虑和解决好乡镇企业拆迁后的生存发展问题。为了保证乡镇企业在被拆迁之后，能够实现持续的生存发展，继续发挥其在解决就业和增强地方经济活力等方面的重要作用，我们建议：未来在城市规划中应当考虑专门规划一部分储备土地，用于安置被拆迁的乡镇企业，使其可以继续生产经营。另外，重庆市可以在整体规划中为每个区预留一定量的中、小、微型企业用地的指标，可以考虑使用边角地安置中、小、微型企业，也可以考虑在大片绿地中穿插一些中、小、微型企业用地。

（3）农房商用的补偿。对于农房商用的问题，这是一个征地拆迁中亟待解决的问题。现行补偿标准确实是极不合理的，亟待作出改进，以实现公平、公正的社会目标。我们应该在一定程度上尊重“既成的事实”，承认居住用房和商用房在价值上的悬殊，依照“相同事物相同对待，不同事物不同对待”的原则，分别计算补充标准。不能延续现在这样“一刀切”的方式。城市的房屋拆迁尚且作了这种区分，农村的房屋拆迁的补偿标准本来就远逊于城市，如果再不区分居住和商用，不仅仅是集体内部的不公平，也会不合理地拉大城乡在拆迁过程中的补偿差距。

（4）城乡统筹规划。在城乡结合部和城中村，当地政府应根据城市发展需要，合理预测一段时期内征地涉及的农民住房拆迁安置规模，统筹规划，对拆迁安置用地和建造安置住房提前作出安排，有序组织拆迁工作。安置房建设要符合城市发展规划，防止出现“重复拆迁”。在城市远郊和农村地区，实行迁建安置应在村庄和集镇建设用地范围内安排迁建用地，优先利用空闲地和闲置宅基地。纳入拆并范围的村庄，迁建安置应向规划的居民点集中。有条件的地方应结合新农村或中心村建设，统筹安排被拆迁农户的安置住房。

（三）提高补偿标准

我们的调查发现，拆迁中最具争议，各种矛盾的中心所向，就是补偿标准的问题。总的来说，随着经济的发展，生活水平的提高，不断提高补偿标准也非常必要。但在具体操作中，由于市场评估的弹性、补偿范围的确定、补偿方式的选择都已使拆迁补偿聚讼纷纭，再加上目前城乡二元格局及城市化进程的背景，更是令补偿问题千头万绪，困扰不已。而这也成为民众最为关心，政府相关部门最为头痛的事情。的确，民众自然希望能多争取一点补偿费，开发商希望能降低成本，政府则希望能借此改善民生增加财政收入。因此，三方都处在一种博弈当中，其利益诉求既有一致也有冲突。问题怎样才能找到突破口呢？首先，一般的商业开发，应由开发商与被拆迁人自由谈判，政府不应参与其间。一方愿买，一方愿卖，自己的财产，价格自己说了算。其次，为公共利益的征收，应是政府和被拆迁人的事，开发商不应参与其中，而补偿不是买卖，应遵循法定标准。这样就把两重关系理顺了。因此，真正的问题是，政府和民众的博弈问题。在近来的全市危旧房改造项目中，薄书记提出了“不与民争利，让利于民”的指导方针，我们认为这一方针应该作为处理拆迁补偿问题的重要理念。

（四）完善安置方式

首先，《重庆市征地补偿安置办法》中对于农村中拆迁的住房安置，规定可以采取统建优惠购房、货币安置住房、自建住房等方式，按每人17～20平方米建筑面积标准予以安置。住房安置对象选择优惠购房方式并且确有统一修建安置房条件的，以户为单位，按区县（自治县、市）人民政府依据本办法确定的应安置房建筑面积标准，以土地征用时砖墙（条石）预制盖价格向区县（自治县、市）土地行政主管部门申请优惠购买安置房。货币安置款额等于货币安置住房合同履行时，征地拆迁范围相邻经济适用房平均售价与土地征用时砖墙（条石）预制盖房屋补偿标准之差乘以当地区县（自治县、市）人民政府根据本办法确定的应安置房建筑面积。但就我们调查所知，但与此同时，沙区去年的城市房屋拆迁中，人均保障住房面积是35平方米，对于特别困难、他处无住房的低收入者、家庭人口在三人以下（含三人）的保障面积为人均45平方米，这超出了农村安置标准近一倍。所以农村住房安置，尤其是坚持了计划生育的家庭，在户均安置面积上可以考虑予以奖励，以避免城乡不公的扩大化。

其次，我们认为国土资源部在2010年6月26日下发的《关于进一步做好征地管理工作的通知》中对于农村的住房拆迁的规定更为合理可行，在城市远郊和农村地区，主要采取迁建安置方式，重新安排宅基地建房。拆迁补偿既要考虑被拆迁的房屋，还要考虑被征收的宅基地。房屋拆迁按建筑重置成本补偿，宅基地征收按当地规定的征地标准补偿。在城乡结合部和城中村，原则上不再单独安排宅基地建房，主要采取货币或实物补偿的方式，由被拆迁农户自行选购房屋或政府提供的安置房。被拆迁农户所得的拆迁补偿以及政府补贴等补偿总和，应能保障其选购合理居住水平的房屋。

最后，针对“主要问题”部分提到的安置房建设滞后的问题，我们认为农村的安置房保障工完全可以借鉴城市的做法，建议沙区政府在农村拆迁的安置房方面考虑三个重要方面：一是提前做好安置房的规划设计工作，尽量做到量身定做，减少影响进度的因素。二是及时完善安置房建设的相关手续，并全程监控安置房建设，在规定期限内实现入住率达100%，避免出现新的后遗症。三是统筹考虑购置一批现房，用做缓解拆迁矛盾的补充。与此同时，我们还建议，把农民的安置房工作作为房屋实体拆迁的前置条件，实行“不安不搬”的原则。对于已经出现的情况要认真处理，如新增人口，应合理地考虑视为被拆迁人来对待。

针对沙坪坝区城中村的补偿标准问题，我们的建议是：

（1）要考虑重庆的特殊情况以及沙区的特殊性。重庆是山城，地形起伏非常大，同一条街可能仅仅隔一条马路人流量就差异很大；另外也要考虑沙区的特殊情况，即沙区是重庆的文化区，中、小学和大学都非常多，而靠近学校的门市，多以学生为做生意的对象，很多安家户也是为了方便子女就学才在当地购房。因此，在安置的时候，似应尽量考虑原拆原建，或者在货币补偿时酌情考虑实际情况。

（2）完善安置补偿方式。就补偿方式而言，在2008年下半年之前，沙区房屋置换的比例大概是60%，货币补偿的大概占40%；而从2008年下半年开始，情况出现了变化，现在而言，房屋置换的比例大概是90%，货币补偿的大概占10%。可以预计今后选择房屋置换的被拆迁人会越来越多。这主要是因为现在的安置房质量有保障，而且小区的设置也更加人性化。政府应尽量满足被拆迁人的需求，保障其选择权，这对拆迁维稳是一个关键。沙区政府考虑到的三方面因素非常重要：一是提前做好安置房的规划设计工作，尽量做到量身定做，减少影响进度的因素。二是及时完善安置房建设的相关手续，并全程监控安置房建设，在规定期限内实现入住率达100%，避免出现新的后遗症。三是统筹考虑购置一批现房，用做缓解拆迁矛盾的补充。

（3）完善相关保障方式。国土资源部在《关于进一步做好征地管理工作的通知》中强调：“为防止拖欠征地补偿款，确保补偿费用及时足额到位，各地应探索和完善征地补偿款预存制度。在市县组织用地报批时，根据征地规模与补偿标准，测算征地补偿费用，由申请用地单位提前缴纳预存征地补偿款；对于城市建设用地和以出让方式供地的单独选址建设项目用地，由当地政府预存征地补偿款。用地经依法批准后，根据批准情况对预存的征地补偿款及时核算，多退少补”。通过这一举措，可以有效确保拆迁过程中所需的资金保障。此外，还需要严格执行相关法律法规和政策规定，履行有关程序，做到先安置后拆迁，坚决制止和纠正违法违规强制拆迁行为。只有这样，才能真正实现拆迁维稳的短期目标和和谐拆迁的长期目的。

（五）强化依法行政，完善拆迁的程序机制

1. 完善公共利益目的论证程序

在我们的调查过程中，有许多部门的同志都反映，现在的法制建设确实有些滞后，拆迁工作中有很多问题确实面临着无法可依的难题。而且他们也切实地希望能够在法制上更完善一些，以便于指导工作的顺利开展。当我们询问他们对国务院新修订的《国有土地上房屋征收与补偿条例》（征求意见稿）[①] 的意见时，许多部门也反映这部条例的立意虽高，但最大的问题在于缺乏可操作性。的确对于政府部门而言，没有明确的程序规定，其实就等于无法可依。那么我们就不得不追问关于“公共利益”的确定该如何明确其听证程序？

在现有的法律框架下，我们的改进建议是：（1）区人民政府征收国有土地上单位和个人的房屋，应事先组织发展改革、城乡规划、国土资源、环境保护、文物保护、建设等有关部门对是否立项进行论证，并通过政府的机关网站或者重庆市公开发行的报纸公布立项方案（主要是征收范围）；如果属于旧城区改造计划，应事先进行民意征询。（2）立项以后，应通过网络、报纸、电视等媒体，公布征收范围和理由，说明确系“为了公共利益”，确有“需要”，公告时间不少于60日，并预留合理的异议期。（3）异议期间，允许当地主流媒体发表公民意见，对是否属于“公共利益”的问题展开讨论。异议期届满后，对于争议比较大的（如以一定人数的异议案或异议信函为依据），举行听证会，吸收征收部门、被征收人、公众和专家参与，最后由区政府决定是否征收，并且对各方面意见的采纳情况、不采纳情况及理由及时公布。为保证协商的公平，既保护国家利益，又保护公民权益，应由中立的第三方对被拆迁房屋进行科学合理的评估。为保障被拆迁人的知情权，可以考虑评估结果的“多次多榜”公布制度，在规定的张贴栏分别公布三次，并且在政府网站上持续公示。立项公布以后新建、扩建、改建的部分，均不予补偿。（4）达成协议后，由政府实施补偿。（5）补偿到位，拆迁户搬出后，方可拆除该房屋，发放拆迁许可证。

2. 完善补偿标准的认定程序

首先，严格评估程序。重庆市规定，对于实行货币补偿的，货币补偿的金额，根据被拆迁房屋的区位、用途、建筑面积等因素，以房地产市场评估价格确定。拆迁人应当委托符合条件的房屋拆迁评估机构对被拆迁房屋进行价格评估，并将评估报告报核发房屋拆迁许可证的房屋拆迁主管部门备案。被拆迁人对拆迁人委托的房屋拆迁评估机构出具的评估结果有异议的，可以持其另行委托的房屋拆迁评估机构出具的评估结果与拆迁人协商。经协商达不成协议的，拆迁当事人可以申请裁决。房屋拆迁补偿金额不得低于被拆迁房屋同地段同用途商品房交易平均价格的70%。根据国务院《国有土地上房屋征收与补偿条例》（以下简称《房屋征收与补偿条例》）第19条第1款的规定，对被征收房屋价值的补偿，不得低于房屋征收决定公告之日被征收房屋类似房地产的市场价格。被征收房屋的价值，由具有相应资质的房地产价格评估机构按照房屋征收评估办法评估确定。第20条第1款规定，房地产价格评估机构由被征收人协商选定；协商不成的，通过多数决定、随机选定等方式确定，具体办法由省、自治区、直辖市制定。我们认为，上述规定仍然比较笼统，在重庆市相关政策进行修订时，可进一步细化补偿标准的参照依据以及补偿标准的认定程序。

其次，根据《重庆市城市房屋拆迁评估规定》第19条的规定，“拆迁人或被拆迁人对《房屋拆迁价格评估结果报告》的评估结果有疑问的，可以向评估机构咨询。评估机构应当向其解释拆迁评估的依据、原则、程序、方法、参数选取和评估结果产生的过程”，被

① 2010年5月，我们在调研时，国务院《国有土地上房屋征收与补偿条例》正在征求意见中，现该条例已于2011年1月正式颁布实施，颁布的条例与原草案的基本精神是一致的，但具体内容仍有一些变化，如就危房改造项目需要90%以上被征收人同意一项，在正式颁布的条例中被取消。

拆迁人应享有评估结果的知情权，但遗憾的是该规定没有规定侵犯被拆迁人的知情权，评估公司应承担怎样的法律后果。按照国务院《房屋征收与补偿条例》第20条的精神，可以考虑由被拆迁人投票、抽签等方式选择评估公司。我们认为，对被拆迁人异议较大的评估，应规定评估公司在专门的时间集中回答政府部门或被拆迁人的质询，并能拿出相关的评估依据，以保障评估结果的公正合理性。对明显不合法的评估，即评估公司故意或过失少估的部分，应允许被拆迁人对评估公司提起侵权之诉；对于明显多估的部分，政府部门也可以提出异议，要求重估。我们了解到，很多评估公司都没有很好地履行如实告知义务。对此问题，被拆迁人有确切证据证明时，应有权撤销其评估委托，申请更换评估公司。如果因过错造成了损害，政府和被拆迁人都应有权利追究其民事责任，要求其赔偿损失。

再次，房屋征收部门应当对房屋征收范围内房屋的权属、区位、用途、建筑面积以及租赁和用益物权等情况组织调查登记，被征收人应当予以配合。调查人员和被征收人应当对调查结果予以确认。调查结果应当向全体被征收人公布。房屋征收部门应当依照本条例的规定，依据调查结果、房地产市场评估价格，拟定补偿方案，并征求被征收人的意见。房屋征收部门根据被征收人的意见，对补偿方案予以修改完善，报作出房屋征收决定的县级以上地方人民政府批准后予以公告。公告应当载明补偿方式和房源情况以及签约期限、搬迁过渡方式、过渡期限等事项。

最后，房屋征收部门应当按照经批准的补偿方案，与被征收人就补偿方式、补偿金额、产权调换房屋的地点和面积、搬迁期限、搬迁过渡方式和过渡期限等事项，订立补偿协议。房屋征收部门应当将补偿协议向全体被征收人公布。补偿协议订立后，一方当事人未履行补偿协议的，另一方当事人可以依法向人民法院提起诉讼。

3. 慎用强制执行程序

（1）人性化执法。在征地安置工作中既应坚持有法可依、有法必依的法治理念，又应该具体问题具体分析、灵活处理，坚持“以人为本”的“科学发展观”。城乡二元结构导致的城乡差别短期内无法解决，这种因制度原因引起的拆迁安置中对农民和城市居民补偿的标准差异在一段时间内还会继续存在。但是，我们应尽量注意缩小这种差别，探寻灵活处理的政策途径。同样的拆迁项目，甚至居住在同一条街，房屋质量相似，甚至一墙相隔的被拆迁人，城市户口居民得到的补偿费往往是农村户口居民得到的最高补偿费的好几倍。这种源于城乡居民身份不同而规定的住房价格的计算方法，带有明显的身份歧视。因此，对于城中村、城乡结合带的拆迁，应尽量考虑缩小城乡居民的补偿差距，避免相邻而居的被拆迁人相互悬殊而产生不公平感、被歧视感。

（2）严禁野蛮拆迁。就眼前而言，应严格强制拆迁的条件，区分对待“钉子户”。按照今年5月国务院办公厅下发的《关于进一步严格征地拆迁管理工作切实维护群众合法权益的紧急通知》，对于程序不合法、补偿不到位、被拆迁人居住条件未得到保障以及未制定应急预案的，一律不得实施强制拆迁。同时还要加强对征地实施过程的监管，确保征地补偿费用及时足额支付到位，防止出现拖欠、截留、挪用等问题。对于社会舆论关注度极高的“钉子户”问题，应区别对待，妥善处理。前已述及，我们了解到沙区“钉子户”的出现，无一不是与对补偿标准不满有关。对于客观钉子户，必须考虑到拆迁对于他们基本生存需求的严重影响，利用区政府的政策工具和制度弹性，保障他们合理正当的基本需要。例如，实在是因为人口过多而违章搭建，长期没有人管的附属建筑物，或是流浪汉为有立锥之地而自行搭建，长期占有的小棚屋。对于这些违章建筑，严格按照法律法规是一分钱也不补偿的。但是拆了他们的建筑，很可能让他们更加贫困甚至就断了他们的生路。因此，对于这种客观情况，应予考虑更为灵活的政策应对和执法方式。据我们所知，沙区政府对待这一问题比较慎重，通常是通过召开联席会议，协调各部门的意见，通过会议纪要的方式对这些特殊情况的家庭严格核实情况，人性化对待。这固然是非常令人钦佩。但是另一方面，从大的层面来讲，我们认为还是应完善社会保障体制，加强公租房、廉租房的建设。主管“钉子户”，把拆迁作为发财的手段，利用内幕信息收购即将拆迁的房屋，然后坐地起价，影响拆迁秩序。这部分人之所以有可乘之机，一方面是因为有“能量”提前拿到别人不知道的“拆迁信息”，也就提醒政府部门在拆迁规划依法公布前要做好保密工作。另一方面也说明拆迁工作的透明度不够，被拆迁人对政府的信任度不高，容易被人煽动。如果补偿标准合理、程序严格，就没有多少讨价还价的余地。但是在拆迁人往往是开发商的情况下，被拆迁人就觉得这理所应当是一笔生意，不多赚一点不会甘心。我们认为这种“非公益拆迁”确实应该由讨价还价来决定。但是这种思维如果放到公益拆迁上，也就是为公共利益而征收房屋和建设用地上，就会破坏社会秩序。而这时候，讨价还价也应该在法律所允许的范围内，而不是依赖个人影响力。所以“主观钉子户”的出现，本质上还是拆迁制度不完善而留给了投机分子钻空子的机会。对于这些人，应该严格依照法律标准执行。

此外，不得采取停水、停电、阻断交通等胁迫性手段逼迫搬迁，以及采取“株连式拆迁”和“突击拆迁”等方式违法强制拆迁的，要严格追究有关单位和责任人的责任；因暴力拆迁和征地造成人员伤亡或严重财产损失的，公安机关要查清事实，依法严厉惩处犯罪分子。对随意动用公安民警参与强制征地拆迁的，要严肃追究相关人员的责任。

4. 完善被拆迁人（被征收人）的权利救济程序

在拆迁争议的纠纷处理中，有两个不容回避的问题：一是被拆迁人的司法救济渠道被堵塞；二是强制拆迁。与此同时，由于城乡分治的结构，这两个问题在农村更为严重。

原国务院的《拆迁条例》剥夺了公民在保护自己的私有财产时的司法诉讼权。根据《拆迁条例》第15条，[①] 在强制拆迁上明显地赋予了拆迁人以更大的权力，它既可以申请仲裁，也可以向法院起诉，与此同时还可以申请人民法院先予执行。但是当拆迁人与被拆迁人达不成拆迁补偿安置协议的，只能由房屋拆迁管理部门裁决或同级人民政府裁决。当事人对裁决不服的，虽规定可以向法院起诉，但是，诉讼期间不停止拆迁的执行。这实际上由政府裁决取代了司法裁判，因行政裁决已经发生效力，它不影响拆迁。既然拆迁可以顺利进行，诉讼只是一种假象。第二个问题是，强制拆迁的问题。在《物权法》颁布之后，强制拆迁实际上就是一种侵权行为。因为被拆迁人既持有合法的土地使用权证和房屋产权证，而且在政府的登记簿上依然是产权人的情况下，拆迁人（通常就是开发商）拿着一纸拆迁许可证就要拆掉别人的房子，搬走别人的东西。政府和法律保护私人权利的职责

① 《城市房屋拆迁管理条例》第15条规定：“拆迁补偿安置协议订立后，被拆迁人或者房屋承租人在搬迁期限内拒绝搬迁的，拆迁人可以依法向仲裁委员会申请仲裁，也可以依法向人民法院起诉。诉讼期间，拆迁人可以依法申请人民法院现予执行。”

何在？所以强制拆迁本身就应该“拆迁”。依照《物权法》，拆迁应该是征收以后的一个环节，征收是所有权变更的一种方式，征收以后被拆迁人的房子是属于政府的，拆迁人受政府之托拆的就是自己的房子，也就永远不存在强制拆除。由此可见《城市房屋管理拆迁条例》不但不合法，而且不合理。该法的实施，制造了一系列的社会矛盾和冲突，严重损害了政府的形象。

国务院《房屋征收与补偿条例》的颁布不仅对于被拆迁人诉讼救济的权利进行了明确规定，而且还明确了强制执行拆迁的严格条件和程序。而对于采取暴力、威胁或者违反规定中断供水、供热、供气、供电和道路通行等非法方式迫使被征收人搬迁，造成损失的，依法承担赔偿责任，直至承担行政责任或刑事责任。[1]

随着国务院《城市房屋拆迁管理条例》的废除和《房屋征收与补偿条例》的颁布，未来城市房屋的征收与补偿将进入法制化轨道，而对于农村土地和房屋征收制度的完善，仍是“路漫漫其修远兮”。

---

① 参见2011年国务院《国有土地上房屋征收与补偿条例》第26条、第28条、第31条。

土地股份合作中集体土地权利实现的障碍及其对策研究

谢金峰*

目　次

党的十七届三中全会在《中共中央关于推进农村改革发展若干问题的决定》中首次明确将“股份合作”作为土地流转形式，并鼓励“有条件的地方可以发展专业大户、家庭农场、农民专业合作社等规模经营主体”。股份合作顺应了我国农村经济发展和现代农业发展要求，将成为我国农村土地流转的重要形式。当前在推行股份合作过程中因相关法律法规的缺陷，一些法律问题已凸显出来，影响农村集体土地权利的实现，亟待需要采取措施加以应对。

一、土地股份合作是实现农村集体土地权利的重要形式

（一）土地股份合作的内涵分析

土地股份合作，是指土地所有权人或土地承包经营权人在平等自愿的基础上，为实现土地增值收益，将其土地以股份形式集中起来，进行公司化经营，合作的方式较多，主要包括协作型股份合作、合伙型股份合作和法人型股份合作三种类型。土地股份合作利用股份制多层产权结构的特点，将农村集体土地权能分解为以土地所有权为基础，土地使用权为核心，由各种权利组成的土地“权利束”或者权利的集合，更好地开展土地股份合作。我国股份合作发端于20世纪80年代中期经济较为发达的沿海地区，近年来股份合作组织迅速发展，在应对市场风险，加强农民自我服务、自我管理、维护自身权利等方面发挥了重要作用。

---

* 重庆市荣昌县县长。

（二）土地股份合作与农村集体土地权利的关系分析

1. 土地股份合作是实现农村集体土地权利的手段。家庭联产承包责任制在唤醒沉睡土地的同时，农业增效农民增收难等问题也暴露出来。为此，在"明确所有权、稳定承包权、搞活使用权"基础上，探索实现农村集体土地权利的新路子，股份合作就是其中一种。开展不同形式的股份合作，有助于非农产业及其产业链条向农村延伸，发挥土地的生产要素功能和财富价值。

2. 农村集体土地权利是开展股份合作的目的。引入市场机制，通过股份合作，促进土地合理有序地流动与重组，使集体土地在重组中增值，农民在重组中受益。

（三）实行土地股份合作的现实意义

在坚持依法、自愿、有偿、诚实守信原则的基础上，通过股份合作，促进土地规模化、集约化经营，提高土地利用率，又好又快地实现农村集体土地权利。

1. 实现集体土地发展权。土地发展权，是指土地所有权人或土地使用权人改变土地现有用途或者提高土地利用程度的权利，是土地所有权中分离出来的具有相对独立的财产权。① 把土地变为农村集体的经营资本，以股份形式细化土地的各项权能，充分挖掘土地潜能，促进农村经济可持续发展。

2. 促进城乡统筹发展。我国经济发展进入机遇和挑战并存时期。就农村而言，通过股份合作，推进农业由传统农业逐步向规范的现代农业转变，发展农村经济，活跃农村市场，拉动内需；加快社会主义新农村建设，缩小城乡差距；推进城镇化建设，农村居民向城镇集聚，农民变市民，最终带动农民融入城乡一体化的社会经济体当中。

3. 提高农民组织化程度。单个农户由于分散、生产规模小，组织化程度低，在与其他利益主体的博弈中处于弱势地位。虽然他们有强烈愿望提高自身的谈判地位，但他们的愿望因其缺乏组织性而落空，通过开展股份合作，逐步将农民组织起来，有助于提高他们的社会地位。

4. 增加农民收入。运用市场手段，开展股份合作，促进土地、资金、技术、劳动力等农业生产要素的合理流动和优化组合，使过于分散的土地相对集中连片经营，发挥农业科技在农业发展中的作用，使农业走上"规模化生产、产业化经营、企业化管理"发展之路，增加农民收益。

二、实现集体土地权利过程中存在的法律问题

股份合作适应了现代农业的发展要求，农户以土地使用权入股，拥有土地股份化的价值，土地实物仍然属于国家和集体所有。② 股份合作经过一段时间运作，在取得显著成效的同时也暴露出一些棘手的涉法问题。

（一）入股时的问题

一是土地评估。目前我国农村土地评估没有一个可比照标准，各地参差不齐，一些地方农户担心吃亏，不愿意流转自己的承包地。二是出资风险。农户以承包地使用权作价参

① 刘明明：《论我国土地发展权的归属和实现》，载《农村经济》2008 年第 10 期。

② 解安：《农村土地股份合作制：市场化进程中的制度创新》，载《甘肃社会科学》2002 年第 2 期。

与股份合作，但承包地使用权并非《中华人民共和国公司法》等法律法规一般意义上的现金、实物，存在很大风险，如土地使用权可否用来清偿债务等。三是合同瑕疵。从内容上看，有的业主与合作农户签订的合同内容粗糙，权利义务不具体，责任不明确，易引发矛盾和纠纷；从形式上看，部分业主与农户没有签订规范的合同，有的仅有口头约定；从方式上看，多为自发进行，有的地方存在私下交易。四是程序不规范。有的地方不尊重农民意愿，强迫农户参合入股，甚至代替农户直接充当股份合作主体；有的村组干部擅自将剩余的承包地、“四荒”低价参与股份合作，损害农民利益；有的签订股份合作合同没有按规定到相关部门登记备案等。

（二）经营中的问题

1. 土地用途问题。土地使用权作价入股后，成为公司资产的组成部分，有的合作组织以经营农业为名，擅自改变土地农用性质，发展非农产业，甚至变相搞房地产开发。

2. 规章制度问题。一些地方由于股份合作处于初始阶段，不少合作组织管理上无章可循；有的虽有合作章程、管理制度和财务制度，但由于管理水平低、规模小，存在“能人”管理与民主管理不协调等问题，致使规章制度形同虚设；有的行政色彩浓厚，运行成本过高，常常处于散乱状态等。

3. 经营风险问题。经营农业存在自然和市场双重风险，一旦遇到风险，合作组织经营可能举步维艰，甚至面临破产，有实力的公司或企业不愿投资农业。笔者调查发现，经营农业的多数是市场意识不强、管理水平较低的农民或者与农业有关的人员。

4. 国家征收征用问题。农民的土地承包经营权不能对抗国家的征收征用权，影响股份合作组织的经营活动。

5. 土地承包到期后，股份合作组织命运如何。

6. 运营中农民的股份收益如何保障等。

（三）终止后的问题

股份合作经济实力较弱，合作一方单方面终止合同或毁约，相对方合法利益如何保障；股份合作组织宣布解散或破产后，偿还债务金额超过农户参股收益，由谁来承担；农户土地使用权可否用来清偿债务等。

此外，还涉及农民多重身份问题，农民以土地使用权参与股份合作，成为股东，有的成为“掌门人”，农民成为真正意义上的市场经营主体。农民如果在股份合作企业务工，成为农业工人，兼有股东和农业工人双重身份，存在《中华人民共和国公司法》与《中华人民共和国劳动法》、《中华人民共和国劳动合同法》并用问题，一旦发生矛盾和利益冲突如何协调。

三、实现农村集体土地权利的对策分析

针对股份合作中所遭遇的法律问题，需要认真研究，尽快制定应对措施，确保股份合作的顺利开展和农村集体土地权利的实现。

（一）完善立法

当前，关于股份合作的规定多以文件政策形式出现，稳定性较差。同时设立股份合作组织还遭遇《中华人民共和国公司法》、《中华人民共和国农村土地承包法》、《中华人民

共和国物权法》、《中华人民共和国劳动法》、《中华人民共和国劳动合同法》以及《中华人民共和国破产法》等法律法规所带来的困境，虽然不存在根本利害冲突，但存在经营主体、经营客体和经营内容等方面的摩擦与风险，需要尽快完善相关法律法规，扫清股份合作发展过程中的障碍。同时在相关法律法规完善之前，各地需要结合本地实际，制定符合当地实际的办法和措施，规范股份合作的运行程序。

（二）强化服务和监管

股份合作既是经济问题，又是重大的政治问题。为此，各级政府要树立“以人为本”的理念，加大对股份合作支持的力度，在服务意识、服务领域、服务能力、服务手段等方面狠下工夫，为土地流转提供优质、高效的服务；加快户籍制度改革，尽快落实“村民变居民”人员的身份和待遇，为开展股份合作创造良好的环境。另外，加强政府的监管，为开展股份合作铺平道路，可以从三个方面着手：一是规范流转程序，把好股份合作“入口关”和“出口关”；二是监督土地用途，制止经营者滥用土地使用权；三是建立土地争议仲裁委员会，及时解决股份合作中发生的矛盾和纠纷。

（三）实施农业保险

实施农业保险，可分散农业风险，提高农业综合生产能力和保证农业再生产顺利进行，促进农村经济发展。积极创造条件，可按照“政策性保险，商业化运作”的方式，开展股份合作的政策性农业保险，增强抗风险能力，如重庆市荣昌县为生猪实施政策性保险（保险公司为每头生猪确定投保额为500元，每头生猪按30元标准收取保费，其中政府补助21元，农户承担9元，降低了经营风险）。在未实施政策性农业保险的地方，可以设立风险担保基金，以应对风险，切实保护农民股东的利益。

（四）建立土地流转市场

开展股份合作，需要解决中介问题，通过市场中介形成土地市场价格，吸引其他行业的资金和人才流向农业领域，从而实现资金、技术、人才等资源的优化配置。

（五）完善农村社会保障制度

目前一些地方股份合作受阻，与农村社会保障制度滞后，土地仍然是广大农民生活的主要来源密切相关。[①] 积极稳妥地推进农村社会保障制度改革，逐步将农村社会保障由依靠承包地转变为依靠社会保障制度。贯彻广覆盖、保基本、多层次、可持续原则，多渠道、多层次、多形式地开展养老、医疗、生育、伤残等保险，弱化土地社会保障功能，解决农民的后顾之忧，真正实现学有所教、劳有所得、病有所医、老有所养、住有所居的社会保障目标。

（六）完善法律救济机制

针对股份合作中存在的问题，需要运用司法救济、行政救济和民间救济等多种救济途径，及时加以解决。司法救济是借助国家司法权解决股份合作中发生的纠纷，是最主要的救济途径。借助司法力量，发挥法律威慑作用，加强对农民权利的保护，确保集体土地权利的实现。

---

① 肖富义：《股份合作存在的法律问题与应对方略》，载《农村经济与科技》2009年第3期。

地票交易中农民利益的法律保障机制研究

——以重庆市地票交易为例

陈　治[*]　李瑞雪[**]

目　录

一、地票交易的一般概述

（一）地票的含义及地票交易的运作过程

地票，是指将农村宅基地及其附属设施用地、乡镇企业用地、农村公共设施和农村公益事业用地等农村集体建设用地复垦成耕地，经由土地管理部门验收后，产生可用于建设的用地指标。

其操作原理如下图所示：

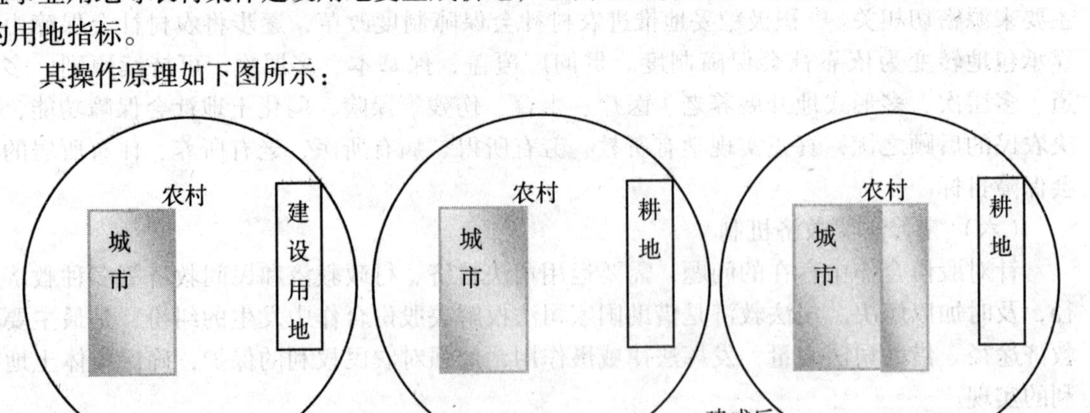

* 西南政法大学经济法学院副教授，硕士生导师，法学博士。
** 西南政法大学经济法专业硕士研究生。

完整的地票交易运行过程分为复垦、验收、交易、使用等环节。

第一，复垦，是指将农村宅基地及其附属设施用地、乡镇企业用地、农村公共设施和农村公益事业用地等农村集体建设用地，经过开垦，变成耕地。复垦责任主体是拥有该土地所有权的农村集体经济组织或拥有该土地使用权的自然人。区县国土管理部门所属土地整理公司为农村建设用地复垦项目的承担单位，筹措复垦项目投资。

第二，验收，是指将上述闲置的农村集体建设用地复垦后，区县国土管理部门组织项目竣工验收，市国土房管局组织对项目验收抽查。项目验收合格后，发给土地使用权人同等面积的地票。

第三，交易，是指获得地票的土地使用权人到农村土地交易所（以下简称地交所）采用公开竞价的方式卖给开发商等主体。市人民政府在综合考虑新增建设用地土地有偿使用费、土地复垦费等因素的基础上，制定全市统一的城乡建设用地挂钩指标基准交易价格，供交易双方参考。

第四，使用，是指地票持有人可以选定因复垦而新增的城市建设用地地块，并请求政府征收。在“招拍挂”新增建设用地使用权时参与竞价。并在地票落地——取得新增建设用地使用权时，以购买地票的价款冲抵新增建设用地土地有偿使用费和土地复垦费。

（二）地票交易的意义

1. 有利于盘活农村土地资源，促进城市反哺农村，实现城乡一体化

首先，地票是在闲置的农村建设用地复垦的基础上产生的，有利于提高闲置土地的利用效率。其次，地票在地交所进行交易，竞拍者为了获得城市建设用地而对地票支付价金，大大提高了远郊农村土地的价格，有利于促进城市反哺三农，实现城乡一体化。

2. 以“先补后占”替代“先占后补”的用地模式，有利于耕地保护

地票交易，改变了传统的先占地后补偿的用地模式，采取了“先补后占”的方式来替代。即开发商想要获得城市建设用地，必须与先行存在的复垦土地挂钩，而且其要达到一定的质量标准。这种先将闲置的农村建设用地变为耕地，而后才能获得相应城市建设用地的用地模式，有效制约了城市建设用地的规模。“占”与“补”，一前一后的变化，在实践中对耕地的保护意义重大。

3. 增加城市建设用地指标，拓展城市化空间，缓解城市建设用地紧张局面

地票交易过程中，远郊闲置的农村建设用地被复垦，为利用近郊商业价值较大的农村土地创造了条件。通过征收，扩大城市建设用地面积，对缓解目前城市建设用地紧张局面起到了一定的积极作用。

二、重庆现行地票交易中的利益分配框架

构成重庆市地票交易的制度依据是2008年6月27日国土资源部颁布的《城乡建设用地增减挂钩试点管理办法》与2008年11月17日重庆市人民政府通过的《重庆市地交所管理暂行办法》（以下简称《暂行办法》）。同年12月4日，重庆地交所挂牌，标志着地票交易正式启动。与其他地区的“增减挂钩”限定在县域范围内不同，重庆的地票制度，

使农村建设用地可以“飞”到城市。①

截至2010年9月，重庆地交所共进行了十七场地票交易，涉及土地面积29720亩，成交总金额36.07亿元，最高每亩价格达到了20万元。如此大的蛋糕，如何进行分配？

在重庆，以对农民宅基地复垦为例，地票拍卖所得价款的主要分配框架如下：

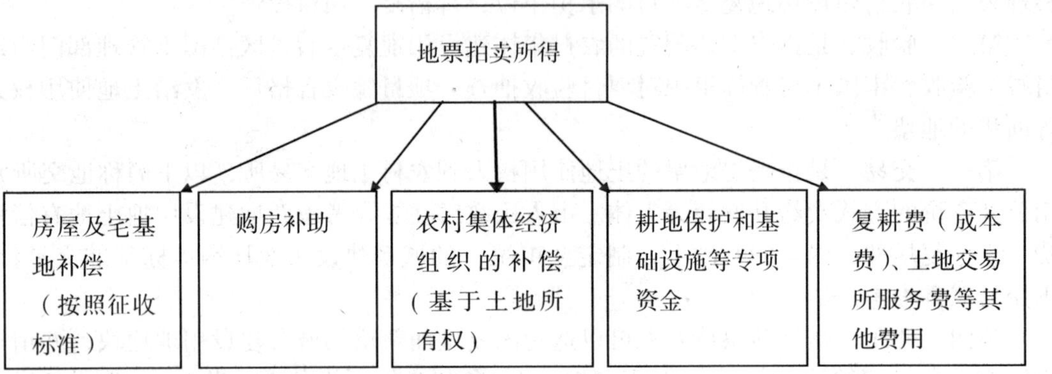

《暂行办法》第31条规定了农村土地交易的收益分配框架：耕地、林地等承包经营权交易收益，归农民家庭所有；农村宅基地使用权交易收益，原则上大部分归农民家庭所有，小部分归农村集体经济组织所有，具体分配比例由农民家庭和农村集体经济组织协商确定；乡镇企业用地、农村公共设施和公益事业建设用地等集体建设用地使用权交易收益，归农村集体经济组织所有。地交所按农村土地实物和指标交易额1%的比例收取交易服务费。

而后出台的《重庆市人民政府办公厅关于推进重庆市户籍制度改革有关问题的通知》（以下简称《户籍改革通知》）第13条规定了宅基地退出补偿标准：包括房屋和构（附）着物、宅基地使用权、购房补助等补偿标准。

三、以农民利益为视角分析地票交易中存在的问题

在现行的利益分配框架下，任何一个环节都可能存在损害农民利益的情形。

（一）复垦环节

1. 复垦审批程序不规范，农民无法获得平等的复垦机会

为了对农村建设用地复垦项目进行管理，重庆市国土资源和房屋管理局于2009年颁布了《重庆市农村建设用地复垦项目管理规定》（试行）（以下简称《管理规定》）。然而此规定并未包含对农民申请复垦获得立项批准的程序性保障条款。

据笔者的走访调查，在重庆有些地区采取“时间优先”原则，即按照收到农民申请复垦材料的时间先后顺序确定指标归属。考虑到目前农村实际状况，在每年复垦指标有限的前提下，不可能保证每个农民都能获得区县国土管理部门的复垦批准。同时通过走访得知，某些村仍然采用传统的村广播等通知方式传达政策，无法保证农民获得平等竞争机

① 王小乔：《成都新规，农地再“飞”》，载《南方周末》2011年5月25日。

会。此外，重庆市很多偏远的农村目前都是“空心村”，年轻人大多外出打工，更无法保证政策及时传达到位，导致许多农民丧失申请复垦的机会。

2. 农民的意愿存在被忽略的风险

宅基地对于农民的意义远不只是居住，祖祖辈辈生活在农村，对土地有着特殊的情怀。《暂行办法》规定复垦形成的地票指标优先用于农村发展需要，节余的用地指标才能作为地票进行交易。此规定是基于为农村经济社会的发展提供空间的目的。然而很多农村的做法却与此相悖，不顾农村发展的现实需求与农民自身的真实意愿，在巨大利益驱动下，借助行政强制力量换取地票，有出现近似于“强拆”行为的风险。

同时根据《暂行办法》的规定，农村集体经济组织，经过拥有该土地的农村集体经济组织 2/3 以上成员或者代表同意，也可以进行复垦申请。然而对其他少数不愿意复垦的农民利益如何保护，未置一词。

3. 农民被迫改变生活方式

地票交易原理就是对土地用途进行重新规划。重要途径之一就是将偏远农村的建设用地变成耕地，同时，将此处原住农民转移。虽然根据重庆市的规定，这些地区的农民对复垦后的农地仍然享有土地承包经营权，可以自己进行耕种。但是，考虑复垦后的实际，新产生的耕地大多离转移的农民居住地较远，加上目前留守农村的劳动力大多是体力较弱的老人，偏远农村机械化程度不高等现实问题，大多数农民只能将耕地转包出去，自己无事可做，很多农民被迫改变了其生活方式。

（二）验收环节

由于复垦后的耕地质量无法保障，可能减少土地承包经营权流转的经济价值，因而有损农民自身利益。

首先，政府管理部门缺乏保障复垦耕地质量的内在激励。根据重庆市的现行规定，国土管理部门既是复垦项目的投资者，又是新增耕地的验收者。然而，新增的耕地以后的使用者并非是政府，新增耕地的质量并不影响政府的经济收入，政府更关心的是地票产生的新增城市建设用地指标。因此，在现行制度下，无法保证新增耕地的质量。

其次，复垦行为本身的短期性难以保障耕地质量。将宅基地等闲置、撂荒的农村建设用地在短时间内，打造成适宜耕作农作物的土地，土壤肥力势必受到影响，进而会削弱无论是土地自行耕种抑或是土地承包经营权流转时产生的经济价值。与其他发达国家相比，目前我国关于土地置换开发过程中土壤污染的风险评价、风险管理、价值评估方面的制度供给严重不足，亦缺乏土地置换开发中相关主体的权利、义务、责任方面的规定，导致农民利益难以得到有效保障。

（三）交易环节

因为闲置的农村建设用地经过复垦变成了耕地，政府可以顺理成章征收城市近郊的耕地，将其变为建设用地指标，进行拍卖，以此产生巨大利益，土地获得增值。然而从现行利益分配角度看，农民分享不到土地增值的利益，具体体现在：

1. 房屋及构（附）着物、宅基地使用权补偿的标准过低

根据《户籍改革通知》规定，房屋和构（附）着物补偿，参照《重庆市人民政府关于调整征地补偿安置政策有关事项的通知》（《渝府发〔2008〕45 号文件》）及区县（自治县）配套文件的对应标准执行；宅基地使用权补偿，参照各区县（自治县）出台的土

地补偿费标准执行。这就意味着，尽管从地票交易的运作中可能产生巨大的土地增值利益，但农民得到的补偿与普通的征地补偿一样。同时，进行复垦的地区一般是偏远农村，补偿额度更是微乎其微。此外《暂行办法》规定："农村宅基地使用权交易收益，原则上大部分归农民家庭所有，小部分归农村集体经济组织所有，具体分配比例由农民家庭和农村集体经济组织协商确定。"原本较低的补偿需要转移部分给农村集体经济组织，并且具体的分配比例是在地位对比悬殊的农民与农民集体经济组织之间进行的，这就进一步弱化了农民个体的利益。

2. 购房补助标准不明确

购房补助标准问题在《户籍改革通知》的第13条有所体现："购房补助参照同时期区县（自治县）人民政府确定的农民新村房屋价格乘以同时期征地住房安置标准面积的一定比例给予补偿（以市政府即将出台的规范地票价款使用、促进农村集体建设用地复垦的意见为准）"。这种规定过于笼统，难以避免在实际操作中相关职能部门利用规定的不明确来谋取私利的行为，而最终的不利后果还是由农民来承担。

除了以上提到的补偿标准过低可能损害农民的利益，在地票交易过程中还存在补偿方式单一、补偿款的使用缺乏监管机制等对农民不利的问题。

（四）使用环节

自重庆地交所2008年12月成立至2010年9月，重庆地交所共进行了十七场地票交易，而且很大一部分被土地储备机构获得，可见地票对开发商的吸引力不大。

究其原因，要从地票的性质分析。按照现行规定，持有地票的权利人，并不享受优先获得新增城市建设用地使用权的权利，其享有的仅是可以优先选择地块并申请政府征收的机会。虽然地票持有人因其先期考察，更了解被征收地的情况，但是地票持有人要想获得新增城市建设用地使用权，还需经过正规的"招拍挂"程序，最终能否拍得地块，要看有无其他竞争者更高的出价。一旦地票持有人没有拍得地块，政府会从拍得的价款中拨出地票价格退还给地票持有人，但是仅偿还本金，利息损失由地票持有人自行承担。由于地票持有并不能带来确定的收益，因而对开发商无法产生足够的参与竞购激励，买方积极性不高反过来又会影响地票拍卖价格，最终将减少农民在地票交易中的净收入，损害农民的利益。

四、完善地票交易中农民利益保障的法律机制

可以从地票形成环节、地票交易过程中的持票环节、地票交易后的补偿环节入手，完善农民利益保障的法律机制。

（一）在地票形成环节，保障复垦及其后续工作中农民的利益

1. 将复垦权利法定化，在程序上保障农民获得平等的复垦机会

根据重庆市的现行规定，农民要进行复垦需要层层审批，程序十分烦琐，并且容易滋生权力寻租的空间。笔者建议，将复垦权利法定化，制定出具有可操作性的程序性标准，保障农民平等的申请机会。对此，我们可以仿照廉租房确定租住资格的"摇号"方式，由土地整理公司将一段时间内符合复垦申请条件的申报农户进行登记之后集中进行摇号。在市国土房屋管理局审批复垦计划下达指标后，按照摇号确定的顺序进行分配。

同时推行信息公开制度，将重庆市的农村土地政策、每轮获批的农户或者组织的名单通过多种渠道予以公示，以此来达到防止权力寻租的目的。

2. 建设农民集中居住区，积极推行农业产业化发展

笔者于2011年4月走访了重庆市梁平县龙门镇。龙门镇是重庆市农村建设用地指标转换改革试点地区。该镇通过科学开展农村建设用地复垦，2010年度已完成复垦近100亩，2011年度规划完成300亩，成效显著。

龙门镇立足于农村社会经济的发展需求，积极推进农民集中居住区的建设。据龙门镇政府总结，其农村集中居住区的运行状况如下：

（1）农民集中居住区建设用地的取得：通过土地置换、适当补偿获得集中建设用地，同时将入住农民集中居住区农户的原宅基地进行复垦，确保耕地占补平衡并有所节余，节余部分才是今后进行地票交易的基础。

（2）农民集中居住区户籍的取得：农民集中居住区所在村村民大会形成一致意见，只要签订入住协议并缴纳集居区基础设施和地差等级补偿及复垦费用的农户，即可取得落户本村组的资格，从而依法向有关部门申请规划范围内的宅基地。

（3）农民集中居住区基础设施和公共服务设施的投入：入住居民缴纳基础设施建设费，实现共建共享；同时，争取国家和上级相关部门的项目投入。

龙门镇农民集中居住区建设的操作原理如下图所示：

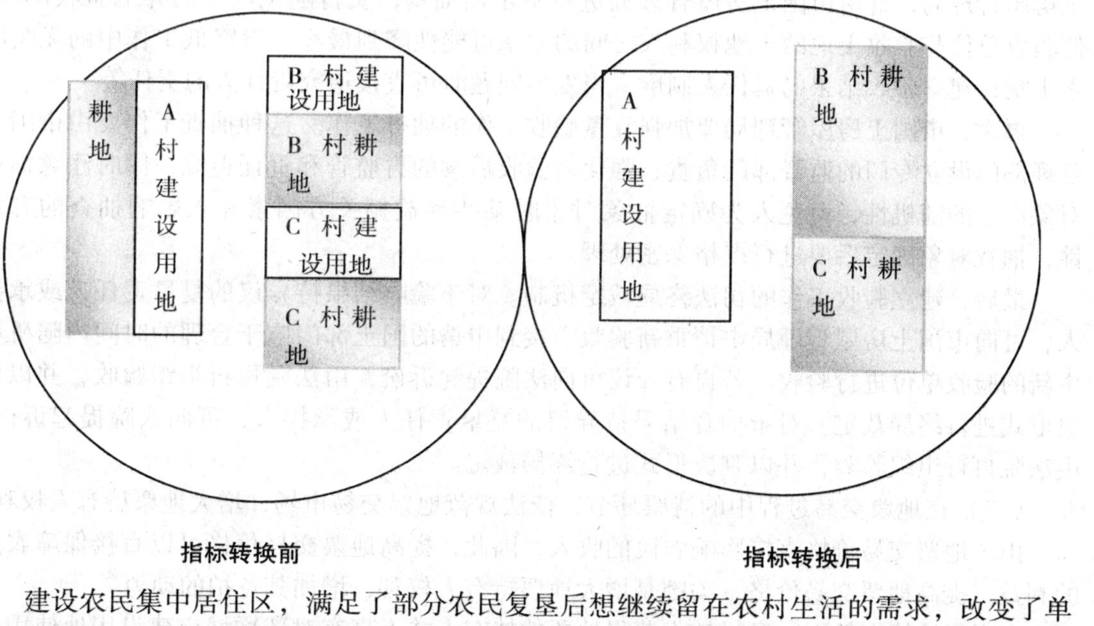

建设农民集中居住区，满足了部分农民复垦后想继续留在农村生活的需求，改变了单一的补偿方式。尽管在具体操作中，仍旧通过补偿款与建新房成本费的转换来实现，但是龙门镇的指标转换改革，为失去宅基地的农民提供了可以居住的新农村，保障了农民可以选择继续留在农村生活的权利。据笔者走访，复垦后新村规划统一、村容整洁，农民居住条件有所改善，同时，龙门镇积极推行农业产业化发展，增加了农民收入，增强了农民进行复垦的意愿。

目前，重庆市各实施复垦工作的地区也在进行相关的善后工作，但各方面问题仍很突出，容易使农民产生不满情绪。可以总结龙门镇的经验制定相关法规，以保障复垦的后续

及其后续工作中农民的利益。

3. 规范政府复垦检验行为，制定相应的法律标准

在复垦土地的检验环节应当着重规范政府相关职能部门的行为。目前困扰复垦检验行为规范性的主要有两个问题：一是区县土地管理部门下属的土地整理公司是法定的土地复垦承担人，而区县土地管理部门是竣工验收的组织者、负责人，这就造成一种既是运动员又是裁判员的局面，难以保障验收工作质量。另外一个问题在于，区县的土地管理部门不具备承担专业的土地验收的条件，难以确保土地验收的公信力、可信度。因此，完善土地复垦验收制度可以从以下方面入手：

首先，由政府的相关部门组织具备专业能力的土地、环保、农科、水利等团体，针对复垦工作所应达到的标准，如土地整体的土壤深度、砾石及瓦砾含量、农田地面坡度、农田土壤污染、有害物质残留、整体农田水利灌溉和配套电力等硬件设施、整体的适合耕种性及深层次的对于周边环境及生态的影响等制定出具体、可行、可信的验收量化指标。借助于基层向市级相关机关备案制度，市级相关机关应当不定期地抽查基层自制细则的执行情况，挤压权力的寻租空间。

其次，设立相对独立、有专业资质的单位从事验收工作。具体包括：建立验收单位的主体资质制度，规定验收单位应当具备的资质标准；建立验收单位的权利保障和制约机制，确保验收单位在验收的过程中享有明确的权利，同时验收的结果要上报并备案于市国土房屋管理局，并由市国土房屋管理局进行不定期抽查，实行随机产生的异地验收制度，使验收单位与验收土地的土地权利人之间的联系可能性降到最小，以降低工作中的无关因素干扰；建立验收结果的责任人制度，当发生问题时可直接追究责任人的责任等。

再次，市国土房屋管理局要加强复垦验收工作的抽查工作。这种抽查工作要由市国土管理部门设立专门的监督部门负责，强化对验收后续的再监管和责任追究。同时注意抽查对象产生的随机性，避免人为确定抽象对象时某些利益相关方因素介入影响抽查的有效性，抽查对象确定后要进行严格保密处理。

最后，建立验收工作的司法终局裁定机制。对于验收结果持异议的复垦责任人或承担人，可向市国土房屋管理局申请重新验收。接到申请的国土部门应于合理的时间内随机产生新的验收单位进行验收。若再有异议可向法院提起诉讼，由法院再行组织验收，并以判决形式进行终局裁定。对于抽查结果持异议的复垦责任人或承担人，可向法院提起诉讼，由法院再行组织验收，并以判决形式进行终局裁定。

（二）在地票交易过程中的持票环节，依法规范地票交易市场，增大地票持有人权利

由于地票交易价格直接影响农民的收入，因此，提高地票交易价格可以直接保障农民的利益。提高地票交易价格，关键是增大地票持有人权利，增加其竞拍的动力。

在现行法律框架下，经过拍卖获得地票的持有人并不享有对新增城市建设用地使用权的优先购买权，其要获得新增建设用地使用权必须采用法定的取得方式。

然而，我们可以从另一个维度来增大地票持有人的权利，即赋予地票完整的产权。例如，2010 年 7 月，刘万林下属的重庆岭尚农业有限公司，用价值 4270 万元的地票获得 3000 万元银行贷款，在全国首创地票抵押贷款先例。仅赋予地票抵押权是远远不够的，笔者认为，地票的产权应是完整的，赋予其可以转让的权利，开放地票的二级市场。

地票二级市场的开放，可以让地票自由地流通，增大地票持有人的权利，使地票市场

完整地建立起来。同时地票二级市场的建立还可以增加地票的经济价值，反过来增加农民收入，加大城市对农村的反哺力度。

当然，开放地票二级市场也有可能产生负面效应，如很多人担心地票会被利用来提高房价，带来价格泡沫。正如重庆地交所总裁董建国所说："放开二级市场，会影响到一级市场的交易和价格，核心是地票供应量要控制在多少规模。如果把要使用的指标作为常量，那二级市场上就出现一个变量。如何把握好变量，理顺其与建设用地市场的关系，这是一个必须认真研究透彻的问题。"

为了提高竞拍地票的积极性，提高地票拍卖价格，重庆和成都去年都采用了"单车道"规定——"持票准入"即要拍地，先拍票，地票成了国有土地拍卖的"门票"。[①] 重庆市就规定今后主城区商业开发用地招拍挂，参与企业必须持有地票才能入场。然而考虑到"持票准入"规定可能会对社会公众利益、经济秩序产生消极影响，2010 年年底，成都地票交易被叫停，2011 年 5 月 9 日又重启。成都颁布新规，变"持票准入"为"持票准用"，也就是说只要拍地后有足够的建设用地指标有地票相匹配即可，拍地前不一定先有地票。

（三）在地票交易后的补偿环节，提高补偿标准，加强地票收入分配的监管

现有的地票交易的具体做法是区县政府下设土地整理公司，由其统一将地票置于地交所拍卖，收益先由地交所交于土地整理公司，再由其交于实际上的申让人 。这样操作的结果可能产生一个灰色地带：市政府的保有量、土地整理公司的扣除量、集体经济组织的截留量不够公开、透明，更缺乏有效的分配程序机制和监管机制。笔者认为，对复垦农民的补偿不能仅以地票收入为限，还应该让农民分享土地增值部分的利益，明确规定农民按照一定比例与政府共享土地增值，以此提高农民补偿标准。对于《户籍改革通知》里规定的购房补助标准必须出台相应法规予以明确，并且要保证制定的标准能确保复垦的农民居有其所。

对于地票收入分配的监管，笔者认为应当首先明确参与地票收入分配的主体。按地票制度设计的初衷和市政府出台的文件，地票收入必须完全反哺"三农"。各级政府都无权截留，而集体与个人必须按相关文件的比例分配地票收入。但目前实行的管理模式，人为增加了地票交易成本，减少了农民的地票收益。应当明确参与地票收入分配的主体。土地整理公司不应分得地票收入，其运作成本应由财政埋单。

其次，建立地票收入分配的专门渠道。申让方要进行交易必须于指定银行开设专门账户，并提供账户信息于地交所。地票收入直接由地交所划入申让方账户。实践中开设账户的申让方一般为集体经济组织。其在接收到地票收入且无异议后，应于合理期限内分发与个人。通过银行直接划拨的方式，避免发生政府或土地整理公司截留的情况。同时也可通过监督、公示制度保证集体与个人的利益均衡。当然银行所支出的合理费用应由申让方负担。

最后，建立地票收入分配监督、公示制度。由市政府设立专门监督机构，对地票收入分配过程进行监管。地票交易完成后，其收入详细信息，包括地块信息、每亩均价、申让方情况等应当于合理期限内置于地交所进行公示，并且公众于相应渠道可以查询。地交所

---

① 王小乔：《成都新规，农地再"飞"》，载《南方周末》2011 年 5 月 25 日。

将收入划入申让方账户时，应及时通知对方并向监管机构备案，否则发生问题由地交所负责。同时，保障银行顺利进行商业运作，以免行政因素干扰收入分配。集体经济组织接收到地票收入后也必须于合理期限内，对地票收入相关细节、分配方案、集体所得比例及所得部分用途等进行合理公示，允许个人提出异议，接受监督机构监督。

土地用途管制制度的合宪性分析*

杨　惠**

目　次

一、问题的提出："小产权房"引发的合宪性拷问

"小产权房"是指在农民集体所有的土地上（包括宅基地、农村建设用地或农用地等）建设的住宅，部分或全部销售给集体经济组织以外的人，由于其产权证不是由国家房管部门颁发（即"大产权证"），而是由乡政府或"村政府"颁发，所以叫做乡产权房，又称为小产权房。随着房地产市场的日益升温，商品房价格的不断攀升，"小产权房"因其低廉的价格①而逐渐在各大城市房屋买卖市场走俏，规模日益庞大：据村镇建设统计公报和国家统计局的有关资料，截至2007年上半年，小产权房已达到现存全国实有村镇房屋建筑面积330亿平方米的20%以上，其中涉及村镇住宅的大约50多亿平方米；涉及村镇生产性建筑的规模也很大，它甚至已成为许多中小企业、"三资"企业主要的生产场所、仓储场所。而从局部市场来看，北京的小产权房大概占整个市场的18%左右，已售和在建的小产权房很快就会超过1000万平方米；深圳这样的一线开放城市占的比重就更高，有

* 基金项目：重庆市哲学社会科学规划项目"农村土地转用许可制度创新——破解农村土地流转瓶颈"（项目编号：2009FX10），教育部人文社会科学青年基金项目"中国土地用途管制制度市场取向改革研究"（项目编号：10YJC820133）。

** 西南政法大学经济法学院副教授，硕士生导师，法学博士。

① 某开发商租用了北京昌平区北七家镇东三旗村50年的土地使用权，并建设了王府家庭农场别墅区，这是典型的小产权房。开发之初，一套占地1亩左右、住宅建筑面积约300平方米的两层别墅小院，价格在30万元左右，而如今，这里的二手房交易价格已经达到150万元一套。但可以参照的是，在北京著名的"玫瑰园"小区，这样建筑面积的别墅价格应高达1000万元。郭军卓、蔡继明：《农地制度安排与村民集体行动——小产权房问题探析》，载《财经研究》2009年第5期。

的可能高达40%将近50%。不仅京沪惠等地小产权房大量存在，很多内陆大中城市也出现了类似的情况。例如，西安节的小产权房总面积估计已经占到25% ~30%，而济南市的小产权项目总面积仍有1000多万平方米①。

"小产权房"问题虽然表现为房屋流转的争议，但根本问题却在于土地的使用。我国《宪法》第10条第4款规定："任何组织或者个人不得侵占、买卖或者以其他形式非法转让土地。土地的使用权可以依照法律的规定转让。"《城市房地产管理法》第9条规定："城市规划区内的集体所有的土地，经依法征用转为国有土地后，该幅国有土地的使用权方可有偿出让。"即集体土地只有通过先征收后才能出让。《土地管理法》第43条第1款规定："任何单位和个人进行建设，需要使用土地的，必须依法申请使用国有土地；但是，兴办乡镇企业和村民建设住宅依法批准使用本集体经济组织农民集体所有的土地的，或者乡（镇）村公共设施和公益事业建设经依法批准使用农民集体所有的土地的除外。"即集体土地的用途有明确的限制，只能用于农业生产或农民宅基地和兴办乡镇企业等与集体密切相关的建设。由此，"小产权房"作为一种违反集体土地用途限制的土地利用方式，受到了政府的严厉禁止。2007年6月18日，建设部向社会发布了购买"小产权房"的危险警示，提醒广大城镇居民不要购买不合法的、建筑在农村集体土地上的房屋。同年10月22日，中央农村工作领导小组办公室主任陈锡文在国新办发布会上表示，小产权房违背了城乡土地规划利用的总体布局，也违反了关于农地转为城市建设用地的法律程序，本身不合法。同年10月28日，国土资源部部长徐绍史强调农村土地不能搞房地产开发，对小产权房问题要"十分慎重"。同年12月，国务院发布通知，禁止城镇居民去农村买房。2008年11月13日国土资源部副部长鹿心社明确提出了针对小产权房问题的三个处理原则："小产权房不符合我们国家的现行法律规定，不受法律保护；要采取行之有效的措施，严禁小产权房进一步发展；要深入研究，分类分析，采取有针对性的措施，来化解历史上形成的小产权房问题"②。显然，尽管有关政府对历史遗留的小产权房的处理还存在种种顾虑，但对于小产权房本身的违法性及"严禁发展"的立场十分鲜明。然而，与政府明令禁止相对，大多数居民却倾向于接受小产权房，并支持小产权房的合法化③。而学界对待"小产权房"的态度也存在针锋相对的两种观点：虽然有人主张"小产权房本身违法，且危害性较大，因此应禁止小产权房的发展"；但也有观点认为小产权房利大于弊，不仅"可以起到平抑城市畸高房价的功能；为中国农村土地制度改革和农民身份的'解放'打开了一条通道；而且小产权房的开发惠及城乡居民"，因此应当使其合法化。此外，更有学者指责作为"小产权房"违法依据的、有关限制集体土地用途及流转的土地管理制度本身就抵触了宪法的基本精神，"既然农民集体所有土地属于农民集体所有，那么，按照宪法的财产权保障原则，政府就应该承认农民享有支配自己土地用途，以寻求土地收益最大

① 郭至卓、蔡继明：《农地制度安排与村民集体行动——小产权房问题探析》，载《财经研究》2009年第5期。

② 刘展超：《国土资源部：小产权房不受法律保护》，载《第一财经日报》2008年11月14日。

③ 《上海证券报·地产投资》与房地产门户网站"搜狐网焦点房地产网"联合进行的调查显示，有77%的居民表示会购买小产权房，14%的居民表示价格便宜的话会购买；有92%的人支持小产权房入市，因为其价格便宜；而对政府调查整顿小产权房，有63%的人认为不会有什么结果，25%的人认为只有加强住房保障才能解决问题。

化的权利”①。

那么，究竟是小产权房违法，还是对集体土地用途限制的制度本身违宪？笔者以为，如果我们可以把“小产权房”现象的泛滥看做是农村居民为争夺土地增值利益而发动的一场财产权运动，这场运动首先拷问的乃是政府土地用途管制制度的合宪性：国家公权力凭什么限制集体土地的利用自由？这种限制是否符合宪法基本权限制的逻辑？禁止集体土地的商业性开发是否构成对集体土地的“超比例”限制？对城市土地和集体土地的不同管制又是否抵触了平等保护原则？以上问题不仅仅关涉小产权房的存废，其本身也是正当化政府土地用途管制的基本理论命题。

二、土地用途管制的宪法依据

国家的土地用途管制权凭什么限制私人的土地利用自由？在宪政国家下，所有的国家行为都必须有正当性基础，而此正当性来源于宪法所承认的基本价值。笔者以为，国家之所以能够限制人民的基本权利，其正当性可以从“人性尊严”与“社会国理念”这两项基本的宪法原则中得到求证。而政府土地用途管制的正当性也可由此理路证成。

（一）基于“人性尊严”的求证

德国基本法第1条第1项规定：“人性尊严不可侵犯”。这种禁止人类被“物化”的要求，支配着德国战后宪法学的走向，被认为是国家整体法秩序中最基础、最根本的规范。对于“人性尊严”的内涵，德国联邦宪法法院透过判决形成了所谓的“客观公式”，即当个人被纯粹当做国家行为的客体时，就抵触了人性尊严。这种简洁的“客观公式”成为通说的一贯立场。1993年，柏林洪堡大学的Hasso－Hofmann教授尝试运用社会承认理论来为“人性尊严”寻求新的基础与内涵。他指出，以往对人性尊严的界定，无论是从人作为神的创造物或是从人的理性本质出发，都有一定解释上的疑点，且无法避免要以特定的宗教、哲学观点作为前提，这在文化、种族日趋多元的现代社会已渐渐难以作为具有一般拘束力的基准。因此，与其将“人性尊严”作为一个实质的、先在的概念去界定，不如透过社会关系、社会沟通去掌握何为“人性尊严”，换言之，“人性尊严”所保障的对象并非某种特定的实质或是个人的特质，而是人与人相互间的连带关系。“人性尊严”的内涵乃是“共同体成员之间相互承认、尊重对方自我决定的权利”，这是共同体中每一分子为了确保和平共处所必须相互认可的最基本的承诺。缺少这个最基本的承诺，其他法律制度都无法落实为真正的保障。所以“人性尊严”不只是一个道德上的宪法规定，而是一个建构性的国家规范。②

从社会承认理论观之，既然个别的基本权主体乃是生活在社会共同体的一分子，且个人尊严的确保是建立在相互尊重的允诺之上，那么，为了确保社会共同体拥有井然有序的共同生活，同时也为使社会共同体中的每一个人都能有相同的机会和条件行使个别的基本权利，基本权的行使就必须顾及社会共同利益的需要，在期待个人基本权受到保障的同时也当然负有不能侵犯他人的义务。基本权行使没有限制无异于基本权的相互妨碍，最后势

① 侯晓玲：《小产权房是否有来世》，载《人民法院报》2008年1月13日。

② 蔡维音：《社会国之法理基础》，载《正典出版文化有限公司》2001年第29期。

必造成唯有强者才拥有基本权的危险后果。因此，当个人行使基本权而与他人发生冲突或有潜在冲突时，国家为了调和群体生活与个人自由，对个人基本权即可为一般性的介入而作适当的限制，正如罗尔斯所言，“当各种自由不受限制时，它们就会相互抵触。……必须相对于一种自由来衡量另一种自由。集中自由的最佳安排依赖于它们所服从的总体约束，依赖于各种自由结合为一个规定它们的整体的方式。”① 而且，当个人作为对他人和公益的影响愈大时，国家介入的权限与范围也就愈大。土地利用权的客体——土地，乃是今生后代所有人类以及各种动植物赖以生存、不可或缺的物质基础，而在土地资源日益稀缺、人地关系日益紧张的背景下，如果土地利用的自由权不受限制，滥用自由难免成为强势者的“理性”选择，而弱势者“自我决定的自由”将成为奢谈，甚至连起码的主体性都可能因基本生存条件的破坏或丧失而难以维持。比如有资料显示，在1983—1984年的埃塞俄比亚饥荒中，数以千计的人死于饥饿的同时，土地上却种满了供应欧洲市场的康乃馨。所以，在土地利用领域，国家理应享有更大的对基本权限制的权力，这是确保不同的土地利用需要能够相互尊重，确保有限的土地资源能够得以合理地分配和可持续地利用，确保整个社会能在一个合乎人性尊严的生存空间内和谐共存的必然要求。尽管我国曾经过度强调把“公”作为国家政治权力正当性来源的关键，但随着我国市场经济和宪政文化的发展，以及由此孕育的市民社会的逐步形成，我国国家政治权力的正当性来源的论证已然步入宪政民主法制的轨道。我国2004年《宪法》修正案明确规定“国家尊重和保障人权”，尤其是确立了私人产权的宪法保护，由此奠定了我国土地用途管制权力正当性的人性根源。

（二）基于“社会国理念”的求证

诚如有学者所言，“一个只关心绝对人权的放任自由主义者只能生活在19世纪而不是20世纪”，因为20世纪是“政府权力扩张的时代”②。从近代保障人民自由的“法治国家”，到现代实现社会正义的“给付国家”（社会国家、福利国家），再到保障人类生存的“环境国家”③，现代社会越来越复杂的政治经济形势，需要政府承担越来越多的公共任务，也使得政府拥有越来越广泛的合法权力。社会国原则由此成为现代市民宪法的核心理念。它要求国家必须“努力解决各种社会问题，积极地为人民谋福利，担负起对其国民的生存照顾义务”④，而不仅仅是消极地不侵犯人民的权利。笔者以为，正是该宪法基本理念的确立与发展，成为正当化现代国家职能步步扩张的最主要的理由，也为政府积极的土地用途管制行为提供了直接的法律依据。

当不断恶化的环境资源问题严重威胁到当今时代国民的生存与发展，成为许多国家面临的严峻社会问题，“土地”在国家要素构成中的意义已不再仅仅是国家版图的大小，而是代表着一个纯净、适合人类生存的环境。保护环境资源、解决生态危机成为社会国理念

① ［美］约翰·罗尔斯著，何怀宏等译：《正义论》，193~194页，中国社会科学出版社，1988。

② 王学辉、宋玉波等著：《行政权研究》，213页，中国检察出版社，2002。

③ M. Kloepfer. Interdisziplinre Aspekte des Umweltstaats, DVBl. 1994. 13. 关于“环境国家”概念及其相关问题，参见李建良：《环境议题的形成与国家任务的变迁——“环境国家”理念的初步研究》，载《宪政体制与法治行政——城仲模教授六秩华诞祝寿论文集（一）宪法篇》，275~342页，三民书局出版社，1998。

④ 陈新民：《服务行政与生存照顾概念的原始面貌——谈福斯多夫的《当作行政服务主体的行政》》，载《公法学札记》，46~91页，中国政法大学出版社，2001。

赋予当代国家的一项新使命。用吴卫星的话说，“为国民营造一个合乎人性尊严的自然和文化环境是社会国理念在当代的新展开”①。国家必须善尽此项使命，否则就将失去其存在的基础及正当性。土地用途管制制度正是国家善尽此使命的重要表现。由于土地资源固有的有限性、固定性、不可替代性等特点，土地利用对人类而言，一旦决定了某一种使用方式，同时也就排除了其他方式的使用途径。比如农业区土地一旦变更为建筑用地，就很难再恢复农业生产用地原来的面貌；一个天然景致，一旦以人为力量加以改造之后，就再难窥探其自然历史痕迹。而土地作为人类乃至整体地球生物赖以生存、不可或缺的自然基础，其利用又必须兼顾生产、生活与生态的多种需要，因此，通过实施严格的土地用途管制，建构土地利用的秩序框架，使有限的土地资源得以在经济利用与生态保育之间妥当分配，确保今生后代的人类以及各种地球生物都能有一个良好的生存环境，乃是“环境国家”与“行政国家”的当然使命。我国《宪法》第9条第2款规定：“国家保障自然资源的合理利用，保护珍贵的动物和植物。禁止任何组织或者个人用任何手段侵占或者破坏自然资源”；第10条第4款规定：“一切使用土地的组织和个人必须合理地利用土地”；第22条第2款亦规定：“国家保护名胜古迹、珍贵文物和其他重要历史文化遗产”。这些规定彰显了我国宪法中的“社会国”理念，它们为政府的土地用途管制提供了直接的宪法依据。

三、土地用途管制的宪法逻辑

尽管土地用途管制的存在已为人们普遍接受，但这种管制应当依循何种逻辑而展开？是否如有学者所言，农民可以“依据自己的所有权设立诸多衍生的权利，创造新的交易形态，而不管法律事先有没有界定这些衍生权利和交易形态”②？或者如清华大学建筑专家谭纵波教授所问：《物权法》作为私法，凭什么规定土地使用权出让合同中应包括土地用途？又如何保证土地出让合同中所规定的用途与城市规划相符？如果两者之间出现不符的情况应该以谁为准？在土地使用权出让合同执行期间，如果发生城市规划对用地性质进行调整的情况时又如何处理？实现城市土地的合理利用究竟是依靠依据公法的城市规划还是依靠依据私法的土地出让合同？③ 笔者认为，这些问题其实共同指向了我国土地用途管制制度运行中的一个逻辑难点，即应当如何认识土地用途管制权与土地所有权及使用权之间的逻辑关系？笔者认为这是我国土地制度建构中必须要厘清的一个核心问题。因为在我国的土地公有制下存在国家所有权和集体所有权两种所有权形式，而对所有权的禁止交易要求我们必须依托于土地使用权来实现土地资源的市场化配置，这使得国家、集体与土地使用权人间的关系变得错综复杂，进而往往影响到对土地用途管制权运行效力的判断。对此问题，笔者主张从宪法上公共利益限制基本权利的逻辑中进行求证。

（一）宪法上公共利益限制基本权利的两种逻辑

“公共利益”对公民基本权利的限制是各国宪法的通例。我国《宪法》第10条第3

① 吴卫星：《环境保护：当代国家的宪法任务》，载《华东政法大学学报》2005年第6期。

② 魏雅华：《“小产权房”法律地位之争——政府应为农民建房售房提供法律支持》，载《北京纪事》2007年第8期。

③ 邢益精著：《宪法征收条款中公共利益要件之界定》，66～67页，浙江大学出版社，2008。

款、第13条第3款和第51条都将“国家的、社会的、集体的利益和其他公民的合法的自由和权利”作为限制公民基本权利的理由。这就导出一个问题：“公共利益”对基本权利的限制与“基本权利”之间是一种怎样的逻辑关系呢？从一定程度上说，对这一问题的认识直接决定着国家公权力干预的程度和基本权受保障的范围。学界对此主要有两种观点：

第一种观点“外部限制说”认为，“公共利益”乃是基本权利之外的对基本权利的限制。按照这种理解，宪法所保护的利益包含了以基本权利为内容的个人利益和公共利益两种不同的法益。当二者发生冲突时，就需要立法者为了公共利益而对基本权利加以限制。这种限制在逻辑上包含了两个步骤：一是明确“基本权利的构成”，亦即明确“哪些人是该项权利的主体”、“哪些行为是该项权利保障的对象”，此时的基本权利的范围是宽泛的、没有边界的；二是确定“基本权利的限制”问题，亦即通过考量公共利益来界定什么样的权利主张不能得到支持，从而使权利的范围得以确定。

第二种观点“内在限制说”认为，“公共利益”这种限制实际上是依据基本权利自身的性质产生的，是存在于基本权利自身之中的限制。任何权利按其社会属性，都有一个“固定范围”，所谓“权利的限制”并不是什么限制，而是权利按照其本性本来就不应该达到的地方。按照“内在限制说”理解，公共利益对基本权利的限制只不过意味着，基本权利的行使原本不可以危害那些对于社会的存续具有必要性的法益，原本就不可以破坏权利实现所必需的社会秩序。因此，“内在限制说”在逻辑上把“权利的构成”与“权利的限制”合而为一，它不像外在限制说那样把权利看做是宽泛而没有边界的，需要外在的界限去确定其范围，而是认为权利自始就是有“固定范围”的，是有着自然的边界的，所以当我们确定了“权利是什么”，就同时确定了“权利的界限是什么”。

对以上两种观点，宪法学界通说认为，“内在限制说”的危险性较之“外在限制说”为小，但其可能提供的权利保障范围也小于“外在限制说”，从“基本权利效力极大化”的原则出发，“内在限制说”在保障人权的法效果上并不比“外在限制说”好。而且，“内在限制说”有着为严谨的法学学理所不能容纳的逻辑问题。故而，可以采纳的学说仍然是“外在限制说”，但是必须通过确定一定理念与规则去消除其危险性，也就是对“公共利益”作出严格的限制。笔者以为，基于“公共利益”的不确定性，其实无论是“内在限制说”还是“外在限制说”，都离不开对“权利的限制”的“限制”。而从“公权力干预”的角度考虑，以上两种学说未尝不是体现了代表公共利益的“公权力”作用于“基本权利”的两种逻辑：亦即，按“外部限制说”的观点，除了公权力代表公共利益明确界定的不能得到支持的权利主张，都应当属于受宪法保障的基本权的权利范围；而按“内部限制说”的理解，受宪法保障的基本权的权利范围只能是代表公共利益的公权力明确界定的权利主张。从此意义上讲，笔者认为这两种学说不存在优劣之分，它们共同诠释了不同性质的私权利与政府管制权力之间的逻辑联系。

（二）土地用途管制逻辑的合宪性判断

笔者以为，土地用途管制中公权力作用于土地利用自由权的方式与程度，或者说政府土地用途管制权的逻辑定位，与宪法中所确认的土地所有制及在该所有制下生成的土地所有权（物权）结构直接相关。诚如马克思所指出的，“一定所有制关系所特有的法的观念是从这种关系中产生出来的”[①]，所有权归根到底乃是“所有制在法权关系、政治关系以及传统习惯势力上的反映”，因此，实行不同土地所有制的国家首先会在宪法上体现出不同的土地所有权关系，而不同的土地所有权关系中所有者、利用者与国家之间的逻辑联系各有不同，这种逻辑联系提供了我们定位政府土地用途管制权的宪法依据。

1. “外部限制说”对土地私有制中土地用途管制逻辑的解读

马克思恩格斯曾经指出：“任何经济学家也不会想到把这件礼服列为我的私有财产，因为它不能使我支配任何甚至是最少量的他人劳动”[②]。在这里，马克思恩格斯为我们阐明了私有制关系的真正内涵：能支配他人劳动的物才是私有财产，所体现的关系也才是私有制关系。大礼服，虽然是物的形式，虽然归自己所有或使用，但不能用来支配他人劳动，所以不属于生产劳动过程中的私有财产，至多只能属于消费领域中的私有财产。当然，既然私有制是支配他人劳动的生产关系，则支配他人劳动就必须有劳动与生产资料的结合这种人与自然的关系作为前提，否则支配他人劳动就会成为空中楼阁。因此，“所有制关系应当至少包括两个方面的关系，即劳动者与生产资料的结合关系与支配劳动关系，前者是后者的基础”。而土地私有制就是“以土地和劳动相结合为基础由私人支配土地上的劳动的关系”[③]。

按照这种逻辑，在实行土地私有制的国家，私人支配土地上劳动（也就是支配土地利用）的自由必定是土地所有权关系中最基本和核心的架构。当然，这种支配关系会因“劳动与土地结合关系”的不同而有些差异，比如在以个体劳动为特征的小农土地所有者（或称小自耕农）身上，这种支配关系直接体现为“直接生产者对一定土地的产品的占有和生产”，所有者自己支配自己的劳动，因此土地所有权的占有、使用、收益、处分的权能全都集中于土地所有权人一身；而随着社会分工与分化，当土地的所有者与直接生产者分离，这种支配关系遂演化为所有者对他人劳动的支配，在土地所有权关系上就表现为，所有者（非生产者）对土地的单纯私有权与直接生产者的土地使用权的分离；进而随着社会分工的复杂与土地的资本化，在土地的所有主体、生产主体之外又产生了专业的指挥主体（管理主体），土地上支配劳动的关系也就愈加复杂。不过，显然无论这种支配关系是简单还是复杂，“私人支配”的性质都始终不变。恰如有学者指出的，“土地私有制的标志只能是私人支配土地上的劳动”。因此，在土地私有制国家，宪法对土地所有权的保障首先就意味着对私人支配劳动的自由的保障。由此，国家为了粮食安全、生态保育等公共目的对私人土地利用的管制，本质上乃是国家以这种支配关系的“外在拘束者”的身份，通过限制私人的支配自由来使土地利用满足公共的需要。因此，进一步说，在国家土地用途管制权的行使上，除非是国家明令作出限制的，都应当属于私人受宪法保障的土地财产权的权利范围。

2. “内部限制说”对土地公有制中土地用途管制逻辑的解读

按照以上马克思恩格斯对私有财产的论证逻辑，笔者以为可以将土地国有制归结为“以土地和劳动相结合为基础由国家支配土地上的劳动的关系”。“国家支配土地上的劳

---

① 《马克思恩格斯全集》第30卷，68页，人民出版社，2007。

② 《马克思恩格斯全集》第3卷，67、71、73页，人民出版社，2007。

③ 李正图著：《土地所有制理论与实践》，67页，新华出版社，1996。

动”乃是土地国有制的根本标志。不过，国家作为自由人的联合体，在国家构成所有主体的背景下，劳动与土地的结合势必只能表现为组成国家的人民与土地的结合，因此，土地国有制的内部所有制结构必然表现为所有主体与直接生产主体的分离，在土地所有权关系上构成一种“国有私用”的权利结构关系。进一步分析这里的国家所有权与私人土地使用权之间的逻辑关系，笔者赞同台湾学者李建良的观点，人民对于国有的土地的使用“应视为人民的一种‘分享权’（Teilhaberecht），必须经由国家的‘给予’，人民方取得‘使用的请求权’”①。这也就是说，在土地国有制下，私人享有的受宪法保障的土地财产权只能是国家“给予”的土地使用权。这种“给予”，用宪法学者陈端洪教授的话说，法律性质上属于“行政许可”中的“财产权利转让许可”，乃是“行政机关为公民创设财产权或自由的构成性事实”。“许可权人的道德权威来自财产权，只要人们不能否定财产权的道德正当性，就无法否认所有权人的许可权。财产权具有排他性，这就构成了对于他人的限制，经由许可的构成性事实，他人于是获得了进入或使用的自由或权利”。而政府土地用途管制权的行使无疑正是这一“许可”程序中的重要一环，国家“许可”的土地用途构成了土地使用权固有的经济属性，换句话说，土地利用人被给予了一项负载“特定用途属性”的土地使用权，“用途限定”与“权利形成”由此合而为一②。用刘俊教授的话说，“国家土地所有权下分离并拟制的独立的土地利用私权，一定是一种被限定为符合公共利益的权利”，“其权利内容与价值大小，直接源于土地的利用用途”③。因此，笔者认为，农民未经许可而擅自修建的“小产权房”，即使符合土地利用规划的要求，也不具有合法的效力。

这里必须提及的是，我国《宪法》确立的土地公有制包含了国家土地所有权与集体土地所有权两种形态。如果说土地国家所有权关系中，政府土地用途管制权的地位可以按上述逻辑解释，那在土地集体所有权关系中，国家对土地用途的管制究竟是对私人土地利用的内在还是外在的限制呢？农民是否“可以依据自己的所有权设立诸多衍生的权利，可以创造新的交易形态，不管法律事先有没有界定这些衍生权利和交易形态”？笔者以为，回答这个问题需要对我国集体土地所有权的性质以及土地集体所有与国家所有的关系展开分析。在此问题上，学界观点纷纭但又呈现出一些异曲同工之处。刘俊教授明确提出“集体土地所有权并非一项私权”；赵红梅教授认为，我国宪法和法律规定农民集体享有土地所有权其实是一个立法的“误会”，而人们关于“国家土地所有权与集体土地所有权完全平等”的观点是对立法的误解，集体土地所有权并不是真正的所有权，而是类似于日耳曼法上的“下级所有权”，没有真正意义上的处分权，实际为“准所有权”或“大使用权”④；陈端洪教授主张“集体对土地的所有权其实是代理国家行使的乡村治理权”。显然，学者们虽然表述各有差异，但观点却趋于一致，即我国的集体土地所有权并不是真正的私权意义上的所有权，其终极所有者仍是国家。而国家以及代表国家的政府对土地利用（土地上劳动）的支配当然构成我国土地所有制关系的基本架构。由此，笔者进

---

① 李建良：《论环境保护与人权保障的关系》，载《东吴法律学报》2000年第2期。

② 这就可以解释谭纵波教授“凭什么要在土地使用权出让合同中规定土地用途”的疑问。

③ 刘俊著：《土地所有权国家独占研究》，329页，法律出版社，2008。

④ 赵红梅：《关于集体土地三个重要新增条款的核心性意见——针对〈中华人民共和国土地管理法修订草案征求意见稿〉》，2009年北京《土地管理法》修改相关问题研讨会会议论文。

而认为，所谓“同地、同权”绝不是意味着国家的“大产权”与乡政府的“小产权”的同权，而更应当体现为农村土地使用权应当同城市土地使用权一样获得国家统一的承认和确权。

综上，从土地所有制的比较分析中，我们可以得到这样一个结论，土地私有制下用途管制权与私人土地利用权的关系，彰显的乃是“外部限制说”的管制逻辑，土地用途管制权作为一种外在的力量对私人支配土地上劳动的自由加以限制，对私人土地利用权的权利范围加以界定；而在土地公有制下，土地用途管制权对土地利用私权利的限制，却是依循“内部限制说”的管制逻辑，直接承担着“创设土地利用权”的功能。所以，可以说，土地用途管制权在土地公有制中被赋予了更为积极的地位和意义。

四、土地用途管制的宪法许可界限

恰如陈端洪教授所言，“如果说宪法是赋权，那也是有限地赋权”。国家虽然有权力对个人基本权利进行干预和限制，但国家权力的运作也需要遵循宪法的基本原则，具备“形式合法性”与“实质正当性”，方符合现代立宪主义对国家的要求。按照上文的逻辑，如果说在土地公有制下，政府的土地用途管制权具有对土地利用权的积极而直接的形塑功能，我们就必须进一步追问，这种强权运用的宪法许可界限在哪里？

（一）土地用途管制的实质合宪性要件

1. 用途法定

在现代宪政法治体制下，为保障公民的权益和公共利益，要求一切国家行政权的作用均应具有合法性，任何情况下对基本权利的限制都必须以代议机关（国会或议会）通过的法律为准，正如威廉·韦德所言，“每个政府当局必须能够证实自己所做的事是有法律授权的，几乎在一切场合这都意味着议会立法的授权。否则其行为就是侵权行为或侵犯了他人的自由”，这即是所谓法律保留原则。法律保留原则作为近代宪政法治主义的产物，源于分权结构模式下的法治理念，即对民意机关的信任和对行政权力的恐惧，因为国会代表直接由委派或选举产生，人民通过他们向国家上层建筑反映自己的利益或愿望，并坚信他们会理性地行使权力。即便国会通过了对己身不利或有害的法律，那也是人民心甘情愿的选择，且权力的官僚化通常表现为行政权的扩张，而这正是自由与权利受到威胁的重要来源。所以，韦德强调现代法治的核心就是依法行政，而其内涵包括四个层次：最基本层次的含义体现为任何事情都必须依法进行，即要求政府行使权力的所有行为都必须有严格的法律依据；第二层含义是政府必须根据公认的、限制自由裁量权的一整套规则和原则办事；第三层含义是对政府行为是否合法的争议应当由完全独立于行政之外的法官裁决；第四层含义是法律必须平等地对待政府和公民①。

从法律保留原则观之，笔者认为“用途法定”即应构成政府土地用途管制最重要也是最核心的原则。其具体含义包括：一是所有土地的用途都应该在土地用途管制立法中作出明确的用途规定，即《土地管理法》所要求的“规划确定每一地块的用途”，这是土地用途管制立法的基本出发点；二是土地所有者或使用者不能随意确定或私自约定土地的用

① ［英］威廉·韦德著，徐柄等译：《行政法》，25～28页，中国大百科全书出版社，1997。

途，换言之，所有新的用地行为（土地用途的变更）都必须按照土地用途管制立法规定的用途标准来执行，否则其土地利用行为或利用权益将得不到法律的保护；三是土地用途管制立法对用地审批者和申请者应具有同等约束力，如果申请符合法定用途，政府不得随意否定，否则就可能侵犯申请者的个人权利①。

2. 比例原则

从财产权保障的视角观之，财产权作为“人类自我发展的条件”，立法机关固然有权对财产权的内容加以形成和具体化，但却必须遵守“禁止过度侵害”的原则，立法主体在设定公民基本权利限制条款时，必须对相互冲突的公共利益与个人利益进行合理衡量，设定适当的“比例”，既不能为维护公共利益而过度侵害个人利益，也不能为保障个体私益而过度牺牲公共利益。宪法学上将这种“比例原则”归纳为以下三个层次：首先，立法机关所采用的措施必须能够达成其所欲保障的公益目的；其次，在各种可以达成此项公益目的的措施中，应当选择对公民权利损害最小的那种；最后，不能为了一个较小的公益目的，而使公民承受过大的损失。按台湾学者陈明灿的观点，当财产权关涉的“社会关联”较强时，立法者享有的“重新形成空间也较大”，也就是说，财产权限不会对财产权保障构成侵害，反之，则其形成空间就较小②。

从比例原则观之，鉴于土地资源固有的自然特性（比如数量有限、不可移动性等），及其所肩负的重要社会职能，土地财产权的“社会关联性”强，因此，立法者通过土地用途管制规则的设计，对土地财产权进行重新配置的空间也比较大，不过，土地用途管制仍需遵循“必要性”和“适当性”的要求，必须在“确有必要”的状况下方能为之，而且管制程度应当与其公共利益目的相匹配。比如，自然保护区等环境敏感地域，其资源保育的重要性就重于私权的保障，故政府有权采取严格的禁止性的管制措施，以防资源被误用。同时，按“财产权制度性保障”的意旨，土地用途管制绝对不能侵害私人土地财产权作为“个人支配权”的基本构造，否则将使财产权形同虚设。德国联邦宪法法院要求透过“救援条款”，赋予受到“绝对超比例侵害”的土地财产权人“困苦衡平给付请求权”，以充分落实宪法财产权保障的要求，正是“比例原则”的具体适用。

基于不同所有制中所彰显的管制逻辑的差异，笔者认为，应当区分不同的土地所有制而分别理解“比例原则”的存在意义。在土地私有制的“外部限制说”的逻辑中，宪法财产权限制的“比例原则”是一项制约政府管制权力的重要工具。因为“公共利益作为基本权利‘外在限制’的观念，与公共利益相对于基本权利的‘优位’观念之间，可能存在着某种自然而然的联系”，由此，“公益条款可能成为国家权力的空白授权，使‘法律保留’转而变成限制基本权利的利器”③，因此，在对公共利益与私人利益的比较衡量中防止私人利益受到“超比例侵害”就显得尤为重要。美国大量针对政府土地分区管制法令的违宪审查案例，以试图在“有补偿征收”与“无补偿管制”间划清界限，从而为遭受过度限制的财产权人提供适当的补偿。现代德国联邦宪法法院根据“特别牺牲理论”，在传统“社会义务”与“征收”之外创设了“公益牺牲征收”，将超越“社会义务极限”

① 程烨等著：《土地用途分区管制研究》，134 页，地质出版社，2003。

② 陈明灿著：《财产权保障、土地使用限制与损失补偿》，57 页，翰芦图书出版有限公司，2001。

③ 张翔：《公共利益限制基本权利的逻辑》，载《法学论坛》2005 年第 1 期。

的土地利用限制行为视为土地权利人的“特别牺牲”，而纳入“有补偿义务的内容及限制规定”[①]，都体现了“比例原则”的适用[②]。反之，在土地公有制的“内部限制说”的逻辑中，既然“必须经由国家的许可，人民方取得使用的请求权”，则国家没有许可的，当然自始非属基本权利的保护范畴，国家对于有害于公共利益的土地利用行为的禁止，自然不必受到“比例原则”的制约，相对地，有意使用土地资源的人民，反而必须提出使用的正当理由。但是，有一点必须注意，国家在许可土地利用之后，私人获得的负载特定用途的土地使用权即构成一项独立的物权，应当受到宪法保护，如国家以公共利益为理由要求变更原规划用途，笔者以为，这就不仅仅是在变更或废止一个许可，更应该看做是对公民手中的土地使用权的征收，应当接受比例原则的限制，以防止对公民财产权的过度侵害。

3. 平等保护

平等，就字面含义而言，系指“身为人之价值与地位皆无差等，无特殊之谓”。笔者理解，平等作为宪法基本原则，在公民基本权利限制立法中，应具体按以下两个层次展开适用：

（1）同等对待与差别对待。“同等对待”与“差别对待”是“平等保护”原则不可分割的两个面向。“同等对待”原则适用于具备同样情形的形式上的平等，它要求管制机关在行使管制权时，应平等对待所有人、平等对待一切相同的情况。具体表现在：一是依据的同等性，包括法律依据的相同和行政行为所依据的规范性文件的相同；二是保持同类事件处理的前后一致性，即对于相同的事件，行政机关应作出相同的处理；三是对同样情况的人予以同样的法律适用。而“差别对待”原则强调应针对受管制者的不同情况作出不同的并与之相对应的处理。土地用途管制权的运行自当同时兼顾“同等对待”与“差别对待”的两方面要求，既应为相同情形下的土地利用人确定和适用同样的管制标准，为作相同用途使用的土地利用人提供同等的保护或限制，也应从不同用途的需要出发为不同的土地利用人提供不同的管制要求。为此，笔者认为有的学者关于“将小产权房与大产权房区别对待侵犯了宪法规定的平等保护原则”的观点值得商榷。因为从土地的用途属性上看，小产权房其实并不具备与大产权房同等对待的基础条件。不同用途的土地应当适用不同的土地利用规则，商品房开发属于对土地的经营性利用，除经营性建设用地外，无论是农用地、生态用地、甚至建设用地中的保障性用地和公益性用地都不应当有进行商品房开发的资格。同时，笔者也认为立法禁止所有集体土地的商品房开发有欠妥当，因为集体的经营性建设用地理应与城市经营性建设用地一样获得一定的商业性开发利用的权利。

（2）合理差别：比例合理或补偿合理。合理差别即“根据实质上的平等原则，在合

① 德国在日益增加的财产权侵害案件中，发现了合法的公用征收与违法的国家赔偿间的漏洞，提出所谓“违法无责”的概念，进而建立了类似征收侵害制度，开始承认人民对于国家违法无责财产权侵害的补偿请求权。在1952年BGHZ6，270判决中，德国联邦法院明确指出：“在这些事例中，房屋安置措施并未符合住宅法的规定，而是一个逾越一般法定控制权限，且为相对人带来一个特别的、与他人相较之下乃不平等牺牲之特别侵害——该侵害与征收均无二致，且该侵害实际上的效力赋予关系人一个特别牺牲时，则应如同征收一般地来处理此种侵害”；在1981年的湿彩石判决中，原告因其采矿权在1960年及1967年水利法公布后被剥夺而提起征收补偿的请求，德国联邦最高法院认为水利法之规定已超出社会义务，故判决原告拥有一个类似征收侵害之补偿请求权。

② 美国司法中大量关于管制准征收的判例，既是对比例原则的适用，也是对平等保护原则的适用。笔者以为，对我国来讲，更应当从“平等保护”的视角去关注这些判例对我们的借鉴意义。

理程度上所采取的具有合理依据的差别"[①]，"合理"是对"差别对待"的内在要求，它应当内含两个基本要素：一是差别程度的合理，这要求立法给予弱者更多的保护以确保强弱之间适当的比例平等；二是在差别程度过于悬殊的情况下的补偿合理。从合理差别分析，笔者认为，集体的宅基地和公益用地的利用虽然理应首先满足其"生存保障性"或"公益性"的功能需要，因而建立与经营性用地不同的用地规则，但完全禁止其向商品房使用的流转却未必合理。随着城市化的进程，当农村常住人口减少而有条件适当流转农民自用住房，或者当集体公益性建设用地具备适当减少的条件，建立并逐步完善保障性、公益性与经营性建设用地之间的土地用途转用机制才是更合理的选择[②]。同时，更值得关注的是，土地资源因其不同的自然条件及不可移动的特点，土地利用必须强调"适宜性"，因而一些在自然条件上适宜农耕或生态保育，或在区位条件上适宜建设公共设施的土地必须被强制用于这些比较利益低的用途，对于因这种先天条件而谋受"特别牺牲"的土地使用权人，或者因毗邻"公共设施"、"生态用地"而获得"特别受益"的土地使用权人，还必须设计合理的差别课征与补偿机制来平衡基于先天土地条件而产生的利益差别，否则管制的正当性无疑将大打折扣。

（二）土地用途管制的形式合宪性要件

按美国凯茨博士的观点：任何有意义的宪政概念必须考虑到"合法性"（国家权力、公共政策和法律的合法性）和"同意"（人民对政府及其行为的承认与赞同）[③]。如果我们把"合法性"理解为宪政的实体要件，"同意"则代表宪政的程序要件，是政治行为应遵循的宪法正当法律程序原则的彰显。

将同意作为规范标准，以评估合意的公共政策，有如下理由：首先，它是基于受政策影响者对政策的价值判断而不是其他人的判断；其次，要在政治上实施政策，必须取得同意。同意并不意味着该项政策使每一个人都受益。从罗尔斯的观点看，如果每一个人都能超越自己的私利，它们就会同意建议。但不能就此为止，这样认为的人，还要让别人相信这是真的。所以，同意概念是一种工具，用以说明建议的好处，最终取得别人的同意。支持某一政策的人，不能说该政策是合意的，就期望该政策得以实施。为了取得支持，必须说服别人。一个人可能支持某一合意的政策，因为它保护了个人的自然权利，或者从功利主义观点看它促进了社会福利，或者人们超越了自己的私利就会同意，但不管如何，要把一个提议真正变成现实，提议者必须取得别人的同意。在现实世界，同意是社会选择的最终标准[④]。

"同意"即是社会选择的最终标准，而任何对于财产权的管制，归根到底其实都是一种资源分配的选择决定，因此，笔者以为，在分配决定作成前，赋予受影响的人民充分的参与机会，并满足其实质参与的要求，实是正当化资源分配结果的不可或缺的要件。对土地用途管制制度而言，从政府角度观之，由于财产权人对于自身拥有的土地状况往往最了解，政府在做成决策前，有借重的必要，才能作出正确的判断；且正当法律程序的践行，

---

① 林来梵著：《从宪法规范到规范宪法》，116页，法律出版社，2001。

② 中国社科院发布的2009年《农村经济绿皮书》指出，农民住房空置率已经高达30%左右，而农民的宅基地事实上已进入市场，"小产权"与"大产权"的区分意义已经不大，相关政策应及时做出。

③ 李龙著：《宪法学基础理论》，143页，武汉大学出版社，1999。

④ 陈舜著：《权利及其维护——一种交易成本观点》，227页，中国政法大学出版社，1999。

也能增加人民对政府的接受程度，降低执行的阻力，减少事后的纷争。正如有学者提到的，政府没有力量让人民做任何政府想做的事。政府有能力使用强力，但这取决于可维持多少武力，以及能调动多少武力去迫使人民按政府希望的方式行事。如果政府希望人民所行的事没有取得人民的普遍支持，迫使人民行动的资源可能超出任何政府的能力范围。事实上，任何政府的存在，主要决定于人民的自愿依从或承认的程度。当人民视政府的要求为合理时，治理就较易实现。因此，确保政府的管制行为得到“公意”的认同，能降低政府管理和执行的成本。另外，从财产权人角度观之，若能影响政府决策，使得政府作成对其有利的管制，或是减轻对其的限制，比听凭管制作成后再起诉请求政府补偿，实是有利许多。尤其在各国政府财政困难，人民请求补偿不易的事实下，有效的财产权保障更须仰赖管制前充分的程序保障。总之，正如陈端洪教授所言，“个人自由与公共利益的平衡点不是等待人们去发现的科学定律，而是利益各方在充分言说、争辩的过程中达成的妥协和共识”①。

五、结语

著名经济学家斯蒂格利茨曾经透彻地阐述了“政府为什么干预经济”，而事实上我们必须思考“政府凭什么干预经济”。在利益日趋多元的当今社会，一项管制政策要获得社会的普遍理解和遵守，不仅应具有效益层面的合理性，更应当寻求精神层面的正当性支持。从宪政角度分析，政府的土地用途管制权根源于共同体内实现“人性尊严”的需要与“社会国”的应有使命；而在中国既定的土地公有制的制度背景下，土地用途管制权的正当行使还必须能够确保国家所有权的有秩序许可转让与个人合理分享土地使用权，以实现个人自由与公共利益的平衡。由此观之，笔者认为国家对小产权房的简单禁止并不是一项良善的管制策略，不同用途的土地自当奉行不同的用途管制规则，农村经营性建设用地的商业性开发理应得到承认；而即便其他用地本不应具有商业性开发的资格，但也有必要在充分考虑客观经济背景和农户个人愿望的基础上，建立并逐步完善不同用途农村土地间的转用机制，尤其是集体建设用地内部保障性用地和公益性用地向经营性用地的转用机制，如此方能有效化解个人、集体与政府间的紧张与对立，确保我国房地产市场的健康发展与社会的和谐共荣。

① 陈端洪著：《宪政与主权》，248～250页，法律出版社，2007。

我国农地流转的法律障碍及其对策研究

吴太轩*

目　　次

一、问题的引入

农地流转即农村土地承包经营权的流转，即在保持土地的农业用途的基础上，拥有土地承包经营权的农户将土地经营权（使用权）转让给其他农户或经济组织的行为或过程，即保留承包权，转让使用权。① 由于农地流转能带来集约化经营，提升农业生产的效率和效益，有利于农业生产领域的资本投入，提升农业经济的抗风险能力，可以有效降低农业经济市场化和国际化进程中的交易费用，② 还可以加快我国的城市化步伐，因此，现阶段党和政府非常重视农地流转工作，农地流转进程也在不断加快。比如，2006 年全国农地流转面积是 5551.2 万亩，占家庭承包耕地面积的 4.57%，比 2005 年增加了 1.5%；2007 年，全国农村土地承包经营权流转总面积达 6372 万亩，比 2006 年增长 14.8%，占家庭承包耕地总面积的 5.2%；2008 年，全国土地承包经营权流转面积已达 1.06 亿亩，比 2007 年增长 66%，占承包耕地总面积的 8.7%，2009 年全国农村土地承包经营权流转面积已达 1.5 亿亩，超过全国承包耕地面积的 12%，③ 2011 年 8 月全国农村土地承包经营权流转总面积达 2 亿亩。④ 虽然我国目前农地流转进程明显加快，规模不断扩大，但是在农地流转进程中也暴露出流转操作不规范、损害农民利益的现象比较严重；农地流转机制不健全，流转缺乏有效的监督、管理；土地流转价格不合理，流转期限较短等问题。这些问题的存在与当前的农地流转法律制度的不完善有着密切联系，因此，我们必须通过反思当前农地

* 西南政法大学经济法学院副教授，硕士生导师，法学博士。

① 参见黄春滚、胡蓉：《从土地租金入手浅议土地流转问题》，载《中国物价》2009 年第 10 期。

② 参见徐志仓：《从土地流转看我国农业的第二次改革》，载《农村经济》2009 年第 11 期。

③ 参见杨光：《全国土地流转面积和流转率同创新高》，载《农药市场信息》2011 年第 1 期。

④ 《全国农村土地承包经营权流转总面积达 2 亿亩》，载《证券时报》2011 年 8 月 15 日。

流转法律制度，探究我国农地流转的法制障碍，提出一些制度完善建议，促使我国农地流转市场朝着规范、健康的方向有序进行。

二、我国农地流转的法制障碍

（一）我国当前有关农地流转的主要法律规定

我国目前规范农地流转的法律、法规主要有《宪法》、《民法通则》、《土地管理法》、《合同法》、《农村土地承包法》、《农村土地承包经营权流转管理办法》、《农业法》、《物权法》等。其中，2002年8月通过的《农村土地承包法》第二章专设一节“土地承包经营权的流转”，比较详细地规定了通过家庭承包取得的农村土地承包经营权流转的法定方式、各类流转方式发生的前提条件、各流转方式的具体程序、流转的原则、流转合同、土地权利因流转而发生的变动方式及效力、流转补偿等内容。2005年3月1日起实施的《农村土地承包经营权流转管理办法》则是对《农村土地承包法》有关农地流转相关规定的具体化和补充化，针对农地流转方式、流转合同的签订以及土地流转管理作出了较《农村土地承包法》更为详细、明确的规定。2007年3月通过的《物权法》将农村土地承包经营权定性为用益物权，规定了土地承包经营权流转的方式和土地承包经营权互换、转让的权利变动方式，其基本上是对《农村土地承包法》相关内容的强调和补充。

从现行关于农村土地承包经营权流转的规范体系及其内容来看，《农村土地承包法》及其配套的部门规章主要是对经过相关农地政策实践的流转方式及其效力在法律上予以确认，为现实中已经存在的各类流转行为提供一个在法律上可以归类划一的行为模式。《物权法》则主要是将土地承包经营权的权利性质明确为用益物权，借此赋予了其物权变动的效力。因此，现行农地流转相关法律规范的立法目的在很大程度上是对现实中已经存在的流转行为和流转方式在法律上的稳定化，以法律规范的形式为将要发生及正在发生流转行为的当事人提供法律所认可的行为模式，以此形成规范的农村土地承包经营权流转秩序。①

尽管我国现行有关农地流转的法律规范对于促进、规范农地流转起到了较大的作用，但是，现行土地流转法律制度还存在一些不足之处。

（二）现行农地流转法律制度的缺陷

我国现行农地流转法律法规是建立在静态土地承包制度的基础之上，其立法的指导思想与当前的实践已有较大的差距，一些制度设计已失去其适用空间，造成了现行制度与实践的脱节。② 具体而言，现行农地流转法律制度存在以下缺陷：

1. 农村集体土地产权不明确

清晰的农村土地产权界定是农地合理有序流转的前提，但是，我国农村土地产权制度还存在所有权主体不明确、土地承包经营权不充分等缺陷。

（1）农村土地产权主体不明确。我国《宪法》第10条第2款规定：“农村和城市郊区的土地，除由法律规定属于国家所有的以外，属于集体所有；宅基地和自留地、自留

---

① 参见黄河：《试论农地政策与农村土地承包经营权流转保障法律制度的构建》，载《河北法学》2009年第9期。

② 参见王燕铌：《关于完善土地承包经营权流转制度的思考》，载《中共太原市委党校学报》2009年第5期。

山，也属于集体所有。”《土地管理法》第10条规定：“农民集体所有的土地依法属于村农民集体所有的，由村集体经济组织或者村民委员会经营、管理；已经分别属于村内两个以上农村集体经济组织的农民集体所有的，由村内各该集体经济组织或村民小组经营、管理；已经属于乡（镇）农民集体所有的，由乡（镇）农村集体经济组织经营、管理。”上述规定，表面上确定了除国家所有的农村土地，其所有权主体是农村集体，但实际上并没有确定具体的法定产权主体。谁是“集体”往往不太明确，现实情况是不仅存在生产队、村集体、乡镇集体等集体组织，而且农村经济合作组织、村民自治组织、党支部等都可以“集体”自居，这就容易造成土地权属边界的模糊，从而产生土地流转中权利和利益的纷争。

（2）承包经营权是一种不完全、不充分的物权，影响了土地流转。具体而言，承包经营权的不充分对土地流转的限制表现在以下两方面：

第一，对土地流转受让方身份的限制。目前土地使用权的流转一般限于特定的农村集体组织内部，《农村土地承包法》第48条规定：“发包方将农村土地发包给本集体经济组织以外的单位或者个人承包，应当事先经本集体经济组织成员的村民会议三分之二以上成员或者三分之二以上村民代表的同意，并报乡（镇）人民政府批准。”可见，非本集体经济组织成员受让集体土地承包经营权被作为例外受到了严格限制。这种对受让主体身份的限制造成土地承包权流转的封闭性，使土地承包权无法按照市场方式自由转让，对土地资源的合理配置制造了障碍。此规定在很大程度上限制了集体组织间在土地利用上的余缺调节，这不仅将对农村剩余劳动力的转移产生不利影响，也会使得农地流转很可能局限在一个个孤立的小范围内，以至培育出十分零散的农地流转市场，与我国农村经济体制改革的发展不相协调。

第二，对土地价值实现上的限制。随着社会的发展，财产权已由原来注重于对标的物的现实支配的具体权利，演变为注重于收取代价或获取融资的价值权。① 农村土地承包权作为一项财产权利，应当具有相应的融资功能，这一点在有关学者提出的土地他物权体系中已有包括。② 但在我国现行的制度安排下，农民无法对自己承包的土地使用权进行抵押贷款从而获得所需的资金。我国《担保法》规定农村土地承包权不准设立抵押权，后来通过的《物权法》也没有赋予土地抵押权，农民所拥有的土地使用权是一种不完善的产权，土地收益权不完整、不清晰，难以形成土地融资市场，抑制了土地的价值担保功能，限制了土地承包权价值最大化目标的实现。农民缺少资金及可靠的融资渠道，必将制约农地流转的进一步展开。

2. 土地流转机制不完善

（1）土地承包经营权的登记制度不完善。在农村土地承包经营权流转中，通过有关机关进行土地承包经营权的变更登记并颁发相应的权利证书，确认土地的承包经营权极为重要，它可以切实维护流转双方的权益，减少纷争。但我国农村土地承包经营权变动登记制度尚未建立，导致土地流转存在安全性隐患，使得土地承包权的稳定性没有保障。

---

① 参见马俊驹、梅夏英：《财产权制度的历史评价和现实思考》，载蔡耀忠主编：《中国房地产法研究》第1卷，125～131页，法律出版社，2002。

② 参见王利明主编：《物权法专题研究》，924页，吉林人民出版社，2002。

(2) 缺失相应的地价评估机制。若要实现土地这种特殊商品的有效流转，充分发挥市场的资源优化配置功能，必须建立相应的基准地价体系和地价评估机制。但是，我国目前还未普遍建立相应的农村土地价格评估机制，很多农民不清楚自己占有的土地到底价值多少，担心在流转中可能会利益受损，因而制约了农村土地的流转。

(3) 土地流转监管机制不健全。目前，对农地流转进行监管的主要是乡镇农经机构。但是，大多数乡镇农经机构管理体制不顺，职责不明，队伍不稳，无力对土地流转进行指导和管理。一些乡镇没有专人负责土地承包管理工作，对土地流转放任自流，流转行为无人监管，流转纠纷无人受理，影响了农地流转的顺畅进行。

3. 农村社会保障制度不健全

尽管《社会保险法》已经颁布并且生效，但是我国现有的农村社会保障制度仍不完善，土地对农民而言仍然具有生活保障功能。现阶段土地保障功能主要有二：一是养老保障；二是失业保障。因此，尽管当前耕种土地效益低，甚至无效益，但广大农民还是难以放弃土地，仍把土地作为最后的保障来源，这极大地阻碍了农地流转的顺利进行。具体而言，农村社会保障制度的不健全表现在以下几方面：

(1) 我国农民工社会保障制度的建立与实施还处在探索阶段，实践中还存在一些急需完善的地方。一般来说，农民工最基本的保障需要是有份工作可干，出了工伤、遭了意外、得了大病能够及时得到救治，老来有所养。而现行的城市社会保障制度根本无法满足农民工的上述保障要求。农民工社会保障制度的不足，极大地阻碍着农村剩余劳动力的转移，从而阻碍了农地流转的顺利进行。

(2) 农村最低生活保障制度有待完善。我国农村最低生活保障制度目前在减少农民面临的市场风险、生活风险，保障农村稳定方面作用甚微。其存在的问题主要有：第一，最低保障标准和低保对象的确定缺乏科学依据。目前我国许多地方的低保标准还不够科学，基本上是在原先特困救济标准的原则上，参照当地生活水平和财政负担能力制定的。有些地区认为农民多少可以利用土地自我保障，象征性地给点补助就可以了。这说明这些地方在制定低保标准时就给土地赋予了生活保障功能，其出发点就不利于农地流转的顺利进行。另外，农村低保资金多数由县级市（区）、乡镇两级财政和村共同负担。而我国县、乡级财政普遍存在困难，无力为农村低保提供足够的资金支持，使得低保标准非常低。在保障对象的确认方面，许多地方只是把传统的农村社会救济对象和个别贫困户作为低保对象，而将由于农产品市场竞争中生产经营不善而陷入困境的农民，以及由于企业不景气乃至关闭等陷入困境的农民工排除在外。农村低保标准低、覆盖面窄的特点，制约了农民进行土地流转的积极性。第二，最低生活保障工作缺乏法律保障和组织保证。我国农村最低生活保障工作虽然正在逐步纳入规范化、制度化的轨道，但整体上仍然没有超越行政指导的范畴，没有从立法上加以保障。同时，农村低保工作也缺乏组织保证。许多市、县民政局都没有专门的农村低保部门，农村低保工作均由救灾救济部门统一负责。农村最低生活保障制度的不完善，减少了农民应对风险的途径，强化了土地的社会保障功能，同时也导致了农地流转的不畅。

(3) 农村社会养老保险制度仍处于试点中。我国在探索建立新型农村养老保险制度的过程中虽然进行了巨大的努力，但由于经济发展条件的限制和其他多方面的原因，至今仍没有取得重大突破，尚未建立适应城乡统筹发展的农村社会养老保险制度。目前，农村养老保险制度主要存在以下问题：第一，农村养老保险资金来源单一。农村社会养老保险实行“个人缴费、集体补助和政府补贴相结合”，然而由于经济发展的滞后，造成一方面农村集体经济薄弱，不能为农村养老保险提供足够的资金支持，集体补助难以到位；另一方面地方财力不雄厚，难以全面为农村养老保险基金融资。这就造成了实质上的农村养老保险资金的单一渠道——农民个人缴纳。第二，基金管理不到位，其表现在：一是基金运行管理有欠科学性，目前农村养老保险基金处于属地分散管理的状态，以县为单位的分割管理的小规模基金难以进行多样化投资；二是基金运行形式单一，农保基金增值主要是靠存入银行和购买国债，易受利率下降影响，导致养老基金负增长；三是县级财政不保底，农村养老保险机构办公经费支出侵蚀了部分养老保险基金。我国现行农村养老保险制度存在的上述问题，致使农民养老仍主要靠家庭收入，由于农村家庭收入具有不稳定性，必然使农民将最后的保障线压在土地上，最终阻碍的仍是土地流转。

4. 土地流转纠纷解决机制不通畅

首先，在行政救济方面，不少地方的土地流转是在政府主导下进行的，有的地方政府甚至充当土地流转的“经纪人”，政府这种既当球员又当裁判的角色大大削弱了政府调处土地流转矛盾纠纷的功能，甚至因不能及时化解而导致土地流转矛盾纠纷的升级。其次，在司法救济方面，由于在适用法律过程中，存在着程序复杂、用法成本过高的现象，农民难免会受到“畏讼”、“惧讼”心理以及担心行政干预等因素影响。此外，民间力量调处土地流转矛盾纠纷的能力也非常有限，使得一些农民因问题得不到解决而踏上漫漫上访路。① 正是由于上述土地流转纠纷解决机制不通畅，使得农民担心土地流转一旦出现纠纷无法有效获得救济，因而不愿意进行土地流转。

三、推进我国农地流转的法制建议

为了推进、规范我国的农地流转，推动土地适度规模经营，有必要进行制度完善和制度创新。具体而言，应从以下几方面着手：

（一）明确农村土地权利

在中国这样一个不太重视产权，没有维护产权习惯的国度，只有确立土地财产权的法律依据，才能保证农业资本的扩张和积累，才能获得农村社会发展的永久动力。据此，政府应完善土地流转相关立法，对土地确权。②

1. 明确集体土地所有权归属

土地流转涉及土地权益的分配，政府作为制度供给者应从促进效率、保证公平的角度出发，明确集体土地所有权归属，解决农村集体土地所有权“虚化”问题，赋予农村土地权利人完整的权能。③ 按照我国相关法规和农村实际情况，应当确立村民委员会作为集体土地所有权主体代表。理由如下：第一，虽然目前我国农村土地的80%掌握在村民小组手里，但村民小组这个农村最基层经济组织存在着组织分散、实力薄弱、构成单一、管理水

① 参见肖富义：《论土地流转中农民救济机制之建构——基于法律视觉的考察》，载《西南农业大学学报》（社会科学版）2009年第5期。

② 参见党国英：《用“永包制”解决农村土地问题》，载《新京报》2008年9月5日。

③ 参见赵伯艳：《集体土地流转中的政府职能重塑》，载《云南行政学院学报》2009年第5期。

平低下等一系列问题，将我国农村土地所有权主体代表定位于村民小组，显然不利于农村土地市场的健康发展和规范管理，更不利于农业基础设施统一建设和管理，因而不利于农村社会经济的发展。第二，村民委员会是农民民主选举产生的基层组织，在农民中间享有较高的威信，能够代表农民的共同意愿独立行使权力，承担民事责任。村民委员会作为具有独立地位的法人实体，可以在法律规定的范围内享有对土地的占有、使用、收益或处置权，可以通过土地的发包、出让、出租、入股、抵押等实现其所有权。

2. 强化农民的土地承包经营权

要使农民在土地上的权利在土地流转过程中得到充分体现，必须明晰土地使用权的产权界定，使农民享有土地使用权流转的决策权。具体而言，可以通过以下立法予以完善。

（1）明确界定土地使用权主体的权利范围。在市场经济条件下，土地使用权是一项相对独立和完整的财产权利。只有确立土地财产权的法律依据，才能保证农业资本的扩张和积累，才能获得农村社会发展的永久动力。法律应保证任何组织和个人不得以任何方式非法侵蚀农民的土地使用权，应保证农户通过承包、受让等方式获得土地使用权后，相应拥有对土地的占有、使用、收益和部分处置的权利；而且还可以依法从事有偿转让、转包、联营入股、贷款抵押等活动，实现土地资源的合理流动和优化配置。因此，可以通过制定《土地财产法》，或在《宪法》中明确农民对集体所有土地的承包经营权是一种财产权，即以合同契约形式取得的一种财产权，在合同有效期内为农民所占有、经营、使用，其产品为农民所支配，在规定的使用期限内可以继承、再租赁、赠与、拍卖、抵押、入股，从而使农民的土地财产权在时间维度、空间维度、独立性和确定性上得到相应保障。

（2）应在《物权法》中增加土地抵押权款项，或者制定专门的《农村土地承包经营权流转法》，规范土地流转，并确定土地转入者的再次流转权。建议在稳定农村土地承包权 30 年不变的基础上，在符合法律规定和不改变土地的农用目的的情况下，以土地使用权抵押贷款融资的方式，使农民较为方便地获得急需的启动资金，发展农业或农村二、三产业，以此促进农地流转。

（二）健全农地流转法律机制

应该从以下几方面对农地流转法律机制加以健全：

1. 取消集体经济组织成员对集体土地使用权流转的优先权

我国现行法律规定了“在一定集体经济组织内农户的土地使用权的流转，在同等条件下，该集体经济组织内成员享有优先权”。故此处所讲的优先权，仅指依照家庭承包方式确定的土地承包经营权流转中的优先权，不包括依照其他方式获得的土地承包经营权流转中的优先权。由于在土地使用权流转中，要体现一种效益上的提高，这需要资金、技术的支持。如果局限于一定集体内，其在资金、技术上有很大的局限。因此，建议取消本集体经济组织内农户在土地流转中所享有的优先权，以实现土地资源的优化配置。

2. 限制土地流转的面积和次数

首先，各国基于各种考虑，一般都对土地使用权流转的土地面积进行限制性规定。在我国的土地使用权流转中，也应对土地流转的面积进行必要的限制：一方面对土地流转面积作最低限制，如果不进行最低限制，会导致农田碎化，不利于土地规模经营和农业产业化的发展趋势；另一方面要对受让方拥有土地的最高面积有所限制，在一定程度上抑制农村的两极分化。

其次，应该限制土地承包经营权的流转次数。为防止浪费土地资源，避免利用流转仅为渔利而非耕种，立法应对土地承包经营权的流转次数加以限制，避免土地被撂荒，对通过以出租、转包、入股等方式取得土地承包经营权之人，禁止其再将土地承包经营权流转。而对于通过转让、继承、互换方式取得土地承包经营权的，由于其实际上与土地所有权人之间有直接的法律关系，享有的土地承包经营权具有物权性质，因此，可以将土地承包经营权以法定的方式流转，但是对于通过转让的方式取得土地承包经营权后再转让的，除了为收回其取得该土地后的投入而适当加价外，其再转让的价格在扣除利息和通货膨胀因素后，不得超过其先前受让时支付的价格。此外，为了避免土地使用权流转下的投机行为，应规定土地使用权转入方在获得流转的土地以后的一定期限内不得自行转让。

3. 加强对农地流转过程的监督、管理

要加快农村土地流转的进程，解决流转过程中出现的许多不规范问题，必须扶持流转中介服务组织，建立土地使用权供需登记机制和地价评估机制，强化对农地流转的科学管理。各级政府不仅应该协助流转中介组织对流转土地进行评估、托管、储备、招商，还应健全相关制度，做好对流转土地的规划、调控以及协调管理，为搞活土地流转创造良好的外部条件。

（三）完善农村社会保障制度

由于健全的农村社会保障制度能够促进土地流转供给和需求的增加，因此，必须逐步将农村的社会保障由依靠土地转变为依靠社会和制度。采取“因地制宜，量力而行，形式多样，农民自愿”的原则，多渠道、多层次、多方式地兴办养老、医疗、生育、伤残等保险。① 逐步弱化土地的福利和社会保障功能，为土地转出者解决后顾之忧。② 具体而言，可以从以下几个路径着手：

1. 逐步建立与农民工相匹配的社会保障制度

在原有城镇居民保障制度的基础上，针对农民工的就业特点及保障诉求制定适合农民工的社会保障制度。受文化程度和技能水平的限制，大部分农民工就业形式只能是临时工或合同工，而且一般只能从事技术含量低的脏活、累活或险活。这使得农民工就业呈现出收入低、不稳定、流动性强、危险性大的特点。相应地，与农民工就业相匹配的社会保障制度就应该是给予进城农民工基本生活保障、失业保险、工伤保险、医疗保险、养老保险等相应的保险种类，且在保险缴费方面应该考虑农民工收入的低水平及不稳定性。农民工有了较为全面的社保，会选择留在城市里务工，而不返乡，农村土地方可长期流转出来。

2. 完善农村最低生活保障制度

根据我国农村最低生活保障制度的现状，目前主要完善以下三方面的工作：

（1）加强相关法制建设，建立专门的低保管理机构，以确保农村最低生活保障工作有法制保障和组织保证。

（2）在法制的规范下，确定科学合理的低保标准和对象。在此过程中，应排除弱化农村土地的社会保障功能，把失地农民和因农产品经营不善陷入困境的农民纳入保障对象。

---

① 参见江华、万本红：《中国土地政策目标的障碍与现实选择》，载《华南农业大学学报（社会科学版）》2004年第1期。

② 参见黄祖辉、王朋：《农村土地流转：现状、问题及对策——兼论土地流转对现代农业发展的影响》，载《浙江大学学报（人文社会科学版）》2008年第2期。

（3）大力发展县域经济，完善财政转移支付制度，确保实施低保必要的资金来源，逐步提高低保标准、扩大低保覆盖面。

3. 尽快完善农村养老保险制度

在总结农村养老保险试点阶段的经验教训的基础上，逐步完善新型农村养老保险制度。根据试点阶段存在的问题，当前的主要工作为：

（1）扩大“政府补贴”的范围和力度，改变农村养老保险金来源渠道单一的局面。由于各地在对农村养老保险的集体补助中缺乏一些硬性约束，在一些经济条件差的农村，普通农民很难享受到集体补助这一制度内容，无法享受到社会保障带来的好处，所以各级财政部门应按照财政收入比例来支持农村的社会保障，提高农民的养老保险待遇。各级财政部门应在新农保资金筹措中坚持政府财政和农民共同出资，并由财政投入为主要渠道，以个人缴费、集体补助、政府补贴为基础，家庭养老、土地保障以及社会救助等政策为补充，养老补贴与个人账户相结合的多方财政投入模式。①

（2）加强农村养老保险基金管理，使养老保险基金保值增值。农村养老保险基金的保值增值是农村养老保险事业发展的关键，要建立国家集中管理的养老保险统筹模式。对农村养老保险基金实行社会统筹，设立了全国性的基金管理专门机构，由国家统一收缴、统一管理和支付。为确保养老保险基金保值增值，降低投资风险，可以分比例、多渠道的方式进行投资，并尽可能地进行分散投资和投资组合，并建立较高层次的基金管理中心，组建一支懂金融、会经营的基金管理队伍，通过统一规范的管理和运作，达到基金最大限度的增值。②

4. 积极探索农村医疗保险新模式

我国实施新型农村合作医疗后，效果并不理想，因此，还必须探索农村医疗保险的新模式。我国农村医疗保险应该尝试提供种类多样、档次不同的保险品种，以满足不同收入水平的农村居民的保险需求，使社会保险体系尽可能地覆盖农村居民的大多数。并且，应该积极发展商业医疗保险，作为社会医疗保险的一种补充形式，满足那些对医疗保障有更高要求的农民的需求，这样更有利于完善整个农村医疗保险的体系。③ 将来可以设立针对农村地区的全国性保险公司，并建立一个与之合作的医疗服务网点，覆盖全国的大型现代化保险经营机构，专门负责农村医疗保险的保费征缴，险种的设计、销售、管理及推广，负责保险基金的投资和风险管理，国家对该保险公司应该给予政策上的扶持。④

（四）改革土地流转权利救济机制与纠纷处理机制

“有权利而无救济，等于无权利；有权利即有救济，有救济才有权利。”⑤ 为了切实保护农民的土地流转权利，推进农地流转进程，对发生在土地流转中的各种矛盾纠纷，要依法准确、及时、有效地给予解决。我国是一个经历两千多年封建统治的社会，相对而言，

① 参见张爽、库瑞：《浅谈新型农村养老保险制度的创新》，载《内蒙古农业大学学报（社会科学版）》2011年第3期。

② 参见袁笛：《“十二五”农村养老保险的挑战与思考》，载《人民论坛》2011年第20期。

③ 参见程媛媛：《浅议我国农村医疗保险制度改革及其法律完善》，载《学理论》2011年第34期。

④ 参见王银梅、刘语潇：《从社会保障角度看我国农村土地流转》，载《宏观经济研究》2009年第11期。

⑤ 参见廖永安、赵晓薇：《民事诉讼费用制度与司法公正关系考辨——兼论我国民事诉讼费用制度的立法缺陷》，载《贵州警官职业学院学报》2004年第3期。

普通百姓的民主和法制意识还比较淡薄，公民的法律知识也较为缺乏，尤其是对农民来说，通过诉诸法律来解决土地流转纠纷问题是一件难以接受和成本高昂的事情。针对目前土地流转纠纷处理中存在的司法救济成本较高，行政救济不通畅，民间救济力量薄弱等问题，各级部门应该改善针对土地流转的行政管理和司法救济的程序，建立专门的农村土地政策咨询和法律援助机制，以帮助农民和农村集体经济组织处理有关土地流转中的纠纷问题，依法保护农民的土地权益。在土地流转的行政管理方面，政府在引导村民委员会、村民小组或农户签订土地流转合同时，要向他们提供相关的法律服务，必要时可以聘请律师参与合同的签订，使签订合同的双方当事人在平等、自愿、公正的前提下签署合同，签订的合同内容尽量完善，对一些纠纷一旦发生将难以解决的问题，如终止、解除合同的情形、土地恢复原状的问题、遗留财产的处理、违约责任等，应作出明确约定，避免纠纷的发生，也便于纠纷发生后得到正确、及时的解决。在司法救济方面，针对土地流转纠纷案件涉及农民生存大计，大多数又涉及群体诉讼，矛盾容易激化，引发社会不安，加之案件判决后执行困难，因此判决并不是解决此类案件的最好办法，最好采用调解的方式。调解要在尽可能查明案件事实的基础上进行，要充分发挥农村基层组织的作用，有效利用其他社会资源，齐心协力，化解纠纷。① 调解如果成功，大多数案件能够当庭兑现执行，彻底解决流转纠纷。

① 参见陈斌、秦钢：《关于农村土地流转纠纷案件探讨》，载《法制与社会》2010 年第 2 期。

我国农村土地承包经营权流转法律问题探析

邵　华*

目　次

农村土地承包经营权流转是继家庭联产承包责任制以后，我国农村土地制度的又一次重大变革。当前，农村土地承包经营权流转还处于初级发展阶段，其进一步的发展壮大需要政府的农地流转政策、农地需方的诉求和农地供方的意愿。产权残缺、流转方式不统一、集体所有权主体的“缺位”、制度环境尚未完全建立是制约农村土地承包经营权流转的主要因素。为此，应构建农村土地承包经营权基本流转方式的法律规制制度、国家促进农业生产经营法律制度和农村（农民）社会保障法律制度为主要内容的法律体系，保障和推进农村土地承包经营权流转。

中国共产党十七大报告指出：“坚持农村基本经营制度，稳定和完善土地承包关系，按照依法、自愿、有偿原则，健全土地承包经营权流转市场，有条件的地方可以发展多种形式的适度规模经营。”加快农村土地流转，实行适度规模经营，是提高农业产业化经营水平和农村土地利用率、产出率的有效方式，也是深化农村综合配套改革，加快农村经济发展的基础，建设现代农业的客观要求和推进城乡统筹发展的关键。

一、农村土地承包经营权流转的内涵及法律特征

目前，我国在学术理论上对于农村土地承包经营权的内涵至今没有一个公认、明确的

* 我国台湾地区执业律师、更生保护会更生辅导员、台北地方法院调解委员、台北市政府调解委员、台北仲裁协会仲裁人、海基会法律顾问，西南政法大学经济法专业博士研究生。

表述。联系现实情况并结合《中华人民共和国物权法》（以下简称《物权法》）相关内容，笔者认为土地承包经营权，是指土地承包人依照法律规定和合同约定，以耕作、畜牧或者养殖等为目的，对国家或者集体所有的农业用地享有占有、使用和收益的权利。土地承包经营权流转，是指在农村土地所有权归属和农业用地性质不变的情况下，拥有土地承包经营权的农户将土地经营权转让给其他农户或经营组织的行为。

土地承包经营权流转具有以下法律特征：

1. 流转主体具有特定性。流转主体的特定性包括两方面含义：一是流转主体的特定性；二是受让主体的特定性。《中华人民共和国农村土地承包法》（以下简称《农村土地承包法》）第34条规定："土地承包经营权流转的主体是承包方。承包方有权依法自主决定土地承包经营权是否流转和流转的方式。"即流转的主体只能是承包方，包括发包人在内的其他任何单位和个人不得成为土地承包经营权的流转主体。另外，土地承包经营权的受让主体也应具有特定性，即受让主体须是具有农业经营能力的人，一般为农户。笔者认为，要求土地承包经营权在农户间进行转让，目的是尊重农村社区形成的相对稳定的利益格局与社会结构，避免土地价值潜力凸显之后引致农民之间利益纠纷的发生。

2. 流转的客体具有特定性、法定性。笔者认为，土地承包经营权流转的客体不能简单地认为是土地承包经营权。流转的客体应分两种情况界定：一是互换、转让等形式，土地承包经营权是流转的客体，它是整体发生了流转；二是除互换和转让外的其他形式，占有权能及附着于其上的部分收益权能和处分权能不发生流转，土地使用权是流转的客体，或准确地说，使用权能及附着于其上的部分收益权能和处分权能是流转的客体。对流转客体作出这样的划分，不仅具有理论意义，而且具有实践意义。

3. 流转的内容具有法定性。流转的内容也就是流转关系各主体间的权利、义务，及相应的法律责任。农户的土地承包经营权是一种支配权、对世权，其是否流转、流转的对象、流转的金额以及采取何种方式流转等问题都由承包方自主决定，享有自主权。在流转过程中，受让人所得到的只是用益物权，并且不得改变土地的用途。

二、农村土地承包经营权流转的主要方式

依据我国《物权法》第133条的规定和中国共产党第十七届中央委员会第三次全体会议通过的《中共中央关于推进农村改革发展若干重大问题决定》的精神，按照依法自愿有偿原则，允许农民以转包、出租、互换、转让、股份合作等形式流转土地承包经营权，发展多种形式的适度规模经营。具体地说，农村土地承包经营权可以采取以下几种方式：①

1. 转让，是指转让方（原承包方）在通过农村土地承包方式取得物权性质的土地承包经营权有效存在的前提下，在承包期限内依法将部分或者全部承包地上的物权性质的土地承包经营权转移给受让方（新承包方）的行为。为保障土地承包经营权人的财产权利和生产经营自主权，应当允许土地承包经营权在符合法律规定的条件下转让。担心允许土地承包经营权转让会导致土地兼并的现象并使农民失去基本的生产保障是没有必要的。一方面，可以通过立法限制土地兼并，如限制最高的土地拥有量以及农民对土地的最低拥有量

① 陈涛：《略论土地承包经营权流转机制》，载《知识经济》2009年第17期。

等来防止出现较大规模的土地兼并现象；另一方面，土地承包经营权转让不是土地所有权本身的转让，不会因此导致土地所有权的兼并，土地所有权仍然在集体手中，即便在使用权转让之后，集体也可以对承包经营权的受让人依据法律和合同的规定享有一定的权利，并可以对受让的承包经营权形成一定的制约。同时，取消转让农地使用权必须要发包人同意的条件。根据《农村土地承包法》的规定，承包人将承包合同转让给第三者须经发包人同意，这符合双务合同中债权债务概括转让或部分转让的特征，而不是物权转让的特征。基于土地承包经营权的物权属性，农户当然享有自主流转其物权性质的土地承包经营权的权利，无须发包方的同意。物权性质的土地承包经营权设立之后，依据法律和承包合同被赋予发包方身份的组织只享有承包合同的权利，而不能干涉他物权享有人的处分行为，除非合同这一设立行为不得转让土地承包经营权。

2. 互换，是指同一发包方的两个通过家庭承包方式取得有效的物权性质的土地承包经营权的承包方之间依法互相调换土地承包经营权的行为。农村土地承包经营权互换，属物权性质的土地承包经营权的让渡行为。

3. 抵押，对于农村土地承包经营权的抵押问题，一直以来在我国《物权法》的制定过程中存有争论。抵押是一种不转移抵押物占有的融资方式，抵押人在抵押期间仍可以占有、使用、收益。土地承包经营权作为一种物权具有独立的经济价值，这种经济价值就是交换价值，所以土地承包经营权应该成为抵押权的客体。以家庭承包方式取得的土地承包经营权部分可以作为抵押标的。诚然，以家庭承包方式取得的土地承包经营权不能全部作为抵押标的。因为，无论何种抵押贷款都存在债务人不能还本付息的可能。如果允许从家庭承包方式取得的土地承包经营权全部抵押，当土地承包经营人遭遇自然灾害或市场风险，不能按时履行债务时，则会导致土地承包经营权的全部移转。在这种情况下，势必危及土地承包经营人的生存。

4. 转包，是指转包方（原承包方）在通过家庭承包方式取得物权性质的土地承包经营权有效存在的前提下，在承包期内，在保留物权性质的土地承包经营权的情况下，依法将部分或者全部承包地上的债权性质的农村承包地的使用权转移给受包方的行为。《农村土地承包法》没有明确严格禁止土地的二次转包，为防止因多次转包而弱化权利人对土地的支配力，立法上应明确严格禁止土地的二次转包。另外，以转包的方式流转土地承包经营权，基于转包的现实意义，应当还原其在现实中的功能，并在物权法中规定转包时肯定受让人的物权权利，并要求进行登记，对未登记的则认为是出租。严格禁止土地的二次转包，是保证农村土地流转秩序，防止农村土地投机的重要措施。

5. 出租，是指出租方（原承包方）在通过农村土地承包方式取得物权性质的土地承包经营权有效存在的前提下，在承包期内，在保留物权性质的土地承包经营权的情况下，依法将部分或者全部承包地上的债权性质的农村承包地的使用权转移给承租方的行为。《农村土地承包法》应对出租的内容作进一步规定：第一，承租人不得再转租农地，为防止土地承包经营权多次出租而影响对土地的利用，避免多次转租而弱化土地承包经营权人对出租土地的支配力，法律应禁止转租；第二，租赁期内，土地承包经营权人转让该权利的，承租人在同等条件下，有优先受让权；土地承包经营权人的租赁合同对买受人继续有效。

6. 入股，是指入股者（原承包方）在通过农村土地承包方式取得物权性质的土地承包经营权有效存在的前提下，依法将农村承包地使用权入股从而取得股权的行为。《农村土地承包法》第 42 条规定："承包方之间为发展农业经济，可以自愿联合将土地承包经营权入股，从事农业合作生产。"此条规定用词不太科学。按法理与实践分析，为了保护农民的土地承包经营权，保证在公司破产时，农民的土地承包经营权不至于流失，这里的土地承包经营权入股是指承包方（即入股者）在保留物权性质的土地承包经营权的前提下，从物权性质的土地承包经营权中依法分离出来的部分权能（农地的使用权）转移给股份合作社的行为。因此，土地承包经营权入股是物权性质土地承包经营权保留下来的流转形式，股份合作社并不能取得物权性质的土地承包经营权，只能取得农村承包地的使用权。

7. 继承，是指承包方在通过农村土地承包方式取得物权性质的土地承包经营权有效存在的前提下，承包期内，在承包方最后一个家庭成员死亡，由最后一个死亡的家庭成员的继承人依法继承物权性质的土地承包经营权的行为。

8. 代耕，是指承包方在通过农村土地承包方式取得物权性质的土地承包经营权有效存在的前提下，依法将其承包地委托给第三人（即代耕方）暂时代为经营的行为。

9. 准占用，是指承包方在通过农村土地承包方式取得物权性质的土地承包经营权有效存在的前提下，当遇到国家处于紧急状态或者社会公共利益紧急需要的情况时，可以在紧急状态或者社会公共利益紧急需要期间，依法将承包地临时转移给国家或者国家指定的特定单位占用的行为。例如，《中华人民共和国草原法》第 40 条规定："需要临时占用草原的，应当经县级以上地方人民政府草原行政主管部门审核同意。临时占用草原的期限不得超过二年，并不得在临时占用的草原上修建永久性建筑物、构筑物；占用期满，用地单位必须恢复草原植被并及时退还。"

三、农村土地承包经营权流转的基本原则

1. 依法自愿原则：就是指土地承包经营权流转要严格地按照我国的法律进行；土地承包经营权人在行使他的流转权利时是根据自己的意愿、自主的，该原则体现了对农民权利的切实保护。

2. 有偿性原则：就是在土地承包经营权流转时，必须给予相对人合理的补偿，也只有实行土地承包经营权流转的有偿性原则才能进一步的发展农村，增加农民的收入。

3. 公开、公平、公正原则：这一原则要求土地承包经营权人在进行权利流转时遵循公开的原则，在进行交易时要体现公平原则，在签署流转合同时要公正。坚持这一原则的主要目的是保护当事人的利益。

4. 效率原则：它要求土地承包经营权在流转时要使土地的生产效应最大化，尽量提高土地的利用率、产出率，从而保障了农民的利益。

5. 坚持土地集体所有和土地农业用途原则：土地承包经营权流转的对象是承包方依法享有的土地承包经营权，不是土地的所有权，因此，土地承包经营权的流转不得改变承包地属于集体的所有权权属关系。农村土地承包经营权流转必须以不改变农村土地家庭承包经营的基础为前提，在稳定乡村集体的土地所有权、农户家庭承包经营权的前提下，实行土地使用权的流转。流转的土地不能转为非农业用途。

四、农村土地承包经营权流转的现实意义

1. 有利于完善家庭联产承包责任制，进一步解放和发展农村生产力。中国共产党第十一届中央委员会第三次全体会议以后，我国农村广泛建立起了家庭联产承包责任制，将土地包产到户，从此农民的生产积极性空前高涨，整个农村呈现一片生机勃勃的景象，受人民公社化所禁锢的农业生产力被释放出来，农业得到了迅速发展。随着农业经济的持续发展，土地家庭联产承包责任制也出现了制约农业进一步发展的问题。进入 20 世纪 90 年代以来，在我国农村普遍出现了农业生产和农民收入增长困难的现象，1997 年农民人均纯收入较上一年增长 4.6%，1998 年增长 4.3%，1999 年增长 3.8%，2000 年增长 2.1%，连续 4 年增幅下降。要想进一步提高农业单产，就应实行土地规模化、现代化、集约化经营，而土地流转便成为必然的选择之一。随着农村富余劳动力向城镇的转移，农村出现了大量闲置土地。通过土地的流转，既实现土地的集约化，又实现农业生产的规模化；既能降低农业生产成本，又有利于先进科技的推广和农业机械化的实行，从而提高农业产量和经营效益。同时，土地集约化可以促进农业产业化，产业化经营是农民增收的重要途径，分散的经营模式已不适应时代的要求，社会的发展需要在保护农民利益、稳定家庭联产承包责任制的前提下实行土地流转。土地流转是完善家庭联产承包责任制，进一步解放和发展生产力的客观要求，必然会为联产承包责任制注入新的活力。

2. 有利于转移农村剩余劳动力，加快城市化进程。人多地少是我国的基本国情，农业人口占了总人口的大部分，农村剩余劳动力向城市转移离不开推力和拉力。拉力有赖于农民工就业环境的整治，通过提高农业劳动生产率，走规模化、机械化和产业化道路，推动农村剩余劳动力向城市转移。土地承包经营权流转机制的出台，从农村内部推动了剩余劳动力向乡镇企业和城市转移。大量的农村劳动力进入城市，向非农产业转移，不但促进了农村土地的规模化经营，还促进了城市的发展，加快了我国的城市化进程。

3. 有利于科学合理配置生产要素，促进社会主义市场经济的发展。市场经济强调市场对资源配置的作用，如果没有生产要素的流动，那么我们的经济体制就不能称为市场经济。市场经济要求生产要素市场化，土地是一种基本的生产要素，其使用权作为特殊的生产要素进入市场、实现商品化经营是市场经济资源配置的基本要求。只有赋予农民对所承包土地的转包、抵押、转让等权利，才能实现土地资源与其他生产资料和人力资源的优化配置。土地流转是生产要素实现优化配置的要求，也是提高土地使用与生产效率、降低农业生产成本的重要手段。允许农民土地承包经营权流转，有助于科学合理配置生产要素，实现土地适度规模经营，提高农业综合生产能力，促进社会主义市场经济的发展。①

五、农村土地承包经营权流转所需的主要条件

我国农村土地承包经营权流转需要一定的条件，这些条件包括了农村土地承包经营权供方的、需方的以及政府的，关键是政府的农地流转政策、农地需方的诉求和农地供方的

① 杨长富：《促进土地承包经营权流转的思考》，载《当代经济》2009 年第 11 期。

意愿。

1. 制度安排对农地流转的许可。目前我国有多项法律赋权农户和农民集体组织进行农地承包经营权流转。我国《土地管理法》明确规定，土地使用权可以依法转让；农民集体所有的土地，可以由本集体经济组织以外的单位或者个人承包经营，从事种植业、林业、畜牧业、渔业生产。《农村土地承包法》中规定，国家实行农村土地承包经营制度；国家保护承包方依法、自愿、有偿地进行土地承包经营权流转；农村土地承包采取农村集体经济组织内部的家庭承包方式，不宜采取家庭承包方式的荒山、荒沟、荒丘、荒滩等农村土地，可以采取招标、拍卖、公开协商等方式承包；通过家庭承包取得的土地承包经营权可以依法采取转包、出租、互换、转让或者其他方式流转。并规定，土地承包经营权流转应当遵循平等协商、自愿、有偿的原则，任何组织和个人不得强迫或者阻碍承包方进行土地承包经营权流转；不得改变土地所有权的性质和土地的农业用途；流转的期限不得超过承包期的剩余期限；受让方须有农业经营能力；在同等条件下，本集体经济组织成员享有优先权等。我国《农村土地承包经营权流转管理办法》对农村土地流转当事人、流转方式、流转合同、流转管理等都作了明确具体的规定，为我国农地流转提供了法律和制度上的保障。

2. 农民的意愿和能力。农民是农村土地流转的当事人。当前我国农村实行的“家庭承包经营为基础、统分结合的双层经营体制”，是赋予农民长期土地使用权的制度。我国《农村土地承包法》明文规定，农村和城市郊区的土地，除由法律规定属于国家所有的以外，属于农民集体所有；宅基地和自留地、自留山，属于农民集体所有。农民集体所有的农村土地实行农村土地承包经营制度；农村土地承包后，土地的所有权性质不变，承包地不得买卖；任何组织和个人不得剥夺和非法限制农村集体经济组织成员承包土地的权利；承包方的土地承包经营权，任何组织和个人不得侵犯。这说明，农村土地是农民集体的，承包地是承包农户的，农民集体土地与农户承包土地是否流转，必须由农民集体组织以及农户来决定。农民集体组织和农户是否流转土地承包经营权，又取决于他们对土地的控制欲望、土地开发经营的利益比较、工商业的就业机会、社会保障制度的保障程度、农地流转的规范程度以及农民集体组织和农户的判断和处事能力。农民愿意流转自己土地承包经营权，主要是基于土地流转有利可图、有信誉保证、有规范便携的流转手续、有维权法律保障，土地流转后有就业门路、有长远稳定的社会保障。

3. 农村土地承包经营权需方及其行为。农村土地承包经营权的需方，是希望获得流转农地承包经营权经营农业的当事人，即农村土地承包经营权流转的受让方，他们“可以是承包农户，也可以是其他按有关法律及有关规定允许从事农业生产经营的组织和个人”。社会对农村土地承包经营权的需求，是农户土地承包经营权得以流转的重要条件。在发达地区农村土地承包经营权流转情况比较多见，主要原因是这些地区存在大量需要流转农地承包经营权的个人、企业或团体，如农村经济能人、农业专业户、农民专业合作社、农业龙头企业等，他们需要土地进行农业开发。农村经济能人、农业专业户、农民专业合作社、农业龙头企业对农地承包经营权的需求及其对农户的劝导、利诱和信誉保障等，有助于促进农户农地承包经营权流转。

4. 农地流转的切实利益[①]。如前所述，农民流转承包土地经营权，主要是期望从农地流转中获得实物租金、转包费、管护以及提高地力等利益。目前无偿的土地流转虽有存在，但并不普遍，尤其是向农业龙头企业、农民专业合作组织、非本村农业经济能人的流转。因此，保障农民农地流转权益，让农民真正得到农地流转的实惠，是确保农村土地承包经营权长期流转的重要条件。我国《农村土地承包经营权流转管理办法》中已明确规定，承包方有权依法自主决定承包土地是否流转、流转的对象和方式。任何单位和个人不得强迫或者阻碍承包方依法流转其承包土地；农村土地承包经营权流转收益归承包方所有，任何组织和个人不得侵占、截留、扣缴；受让方将承包方以转包、出租方式流转的土地实行再流转，应当取得原承包方的同意等等，为保障农民流转农村土地承包经营权利益提供了法律依据。

5. 工作机会与社会保障。农村土地承包经营权流转与社会提供的就业机会和农村社会保障密切相关。一方面，对青年一代农民而言，他们对农地的依赖远没有他们先辈那样强烈，他们中的许多人对承包地的经营是一种无奈的选择。如果城中有充分的就业和工作机会，将有助于这部分人出租和转包承包地经营权给善于经营农地的人和单位，以在获得工资性收入的同时，获得一份承包地经营权流转的利益。另一方面，农户经营小规模的农地虽然挣钱不多，但仍为衣食住行重要保障。如果农村有完善的社会保障让农户免于承包地经营权流转后的温饱顾虑，让其有稳定的经济来源，将有助于促进农户农地经营权的流转。[②]

6. 其他条件。第一，自然条件。一般情况下，经济发达、交通便利的地区，因农产品及其加工品输入输出比较便捷，农村土地承包经营权流转受让方更愿意选择。同时，这些地方工作机会比较多，农户通过流转农地经营权可获得更多的收益。农村土地承包经营权流转现象也多见于这些地区。丘陵、平原区与山区相比，因农业相对易于连片开发，农地流转相对较多。第二，辅助条件。主要包括农地流转供求信息、地方政府政策及其服务、地租与承包费等方面。通常，地租和承包费比较低，地方产业经济政策比较优惠，政府服务比较良好的地区，农地流转的情况比较多。[③]

六、目前我国农村土地承包经营权流转困境分析

1. 农民土地产权残缺。自建立家庭联产承包责任制后，农民拥有了土地的使用权、经营权和收益权，但却始终没有获得完整意义上的处置权和交易权，无法获得全部土地收益。这种残缺产权突出地表现在土地承包经营权流转的现行立法中存在的矛盾上。如《农村土地承包法》第37条第1款规定："采取转让方式流转的，应当经发包方同意；采取转包、出租、互换或者其他方式流转的，应当报发包方备案"。"经发包方同意"和"报发包方备案"有着本质的区别。对于后者基本上没有什么限制，而对于前者则受发包方的限制，发包方如果不同意则不能进行转让。而根据《农村土地承包法》第34条的规定："土

---

① 黄海：《农民土地财产权益制度保障研究》，载《湖南公安高等专科学校学报》2005年第2期。
② 叶欲惠：《关于农村土地承包经营权流转的若干理论与实践问题》，载《新西部》2009年第14期。
③ 曾艳华：《建立促进我国农村土地承包经营权流转的长效机制》，载《中国集体经济》2009年第19期。

地承包经营权流转的主体是承包方。承包方有权依法自主决定土地承包经营权是否流转和流转的方式。”从这些规定看，现行立法一方面规定可以自由流转，另一方面又要受到发包方的限制，条文之间存在矛盾之处。

2. 流转方式不统一。我国《农村土地承包法》规定可以采取“转包、出租、互换、转让或其他方式流转”，而对“其他方式”并没有作出明确规定。《农村土地承包经营权流转管理办法》规定可以采取“转包、出租、互换、转让或者其他符合有关法律和国家政策规定的方式流转”，并规定了入股的方式。但对实践中出现的许多其他流转方式，如反租倒包、抵押、继承等流转方式却未加以明确规定，致使流转方式杂乱不一，无法可依。

3. 集体所有权主体的“缺位”。《中华人民共和国土地管理法》第 8 条规定：“农村和城市郊区的土地，除由法律规定属于国家所有的以外，属于农民集体所有；宅基地和自留地、自留山，属于农民集体所有。”从中可以看出，土地除了国家所有以外就是属于集体所有，但现在一些集体组织实际上成了执行上级行政机关命令的工具，并没有发挥所有者的作用。同时，行政权力的过分干涉中间夹杂着行政人员和基层自治组织者本身的素质不高，造成流转出现了困难重重的局面。

4. 制度环境尚未完全建立。在实行“城乡分治”的情况下，城市相继建立了失业保险、养老保险、最低生活保障等福利制度，使城市居民的生活资料供给、就业处于国家的有力支持下；但现阶段，我国农村社会保障制度十分不完善，农村社会保障项目设置的供给量与农民对社会保障的实际需求量之间还存在巨大的差距，农民只能牢牢依附于土地，将土地作为最基本的生活保障以化解失业、疾病等风险。在这种情况下，农村土地承包经营权流转的市场化就略显苍白。①

七、农村土地承包经营权流转法律制度体系构建

从以上分析所揭示的相关理论及实际情况分析，比较全面、适合中国现行农村和农业发展现状并能契合国家在相当一段时期内农业产业政策目标的农村土地承包经营权流转法律制度应当由三部分具体法律制度构成：

1. 农村土地承包经营权基本流转方式的法律规制制度。即具体规制农村土地承包经营权流转各种行为及其所产生的社会关系为内容的系列法律制度。该制度的构建是“农村土地承包经营权权利认定规则”及“农村土地承包经营权流转方式规则”等基础规则的法律化。该法律制度主要以现行的《农村土地承包法》及其配套规章中所规定的几种法定流转方式为主要规制对象，针对农村土地承包经营权流转现实中所反映出的运行效果和规范“漏洞”或“空白”，进行相关流转法律规范的完善和重构。制度建设的重点应在于：对流转各方权利义务的分析和完善、对流转程序必要的补充、对流转法律关系结束后地上附着物的归属和相应补偿等具体事项的处理、对流转过程中各类型纠纷的解决规则等方面。在这部分法律制度建设中，应当充分尊重大部分农户农村土地承包经营权的流转现实和目的，不能完全以所谓“法律理性”取代农户的经营经验，更不能将仅在局部推行效果较好的流转行为模式不考虑实际情况强行推广，这样才能使构建后的法律制度为广大农户

① 张庆华著：《土地物权疑难法律问题解析》，95 页，法律出版社，2007。

所接受和运用，实现其法律规制的效率的最大化。综观各地农民实际情况可知，有相当一部分农户流转农村土地承包经营权的直接目的并不是参与农业产业化经营，而是在兼业的情况下，既想保有农村土地承包经营权又不致使农地撂荒，因此他们多选择一些不定期限，程序简便，并能及时收回农地的流转方式，对于农民间普遍存在的实际操作现象，不能简单地以其不符合未来农业生产标准化、规模化、产业化的趋势为由，一概否定并在法律制度上不设置相应的规制措施。为了保障相关法律制度设计的实用性，理性的做法应该是在该部分法律制度建设中，适当体现这种现实，将普遍存在的农户在兼业时流转农村土地承包经营权的目的和行为在法律上予以确认，并在规范设计时想得更全面一些，将实践中可能发生的各种纠纷都设置相应的处理规则。

2. 国家促进农业生产经营法律制度。该法律制度构建的主要目的在于消除前述阻碍农村土地承包经营权流转的消极因素，从根本上促进农村土地承包经营权的流转，即通过国家促进行为提高农业产业的比较利益，提升农村土地承包经营权的市场价格，促使形成较完善的农村土地承包经营权市场。这一部分制度应当是“国家扶持、保护农业发展”这一新时期农业产业政策理念最直接和最全面的法律实践，所具体设计的促进制度类型应当是代表了现行条件下，国家所可能发挥扶持和保护功能的具体领域及国家所能采取的各种具体扶持方式。从既存的国家保护和促进农业发展的政策及法律和基于农业的弱质性而为世界各国所共通采取的扶持措施出发，这一部分所设计的具体法律制度主要应包括国家投资农业生产经营法律制度、国家补贴农业生产经营法律制度、政策性农业保险法律制度、农业科技推广法律制度、农民职业教育和职业培训法律制度和农地金融法律制度。

3. 农村（农民）社会保障法律制度，目的在于通过相关农村社会保障法律制度的建立，弱化或者减轻长期以来承载于农村土地承包经营权上的社会保障功能，使其经济功能凸显，以减少农户流转农村土地承包经营权后所担心的失去生存权基础的后顾之忧，主要内容包括：农村新型合作医疗法律制度、农村养老保险法律制度、农村最低生活保障法律制度等核心制度类型。①

八、结语

“三农”问题已经成为制约我国经济长足发展的关键因素，如何更好地发展农村经济，促进“新农村”建设，加快实现我国城乡经济社会一体化格局，是值得我们深入研究的课题。农村土地承包经营权流转法律制度的构建和运行成为实现农村经济市场化，促进农村经济产业化、规模化发展的制度保证，亦是提升农业生产力，增加农民收入的重要突破口。为此，我们应当认真分析当前土地流转中存在的问题，完善土地流转方面的法律制度，更好地发挥土地的经济和社会价值，造福中国农民。

---

① 黄河：《试论农地政策与农村土地承包经营权流转保障法律制度的构建》，载《河北法学》2009 年第 9 期。

人才培养

我国法律人才分类培养模式的实践与完善

——以西南政法大学研究生分类培养为视角

陈　志[*]　牟显华[**]

目　次

人才强国战略作为一项国家的重大战略，有着丰富而深刻的科学内涵。人才强国战略的提出和实施，为中国人力资源开发提供了思想保证、组织保证和制度保证，是改革开放30年来中国经济社会科学发展鸿篇巨制中的一个壮丽篇章。法律人才作为建设社会主义法治国家的栋梁之才，对其培养，国家也给予高度重视和关怀。本文拟从法律人才分类培养模式的定位出发，以西南政法大学研究生分类培养的实践为视角，借鉴经验，提出问题，探寻完善之思路。

一、法律人才分类培养模式定位分析

（一）法律人才分类培养模式的内涵

法律人才是建设法治国家的第一资源，法学教育在民主法治建设中具有基础性、先导性的重要战略地位，因此，中国的法治化进程和司法改革能否走向可持续的健康发展轨道，从一定意义上讲取决于法学教育的改革和发展，取决于法律人才培养的数量和质量。法律人才的培养工作是一个系统的工程，是一个由高等法学教育制度、法律职业素养教育制度、统一司法考试制度和统一法律职业技能培训制度等子制度所构成的相互衔接的、一体化的法律人才宏观培养模式。

“模式”在现代汉语词典里的基本词义是“某种事物的标准形式或使人可以照着做的

---

* 西南政法大学副教授，硕士生导师，韩国东亚大学博士研究生。
** 西南政法大学经济法专业硕士研究生。

标准样式”。[①]“人才培养模式”是一定教育机构或教育工作者普遍认同和遵循的关于人才培养活动的实践规范和操作样式，它以教育目的为导向、以教育内容为依托、以教育方法为具体实现形式，是直接作用于受教育者身心的教育活动全要素的总和和全过程的总和。[②]而“分类培养”，则是指根据社会发展对不同层次人才的需求，及依据各学科间的差异性，将受教育者分为各种类型进行区别教育的培养方式。

综上理念，法律人才分类培养模式应当是中国教育分类培养整体中的一个分支，其内涵为：按照一定的培养标准将法科学生分为不同类型分别进行教育培养的一种法学教育方式。

（二）法律人才分类培养模式的沿革

法律人才是建设法治国家的高素质人才，法学教育在中国教育系统中占据着重要的地位。法学教育在经历了几轮沉浮之后，逐渐步入正轨，呈现多学科、多层次的繁荣之势。《中华人民共和国宪法》第5条明确规定：“中华人民共和国实行依法治国，建设社会主义法治国家。”法治是指依照法律治理国家的治国思想、治国方式和社会秩序、社会状态。[③]建立法治国家离不开对法律人才的教育和培养。

我国法学院校在“文化大革命”时期遭受了很大的冲击，党的十一届三中全会之后，中央明确提出恢复法律系，培养司法人才。1977年，北京大学法律系、吉林大学法律系、湖北财经学院法律系率先恢复招生；1978年，西南政法学院和中国人民大学法律系恢复招生；1979—1981年，一些综合大学和政法院校陆续恢复或重建。到1983年年底，全国已有31所综合大学恢复设立了法律系或法律专业。[④]

1996年我国试点招收法律硕士研究生为法律人才分类培养的类型细化探出一条新路。法律硕士的培养旨在为政法部门及社会其他部门输送大批较高层次的应用型、复合型法律人才。2009年我国法硕专业已面向法学本科毕业生招生。从2010年起，全国正式统招。这是继法学硕士（学术型）、法律硕士（复合型，非法学）、法律硕士（政法干警试点班）后设立的第四类硕士研究生——法律硕士（专门型，法学）。这次突破性变革，预示着新法硕将成为我国未来职业化高级法律人才培养的有力渠道，形成了我国法学教育中四类硕士研究生交融互补、共同发展的局面。

法律人才分类培养模式与因材施教的传统教育思想及全面推行素质教育的现代教育理念是一脉相承的。因材施教是教育者根据不同学生的认知水平、学习能力以及自身素质，选择适合每个学生特点的学习方法有针对性地实施教学。分类培养正传承了因材施教这一教育思想。另外，分类培养也契合全面推行素质教育的现代教育理念，因为分类培养提倡的多学科共同发展、多层次教学等内容与素质教育所推崇的全面发展理念在逻辑上是一致的。

我国研究生分类培养模式仍在不断探索和构建之中，根据教育部2009年的数据，我国参与专业学位教育的院校总数为431个，占我国博硕士学位授权单位总数的60%。近年，国家进一步加强对专业学位教育的扶持力度，从2009年开始，大部分专业学位授权

① 参见中国社会科学院语言研究所词典编辑室著：《现代汉语词典》，961页，商务印书馆，2005。

② 参见魏所康著：《培养模式论：学生创新精神培养与人才培养模式改革》，24页，东南大学出版社，2004。

③ 付子堂主编：《法理学初阶》，263页，法律出版社，2005。

④ 参见司春燕：《法学教育60年的历程考察与展望》，载《中国石油大学学报（社会科学版）》2009年第5期。

点面向应届毕业生招收专业型研究生。2010 年，推荐优秀应届本科毕业生攻读专业型研究生制度开始实行，并在今后逐步增加专业学位推免生的数量和比例。我国研究生分类培养模式的逐步建立，为我国法律人才分类培养模式的发展打下了坚实的基础。

（三）法律人才分类培养模式的价值

1. 分类培养是学生个性发展的需要，体现了差异性原则

分类培养符合学生本位的教育价值观和个别性要求，即不同学生兴趣爱好、专业背景和自我发展需求不同，能力构成存在较大差异，研究生教育要满足个体需求，尊重特殊性，为每个学习者提供真正有助于个性解放和成长的教学方法，促进学生身心的全面发展。根据维克多·费罗姆的期望理论：激励 = 效价 × 期望值，若目标高于可能不但没有作用反而适得其反，要达到激励效果，就必须提高效价和期望值，而分类培养就是根据学生的个体差异确定适当的培养目标，使每个个体经过努力后能实现自己的目标，达到最佳激励效果，实现成才的愿望。

2. 分类培养根据社会的多元化需求进行培养，体现了适应性原则

研究生教育作为一个社会系统，其重要特征之一就是环境适应性。一个系统要能生存和具有活力，就必须适应外部环境的变化，也就是说，能够根据外部环境给予的刺激及时调整和作出反应。① 当前研究生教育最重要的环境变化之一，就是高等教育系统的大众化及其带来的多样化的教育需求。欧美国家在 20 世纪六七十年代经历的高等教育大众化过程中，随着系统的扩张，无不呈现出机构的多样性、组织的复杂性和学术的差异性等显著特征。随着高等教育大众化时代的到来，法学教育的需求已呈现出十分丰富的多样化趋势。正如伯顿·克拉克所说，大众化教育，甚至普及化教育的完成与实施，不仅意味着学生人数的增加，而且还意味着有更多不同类型的学生。② 国外的发展历程证明高等教育的多样化是实现高等教育大众化的必然选择。

3. 分类培养注重学校特色和专业发展特性，体现了多样性原则

分类培养强调学校的个性特色发展和不同学科专业的特性要求，是对知识本位的价值观和内适质量要求的体现。③ 不同类型学校因其学术性、人文性和实践性不同，不同学科方向其发展特性各异，不可能按同一模式发展，也不能按同一标准进行检验。不同类型学校必须根据自身条件和发展需要进行正确定位，各有侧重；不同学科专业要根据其专业发展特性和内在规律进行建设，确定研究生培养的质量标准和发展要求，以利于高等院校的自我持续发展和学科专业的建设。

二、我国法律人才分类培养模式实施现状

（一）我国法律人才分类培养的格局

我国研究生教育主要有学术型和专业型两种学位类型，其中学术型学位是基本类型。学术型研究生的培养目标是为高校及科研单位培养教学人员、科研人员或储备攻读博士学

① 参见顾培亮著：《系统分析与协调》，75 页，天津大学出版社，1998。

② ［英］亨克尔等著，谷贤林等译：《国家高等教育与市场》，69 页，教育科学出版社，2005。

③ 参见肖敏：《建立研究生教育三维质量保证体系》，载《学位与研究生教育》2003 年第 6 期。

位的人才。专业型研究生的培养目标是为各行各业输送高水平实践型人才。具体到法学教育领域，可以大致分为法学硕士和法律硕士两种学位类型。法学硕士在我国法学教育中占据主要的地位，法律硕士是为了适应经济、社会高速发展而新设立的法学学位类型。法学教育在教育途径、法律人才类型、教育机构层次等方面呈现多样化的态势。其表现如下：

1. 教育途径和层次的多样化

20 世纪 80 年代，为解决当时法律人才青黄不接的问题，国家提倡多形式、多渠道、多层次兴办法学教育，逐渐形成了普通高校法律教育、成人法律教育、法律职业教育三足鼎立的格局。在此基础上产生了多样的人才培养层次，从专科到本科、双学士，再到研究生课程班、研究生班、硕士，最后到博士、博士后研究，一应俱全。

2. 法律人才类型的多样化

从事法律的人员大体分三类：一是应用类法律人才，主要指律师、法官和检察官；二是学术类法律人才，主要包括法律教师和法学研究人员；三是指法律辅助类技术应用人才，主要职责是辅助律师、法官和检察官工作。法律人才类型不同，培养模式就有差别。

3. 教育机构层次、水平的多样化

在我国从事法学教育的机构按实力和办学条件来划分有七类：一是实力雄厚，在国内外有一定影响的综合性大学的法学院，如中国人民大学、北京大学、武汉大学的法学院；二是开办多年有一定声誉专门的政法院校，如西南政法大学；三是兴办较早的财经、师范大学中的法律系（院）；四是民族院校中的法律系；五是工科、农科、医科、交通等专门性大学中的法律系；六是党校系统的法学专业（研究生）；七是地质、外语、林业、计量等专门院校新办的法律专业等。形式上都是法学院系或专业，但实际上学科建设、师资力量、生源层次、管理模式、教学水平、办学传统等各方面的条件却相差甚远。①

4. 人才市场需求的多样化

社会对法律人才的需求是多样化的，不仅需要学术类人才，还需要大量从事实际工作的应用类和辅助类法律人才。国家需要多种层次、多种类型、多种规格的人才。在就业竞争日趋激烈的今天，教育机构必须从市场需求的多样化出发，合理确定培养模式，发挥自身特色，使培养的学生更好地满足市场需求，避免“同质化”问题。

（二）西南政法大学研究生分类培养的特色

西南政法大学研究生主要分为法学硕士和法律硕士两大类。法学硕士的培养方向分为民商法、经济法、刑法、诉讼法、国际法、行政法、法理学等研究方向。法律硕士的培养类型分为四类：一是全日制法律硕士（非法学），学制为 3 年；二是全日制法律硕士（法学），又称专门型法律硕士，学制为 2 年；三是在职法律硕士，实行弹性学制，但学籍保留总时间不得超过 5 年；四是政法干警招录体制改革试点班法律硕士（以下简称政法干警试点班），学制为 2 年。

法学硕士研究生培养管理的总体目标是：培养思想政治素质高、遵纪守法，掌握本学科坚实的基础理论和系统的专门知识，能够创造性地开展科学研究工作或独立担负专业工作的高层次专门人才。

法律硕士专业型研究生培养管理的总体目标是：为社会输送德、智、体全面发展，并

① 参见时昌云：《法学教育特色人才培养模式研究》，载《教育与职业》2009 年第 20 期。

能适应立法、司法、行政、法律服务与法律监督以及经济管理、社会管理等方面需要的高层次法律专门人才。

政法干警试点班则采取法律硕士专业型研究生教育的培养模式，以法学本科及以上学历为起点，学制两年。在校期间安排一年的理论教学，一年的实践教学，其中，半年时间到实务部门实习。课程考试合格且论文答辩通过者，授予法律硕士专业学位。

由此，西南政法大学研究生分类培养形成了如下特色：

第一，在政法干警试点班培养方面探索出一条特殊的培养路径，为西部基层法院培养了一批业务骨干，使定向培养的优越性得以发挥。

第二，在课程设置方面，学校为法学硕士和法律硕士开设了差异性科目，并根据政法干警试点班学生进入实务部门不同的特殊性而分别设置法院班课程和检察院班课程，使教有所别，学有所异。

第三，在法律硕士毕业论文选题方面，学生可根据自己兴趣选择各部门法，并为法律硕士提供了包括案例分析、调研报告和理论性文章在内的毕业论文撰写类型供选择。

综上所述，西南政法大学研究生分类培养形成了法学硕士、法律硕士两大门类齐头并进，法律硕士专业奋起直追，各展优势、彼此交融的良好局面。

当然，西南政法大学研究生分类培养实践中也暴露出一些不容忽视的问题，一是部分教师对法律人才分类培养的认识不足，认为法学硕士生源质量较好，便于学位论文阶段的指导，对法律硕士的重视程度不够；二是培养目标显得宽泛，使得培养目的针对性不强；三是在课程设置方面，开设课程虽有形式差异而授课内容却大体雷同；四是导师辅导机制不够合理，法律硕士仅在论文写作阶段指定论文导师，彼此缺乏了解，不便于对学生的全面指导。

（三）我国法律人才分类培养模式的缺失

西南政法大学在研究生教育方面有经验也有不足，通过对西南政法大学研究生分类培养的考察，可以透视出我国法律人才分类培养模式的缺失。具体表现如下：

1. 忽视学生和社会需求，培养目标“宽泛化”

我国的学术型研究生主要是培养教师和科研人员，缺乏实践和应用能力；而专业型研究生的培养大多采用传统的学术型培养模式，造成学生专业实践能力没有得到培养。学校制定的培养目标与学生个体发展的需求和社会需求以及学生实际工作意向都产生了脱离。同时，我国制定的研究生培养目标过于宽泛，只是从研究生应该具备何种知识和能力的角度去概括。不同学科的培养目标没有从学术型和专业型两种不同类型研究生的角度去考虑，只是对掌握学科知识的类别上加以区别，对科研能力的要求也只是看能否独立做出创造性成果，造成培养目标趋于雷同，学科特色不突出。各高校在确定硕士研究生招生计划时，没有从本质上对研究生的类型结构予以区分，对专业型研究生还是采取传统的学术型培养模式。

2. 导师素质结构优势不显著，指导方式“单一化”

导师在研究生教育中占有重要地位，高水平的导师是培养高质量研究生的重要保证。然而，在当前我国研究生培养体制中，导师的责任、职权模糊不清，导师作用没有充分发挥。导师在招生体制中的作用不大，对硕士研究生专业素质考查不够；研究生奖学金评定与导师培养管理缺乏联系，导师资助制度不完善；导师对研究生的指导仅限于学术方面，忽视其思想品德的培养。同时，不同类型研究生导师的“知识结构区别不大”，专业型研究生导师的实践指导不足，对研究生的培养还是以传统的“学徒制”培养模式为主。这种单一的指导方式培养的人才多数只精通一个学科，知识面和创新思维受到限制，缺乏跨学科和交叉学科的研究能力。对专业型研究生的培养也趋于学术化，对其专业技能和社会实践的指导不足。①

3. 课程设置传统落后，分类培养课程教学特色“模糊化”

课程设置僵化、单一，课程内容陈旧、狭窄，教学方式单调、教学手段落后，忽视社会和生产的实际需要，对应用学科、新兴学科和交叉学科缺乏重视是当前研究生课程体系的主要问题。而且，部分专业课程内容不能体现本学科领域内的一些最新知识和科研成果；传统的“填鸭式”教学依然普遍存在，只强调学科理论知识的传授，忽视应用实践能力的培养；基础科学研究与实验训练课结合不够紧密，人文学科研究生培养缺乏社会实践和调查，工程技术类等应用性要求较强的研究生培养又缺乏实际工作能力和社会实践能力的训练课。不同类型研究生的授课方式趋于雷同，都是以课堂讲授为主，课程设置主要强调系统性和理论性，教学方式“学术化”，两类学位教育的侧重点不明晰，没有体现出不同学位类型的特点，课程教学特色不明显。

4. 考核管理体制不完备，考核标准“同一化”

虽然我国各研究生培养单位普遍建有研究生质量考核制度，但在评价目标、方法及标准上，忽视培养质量的导向作用，考核标准过于“形式化”、“同一化”，不同学校、不同学科和不同类型研究生教育的特色不突出。评价指标单一，忽视实践能力的考查，对应用性要求不够；对科研素质的评价过于注重形式而忽视内容，没有真正形成不同类型研究生各具特色的科学合理的质量评价考核体系。同时，研究生学位论文质量不高，很多研究生为求毕业而写论文，其选题学术价值不高，实践意义不足，甚至不乏学术造假、论文抄袭现象发生。学术型和专业型学位论文评价标准区别不大，专业型研究生在论文选题方面没有突出应用课题或专业实际问题。忽视培养质量的导向作用，缺乏有力的监控管理体制，使我国研究生培养质量下降。

三、我国法律人才分类培养模式的完善思路

学术型研究生和专业型研究生是我国研究生分类培养的两个方向，法律人才分类培养也不例外，法学硕士和法律硕士的培养现状是法律人才分类培养的缩影，完善我国法律人才分类培养模式需从二者的差异性出发分别构建不同的培养方式。

（一）根据学生类型制定不同的培养方案

在培养过程中需注重对学术型研究生的科研能力进行训练，课程设计中增加学科前沿和研究方法所占比重，同时，导师应为学生提供参与科研的机会，充分发挥学生的科研自主性和积极性，培养学生的科研能力；对于优秀的学术型研究生为其提供硕博连读的机会，吸引优秀硕士生攻读博士学位。专业研究型在学习基础理论和专业知识的同时，应注意培养学生的应用能力，因此学校需要为学生提供更多实践条件，培养学生的实践能力，

① 参见郑建林：《高等教育大众化阶段硕士研究生分类培养模式探索》，载《现代教育管理》2011 年第 2 期。

增强其以后在工作中的竞争力。制定不同的培养方案，既符合学生的个性发展规律，又适应了社会的需要，也是对研究生分类培养模式的优化。①

（二）导师分类指导

学术型学位导师的指导侧重于理论知识和研究方法的传授，可实行本学科、跨学科的导师联合指导。通过导师组的最佳群体组合，集思广益、资源共享，使研究生博采众长、开阔视野，促进知识的创新与发展。

专业学位导师对学生的指导不仅要重视理论知识，还要重视实践经验。当今我国高校大部分导师是学术型导师，因此，专业型研究生导师的培养宜采用双导师或多导师联合指导。换言之，既要有理论基础深厚和指导经验较丰富的导师做课程学术指导，还要有实践经验丰富和具备较强指导能力的各职业部门导师或研究员做实践、应用指导。二者当中应以实践工作指导为主，积极聘请在实际工作部门工作且具有高级专业技术职称的人员来扩充导师队伍，也可聘请他们给学生做讲座，因为他们往往来自生产、科研等社会实践的第一线，有扎实的学术功底和丰富的实践经验。

（三）课程设置多元化

根据高等教育理论，课程体系的建构模式可以分为学科式和模块式两种，学科式课程体系着重于对知识层次性和连贯性的建设，而模块式则更倾向于知识的广泛性和应用性。② 目前，我国研究生课程体系普遍按照学科式进行设置，很显然这一模式对于学术型研究生来说具备绝对的优势，但是却与专业型研究生的培养目标格格不入。对专业型研究生的课程体系进行改造可以参考以下思路：将全部的课程分为理论基础和专题实践两个阶段，学生在理论基础课程修完后可进入专题实践学习阶段。专题模块的划分依据是实践过程中出现的前沿问题，每一模块有相应的学分值，学生可以根据自己的工作需要选修不同的模块。模块式课程体系的优势在于其具有灵活性、实践性和前沿性等诸多特征，它不受学科发展的长线机制约束，模块的数量和结构都可以根据现实问题和情况进行及时调整。

（四）建立多样化的考核机制

对于学术型研究生，要严格按照学术论文的规范考评其毕业论文。而对于大多数专业型研究生，则要改变其学位论文的规格和标准：学位论文选题应来源于应用课题或实务问题，必须要有明确的职业背景和应用价值；学位论文形式可采用调研报告、应用基础研究、规划设计、产品开发、案例分析、项目管理或文学艺术作品等形式；学位论文须独立完成，要体现学生综合运用科学理论、方法和技术解决实际问题的能力。高校应进一步健全硕士研究生管理制度，特别是应加强奖励、约束机制和质量评价体系的建设，在课程学习方面提高要求，加强考核，强化学位论文研究过程管理，严格论文评审制度，建立论文答辩环节的硕士研究生学位论文评审制和导师回避制，严把学位论文质量关。

---

① 参见郑建林：《高等教育大众化阶段硕士研究生分类培养模式探索》，载《现代教育管理》2011 年第 2 期。

② 参见薛天祥著：《研究生教育学》，199～206 页，广西师范大学出版社，2001。

四、结语

分类培养的目标即是要充分体现“以人为本”的理念，实现研究生教育的发展规模、培养模式、人才规格与社会发展需要、研究生的个性发展要求及教育发展的特殊性相适应，推动研究生教育和社会协调、良性、持续发展。建设社会主义法治国家需要积极努力探寻法律人才分类培养创新之举，法律人才分类培养模式是国家法律人才教育培养计划的重要组成部分，积极推动这项工程的顺利实施，是关系国家长治久安的大计。

法学课堂教学中教师的角色定位

叶世清*

目　次

角色，原指电影、戏剧中的演员在舞台上所扮演的某一特定人物，后来泛指社会成员在社会生活舞台上的身份及其行为。课堂是学校教师“表演”的主要舞台，“教师角色”就是指学校教育活动中教师所表现出来的由其特殊地位决定的符合社会对教师期望的行为模式。①“蜡烛”、“园丁”、“人类灵魂的工程师”等对教师的不同称谓颇为感性，固然浪漫美好，但不足以清晰地界定教师的职能、权利、义务和责任。如果真如《辞海》所说，教师就是“向学生传授知识”，那么教师的义务就是如何将教学大纲中所规定的内容有效地教给学生，教师就只有选择“怎样教”的权利而没有选择“教什么”的权利。在课堂教学过程中，教师即使机械地“照本宣科”，只要能够正确地解读文本，就算合格称职的了。笔者认为，为了提高课堂教学的效率，教师不仅是法学知识海洋的领航者、课堂教学的管理者和组织者，而且还可以是缓解学生枯燥的学习生活压力的心理医生，是“故事表演者”和小品演员。但是，教师也要避免某些认识误区和角色错位。在不同的教学阶段、针对不同的教学内容，教师要及时转换自己的角色，这不仅需要极大的勇气，还需要高超的技巧和职业素养。

一、教师在法学课堂中的角色错位

在法学课堂教学中，由于教师对自身角色定位的认识不清，在教学内容的把握上，教师容易出现政治方向上的错误判断。而在教学方法的选择方面，教师要么显得过于机械死板，课堂了无生趣；要么为了追求“喜剧化”和轻松自由的课堂氛围，师生都有意无意地

---

* 西南政法大学经济法学院教师，硕士生导师，法学博士。

① 基础教育课程改革教师培训教学研究组编：《基础教育课程改革教师培训教程》，12页，首都师范大学出版社，2001。

忽略了对具体法律现象和法律问题的冷静分析和严谨论证，结果一节课下来头脑空空，一无所获。

（一）政治的激进批判者与冷漠恐惧者

毋庸置疑，法学是一门时代性、社会性很强的学科，如果脱离社会实践向学生传承既有的法学知识，不仅会让学生怀疑教师所教授的知识的真理性，而且也难以培养学生的学术批判能力和社会担当意识。因而，一方面，一些教师在课堂上满是对政府官员执法腐败、法官与律师勾结的司法丑闻等的无情揭露，却没有教给学生具体分析和解决这些社会弊病的理性手段和渠道，结果，青年学生的热血和爱国主义情怀被“煽动”起来，却少有学生愿意脚踏实地利用自己所学的法律知识主动服务社会上那些需要帮助的弱势人群。教师本人也是眼高手低，即使偶尔有学生向老师请教真实的法律案例，教师也避重就轻，除了批判社会和司法的黑暗，难以给学生提供有效的问题解决思路和方案。另一方面，为了避免所谓的“政治风险”，一些教师对我国的政治、政党、政策等方面的议题缺乏自己的判断和解读。尽管法学教学内容中不可避免地大量涉及民主、人权、自由等问题，但教师也往往对这些“敏感问题”视而不见、避而不谈。这就导致学生面对社会热点问题、时事和政治问题难以形成负责任的判断。远离政治、恐惧政治，明哲保身，必将在潜移默化中造成学生对政治和社会的漠然态度，法律完全被政治左右，法律的独特价值被政治遮蔽，因而法律最终沦为停留在书本上的文字，仅此而已。显然，过于激进的政治参与和过于冷漠的政治“隔离”，不利于法学专业学生政治见解的塑造和政治参与能力的培养，也不利于真正培养学生建设法治国家的本领。

（二）机械“加工者”与“表演明星”

在课堂教学方法的选择上，一些教师习惯于高僧大德向广大信众传授经文的模式，自己坐在高处，台下是“芸芸众生”，学生不能对教师讲授的“经典”提出问题或者怀疑，只要用心倾听、做好笔记，学生们就会接受“福音”、得到“点化”。虽然教师授课时对法学知识进行了客观、全面、系统的阐述和介绍，但不带主观情感、个人感受、个人主张和价值判断，缺乏激情和对现实社会的担当，此种教学方式还被美其名曰“理性”和价值中立。按照功能主义的观点，教师其实与流水线上产业工人无异，他们也是按照一定的工艺流程对批量生产的学生进行加工、打磨和组装，每一门课程的教师都关注自己的那道工序，只要规定的每门课程考试达到60分，校长就会签发“检验合格证”，学生就可以推销给用人单位了。

当然，随着选课制和学分制在我国高校的逐步推行，学生作为“产品”的被动地位逐渐改变，教育服务“消费者”的地位日渐清晰。如此一来，教师的压力越来越大，教师唯恐“信众”和消费者对自己失去了关注的热情，自己的课堂“表演”无人观看和倾听。因为在选课制和学分制背景下，学生在选定适合自己的专业以及自己喜欢的课程之后，对具体的任课教师还有一个“挑选”的过程，这就让教师们感到紧张和焦虑了。虽然大学课堂不同于中小学课堂，教师没有升学指标的压力和无穷无尽的作业批改，不必叫得出学生的名字，不必进行课外辅导和差生辅导，但是，不专业、不敬业的老师极容易被学生淘汰掉，很专业但上课“不好玩”的教师也有可能“落选”。于是，教师努力模仿表演明星的架势和做派，课堂教学的“娱乐化”倾向越来越突出，似乎只要有学生到课堂、学生听得愉快，这样的课堂教学就算成功了，全然忘记了法学理性思辨能力和法律实务分析处理能力的培养需要付出漫长、艰辛的努力。

二、教师在法学课堂中的多重角色转换

法学教师要符合法律教育的专业定位，除了具备必要的政治敏锐性外，还需要其他基本素质，才能更好地胜任这一具有挑战性的工作。美国教育学者麦金太尔等人在《教师角色》一书中，认为教师的角色包括10种类型：组织者、交流者、激发者、管理者、革新者、咨询者、伦理者、职业角色、政治角色和法律角色。① 另一教育心理学家索里和特尔福德认为，教师是家长的代理人、知识的传授者、心理咨询和治疗专家、学生的知己与朋友、团队的领导、模范公民、侦探和纪律执行者、替罪羊等。② 笔者认为，在课堂这一特殊环境中，教师的角色其实是随着教学内容、教学过程和教学方法的不同而不断转换的。就法学教学而言，教师根据需要可以扮演不同的角色，表现出不同的行为。首先是教材的选择，就如航海工具和航线的选择，这就是教师的法学知识引领者和传授者角色，其次是课堂教学过程的组织，即教学的组织者和管理者角色，最后是学生的心理保健者和朋友角色。

（一）法学知识的引领者和传授者

对教师角色的最好诠释就是“师者，所以传道、授业、解惑也”。苏霍姆林斯基也说过，教师应当“精通所教的科目据以建立的那门科学，热爱那门科学，并了解它的发展情况——最新的发现、正在进行的研究以及最近取得的成果。除此以外，本人若能热心于本门科学正在探讨的问题，并具备进行独立研究的能力，这样教师则可成为学校的骄傲。”③ 法学教育的目标是培养复合型的法律实用人才，法科教师不仅需要具备分析、研究和批判法律现象的专业能力，还需要有深厚的法学知识积累和储备，当然，也需要通过法学教材和课堂教学这一重要渠道向学生传递这些知识和智慧。

作为法学知识的引领者和传授者，任课教师需要精心研究各种法学教材的优劣，不同教材对相同法律问题的不同分析路径，从而使教师对所教学科涉及的法律知识心中有数，避免法学基础知识方面的非主流观点对学生的误导。在大多数重点大学中，法学课程既有必修课程（若干专业核心课程），也有选修课程（包括若干专业拓展课程和若干文化素质教育课程），法学教材也是五花八门、鱼龙混杂、水平参差不齐。在使用规划教材、统编教材的同时，教师也可以向学生推荐一些有创新、有特色的教材，这对扩大学生法律知识视野、避免思维定式的束缚十分有益。因为不同的法学教材往往表达了教材编写者对于同一法律现象和法律问题的不同观点，学界在部分理论上的重大分歧能够让学生了解和发现问题，并在不同观点的思想碰撞中加以比较和选择，最终形成自己的判断，或者为解决实际法律问题提供了更多的路径选择，掌握更新的问题解决方法。同时，任课教师也要充分认识到，教材作为学生学习体系性法学知识的依托，也是教师与学生沟通的主要媒介和分析对象，因此，教师应当选择成熟的、主流的、权威的教材，这样才能使得传统的经典理

① 参见［美］麦金太尔（McIntyre，D. J.）、奥黑尔（O' Hair，M. J.）著，丁怡等译：《教师角色》，7页，中国轻工业出版社，2002。

② 田金梅等：《大学生对专业教师的角色期望研究》，载《人力资源管理》2011年第1期。

③ ［苏］苏霍姆林斯基著，赵玮、王义高、蔡兴文译：《帕夫雷什中学》，44页，教育科学出版社，1983。

论和真理性知识得以传承，而对那些看似新颖实则哗众取宠、误导学生的“一家之说”应加以批判和屏蔽。①

（二）课堂教学的组织者和管理者

如果教师能不断培养和提高自己的以下教学能力，那么，不仅自己的教育工作会更有成就感，学生也可以从教师的优质“服务”中得到满足和享受。当前，案例教学、体验式教学、“法律诊所”等教育模式走进了我国法学教育的课堂，法学教育的质量似乎有了一定的提高。我国各个法律院校和专业法学教育也围绕着法律实践技能、创新精神和学生综合素质的培养等进行了一些改革，如西南政法大学极力营造校园的论辩文化，以及审判进校园、模拟法庭、“双师教学”等，都备受学生关注和喜爱。但是，法学知识的系统传授，离不开教师的课堂教学活动。如何有效展开这种教学活动，并对教学效果予以有效评价，值得深入研究。作为教学的组织者和管理者，教师应当注意以下几个方面：

第一，课堂是教师“表演”的舞台，有时，过于古板的师道尊严不利于拉近表演者和观众的情感距离，而过度的矫揉造作亦让人反感。因此，教师的表达力和亲和力显得十分重要。

第二，教师在课堂教学中集“编剧、导演、演员”等角色于一身，自由发挥的空间很大，但忘乎所以的教师也容易让学生陷入剧情的感官刺激而忽视对法律问题的理性思辨和分析。

第三，教师一定要注意与“观众”即学生的互动。大多数学生都已经成年，对于大多数法律现象和法律问题都有一定的观察和感受，即使是“幼稚”的观点，也要鼓励学生大胆地说出来。

第四，法律虽然理性，但也不会超出和背离人类的基本感情。因此，在对法律原理和法律规则的分析论证过程中，教师应分析学生的心理，通过满足“观众”的需求和科学规律来征服学生。

第五，通过严密而细致入微的分析和法律推理，来展示法律逻辑的重要性和独特魅力。

第六，通过揭示矛盾、启发等来激发学生参与法律问题辩论的欲望，从而提高学生对于法律问题的悟性和分析表达能力。

第七，对于学生课堂上的非学习行为，教师要勇于提出善意的甚至严厉地批评，这有助于在学生心目中树立备受尊重的教师形象。

（三）学生的心理保健者和朋友

良好的课堂心理气氛是学生成才过程中的主要心理环境，是班集体心理氛围在课堂中的表现。近年来，法科学生面临越来越大的学业竞争和就业压力，学生悲观厌世甚至自杀的倾向也不少见。这就要求教师不仅要向学生传授法学知识，而且要注意培养学生正常、健康的心理。作为学生的心理保健者，教师应该充分认识到，学生不仅是有血肉的自然人，也是一个有意识有情感的社会人，更是人生观和世界观形成过程中飘忽不定的“摇摆者”。教师不能只顾书本知识的教授，而要注意观察学生的课堂反应，及时掌握学生的心理状况和存在的问题，对学生的情感和心理方面给予必要的帮助，从而缓解他们的焦虑和

① 王飞跃：《论法学课堂教学改革与问题意识培养》，载《长沙大学学报》2010 年第 4 期。

紧张情绪。

虽然在法学知识、社会阅历、地位、年龄等方面，教师比学生略胜一筹，但这不应当成为师生之间建立友谊的障碍。只有拉近师生间的心理距离，教师的教育才容易对学生的情感、意志、性格等产生深刻影响，从而使教育转化为实际的影响力。只有把学生当做朋友，构建起民主、亲密、融洽的师生关系，教师才能够及时、全面、细致地了解学生，学生也才会主动与教师分享学习的忧虑和快乐。有人认为，这种师生关系是课堂之外的事情，其实这种认识过于狭隘。只要教师以朋友的姿态耐心倾听学生的课堂发言并予以认真回应，学生也会产生受到尊重的感动。

三、教师在法学课堂教学中的角色冲突及其解决

教育研究者早就注意到，教师在课堂教学中有时会出现角色冲突。例如，由于教师对于自身职业定位的认识差异，教师的劳动者角色与教育者角色可能出现矛盾和冲突，一些教师在课堂上抱怨自己的工资收入太低、在职称评定中自己遭遇不公正待遇等，这就使学生对教师的崇高职业产生某种不好的评价。又如，教师作为法学知识的传授者的角色时，在传授知识的过程中需要不断研究和充电，因而存在着传授者与学习者之间的冲突，对于某一法律概念和法律规则，时而以学习者的眼光批判审视，时而以传授者的姿态得出结论，可是，这样的结论可能也经不起推敲，而教师自己对此浑然不觉。再如，教师在教学过程中既要有管理者的高度，又要以平等的态度对学生进行心理保健，其实这里的“度”也很难把握和平衡。

大致说来，教师产生这些角色冲突既有外在的原因，也有内在的原因。消除教师的角色冲突，既要靠学校和政府管理方式的改变，也需要教师自身的努力。

就学校管理而言，主要是为教师提供一个宽松、民主的教学环境，保证教师的课堂教学自主权，强化激励机制，引导教师有组织地开展法学专题研究和教学观摩活动，培养教师的教学反思精神和自我发展能力。就政府管理部门而言，要适当提高教师的劳动报酬，提高教师的社会经济地位，使教师的经济收入与其价值相适应。这样，法学教师才不会将课堂教学仅仅作为“副业”而将律师服务作为自己的“主业”。

当然，缓解教师角色冲突的关键还在于教师自身素质的提高，增强教师作为知识传授者、课堂管理者和学生心理保健者等不同角色的适应能力，合理调整自己的角色行为，才能有效抵制非主导角色行为的诱惑。从某种意义上看，尽管法律可能算不上一门严谨的科学，但是，法律也是源远流长、自成体系、博大精深的知识系统，处理法律问题也需要遵循一些基本的技术规范和操作流程。为此，课堂上的理论教学十分重要，法学教师主要应当从以下几个方面努力：

一是熟悉本门课程的体系和基本内容。

二是形成准确系统的法律基本知识。

三是讲清本学科在整个法学中的地位和作用。

四是热情而有说服力地描绘本学科的历史和发展前景。

五是形成学习和研究法学问题的思维方法。

六是具有不断学习本学科知识和相关学科知识的动力和热情。

为了减轻教师在课堂上面临的压力巨大，教师还应当注意培养自己以下几个方面的素质：

一是深厚的法律学科知识底蕴。

二是为人师表的素质风范，公正对待学生，尊重学生。

三是生动巧妙的表达才能，用语言的魅力征服学生。

四是强烈、明晰的育人意识，培养学生的法律信仰。

五是熟练运用现代化教学手段，获取最新的相关资讯信息。

总之，“独角戏”式的、经文宣讲者的角色定位已经不能满足法学课堂教学的现实需要，教师只有不断丰富自己的法学知识，改进自己的教学方法，修正自己的教学态度，给自己以准确的角色定位，才能更好地完成法学教学任务，真正承担起教书育人者的使命。

卓越法律人才的基本素养与培养路径

陈司谨*

目　次

教育部部长助理林蕙青在2011年4月1日教育部召开的“卓越法律人才教育培养计划”专家咨询会议上指出，改革开放以来，我国高校法学教育改革和发展取得了显著成绩，目前我国共有623所高校开设法学类本科专业，本科在校生数29万多人。“十一五”期间，我国高校法学教育累计培养法学类专业本科毕业生36万多人，为国家经济社会发展特别是社会主义法治国家建设，提供了强有力的智力支持与人才保障。但是，我国高校法学教育的人才培养工作还存在一些亟待解决的问题，与法律实际工作的联系亟待加强，人才培养模式亟待改革，人才培养质量亟待提高。实施“卓越法律人才教育培养计划”，是提高我国法律人才培养质量的重大举措，是全面实施依法治国基本方略、贯彻落实教育规划纲要、培养法律紧缺人才的迫切需要。

目前，在我国法律人才培养定位模糊，法律人才的标准缺乏，教育教学模式单一，缺乏国际视野，难以实现依法治国的目标，对法律人才培养的研究成果也十分少见。为实现依法治国，实现法律的价值，需要从实施法律和研究法律的人的培养抓起，以提高法律人才的质量，保证法律的公正，公民的信任，因此，需要从培养卓越法律人才的基本问题展开探讨。

一、卓越法律人才的内涵

目前，卓越法律人才还没有准确的界定，也没有相应的标准，为作出恰当界定，寻找标准之前，我们首先对法律人才加以分类。作者认为，法律人才应分为两大类：一类是研究型理论人才，即法学学术人才。另一类是应用型实务人才，它包括两部分：一是法律实务人才，包括法官、检察官、立法人员、律师、仲裁员、政府工作人员及企事业法律顾问

* 西南政法大学经济法学院教师，重庆大学博士研究生。

等；二是法律职业辅助人才，如书记员、律师助理、司法警察等。由于具有鲜明的高度专业化的行业特点，他们逐渐形成法律职业共同体，而在法律职业共同体中，法官、检察官、律师是最具典型性的法律职业。通过他们的工作最终实现社会稳定与和谐，实现社会公平，解决社会不平等现象，保证国家和人民利益不受侵害的宗旨。[①] 因此，卓越法律人才培养的目标就是："为民谋福利，为国谋富强，务其人，为其本。"[②]

卓越法律人才是依法治国的核心，其行为品德将形成示范效应，其拥有的基本技能影响到所执行的法律的价值与目标。因此，卓越法律人才是指具有社会正义与责任感、具备专业技能、拥有健康的身心和和谐利益观，并能将这些素养在自己的工作岗位中有机协调，实现法律价值与目标的德才兼备的法律人。

二、卓越法律人才的基本素养

法律的价值与功能的实现依靠法律的实施者来达到，因为法律是静态的，实施者是动态的。法律的动态实施可能提升静态的法律价值，可能实现法律的目标，也可能降低静态的法律价值。法律的静态价值到底是提升还是降低，主要依靠法律实施者的素养。因此，需要对法律实施者的素养作出界定，达到该素养者方能称为卓越的法律人才。

（一）德行

《大学》言："富润屋，德润身"，"德者，本也；财者，末也"，"仁者以财发身，不仁者以身发财"，"长国家而务财用者，必自小人矣"。这些表达阐明了德是一个人安身立命之本，而作为国家意志代表者的卓越法律人才的德行更是影响国家治理的重大问题。我们认为，卓越法律人才应具有以下德行：

1. 诚信。法律是社会运行的基本规则，其所确立的目标最终依靠法律人才的实施来实现。诚信是一个人立身做人之本，诚信是社会有效有序运行的基础，社会缺乏诚信导致的是尔虞我诈、互不信任、社会混乱。社会诚信的建立，重要的是依靠社会规则的确立，但更重要的是社会规则的实施，其关键是规则实施者或裁判者的行为是否存在"两张皮"的现象，如果存在"两张皮"，导致人们不信任规则，从而导致规则所确立的正式社会诚信系统无法建立，正式社会的诚信缺乏，将形成非正式的诚信社会，而危及正式社会的社会秩序。卓越法律人才的诚信品格将影响和促进正式社会诚信的建立，由此可见，诚信是卓越法律人才首先应该具备的基本品格。

2. 仁爱。这里讲的仁爱，是指法律人对法律规制对象以礼相待、以诚相向，而不是高高在上的凌驾于当事人、犯罪嫌疑人、罪犯之上的状态，通过法律人对当事人、犯罪嫌疑人、罪犯等的仁爱对待，可以引导其接受法律制裁，从而实现法律的教育功能。法律研究人才在提出法律修改时，应本着法律具有仁爱之意，因为律法是仁爱的体现之一。因此，仁爱是卓越法律人才应具备的主要品德。

3. 合作。合作是取得好的结果的途径。这里所说的合作，是指合议庭法律人之间、检查小组法律人之间、办案小组法律人之间或审判委员会法律人之间、检察委员会法律人

① 陈司谨、杨千雨：《高等法学教育的困惑与变革》，载《西南农业大学学报》（社科版）2011 年第 1 期。

② 王立群著：《王立群读史记》，109 页，广西师范大学出版社，2008。

之间、公安委员会法律人之间为实现法律价值的合作，对意见分歧进行有效讨论，而不是分道扬镳、互不信任，即法律人在各自团队中的协同合作精神。合作精神是法律人个人目标与组织目标、国家目标充分一致性的保障。合作是卓越法律人才为实现法律根本价值的重要品德。

4. 正义。正义本身是一种主观价值判断，但这里讨论的正义是合法性的。正义是依法治国所追求的，正义的内容是公平与平等。法律就是为维护正义而建立的，但法律所要维护的正义需要法律人来保证，只有当法律人本身的思想、行为以及按照法律规则作出的判断是正义的时候，才能实现法律的正义价值，即认真地适用以维护法律秩序①。因此，正义是卓越法律人才应具备的核心品德。

5. 良好的自律。卓越法律人才是正义、诚信、仁爱的化身，是人们拭目的楷模、信任的对象。卓越法律人才的言谈与行为将直接或间接成为人们的示范，对社会产生不同程度的影响，卓越法律人才应严格约束自己的言行，以达到良好的自律，来实现法律的价值。因此，良好的自律品行是卓越法律人才应具有的关键职业品德操守。

（二）专业技能

1. 系统的专业知识。系统的专业知识是法学研究人才实现法律研究，并针对法律实践研究其变革，也是法律实施人才准确把握、适用法律的基础。因此，卓越法律人才必须是经过系统的法律知识培养、法律适用的训练，养成法律思维和法律习惯，对法律有着深刻的理解和把握之后，才能够保证法律实施的公正。因此，卓越法律人才必须具有系统的专业知识。

2. 专业思维与判断能力。知识是静态的，只有将专业知识与专业思维、专业判断相结合，才能实现知识的价值。系统的法律知识只是成为卓越法律人才的基础，法律专业思维与专业判断是恰当运用法律知识的核心，是实现法律价值的关键环节。因此，卓越法律人才应着重专业思维与判断能力的培养与养成。

3. 专业的表述能力。语言的歧义，带来的往往不是简单的问题，而是矛盾与冲突，所以，表述能力就显得尤为重要。具备系统专业知识和专业思维与判断能力的法律人，最终需要用语言将所审理、仲裁、起诉、侦查、执法的法律事项表述出来，是法律人实践能力的体现。法律人的表述能力包括书面语言和口头语言的表述，所表述的内容让人读来是专业的易理解且不费解的，不会带来歧义。法律人的表述需要法言法语，而不是普通的表述，这就构成专业的表述。专业表述需要经过培养与训练，才能具备。专业的表述是重要的法律素养，因此，卓越法律人才应具有专业的表述能力。

4. 解决问题的能力。解决问题是法律人所要面对的，然而，法律人具备了系统的专业知识，拥有了专业思维、能实施专业判断与表述，但能否解决特定问题呢？这是个值得探讨的问题。只有当法律人运用专业知识、思维与判断解决特定问题，并保证该问题的解决符合法律价值和社会正义，才显示出其具有解决问题的能力。因此，卓越法律人才应该具有解决问题的能力。

（三）健康

卓越法律人才具备了德行与专业技能外，要实现法律人的价值，还需要健康做后盾。

---

① ［奥］凯尔森著，沈宗灵译：《法与国家的一般理论》，中国大百科全书出版社，1995。

如果卓越法律人才没有健康保证，其所要实现的目标也是空谈。卓越法律人才的健康包含两个方面：

1. 健康的身体。健康的身体是理想、事业、幸福、成功的保证。卓越法律人才要获得法律理想与法律事业的实现与成功，必须拥有健康的身体，精力充沛，能从容不迫地担负繁重工作而不感到过分紧张和疲劳①。

2. 健康的心理。健康的另一半是心理健康，健康的心灵是健康身体的保证。② 只有当法律人心理健康了，才能热爱法律工作，才能在所处环境中保持独立和宁静，自发而不流俗，才能遵从法律人本身应具有的德行，才能平和地把握法律的中立性，才能保证法律价值的实现，才能成就法律所追求的民主与正义取向，而不会为名利所累、所困，也才能获得最后的成功。因此，卓越法律人才应该拥有健康的心理。

（四）积极进取的心态

卓越的法律人才在进行系统的法律知识学习、专业技能的掌握、至善品格养成的时候，需要培养一种积极向上的精神，养成一种不断学习、不断提升、不断维护法律价值的心态，这种心态称为积极进取的心态。卓越法律人才在精神上应是阳光的，让人们感受到社会的优秀品质，而不是灰暗的状态。当心态是积极的时候，表现出来的一定是积极向上的。所以，卓越法律人才应该拥有积极进取的心态。

三、卓越法律人才的培养路径选择

（一）统一培养与分类培养相结合

卓越法律人才必须是具备系统法律知识的法律人，这是基础，而在不同岗位上的法律人，要求其具有不同的技能、专业思维与专业判断能力。因此，对卓越法律人才的培养应该是统一培养与分类培养相结合的模式，即本科阶段实施统一培养，研究生阶段实施分类培养；或没有法学本科经历的学生，在研究生阶段实施四年制的培养模式，前两年实行统一培养，后两年实行分类培养，以适应不同法律岗位的要求。

（二）改被动培养为参与式培养

现在的法学教育基本上是教师讲授、学生被动学为主，辅助以案例教学，学生真正参与到法学教育中的主动学习很少。这导致学生走上工作岗位后，较长一段时间内难以适应，或找不到方法，进入不了角色。因此，应更多地让学生充当教师、法官、检察官、律师、书记员、公安人员等角色来学习，形成参与式主动学习模式，提高教学效果与质量。

（三）建立法学为主、德育为辅的法律教育体系

依法治国是治国的核心，而治国的核心又是法律人实施法律。因此，卓越法律人才除掌握法律知识与技能学习外，更重要的是为民谋福利、为国谋富强的道德理念的培养。因此，卓越法律人才培养应以法律专业课程为基础，同时开设《道德课程》③，以培养卓越法律人才的法律知识系统与技能、正义感和责任感的统一。

① 许庆元著：《如何掌控生命中的25个关键问题》，43～52页，黑龙江科学技术出版社，2007。

② 许庆元著：《如何掌控生命中的25个关键问题》，43～52页，黑龙江科学技术出版社，2007。

③ ［美］杰弗里·蒂蒙斯著，周伟民译：《创业者》，132～133页，华夏出版社，2002。

（四）建立以其他学科为支撑的法律人才培养

法律作为国家治理的终极手段，是对社会各方面加以协调的系统性措施，是形而上的，其目标价值功能的最终实现，依赖于具体的形而下的社会知识与法律在社会中的运用。法律人是否能有效实施法律及法律所追求的价值，需要具有综合性知识，成就智慧的法律文化与思维。因此，卓越法律人才的培养应改变单一法学教育的形式，建立以法学为中心，其他学科为支撑的法学教育。

（五）团队协作培养

法律人的工作往往不是一个人的工作，而是一个团队的工作，因此，法律人工作的效果是否符合人们的期望，或是否符合法律价值，团队成员间的合作、协作就显得非常关键。为了让法律人有合作协作意识，在培养阶段需要开设团队协作课程，有意识地培养其合作与协作精神。

（六）建立有多学科背景与国际性的法学师资队伍

卓越法律人才培养的关键是师资队伍建设，而目前的师资队伍状况是95%的教师是法学到法学的师资培养，形成法学教师的“法学近亲繁殖”，导致法学教育的单一化、纯粹化。同时，国际化法学人才缺乏，根本原因是缺乏国际化法学的教师。因此，卓越法律人才的培养，首先需要建立一支卓越的教师队伍。

（七）法律语言培训与健康训练

卓越法律人才的培养还必须开设法律语言课程，解决法律人对法律语言理解的分歧，以从法律语言层面维护法律的权威与统一，实现法律正义目标。从事法律实务工作的必须经过法律语言的培养与水平测试，达到其最基本要求者方可。

卓越法律人才要拥有健康，必须要选择适当的运动课来增强体质、调和器官，保证精力充沛。另外，必须开设心理训练课，保证其有正确的自我意识，健全统一的人格，开朗轻松的心境，坚强的个人意志，较强的适应能力，和谐的人际关系，积极的学习态度。

《经济法论坛》（第10卷）稿约

《经济法论坛》系西南政法大学经济法学科点为了推动经济法学的理论研究和学科建设，加强经济法学界的学术交流，编辑出版的连续性论文集刊，已经被CNKI数据库全文收录。设置的栏目有：基本理论、制度研究、农村法制、国际视窗、人才培养等。该《论坛》每年推出1卷，由群众出版社出版。自第一卷于2003年出版以来，至今已经出版9卷，引起了经济法学界的广泛关注。现就《论坛》第10卷的组稿事宜提出如下稿约，欢迎国内外专家不吝赐稿投稿！

一、向《论坛》所投稿件，应属于经济法领域或与经济法相关的作品，且未曾公开发表或主体部分未曾公开发表。论文体裁不限，论文、译文、调研报告、学术随笔等均可。译文请自行解决版权。稿件篇幅一般不超过2.5万字。

二、稿件采用A4纸打印，并附软件或发电子邮件，文档存为word格式。

三、来稿一经采用，即赠送样书2本，并适当发给稿酬。

四、来稿请附上作者的姓名、单位、学位、职称或职务、通讯地址、邮编、电话或电子邮件信箱。

五、请勿一稿多投，自来稿之日起逾3个月未收到采用通知的，作者可对稿件另行处理。

六、《论坛》的注释，按以下要求执行：

（一）采用脚注，每页重新编号，注码放在标点之后，注码号为“○”。

（二）外文注释依各文种注释习惯。外文原注释中的评论性或说明性文字，请译为中文。

（三）非引用原文者，注释前加“参见”。

（四）引用资料非来自原始出处者，请注明“转引自”。

（五）数个注释引自同一资料者，自第二个注释起，可采简略注释，例如：前引，梅因书，第28页。或者，前揭，梅因书，第28页。

（六）注释体例列举：

1. 著作类

①《马克思恩格斯选集》第4卷，28页，人民出版社，1972。

②刘星著：《法律的隐喻》，60页，中山大学出版社，1999。

2. 论文类

王家福、刘海年、李步云：《论法制改革》，载《法学研究》1989年第2期。

3. 文集类

龚祥瑞：《比较宪法学的研究方法》，载《比较宪法研究文集》（一），南京大学出版社，1993。

4. 译著类

［英］梅因著，沈景一译：《古代法》，59 页，商务印书馆，1984。

5. 报纸类

①王启东：《法制与法治》，载《法制日报》1989 年 3 月 2 日。

②《高新技术助纳粹德国为虐 IBM 沾满犹太人鲜血》，载《北京晨报》2001 年 2 月 13 日。

6. 古籍类

《宋会要辑·食货》卷三。

7. 辞书类

《辞海》，239 页，上海辞书出版社，1979。

8. 有主编的教材和著作类

李昌麒主编：《经济法学》，19 页，中国政法大学出版社，1999。

七、稿件可选择邮寄或网络发送。

八、“为适应我国信息化建设，扩大本书及作者知识信息交流渠道，本书被 CNKI 数据库收录，其作者著作权使用费与本书稿酬一次性给付。如果你不同意文章被收录请在来稿时书面说明”。

九、第 10 卷来稿截至时间：2012 年 8 月 31 日

地　　址：重庆市渝北区回兴街道宝圣大道 301 号西南政法大学经济法研究中心

邮　　编：401120

收 件 人：《经济法论坛》编辑部

电子信箱：jingjifaluntan@163.com

电　　话：023－65382692，023－67258968

《经济法论坛》编辑部

2011 年 9 月 30 日